SEIRIN PRACTICE

プラクティス
労働法

労働時間・割増賃金・年休・休業

梶村太市
井手良彦　[編]
増田輝夫

青林書院

はしがき

　本書『プラクティス　労働法——労働時間・割増賃金・年休・休業』は，青林書院プラクティス・シリーズの一環として，主として労働基準法に定める労働法上の諸制度について，実務的観点から解説するものである。最初に各編章の冒頭で「概説」により問題点を指摘した後，「Ｑ＆Ａ」方式を採用して詳細に分析するというスタイルである。労働事件に詳しい裁判官・弁護士が中心となって裁判実務を念頭に置きながら実務的観点から提起される各論点をわかりやすく浮き彫りにしている。

　第1編「労働者の意義」では，本書の基礎的概念である「労働者」とは何かを分析する。

　第2編「原則的な労働時間制度」は全4章にわたる。

　第1章は「労働時間制度」について，4節にわたり合計10個の「Ｑ＆Ａ」をもうける。第1節は「労働時間」，第2節は「労働時間と労使協定」，第3節は「時間外労働義務」，第4節は「労働時間の適正な把握・管理」である。

　第2章は，「例外的な労働時間制度」について，4節にわたり9個の「Ｑ＆Ａ」をもうける。第1節は，「変形労働時間制」で4個の「Ｑ＆Ａ」を，第2節は「フレックスタイム制」で1個の「Ｑ＆Ａ」を，第3節は「事業場外労働のみなし労働時間制」で1個の「Ｑ＆Ａ」，第4節は「裁量労働のみなし裁量労働時間制」で3個の「Ｑ＆Ａ」をもうける。

　第3章は，「労働時間規定の適用除外」は2個の「Ｑ＆Ａ」を，第4章は第1節「休憩」及び第2節「休日」について，いずれも1個の「Ｑ＆Ａ」をもうける。

　第3編「時間外，休日，深夜労働の割増賃金」を分析する。第1章は「割増賃金（時間外手当）について4個の「Ｑ＆Ａ」を，第2章は「割増賃金請求訴訟」について3個の「Ｑ＆Ａ」をもうける。

　第4編「年次有給休暇」では，10個の「Ｑ＆Ａ」をもうける。

　第5編「仕事と育児・介護の両立支援制度——育児休業・介護休業

する。第1章「仕事と育児・介護の両立支援制度と休業制度」について2個の「Q&A」を，第2章「育児休業」について3個の「Q&A」を，第3章「介護休業」について1個の「Q&A」をもうける。

　ご承知のとおり，平成30年6月29日にいわゆる「働き方改革法」が成立した。これは，少子高齢化に伴う生産年齢人口の減少や，働く人のニーズの多様化，高度化などに応じて，働く人々のそれぞれのニーズに応じた働き方を選択することができるようにするための改革である。当然のことながら，本書の解説には，その改正法の内容を可能な限り織り込む工夫をしている。本書では，急遽冒頭に「序編」としてその「働き方改革法」の解説を加え，読者の理解の増進に配慮した。

　編者のうち，梶村は，過去に東京都労働委員会公益委員として数年間労働法関係の紛争事件の解決に従事した。その頃でさえ，紛争の内容は集団的労使紛争から個別的労使紛争への移行は顕著だったが，最近はますます個別的労働者の個別的紛争の重要性が高まっている。裁判例や行政処分例も多様化・複雑化を見せ，当該分野の最新の法情報の知見は欠かすことができない。

　本書は，働き方改革法ばかりでなく，その他民法債権法の改正など最新の法情報を反映させており，その面からも利用価値は高いと思われる。広い読者に読まれることを期待する。

　本書は毎度のことながら，青林書院編集部宮根茂樹氏の並々ならぬ支援を受けた。感謝したい。

平成31年1月

編集者
梶　村　太　市
井　手　良　彦
増　田　輝　夫

凡　例

I　叙述方法
(1)　叙述にあたっては，常用漢字，現代仮名遣いによることを原則としたが，引用文などは原文どおりとした。
(2)　見出し記号は，原文引用の場合を除き，原則として，〔1〕〔2〕〔3〕…，(1)(2)(3)…，(a)(b)(c)…，(イ)(ロ)(ハ)…，(i)(ii)(iii)…の順とした。なお，本文中の列記事項については，①②③…などを用いた。

II　法令の引用表記
(1)　各法令の条文番号は，横組みとしたため，原則として算用数字を用いた。
(2)　カッコ内における主要な法令や通達の名称は，原則として，後掲の「法令・通達等略語例」により，それ以外のものはフルネームで表した。
(3)　カッコ内において複数の法令条項を引用する際，同一法令の条文番号は「・」で，異なる法令の条文番号は「，」で併記した。それぞれ条・項・号を付し，原則として「第」の文字は省いた。

III　判例・裁判例の引用表記
(1)　主要な判例集や雑誌等の名称を含む判例・裁判例の表記には，原則として，後掲の「判例集・雑誌等略語例」による略語を用いた。
(2)　判例・裁判例は，上記略語を用いて，原則として，次のように表記した。
　　〔例〕大審院昭和13年4月20日判決，大審院民事判例集17巻8号726頁
　　　　　→　大判昭13・4・20民集17巻8号726頁
　　　　最高裁判所第一小法廷平成25年1月17日決定，判例タイムズ1386号182頁
　　　　　→　最〔1小〕決平25・1・17判タ1386号182頁
　　　　東京高等裁判所昭和30年9月29日判決，高等裁判所民事判例集8巻7号519頁
　　　　　→　東京高判昭30・9・29高民集8巻7号519頁

Ⅳ 各種略語例

法令・通達等，判例集・雑誌等の各種略語例は以下のとおりである。

【法令・通達等略語例】

育介	育児休業，介護休業等育児又は家族介護を行う労働者の福祉に関する法律	民訴規	民事訴訟規則
		労安衛	労働安全衛生法
		労基	労働基準法
		労基則	労働基準法施行規則
育介則	育児休業，介護休業等育児又は家族介護を行う労働者の福祉に関する法律施行規則	労契	労働契約法
		労組	労働組合法
		労派遣	労働者派遣事業の適正な運営の確保及び派遣労働者の就業条件の整備等に関する法律
健保	健康保険法		
雇保	雇用保険法		
厚年	厚生年金保険法	割増賃金令	労働基準法第37条第1項の時間外及び休日の割増賃金に係る率の最低限度を定める政令
商	商法		
賃確	賃金の支払の確保等に関する法律		
賃確則	賃金の支払の確保等に関する法律施行規則	基監発	厚生労働省労基局監督課長の通達
賃確令	賃金の支払の確保等に関する法律施行令	基収	労働基準局長が疑義に答えて発する通達
民	民法	基発	労働基準局長通達
改正民	［平成29年改正（平成29年法律第44号）後の）］民法	発基	労働基準局関係の厚生労働事務次官通達
民訴	民事訴訟法	婦発	婦人局長通達

【判例集・雑誌等略語例】

最	最高裁判所	裁判集民事	最高裁判所裁判集民事
高	高等裁判所	労民集	労働関係民事裁判例集
地	地方裁判所	裁時	裁判所時報
支	支部	最判解説	最高裁判所判例解説
判	判決	ジュリ	ジュリスト
決	決定	判時	判例時報
		判タ	判例タイムズ
民集	最高裁判所（または大審院）民事判例集	判評	判例評論
		労経速	労働経済判例速報
刑集	最高裁判所（または大審院）刑事判例集	労旬	労働法律旬報
		労判	労働判例

編集者・執筆者一覧

編 集 者

梶村　太市（弁護士）
井手　良彦（越谷簡易裁判所判事）
増田　輝夫（大阪簡易裁判所判事）

執 筆 者（執筆順）

竹内　満彦（大阪簡易裁判所判事）
宇都宮庫敏（明石簡易裁判所判事）
丸尾　敏也（横須賀簡易裁判所判事）
南　　正一（伊豆大島簡易裁判所判事）
加藤　　優（小浜簡易裁判所判事）
増田　輝夫（上　掲）
山下　知樹（大阪地方裁判所主任書記官）
熨斗　昌隆（大阪簡易裁判所主任書記官）
小泉　孝博（金沢簡易裁判所判事）
太田　和範（弁護士）
堀田　　隆（東京簡易裁判所舎判事）
中林　清則（東京簡易裁判所判事）
岡﨑　昌吾（立川簡易裁判所判事）
辰巳　　晃（大阪簡易裁判所判事）
田村　幸彦（東京簡易裁判所判事）
井手　良彦（上　掲）

〔平成31年1月現在〕

目　次

はしがき
凡　例
編集者・執筆者一覧

序編　働き方改革法の概要

【概　説】働き方改革法とは……………………………［井手　良彦］……　3
　〔1〕　はじめに ……………………………………………………………………　3
　〔2〕　労働時間法制の改正──「働き方改革法」の第1の柱 ……………　4
　〔3〕　高度プロフェッショナル制度──「働き方改革法」の第3の柱 ……　13
　〔4〕　雇用形態に関わらない公正な待遇の確保を実現するための法改正
　　　　──「働き方改革法」の第2の柱 ……………………………………　15

第1編　労働者の意義

【概　説】労働者とは ………………………………………［竹内　満彦］……　23
　〔1〕　問題の所在 ………………………………………………………………　23
　〔2〕　「労働者性」の中核概念である「使用従属性」の判断基準 …………　26
　〔3〕　「労働者性」の判断を補強する要素 …………………………………　29
Q1　│個人請負・委託型就業者の労働基準法上の労働者性(1)……［竹内　満彦］……　32
　労働基準法に基づく割増賃金を請求された者が，請求者との契約関係は請負契約であり，請求者は「労働者」ではないから，自分には割増賃金の支払義務がないと主張をすることがあるが，労働基準法上の「労働者」とはどのような者なのかについて説明しなさい。
Q2　│個人請負・委託型就業者の労働基準法上の労働者性(2)……［竹内　満彦］……　40
　Yは，自転車，自動二輪車及び軽四輪車により荷物等を配送する運送業務を目的とする会社であり，自転車によるものを「メッセンジャー即配便」と称していた。Xは，平成○年○月○日，Yと運送請負契約と題する契約（以下「本件メッセンジャー契約」という）を締結し，○○営業所に所属してメッセンジャー即配便の配送業務に従事していた者であるが，平成○年○月○日，Yは，Xが競合関係に立つ会社を設立して代表取締役に就任したことを理由として，本件メッセンジャー契約を解除する旨の意思表示をした。Xは，労働基準法上の労働者に当たる者であり，解

雇としての性質を有する本件メッセンジャー契約の解除は無効であると主張して（主張は「バイシクルメッセンジャー及びバイクライダーの労働者性について」（平成19年9月27日付厚生労働省労働基準局長基発0927004号）に依拠したものである），労働契約上の権利を有する地位にあることの確認を求める訴えを提起した。

以下の事実を前提として，Xの請求は認められるかについて説明しなさい。

(1) 稼働日の決定

稼働日は，契約その他の合意により一定の稼働日が定まっているものではなく，メッセンジャーは1週間前に申告する翌週の稼働予定に従って稼働していた。

(2) 稼働日における営業所への来所

○○営業所においては，午前8時30分ころに来所し，携帯品の準備等をした上で，朝礼において，所長から連絡事項，注意事項等の伝達を受けた後，各自の待機場所へ移動していたが，他の営業所においては，来所しないメッセンジャーも存在し，稼働日に所属営業所に来所することが一律に義務付けられていたものでは所属営業所に来所することが一律に義務付けられていたものではなかった。また，メッセンジャーは，1日の業務終了後，自らの判断で直帰することもでき，業務終了後に営業所に戻ることが一律に義務付けられてはいなかった。

(3) 稼働中における業務従事の中断，終了

メッセンジャーは，稼働開始後，営業時間中であっても，Yの承諾を得ることなく，配車係に連絡することによって，一時的に配送業務から外れること（中抜け）や配送業務を終了すること（上がり）が認められていた。

(4) 配送業務に関する指示

メッセンジャーは，待機場所に移動した後，配車係に「稼働@○○」（○○は場所を表す記号）のメールを送信し，Yのコールセンターにおいてメッセンジャー即配便の注文を受け付けた場合，配車係からメッセンジャーに対し，顧客から配送依頼のあった1件の配送品ごとに，荷受先，引取指定時刻，荷届先，依頼先，集金の有無及び集金先，配送距離，配送料金等の情報をメールで送信する方法で行われ，その受諾は，メッセンジャーから配車係に対し，「引中」のメールを送信することにより行われていた。

(5) 個別の配送依頼に対する受諾

配車係からメッセンジャーに対してされる個別の配送依頼につき，メッセンジャーにおいて断わることがあり，その場合には他のメッセンジャーに依頼されていた。

(6) 備品等諸費用の負担

メッセンジャーは，Yから貸与を受けた配送業務に用いる配送用荷物袋（背負いタイプの荷物バッグで，「messenger」及び「Y」という文字が書かれている）以外，配送業務時に着る服，配送業務に使用する自転車及び携帯電話を自らの負担で用意し，維持管理に要する費用も自ら負担していた。

(7) 報　酬

　　報酬は，配送業務に従事した時間や配送の具体的内容などの事情に対応して定まる体系にはなっておらず，引き受けた配送業務に係る各月の配送料金の合計額に歩合を乗じて定まり，メッセンジャーは，受け取った報酬は事業所得として確定申告しており，メッセンジャー即配便に従事するについて雇用保険及び労働者災害補償保険に加入していない。

第2編　労働時間制度

第1章　原則的な労働時間制度

第1節　労働時間 ………………………………………………………… *51*
【概　説】労働時間とは ……………………………………[宇都宮　庫敏]…… *51*
　〔1〕　はじめに ………………………………………………………… *51*
　〔2〕　労働時間の概念 ………………………………………………… *51*
　〔3〕　実労働時間該当性 ……………………………………………… *53*
Q3 ｜労働時間該当性(1)――不活動時間（警備員の仮眠・休憩時間）
　　　　　　　　　　　　　　　　　　　　　　……[宇都宮　庫敏]…… *60*

　　Xは，Y社に雇用され，Y社が警備業務を受託している甲県立A病院（以下「A病院」という）において勤務していた者であるが，労働契約上は仮眠時間又は休憩時間とされていた時間帯は，実際には労働基準法上の労働時間（労基32条）に該当するにもかかわらず，Y社からそれを踏まえた適正な賃金の支払がされていないと主張して，適正な賃金と実際に支払われた賃金との差額相当額の支払を請求した。
　　以下の事実を前提として，Xの請求は認められるかについて説明しなさい。
(1)　XとY社間での労働契約の内容

　　　就業時間は，ローテーションにより変動し，日勤（午前8時30分～午後5時30分），夜勤（午後5時30分～翌日午前8時30分），当務（24時間勤務，午前8時30分～翌日午前8時30分），駐車場勤務（午前8時30分～午後0時00分）の4種類があり，勤務形態ごとに始業・終業時間，実働時間及び仮眠・休憩時間が定められていた。
(2)　Y社とA病院間の警備業務委託契約の内容
　　(a)　求められる人員，態勢

　　　　A病院の勤務時間中（平日の午前8時30分から午後5時15分まで）は5人以上，勤務時間外（平日の午後5時15分から翌日午前8時30分まで，土日を含む休日の午前8時30分から翌日午前8時30分まで）は4人以上を業務に充てる。
　　(b)　警備員の業務内容

警備員の業務は，主として，①巡回警備業務，②監視警備等業務，③防災業務（災害，事故等への対応），④駐車場管理業務，⑤宿日直業務（勤務時間外。地震その他の災害，火災，自動車事故等が発生した際の職員連絡業務等），⑥その他の業務である。

(c) 勤務ローテーション

平日のうち駐車場管理業務（④）を要する時間帯には5名，平日のそれ以外の時間帯及び休日には4名の警備員が配置されていた。配置された警備員のうち，1名は守衛室で監視警備等業務（②）を担当し，その他の警備員は巡回警備業務（①）やベッドメイク（⑥）等の定期的な業務を担当するか，防災業務（③），急患来院時のカルテ出し（⑥），急患の応接（⑥）等の突発的な業務に備えて守衛室で待機することとされていた。休憩時間は，昼と夜の時間帯に各1時間，仮眠時間は4時間が割り当てられていたが，休憩・仮眠時間とされている時間帯においても，最低2名の警備員が業務に従事し，うち1名が守衛室で監視警備等業務（②）に従事し，もう1名が30分から1時間の予定で巡回警備業務（①）に当たるほか，突発的業務に備えて守衛室で待機する態勢がとられていた。

(3) 仮眠・休憩時間の過ごし方

仮眠をとる警備員は，シャワーを浴びた上で制服からパジャマやトレーナーに着替え，仮眠室に布団を敷いて就寝していた。仮眠・休憩時間中に突発的な業務に対応して実作業を行った場合は，時間外手当を請求するようにと指示されていた。

(4) 仮眠・休憩時間における実作業の状況

仮眠時間中の警備員が実作業に従事した事例は合計17件で，1人当たり平均すると1年に1件に満たず，大半は仮眠時間の開始前から行っていた業務を仮眠時間帯に食い込んで継続したか，仮眠時間の終了に先立って既に勤務に就く準備ができていた警備員が，ほどなく仮眠時間に入る他の警備員に配慮して，早めに勤務に就いて対応した事例であり，作業の内容はカルテ出し（⑥）や急患の応接（⑥）であった。仮眠を中断して実作業に従事したことが明らかな件数は4件であり，そのうち3件は突発的な災害によるものであり，うち1件は時間外手当の請求があり支払がされた。休憩時間中の警備員が実作業に従事した事例は，11件であり，そのうち休憩を中断して実作業に従事したと認められる事例は2件であった。

Q4 労働時間該当性(2)——不活動時間（医師の宿日直時間・自宅待機時間）
・・・［宇都宮　庫敏］・・・・・・ 66

私立病院Yの産婦人科においては，Xを含む5名の医師が勤務しているが，所定就業時間以外に，交代で宿日直勤務（宿直は平日休日を問わず午後5時15分から翌日午前8時30分まで，日直が休日（土曜日，日曜日，祝日）の午前8時30分から午後5時15分まで）が命じられている。宿直医師は，入院患者及び救急外来患者に対

する診察に当たるために，Y病院に宿泊して業務を行い，日直勤務においてもY病院で業務を行い，宿日直勤務中は勤務位置をできる限り明確にして常時ポケットベルを携帯し，呼出しに速やかに応答することが義務付けられている。その他，産婦人科の宿日直担当医師は1名しかいないため，産婦人科医5名は，宿日直勤務以外に，自主的に，同時に対応しなければならない患者が複数いる場合や，医師1名では対応できない異常分娩，手術等の場合に，通常の勤務時間外に必ず自宅等に待機して連絡のとれる医師を日直担当医師のほかに毎日1名を確保し，これを「宅直」当番と称して，宿日直担当医師からの要請があればすぐにY病院に急行して，宿日直担当医師に協力して診察を行っていた。Xは，宿日直勤務及び宅直勤務は労働時間であると主張して，労働基準法37条の定める割増賃金を請求した。

　　Xの請求は認められるかについて説明しなさい。

Q5 | **労働時間該当性(3)——本務外活動（研修等への参加）**
　　　　　　　　　　　　　　　　　　　　　　　　　　　　　[竹内　満彦]……　*72*

　　Xは，○○県下で小中学生を対象とする学習塾を経営する会社であるYの文系講師であったが，経営会議や勉強会への参加に要した時間はいずれも使用者の指揮監督下にあった時間であると主張して，時間外労働手当を請求した。Xの主張によれば，Xは経営会議に参加していたが，Yにおいては，従業員のほとんどすべてが取締役になって経営会議に参加しており，取締役になった従業員のすべてがYの重要事項に関する決定権をもつことはなく，経営会議に参加したからといって直ちにYの経営に参画しているとはいい難い。XはYの取締役には就任したことはなく，あくまでYの労働者の地位にある者であり，労働者として使用者であるYから経営会議への出席を義務付けられていたのであるから，経営会議への出席時間は，Yの指揮命令によって勤務していた時間であると評価することができ，労働時間である。Xが参加していた勉強会は，Yによって予め参加者が割り振られた上で日時及び場所が決められ，参加者にはレジュメ配付・検討課題の提起等がされ，後日，参加した勉強会の内容に沿った投稿（感想文のようなもの）を起案して提出する義務があり，勉強会に遅刻したり欠席すれば，上長から指導を受けていたのであるから，勉強会への出席時間は，従業員の自発性に委ねられた自主的なサークル活動ではなく，Yの指揮命令下において実施されており，勉強会に参加した時間は労働時間である，という。

　　Xの請求は認められるかについて説明しなさい。

Q6 | **労働時間該当性(4)——移動時間（出張の移動）**………[竹内　満彦]……　*77*

　　Xは，平成○年○月，高齢者を対象とした弁当の宅配事業及び店舗における弁当総菜の小売り事業についてのフランチャイズシステムの管理運営を業とするY社との間で雇用契約を締結し（所定労働時間は午前9時00分から午後6時00分まで（休憩時間1時間を含む）），営業開発部営業開発2課に所属して，フランチャイズ契約を獲得する業務を行った。その後，平成○年○月，店舗開発部開発課課長に就任した。Xは，宿泊を伴う出張あるいは日帰りの出張をした際の移動時間及び出張前後

の本社への立ち寄り時間は労働時間に当たると主張して，割増賃金を請求した。Y社においては，Xを含む営業職の従業員は，外に出て営業活動をすることが多く，その中には宿泊を伴う出張も多く，自宅から営業先に直行することや，営業先から自宅に直帰することが多かった。

ところが，Xは，勤務していた本社から徒歩10分以内という近くに住居を借りていたこともあって，他の従業員であれば直行直帰するところを，営業先に行く前にいったん本社に出たり，出張後，荷物を置きに自宅に戻る前にいったん本社に戻ったりすることがよくあった。出張の際には電車，新幹線及び飛行機等の公共交通機関を使用していた。

Xの請求は認められるかについて説明しなさい。また，上記の移動が日曜日（休日）に行われた場合はどうかについても説明しなさい。

第2節 労働時間と労使協定 …………………………………… 82
【概 説】労使協定とは ……………………………………[丸尾 敏也]…… 82
〔1〕 はじめに …………………………………………………………… 82
〔2〕 労使協定の意義 …………………………………………………… 82
〔3〕 労働基準法の労使協定 …………………………………………… 83
〔4〕 育児・介護に関する労使協定 …………………………………… 84
〔5〕 労使協定の要件 …………………………………………………… 86
〔6〕 労使協定と労働協約の違い ……………………………………… 87
〔7〕 労使協定と就業規則の違い ……………………………………… 88

Q7 | 過半数代表 ………………………………………[丸尾 敏也]…… 89
本章第2節【概説】の「労使協定」における労働者側当事者，すなわち，「労働者の過半数で組織する労働組合」，また（そのような組合がない場合の）「労働者の過半数を代表する者」（労基36条。後者の者を「過半数代表者」という）につき，「過半数」の内容，過半数の代表者の選任・適格性・任期制などについて，説明しなさい。

Q8 | 民事上の効力等 ………………………………………[丸尾 敏也]…… 94
A社の千葉工場（労働者数20名）は，労働者の過半数を代表する者と「労働時間の延長をすることができる時間を(i)1日＝5時間，(ii)1ヵ月＝45時間（起算日は毎月1日），(iii)1年＝360時間（起算日は4月1日）とし，有効期間を1年間とする」という内容の労使協定（36協定）を平成29年1月に結んでいた（なお，所定労働時間は1日＝8時間）。この場合に，①A社は，A社の千葉工場の従業員Bに対し，平成29年6月に1ヵ月合計40時間の時間外労働を命じて就労させた。A社は，労働基準法32条に違反しないか。②1ヵ月合計60時間の時間外労働をさせた場合はどうか。③A社は，この労使協定は自動更新されるものと考え，平成27年3月に，起算日が平成27年4月1日のものを作成し労働基準監督署に届け出たが，その後は，作成も届出もしなかった。この場合はどうか。さらに，④A社は，上記の労使協定を

もとに，A社千葉工場の従業員に対し1ヵ月45時間までの時間外労働を命ずることはできるか。

第3節　時間外労働義務 ………………………………………………………… 99
【概　説】時間外労働義務とは …………………………………[南　　正一]…… 99
　　〔1〕　36協定 …………………………………………………………………… 99
　　〔2〕　労働者の時間外労働義務 ……………………………………………… 103
　　〔3〕　労働契約，労働協約，就業規則 ……………………………………… 104
Q9　時間外労働義務（残業命令）………………………………[南　　正一]…… 107
　　Xは，Y社武蔵工場に勤務し，製造部低周波製作課においてトランジスターの特性管理（歩留の維持向上及び不良対策等）の業務に従事していた。平成○年○月○日，Xの算出した選別実績歩留よりも低い結果が出たため，甲主任が，歩留推定表の数値の算出方法を問い質すと，Xは手抜作業を行ったことを認めたため，Xに対して原因の追及と歩留推定をやり直すように命じたところ，Xは拒否して退社した。数日後，乙課長は，Xに対し，残業拒否の件で始末書を提出するように命じたが，Xは，就業規則に違反した覚えはないと主張して始末書の提出を拒否し，乙課長からのさらなる始末書の提出要求に対してかえって挑発的な発言をするに至った。Y社は，Xの態度は過去3回の処分歴と相まって，就業規則所定の懲戒事由「しばしば懲戒，訓戒を受けたにもかかわらず，なお悔悟の見込みがないとき」に該当するとして，懲戒解雇の意思表示をした。Y社武蔵工場とその労働者の過半数で組織する労働組合（Xの加入するもの）の上部団体との間で締結された労働協約及びY社武蔵工場の就業規則には，Y社は，業務上の都合によりやむを得ない場合には，組合との36協定により1日8時間の実働時間を延長することがある旨定められ，Y社武蔵工場と組合との間では，「会社は，①納期に完納しないと重大な支障を起こすおそれのある場合，（②，③，④は省略），⑤生産目標達成のため必要がある場合，⑥業務の内容によりやむを得ない場合，⑦その他前各号に準ずる理由のある場合は，実働時間を延長することがある。」旨の36協定が締結され，所轄の労働基準監督署長に届け出られている。Xは，労働基準法に定める労働時間を超える時間外労働に関する就業規則も労働協約も個々の労働者に対し時間外労働の義務を課すことはできず，36協定が結ばれている場合，使用者は単に個々の労働者に対し合法的に時間外労働の申込みをなし得るにとどまるにすぎず，Xが残業命令を拒否したのは正当な行為であり，懲戒解雇は解雇権の濫用として無効であると主張して，雇用契約上の地位の確認と未払賃金の支払を求めて訴えを提起した。
　　Xの請求は認められるかについて説明しなさい。

Q10　労働時間該当性(5)──残業禁止命令違反 ……………[南　　正一]…… 114
　　Yは音楽家を養成する専門学校○○の学院長として○○音楽院を個人経営している者であり，XはYに○○音楽院の従業員として雇用されていた者である。X及び他数名の従業員は平成○年○月に労働組合を結成し，労働組合はYとの間で36協定

の締結に向けた交渉を行った。Yは，同年○月○日の朝礼において，36協定が未締結の状態にあることを理由に，職員の時間外労働，休日労働を禁止し，残務がある場合には役職者が引き継ぐべきであるとの指示・命令（以下「本件残業禁止命令」という）をした。従前，○○音楽院においては，36協定の締結及び届出をせずに従業員の時間外労働及び休日労働が行われており，給与総額に対する時間外労働賃金の割合が高く，これが生活の糧として重要な部分を占めていたことから，本件残業禁止命令の後においても，Xは従前と同じく時間外労働を続けていた。Yと労働組合は平成○年○月○日に36協定を締結した。Xは，本件残業禁止命令は，Yが36協定の締結のために労働組合が要求する団体交渉を拒否し続ける一方，36協定の締結のための労働者の代表選出から労働組合を排除し，別の者を労働者の代表に選出させようとして圧力を加える支配介入行為であるから，公序良俗に反し無効であると主張して，36協定の締結までに行った時間外労働に対する割増賃金の支払を求めて訴えを提起した。

　　Xの請求は認められるかについて説明しなさい。

第4節　労働時間の適正な把握・管理 ………………………………… 121
【概　説】労働時間把握義務と労働時間の立証の問題 ……… [加藤　優]…… 121
　〔1〕　基本概念 ………………………………………………………… 121
　〔2〕　平成29年ガイドライン ……………………………………… 123
　〔3〕　実労働時間の主張立証責任等について ………………… 128
　〔4〕　実労働時間の主張立証の実際 ……………………………… 130
　〔5〕　立証の程度 …………………………………………………… 133

Q11 ｜ 労働時間の立証(1)──タイムカードによる労働時間の認定
　　　………………………………………………………… [加藤　優]…… 134

　　Yは印刷業を主たる業務とする株式会社であり，XはYの作業部の従業員であったが，Xは，タイムカードの記録をもとに，現実の時間外労働と実際に支払われた賃金との差額の支払を求めて訴えを提起した。これに対し，Yは次のように主張をする。Yでは，従業員は出・退勤時にタイムカードを打刻することが義務付けられており，また，Yにおける個人別出勤表はタイムカードの記録を転写することで作成されているが，タイムカードは，従業員の出・退勤の状況を把握し，あるいは，勤怠管理の一助にするという目的で従業員に打刻させていたものであり，従業員の時間管理をしていた事実はないし，Xのタイムカードの記載から計算される労働時間はXの現実の労働時間ではなく，さらに，Xは，所定労働時間中，手待時間があったことはもとより，多々公私混同の行動があり，あるいはまったく業務を行うことなく時間を徒過するなどしており，タイムカードの記載から計算される労働時間は現実の労働時間と大きく乖離したものである。

　　Xの請求は認められるかについて説明しなさい。

Q12 ｜ 労働時間の立証(2)──タイムカードによる時間管理があっても空白や書き

込み等がある場合の労働時間の推定 ……………………[加藤　優]…… 147
　　Yは，国際会議，学会，イベントの企画・運営を主たる業務とする会社であり，従業員であったXは，平成○年○月○日から退職するまで，Yの明示又は黙示の業務命令に基づいて，時間外労働に従事していたとして，割増賃金の支払を求めて訴えを提起した。Xは，Yにおいては従業員の勤務時間の管理をタイムカードによって行っていたから，Xのタイムカードに記載された時刻は，実際の業務の開始時刻及び終了時刻を正確に表すので，タイムカードによりXの時間外労働時間を算定することができる。もっとも，タイムカードが存在しない期間やタイムカードの記載が欠けている期間があるが，その部分は，同じ業務に従事した他の従業員の勤務時間を参考にしたり，Xのメモやスケジュールなどによって労働時間を算定することができる。Yでは時間外労働が常態化していたことは明らかであるから，タイムカードが存在しない期間や記載が欠けている期間においても，時間外労働がまったくされていないことは考えられず，全面的に割増賃金を否定するのは不公平であるから，少なくとも上記期間についても，Xが主張する時間外労働時間の2分の1について労働したものと推定すべきである。なお，タイムカードに手書きの部分が存在するのは，Yでは平成○年○月以降タイムカードの管理が強化されたが，実際には，従業員は届出書に記載をして上長の承認を得て自らタイムカードに時刻を手書きしたり，上長の承認を得ることなく自ら手書きをし，後に上長がそれを承認することも行われていたことによるものであり，事前・事後に上長の承認を得ているのであるから，タイムレコーダーによる打刻と同様に扱うべきである旨を主張する。これに対し，Yは，タイムカードの打刻は遅刻をチェックする意味しかなく，打刻された時刻は出社時刻，退社時刻を意味するにすぎず，タイムカードから労働基準法上の労働時間を把握することはできず，また，タイムカードには空白やX自らの手書きの部分が存在することからして，タイムカードに記載された時刻をもってXの労働時間を算定することができない旨を主張する。
　　Xの請求は認められるかについて説明しなさい。

第2章　例外的な労働時間制度

第1節　変形労働時間制 ………………………………………………… 160
【概　説】変形労働時間制とは ……………………………[増田　輝夫]…… 160
　〔1〕　変形労働時間制の概要 ……………………………………………… 160
　〔2〕　各種の変形労働時間制 ……………………………………………… 162
　〔3〕　変形労働時間制の適用制限 ………………………………………… 164
Q13｜1ヵ月単位の変形労働時間制(1) ……………………[増田　輝夫]…… 166
　　1ヵ月単位の変形労働時間制について説明しなさい。
Q14｜1ヵ月単位の変形労働時間制(2) ……………………[増田　輝夫]…… 177
　　Xは，レストランチェーンを経営するY社にアルバイト社員として入社し，甲店

において接客や調理業務に従事してきたが、退社後、残業代があるとして未払時間外手当の支払を求めて訴えを提起した。

以下の事実を前提として、Xの請求は認められるかについて説明しなさい。

Xが従事していた甲店では、店舗は11時から22時までの営業であり、したがって、10時から22時30分の間が労働時間の枠となるところ、毎月1日ころ及び16日ころに、アルバイト従業員各自に対し、およそ2週間後からの15日分について（1日ころのときであればその月の16日から月末まで、16日ころのときであれば翌月の1日から15日まで）、勤務する時間帯の希望を聴取し、Xを含むアルバイト従業員は、希望する日にち、時間の労働時間を申告し、そのまま労働時間として決定されることもあれば、正社員から「この時間、入れない。」と依頼されてアルバイト従業員がそれを承諾することもあり、また、希望が競合して話し合いを行うこともあり、そのような経過を経て、正社員が最終的に決定した半月ごとのシフト表で割り当てられた労働時間がアルバイト従業員の労働時間となっており、Xの労働時間もこのプロセスを経て決定されていた。

Y社は、アルバイト従業員について、16日から月末及び1日から15日までの期間の半月単位の変形労働時間制を採用しており、残業代未払いはない。就業規則上の変形期間は1ヵ月であったが、アルバイト従業員は学生主体であるため、1ヵ月単位の予定を定めることが困難であるという事情があり、所定労働時間の特定は半月単位となっており、1ヵ月単位の変形労働時間制の要件を満たしていないものの、半月単位の変形労働時間制の要件は充足しており、労働基準監督署の是正勧告を受け、就業規則上も半月を変形期間とする変形労働時間制に変更した旨を主張するのに対し、Xは、アルバイト従業員に変形労働時間制を採用すること自体、法の予定したものではなく許されず、また、Y社が採用していた変形労働時間制においては、変形期間すべてにおける労働日及び労働時間等を事前に定めず、変形期間における期間の起算日を就業規則等の定めによって明らかにしておらず、無効である旨を主張する。

Q15｜1年単位の変形労働時間制 ……………………………[増田　輝夫]……　*185*
　　1年単位の変形労働時間制について説明しなさい。
Q16｜1週間単位の非定型的変形労働時間制 ………………[増田　輝夫]……　*194*
　　1週間単位の非定型的変形労働時間制について説明しなさい。
第2節　フレックスタイム制 ……………………………………………………　*199*
【概　説】フレックスタイム制とは ……………………………[増田　輝夫]……　*199*
　　〔1〕　概　　　要 ………………………………………………………………　*199*
　　〔2〕　導入要件 …………………………………………………………………　*201*
　　〔3〕　法的効果──1日の定型的労働時間制の排除，労働義務の発生 …　*206*
　　〔4〕　フレックスタイム制における時間外労働時間 ……………………　*207*
　　〔5〕　途中適用者等の清算 ……………………………………………………　*208*
　　〔6〕　適用除外 …………………………………………………………………　*208*

Q17 | フレックスタイム制 ……………………………[増田　輝夫]…… 209

フレックスタイム制に関する次の事項について説明しなさい。

(1) 労働時間の過不足の繰越し —— 労働時間の貸借

　清算期間内での労働者の実労働時間が，同期間の総労働時間を超過又は不足した場合，その過不足分を次の清算期間に繰り越すことができるか。

(2) フレックスタイム制の臨時解除 —— 業務命令

　フレックスタイム制が適用されている労働者に対し，使用者が，業務上の必要に基づき，一定の時刻までの出勤や一定時刻までの居残りを命令することができるか。業務命令を受けた時間に労働した場合，時間外労働になるか。

(3) 変則的フレックスタイム制

　次のようなフレックスタイム制は認められるか。

　① 週に1日ないし数日は，始業時刻及び終業時刻のいずれか又は双方を固定させる方法

　② 同一職場内の労働者を班分けし，通常労働時間制とフレックスタイム制とを一定の期間ごとに交替する方法

第3節　事業場外労働のみなし労働時間制 ……………………………… 217

【概　説】事業場外労働のみなし労働時間制とは ………… [加藤　優]…… 217

〔1〕基本概念 ……………………………………………………………… 217
〔2〕事業場外労働のみなし労働時間制 ………………………………… 219
〔3〕事業場外労働のみなし労働時間制を導入するための要件 ……… 220
〔4〕事業場外労働のみなし労働時間の算定方法 ……………………… 222
〔5〕みなし労働時間制の適用の主張（抗弁） ………………………… 226
〔6〕効　果 ………………………………………………………………… 226
〔7〕みなし労働時間制の具体的内容 …………………………………… 227
〔8〕主張立証上の留意点 ………………………………………………… 228

Q18 | 事業場外労働のみなし労働時間制 ……………………[加藤　優]…… 231

　Xは，Y社に雇用され，同社が主催する募集型の企画旅行の添乗業務（以下「本件添乗業務」という）に従事していた者であったが，時間外割増賃金の支払を求めて訴えを提起した。これに対し，Y社は，従業員代表との間で事業場外労働のみなし労働時間制に関する協定書が作成されており，本件添乗業務については労働基準法38条の2第1項にいう「労働時間を算定し難いとき」に当たり，同項所定の事業場外労働のみなし労働時間制が適用され，実際の労働時間にかかわらず所定労働時間労働したものとみなされるから，時間外割増賃金が発生する余地はないと主張して，これを争っている。

　以下の事実を前提として，Xの請求は認められるかについて説明しなさい。

(1) Y社が主催するツアーにおける旅行日程表は，ツアー参加者との間の契約内容となっており，本件添乗業務においては，その旅行日程の管理等を行うことが求

められ，添乗員が自ら決定できる事項の範囲や決定に係る選択の幅は限られていた。
(2) ツアーの開始前には，Y社は，添乗員に対し，旅行日程表及びこれに沿った手配状況を示した添乗員用のアイテナリーにより，具体的な目的地及びその場所において行うべき観光等の内容や手順等を示すとともに，添乗員用のマニュアルにより具体的な業務の内容を示し，それらに従った業務を行うことを命じている。ツアーの実施中においては，Y社は，添乗員に対し，携帯電話を所持して常時電源を入れておき，ツアー参加者との間で旅行日程の変更が必要となる場合には，Y社に報告して指示を受けることを求めている。ツアーの終了後においては，Y社は，添乗員に対し，ツアー中の各日について旅行日程表に沿った内容を正確かつ詳細に記載する添乗日報によって，業務の遂行状況等の詳細かつ正確な報告を求めているところ，その報告の内容については，ツアー参加者のアンケートや関係者に問い合わせをすることによってその正確性を確認することができるものになっている。

第4節 裁量労働のみなし労働時間制 ………………………… 243
【概　説】裁量労働のみなし労働時間制（裁量労働制）とは
　　　　　　　　　　　　　　　　　　　　　　………………[加藤　優]…… 243
　〔1〕 基本概念 ………………………………………………………… 243
　〔2〕 専門業務型裁量労働制の概要 ………………………………… 244
　〔3〕 企画業務型裁量労働制の概要 ………………………………… 249
　〔4〕 主張立証上の留意点 …………………………………………… 253
Q19｜専門業務型裁量労働制(1) ……………………………[山下　知樹]…… 254
　　専門業務型裁量労働制について説明しなさい。
Q20｜専門業務型裁量労働制(2) ……………………………[山下　知樹]…… 264
　　Xは，企業経営・情報システムのコンサルティング業務，情報システムの設計・開発等を業とする会社であるが，Yは，平成○年○月○日にXに従業員として雇用され，その際，Xとの間で従業員の機密保持及び知的財産権に関する契約（以下「本件機密保持契約」という）を締結した。本件機密保持契約には，YはXの事業と競合又はXの利益と相反するいかなる事業活動にも従事，投資又は支援しない旨（以下「本件競業避止義務」という）規定されていた。Yは，平成○年○月○日，コンピュータのソフトウェアの開発等を目的とする会社であり，X社との間でプロジェクトの業務の一部を受託するなどの取引を継続していた甲社に投資し，同年○月○日，同社の代表取締役に就任した。その後の平成○年○月○日，Xは，本件競合避止義務違反を理由としてYを懲戒解雇するとともに，YはXのために労務を提供すべき時間中不就労部分の給与について不当利得としてその返還を求める訴えを提起した。Xは，社員の過半数を代表する者との間で，専門業務型裁量労働制に関する協定書を締結し，所轄の労働基準監督署長に届け出ており，Yは専門業務型裁量労働制が適用される労働者である。

Xの請求は認められるかについて説明しなさい。

Q21 | 企画業務型裁量労働制 ……………………………[熨斗　昌隆]…… 269
　企画業務型裁量労働制について説明しなさい。

第3章　労働時間規定の適用除外

【概　説】労働時間規定の適用除外とは ………………………[宇都宮　庫敏]…… 275
　〔1〕　はじめに …………………………………………………………… 275
　〔2〕　農業，畜産及び水産業に従事する者 ……………………………… 275
　〔3〕　管理監督者 ………………………………………………………… 276
　〔4〕　機密事務取扱者 …………………………………………………… 280
　〔5〕　監視・断続的労働従事者 ………………………………………… 280
　〔6〕　特定高度専門業務・成果型労働制（高度プロフェッショナル制度） …… 282

Q22 | 多店舗展開する小売業，飲食業の店長の管理監督者該当性
　　　　　　　　　　　　　　　　　　　　　………………[宇都宮　庫敏]…… 283
　多店舗展開する小売業，飲食業の店長の管理監督者該当性について説明しなさい。

Q23 | 管理監督者と深夜割増賃金 ……………………………[宇都宮　庫敏]…… 289
　Xは，美容室及び理容室を経営するY社に平成○年○月○日に入社し，平成○年以降，Y社の総店長となったが，顧客に対する理美容業務にも従事していた。Xは，通常は，午前10時（平日）あるいは午前9時（土日）に出勤し，午後7時半に退社していたが，平成○年○月以降，毎月2回，原則として水曜日の夜，理美容業務を終えた後，午後9時ころから最低でも2時間，店長会議に出席していた。Xには，他の店長の3倍の店長手当を含め他の店長の約1.5倍程度の給与が支給されており，また，Y社の経営は代表取締役が最終的には決定していたが，Xは代表取締役と経営や売上げや人事異動等について打ち合わせをし，代表取締役に助言する立場にあった。ところが，平成○年○月，Y社の売上げが芳しくないことを理由とする減給の要請を受けてXは応じたが，その後も基本給を元に戻す話がなく，次第にY社の待遇に不満をもつようになり，平成○年○月○日ころに体調不良を理由に退社したい旨を申し入れて同年○月末日で退社した。退社後，Xは時間外賃金（深夜割増賃金）の支払を求めて訴えを提起した。Xは，総店長の地位にはあったものの，その業務は顧客に対する理美容行為であって，他の従業員と何ら変わるところはなく，労働基準法41条2号の管理監督者には該当しないと主張し，Y社は，XはY社の経営や人事管理に実質的に関与していた者であり，他の店長の3倍の店長手当を含め他の店長の約1.5倍程度の給与の支給を受けており，管理監督者に該当するところ，管理監督者については，労働基準法の労働時間，休憩及び休日に関する規定は適用されないから（労基41条柱書・2号），これらの規定が適用されることを前提とするXの深夜割増賃金の請求は理由がない旨を主張する。
　Xの請求は認められるかについて説明しなさい。

第4章 休憩・休日

第1節 休　　憩 …………………………………………………… 296
【概　説】休憩とは ……………………………………………[山下　知樹]…… 296
〔1〕 概　　要 ………………………………………………………… 296
〔2〕 休憩時間の長さと時間帯 ……………………………………… 296
〔3〕 休憩の一斉付与の原則 ………………………………………… 297
〔4〕 休憩時間自由利用の原則 ……………………………………… 298
〔5〕 休憩付与義務違反について …………………………………… 300
Q24｜休憩時間該当性 ……………………………………[山下　知樹]…… 302

　　Xは，Yの経営するガソリンサービス・ステーションにおけるセルフスタンドの監視業務員として勤務していた者であるが，勤務実態から各勤務時間帯に設定された休憩は現実にはとることができず，休憩時間は手待時間に当たると主張して，当該時間分の割増賃金の支払を求めて訴えを提起した。
　　以下の事実を前提として，Xの請求は認められるかについて説明しなさい。
　　本件ガソリンサービス・ステーションは24時間営業であり，勤務形態は3交代制（午前7時から午後4時まで，午後3時から午後11時まで，午後10時から翌日午前8時まで）となっており，各日にちの各勤務形態の勤務者は，始業時と終業時の各1時間の重なり合いを除いて1人であった。休憩は，勤務形態ごとに，原則として1時間に10分ずつとることとし，休憩時間に顧客が来た場合などには勤務を優先し，適宜に休憩をとるよう指示されていた。Xが就いていた給油の監視業務においては，顧客が油種，給油量を設定し，現金又はキャッシュカードを投入して，所定ノズルを持ち上げて給油口にノズルを入れるのを確認してから，チャイムの音に合わせて監視員がボタンスイッチを押すことにより初めて給油が可能になるもので，セルフスタンドとはいっても監視員が個別に対応しなければならない状態にあり，顧客が来ているときは上記のような業務に当たらなければならず，持ち場を離れることはできず，時間帯やタイミングによっては食事やトイレにも不便を来す状況にあった。顧客が途切れているときでも，セルフスタンドが危険物取扱施設であることから，消防法等によって厳格に規制され，常時1名以上の従業員が監視，管理に当たっていることが要求されており，休憩とされる時間中も敷地から出ることは許されていなかった。Yは，各勤務形態ごとに全拘時間に対して1勤務当たりの日給を支給しており，Xはこのような勤務形態をとることに合意している旨を主張する。

第2節 休　　日 …………………………………………………… 311
【概　説】休日とは ……………………………………………[熨斗　昌隆]…… 311
〔1〕 休日の概要 ……………………………………………………… 311
〔2〕 週休制の原則・暦日休日制の原則 …………………………… 311
〔3〕 暦日休日制の例外（交替制労働） …………………………… 312

〔4〕　週休制の例外（変形休日制）……………………………………… *313*
　〔5〕　休日振替 ……………………………………………………………… *313*
　〔6〕　代　　休 …………………………………………………………… *315*
　〔7〕　時間単位，半日単位での休日振替，代休は可能か ……………… *315*
Q25｜振替休日 ………………………………………………[熨斗　昌隆]…… *317*

　　XはY社の従業員であった。昭和○年○月11日（木曜日）と12日（金曜日）の両日は交通機関各社の交通ストが予定されていたが，交通ストが実施された場合，Y社の従業員のうち出勤可能な者は全体の30％程度と予想された。当時，Y社では膨大な注文を抱えて業務は多忙を極めており，従業員の時間外労働や外注加工等に依存せざるを得ない状況にあった。Y社では対策を検討した結果，13日（土曜日）及び14日（日曜日）は，就業規則○条所定の休日であったが，就業規則○条（「業務上必要がある場合は前条の休日を他の日に振り替えることがある。」）に基づいて，これらの休日を11日と12日に振り替え，13日と14日を就業日とすること，ただし，これを中止する場合にはその決定を10日（水曜日）に行うとの休日振替措置（以下「本件措置」という）を行うことにした。○月3日に人事課長通達で全従業員に対し本件措置を通知し，4日，5日，8日，9日には本件措置の内容を構内放送によって伝達し，また，掲示板に掲示するなどして本件措置の周知徹底を図った。○月10日，交通ストが不可避であることが明らかとなったので，休日振替をすることを最終的に確認し，周知を図った上で，本件措置を実施したところ，Xはこれに反対して13日と14日に欠勤したので，Y社は欠勤分を賃金から控除した。Xは，休日振替は，労働義務のない日時に労働義務を発生させる点において休日労働や時間外労働と異なるところはなく，休日労働や時間外労働の場合に使用者が労働者の同意がないのに一方的に労働義務を課することができないのと同様に，休日振替の場合も個々の労働者の同意が必要であるところ，本件措置についてはXら個々の労働者の同意がなかったのであるから，労働基準法35条に違反して無効であると主張して，控除された賃金の支払を請求して訴えを提起した。
　　Xの請求は認められるかについて説明しなさい。

第3編　時間外，休日，深夜労働の割増賃金

第1章　割増賃金（時間外手当）

【概　説】時間外労働，休日労働，深夜労働とは …………[小泉　孝博]…… *325*
　〔1〕　意　　義 …………………………………………………………… *325*
　〔2〕　時間外労働等に対する主たる規制 ………………………………… *326*
　〔3〕　割増賃金支払義務について ………………………………………… *329*

〔4〕 法外残業と法内残業の差異 ……………………………………… *331*
〔5〕 法定休日と所定休日（法定外休日）の差異 ……………… *332*
〔6〕 法定休日の特定 ………………………………………………… *332*

Q26 | 割増賃金の計算方法 ……………………………[小泉　孝博]…… *336*

時間外労働，休日労働及び深夜労働に対する割増賃金の計算方法について説明しなさい。

Q27 | 割増賃金の発生 ………………………………………[小泉　孝博]…… *350*

労働時間が9時から17時までで，休憩時間が12時から13時までの1時間と定められ，休日が日曜日と土曜日の週休2日制が採用されている会社に関する次の事項について，説明しなさい。

(1) 従業員が，平日の9時から18時まで勤務した場合（休憩は所定時間どおり取得したものとする），会社に割増賃金の支払義務はあるか。

(2) 従業員が，午前半日休暇を取得し，13時から18時20分まで勤務した場合はどうか。

(3) 従業員が，平日の9時から18時20分まで勤務した場合（休憩は所定時間どおり取得したものとする），会社が，当該月の割増賃金を算出するために労働時間を集計するに際して，1日につき30分未満の残業時間は切り捨てる旨の就業規則に基づいて，上記の労働時間中，20分の端数を切り捨てることは許されるか。

(4) 会社が日曜日を法定休日であると定めていた場合において，従業員が，ある週の日曜日に出勤し，9時から17時まで勤務したが，その週の土曜日には出勤しなかったとき，会社は，休日労働に対する割増賃金の支払義務を負うか。

(5) 上記(4)において，会社が法定休日を特定していなかった場合には，休日労働に対する割増賃金の支払義務はどうなるか。また，この場合において，従業員が，土曜日にも出勤したときには，どうなるか。

(6) 会社が法定休日を特定していなかった場合において，従業員が，日曜日に出勤し，8時間を超えて勤務したとき，会社は，時間外労働に対する割増賃金の支払義務を負うか。

Q28 | 固定残業代 ………………………………………………[太田　和範]…… *356*

固定残業代制とはどのような制度であり，どのような場合に有効となるのかについて説明しなさい。

Q29 | 遅延損害金，付加金，消滅時効 ……………………[太田　和範]…… *363*

使用者が割増賃金の支払義務を怠った場合の法的効果について説明しなさい。また，割増賃金支払請求権の期間制限についても説明しなさい。

第2章　割増賃金請求訴訟

【概　説】割増賃金請求訴訟とは …………………………………[堀田　　隆]…… *369*
〔1〕 割増賃金制度の目的 ……………………………………………… *369*

〔2〕 割増賃金請求の概説 ………………………………………… *369*
〔3〕 割増賃金請求訴訟の訴訟物 ………………………………… *374*
〔4〕 要件事実（請求原因事実）………………………………… *375*
〔5〕 証　　拠 …………………………………………………… *376*
〔6〕 消滅時効，遅延損害金，付加金 …………………………… *377*

Q30 │ 割増賃金請求訴訟⑴──請求原因 ………………………[堀田　　隆]…… *380*
　　割増賃金請求訴訟における要件事実を明らかにし，その要件事実を証明するための証拠にはどのようなものがあるかについて説明しなさい。

Q31 │ 割増賃金請求訴訟⑵──反論・抗弁 ……………………[小泉　孝博]…… *389*
　　割増賃金請求訴訟において考えられる被告（使用者）側の反論について説明しなさい。

Q32 │ 割増賃金請求訴訟⑶──事例の検討と訴状の記載例
　　　　　　　　　　　　　　　　　　……………………………[堀田　　隆]…… *400*
　　次の設例をもとに，割増賃金（時間外手当）額を計算し，計算根拠について簡単に説明するとともに，この割増賃金を訴求する場合の訴状における請求の趣旨及び請求の原因を記載しなさい。
⑴　A株式会社（資本金1億円，従業員約90人。以下「A」という）は衣料品の販売（卸売業）を行う会社である。BはAとの間で平成24年3月20日に雇用契約を締結し，同年4月1日に入社した。雇用契約書及びAの就業規則によると，所定労働時間は午前9時～午後5時（途中，午後0時～午後1時は休憩時間）の1日7時間（1週間35時間），休日は土曜日，日曜日（日曜日は法定休日）であり，時間外手当については，法定労働時間内については1割増，法定労働時間を超える場合は法定の割増率による。ただし，法定外休日労働の場合の割増率は2割5分増とするとされている。なお，給料は，毎月末日締め，翌月5日払いである。
　　Bは，基本給25万円，通勤手当（実費）2万円，住居手当（家賃の6割相当分）6万円，家族手当2万円（配偶者1万円，子ども5000円／人，Bは2人の子どもがいる）で合計35万円の支給を受けている。さらに，賞与として，6月と12月に基本給の3ヵ月分（75万円）の各支給を受けている。この場合に，Bは，平成29年11月に所定労働時間35時間のほかに，以下のように残業を55時間行った。しかし，Aは経営が苦しいことを理由に時間外手当をまったく支払ってくれない。Bは，毎月の給与の支払も遅延気味であるため，時間外手当の支払をしてくれるのか不安に思い，時間外手当の支払を求めて提訴しようと考えている。

```
11／06（月）PM05：00～PM09：00                    4時間
11／11（土）AM09：00～PM05：00
           （PM 0：00～PM 1：00＝休憩時間）        7時間
11／12（日）PM01：00～PM11：00                   10時間
```

```
11／21（火）PM05：00〜PM11：00                    6時間
11／22（水）PM05：00〜PM10：00                    5時間
11／25（土）PM01：00〜PM07：00                    6時間
11／26（日）AM09：00〜PM02：00                    5時間
11／28（火）PM05：00〜翌日（11／29（水））AM06：00
      （AM 0：00〜AM 1：00＝休憩時間）           12時間
```

(2) なお，就業規則で，住居手当は一律に定額5万円を支給し，家族手当は一律に定額2万円を支給するとなっていた場合はどうか。
   また，上記の残業のほかに，

```
11／07（火）PM05：00〜PM11：00                    6時間
11／08（水）PM05：00〜PM09：00                    4時間
```

の残業（合計65時間）を行っていた場合はどうか。

第4編　年次有給休暇

【概　説】年次有給休暇とは ……………………………[中林　清則]…… *419*
　〔1〕　はじめに ……………………………………………………………… *419*
　〔2〕　年休制度 ……………………………………………………………… *420*
　〔3〕　時季指定権と時季変更権 …………………………………………… *431*
　〔4〕　未消化の年休処理 …………………………………………………… *434*
Q33｜取得要件 ………………………………………[中林　清則]…… *436*
　年休取得に関する以下の項目について説明しなさい。
(1) 従業員が出勤日当日の始業時刻前に，電話で年休を申請した場合，会社は年休を認めなければならないか。
(2) 上記(1)の場合において，会社の就業規則において，年休申請は2日前までに書面で届け出なければならないと定められていたとしたら，どうか。
(3) 従業員が欠勤や遅刻をした場合，欠勤日や遅れた時間につき，事後的に，年休を取得したものと扱うことができるか。
Q34｜年休取得と不利益扱い ………………………[岡﨑　昌吾]…… *447*
　年休を取得した日の賃金は，どのように処理されるのかについて説明しなさい。
また，所定労働日すべてに出勤した従業員に皆勤手当を支給している会社の就業規則において，従業員が年休を取得した場合，皆勤手当を不支給とすることは許されるのかについて，説明しなさい。
Q35｜半日単位・時間単位の年休 …………………[岡﨑　昌吾]…… *454*

半日単位及び時間単位の年次有給休暇付与の可否及びその場合の支払うべき賃金について説明しなさい。

Q36 | 年休基準日の統一と問題点 ……………………[岡﨑　昌吾]…… *457*
使用者が全労働者についての年次有給休暇付与の統一基準日を設ける場合の問題点について説明しなさい。

Q37 | 年休の計画的付与 …………………………………[中林　清則]…… *464*
年休の計画的付与の制度について説明しなさい。

Q38 | 派遣先の派遣労働者に対する年休の時季変更権 ………[辰巳　　晃]…… *472*
労働者派遣における年次有給休暇の付与と使用者の時季変更権について説明しなさい。

Q39 | 年次有給休暇の付与日数(1) …………………………[田村　幸彦]…… *478*
Bは，A株式会社（以下「A社」という）に平成25年4月1日に入社し，平成27年9月30日までの2年と半年の勤務をしたが，同年10月1日から平成28年9月30日までの1年間病気のために休職し，同年10月1日に復職した。それから1年間（平成29年9月30日まで）の年所定労働日数（245日）のうち実際に勤務をしたのが197日であった。

この場合に，以下の各問について簡単な理由をつけて説明しなさい。
(1) 復職した平成28年10月1日の時点での年次有給休暇の付与日数は何日になるか。
(2) 復職後1年が経過した平成29年10月1日の時点での年次有給休暇の付与日数は何日になるか。また，実際に勤務をしたのが197日であったが，このうち15日間につき，遅刻や早退があった場合はどうか。さらに，実際に勤務をしたのが197日であったが，このうちの3日間は休日労働であった場合はどうか（代休はなかった）。
(3) 平成28年10月1日（復職日）から平成29年9月30日までに，実際に勤務をしたのが186日であった場合はどうか。さらに，実際に勤務をしたのが186日であったが，勤務をしない日のうち10日間については年次有給休暇を取得していた場合はどうか。
(4) 平成28年10月1日（復職日）から平成29年9月30日までに，実際に勤務をしたのが193日であったが，勤務をしない日のうち5日間については実母のための介護休業を取得していた場合はどうか。
(5) 平成28年10月1日（復職日）から平成29年9月30日までに，実際に勤務をしたのが193日であったが，勤務をしない日のうち3日間については実父死亡のための特別休暇（いわゆる忌引き休暇）を取得していた場合，あるいは生理休暇を取得していた場合はどうか（A社では，就業規則で上記の特別休暇や生理休暇について年次有給休暇と同様に取り扱う旨が規定されている）。もし，A社の就業規則で上記の特別休暇や生理休暇については欠勤と同様に取り扱う旨が規定されていた場合はどうか。

(6) 平成28年10月1日（復職日）から平成29年9月30日までに，実際に勤務をしたのが193日であったが，勤務をしない日のうち5日間については，A社にある労働組合のストライキによる不就労日であった場合はどうか。

Q40｜年次有給休暇の付与日数(2) ....[田村　幸彦]...... 489

Q39の設例において，Cは，A社の経営するスーパーマーケット甲店にパートタイマーとして働いており，その勤務形態は，週3日間（月，水，金の各曜日），1日当たり4時間（午後1時から午後5時まで）の勤務であって，平成28年4月1日から平成29年9月30日までの1年と半年の期間勤めている。このCにつき，平成29年10月1日の時点での年次有給休暇の付与日数は何日になるか。

Q41｜年次有給休暇と時季変更 ....[辰巳　晃]...... 491

A株式会社（以下「A社」という）は，○○市内でドラッグストア3店舗（甲店，乙店，丙店）を経営しており，社長以下管理職3人（取締役専務，取締役総務部長，会計課長各1人），本社従業員1人及び店舗従業員7人（甲店−3人，乙店−2人，丙店−2人）の合計12人の会社である。A社では，年休について，就業規則に「年休取得のためには事前に書面で申請し使用者の許可を受けなければならない」と規定していた。

平成29年12月24日（日）に，甲店従業員のBと乙店従業員のC，Dが，全店一斉の年末大売出しが開始される翌25日（月）に有給休暇をとりたいと申請してきた。Bの申請理由には「発熱した子どもを病院に連れて行くため」と，Cの申請理由には「葬儀参加のため」とそれぞれ記載されていた。しかし，Dの申請理由には何も書かれていなかった。本社の総務部長が携帯電話でDの申請理由を尋ねたが，Dは「年休の申請理由を記載させるのは違法で，答える必要はない」との返事で申請理由はわからなかった。

この場合に，A社はDの有給休暇を許可しないことはできるか。あるいは，A社は有給休暇理由不記載を理由にDの有給休暇を承認しないとすることはできるか。また，A社は，Dの有給休暇を別の日に変更することはできるか。

Q42｜解雇・退職予定者に対する年休の時季変更権 ....[辰巳　晃]...... 498

A自動車販売会社（以下「A社」という）の社員Bは，営業部に所属し自動車のセールスを担当していたが，営業成績が低調で，遅刻も多く，また無断欠勤もあったため，A社は30日間の解雇予告のもとBを解雇することにした。Bも自分には自動車のセールスは向かないと考え，この解雇を受け入れることにした。そして，Bは，年次有給休暇が35日残っているとして，解雇予告があった日の翌日から解雇の日までの年次有給休暇を申請した。

(1) この場合に，A社としては引継ぎのためせめて2日間はBに出社をしてほしいと考えているが，A社はBの年次有給休暇を認めるしかないか。A社のとり得る方法にどのようなものがあるか。

(2) また，上記(1)において，A社はBを戒告処分にするにとどめたが，Bは自分に

は自動車のセールスは向かないと考え，1ヵ月後に退職する旨の退職届を提出し，その翌日から退職までの年次有給休暇を申請した。この場合はどうか。

第5編　仕事と育児・介護の両立支援制度──育児休業，介護休業

第1章　仕事と育児・介護の両立支援制度と休業制度

【概　説】仕事と育児・介護の両立支援制度 ……………………[井手　良彦]…… 505
　〔1〕　はじめに ………………………………………………………………… 505
　〔2〕　仕事と育児の両立支援の制度 ………………………………………… 505
　〔3〕　仕事と介護の両立支援の制度 ………………………………………… 511
　〔4〕　仕事と育児・介護の両立支援の制度 ………………………………… 516
　〔5〕　子の看護休暇制度 ……………………………………………………… 523
　〔6〕　介護休暇制度 …………………………………………………………… 526
　〔7〕　不利益取扱いの禁止 …………………………………………………… 529
Q43│休業制度の周知義務 ……………………………………[井手　良彦]…… 532
　　事業主の休業制度の周知義務について，周知制度の趣旨，周知事項，また周知方法などについて説明しなさい。
Q44│育児介護休業法 …………………………………………[井手　良彦]…… 535
　　育児介護休業法は，平成28年と平成29年にそれぞれ改正されたが，両者の改正内容について簡単に説明しなさい。

第2章　育 児 休 業

【概　説】育児休業とは ………………………………………[井手　良彦]…… 545
　〔1〕　はじめに ………………………………………………………………… 545
　〔2〕　産前産後休業（労基65条）……………………………………………… 545
　〔3〕　育児休業 ………………………………………………………………… 547
　〔4〕　育児時間（労基67条）…………………………………………………… 553
Q45│育児休業(1)──取得 ………………………………………[井手　良彦]…… 555
　　Aは，その夫Bとともに，C社に勤めているが，妊娠したため，子どもが生まれたら，産後休業の後に，育児休業を取得しようと考えている。どのようにすればよいか。出産の日が当初予定日から変わった場合にはどうすればよいか。いつまで取得し得るか。また，夫のBも取得し得るか。
Q46│育児休業(2)──延長・短縮 ………………………………[井手　良彦]…… 573
　(1)　Aは子どもが満1歳になるまで育児休業を取得することにし，現在育児休業中であるが，満1歳になった時点で預けることを予定していた託児所から定員一杯

で受け入れることができなくなったとの連絡があり，さらに，他の託児所にも預けられそうにもないということで，育児休業を延長しようと考えているが，可能か。
　(2)　一方，Aは子どもが満1歳になるまで育児休業を取得することにし，現在育児休業中であるが，10ヵ月になろうとする時に，満1歳になった時点で預けることを予定していた託児所から「急に辞退者が出たので定員が空いた。今なら受け入れることができる。しかし，これが埋まってしまうと，Aの子どもが満1歳になった時点で受け入れることは困難であろう。」と言われた。そこで，Aは育児休業を10ヵ月で打ち切り，託児所に預け，仕事に復帰したいが，このようなことは可能か。

Q47｜育児休業(3)――申出の撤回，申出の消滅，終了予定日前の終了
　　　　　　　　　　　　　　　　　　　　　　　　　　[井手　良彦]……　*585*
　(1)　Aは，育児休業を取得するつもりで，育児休業の申出をしていたが，産後休業期間中に，近くに住む実母や実父が育児を手伝ってくれることに話が決まり，そのため，育児休業の申出を撤回しようと考えているが，このようなことは可能か。
　(2)　併せて，育児休業申出の消滅や終了予定日前の休業終了についても，説明しなさい。

第3章　介　護　休　業

【概　説】介護休業とは ……………………………………[中林　清則]……　*591*
　〔1〕　はじめに …………………………………………………………………　*591*
　〔2〕　介護休業と企業 …………………………………………………………　*592*
　〔3〕　介護休業の対象者 ………………………………………………………　*594*
　〔4〕　介護休業の期間・取得方法 ……………………………………………　*596*
　〔5〕　労働者の申出による介護休業の変更・撤回等 ………………………　*598*
　〔6〕　介護休業の終了 …………………………………………………………　*599*
　〔7〕　介護に関する企業の雇用管理における措置等 ………………………　*601*

Q48｜介護を理由とした配置換えの拒否 ………………………[太田　和範]……　*604*
　　Aは現在B社の東京本社に勤めているが，B社は大阪工場に配置換えを企画した。ところが，Aは要介護2の認定を受けた母親を介護しており，またその妻も精神病で治療を受けている状態であって，そのためこの配置換えを断った。B社はこのような配置換えを行うことができるか。

事項索引

序編

働き方改革法の概要

【概　説】働き方改革法とは

　平成30年6月29日に成立した,「働き方改革法」によって,どのような改正が行われたか,特に,労働時間,割増賃金及び年休制度などに,どのような改正が加えられたかについて,以下,簡単に説明する。

〔1〕　はじめに

(1)　「働き方改革法」の成立

　少子高齢化に伴う生産年齢人口の減少,また,働く人のニーズの多様化などに対応するため,働く人のそれぞれの事情に応じた多様な働き方を選択できるように,長時間労働の是正や多様で柔軟な働き方の実現,また,雇用形態に関わらない公正な待遇の確保を目指して,平成30年6月29日に,「働き方改革法」が成立した。

(2)　「働き方改革法」の3本の柱

　この「働き方改革法」による改正項目は多岐にわたる。しかし,大きく分けると3本の柱があるとされている。すなわち,その第1は,労働時間法制が大改正された点,その第2は,「雇用形態に関わらない公正な待遇の確保を実現するための法改正」が行われた点,さらに,その第3は,「高度プロフェッショナル制度」が創設された点である。

　このうち,第1の柱である「労働時間法制の大改正」については,本書の執筆範囲と密接に関係するために,以下〔2〕「労働時間法制の改正——『働き方改革法』の第1の柱」において,少々詳しく説明する。

　また,第3の柱である「高度プロフェッショナル制度」も,①36協定による時間外労働及び休日労働の規制,並びに,②時間外労働,休日労働及び深夜労働に対する割増賃金の支給という現行の労働時間規制に服さない制度を認めようとするものであり,そのため,本書の執筆範囲に関係する。そこで,以下の〔3〕「高度プロフェッショナル制度——『働き方改革法』の第3の柱」において説明する。さらに,第2の柱である「雇用形態に関わらない公正な待遇の確保を実現するための法改正」に関しては,正規雇用労働者と非正規雇用労働者（パートタイム労働者,有期雇用労働者,派遣労働者）との間の待遇についての

不合理な待遇差の解消，また，差別的取扱いの禁止を目指そうとするもので，そこにおける待遇，例えば労働時間や割増賃金については，本書の執筆範囲に関係してくるので，以下の〔4〕「雇用形態に関わらない公正な待遇の確保を実現するための法改正──『働き方改革法』の第2の柱」において説明する。

〔2〕 労働時間法制の改正──「働き方改革法」の第1の柱

「働き方改革法」による改正の第1の柱は，労働時間法制が大改正された点である。この労働時間法制の大改正についてのより具体的な内容は，①時間外労働時間（残業時間）の法律上の上限規制を新設したこと，②事業主に対し勤務間インターバル制度を設けるという努力義務を課したこと，③使用者に対し年次有給休暇の時季指定を義務付けたこと，④月60時間を超える残業の場合の割増賃金率の引上げ猶予（中小事業主に対して猶予されていた）を終了することにしたこと，⑤事業者に対し労働時間の客観的把握を義務付けたこと，また，⑥フレックスタイム制度の清算期間の拡充を図ったことなどである。これらについて，順次，説明をしていく。

(1) **時間外労働時間（残業時間）の法律上の上限規制の新設**（施行：2019年4月1日。ただし，中小企業の場合は2020年4月1日）

(a) 現行の時間外労働時間の上限についての規制内容と問題点

(イ) 36協定の締結による時間外労働の許容と上限規制　　法定労働時間は，1日8時間，週40時間とされている（労基32条1項・2項）。この法定労働時間を超える労働を「時間外労働」といい，労働基準法は，この時間外労働を禁止している。しかし，時間外労働をすべて禁止してしまうと，使用者は，現実問題として，やらねばならない仕事を完遂できないことも生じ，そのような状態が日本国全体で積み重なると，日本国の実体経済が機能しないおそれも生じる。

そのため，使用者は労働者の過半数で組織する労働組合又は労働者の過半数を代表する者との書面による協定を締結し，所轄の労働基準監督署に届け出た場合には，このような場合に限って，この労使協定（この協定は「36協定」と呼ばれる）により，労働者に対し時間外労働をさせることができる，すなわち，労働時間を延長し，又は休日に労働させることができることになっている（労基36条1項）。

ただし，労働時間を延長し，又は休日に労働させた場合には，使用者は，割増賃金を支払わなければならない（労基37条）。これは，使用者に割増賃金を支払わせることで，過度な時間外労働や休日労働を抑制しようとする趣旨である。

上記のような36協定を締結した場合の時間外労働時間の上限については，現行法の下では，法律上の規制は設けられていない。この点については，厚生労働大臣の定める基準によって上限が規定されている（労基36条2項）。この基準は，「労働基準法36条1項の協定で定める労働時間の延長の限度等に関する基準」（平10・12・28労働省告示154号，最終改正：平21・5・29厚生労働省告示316号，以下「限度基準告示」という）であって，ここでの時間外労働時間の上限は，月に45時間，年に360時間までとされている（限度基準告示3条1項別表第1）。

(ロ) 特別条項付き36協定を締結した場合　さらに，限度基準告示によれば，例えば「通常の生産量を大幅に超える受注が集中し，特に納期がひっ迫した場合」のような一時的又は突発的事由が生じた場合のために，1年の半分を超えない期間について，特別条項付き36協定を結ぶことができ，このような特別条項付き36協定を結べば，上記(イ)における時間外労働時間についての月に45時間，年に360時間までとする上限を超えることができることになっている（限度基準告示3条1項ただし書）。

(ハ) 現行の時間外労働時間の上限規制の問題点　現行法の下では，上記(イ)における，月に45時間，年に360時間までとする限度基準告示に基づく時間外労働時間の上限規制を超えても，この上限規制は法律上の規制ではないため法律違反とはならず，そのため，行政指導の対象になるにすぎない。さらに，上記(ロ)における特別条項付き36協定を結んだ場合の時間外労働時間については，限度基準告示に，上限規制が設けられておらず，そのため，特別条項付き36協定を結べば，1年の半分を超えない期間（6ヵ月以内）については，上限規制がなく何時間でも労働時間を延長できる状況にあった。

上記のような結果，労働者に長時間労働が強いられることがあり，この長時間労働による過労，それを原因とする離職，健康被害，さらには過労死や過労自殺なども生じる事態になり，社会問題化するに至った。

(b) 改正後の時間外労働時間の上限についての規制内容

(イ) そこで，「働き方改革法」による法改正の一環として，労働基準法上に，

新たに，時間外労働時間の上限規制を設けることになった。

（ｉ）36協定を締結して法定労働時間を超える時間外労働を許容する場合にも，時間外労働時間の上限を月に45時間，年に360時間までとする*1ことが，労働基準法上に明記された（改正後の労基36条4項）。

（ⅱ）さらに，「通常の生産量を大幅に超える受注が集中し，特に納期がひっ迫した場合」のような，労働者が勤める事業所において，通常予見することのできない業務量の大幅な増加など，一時的又は突発的事由が生じた場合のために，1年の半分を超えない期間（6ヵ月以内）について，特別条項付き36協定を締結する場合についても，その場合の時間外労働時間の上限を，①月100時間未満（この場合は休日の労働時間を含めてカウントする），かつ，②年720時間以内（この場合は休日の労働時間はカウントしない）とすることが，労働基準法上に明記された（改正後の労基36条5項・6項2号）。

（ⅲ）しかも，2ヵ月ないし6ヵ月の各期間における月平均時間外労働時間がいずれも80時間以内でなければならない（この場合は休日の労働時間を含めてカウントする）という上限規制*2も設けられた（改正後の労基36条6項3号）。

（ⅳ）上記(ⅱ)①及び(ⅲ)の上限規制に反した場合には，労働基準法違反として，罰則（6ヵ月以下の懲役又は30万円以下の罰金）の対象となる（改正後の労基119条1号）。

なお，時間外労働に関しては，本書第2編第1章第3節【概説】**Q 9**及び**Q 10**の解説を参照されたい。

（ロ）上記(イ)のような時間外労働時間の上限規制は，2019年4月1日から（ただし，中小企業の場合*3は，2020年4月1日から）施行される。

なお，下記(ハ)のように，例外とされる業種がある。

（ハ）例外的に，施行が延期されたり，除外されたりする業種　次の事業や業務については，施行が延期されたり，除外されたりする。

（ⅰ）建設事業（改正後の労基139条）　改正法施行5年後（2024年4月1日）に，上限規制が適用される。ただし，災害時における復旧・復興の事業については，上記(イ)(ⅱ)①及び(ⅲ)の上限規制は適用されない。

（ⅱ）自動車運送の業務（改正後の労基140条）　改正法施行5年後（2024年4月1日）に，上限規制が適用される。ただし，その場合の上限時間は，年960時間となる。

(iii) 医師（改正後の労基141条）　改正法施行5年後（2024年4月1日）に，上限規制が適用される。ただし，具体的な上限時間は，今後，決定される。

(iv) 鹿児島県及び沖縄県の砂糖製造業（改正後の労基142条）　改正法施行5年後（2024年4月1日）に，上限規制が適用される。

(v) 高度プロフェッショナル制度における労働者（改正後の労基36条11項・41条の2）　医師の面接指導，代替休暇の付与等の健康確保措置を設けた上で，時間外労働の上限規制は適用されない（下記〔3〕「高度プロフェッショナル制度——『働き方改革法』の第3の柱」参照）。

* 1　1年単位の変形労働時間制で，対象期間が3ヵ月を超える場合においては，時間外労働時間の上限が，月に42時間，年に320時間までとされている（改正後の労基36条4項）。

* 2　この複数月平均80時間という上限規制によれば，①例えば，11月に時間外労働を（休日の労働時間を含めてカウントした場合）95時間行った労働者は，12月には，時間外労働を（休日の労働時間を含めてカウントした場合）65時間までしかできないことになる。なぜならば，2ヵ月の期間で月平均時間外労働時間は80時間以内とする必要があるので，2ヵ月間の上限の時間外労働時間は160時間（＝80時間×2ヵ月）となり，この者は11月にすでに95時間の時間外労働を行っているので，12月には65時間（＝160時間－95時間（11月に行った時間外労働時間））しか時間外労働をできないことになるからである。②もし，この者が，10月に時間外労働を（休日の労働時間を含めてカウントした場合）85時間行っていたとしたら（この場合，11月に時間外労働を95時間行ったことは，2ヵ月間の上限の時間外労働時間は160時間（＝80時間×2ヵ月）であるとする点に抵触するが（改正後の労基36条6項3号違反），この点は，ひとまず置くとして），12月には，時間外労働を（休日の労働時間を含めてカウントした場合）60時間までしかできないことになる。なぜならば，3ヵ月の期間で月平均時間外労働時間も80時間以内とする必要があるので，3ヵ月間の上限の時間外労働時間は240時間（＝80時間×3ヵ月）となり，この労働者はすでに11月に95時間，10月に85時間の時間外労働を行っているので，12月には60時間（＝240時間－95時間（11月に行った時間外労働時間）－85時間（10月に行った時間外労働時間））しか時間外労働をできないことになるのである。

* 3　中小企業の定義については，下記(4)(c)の中小事業主と同様である。

(2) **勤務間インターバル制度**（施行：2019年4月1日）

(a) **勤務間インターバル制度を設けるという努力義務**

【例】11時間の休息時間を確保するために始業時刻を後ろ倒しにする場合

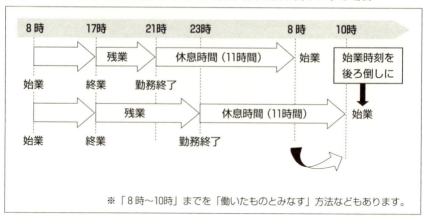

※「8時～10時」までを「働いたものとみなす」方法などもあります。

(資料出所) 厚生労働省のリーフレット「働き方改革～一億総活躍社会の実現に向けて～」における別紙1「労働時間法制の見直しについて（労働基準法，労働安全衛生法，労働時間等設定改善法の改正）」の4頁「②『勤務間インターバル』制度の導入を促します」

「働き方改革法」による法改正の一環として，事業主は勤務間インターバル制度という仕組みを設けるように努力しなければならないとされた（改正後の労働時間等の設定の改善に関する特別措置法2条）。

このような努力義務の施行は，2019年4月1日からである。

(b) 勤務間インターバル制度とは

勤務間インターバル制度とは，上記の【例】のように，1日の勤務終了後，翌日の出社までの間に，労働者に対し一定時間の休息時間（インターバル）を与える仕組みである。

(c) 制度趣旨

事業主に対して勤務間インターバル制度を設けるという努力義務を課することにしたのは，労働者に対し確実に休息時間を取得させるようにして，睡眠時間や生活時間を確保させ，労働者の健康維持を実現しようとしたためである。

(3) **使用者に対する年次有給休暇の時季指定の義務化**（施行：2019年4月1日）

(a) 年次有給休暇の時季指定義務

「働き方改革法」による法改正の一環として，使用者は，10日以上の年次有給休暇が付与される労働者に対し，5日について，毎年，時季を指定して年次

有給休暇を与えなければならないことになった（改正後の労基39条7項）。

ただし、労働者が自ら有給休暇を取得した場合や「年次有給休暇の計画的付与制度」により有給休暇を与えた場合には、その日数分は除かれる（改正後の労基39条8項）。そこで、労働者が自ら取得した年次有給休暇の日数と計画的付与による日数を足したものが5日に満たない場合には、その残りの日数につき、使用者は、労働者の取得時季の希望を聞いた上で、事前に時季を指定して年次有給休暇を与える義務が生じる。例えば、労働者が自ら年次有給休暇を2日取得しており、計画的付与された日数が2日であれば、残りの1日（＝5日－2日（自ら取得した日数）－2日（計画的付与された日数））について、使用者は、労働者の意向を聞いた上で、「○月○日に休んでください。」と指定して、年次有給休暇を与えなければならないのである。

使用者のこのような時季指定義務の施行は、2019年4月1日からである。

(b) 年次有給休暇の時季指定義務の制度趣旨・効果

使用者にこのような義務を課したのは、年次有給休暇については本来労働者の申出により与えるものであるが（労基39条5項）、わが国では、職場への配慮やためらい等の理由により年次有給休暇取得率が低く、年次有給休暇取得促進が課題となっており、そこで、年次有給休暇取得率を高めようとしたためである。

使用者が、この義務を履行しなければ、労働基準法違反として、罰則（30万円以下の罰金）の対象となる（改正後の労基120条1号）。

なお、年次有給休暇制度や使用者の時季変更権については、第4編【概説】及び**Q33**～**Q42**の解説を参照されたい。

(4) **月60時間を超える残業の場合の割増賃金率引上げ猶予の終了**（施行：2023年4月1日）

(a) 現行の月60時間を超える残業の場合の割増賃金率

1日8時間、1週40時間の法定労働時間（労基32条1項・2項）を超えて残業をした場合に、その残業時間が月60時間を超える場合の割増賃金率については、平成22年から大企業については50％増しとされている（労基37条1項ただし書）。

しかし、中小事業主の場合は、「当分の間」猶予するとして、60時間以下の割増賃金率である25％増しに留めおかれていた（労基138条）。これは、一般的

に経済的基盤が弱いとされる中小事業主の経済的負担が過大になりすぎないように配慮をしたためである。

なお，割増賃金に関しては，第3編第1章【概説】，**Q26**及び**Q27**の解説を参照されたい。

（b）中小事業主の場合の猶予期間の終了

上記の中小事業主に認められていた猶予期間は，「働き方改革法」による法改正の一環として，終了することになり，50％の割増賃金率が，2023年4月1日から中小事業主にも適用されることになった。そのため，2023年4月1日からは，中小事業主の場合にも，労働者に月60時間を超えて残業をさせた場合には，そのように超えた時間については，割増賃金率50％で割増賃金の計算をしなければならなくなった。

これは，中小事業主の下で雇用されている労働者は，わが国の労働者の7割を占めているとされ，これらの中小事業主の下で雇用されている労働者につき，割増賃金率を引き上げることによって，長時間の残業を抑制しようとしたためである。

（c）中小事業主とは

上記の中小事業主とは，次の者をいう（労基138条）。

（イ）小売業の場合　①資本金（又は出資の総額）が5000万円以下，又は②常時使用する労働者の数が50人以下の事業主。

（ロ）サービス業の場合　①資本金（又は出資の総額）が5000万円以下，又は②常時使用する労働者の数が100人以下の事業主。

（ハ）卸売業の場合　①資本金（又は出資の総額）が1億円以下，又は②常時使用する労働者の数が100人以下の事業主。

（ニ）その他の業種の場合　①資本金（又は出資の総額）が3億円以下，又は②常時使用する労働者の数が300人以下の事業主。

なお，個人事業主や医療法人など，資本金や出資という概念がない場合は，労働者の数のみで判断されることになる。

（5）**事業者に対する労働時間の客観的把握の義務付け**（施行：2019年4月1日）

（a）現行の労働時間把握義務からの除外者

使用者は，労働者の労働時間を適正に把握すべき義務があるとされているが，

その把握すべき義務の対象者から，①管理監督者（労基41条2号），また，②みなし労働時間制が適用される者（事業場外で労働する者であって，労働時間の算定が困難なもの（労基38条の2），専門業務型裁量労働制が適用される者（労基38条の3），また，企画業務型裁量労働制が適用される者（労基38条の4））については除外されていた（労働時間の適正な把握のために使用者が講ずべき措置に関する基準（平13・4・6基発339号））。

これは，労働時間の客観的把握が必要とされるのは，割増賃金を適正に支払うためであるという観点から，上記①の管理監督者については，時間外・休日労働の割増賃金を支払う必要がないために，また，上記②のみなし労働時間制が適用される者については，あらかじめ定められた時間労働したものとみなして（労働したものとみなされる時間を「みなし労働時間」という）割増賃金を算定するために，いずれも使用者による労働時間の客観的把握は必要でないとして，労働時間の客観的把握義務の対象者から除外されたのである。

なお，労働時間の把握に関しては，第2編第1章第4節【概説】，**Q11**及び**Q12**の解説も参照されたい。

(b) 管理監督者等も含めてすべての労働者の労働時間の客観的把握の義務付け

「働き方改革法」による法改正の一環として，事業者は，労働者の健康管理の観点から，上記(a)における①管理監督者，及び，②みなし労働時間制が適用される者も含めて，すべての労働者の労働時間の状況を客観的な方法その他適切な方法で把握しなければならないとされた（改正後の労安衛66条の8の3）。

この義務の施行は，2019年4月1日からである。

そして，事業者は，すべての労働者の労働時間を把握することで，長時間働いた労働者を確実に把握し，この者に対して，医師による面接指導を実施しなければならないとされている（改正後の労安衛66条の8第1項・66条の8の2第1項）。

(6) フレックスタイム制度の清算期間の拡充（施行：2019年4月1日）

(a) フレックスタイム制度（労基32条の3）

フレックスタイム制度とは，1日の労働時間の長さを固定的に定めず，一定期間（清算期間）の総労働時間を定めておき，労働者が，その総労働時間の範囲で各労働日の労働時間を自分で決めて働くことができるという制度をいう。

フレックスタイム制度については，第2編第2章第2節【概説】及び**Q17**の解説を参照されたい。

(b) 現行のフレックスタイム制度における労働時間の清算期間

現行のフレックスタイム制度における労働時間の清算期間は最長1ヵ月とされている（改正前の労基32条の3第2号）。

(c) 改正されたフレックスタイム制度における労働時間の清算期間

「働き方改革法」による法改正の一環として，フレックスタイム制度における労働時間の清算期間が，最長3ヵ月とされた（改正後の労基32条の3第1項2号）。この清算期間の延長については，2019年4月1日から施行される。

(d) 清算期間が1ヵ月の場合と3ヵ月の場合の相違

清算期間が1ヵ月の場合と3ヵ月の場合の相違を，次の事例で考えてみたい。

(イ) 事 例　フレックスタイム制度で働いている労働者をA，Aの勤める会社をB社，B社の所定労働日数は，平成30年6月が21日間，同年7月も21日間，8月が23日間，また，B社の所定労働時間は8時間／1日であった（法定労働時間と同じ）。この場合，Aは，平成30年6月に188時間，同年7月は168時間，同年8月は164時間を，それぞれ労働した（前提：B社では36協定の締結・有）。

(i) 平成30年6月　法定労働時間が168時間（＝8時間／1日×所定労働日数21日）であるから，Aは，法定労働時間を20時間だけ超えて労働したことになる。

(ii) 平成30年7月　法定労働時間が168時間（＝8時間／1日×所定労働日数21日）であるから，Aは，法定労働時間（所定労働時間も同じ）の分だけ労働したことになる。

(iii) 平成30年8月　所定労働時間が184時間（＝8時間／1日×所定労働日数23日）であるから，Aは，所定労働時間を20時間だけ少なく労働したことになる。

(ロ) 清算期間が1ヵ月の場合　1ヵ月で清算をしなければならないので，1ヵ月の範囲内で法定労働時間を超えて労働したか，所定労働時間より少ない時間しか労働しなかったかを判断しなければならない。

その結果，B社においては，Aに対し，平成30年6月には，法定労働時間を20時間だけ超えて時間外労働したとして，その分の割増賃金を支払わなけ

ればならない。他方，平成30年8月は，Aは所定労働時間を20時間だけ少ない時間しか労働しなかったことになり，B社は，Aに対し，その分の欠勤扱いをしなければならなくなる。

　(ハ)　清算期間が3ヵ月の場合　　3ヵ月で清算をすればよいので，3ヵ月の範囲内で法定労働時間を超えて労働したか，所定労働時間より少ない時間しか労働しなかったかを判断すればよいことになる。

　その結果，B社においては，Aが平成30年6月に法定労働時間を20時間だけ超えて時間外労働した分を，平成30年8月における所定労働時間に足りない部分（20時間）に振り替えることができ，よって，B社は，Aに対し平成30年6月に割増賃金を支払わなくてもよく，他方，Aも平成30年8月において欠勤扱いを受けることもなくなる。

　このように清算期間が3ヵ月になったことで，労働者は，子育てや介護といった生活のニーズに合わせて労働時間を決めることができ，より柔軟な働き方を可能にすることができる。例えば，労働者が子育て中の母親である場合など，夏休みのある8月を含む，①6月ないし8月，②7月ないし9月，また，③8月ないし10月といった3ヵ月の中で労働時間の調整が可能になるため，夏休み中に子供と過ごす時間を確保しやすくなるといったメリットも考えられる。

〔3〕　高度プロフェッショナル制度──「働き方改革法」の第3の柱

(1)　高度プロフェッショナル制度（施行：2019年4月1日）

　上記〔1〕(2)のうち，第3の柱である「高度プロフェッショナル制度」については，例えば，金融商品の開発業務，金融商品のディーリング業務，アナリスト業務，コンサルタント業務，また，研究開発業務など，高度の専門的知識等を必要とし，かつ，その性質上従事した時間と成果との関連性が高くないような業務の従事者で，かつ，高い年収[4]を得ている労働者を対象にして，①36協定による時間外労働及び休日労働の規制，並びに，②時間外労働，休日労働及び深夜労働に対する割増賃金の支給という現行の労働時間規制に服さない職域を創設することにしたものである（改正後の労基36条11項・41条の2）。

　この制度の創設については，2019年4月1日から施行される。

　この制度は，「働き方改革法」による法改正の一環として，自律的で創造的

な働き方を希望する高度専門職・労働者に対し，高い収入を確保しながら，メリハリのある働き方を選択肢の1つとして認めるために創設されたものである。

(2) 高度プロフェッショナル制度を導入するための手続

この制度を導入するためには，次のような企業内手続が必要とされている。すなわち，①事業場の労使同数の委員会（以下「労使委員会」という）で，対象業務，対象労働者，健康確保措置などを4/5以上の多数で決議をすること，また，②本人の書面による同意を得ること（この同意は撤回も可能である）である（改正後の労基41条の2第1項）。

(3) 高度プロフェッショナル制度における健康を守るための措置

この制度における労働者については，36協定による時間外労働及び休日労働の規制，また，時間外労働，休日労働及び深夜労働に対する割増賃金の支給という現行の労働時間規制に服さないことになるため，当該労働者の健康を守るための措置がとりわけ必要であるとされ，次のような措置を義務付けている。すなわち，①年間104日以上，かつ，4週4日以上の休日を確保するように義務付けたり（改正後の労基41条の2第1項4号），また，②ⓐ勤務間インターバル規制[*5]と深夜業の回数制限，ⓑ在社時間と事業所外で労働した時間の合計時間[*6]の上限設定，ⓒ1年につき2週間連続した休暇の付与，ⓓ臨時の健康診断の実施のうち，労使委員会の4/5の多数で決議をしたいずれかの措置をとることを義務付けたり（改正後の労基41条の2第1項5号），さらに，③在社時間と事業所外で労働した時間の合計時間[*6]が一定時間を超えた労働者に対しては医者による面接指導を義務付けたりなどしている（改正後の労安衛66条の8の4）。

*4 「高い年収」とは，労働者の「平均給与額の3倍の額を相当程度上回る水準」以上をいうとされ（改正後の労基41条の2第1項2号ロ），具体的な額としては年収「1075万円」以上とされている。

*5 上記〔2〕(2)を参照。

*6 在社時間と事業所外で労働した時間の合計時間を，「健康管理時間」という（改正後の労基41条の2第1項3号）。

〔4〕 雇用形態に関わらない公正な待遇の確保を実現するための法改正――「働き方改革法」の第2の柱

(1) 正規雇用労働者と非正規雇用労働者との間の待遇についての不合理な待遇差・差別的取扱いの禁止

　上記〔1〕(2)の「働き方改革法」の第2の柱である「雇用形態に関わらない公正な待遇の確保を実現するための法改正」として，まず，同一企業内において，正規雇用労働者と非正規雇用労働者（パートタイム労働者，有期雇用労働者，派遣労働者）との間で，基本給や賞与などの個々の待遇ごとに，不合理な待遇差を設けてはならない，また，差別的取扱いをしてはならないという規定が整備された。

　この点につき，パートタイム労働者，有期雇用労働者，派遣労働者のそれぞれにつき，現行の規律内容を述べ，その後に，改正後の規律内容について簡単に説明をしておく。

　(a) パートタイム労働者・有期雇用労働者についての現行の規律内容

　パートタイム労働者については，「短時間労働者の雇用管理の改善等に関する法律」（以下「パートタイム労働法」という）によって規律されており，①パートタイム労働法8条，10条，11条及び12条に「均衡待遇」の実現を図る規定[*7]が設けられ，また，②パートタイム労働法9条に「均等待遇」の実現を図る規定[*8]が設けられている。

　有期雇用労働者については，①「均衡待遇」の実現を図る規定[*7]は設けられているが（改正前の労契20条），②「均等待遇」の実現を図る規定[*8]は設けられていない。

　(b) パートタイム労働者・有期雇用労働者についての改正後の規律内容

　「働き方改革法」による法改正の一環として，以下のような改正がなされている。

　(イ) 上記の「短時間労働者の雇用管理の改善等に関する法律」が「短時間労働者及び有期雇用労働者の雇用管理の改善等に関する法律」（以下「パートタイム・有期雇用労働法」という）と名称が変更された上，有期雇用労働者についても，このパートタイム・有期雇用労働法の適用対象者とされることになった。その

結果，パートタイム労働者のほか，有期雇用労働者についても，「均衡待遇」の実現を図る規定（パートタイム・有期雇用労働法8条・10条・11条・12条）と「均等待遇」の実現を図る規定（パートタイム・有期雇用労働法9条）の規律に服することになった。

(ロ)　しかも，パートタイム・有期雇用労働法8条は，待遇（例えば，基本給，賞与，役職手当，食事手当，福利厚生，教育訓練など）ごとに，①職務内容（業務内容と責任の程度），②職務内容と配置の変更の範囲，③その他の事情のうち，当該待遇の性質・目的に照らして適切と認められる事情を考慮して，不合理と認められるような待遇差を設けてはならないと改正され，待遇ごとに考慮すべき事項を明確化するようにしている。

(ハ)　福利厚生施設の利用に関する条項についても，利用の機会を与えるように配慮しなければならないとあった（パートタイム労働法12条）のを，利用の機会を与えなければならないと改正され（パートタイム・有期雇用労働法12条），義務の強化を図っている。

(ニ)　さらに，パートタイム労働者及び有期雇用労働者について，「均衡待遇」の実現を図る規定（パートタイム・有期雇用労働法8条・10条・11条・12条）や「均等待遇」の実現を図る規定（パートタイム・有期雇用労働法9条）につき，その解釈の明確化を図るために，ガイドラインを策定することにしている。このガイドラインについては，現在「同一労働同一賃金ガイドライン案」として公表されているが，今後，関係者の意見聴取等を踏まえて確定され，2020年4月1日から施行される予定である。

(c)　派遣労働者についての現行の規律内容

派遣労働者については，「労働者派遣事業の適正な運営の確保及び派遣労働者の保護等に関する法律」（以下，本文中においては「労働者派遣法」という）によって規律されているが，①「均衡待遇」に関して，派遣元事業主は均衡を考慮した待遇を確保するように配慮しなければならないという規定（配慮義務規定）が設けられている（改正前の労派遣30条の3）。しかし，②「均等待遇」の実現を図る規定[*8]は設けられていない。

(d)　派遣労働者についての改正後の規律内容

「働き方改革法」による法改正の一環として，労働者派遣法も次のような改

正がなされている。

　派遣労働者について，①派遣先の通常の労働者（無期限雇用のフルタイム労働者＝正規雇用労働者）との「均衡待遇」及び「均等待遇」の実現を図る規定[*7, *8]を設け（改正後の労派遣30条の3第1項・2項・30条の5），不合理な待遇差，また，差別的取扱いが生じないように規律しており，あるいは，②派遣元事業主と労働者の過半数で組織する労働組合又は労働者の過半数代表者と締結する労使協定に基づく待遇を保障することにした（改正後の労派遣30条の4）。

　なお，上記①を実現するために，派遣先（労働者派遣の役務の提供を受けようとする者）に対し，労働者派遣契約を締結する際に，派遣元事業主へ待遇情報を提供しなければならないという義務を課することにし（改正後の労派遣26条7項ないし10項），さらに，派遣元事業主が上記①及び②を遵守できるようにするために，派遣先に対し，派遣料金額について配慮するべき義務を課することにした（改正後の労派遣26条11項）。

　また，福利厚生施設の利用に関する条項についても，利用の機会を与えるように配慮しなければならないとあった（改正前の労派遣40条3項）のを，利用の機会を与えなければならないと改正され（改正後の労派遣40条3項），義務の強化を図っている。

　しかも，派遣労働者についても，上記(b)(ニ)におけるガイドラインが適用され，「均衡待遇」及び「均等待遇」の実現を図る規定の解釈の明確化が図られる予定である。

　　*7　「均衡待遇」の実現を図る規定とは，①職務内容（業務内容と責任の程度），②職務内容と配置の変更の範囲，及び③その他の事情を考慮して，通常の労働者（無期限雇用のフルタイム労働者＝正規雇用労働者。なお，派遣労働者の場合は派遣先の正規雇用労働者と比較することになる）と比べ，均衡（バランス）を失した不合理な待遇をしてはならないという規定である。

　　*8　「均等待遇」の実現を図る規定とは，①職務内容（業務内容と責任の程度）及び②職務内容と配置の変更の範囲が同じ場合には，非正規雇用労働者（パートタイム労働者，有期雇用労働者，派遣労働者）という理由だけでは，要するにその他の正当な理由がないのに，差別的取扱いをしてはならないという規定である。

(2)　**事業主の説明義務の強化**

「働き方改革法」による法改正の一環として，①事業主が，雇入れの際，非正規雇用労働者（パートタイム労働者，有期雇用労働者，派遣労働者）に対し説明をしなければならない待遇に関する内容を拡大しており，また，②事業主は，非正規雇用労働者から，待遇内容を決定するに際しての考慮事項，さらには，待遇差の内容，その理由などについて，説明を求められたら説明をしなければならないとされ，そのように説明をしなければならない内容・範囲を拡張しており，しかも，③事業主は，新たに，上記②のように説明を求められたことを理由として不利益取扱いをすることが禁止されることになり，これらのための規定の整備（規定の改正や新設）が行われている（パートタイム・有期雇用労働法14条，改正後の労派遣31条の2）。

(3) 行政による事業主への助言や指導等

上記(1)における不合理な待遇差や差別的取扱いの是正を図ったり，また，上記(2)における待遇についての説明義務を実効化したり，さらには，パートタイム労働及び有期雇用についての雇用管理の適正化並びに派遣事業の運営の適正化を図ったりするために，行政による事業主への助言や指導等についての規定が設けられているが（パートタイム・有期雇用労働法19条，労派遣48条），「働き方改革法」による法改正の一環として，このような行政による事業主への助言や指導等について，有期雇用労働者にも適用されることになった（パートタイム・有期雇用労働法19条）。

(4) 裁判外紛争解決手続（行政 ADR）

また，「働き方改革法」による法改正の一環として，事業主と非正規雇用労働者（パートタイム労働者，有期雇用労働者，派遣労働者）との間に紛争が生じた場合に，以下のように，その紛争を解決するために裁判外紛争解決手続（行政 ADR）を利用し得るとの規定が整備された。

(a) パートタイム労働者の場合

パートタイム労働者の場合，現行法の下では，均衡待遇に反する不合理な待遇差に関しての紛争については，裁判外紛争解決手続（行政 ADR）の利用は認められていない（パートタイム労働法25条）。

しかし，「働き方改革法」による法改正の一環として，均衡待遇に反する不合理な待遇差に関しての紛争についても，裁判外紛争解決手続（行政 ADR）の

利用が認められるようになった(パートタイム・有期雇用労働法25条。この結果,パートタイム労働者が裁判外紛争解決手続(行政ADR)を利用し得る紛争の範囲については,下記*9の有期雇用労働者と同様の範囲となる)。

　(b) 有期雇用労働者と派遣労働者の場合

　有期雇用労働者と派遣労働者の場合,事業主(派遣労働者においては派遣元事業主のほか,派遣先事業主を含む)との間で紛争が生じても,現行法の下では裁判外紛争解決手続(行政ADR)の利用は認められていない。

　しかし,「働き方改革法」による法改正の一環として,事業主(派遣労働者においては派遣元事業主のほか,派遣先事業主を含む)との間で紛争*9が生じた場合には,裁判外紛争解決手続(行政ADR)を利用して解決することが認められるようになった(パートタイム・有期雇用労働法25条,改正後の労派遣47条の7)。

　　*9　裁判外紛争解決手続(行政ADR)を利用し得る紛争については,派遣労働者の場合は,均等待遇に反する差別的取扱いについての紛争だけでなく,均衡待遇に反する不合理な待遇差についての紛争,また,待遇(労働条件)内容の明示・説明並びに待遇差の内容及びその理由についての説明に関する紛争,さらに,教育訓練の実施や福利厚生施設の利用に関する苦情などであり(改正後の労派遣47条の7)。一方,有期雇用労働者の場合には,上記の派遣労働者の場合と同様の紛争・苦情のほか,通常の労働者への転換を推進するための措置についての苦情などである(パートタイム・有期雇用労働法22条)。

(5) 施 行 日

　上記の(1)ないし(4)の各施策については,2020年4月1日から施行される。

　ただし,中小企業*10におけるパートタイム・有期雇用労働法の適用については,2021年4月1日からとされている。

　　*10　中小企業の定義については,上記〔2〕(4)(c)の中小事業主と同様である。

[井手　良彦]

第1編

労働者の意義

【概　説】労働者とは

〔1〕　問題の所在

(1)　「労働者」の意義

　本編では，労働問題のうち，労働時間・休日・年休・休業とそれらにまつわる賃金（割増賃金，休業手当等）の問題を規律する労働基準法上の「労働者」概念について説明する。

　労働関係を規律する法律は，労働基準法のほか，労働契約法（以下「労契法」という）や労働者災害補償保険法（以下「労災保険法」という）等があり，さらに，判例上形成されてきた解雇権濫用法理，配転法理等による労働契約法理があるところ，これらの法律や判例法理は，労働契約において労務を提供する側の当事者である労働者の保護ないし労働者と使用者との利益の調整を目的としているから，「労働者」であるか否かによってその保護を受けることができるかどうか，換言すれば，労働関係訴訟においては，これらの保護を求めて請求を行う当事者は，第一に「労働者」であることを請求原因として主張立証することが必要になる。

　もっとも，各労働関係法及び判例法理はそれぞれ異なった視点や利益状況から労働関係を規律することを目的としているから，各労働関係法及び判例法理において，必ずしも「労働者」の概念が一致するわけではなく，例えば，団体交渉の助成を目的とする労働組合法上の「労働者」は，労働基準法上の「労働者」よりも広い概念であると解されており，労働基準法上の「労働者」には該当しないが，労働組合法上の「労働者」と認められる場合もあり得る（近時のものでは，最〔3小〕判平23・4・12民集65巻3号943頁・労判1026号6頁〔新国立劇場運営財団事件〕等。同日付けの裁判集民事236号327頁・労判1026号27頁〔INAXメンテナンス事件〕）（**図表1**参照）。

　このように，「労働者性」の有無を法律，制度等の目的，趣旨と相関させて，ケース・バイ・ケースで「労働者」であるか否かを判断する方法も考え得るが，少なくとも，労働基準関係法制（労働基準法上の労働者と同義とされる労災保険法等を含む）については，使用従属の関係にある労働者の保護を共通の目的とする

図表1　労働基準法と労働組合法等の「労働者」

〔定義の異同〕
　労働基準法（9条）
　　職業の種類を問わず，事業又は事務所に使用される者で，賃金を支払われる者
　労働契約法（2条1項）
　　使用者に使用されて労働し，賃金を支払われる者
　労働組合法（3条）
　　職業の種類を問わず，賃金，給料その他これに準ずる収入によって生活する者
　労働安全衛生法（2条2号），最低賃金法（2条1号）
　　労働基準法9条に規定する労働者をいう。
　労働者災害補償保険法
　　定義規定はないが，法律の趣旨，目的等から労基法上の労働者を指すと解される。

ものであり，また，全国画一的な監督行政を運営していく上で，「労働者」となったり，ならなかったりすることは適当でなく，共通の判断によるべきものであろう。

そこで，労働時間や賃金等訴訟においては，まず，労働基準法上の「労働者」に該当すべき要件事実とは何かが問題となることになる。

(2)　労働基準法の「労働者」の判断

労働基準法9条は，その適用対象である「労働者」を，「使用される者で，賃金を支払われる者をいう」と規定している。これによれば，「労働者」であるか否か，すなわち，「労働者性」の有無は「使用される」＝指揮監督下の労働という労務提供の形態及び「賃金を支払われる」という報酬の労務に対する対償性，すなわち報酬が提供された労務に対するものであるかどうかということによって判断されることになる。

この「使用され」，「賃金を支払われる」関係が認められるかどうかの判断については，昭和60年にとりまとめられた「労働基準法研究会報告（労働基準法上の『労働者』の判断基準について）」（労働基準法研究会，昭和60年12月19日。以下「労基研報告」という）が実務に大きな影響を与えている。この労基研報告は，労働者性が問題となった判例等を分析してその判断の基礎となった判断要素を抽出し，

「労働者性」ないしはその中核概念である「使用従属性」の観点からの重要性によって分類したものであって、その判断基準は、多くの学説・裁判例に影響を与えている。

(3) 使用従属性の基準及び限界的事例における「労働者性」を補強する要素

この「使用され」、「賃金を支払われる」関係が認められるかどうかの2つの基準を総称して、「使用従属性」と呼ばれている（前掲労基研報告31頁）。

しかしながら、現実には、指揮監督の程度及び態様の多様性、報酬の性格の不明確さ等から、具体的事例では、「指揮監督下の労働」であるか、「賃金支払」が行われているかということが明確性を欠き、これらの基準によって「労働者性」の判断をすることが困難な場合（限界的事例）がある。

このような限界的事例については、「使用従属性」の有無、すなわち「指揮監督下の労働」であるか、「報酬が賃金として支払われている」かどうかを判断するに当たり、「専属度」、「収入額」等の諸要素も考慮して、総合判断することによって「労働者性」の有無を判断せざるを得ない。

すなわち、「労働者性」の判断に当たっては、雇用契約、請負契約といった形式的な契約のいかんにかかわらず、実質的な使用従属性を、労務提供の形態や報酬の労務対償性及びこれらに関連する諸要素をも勘案して総合的に判断する必要がある場合がある。

労働時間や賃金支払における「労働者性」、すなわち、「使用従属性」の具体的判断基準について、これまで最高裁判例として要件の判断に関する一般論を示したものは見当たらず、個々の事例に即して事例判断が積み重ねられている状況にあり、労基研報告以後は、基本的に労基研報告の基準を踏まえつつ、具体的な事情を総合考慮した判断がされているほか、労働基準法研究会労働契約等法制部会労働者性検討専門部会の報告書「建設業手間請け従事者及び芸能関係者に関する労働基準法の『労働者』の判断基準について」（平成8年3月）及び個人請負型就業者に関する研究会における「個人請負型就業者に関する研究会報告書」（平成22年4月28日）が公表されているほか、新聞配達人、大工、バイク便、生命保険の外務員、芸能タレント、あんま師、はり灸師等につき労働基準局より解釈通達が出されている。

従来の裁判例や労働実務で争われた事案は、主として、個人事業者と労働者

図表2　労働者性

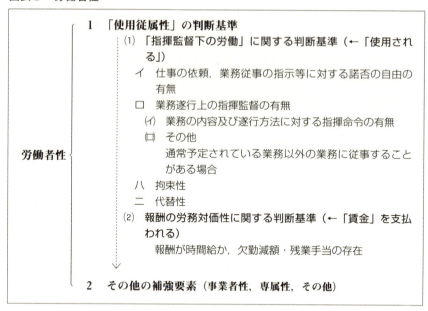

の区別が問題となる類型，経営者（典型的には株式会社の取締役）と労働者の区別が問題となる類型及びその他の類型（研修・教育的側面を有する場合＝最〔２小〕判平17・6・3民集59巻5号938頁・労判893号14頁〔関西医科大研修医（未払賃金）事件〕など）に分けられ，類型ごとに使用従属性の要件充足の有無の判断に当たって考慮すべき具体的要素が異なるものの，重なるものも少なくない。

　そこで，労基研報告の内容を基本とした裁判例の考え方・労働実務の運用について，使用従属性の要件充足の有無の判断に当たって考慮された基本的要素について概観する。

〔２〕「労働者性」の中核概念である「使用従属性」の判断基準

(1) 「指揮監督下の労働」に関する判断基準

　労働が他人の指揮下において行われているかどうか，すなわち，他人に従属して労務を提供しているかどうか（指揮監督関係）に関する判断基準として，上記労基研報告においては，「指揮監督下の労働に関する判断基準」のうち，「諾

否の自由の有無」,「指揮命令の有無」,「拘束性の有無」の3つが「基本的」ないし「重要な」要素とされ，その他の要素は労働者性を「補強する」あるいは「弱める」要素と位置付けられている。

　もっとも，各事案における就業実態によっては重要とされる要素が異なり，上記基本的要素が認められたとしても，使用従属性ないし労働者性が否定される場合があることには注意を要する。

　(a)　仕事の依頼，業務従事の指示等に対する諾否の自由の有無

　「使用者」の具体的な仕事の依頼，業務従事の指示等に対して諾否の自由を有していれば，他人に従属して労務を提供するとはいえず，対等な当事者間の関係となり，指揮監督関係を否定する重要な要素となる。

　これに対して，具体的な仕事の依頼，業務従事の指示等に対して拒否する自由を有しない場合は，一応，指揮監督関係を推認させる重要な要素となる。

　なお，当事者間の契約によっては，一定の包括的な仕事の依頼を受諾した以上，当該包括的な仕事の一部である個々具体的な仕事の依頼については拒否する自由が当然制限される場合があり，また，専属下請のように事実上，仕事の依頼を拒否することができないという場合もあり，このような場合には，形式上は仕事の依頼を拒否する自由があるように見えても，直ちに指揮監督関係を肯定することはできず，その事実関係だけでなく，契約内容等も勘案する必要がある。

　例えば，自己所有のトラックを持ち込み，会社の指示に従って製品等の輸送に従事していた運転手（傭車運転手）の労災保険法上の労働者性が争われた事案（最〔1小〕判平8・11・28裁判集民事180号857頁・労判714号14頁〔横浜南労基署（旭紙業）事件〕）では，専属的に運送業務を遂行していたことが認められ，事実上諾否の自由がなかったものの，運転手は，運送という業務の性質上当然に必要とされる運送物品，運送先及び納入時刻の指示をしていた以外には特段の指揮監督をしていなかったことなどから，指揮監督性がないとされている。

　(b)　業務遂行上の指揮監督の有無

　(イ)　業務の内容及び遂行方法に対する指揮命令の有無　　業務の内容及び遂行方法について「使用者」の具体的な指揮命令を受けていることは，指揮監督関係の基本的かつ重要な要素である。しかしながら，この点も指揮命令の程度

が問題であり，通常の請負契約における注文者が請負人に対して行う程度の指示等にとどまる場合には，指揮監督を受けているとはいえない（個人請負型・委託就業者との区別についてはQ1を参照）。

　例えば，作業場を持たずに1人で工務店の大工仕事に従事する形態で稼働していた大工について労災保険法上の労働者性が争われた事案（最〔1小〕判平19・6・28裁判集民事224号701頁・労判940号11頁〔藤沢労基署事件〕）においては，仕事の内容について，仕上がりの画一性，均質性が求められることから，工務店から寸法や仕様等につきある程度細かな指示を受けていたものの，具体的な工法や作業手順の指定を受けることなく，自分の判断で工法や作業手順を選択することができたこと（指揮監督性がないこと）が指摘されている。

　また，この点について，教育的側面と雇用的側面を併せもつ類型の事例として，医師国家試験に合格し，大学付属病院において臨床研修を受けていた研修医が，臨床研修指導医の指導の下に医療行為に従事する場合，これを使用者の指揮監督の下にある「労働者」といえるかが問題となった事例がある（前掲最〔2小〕判平17・6・3〔関西医科大研修医（未払賃金）事件〕）。判例は，研修医が臨床研修指導医の下に医療行為に従事する場合にはこれらの行為等は病院の開設者のための労務の遂行という側面を不可避的に有することとなること，臨床研修プログラムは，研修医が医療行為等に従事することを予定しており，研修医は，当該病院の休診日等を除き，本件病院が定めた時間及び場所において，指導医の指示に従って，本件病院が患者に対して提供する医療行為等に従事していたといえることから，指揮監督関係を肯定している。

　(ロ)　その他　　そのほか，「使用者性」の命令，依頼等により通常予定されている業務以外の業務に従事することがある場合には，「使用者」の一般的な指揮監督を受けているとの判断を補強する重要な要素となろう。

　(c)　拘束性の有無

　勤務場所及び勤務時間が指定され，管理されていることは，一般的には，指揮監督関係の基本的な要素である。しかしながら，業務の性質上（例えば，演奏），安全を確保する必要上（例えば，建設）等から必然的に勤務場所及び勤務時間が指定される場合，当該指定が業務の性質等によるものか，業務の遂行を指揮命令する必要によるものか見極める必要がある。

(d) 代替性の有無

本人に代わって他の者が労務を提供することが認められているか否か，また，本人が自らの判断によって補助者を使うことが認められているか否か等労務提供に代替性が認められているか否かは，指揮命令関係そのものに関する基本的な判断基準ではないが，労務提供の代替性が認められている場合には，指揮監督関係を否定する要素の1つになる。

(2) **報酬の労務対価性に関する判断基準**

労働基準法11条は，「賃金とは，賃金，給料，手当，賞与その他名称の如何を問わず，労働の対償として，使用者が労働者に支払うすべてのものをいう。」と規定している。すなわち，使用者が労働者に対して支払うものであって，労働の対償であれば，名称のいかんを問わず「賃金」である。この場合の「労働の対償」とは，結局において「労働者が使用者の指揮監督の下で行う労働に対して支払うもの」というべきものであるから，報酬が「賃金」であるか否かによって逆に「使用従属性」を判断することはできない。

しかしながら，報酬が時間給を基礎として計算される等労働の結果による較差が少ない，欠勤した場合には応分の報酬が控除され，いわゆる残業をした場合には通常の報酬とは別の手当が支給される等報酬の性格が，使用者の指揮監督の下に一定時間労務を提供していることに対する対価と判断される場合には，「使用従属性」を補強することとなる。

〔3〕 「労働者性」の判断を補強する要素

前述のとおり，「労働者性」が問題となる限界的事例については，「使用従属性」の判断が困難な場合があり，その場合には，以下の要素をも勘案して，総合判断する必要がある。

(1) **事業者性の有無**

業務従事者が，自らの計算と危険負担に基づいて事業経営を行う「事業者」としての性格が強く，前記〔2〕使用従属性の基準のみをもって「労働者性」を判断することが適当でなく，その者の「事業者性」の有無を併せて，総合判断することが適当な場合もある。

(a) 機械，器具の負担関係

労働者は機械，器具，原材料等の生産手段を有しないのが通例であるが，いわゆる傭車運転手のように，相当高価なトラック等を所有して労務を提供する例がある（前掲最〔1小〕判平8・11・28〔横浜南労基署（旭紙業）事件〕など）。本人が所有する機械，器具が安価な場合には問題はないが，著しく高額な場合には自らの計算と危険負担に基づいて事業経営を行う「事業者」としての性格が強く，「労働者性」を弱める要素となるものと考えられる（**Q1**解説参照）。

(b) 報酬の額

報酬の額が当該企業において同様の業務に従事している正規従業員に比して著しく高額である場合には，自らの計算と危険負担に基づいて事業経営を行う「事業者」としての性格が強く，「労働者性」を弱める要素となるものと考えられる。例えば，基本報酬額1000万円のレースライダーの事例（東京高判平19・11・7労判955号32頁〔国・磐田労基署長（レースライダー）事件〕など）では，一般的には，当該報酬は，労務提供に対する賃金ではなく，自らの計算と危険負担に基づいて事業経営を行う「事業者」に対する代金の支払と認められ，その結果，「労働者性」を弱める要素となるものと考えられる。

(c) その他

以上のほか，業務遂行上の損害に対する責任を負うこととなっていること，独自の商号使用が認められていること等の事情は，「事業者」としての性格を補強する要素となろう。

(2) 専属性の程度

特定の企業に対する専属性の有無は，直接に「使用従属性」の有無を左右するものではなく，特に専属性がないことをもって労働者性を弱めることとはならないが，「労働者性」の有無に関する判断を補強する要素の1つと考えられる。

(a) 他社の業務に従事することが制度上制約され，また，時間的余裕がなく事実上困難である場合には，専属性の程度が高く，いわゆる経済的に当該企業に従属していると考えられ，「労働者性」を補強する要素の1つと考えて差し支えないであろう。なお，専属下請のような場合については，仕事の依頼，業務従事の指示等に対する諾否の自由の有無，あるいは，指揮監督関係の存在についても留意する必要がある。

(b) 報酬に固定給部分がある，業務の配分等により事実上固定給となっている，その額も生計を維持し得る程度のものである等報酬に生活保障的な要素が強いと認められる場合には，上記(a)と同様，「労働者性」を補強するものと考えて差し支えないであろう。

(3) その他

以上のほか，①採用，委託等の際の選考過程が正規従業員の採用の場合とほとんど同様であること，②報酬について給与所得としての源泉徴収を行っていること，③労働保険の適用対象としていること，④服務規律を適用していること，⑤退職金制度，福利厚生を適用していること等「使用者」がその者を自らの労働者と認識していると推認される点も「労働者性」を肯定する判断の補強事由となり得る。

もっとも，「使用者の認識」という主観的要素を盛り込むことは，「労働者性」判断の予測可能性を困難にするうえ，契約の自由を制約して労働者を保護するという労働基準法性の公序性から疑問があり（川口美貴「労働者概念の再構成」季刊労働法209号141頁など），また，報酬を事業所得として確定申告していることや雇用保険や労災保険に加入していないことは，就業規則の適用の有無を含めて，経済的優位に立つ委託者側が自由に操作できる事実であり，事業性の判断に当たり考慮するのは適切でないとの指摘がなされている（藤原稔弘「バイシクルメッセンジャーの労働基準法上の労働者性－ソクハイ事件」判時2108号181頁・判評628号35頁）。

なお，建設業や運送業等を行う自営業者については労災保険特別加入制度が設けられている場合がある。

[竹内　満彦]

Q1 個人請負・委託型就業者の労働基準法上の労働者性(1)

労働基準法に基づく割増賃金を請求された者が、請求者との契約関係は請負契約であり、請求者は「労働者」ではないから、自分には割増賃金の支払義務がないと主張をすることがあるが、労働基準法上の「労働者」とはどのような者なのかについて説明しなさい。

〔1〕 問題の所在

労働基準法に基づく割増賃金を請求して、使用者を被告として訴訟を提起する場合、その訴訟物は、雇用契約に基づく賃金支払請求権となり、その要件事実は、雇用契約の成立（雇用関係の存在）と時間外労働の存在である。

これに対して、被告である使用者が、請求者である原告が「労働者」でないことを主張するのは、雇用契約の不成立ないし不存在の主張であるから、抗弁としてではなく、請求原因事実の否認という構成になる。個人請負・委託型就業者の事例においては、実際には、「請負である」、「委任（準委任）」である等の主張がなされることが多いであろうが、これは、いわゆる理由付き否認と理解すべきであろう（大阪地方裁判所簡易裁判所活性化委員会『大阪簡易裁判所における民事訴訟の運営と定型訴状モデルの解説』（別冊判タ27号）82頁など）。

したがって、原告（請求者）側は、被告との関係で、自らが「労働者」であること、すなわち、被告に「使用される者で、賃金を支払われる者」（労基9条）であることを主張立証することになるところ、実際に問題となる事例においては、雇用契約書などの直接証拠がない場合がほとんどであろうから、労働者性を基礎付ける間接事実について個別に主張立証することが重要になる。

〔2〕 個人請負・委託型就業者の労働基準法上の労働者性

　労働者性を基礎付ける間接事実としては，概説で述べたとおり，まず，「使用従属性」を構成する各要素の存在及び程度が問題となるのであり，これだけでは判断し難い場合には，その他の労働者性を補強する要素を検討することになる。

　もっとも，個人請負・委託型就業者の場合，業務の内容及び遂行方法に対する指示や時間的場所的拘束性が，使用従属性の要素として，指揮命令下の労働として考慮すべきなのか，（請負）業務の性質上当然に必要なものかの区別には困難が伴う。

〔3〕 個人請負・委託型就業者との区別が問題となる例

　労働基準法研究会「労働基準法研究会報告（労働基準法上の『労働者』の判断基準について）」（昭和60年12月19日，以下「労基研報告」という），労働基準法研究会労働契約等法制部会労働者性検討専門部会の報告書「建設業手間請け従事者及び芸能関係者に関する労働基準法の『労働者』の判断基準について」（平成8年3月）及び個人請負型就業者に関する研究会における「個人請負型就業者に関する研究会報告書」（平成22年4月28日）では，各論として傭車運転手，在宅勤務者（コンピュータプログラマー，録音反訳者），建設手間請け従事者，芸能関係者などが検討されたほか，裁判例などで個人請負・委託型就業者との区別が問題となった例として，①委託就業外勤職型（証券会社の外務員，NHK受信料集金スタッフなど），②専門職型（放送局のタイトルデザイナー，新聞記者など），③特殊技能型（吹奏楽団員，オペラ歌手など），④運送請負型（傭車運転手，バイシクルメッセンジャー等），⑤フランチャイズ型（弁当配達やコンビニエンスストアの店長など）などの分類が可能であるとされ（川田知子「個人請負・委託就業者の契約法上の地位」日本労働法学会誌118号11頁），参考になる。また，職種別の検討としては，三浦隆志「『労働者性』をめぐる裁判例と実務」判タ1377号4頁以下が参考になる。

(1) 運送請負型（傭車運転手，バイシクルメッセンジャー等）

　従来から個人請負・委託型就業者との区別が問題となる例として，トラック運転手が運送会社に雇用されて運転業務を行っているのか，運送業務を運送会

社から請け負って（あるいは委託されて）いるのかが問題となる場合（「傭車運転手」の類型である）がある。

　いわゆる「傭車運転手」とは，自己所有のトラック等により，他人の依頼，命令等に基づいて製品等の運送業務に従事するものであるが，その「労働者性」の判断に当たっては，一般にその所有するトラック等が高価なことから，「使用従属性」の有無の判断とともに，「事業者」としての性格の有無の判断も必要となる。すなわち，業務に必要な生産手段を所有ないし賃借して業務遂行に必要な費用を自ら負担していることや商品等を指定された時間，場所に運送するという業務の性質上，時間的場所的拘束性が認められにくいという特徴があるとされる（川田・前掲書15頁）。

　判例（最〔1小〕判平8・11・28裁判集民事180号857頁・労判714号14頁〔横浜南労基署（旭紙業）事件〕）は，自己所有のトラックを持ち込み，会社の指示に従って製品等の輸送に従事していた運転手（傭車運転手）の労災保険法上の労働者性が争われた事案であるが，同判例は，業務用機材であるトラックを所有し，自己の危険と計算の下に運送業務に従事していたものであるとして，一応の事業者性を前提とし，運送という業務の性質上当然に必要とされる運送物品，運送先及び納入時刻の指示をしていた以外には特段の指揮監督をしていなかったこと（指揮監督性），時間的・場所的拘束も，同会社の一般の従業員と比較してはるかに緩やかであったこと（時間的場所的拘束性）から，指揮監督下にあったとは認められず，報酬は歩合制で（労務対償性），運送料基準の約1割5分少ない額が適用されるが，他の従業員よりも高額であり，事業所得として確定申告されていたこと（事業者性）などから，運転手は，専属的に会社の製品の運送業務に携わっており，同社の運送係の指示を拒否する自由（諾否の自由）はなかったことなど，労働者性を補強する要素となる事実を一部認めたものの，全体として事業者性を覆す事情があるとは認められず，労働者性が否定された。

　なお，バイシクルメッセンジャー及びバイクライダーの労働者性が問題となる事案（東京地判平22・4・28労判1010号25頁〔ソクハイ事件〕，平19・9・27基発0927004号「バイシクルメッセンジャー及びバイクライダーの労働者性について」）については，**Q2**参照。

(2) **建設請負型**（建設手間請け従事者ないし一人親方など）

建設業において特有な「建設手間請け従事者」の問題がある（平成8年3月労働基準法研究会労働契約等法制部会労働者性検討専門部会「建設業手間請け従事者及び芸能関係者に関する労働基準法の『労働者』の判断基準について」労旬1559号22頁以下）。これは，工事の種類，坪単価，工事面積等により総労働量及び総報酬の予定額が決められ，労務提供者に対して，労務提供の対価として，労務提供の実績に応じた割合で報酬を支払うという労務提供方式である。もっとも，「手間請け」というものについても，工事の種類，労務提供の形態等により，いくつかの形態が存在する。特に，住宅建築等の小規模建築工事の場合とビル建築等の大規模建築工事の場合では，その形態が大きく異なっている。なお，建設業の場合，親方，子方，配下，世話役等の用語が，工事の形態により異なった意味に使われる場合があるので，単にその呼び名だけではなく実際の役割に留意する必要がある。また，建設業の場合には，下請契約等が重層的になされていることが多く，また，実際の指示や命令も重層的になされる。そのため，このような重層的な関係の下で作業に従事する者について労働者性を判断するためには，誰と誰の間に使用従属関係があるかを明確にする必要がある。さらに，建設という業務の性質上，工事現場での作業が前提となるから，現場が指定されていることは，業務の性質上当然であり，場所的拘束性があるとして指揮監督性や使用従属性があるとはいえないことになる。

判例には，作業場をもたずに1人で工務店の大工仕事に従事する形態で稼働していた大工について労災保険法上の労働者性が争われた事案（最〔1小〕判平19・6・28裁判集民事224号701頁・労判940号11頁〔藤沢労基署事件〕）がある。同判例では，仕事の内容について，仕上がりの画一性，均質性が求められることから，工務店から寸法や仕様等につきある程度細かな指示を受けていたものの，具体的な工法や作業手順の指定を受けることなく，自分の判断で工法や作業手順を選択することができたこと（指揮監督性），作業の安全確保や近隣住民に対する騒音，振動等への配慮から所定の作業時間に従って作業することが求められていたものの，事前に現場監督に連絡すれば，工期に遅れない限り，仕事を休んだり所定の時刻より後に作業を開始したり，所定の時刻前に作業を切り上げることも自由であったこと（時間的拘束性），他の工務店等の仕事をすることは禁じられていなかったこと（専属性），報酬は完全出来高払いで他の従業員の給与

よりも相当高額であったこと（労務対償性），工事に必要な大工工具一式を所有し，これを現場に持ち込んで作業をしていたこと（事業者性）などから，労働者性が否定されている。

(3) 特殊技能ないし専門職型（芸能関係者，映画撮影技師など）

例えば，映画やテレビ番組の製作に当たっては，複数の俳優や撮影技師その他専門的，特殊技能を有する者が芸術的・創造的な業務に従事することになるが，芸術的・創造的な業務に従事する者については，業務の性質上，その遂行方法についてある程度本人の裁量に委ねざるを得ないことから，必ずしも演技・作業の細部に至るまでの指示を行わず，大まかな指示にとどまる場合があるが，このことは直ちに指揮監督関係を否定する要素となるものではない。

また，一般的には，通常製作会社に雇用されるプロデューサーが作品製作のために必要な全体の予算やスケジュールの管理を行い，プロデューサーの管理の範囲内において，監督が俳優に対し，あるいは，監督ないし撮影，照明等のチーフのスタッフがセカンド以下のスタッフ（助手）に対して撮影上の指示を行うこととされている。このような場合にも，製作会社は，監督やチーフのスタッフを通じて俳優やセカンド以下のスタッフに対して総括的な指示を行っているものと考えられる。したがって，製作会社が俳優やスタッフに対して直接指示を行うことがないからといって，当該俳優やスタッフが製作会社との関係で直ちに労働者性を否定されることにはならない。

さらに，映画やテレビ番組の撮影に当たっては，勤務時間が指定・管理されていることが通常である。この場合であっても，例えば場面設定との関係上，特定の時間にしか撮影ができないなどの事業の特殊性によるものである場合には，かかる指定は指揮監督関係を肯定する要素とはいえない。例えば，1日の撮影の中で，監督等が行う具体的な撮影時間，休憩，移動時間等の決定や指示に従わなければならないこと，監督の指示によっていったん決まっていた撮影の時間帯が変動した場合に，これに応じなければならないことは，指揮監督関係を肯定する要素の1つとなる。勤務場所がスタジオ，ロケーション現場に指定されていることは，業務の性格上当然であるので，このことは直ちに指揮監督関係を肯定する要素とはならない。

映画やテレビ番組の撮影についての労務提供に関する契約においては，撮影

に要する予定日数を考慮に入れながら作品1本当たりいくらと報酬が決められているのが一般的であるが，拘束時間，日数が当初の予定よりも延びた場合に，報酬がそれに応じて増える場合には，使用従属性を補強する要素となる。

判例では，映画撮影技師（カメラマン）がプロダクションとの撮影業務に従事する契約に基づき映画撮影に従事中に，宿泊していた旅館で脳梗塞を発症して死亡したことについて，その死亡は業務に起因するとして遺族補償給付請求がされた事案（東京高判平14・7・11労判595号67頁〔新宿労基署事件〕）について，本件映画の製作における撮影については，レンズの選択，カメラのポジション，サイズ，アングル，被写体の映り方及び撮影方法等についてはいずれも監督の指示の下で行われ，同カメラマンの撮影したフィルムの中からカットの採否やフィルムの編集を最終的に決定するのも監督であったことから，監督と同カメラマンとの間に指揮監督関係があったとされた。また，上記プロダクションと同カメラマンの関係も，専属性は低く，同カメラマンには上記プロダクションの就業規則等の服務規律は適用されておらず，同カメラマンの報酬は事業所得として申告されていたことなど使用従属関係を疑わせる事情も認められるが，報酬は撮影期間（労務提供期間）に応じて算定され支払われていること（労務対償性），個々の仕事の諾否の自由が制約されていたこと，時間的場所的拘束性が高いこと，労務提供の代替性がないこと，撮影機材は，ほとんど上記プロダクションのものであったこと（事業者性），上記プロダクションは同カメラマンの報酬を労災保険料の算定基礎としていたことなどから，使用従属性があるとして，労働者性が認められた。

(4) 委託就業外勤職型

企業が経費削減や組織整理のために，業務の一部ないし特定の業務の外部委託化を進めることがある。この外部委託型就業者の労働者性が問題となった事例として，NHKの受信料集金等受託者がその委任契約を解除されたことにつき，当該契約は労働契約であるから当該業務委託契約の解除は解雇であるとした上で，解雇権の濫用や不当労働行為を主張し，労働者たる地位の確認及び賃金支払を求めた事例（東京高判平15・8・27労判868号75頁〔NHK 西東京営業センター事件〕，大阪高判平27・9・11労判1130号22頁〔NHK 神戸放送局（地域スタッフ）事件〕，同平28・7・29労判1154号67頁〔NHK 堺営業センター（地域スタッフ）事件〕など）があ

る。

　前掲NHK西東京営業センター事件では，NHKから受託者に対して，業務の遂行について一定の指示・指導あるいは要求があったことを認定しつつ，委託業務の性質が「放送法及び受信規約に基づくもの」であり，かつ，NHKの事業規模が全国にわたる広範囲に分布する視聴者からの公共料金の確保という性質上必要かつ合理的と認められること，受託業務は契約により限定され，少なくとも労働契約に見られるような広範な労務提供義務とはまったく異質のものであること，業務遂行の具体的方法が受託者の自由意思にゆだねられていること（指揮監督関係），兼業や再委託が自由であり（専属性），労働時間，就業場所，就業方法が定められている労働契約とはおよそ異質であること（時間的場所的拘束性等），報酬が出来高払式であること（労務対償性）などから，上記のような受託者の自由な意思が及ばない部分があることのみでは，使用従属性は認められず，本件契約は雇用契約とは異質であり，委任と請負の混合契約であるとされ，労働契約性が否定された。

　また，前掲NHK神戸放送局（地域スタッフ）事件においては，稼働日数や稼働時間が地域スタッフの裁量に任されるなど時間的拘束性が低く，第三者に再委託が認められていることなどから，本件契約の労働契約性が否定されている。

　さらに，前掲NHK堺営業センター（地域スタッフ）事件においても，労働者性の判断枠組みについては，地域スタッフは訪問する先や日時を自らの裁量で決定することができるなど，包括的に業務を委託されており，具体的な仕事の依頼や業務従事の指示等に対する諾否の自由がないと認めることはできず，地域スタッフはNHKからの指導・助言に応じなくても債務不履行責任や経済的不利益はなく，稼働日，稼働時間，訪問区域，経路等は，地域スタッフの裁量に基づき決定されているとして，業務の内容及び遂行方法について具体的な指揮命令，すなわち業務遂行上の指揮監督を受けているとはいえないとされた。

　加えて，勤務場所・勤務時間に関する拘束性は極めて緩やかで，委託業務の代替性が認められ，報酬の労務対償性は乏しく，業務に必要な用具等は貸与されているが，交通費は地域スタッフが負担しており，兼職も禁止・制限されていないことなどから，使用従属性を認めることはできず，労働契約法の類推適用も否定された（前掲NHK堺営業センター（地域スタッフ）事件の第一審判決（大阪地

判平27・11・30労判1137号61頁）においては，労働契約法上の労働者性は否定されたが，労働契約法17条1項の類推適用が認められた）。

〔4〕 おわりに

　個人請負・委託型就業者との区別が問題とされるのは，近代的な労働法制の成立以降，工場労働者や商業使用人といった典型的な雇用労働の従事者と並んで，もともとそれらと類似する家内工業従事者，一人親方，代理商，芸能員といった一種の自営業者が存在したこと，高度経済成長期以降労働コストの削減の一環として個人請負や個人の業務委託契約等に基づく就業形態が普及してきたこと，さらには，平成30年6月30日，いわゆる働き方改革法（「働き方改革を推進するための関係法律の整備に関する法律（平成30年法律第71号））が制定（同年7月6日公布）されたこと（いわゆる「働き方改革法」。その内容については，序編【概説】「働き方改革法とは」を参照されたい）に象徴されるように，雇用労働者の働き方が多様化する一方で，個人自営業者であっても，1つの企業と専属の委託業務契約や請負契約を交わし，人を雇わずに就業するといった，雇用と非雇用の区別がつきにくい層が出現していること，既存の制度や法律の適用から漏れているのではないかという問題が指摘されている（個人請負型就業者に関する研究会「個人請負型就業者に関する研究会報告書」（平成22年4月））。

　また，従来の典型的な「労働者」の側からも積極的に，時間に応じた報酬体系から成果主義報酬体系の普及，男女共同参画社会の実現や長時間労働の是正等によるワークライフバランスの観点から，自由度が高い働き方として，個人請負・委託型「労働」のニーズが高まっていることなどが問題を複雑にしているといえる。

〔竹内　満彦〕

Q2 | 個人請負・委託型就業者の労働基準法上の労働者性(2)

　Yは，自転車，自動二輪車及び軽四輪車により荷物等を配送する運送業務を目的とする会社であり，自転車によるものを「メッセンジャー即配便」と称していた。Xは，平成○年○月○日，Yと運送請負契約と題する契約（以下「本件メッセンジャー契約」という）を締結し，○○営業所に所属してメッセンジャー即配便の配送業務に従事していた者であるが，平成○年○月○日，Yは，Xが競合関係に立つ会社を設立して代表取締役に就任したことを理由として，本件メッセンジャー契約を解除する旨の意思表示をした。Xは，労働基準法上の労働者に当たる者であり，解雇としての性質を有する本件メッセンジャー契約の解除は無効であると主張して（主張は「バイシクルメッセンジャー及びバイクライダーの労働者性について」（平成19年9月27日付厚生労働省労働基準局長基発0927004号）に依拠したものである），労働契約上の権利を有する地位にあることの確認を求める訴えを提起した。

　以下の事実を前提として，Xの請求は認められるかについて説明しなさい。

(1) 稼働日の決定

　　稼働日は，契約その他の合意により一定の稼働日が定まっているものではなく，メッセンジャーは1週間前に申告する翌週の稼働予定に従って稼働していた。

(2) 稼働日における営業所への来所

　　○○営業所においては，午前8時30分ころに来所し，携帯品の準備等をした上で，朝礼において，所長から連絡事項，注意事項等の伝達を受けた後，各自の待機場所へ移動していたが，他の営業所においては，来所しないメッセンジャーも存在し，稼働日に所属営業所に来所することが一律に義務付けられていたものでは

所属営業所に来所することが一律に義務付けられていたものではなかった。また，メッセンジャーは，1日の業務終了後，自らの判断で直帰することもでき，業務終了後に営業所に戻ることが一律に義務付けられてはいなかった。

(3) 稼働中における業務従事の中断，終了

メッセンジャーは，稼働開始後，営業時間中であっても，Yの承諾を得ることなく，配車係に連絡することによって，一時的に配送業務から外れること（中抜け）や配送業務を終了すること（上がり）が認められていた。

(4) 配送業務に関する指示

メッセンジャーは，待機場所に移動した後，配車係に「稼働＠○○」（○○は場所を表す記号）のメールを送信し，Yのコールセンターにおいてメッセンジャー即配便の注文を受け付けた場合，配車係からメッセンジャーに対し，顧客から配送依頼のあった1件の配送品ごとに，荷受先，引取指定時刻，荷届先，依頼先，集金の有無及び集金先，配送距離，配送料金等の情報をメールで送信する方法で行われ，その受諾は，メッセンジャーから配車係に対し，「引中」のメールを送信することにより行われていた。

(5) 個別の配送依頼に対する受諾

配車係からメッセンジャーに対してされる個別の配送依頼につき，メッセンジャーにおいて断わることがあり，その場合には他のメッセンジャーに依頼されていた。

(6) 備品等諸費用の負担

メッセンジャーは，Yから貸与を受けた配送業務に用いる配送用荷物袋（背負いタイプの荷物バッグで，「messenger」及び「Y」という文字が書かれている）以外，配送業務時に着る服，配送業務に使用する自転車及び携帯電話を自らの負担で用意し，維持管理に要する費用も自ら負担していた。

(7) 報　　酬

報酬は，配送業務に従事した時間や配送の具体的内容などの事情に対応して定まる体系にはなっておらず，引き受けた配送業務に係る各月の配送料金の合計額に歩合を乗じて定まり，メッセンジャーは，受け取った報酬は事業所得として確定申告しており，メッセンジャー即配便に従事するについて雇用保険及び労働者災害補償保険に加入していない。

〔1〕　問題の所在

　Xの労働契約上の権利を有する地位にあることの確認を求める訴えにおける要件事実は，まさしく労働契約の存在であり，これに対して，Yが本件メッセンジャー契約は請負であることを主張するのは，**Q1**で解説したとおり，いわゆる理由付き否認となるから，Xは労働者性を裏付ける間接事実を主張・立証することになるが，雇用契約と請負契約の区別，すなわち，このような個人請負・委託型就業者の労働基準法上の労働者性が問題となる。

〔2〕　労働者性の判断基準について

　「労働者性」すなわち使用従属性，さらには労働者性を補強する要素が認められるかが問題となる。

(1)　使用従属性の判断

　(a)　「指揮監督下の労働」に関する判断基準

　(イ)　仕事の依頼，業務従事の指示等に対する諾否の自由の有無　　当該諾否の自由があることは，指揮監督関係の存在を否定する重要な要素となるが，一方，当該諾否の自由がないことは，契約内容等による場合もあり，指揮監督関係の存在を補強する1つの要素にすぎないものと考えられる。

　傭車運転手の労働者性が問題となった判例（最〔1小〕判平8・11・28裁判集民事180号857頁・労判714号14頁〔横浜南労基署（旭紙業）事件〕）においては，運転手は，

専属的に会社の製品の運送業務に携わっており，同社の運送係の指示を拒否する自由はなかったこと，毎日の始業時刻及び就業時刻は，この運送係の指示内容のいかんによって事実上決定されることになることは，いずれも労働者性を補強する要素となり得るが，結論として労働者性は否定されている。

　もっとも，例えば，仕事の依頼，業務従事の指示等に対する諾否の自由は，契約上認められているが，実態を見ると，仕事の依頼，業務従事の指示等を拒否している例は見られないような場合（平19・9・27基発0927004号「バイシクルメッセンジャー及びバイクライダーの労働者性について」（以下「メッセンジャー通達」という））においては，指揮監督関係の存在を認める要素となり得る。

　他方で，東京地判平22・4・28労判1010号25頁〔ソクハイ事件〕及び東京地判平25・9・26労判1123号91頁〔ソクハイ事件〕においては，メッセンジャーが自ら稼働日を決定した上，稼働を開始した後，メッセンジャー即配便の営業時間中であっても，配車係に連絡することによって，一時的に配送業務から外れること（中抜け）も，配送業務を終了すること（上がり）もでき，被告の承諾は必要なかったことから，稼働時間帯についてもメッセンジャーが決定していたこと，すなわち，稼働時間帯の決定について諾否の自由があったとされている。また，同事案では，配車係から各メッセンジャーに対してされる個別の配送依頼についても，メッセンジャーにおいて断わることがあり，その場合には他のメッセンジャーに依頼していることから，メッセンジャーには仕事の依頼に対する諾否の自由があるといえ，指揮監督関係を否定する要素とされた。これに対して，メッセンジャーが，出勤日には始業時刻までに営業所に出所し，業務終了後は営業所への帰所が義務付けられていたと認定される事案であれば，使用従属性を肯定する要素の１つとなろう（前掲平19・9・27基発0927004号メッセンジャー通達の事案）。

　㊁　業務遂行上の指揮監督の有無——業務の内容及び遂行方法に対する指揮命令の有無　運送業務を行う場合に，運送物品，運送先及び納入時刻の指定は，運送という業務の性格上当然であり，これらが指定されていることは業務遂行上の指揮監督の有無に関係するものではない（前掲最〔１小〕判平8・11・28〔横浜南労基署（旭紙業）事件〕）。これに加えて，運送経路，出発時刻の管理，運送方法の指示等がなされ，運送業務の遂行が「使用者」の管理下で行われてい

ると認められる場合には，業務遂行上の命令を受けているものと考えられ，指揮監督関係の存在を肯定する重要な要素となる。例えば，日々の配送指示は，顧客から配送依頼のあった1件の配送先ごとに引取先，引取時刻，届出先及び配送時の注意事項等が指示されて，配送経路は，契約上，「最も合理的な順路で走行すること」とされており，研修時には，最短距離で到着するよう指示され，バイシクルメッセンジャー等は，携帯電話の保持が義務付けられており，最初の配送指示があるまでの待機場所への到着時，配送指示メール受信後の移動開始時，荷の引取時，配送終了時（配送後の待機開始時），休憩開始時及び休憩終了時において，携帯メールで配車センターに報告することが求められている事案（前掲平19・9・27基発0927004号メッセンジャー通達）においては，指揮監督関係を認める要素とされている。

　他方で，会社は，運送という業務の性質上当然に必要とされる運送物品，運送先及び納入時刻の指示をしていた以外には，運転手の業務の遂行に関し特段の指揮監督を行っていなかった事案（前掲最〔1小〕判平8・11・28〔横浜南労基署（旭紙業）事件〕）においては，業務遂行上の命令を受けているとはいえないとされた。また，前掲東京地判平22・4・28及び東京地判平25・9・26〔各ソクハイ事件〕においても，個々の配送業務の配送指示は，配車係からメッセンジャーに対し，顧客から配送依頼のあった1件の配送品ごとに，荷受先，引取指定時刻，荷届先，依頼先，集金の有無及び集金先，配送距離，配送料金等の情報をメールで送信する方法で行われ，その受諾は，メッセンジャーから配車係に対し，「引中」のメールを送信することにより行われていたものの，以上のような配車係による配送指示の内容は，個々の配送業務の請負又は委託を依頼する際に請負人又は委託先に示す事項として当然に必要とされるものであり，上記内容の配送指示をしていた以外には，メッセンジャーの配送業務の遂行に関し，特段の指揮監督を行っていなかったとされている。

　また，業務遂行に関する手引（マニュアル）やその周知徹底のための研修制度の実施の有無，研修参加が業務の一環としてなされ，報酬が支払われていることなどが指揮命令の有無を判断する要素となり得る（前掲平19・9・27基発0927004号メッセンジャー通達）。しかし，メッセンジャーの行う実際の配送業務は，使用者自身が行う事業として行われる場合と同じ態様のものであることが要請

され，そのために，被告が，メッセンジャーにおいて行う配送業務に係る顧客との接遇，伝票の記入及び処理方法，対応の流れ等について一定のやり方を定め，これに従った統一的な配送業務の実施をメッセンジャーに求めることは，当該配送業務が請負又は業務委託である場合にも必要であるということができ，労働関係にある使用者の労働者に対する指揮命令に係る特有なものとはいえない。そうすると，手引を作成し研修を実施していることが当然かつ直ちに被告がメッセンジャーに対して労働基準法上の労働者であることを基礎付ける要素としての指揮命令をしているとはいえない（前掲東京地判平22・4・28及び東京地判平25・9・26〔各ソクハイ事件〕）。

(ハ) 拘束性の有無　勤務場所及び勤務時間が指定，管理されていないことは，指揮監督関係の存在を否定する重要な要素となり得るが，一方，これらが指定，管理されていても，それはその業務内容から必然的に必要となる場合もあり，指揮監督関係の存在を肯定する1つの要素となるものにすぎないものと考えられる。

勤務時間の定めがない場合として，前掲最〔1小〕判平8・11・28〔横浜南労基署（旭紙業）事件〕では，同社の一般の従業員のように始業時刻及び終業時刻が定められていたわけではなく，当日の運送業務を終えた後は，翌日の最初の運送業務の指示を受け，その荷積みを終えたならば帰宅することができ，翌日は出社することなく，直接最初の運送先に対する運送業務を行うこととされており，同社の一般の従業員と比較してはるかに緩やかであり，時間的，場所的拘束性がなく，指揮監督関係を否定する要素とされている。また，前掲東京地判平22・4・28及び東京地判平25・9・26〔各ソクハイ事件〕においては，メッセンジャーは，稼働日及び稼働時間帯を自ら決定することができ，また，朝の一定時刻までに所属営業所へ出所することも業務終了後に所属営業所へ帰所することも義務付けられていなかったことから，時間的場所的拘束性がないとされた。

なお，同事案においては，メッセンジャーは，1つの配送業務が終わった後，次の配送指示を受けるまでの待機場所について，配車係から指示を受けていたが，メッセンジャーは，待機中に自由に食事や読書をすることができる上，一時的に配送業務を受けたくない場合には中抜けをすることが認められていたか

ら，待機場所の指示はメッセンジャーを場所的に拘束する趣旨ではないとされている。

　㈡　代替性の有無——指揮監督関係の判断を補強する要素　他の者が代わって労務提供を行う，補助者を使う等労務提供の代替性が認められている場合には，指揮監督関係を否定する要素となるが，一方，代替性が認められていない場合には，指揮監督関係の存在を補強する要素の1つとなる。もっとも，契約上も実際上も配達の再委託は認められていなかった場合に代替性を肯定することも考えられる（前掲平19・9・27基発0927004号メッセンジャー通達）が，業務の内容によっては，再委託の禁止が直ちに業務自体に代替性がない，さらには，指揮監督関係を肯定することになるものではないことに注意を要する（前掲東京地判平22・4・28及び東京地判平25・9・26〔各ソクハイ事件〕）。

　(b)　報酬の労務対償性に関する判断基準

　報酬が，出来高制でなく，時間単位，日単位で支払われる場合には，その額が高い場合であっても，報酬の労務対償性が強く，「使用従属」の存在を補強する重要な要素となる。

　出来高制や歩合制で報酬が定められている場合であっても，例えば，皆勤手当や皆勤加算（例えば，平日にすべて出勤した場合，基本歩合率に一定の歩合率が加算されるもの），欠勤減算（あらかじめ定められた出勤日に出勤しない場合），遅刻減算（あらかじめ定められた出勤時刻に営業所に出所しない場合）などのように，それぞれ基本歩合率から一定の歩合率が減算される場合には，出勤日・勤務時間に応じて加減算された報酬が定められており，報酬の労務対償性が認められる場合がある（前掲平19・9・27基発0927004号メッセンジャー通達の事案）。

　(2)　「労働者性」判断のその他の補強要素

　(a)　事業者性の有無

　機械，器具の負担関係として，いわゆる「傭車運転手」は高価な業務用機材であるトラックを所有し，自己の危険と計算の下に運送業務に従事していたといえる場合が多く，一応「事業者性」があるものと推認される（前掲最〔1小〕判平8・11・28〔横浜南労基署（旭紙業）事件〕）。また，前掲平19・9・27基発0927004号メッセンジャー通達及び前掲東京地判平22・4・28及び東京地判平25・9・26〔各ソクハイ事件〕においても，自転車等の装備品が自己負担であり，

維持管理費用も自己負担である場合など事業者性を肯定する要素として認められる。

(b) 専属性の程度

他社の業務に従事することは契約上制約されていないが、出勤日・勤務時間があらかじめ指定され、その間は拘束されていることから、兼業を行うことは困難な状況にある場合には労働者性を補強する要素として認め得る（前掲平19・9・27基発0927004号メッセンジャー通達）。もっとも、前掲最〔1小〕判平8・11・28〔横浜南労基署（旭紙業）事件〕においては、運転手は専属的に使用者の製品の運送業務に携わっていたことが認められたものの、全体としては事業者性を覆すには足りないとされた。

〔3〕 本問の検討

本問においては、まず、事実(1)ないし事実(3)によれば、メッセンジャーの稼働日及び稼働時間は、会社が決定していたのではなく、メッセンジャー自らが決定していたと認められ、事実(4)及び(5)によれば、メッセンジャーには個別の仕事の依頼に対しても諾否の自由があるといえる。

なお、事実(4)のように、メッセンジャーに対して配送係から配送業務に関する指示などがあったとしても、それらの指示が、個々の配送業務の請負又は委託を依頼する際に請負人又は委託先に示す事項として当然に必要とされるものであり、上記内容の配送指示をしていた以外には、メッセンジャーの配送業務の遂行に関し、特段の指揮監督を行っていなかったのであれば、メッセンジャーの労務提供の実態は、Yから配送業務の遂行に関して、指揮監督を受けているとも、時間的、場所的拘束を受けているともいえず、XがYから現実的かつ具体的に支配され、Yに従属しているといえる関係、すなわち、使用従属性は認められない。

また、事実(6)によれば、備品等諸費用はメッセンジャーの負担とされ、自己の危険と計算の下に配送業務に従事していたといえ、一応の事業者性が認められる。

もっとも、Yから貸与されたY名が書かれた配送用荷物袋を使用していることが認められるが、これは、顧客との関係において、メッセンジャーが行う配

送業務がYのメッセンジャー即配便であることを示すものにすぎず，メッセンジャーの個人事業者性を否定するものではない。

さらに，事実(7)によれば，メッセンジャー報酬は，いわゆる出来高払方式であって，他にこれを覆すに足りる事情（労務対償性を認めるべき事情）は見当たらず，労務対償性は認められない。また，メッセンジャーが，報酬を事業所得として確定申告し，雇用保険及び労災にも加入していないことは，事業者性を補強ないし裏付ける事情として認められる。

以上によれば，Xは，使用従属性も労務対償性も認められず，労働基準法上の「労働者」とはいえないであろう。

[竹内　満彦]

第2編

労働時間制度

第 1 章

原則的な労働時間制度

第1節　労働時間

【概　説】労働時間とは

〔1〕　はじめに

　労働時間の概念は，多義的であって，法定労働時間（法律上許容される最長労働時間），所定労働時間（個別の労働契約，就業規則，労働協約等で定められた労働時間）及び実労働時間（労働者が現実に労働した時間）の3つに区別して考察される。以下，これらの概念を明らかにするとともに，実労働時間については，その該当性の評価や判断が問題となる，いくつかのケース（手待時間，不活動時間，本務外活動，出張中の移動時間，持ち帰り残業）にも言及しておきたい。

〔2〕　労働時間の概念

(1)　法定労働時間

　法定労働時間とは，法律上許容される最長労働時間をいい，その上限は，1週が40時間，1日が8時間と定められている（労基32条）。ただし，小規模の商業（常時10人未満の労働者を使用する商業）やサービス業（映画・演劇業，保険衛生業及び接客娯楽業）については，事業の特殊性から1週が44時間とされている（労基40条，労基則25条の2）。ここでいう1週，1日とは，就業規則等において別段の定めがない限り，1週は日曜日から土曜日までの暦週をいい，1日は午前0時から午後12時までの暦日を指す。ただし，2暦日にわたって連続勤務した場

合は，それを1勤務とし，勤務全体が始業時刻の属する日の労働として取り扱われる（昭63・1・1基発1号・婦発1号）。

なお，労働者に対し，この法定労働時間を超える労働をさせるには，災害その他避けることができない事由や公務のために臨時の必要がある場合（労基33条1項・3項）のほか，いわゆる36協定（労基36条1項・2項に定める労使協定）の締結及び行政官庁への届出が必要となる。ただし，長時間労働を防止するため，罰則付き上限規制（従来の時間外限度基準告示を法律に格上げし，罰則による強制力をもたせたもの。臨時的な特別の事情がある場合や適用猶予・除外の事業・業務を除き，原則として1ヵ月45時間，1年間360時間）が設けられている（労基36条3項ないし6項・119条。詳しくは，序編【概説】〔2〕(1)の解説を参照）。

(2) 所定労働時間

所定労働時間とは，個別の労働契約，就業規則，労働協約等に基づいて，労働者が労働を提供する義務を負っている時間をいう。また，使用者は，1日の労働時間が6時間を超え8時間以下の場合は45分以上の，8時間を超える場合は1時間以上の休憩時間を，労働時間の途中に一斉に付与し，自由に利用させなければならない（労基34条）。就業規則で定める始業時刻から終業時刻までの時間（所定就業時間）から休憩時間を差し引いた時間が所定労働時間となる。この所定労働時間は，原則として法定労働時間の範囲内で定められる。

(3) 実労働時間

実労働時間とは，休憩時間を除いた，使用者が労働者を現に「労働させ」る（労基32条）時間を意味するが，労働基準法には実労働時間の定義がないため，この「労働させ」の解釈を巡って争いがある。通説・行政解釈は，実労働時間を「労働者が使用者の指揮命令下に置かれている時間」とし，実労働時間性の有無を，指揮命令下に置かれたと評価することができるか否かによって判断している。この理論状況については，後記〔3〕(1)において説明する。

実労働時間は，必ずしも所定労働時間とは一致しない。実労働時間に当たらない時間帯を，労働契約等によって所定労働時間として取り扱うことがあれば，所定労働時間に当たらない時間帯であっても，労働基準法13条の強行的・直律的効力によって実労働時間として捉えられる場合もあるからである。後者の場合は，法定労働時間外労働であるにもかかわらず，割増賃金の支払をしない

旨の労働条件は，その部分について無効となり，労働基準法で定める基準（労基37条）に基づく割増賃金を支払うべき内容に修正されることになる。

〔3〕 実労働時間該当性

(1) 実労働時間該当性の判断

　実労働時間（以下，特に断らない限り，単に「労働時間」という）該当性をどのような視点から判断するかについては，その基本的な考え方として次の3説がある。
- ① 【約定基準説】当事者の約定に基づいて判断する考え方
- ② 【二分説】明らかに労働と評価される中核的労働時間は客観的に判断するが，準備，後始末等のような周辺的労働時間については当事者間の約定等によって左右し得るという考え方
- ③ 【客観説】当事者の約定には左右されることなく客観的に判断するという考え方

　当事者の意思によって労働基準法の強行規制を容易に免脱させないようにするためには，客観説が妥当であり，同説が通説である。

　次に，客観説に立つとした場合，どのような時間をもって労働時間と判断すべきかについては，次のような考え方がある。
- ⓐ 【純粋指揮命令下説】労働時間を「労働者が使用者の指揮命令下に置かれている時間」とする考え方
- ⓑ 【限定指揮命令下説】労働時間を「使用者の作業上の指揮監督下にある時間または使用者の明示または黙示の指示によりその業務に従事する時間」とする考え方（菅野和夫『労働法〔第11版補正版〕』478頁）
- ⓒ 【相補的二要件説】労働時間とは「使用者の関与の下で，労働者が職務を遂行している時間」をいい，その使用者の関与の程度と職務性の程度を相互補完的に把握して，客観的に「労働させ」たと評価できる程度に達していることを要するという考え方（荒木尚志『労働法〔第3版〕』184頁）

　通説・行政解釈は，前述のとおり純粋指揮命令下説を採用している。そこで検討するに，そもそも労働時間とは，労務提供債務の履行として，労働者が労務を提供した時間をいうのであるから，「労務提供義務」の存在を前提として，「債務の本旨」に従った労務の提供がなされることを要するといえよう。そう

すると、労務提供義務の観点からは「指揮命令ないし明示・黙示の指示」の存在が求められるほか、債務の本旨という観点からは「業務性・職務性」の要件も加えて判断するのが妥当ではなかろうか（藤井聖悟「残業代請求事件の実務（中）」判タ1366号24頁）。この意味からすると、労働時間該当性の判断については、純粋指揮命令下説に依拠しつつも、「指揮命令ないし明示・黙示の指示」という要因に加えて、「業務性・職務性」をも考慮して判断するのが相当だと思われる。このような理論状況を踏まえた上で、最高裁判例の動向を概観しておきたい。

(2) **最高裁判例**

労働時間の意義やその該当性を巡っては、次のとおり、三菱重工業長崎造船所事件、大星ビル管理事件、大林ファシリティーズ（オークビルサービス）事件といった最高裁判例が出されている。これらにおいて最高裁が一般的な判断枠組みを明らかにしているので、その内容を紹介する。

(a) 最判平12・3・9民集54巻3号801頁・労判778号11頁〔三菱重工業長崎造船所（一次訴訟・会社側上告）事件〕

最高裁は、三菱重工業長崎造船所事件において、労働時間とは、労働者が使用者の指揮命令下に置かれている時間をいい、この労働時間に該当するか否かは、労働者の行為が使用者の指揮命令下に置かれたものと評価することができるか否かにより客観的に定まるものであって、労働契約、就業規則、労働協約等の定めのいかんにより決定されるものではない旨判示し、客観説及び純粋指揮命令下説に立つことを明らかにした。そして、同事件では、工場における実作業の前後の準備、後始末等の時間が労働時間に該当するか否かが争点とされていたところ、そこでは、労働者が、就業を命じられた業務の準備行為等を事業所内において行うことを使用者から義務付けられ、又はこれを余儀なくされたときは、当該行為を所定労働時間外において行うものとされている場合であっても、当該行為は、特段の事情のない限り、使用者の指揮命令下に置かれたものと評価することができ、当該行為に要した時間は、それが社会通念上必要と認められるものである限り、労働時間に該当すると判断した。

(b) 最判平14・2・28民集56巻2号361頁・労判822号5頁〔大星ビル管理事件〕

大星ビル管理事件は、ビル管理会社の従業員が実作業に従事していない仮眠

時間（不活動仮眠時間）が，労働時間に当たるか否かが争点となった事案である。最高裁は，三菱重工業長崎造船所事件で採用された判断基準を踏襲した上で，仮眠時間が使用者の指揮命令下に置かれていないものといえるためには，労働者が実作業に従事していないことに加え，労働者が労働から離れることを保障されていて初めて，労働者が使用者の指揮命令下に置かれていないものと評価することができるのであって，仮眠時間であっても，労働契約上の役務の提供が義務付けられていると評価される場合は，労働からの解放が保障されているとはいえず，労働時間に当たる旨判示した。

(c) 最判平19・10・19民集61巻7号2555頁・労判946号31頁〔大林ファシリティーズ（オークビルサービス）事件〕

大林ファシリティーズ（オークビルサービス）事件は，マンションの住込み管理員の断続的な業務従事時間及びその間の私的行為に充てられた時間について，労働時間性が争点となった事案である。最高裁は，住込み管理員は，使用者から，所定労働時間の開始前・終了後の一定の時間に，管理員室の照明の点消灯，ごみ置場の扉の開閉，冷暖房装置の運転の開始・停止等の断続的な業務を行うよう指示されていたところ，使用者が作成したマニュアルには，管理員は，所定労働時間外においても，住民や外来者から宅配物の受渡し等の要望が出される都度，これに随時対応すべき旨記載されていたことに照らし，管理員室の隣の居室での滞在時間も，次の業務を開始するまで待機することが命ぜられた状態と同視すべきであり，使用者の指揮命令下に置かれた労働時間に当たる旨判示した。ただし，病院への通院や犬の運動は，業務とは関係のない私的な行為であり，住込みという業務形態を考慮しても，業務の遂行に当然に伴う行為とはいえないとして，労働時間に当たらないとした。

(d) 労働時間該当性の判断要素

上記最高裁判例の立場は，労働時間とは「使用者の指揮命令下に置かれている時間」をいうとの定義の下に，「使用者から義務付けられ，又はこれを余儀なくされた」「義務付けられている」といった「指揮命令ないし明示・黙示の指示」という要因に加え，「業務の準備行為」，「労働契約上の役務の提供」といった「業務性・職務性」をも考慮したものと評価できよう。これに対し，これら判例の立場は，「業務性・職務性」という別個の基準によって労働時間性

を判断しながら、それを「指揮命令」概念によって説明しているにすぎず、判断基準としての明確性に欠けるとの批判もある（荒木・前掲186頁）。

なお、「指揮命令ないし明示・黙示の指示」の有無を判断する際に考慮すべき拘束（指示命令）要件には、次の5項目があると解されている（安西愈『新しい労使関係のための労働時間・休日・休暇の法律実務〔全訂7版〕』6頁・82頁）。

① 一定の場所的な拘束があるか（どこで業務、作業等を行うのか）
② 一定の時間的な拘束があるか（何時から何時まで行うのか）
③ 一定の態度ないし行動上の拘束があるか（規律——どのような規律等を守って行うのか）
④ 一定の業務の内容ないし遂行方法上の拘束があるか（業務拘束性——どのような業務をどのような方法・手順で行うのか）
⑤ 一定の労務指揮的立場から行われる支配ないし監督的な拘束があるか（支配と拒否の不利益扱い——それを上司の監督下とか服務支配下に行う必要があるのか、それを行わないと懲戒処分、上司からの叱責、賃金・賞与上の不利益等を受けるのか）

(3) 労働時間該当性を巡る諸問題

本来業務に従事する時間（本務時間）が労働時間に該当するのは当然のことであるが、その本来業務に付随する周辺的労働時間や不活動労働時間のように、労働時間に該当するか否かが問題となる場面がある。以下、これらのケースについて説明する。

(a) 手待時間

手待時間とは、作業と作業の合間の待機時間であって、使用者の指示があれば直ちに作業に従事しなければならない状態にある時間（いわばスタンバイしている時間）をいう。具体的には、休憩中の電話・来客当番、自動車運転手の駐停車時間等がこれに当たる。労働基準法41条3号は、手待時間の多い断続的労働について、労働時間規定の適用除外を認めていることからすると、同法は手持ち時間が労働時間であることを前提にしているといえる。

手待時間と休憩時間の区別は、手待時間が、使用者の指示があれば直ちに作業に従事しなければならない時間として、使用者からの就労要求に応じることができるよう一定の拘束下において待機している（使用者の指揮命令下に置かれて

第1節　労働時間　　　　　　　　　　　　　　　　【概　説】労働時間とは　　57

いる）のに対して，休憩時間は，労働者が自由に利用でき，仕事から完全に離れることを保障されている（使用者の指揮命令下に置かれていない）という点にある。

(b)　不活動時間

不活動時間とは，待機，仮眠等のように実作業に従事していない時間をいい，労働密度の薄さゆえに労働時間性が問題となるものである。この不活動時間において，労働者が実作業に従事していないというだけでは，使用者の指揮命令下から離脱しているということはできず，当該時間に労働者が労働から離れることを保障されていて初めて，労働者が使用者の指揮命令下に置かれていないものと評価することができる。不活動時間であっても，労働契約上の役務の提供を義務付けられている場合は，労働からの解放が保障されているとはいえず，使用者の指揮命令下に置かれたものと評価される（詳しくは，本節Q3，Q4の解説を参照）。

(c)　本務外活動

本務外活動とは，準備・後始末作業，更衣，小集団活動等のように実作業の周辺的労働をいい，その活動の性格ゆえに労働時間性が問題となるものである。

最高裁は，三菱重工業長崎造船所事件において，就業を命じられた業務の準備行為等を事務所内で行うことを使用者から義務付けられ，又はこれを余儀なくされたときは，特段の事情のない限り，使用者の指揮命令下に置かれたものと評価することができ，当該行為に要した時間は，それが社会通念上必要と認められるものである限り，労働時間に当たる旨判示した。そして，所定の更衣所での作業服・保護具の装着，更衣所から準備体操場への移動，粉じん防止のための散水等が，始業前に実施するよう義務付けられていた場合は，これらの行為に要した時間は労働時間であり，同様に，終業時刻後の作業場から更衣所への移動，作業服・保護具の脱離等に要する時間も労働時間であるとした。しかし，その後の洗面や入浴の時間については，義務付けられた行為ではなく，それをしなければ通勤が著しく困難になるという事情もないとして，労働時間性を否定した。

このような作業の前後に付帯する時間が，使用者の指揮命令の下に労務に服している時間であるか否かを判断する一般的な基準としては，①使用者の命令があるか，②法令で義務付けられているか，③黙示的な命令があるか，④当該

作業を行うために必然的なものか，⑤当該作業を行うに際して通常必要とされるものかといった事項を挙げることができる（安西・前掲40頁）。

　また，所定労働時間外に行われる企業外の教育，研修，行事，訓練等については，その参加が義務的で，出席しなければ不利益を課せられるような場合は，会社業務としての性格が強く労働時間になる。しかし，まったく強制の契機がなく，自由参加であれば，労働時間には当たらない（平11・3・31基発168号。なお，研修等への参加については，本節**Q 5**の解説も参照）。

　これと同様に，小集団活動（効率化，品質向上，安全性向上等のために数人で1つのグループを作り，そのグループ単位で改善活動を行うことなど）も，それが使用者の明示・黙示の指示に基づくものであり，その参加が事実上強制されている場合は，労働時間に当たるが，自由参加が保障されていれば，労働時間には当たらない。

　(d)　出張中の移動時間

　通勤時間については，労働力を使用者の下に持参するための債務履行の準備行為というべきであるから業務性を欠き，その時間帯は通常，行動の制約はあるにしても自由利用が保障されていることから，労働時間性は認められない。

　出張前後の移動時間も，労働者が日常の出勤に費やす時間と同一性質であると考えられるので，業務性を欠き，通常は自由利用が保障されているから，労働時間性は認められない。休日に出張先に移動したとしても，同様である（東京地判平元・11・20労判551号6頁〔東葉産業事件〕）。ただし，出張の目的が物品の運搬であったり，旅行中その物品の監視をしなければならなかったりするなど，出張の移動そのものが業務性を有する場合には，労働時間性が肯定される（昭23・3・17基発461号，昭33・2・13基発90号。なお，本節**Q 6**の解説も参照）。

　(e)　持ち帰り残業

　労働者の業務の都合等で，自発的に自己の意思で仕事を持ち帰って労働を行った場合は，この時間が労働時間になるだろうか。労働基準法の規制する労働は使用者の指揮命令下における従属的な労働であり，規制の対象となる労働時間とはこのような使用従属下における労働の時間である。そうすると，労働者の私的な生活の場である家庭には，場所的・時間的拘束，一定の態度・行動上の拘束等がなく，使用者の指揮監督は及ばないので，持ち帰り残業は，使用者の指揮命令下の労働とはいえず，原則として労働時間性が否定されることにな

る（安西・前掲81頁）。使用者から持ち帰り残業の業務命令があっても，労働者はこれに応ずる義務はないから，持ち帰り残業が労働時間と認められるのは，使用者から業務の遂行を指示されて，これを承諾し，私生活上の行為と峻別して労務を提供して当該業務を処理したような例外的な場合に限られるといえよう（藤井聖悟「実労働時間の認定・評価・判断に関する諸問題」白石哲編著『労働関係訴訟の実務』62頁）。

[宇都宮　庫敏]

Q3 | 労働時間該当性(1)——不活動時間(警備員の仮眠・休憩時間)

Xは，Y社に雇用され，Y社が警備業務を受託している甲県立A病院（以下「A病院」という）において勤務していた者であるが，労働契約上は仮眠時間又は休憩時間とされていた時間帯は，実際には労働基準法上の労働時間（労基32条）に該当するにもかかわらず，Y社からそれを踏まえた適正な賃金の支払がされていないと主張して，適正な賃金と実際に支払われた賃金との差額相当額の支払を請求した。

以下の事実を前提として，Xの請求は認められるかについて説明しなさい。

(1) XとY社間での労働契約の内容

就業時間は，ローテーションにより変動し，日勤（午前8時30分～午後5時30分），夜勤（午後5時30分～翌日午前8時30分），当務（24時間勤務，午前8時30分～翌日午前8時30分），駐車場勤務（午前8時30分～午後0時00分）の4種類があり，勤務形態ごとに始業・終業時間，実働時間及び仮眠・休憩時間が定められていた。

(2) Y社とA病院間の警備業務委託契約の内容

(a) 求められる人員，態勢

A病院の勤務時間中（平日の午前8時30分から午後5時15分まで）は5人以上，勤務時間外（平日の午後5時15分から翌日午前8時30分まで，土日を含む休日の午前8時30分から翌日午前8時30分まで）は4人以上を業務に充てる。

(b) 警備員の業務内容

警備員の業務は，主として，①巡回警備業務，②監視警備等業務，③防災業務（災害，事故等への対応），④駐車場管理業務，⑤宿日直業務（勤務時間外。地震その他の災害，火災，自動車事故等が発生した際の職員連絡業務等），⑥その他の業務である。

(c) 勤務ローテーション

平日のうち駐車場管理業務（④）を要する時間帯には5名，平日のそれ以外の時間帯及び休日には4名の警備員が配置されていた。配置された警備員のうち，1名は守衛室で監視警備等業務（②）を担当し，その他の警備員は巡回警備業務（①）やベッドメイク（⑥）等の定期的な業務を担当するか，防災業務（③），急患来院時のカルテ出し（⑥），急患の応接（⑥）等の突発的な業務に備えて守衛室で待機することとされていた。休憩時間は，昼と夜の時間帯に各1時間，仮眠時間は4時間が割り当てられていたが，休憩・仮眠時間とされている時間帯においても，最低2名の警備員が業務に従事し，うち1名が守衛室で監視警備等業務（②）に従事し，もう1名が30分から1時間の予定で巡回警備業務（①）に当たるほか，突発的業務に備えて守衛室で待機する態勢がとられていた。

(3) 仮眠・休憩時間の過ごし方

仮眠をとる警備員は，シャワーを浴びた上で制服からパジャマやトレーナーに着替え，仮眠室に布団を敷いて就寝していた。仮眠・休憩時間中に突発的な業務に対応して実作業を行った場合は，時間外手当を請求するようにと指示されていた。

(4) 仮眠・休憩時間における実作業の状況

仮眠時間中の警備員が実作業に従事した事例は合計17件で，1人当たり平均すると1年に1件に満たず，大半は仮眠時間の開始前から行っていた業務を仮眠時間帯に食い込んで継続したか，仮眠時間の終了に先立って既に勤務に就く準備ができていた警備員が，ほどなく仮眠時間に入る他の警備員に配慮して，早めに勤務に就いて対応した事例であり，作業の内容はカルテ出し（⑥）や急患の応接（⑥）であった。仮眠を中断して実作業に従事したことが明らかな件数は4件であり，そのうち3件は突発的な災害によるものであり，うち1件は時間外手当の請求があり支払がされ

た。休憩時間中の警備員が実作業に従事した事例は，11件であり，そのうち休憩を中断して実作業に従事したと認められる事例は2件であった。

〔1〕 はじめに

　本問は，仙台高判平25・2・13労判1113号57頁〔ビソー工業事件〕を素材としたものであって，病院で監視・巡回警備業務を行う警備員の仮眠・休憩時間が労働基準法上の労働時間（＝実労働時間。以下，特に断らない限り，単に「労働時間」という）に該当するか否かが争点となる事案である。

〔2〕 不活動時間の労働時間性

(1) 労働時間

　労働時間とは，労働者が使用者の指揮命令下に置かれている時間をいい，実作業に従事していない時間（以下「不活動時間」という）が労働時間に該当するか否かは，労働者が不活動時間において使用者の指揮命令下に置かれていたものと評価することができるか否かにより客観的に定まるものである（最判平12・3・9民集54巻3号801頁・労判778号11頁〔三菱重工業長崎造船所（一次訴訟・会社側上告）事件〕）。

　不活動時間である仮眠・休憩時間であっても，労働からの解放が保障されていない限り，労働時間に当たるというべきであり，その時間帯に「労働契約上の役務提供の義務付け」がなされていると評価される場合には，労働者は，労働からの解放を保障されているとはいえず，使用者の指揮命令下に置かれているということができる。ただし，仮眠・休憩時間中に実作業に従事する必要の生じることが皆無に等しいなど，実質的に実作業への従事が義務付けられているとは認められない事情がある場合には，労働者は使用者の指揮命令下に置か

れているとは評価できず，労働時間に当たらないと解するのが相当である（最判平14・2・28民集56巻2号361頁・労判822号5頁〔大星ビル管理事件〕，最判平19・10・19民集61巻7号2555頁・労判946号31頁〔大林ファシリティーズ（オークビルサービス）事件〕）。

(2) 労働からの解放の保障

上記(1)の判断枠組みによれば，不活動時間の労働時間性は，「労働からの解放の保障」をメルクマールとして，その時間帯に労働契約上の役務の提供が義務付けられていたか否かによって判断されることになる。「労働からの解放の保障」は非労働時間である休憩時間該当性の観点からの表現であるのに対し，「労働契約上の役務提供の義務付け」は労働時間該当性の観点からの表現であって，両者は表裏の関係にあると理解できよう（竹田光弘・最判解説民事篇平成14年度（上）250頁）。そして，「労働契約上の役務提供の義務付け」の有無については，実質的に判断すべきものと解されている。すなわち，役務提供の義務付けが，労働契約上，制度（形式）的になされているとしても，実質的になされているとはいえない（実際に実作業に従事した件数等から，実作業の必要が生じることが皆無に等しい）ときには，なお使用者の指揮命令下にあるとは評価できない場合があり得ることを前提にしている。

そうすると，労働契約上の役務提供の義務付けの有無については，①（形式判断）労働契約上，制度的に役務提供が義務付けられているといえるか否か，②（実質判断）たとえ制度上の義務付けがあったとしても，実質的にみて役務提供が義務付けられているといえるか否かについて，順次，検討すべきことになる（竹田・前掲251頁，長谷川珠子「仮眠時間・休憩時間の労働時間該当性－ビソー工業事件」ジュリ1492号216頁）。

〔3〕 役務提供の義務付けの有無

(1) 形式的な役務提供の義務付けの有無

一般的に，病院の業務内容からすると，仮眠・休憩中の警備員が突発的業務に対応せざるを得ない事態のあることは一般的に想定されるところ，仮眠室等での待機（場所的拘束）や警報等への対応（職務上の拘束）が義務付けられていたならば，制度（形式）上の義務付けは肯定される場合が多いであろう（例えば，

大星ビル管理事件のほか，東京地八王子支判平16・6・28労判879号50頁〔青梅市（庁舎管理業務員）事件〕，東京高判平17・7・20労判899号13頁〔ビル代行（宿直勤務）事件〕，東京地判平18・8・7労判926号53頁〔日本ビル・メンテナンス（仮眠時間等）事件〕，東京高判平23・8・2労判1034号5頁〔ジェイアール総研サービス事件〕等）。

　しかしながら，本問においては，①仮眠・休憩時間帯においても，A病院には4名の警備員が配置されており，そのうち1名が守衛室で監視警備等業務に当たり，もう1名が巡回警備業務の傍ら，突発的業務に備えて守衛室で待機する体制になっていたが，他の2名の警備員については，実作業に従事することまで要求されていなかったこと，②例外的に，その2名の警備員が実作業に従事した場合には，実作業時間に応じた時間外手当を請求することとされていたこと，③仮眠・休憩中の警備員が実作業に従事したという場合でも，そのほとんどは，仮眠・休憩を中断して実作業に従事したものではなく，他の警備員への配慮から自主的に，仮眠・休憩時間へのずれ込みやその終了を早めて実作業に従事したものであること，④仮眠時間中は，仮眠室において，制服を脱いでパジャマ等に着替えて就寝しており，休憩時間中も，守衛室や仮眠室での待機等の指示はなかったことが認められる。これらに照らすと，Xは，Y社から，仮眠・休憩時間中であっても，常時業務に従事する態勢を要求されていたとは認められず，制度（形式）上の役務提供の義務付けはなかったというべきである。

(2) 実質的な役務提供の義務付けの有無

　本問において，係争期間中に，警備員が仮眠時間中に実作業に従事した件数は合計17件で，1人当たり平均すると1年に1件に満たず，このうち仮眠時間を中断して実作業を行ったのは4件にすぎず，そのうち3件は突発的な災害によるものであった。また，休憩時間中に実作業に従事した件数は合計11件で，そのうち休憩時間を中断して実作業を行ったのは2件であった。そうすると，仮眠・休憩を中断して実作業に従事した件数は僅少であり，その必要性は皆無に等しいというべきであろう。したがって，Xには，労働から解放された仮眠・休憩時間が保障されていたというべきであって，実質的にも役務提供の義務付けはなかったことになる。

〔4〕結　論

　本問では，形式的のみならず実質的にも役務提供の義務付けが否定されるので，いずれにしても，仮眠・休憩時間が一般的，原則的に労働時間に当たると認めることはできず，Xの労働契約に基づく差額賃金請求は認められない。

　もちろん，Xが仮眠・休憩時間中に実際に実作業に従事した場合は，Y社は，Xに対し，時間外手当を請求するよう指示していたのであるから，その時間に相当する未払賃金を支払う義務がある。

　なお，本問の素材となった「ビソー工業事件」の二審は，形式的な役務提供の義務付けの有無について，上記〔3〕(1)の理由付けのほか，①勤務ローテーション表が警備員主導で作成されていたこと，②仮眠・休憩時間中に警備業務に就かない警備員らには，労働を義務付けられているという意識はなく，緊張感を持続するよう強いられてはいなかったことなどの事情も考慮して，制度（形式）上の義務付けはなかったものと判断している。

[宇都宮　庫敏]

Q4 労働時間該当性(2)――不活動時間（医師の宿日直時間・自宅待機時間）

　私立病院Yの産婦人科においては，Xを含む5名の医師が勤務しているが，所定就業時間以外に，交代で宿日直勤務（宿直は平日休日を問わず午後5時15分から翌日午前8時30分まで，日直が休日（土曜日，日曜日，祝日）の午前8時30分から午後5時15分まで）が命じられている。宿直医師は，入院患者及び救急外来患者に対する診察に当たるために，Y病院に宿泊して業務を行い，日直勤務においてもY病院で業務を行い，宿日直勤務中は勤務位置をできる限り明確にして常時ポケットベルを携帯し，呼出しに速やかに応答することが義務付けられている。その他，産婦人科の宿日直担当医師は1名しかいないため，産婦人科医5名は，宿日直勤務以外に，自主的に，同時に対応しなければならない患者が複数いる場合や，医師1名では対応できない異常分娩，手術等の場合に，通常の勤務時間外に必ず自宅等に待機して連絡のとれる医師を宿日直担当医師のほかに毎日1名を確保し，これを「宅直」当番と称して，宿日直担当医師からの要請があればすぐにY病院に急行して，宿日直担当医師に協力して診察を行っていた。Xは，宿日直勤務及び宅直勤務は労働時間であると主張して，労働基準法37条の定める割増賃金を請求した。
　Xの請求は認められるかについて説明しなさい。

―――

〔1〕　はじめに

　本問は，大阪高判平22・11・16労判1026号144頁〔奈良県（医師・割増賃金）事件〕を素材としたものであって，産婦人科勤務医の宿日直・宅直勤務時間の労

働時間該当性が争点となる事案である。まず，医師の宿日直勤務に従事した時間が労働基準法41条3号の「断続的な勤務」と評価できるか否か，次に，そのように評価できないとすれば，宿日直・宅直勤務時間は，労働基準法上の労働時間（＝実労働時間。以下，特に断らない限り，単に「労働時間」という）といえるか否かについて，順次検討する

〔2〕 宿日直勤務の労働時間性

(1) 宿日直の法的規制と通達

　労働基準法41条3号は，「監視又は断続的労働に従事する者で，使用者が行政官庁の許可を受けたもの」には，労働時間，休憩及び休日に関する規定を適用しないと定め，同法施行規則23条は，この断続的労働の一態様である宿日直について，使用者が，所轄労働基準監督署長の許可を受けた場合は，これに従事する労働者を同法32条（労働時間）の規定にかかわらず，使用し得ることを規定している。ここでいう宿日直勤務とは，当該労働者の本来の業務は処理せず，定時的巡視，緊急の文書又は電話の収受，非常事態発生に備えての待機等を目的とするもので，常態としてほとんど労働する必要のない勤務をいうものと解されている。行政通達（昭22・9・13発基17号，昭63・3・14基発150号）は，宿日直勤務の許可条件として，上記勤務内容のほか，手当の最低基準（賃金の平均日額の3分の1を下らないもの），頻度（日直は月1回，宿直は週1回），宿直時の睡眠設備等について定めている。

　特に宿日直の時間帯に通常勤務と同様の業務が発生する可能性の高い医師，看護師等の宿直については，医療機関における休日及び夜間勤務の適正化を図るため特別の許可基準が設けられており，①通常の勤務時間の拘束から完全に解放された後のものであること，②夜間に従事する業務は，一般の宿直業務以外には，病室の定時巡回，異常患者の医師への報告あるいは少数の要注意患者の定時検脈，検温等特殊の措置を必要としない程度の，又は短時間の業務に限ること，③夜間に十分睡眠をとり得ることなどの条件を充たすことを要するとされている（昭24・3・22基発352号，平14・3・19基発0319007号）。

　これを本問についてみると，Xは，産婦人科という性質上，宿日直時間に分娩への対応という本来業務も行っており，分娩の性質上，宿日直時間内にこれ

が行われることが当然に予想されること，分娩の中には，異常分娩も含まれ救急医療を行うことも稀とはいえず，また，この業務のすべてを1名の宿日直担当医師が行わなければならないことが認められ，その結果，宿日直勤務時間の一定程度を通常業務に費やしていたものと推認される。これらに照らすと，Xの宿日直勤務は，常態として昼間と同様の勤務に従事する場合に該当し，上記許可基準を充足せず，労働基準法41条3号の断続的労働の範囲を超えるというべきである。したがって，Xの宿日直勤務には，そもそも労働時間等の適用除外規定が適用されないので，原則に戻って，この宿日直勤務が労働時間として認められるか否かについて検討する必要がある。

なお，病院の看護師に対する宿日直勤務の許可が違法であったとして国家賠償を認めた裁判例（東京地判平15・2・21労判847号45頁〔中央労基署長（大島町診療所）事件〕）がある。東京地裁は，看護師の宿日直勤務が，ほとんど労働する必要がなかったとか，昼間と同態様の労働に従事することが稀な状態であったとは到底認められず，継続した睡眠が十分にとれる状態にもなかったとして，当該診療所による宿日直勤務許可申請を労働基準監督署長が許可したのは違法である旨判断した。

(2) 不活動時間の労働時間性

労働時間とは，労働者が使用者の指揮命令下に置かれている時間をいい，実作業に従事していない時間（以下「不活動時間」という）が労働時間に該当するか否かは，労働者が不活動時間において使用者の指揮命令下に置かれていたものと評価することができるか否かにより客観的に定まるものである（最判平12・3・9民集54巻3号801頁・労判778号11頁〔三菱重工業長崎造船所（一次訴訟・会社側上告）事件〕）。

不活動時間である仮眠・休憩時間であっても，労働からの解放が保障されていない限り，労働時間に当たるというべきであり，その時間帯に「労働契約上の役務提供の義務付け」がなされていると評価される場合には，労働者は，労働からの解放を保障されているとはいえず，使用者の指揮命令下に置かれているということができる。ただし，仮眠・休憩時間中に実作業に従事する必要の生じることが皆無に等しいなど，実質的に実作業への従事が義務付けられているとは認められない事情がある場合には，労働者は使用者の指揮命令下に置か

れているとは評価できず，労働時間に当たらないと解するのが相当である（最判平14・2・28民集56巻2号361頁・労判822号5頁〔大星ビル管理事件〕，最判平19・10・19民集61巻7号2555頁・労判946号31頁〔大林ファシリティーズ（オークビルサービス）事件〕）。

　この判断枠組みによれば，不活動時間の労働時間性は，「労働からの解放の保障」をメルクマールとして，その時間帯に労働契約上の役務の提供が義務付けられていたか否かによって判断されるものといえる。そして，「労働契約上の役務提供の義務付け」の有無については，実質的に判断すべきものと解されており，①（形式判断）労働契約上，制度的に役務提供の義務付けがあったとしても，②（実質判断）実質的にみて役務提供が義務付けられていない（実際に実作業に従事した件数等から，実作業の必要が生じることが皆無に等しい）場合には，使用者の指揮命令下に置かれているとはいえないことになる（竹田光広・最判解説民事篇平成14年度（上）251頁，長谷川珠子「仮眠時間・休憩時間の労働時間該当性─ビソー工業事件」ジュリ1492号216頁）。

(3) あてはめ

　これを本問についてみると，「労働契約上の役務提供の義務付け」の有無については，①（形式判断）Xは，Y病院より，宿日直勤務を命じられ，入院患者の急変への対処，外来患者の応急措置等に従事していたこと，Xは，宿日直勤務中，時間的な拘束（宿直は午後5時15分から翌日午前8時30分まで，日直は午前8時30分から午後5時15分まで）と場所的な拘束（Y病院での業務・宿泊）を受けるとともに，ポケットベルの呼出しに速やかに応じて業務を遂行することを義務付けられていたことが認められ，②（実質判断）Xは，入院患者及び救急外来患者に対する診察に当たるため，宿日直勤務に要する全時間のうち通常業務の占める比率が高いことが窺える。これらに照らすと，制度（形式）上のみならず実質的にも，Xは，医師としてその役務の提供を義務付けられていたといえ，診療の合間の待機時間においても労働から離れることが保障されていたとはいえず，宿日直勤務の開始から終了までの間，Y病院の指揮命令下にあったといえる。

(4) **労働基準法37条に基づく割増賃金請求**

　Y病院では，就業規則等において，宿日直勤務に従事した時間を時間外・深

夜手当の支給対象にしていなかったとすると、Xの労働契約に基づく割増賃金の請求は認められないことになる。しかしながら、前述のとおり、Xの宿日直勤務時間が労働時間に当たると解される以上、この時間は時間外労働となり、Y病院には、労働基準法37条に基づく割増賃金の支払が義務付けられることになる。なぜならば、法定労働時間外労働であるにもかかわらず、割増賃金の支払をしないとの労働契約は、労働基準法13条の強行的・直律的効力によって、その部分につき無効となり、当該契約は法定の割増賃金を支払うべき内容に修正されるからである。

(5) 結　論

Xの宿日直勤務については、労働基準法41条3号の断続的労働には該当しないところ、形式的のみならず実質的にも役務提供の義務付けが肯定されるので、労働時間性を認めることができる。したがって、Xは、Y病院に対し、その従事した宿日直勤務時間の全部について、労働基準法37条に定める割増賃金を請求できる。

〔3〕 宅直勤務の労働時間性

(1) あてはめ

上記〔2〕(2)の判断枠組みを前提にして、これを本問についてみると、宅直勤務制度は、Y病院における産婦人科医の需要の高さに比べて、産婦人科医が5名しかいないという現実の医師不足を補うために構築されたものであるところ、これは、産婦人科医らの間の自主的な取り決めにすぎず、Y病院が宅直当番医師に応援要請を命じたものではなかったことが認められる。そうすると、宅直勤務制度は、Y病院からの明示・黙示の業務命令によるものではなく、産婦人科医らの自主的な取組みであって、制度（形式）上の役務提供の義務付けはなかったというべきである。したがって、Xの宅直勤務については、実質的な役務提供の義務付けの有無について判断するまでもなく、その時間全体についてY病院の指揮命令下にあったと認めることができない。

(2) 結　論

Xの宅直勤務については、その労働時間性を肯定できないから、労働基準法37条に定める割増賃金を請求できない。

第1節　労働時間　　Q4　労働時間該当性(2)——不活動時間（医師の宿日直時間・自宅待機時間）

　なお，本問の素材となった「奈良県（医師・割増賃金）事件」の二審は，宅直勤務について，①Y病院の内規に定めがなく，宅直当番医師は産婦人科医の自主的な話し合いによって決まり，その当番医師名が病院に報告されることはなく，宿日直の助産婦や看護師にも知らされていなかったこと，②呼び出される回数が年間6，7回であったこと，③宅直勤務制度下における医師の負担は，同制度がなくて宿日直担当医師以外のすべての医師が連日にわたって緊急の応援要請を受ける可能性がある場合の負担と比較して，過大であるとはいえないことなどの事情も考慮して，同制度は産婦人科医間の自主的な取り決めであるとして，制度（形式）上の義務付けはなかったものと判断している。

[宇都宮　庫敏]

Q5 労働時間該当性(3)——本務外活動（研修等への参加）

　Xは，○○県下で小中学生を対象とする学習塾を経営する会社であるYの文系講師であったが，経営会議や勉強会への参加に要した時間はいずれも使用者の指揮監督下にあった時間であると主張して，時間外労働手当を請求した。Xの主張によれば，Xは経営会議に参加していたが，Yにおいては，従業員のほとんどすべてが取締役になって経営会議に参加しており，取締役になった従業員のすべてがYの重要事項に関する決定権をもつことはなく，経営会議に参加したからといって直ちにYの経営に参画しているとはいい難い。XはYの取締役には就任したことはなく，あくまでYの労働者の地位にある者であり，労働者として使用者であるYから経営会議への出席を義務付けられていたのであるから，経営会議への出席時間は，Yの指揮命令によって勤務していた時間であると評価することができ，労働時間である。Xが参加していた勉強会は，Yによって予め参加者が割り振られた上で日時及び場所が決められ，参加者にはレジュメ配付・検討課題の提起等がされ，後日，参加した勉強会の内容に沿った投稿（感想文のようなもの）を起案して提出する義務があり，勉強会に遅刻したり欠席すれば，上長から指導を受けていたのであるから，勉強会への出席時間は，従業員の自発性に委ねられた自主的なサークル活動ではなく，Yの指揮命令下において実施されており，勉強会に参加した時間は労働時間である，という。
　Xの請求は認められるかについて説明しなさい。

〔1〕 問題の所在

　時間外労働手当の請求においては，請求原因事実として所定外労働時間，法定外労働時間，深夜労働時間，法定外休日労働時間，法定休日労働時間の別を特定して，労務提供の事実を主張することとなる（大阪地方裁判所簡易裁判所活性化委員会『大阪簡易裁判所における民事訴訟の運営と定型訴状モデルの解説』（別冊判タ27号）85頁，佐々木宗啓ほか『類型別労働関係訴訟の実務』75頁）ところ，XがYの経営会議や勉強会への参加に要した時間が，労働時間に該当するかが問題となる．

〔2〕 割増賃金請求権の民事上の要件としての労働時間

　労働基準法上の労働時間（実労働時間）の該当性については，①約定基準説，②二分説，③客観説があり，③客観説が妥当とされるが，そのうち，(ⅰ)純粋指揮命令下説，(ⅱ)限定指揮命令下説，(ⅲ)相補的二要件説があるとされる（本編第1章第1節【概説】「労働時間の概念」の解説を参照）。

　通説においては，純粋指揮命令下説が採用されており，これによると，実労働時間とは，「労働者が使用者の指揮命令下に置かれている時間をいい，右の労働時間に該当するか否かは，労働者の行為が使用者の指揮命令下に置かれたものと評価できるか否かにより客観的に定まるものであって，労働契約，就業規則，労働協約等の定めのいかんにより決定されるべきものではないと解するのが相当である。」（最〔1小〕判平12・3・9民集54巻3号801頁・労判778号11頁〔三菱重工業長崎造船所（一次訴訟・会社側上告）事件〕）とされる。

　労働者が就業を命じられた業務の準備行為等を事業所内において行うことを使用者から義務付けられ，又はこれを余儀なくされたときは，当該行為を所定労働時間外において行うものとされている場合であっても，当該行為は，特段の事情のない限り，使用者の指揮命令下に置かれたものと評価することができ，当該行為に要した時間は，それが社会通念上必要と認められるものである限り，労基法上の労働時間に該当すると解される（前掲最〔1小〕判平12・3・9の西川知

一郎・最判解説民事篇平成12年度（上）194頁）。

〔3〕 本務外活動の労働時間該当性の判断

　すると，当該従業員の行為に要した時間が，「労働時間」に該当するかは，「労働者の行為が使用者の指揮命令下に置かれたものと評価できるか」，すなわち，「使用者から義務付けられ，又はこれを余儀なくされたとき」に当たるか，によって判断されることになる。

　雇用契約上の行政解釈は，就業時間外の教育訓練に関して，「労働者が使用者の実施する教育に参加することについて，就業規則上の制裁等の不利益取扱いによる出席の強制がなく自由参加のものであれば，時間外労働にならない」（昭26・1・20基収2875号）としている。

　したがって，所定労働時間外に行われる企業外の教育，研修，行事，訓練等については，その参加が義務的で，出席しなければ不利益を課せられるような場合は，会社業務としての性格が強く労働時間になる。

　経営会議や勉強会への参加が，完全に自由参加のものであり，それに出席しないことについて何らの不利益も定められておらず，このことが制度上も実質上も担保されている場合には，「使用者から義務付けられ，又はこれを余儀なくされた」とはいえず，労働時間とはならない。

　この点が問題となった裁判例として，以下のものがある。

(1) 勤務時間外のミーティング参加について

　対象のミーティングは，通勤のために最寄り駅まで送る自動車を利用する従業員が，当該自動車が出発するまでの時間を利用し，ビールを飲みながら代表者と雑談する際に作業について話し合われることがあるというものであり，従業員に対し，ミーティングに出席することを強要するものでないし，また，従業員が，ミーティングに出席しなくても自らが従事する作業の遂行に支障を来すこともないので，本件ミーティングは，会社の業務命令の下に行われた業務ということはできず，むしろ，会社の好意による作業後の慰労の性質を強くもつものというべきで，本件ミーティングへの参加を時間外労働と認めることはできないとされた（大阪地判平6・7・1労判657号55頁〔あぞの建設事件〕）。

(2) 研修参加について

入社以前に行われた業務内容や就労条件の説明等のための研修への参加について，参加の強制などの事情は認められず，指揮命令に基づく従属的労働に従事したとは認めがたいとして労働時間でないとされた（名古屋地判平16・1・20労判880号153頁〔オンテックス事件〕）。

(3) 経営会議，勉強会への参加について

自動車教習所の従業員が経営に参加する趣旨の下に設けられた経営協議会，その専門委員会としての教養委員会，管理委員会，車両委員会等の委員会や教習用語の統一に関する研修会や趣味の会への参加が問題となった事例においては，同研修会への参加は業務としてなされたもので，その活動時間は労働時間とされ，趣味の会は教養活動で従業員の福利厚生の一環としてなされたもので，講師料等の費用等を会社が負担していたとしても，自由参加で欠席を理由に不利益を課せられるものでなく労働時間ではない（大阪地判昭58・2・14労判405号64頁〔八尾自動車興産事件〕）とされた。

また，経営会議への参加が問題となった事例について，共同経営者としての権限と責任を有する塾講師が，経営者の立場に基づき自発的に参加する場合には，そもそも労働者性（経営者と従業員との区別）が問題となるが，従業員のほとんどすべてが取締役になって経営会議に参加しており，取締役になった従業員のすべてが会社の重要事項に関する決定権をもつことはない場合は，経営会議に参加したからといって直ちに会社の経営に参画しているとはいえず，労働者として使用者である会社から経営会議への出席を義務付けられていたのであるから，経営会議への出席時間は，会社の指揮命令によって勤務していた労働時間とされた（大阪地判平22・10・29労判1021号21頁〔類設計室事件〕）。

さらに，同事例では，勉強会への参加も問題となったところ，同勉強会は，会社によって，あらかじめ勉強会参加者が割り振られた上で日時及び場所が決められ，参加者にはレジュメ配付・検討課題の提起等がされ，後日，参加した勉強会の内容に沿った投稿（感想文のようなもの）を起案して提出する義務があり，勉強会に遅刻したり欠席すれば，上長から指導を受けていたのであるから，不参加についてペナルティを課せられるものでなかったとしても，従業員の自発性に委ねられた自主的なサークル活動ではなく，会社の指揮命令下において実施されたもので，それに参加した時間は労働時間であるとされた。

(4) 業務終了後の Web 学習について

業務時間終了後，パソコンを利用して行う，1～2時間程度の Web 学習に参加した場合については，学習内容からみて従業員として業務上，その知識を身に着ける必要があり Web 教材も一般性，汎用性を有する知識にとどまらず，市販の書籍では勉強できない内容や会社固有のものも含んで，業務との関連性が密接で，学習状況は社内システムで会社に把握されていた等から，会社の業務上の指示によるもので労働時間制が認められるとされている（大阪地判平22・4・23労判1009号31頁〔NTT 西日本ほか（全社員販売等）事件〕）。

〔4〕 設例の検討

X は Y の取締役には就任したことはなく，あくまで Y の労働者の地位にある者であり，労働者として使用者である Y から経営会議への出席を義務付けられていたのであるから，Y の指揮命令下に置かれていたものと評価でき，その参加時間は労働時間と認められる。

また，勉強会は，不参加についてペナルティを課せられるものでなかったとしても，従業員の自発性に委ねられた自主的なサークル活動ではなく，Y の指揮命令下において実施されたもので，それに参加した時間は労働時間である。

[竹内　満彦]

6 ｜労働時間該当性(4)――移動時間（出張の移動）

　Xは，平成〇年〇月，高齢者を対象とした弁当の宅配事業及び店舗における弁当総菜の小売り事業についてのフランチャイズシステムの管理運営を業とするY社との間で雇用契約を締結し（所定労働時間は午前9時00分から午後6時00分まで（休憩時間1時間を含む）），営業開発部営業開発2課に所属して，フランチャイズ契約を獲得する業務を行った。その後，平成〇年〇月，店舗開発部開発課課長に就任した。Xは，宿泊を伴う出張あるいは日帰りの出張をした際の移動時間及び出張前後の本社への立ち寄り時間は労働時間に当たると主張して，割増賃金を請求した。Y社においては，Xを含む営業職の従業員は，外に出て営業活動をすることが多く，その中には宿泊を伴う出張も多く，自宅から営業先に直行することや，営業先から自宅に直帰することが多かった。

　ところが，Xは，勤務していた本社から徒歩10分以内という近くに住居を借りていたこともあって，他の従業員であれば直行直帰するところを，営業先に行く前にいったん本社に出たり，出張後，荷物を置きに自宅に戻る前にいったん本社に戻ったりすることがよくあった。出張の際には電車，新幹線及び飛行機等の公共交通機関を使用していた。

　Xの請求は認められるかについて説明しなさい。また，上記の移動が日曜日（休日）に行われた場合はどうかについても説明しなさい。

〔1〕 問題の所在

　時間外労働手当の請求においては，請求原因事実として所定外労働時間，法定外労働時間，深夜労働時間，法定外休日労働時間，法定休日労働時間の別を特定して，労務提供の事実を主張することとなる（大阪地方裁判所簡易裁判所活性化委員会『大阪簡易裁判所における民事訴訟の運営と定型訴状モデルの解説』（別冊判タ27号）85頁，佐々木宗啓ほか『類型別労働関係訴訟の実務』75頁）ところ，宿泊を伴う出張の場合の電車，新幹線及び飛行機等の公共交通機関を利用しての旅行や日帰りで遠方に出張する等の際において，公共交通機関を利用して出張先に赴いたり，そこから帰ったりする場合における移動時間，あるいは，営業先に行く前にいったん本社に出たり，出張後，荷物を置きに自宅に戻る前にいったん本社に戻ったりする移動時間が，労働時間に該当するかが問題となる（Xは店舗開発部開発課課長として課長職にあったが，労働基準法41条でいう管理監督者ではないことを前提とする）。

　また，休日における出張の場合，その移動時間は，法定休日労働時間として労働時間に繰り入れられるかが問題となる。

〔2〕 移動時間の労働時間該当性の判断

　労働基準法上の労働時間（実労働時間）の該当性については，①約定基準説，②二分説，③客観説があり，③客観説が妥当とされるが，そのうち，(i)純粋指揮命令下説，(ii)限定指揮命令下説，(iii)相補的二要件説があるとされる（本編第1章第1節【概説】「労働時間の概念」の解説を参照）。

　通説においては，純粋指揮命令下説が採用されており，これによると，実労働時間とは，「労働者が使用者の指揮命令下に置かれている時間をいい，右の労働時間に該当するか否かは，労働者の行為が使用者の指揮命令下に置かれたものと評価できるか否かにより客観的に定まるものであって，労働契約，就業規則，労働協約等の定めのいかんにより決定されるべきものではないと解する

のが相当である。」(最〔1小〕判平12・3・9民集54巻3号801頁・労判778号11頁〔三菱重工業長崎造船所（一次訴訟・会社側上告）事件〕)とされる。

このような作業の前後に付帯する時間が，使用者の指揮命令の下に労務に服している時間であるか否かを判断する一般的な基準としては，①使用者の命令があるか，②法令で義務付けられているか，③黙示的な命令があるか，④当該作業を行うために必然的なものか，⑤当該作業を行うに際して通常必要とされるものかといった事項を挙げることができる（安西愈『新しい労使関係のための労働時間・休日・休暇の法律実務〔全訂7版〕』40頁。なお，前掲【概説】「労働時間の概念」の解説を参照）。

(1) **通勤時間について**

通勤時間は，労働力を使用者の下に移動させるための準備行為にすぎず，労働時間とは認められないが，始業後の業務としての移動等は，労働者の行為が使用者の指揮命令下に置かれた後の移動時間として労働時間に繰り入れられる（東京地判平20・2・22労判966号51頁〔総設事件〕）。

なお，通勤時間中の労働時間該当性として，物品等の管理が要請され，その通勤時間が労働時間に当たるかが争われた裁判例においては，自宅を出て営業先への移動中，訪問先での業務遂行上重要な確認資料を持ち歩き管理することが求められているとしても，このことから直ちにこの時間が労働時間となるものではなく，自宅で仕事を行う職種であれば，大なり小なり通勤時間でも必要な書類等を管理することが求められるので，このことのみをもって労働時間と認めることになるものではない（東京地判平21・2・16労判758号63頁〔日本インシュアランスサービス事件〕）とされている。

(2) **出張における移動時間について**

行政解釈は，交通機関等によって移動するいわゆる出張時間については，当日の出張中の旅行時間は，単に交通機関に乗車等して目的地に到着すればよく，その間には具体的な業務はなく，交通機関の中で自由に過ごし得る時間とされている場合には，拘束時間中の休息時間ないし自由時間であっても労働時間には該当しないとされ，「出張中の休日はその日に旅行する等の場合であっても，旅行中における物品の監視等別段の指示がある場合の外は休日労働として取り扱わなくても差し支えない」として，出張中の休日の旅行時間についても，そ

の旅行時間中になすべき物品監視等の具体的要務を命じられていない以上は，労働時間に該当しないとされている（昭23・3・17基発461号，昭33・2・13基発90号）。

判例上も，出張の際の往復に要する時間は，労働者が日常の出勤に費やす時間と同一性質であると考えられるから，その所要時間は労働時間に算入されず，したがって，また時間外労働の問題は起こり得ないと解するのが相当である（横浜地川崎支決昭49・1・26労民集25巻1＝2号12頁・労判194号37頁〔日本工業検査事件〕）とされている。

それが休日の移動であっても，例えば日曜日の休日に出張先から帰ったという場合も，当日労働したわけではなく，帰路についたにとどまるとして休日労働には該当しない（東京地判平元・11・20労判551号6頁〔東葉産業事件〕）とされている。

宿泊を伴う出張の場合の電車，新幹線及び飛行機等の公共交通機関を利用しての旅行や日帰りで遠方に出張する等の際において，公共交通機関を利用して出張先に赴いたり，そこから帰ったりする場合における移動時間は，物品の届けが主要な目的等で出張時間中も物品の管理が要請される等の特段の事情でもない限り，その自由度の程度からして，拘束時間とはいえても労働時間とまで評価することはできないと解するのが相当である（大阪地判平22・10・14労判1019号89頁〔シニアライフクリエイト事件〕）。

なお，移動時間中も物品等の管理が要請された場合は，通勤時間と同様に考えればよい（前掲東京地判平21・2・16〔日本インシュアランスサービス事件〕）。

もっとも，遠隔地の訪問先に赴くに当たり，他に公共交通手段がなく，自ら自動車を運転して赴いたなどの場合は，公共交通機関を利用した場合のように自由度が強いわけではないため，労働時間に繰り入れるのが相当な場合がある（前掲大阪地判平22・10・14〔シニアライフクリエイト事件〕）。

出張先に赴いたり，そこから帰ったりする際に，職場に立ち寄り，出張の準備その他実質的な労働を義務付けられ，又は余儀なくされたときには労働時間に組み入れられることになる（就業規則や労使協約により，組み入れることに合意されている場合を含む（前掲最〔1小〕判平12・3・9の西川知一郎・最判解説民事篇平成12年度（上）194頁〕）。

しかし、たまたま、本社の近くに自宅があったことから本社に荷物を取りに行ったり、荷物を置くためにしたものであれば、実質自宅から直行したり、自宅に直帰した場合と何ら異ならないから、労働時間該当性が否定されることになろう。

ただし、出張先に持参した資料を本社に持ち帰ってその始末等をしていたなど後片付けをしていた等、実質的に労働時間該当性が認められる場合は、労働時間に繰り入れることになる（前掲大阪地判平22・10・14〔シニアライフクリエイト事件〕）。

〔3〕 設例の検討

本問においては、Xは、たまたま、会社の近くに自宅があったことから、会社に荷物を取りに行ったり、荷物を置くために会社に立ち寄ったにすぎないものであれば、実質自宅から直行したり、自宅に直帰した場合と何ら異ならないから、労働時間該当性が否定されることになろう。

また、移動が日曜日（休日）に行われた場合においても、Xは公共交通機関を利用して移動しており、その自由度は強いから、旅行中における物品の監視等別段の指示がある場合のほかは労働時間該当性が否定されることになろう（昭23・3・17基発461号、昭33・2・13基発90号）。

したがって、Xの請求する割増賃金の計算の基礎となる時間外労働時間の計算においても、Yの特段の指示や業務の必要性及びこれに基づく具体的な職務内容や業務時間が立証されない以上、単なる荷物の取り置きと推認され、労働時間からは控除し、上記特段の事情が立証されたものに限り労働時間に算入されることになろう。

[竹内　満彦]

第2節　労働時間と労使協定

【概　説】労使協定とは

〔1〕　はじめに

　労働契約は労働者と使用者が対等な立場によって成立させる契約関係であるが，現実においては，労働者と使用者の交渉力には格差があるため，使用者が契約内容を就業規則や指揮命令によって労働者に不利に一方的に決定しがちである。そこで，労働基準法，最低賃金法等は，労働者を保護するために強行的に労働関係を規制する。

　しかし，労働基準法の最低条件の規定をすべての経済活動上の労働環境にあてはめてしまうと経済そのものが停滞してしまう可能性がある。例えば医療の現場で，労働時間における強行規定を厳格にあてはめてしまうと，国民が適切な医療を受けることができなくなり，国民の生活の利便性が失われることになる。この不都合を解消するため，労働基準法等では，使用者は強行規定の例外を認める手段として労使協定を締結し，罰則の適用を免れることが認められている。

〔2〕　労使協定の意義

　労働基準法においては労使協定という言葉そのものの記載はなく，「当該事業場に労働者の過半数で組織する労働組合があるときはその労働組合，そのような労働組合がないときは労働者の過半数を代表する者（従業員代表者）との書面による協定をし」と規定され（労基36条1項等），これを指して労使協定と呼んでいる。

　労使協定は，協定で定めた内容の限りにおいて適法とされる効果（免罰的効果）をもつにとどまるため，労働協約と区別される。労働協約は，その規範的効力（労組16条）によって労働契約を直接規律する効力をもつが，労使協定は，

計画年休制や育児・介護休業法，高年齢者雇用安定法の労使協定を除いて私法上の効力はもたない。したがって，労働契約上の権利義務を設定するためには，労使協定に加えてさらに，労働協約，就業規則又は労働契約の根拠が必要である。

〔3〕 労働基準法の労使協定

労働基準法が労使協定に免罰的効果を付与する事項は，次のとおりである。

(1) **労働者の貯蓄金の委託管理**（労基18条2項）

労働基準法は，強制貯金（労働契約に付随して貯蓄の契約をさせ，また貯蓄金を管理する契約）を禁止するが，労使協定をすればこの禁止が解除され，一定の条件の下に労働者の貯蓄金をその委託を受けて管理することができる。

(2) **賃金の一部の控除**（労基24条1項）

賃金は全額支払わなければならないが，労使協定を締結すればこれが解除され，社宅料，組合費等を賃金から控除できる。

(3) **1ヵ月単位の変形労働時間制**（労基32条の2），**フレックスタイム制**（労基32条の3），**1年単位の変形労働時間制**（労基32条の4），**1週間単位の非定型的変形労働時間制**（労基32条の5）の導入

労働時間は，1日8時間，1週40時間が限度（法定時間）である（労基32条）が，労使協定の締結によってその弾力化が可能となり，週平均40時間が確保されていれば，特定された日に8時間，特定された週に40時間を超えて労働させることも可能となる。

なお，フレックスタイム制については，平成30年の法改正（施行：2019年4月1日）によって，その清算期間が「1ヵ月」から「3ヵ月」に延長されており，より一層の弾力化が可能となっている。この点については，序編【概説】〔2〕(6)を参照されたい。

(4) **一斉休憩原則の適用除外**（労基34条2項）

法定の休憩時間は一斉に付与しなければならないが（労働時間が6時間超えると45分以上，8時間を超えると60分以上），労使協定を締結すれば適用が除外され，45分又は60分を分けて休憩することができることになる。

(5) **時間外・休日労働の定め**（労基36条1項）

労働時間は1日8時間，1週40日が限度であり，また，週1日の休日を付与しなければならないが，労使協定をすれば，法定労働時間を超えて，又は法定休日に労働することが可能となる。

(6) **事業場外労働のみなし労働時間の定め**（労基38条の2第2項）

労働時間の全部又は一部について事業場外で労働する場合で労働時間を算定し難いものの，通常所定労働時間を超えて労働することが必要なときは「当該業務の遂行に通常必要とされる時間」が労働時間とみなされるが，労使協定を締結すれば，その協定で定めた時間が「当該業務の遂行に通常必要とされる時間」とみなすことが可能となる。

(7) **一定の専門職について裁量労働制の導入**（労基38条の3第1項）

弁護士，会計士，新聞の取材記者等高度な専門性を有する19の職種については，専門業務型裁量労働制が認められるが，労使協定を締結すれば，一定の条件の下，その協定した時間を労働時間とみなすことが可能となる。

(8) **計画年休制**（労基39条6項）

5日を超える年休部分については，労使協定で定める時季に付与することができ，労働者は時季指定権や企業の時季変更権を行使できない。

(9) **年休日の賃金の標準報酬日額での支払**（労基39条7項）

有給休暇の際支払われる賃金は，就業規則等の定めにより平均賃金又は通常の賃金で支払われるが，労使協定によって，健康保険法の標準報酬日額とすることができる。

〔4〕 育児・介護に関する労使協定

育児や家族の介護を行う労働者の職業生活と家庭生活のとの両立を促すために「育児休業，介護休業等育児又は家族介護を行う労働者の福祉に関する法律」（育児・介護休業法）が制定されている。育児・介護休業法に係る労使協定について，いくつか取り上げる。

(1) **育児休業の適用除外者**（育介6条）

1歳に満たない子を養育する労働者は育児休業を取得することができる。ただし，日雇いや一定期間未満の雇用となる期間雇用の労働者は法令により育児休業を取得できない。なお，上記以外の者についても，育児休業の適用除外に

関する労使協定を締結すれば，育児休業の取得を制限することが可能となる。

(2) **介護休業の適用除外者**（育介12条）

要介護状態にある対象家族を介護する労働者は介護休業を取得することができる。ただし，日雇いや一定期間未満の雇用となる期間雇用の労働者は法令により介護休業を取得できない。なお，上記以外の者についても，介護休業の適用除外に関する労使協定を締結すれば，介護休業の取得を制限することが可能となる。

(3) **子の看護休暇の適用除外者**（育介16条の3）

小学校就学前の子を養育する労働者は，1年度において5日を限度として，病気・けがをした子供の看護休暇や子供に予防接種・健康診断を受けさせるための休暇を，1日又は半日単位で取得できる。ただし，日雇い労働者は法令によりこの看護休暇を取得できない。なお，上記以外の者についても，看護休暇の適用除外に関する労使協定を締結すれば，看護休暇の取得を制限することが可能となる。

(4) **介護休暇の適用除外者**（育介16条の6）

要介護状態にある対象家族を介護する労働者は，1年において5日を限度として，介護その他の世話をするために，1日又は半日単位で介護休暇を取得することができる。ただし，日雇い労働者は法令によりこの介護休暇を取得できない。なお，上記以外の者についても，介護休暇の適用除外者に関する労使協定を締結すれば，介護休暇の取得を制限することが可能となる。

(5) **所定外労働の制限の適用除外者**（育介16条の8）

3歳に満たない子供の子育てのため，労働者が所定外労働の制限を請求した場合には，会社は制限時間（1ヵ月24時間，1年150時間）を超えて時間外労働をさせてはならない。ただし，日雇い労働者は法令により所定外労働の制限を請求できない。なお，上記以外の者についても，所定外労働の制限の適用除外に関する労使協定を締結すれば，所定外労働に関する制限を解除することが可能となる。

(6) **所定労働時間の短縮措置の適用除外者**（育介23条）

3歳に満たない子供を育てる労働者に対しては，1日の所定労働時間を原則として6時間とする短期間勤務制度を設ける措置が義務付けられている。ただ

し，日雇労働者は法令によりこの短縮措置の適用除外となる。なお，上記以外の者についても，所定労働時間の短縮措置の適用除外に関する労使協定を締結すれば，この短縮措置の適用を除外することが可能となる。

〔5〕 労使協定の要件

労働基準法は，労働者代表が公正に選出されるよう，被選出者の資格，選出方法等を規定（労基則6条の2）するとともに，労使協定の重要性に鑑み，労使協定を法令や就業規則と同様に労働者に周知させる規定を置いている（労基106条）。

(1) 事業単位であること

労働基準法においては，その適用範囲が事業場であるから，事業場の労使代表間で当該事業場の実情に即した協定の締結が要求される。したがって，複数事業場を有する企業も，事業場ごとに締結しなければならない。ただし，複数事業場に共通に定め得る事項も多いことから，例えば，本社と組合本部間の協定をひな型として各事業場の協定を作成することは差し支えない。

(2) 労働者側当事者

労働者側当事者（労働者代表）は，「当該事業場の労働者の過半数で組織する労働組合」，又は，そのような組合がない場合には「当該事業場の労働者の過半数を代表する者」である。「当該事業場の労働者の過半数で組織する労働組合」がある場合は，必ずこれによらなければならない。

「労働者の過半数を組織する労働組合」とは，当該事業場の全労働者の過半数を組織した労働組合をいい，過半数の労働者が加入していれば，当該事業場を単位に組織された労働組合（事業所別組合）や当該事業場の支部組織である必要はなく，企業全体（複数事業場）を単位とする企業別労働組合や企業外の単一組合（例えば，地域の産業別ないし一般労組）でもよい。

(3) 企業側当事者

労使協定が労働協約の形式で締結され得ることを考えると，企業側当事者は，労働協約の当事者となるべき事業主（法人企業であれば法人そのもの）と解される。そして，通常，各規定の「使用者」（労基10条）に当たる者が事業主を代表して労使協定を締結する。複数の事業場を有する企業においては，各事業場の長で

はなく，企業の長自らが協定を締結することも可能であると解されている。

(4) 協定すべき事項，有効期間の定め等

労使協定は書面によって協定されるが，協定すべき事項は労使協定により異なる。また，有効期間の定めの要否や届出の要否も，労使協定により異なる。例えば，36協定は有効期間の定めを記載しなければならず，実務上は期間を1年とするのが通例である。

(5) 協定の周知

労働基準法及び労働関係諸法令に基づき労使協定を締結した場合は，事業場のすべての労働者が常時見やすい場所に掲示し，すぐ手に取れる職場の一定の場所に備え付ける等して，すべての労働者に周知しなければならない（労基106条）。

上記の要件を充足しない労使協定は無効であり，法的効果（免罰的効果）を有しない。したがって，企業は，この要件を満たさないで労使協定に基づいて協定事項を実施すると，違法行為をしたことになる。

〔6〕 労使協定と労働協約の違い

労働協約とは，賃金，労働時間，休日，休憩その他の労働者の待遇などに関する基準について，労働組合法に則って労働者の代表たる労働組合と会社との交渉を経て取り決めた事柄を書面にしたものである。労働協約は，締結主体の労働組合の組合員に限り規律力のあるルールとなり，就業規則や労働契約に優先される規範的効力をもつ。

労働協約と労使協定は，双方ともに労働者集団の代表と会社が労働条件や待遇などに関する事項について協議を行い，同意が得られると労働契約に対して特別な効力をもつ点において類似しているといえる。しかし，機能や締結主体に係る要件，及びその効力が及ぶ範囲などに違いがある。

第1に，労働協約には労使関係を規律する機能があるが，労使協定は法令の規制解除機能を有するものの，協定そのものに労使関係を規律する機能はない。第2に，労働協約の締結に労働組合の人数要件はなく，どんなに小さな組合でも締結することができる。一方，労使協定は事業場の労働者の過半数を構成する労働組合，あるいは従業員代表者と締結する必要がある。

第3に，労働協約の影響を受ける範囲は，原則その労働組合の組合員のみとなる。一方，労使協定は締結した事業場の労働者全体に効力が及ぶ。ただし，事業場の4分の3以上の数の労働者が1つの労働協約の影響を受ける場合は，労使協定と同様に事業場の組合員以外の労働者に対してもその効力が及ぶ。

なお，過半数労働組合が会社と労使協定を締結した場合は，労働基準法等に定める労使協定の効果と労働協約としての効果の双方を併せもつことになる。

〔7〕 労使協定と就業規則の違い

常時10人以上の労働者を使用している会社は，就業規則を作成し，届ける義務がある。労働基準法及びその他関係諸法並びに公序良俗に反しない限り，労働者の同意を得ずに会社が作成した就業規則は，職場を規律する効力をもつ。また，就業規則に合理的な労働条件が定められ，これを労働者に周知させていた場合には，労働契約の内容はその就業規則で定める労働条件によるものとされ労働契約に優先する。つまり，就業規則は規範的効力と労働者と会社の権利義務を生じさせる民事的効力が認められる。

労使協定は労働基準法その他関係諸法令の規制を解除する効果をもつのみで，民事上に権利関係に及ぼす影響力はない。規範的効力及び民事的効力の双方とも持ち合わせない点で就業規則と異なる。

[丸尾　敏也]

Q7 | 過半数代表

本章第2節【概説】の「労使協定」における労働者側当事者，すなわち，「労働者の過半数で組織する労働組合」，また（そのような組合がない場合の）「労働者の過半数を代表する者」（労基36条。後者の者を「過半数代表者」という）につき，「過半数」の内容，過半数の代表者の選任・適格性・任期制などについて，説明しなさい。

〔1〕 労働者の過半数代表の意義

労働基準法（以下「労基法」という）を中心とする雇用関係法及び雇用政策法において，使用者は，労働者の代表である「事業場に，労働者の過半数で組織する労働組合がある場合はその労働組合，労働者の過半数で組織する労働組合がない場合は労働者の過半数を代表する者」と，法律の定める一定の労働条件の基準に関し，「書面による協定」（以下「労使協定」という）を締結する必要がある。この労働者側の代表を「労働者過半数代表」という。

また，使用者は就業規則を制定する際も，労働者の過半数代表者から意見を聴取しなければならない義務がある。さらに，使用者は，法律によって事業場の労働者に関する一定の重要事項（例えば安全・衛生体制の構築）について調査審議等を行う労使合同の委員会の設置を義務付けられることがあるが，労働者の過半数代表は，その場合にも委員会を構成する労働者側委員の推薦ないし指名を行う権能を与えられている。

このように法律が労働者の過半数代表に与えている一定の権能は，使用者にそれに対応する一定の法的責務を課すものといえる。

〔2〕 過半数の内容

　労使協定は，事業場単位に締結すべきものである。独立の事業場か否かは，事業の場所的同一性，作業組織としての継続性・関連性，作業の一体性の有無を総合判断して決定される。

　ただし，営業所や出張所などで規模が著しく小さく，組織的な関係や事務処理能力などを勘案して1つの事業という程度の独立性のないもの（建設現場など）については，直近上位の機構（本社など）が一括して事業場とされる。

　労働者の過半数代表の母集団は，「当該事業場の労働者」である。行政解釈は，労働基準法36条の協定に関し，同協定は当該事業場において法律上又は事実上時間外・休日労働のあり得ない管理監督者・機密の事務取扱者（労基41条2号），監視継続労働従事者（労基41条3号），年少者（労基60条1項）のほか，事実上時間外・休日労働のない病欠・出張，休業期間中の者も含めた労働者の代表者であるとしている（昭46・1・18基収6206号）。

　しかし，労使協定の締結事項が法律上無関係の労働者を母集団に数えることは，本来無意味であるばかりか，当該対象事項に関し労働者の過半数の意思を正しく反映しないおそれがある。したがって，時間外・休日労働協定については，監督又は管理の地位にある者（労基41条2号）及び年少者（労基60条1項），フレックスタイム制協定（労基32条の3），労働時間が1週間48時間・1日8時間を超える変形労働時間協定（労基32条の2・32条の4・32条の5）に関しては，年少者を除外した上で労働者の過半数代表を選任すべきである（労基60条3項2号）。

〔3〕 過半数代表者の選任

(1) 被選任資格

　労働基準法41条2号に規定する「監督若しくは管理の地位にある者」は過半数代表者に選任される資格を有しない（労基則6条の2第1項1号）。監督・管理者しかいない事業場では，労使協定が必要な事項（労基18条2項・24条1項ただし書・39条4項・6項・7項ただし書・90条1項の労使協定のみが問題となる）につき，それらの者の中から投票，挙手等の方法で選任するしかない（労基則6条の2第

2項)。育児休業法上の労使協定についても同様である。

(2) **選任手続**

過半数代表者は，法に規定する協定等をする者を選出することを明らかにした上で，投票，挙手等の方法により選出しなければならない（労基則6条の2第1項2号）。明らかにするとは，周知することと区別はないと思われる。したがって，法令・就業規則等の周知義務に関する労働基準法106条を類推し，あらかじめその趣旨を記載した文書を作業場の見やすい場所へ掲示又は備え付ける等の方法をとる必要がある。

投票，挙手以外の手続として回覧等による信任手続があるが，秘密が保障されない点や，労働者数の多い事業場では正確性に欠ける点でも問題がある。行政通達は，「持ち回り決議等労働者の過半数が当該者の選任を支持していることが明確になる民主的な手続」を適法としている（平11・3・31基発169号）。挙手や回覧は，ただちに違法とまではいえないが，労働者が投票を要求したときは，これによるべきであり，投票をしない合理的事情がある場合の副次的選出手続と解される。

選出手続の関係では，過半数代表者として適格性に欠け，あるいは適格性が疑わしいものとして，①使用者により一方的に指名された者，②親睦会代表，③一定の役職者で自動的に労働者代表になることとされた者，④一定の範囲の役職者の互選により選任された者（昭53・6・23基発355号）などがあげられる。

親睦団体の代表が過半数代表者といえるかが争われた事件として，最判平13・6・22・労判808号11頁〔トーコロ事件〕がある。

本件は，労働者が残業命令を拒否したこと等を理由に，使用者から解雇されたことについて，解雇が無効であると主張し，使用者に対し，雇用契約上の権利を有する地位にあることの確認を求めたほか，賃金の支払を求めるとともに，解雇が不当利得又は債務不履行に当たるとして，慰謝料の支払を求めた事案である。争点の1つとして，残業時間に関する36協定が取り上げられ，役員を含めた全従業員によって構成されている「友の会」が「労働者の過半数代表者」といえるかが取り上げられた。

原審の東京高裁は，「労働者の過半数を代表する者」は当該事業場の労働者により適法に選出されなければならず，「適法な選出」といえるためには，当

該事業場の労働者にとって、選出される者が労働者の過半数を代表して36協定を締結することの適否を判断する機会が与えられ、かつ、当該事業場の過半数の労働者がその候補者を支持していると認められる民主的な手続がとられていることが必要であるとする行政解釈（昭63・1・1基発1号）をふまえて、「友の会」は役員を含めた全従業員によって構成されている親睦団体であって労働組合でなく、その代表者は36協定の当事者である「労働者の過半数を代表する者」とはならないとして、本件36協定は無効であり、それを前提とする本件残業命令も有効であるとは認められず、労働者はこれに従う義務はない、かりに36協定が有効であるとして業務上の必要がある場合に限って残業命令を出すことができる場合であっても、労働者に残業命令に従えないやむを得ない事由があるときには、労働者は残業命令に従う義務はないとし、労働者が眼精疲労等の状態にあったことから、本件残業命令に従えないやむを得ない事由があったとして、就業規則所定の解雇事由には該当しないと判示し（東京高判平9・11・17労判279号44頁）、最高裁もこれを支持した。

〔4〕 過半数代表者の任期制

　過半数代表者は組織的代表制ではないため、労使協定ごとにその必要が生ずる都度、所定の手続を行い、選出しなければならない。また、法律には過半数代表者の任期に関する定めはなく、過半数代表者の任期は当該労使協定の有効期間かぎりとなる。そして、労使協定が解約されたり、内容の変更の必要が生じたりしたときは、改めて過半数代表者の選出手続が必要となる。

　しかし、このような代表者選出の在り方は煩雑であり、手続的に無駄である。そこで、過半数代表者に任期制を認め、その任期中に必要な労使協定の協議締結等に関し包括的機能を認めることが考えられる。ただし、任期制を認めるとしても、過半数代表者はその目的を明らかにして選出される必要があるので、その期間は最長でも1年が限度だと考えられる。

　なお、労働者が個人として単独で任期制の包括的過半数代表者になることは、労働者個人に不相当な困難、無理を強いるものであり、過半数代表者制の形骸化を招くことになり認められない。過半数代表者の任期制は、後述の労働者代表の合議体が形成された場合にかぎり適法と解される。

〔5〕 合議制過半数代表者

　過半数代表者の人数について法律上明確な定めはなく通常は1人の場合が多い。しかし，雇用形態が多様化する中，正職員，非常勤職員，パート職員，派遣職員など多様な構成員からなる職場においては，職種間で利害も異なることから，各職種から代表者を選出し，その合議により過半数代表の職務を遂行することが考えられ，使用者はこれに対し信義則上の協力義務があるものと解される。

〔6〕 不利益取扱いの禁止

　使用者は，労働者が過半数代表者であること，過半数代表者になろうとしたこと，又は過半数代表者として正当な行為をしたことを理由として不利益な取扱いをしてはならない（労基則6条の2第3項）。この「正当な行為」は，労働者の過半数代表が協定事項に関し事業場の労働者の意向を汲みとり（情報の収集），それを労使協定の内容に反映させるべく使用者と協議し，協議の進行や結果を労働者に知らせる（情報の提供）ために行う活動をいう。使用者は，労働者の過半数代表が行う代表活動に必要な資料の作成・配付，集会等の開催，労働者内部の合議，次期過半数代表者の選任等の行為に必要かつ相当の範囲で費用負担，会社施設の利用等の便宜を供与すべき信義則上の義務を負う。

　使用者は不利益取扱いを許されないだけではなく，労働者の過半数代表としての正当な行動に対する支配，干渉等正当な代表活動を歪めるおそれのある行為をすることも許されない。

　過半数代表者に対する解雇その他処遇上の差別的取扱い等の不利益取扱いは，公序違反（民90条）として法律行為の場合は無効であり，代表活動の妨害等の事実行為は，不法行為になる（民709条）。

〔7〕 労使協定の周知

　労働基準法上の労使協定に関しては，法令，就業規則と同様の方法により，事業場の労働者に対し，周知が義務付けられている（労基106条1項・120条）。

[丸尾　敏也]

Q8 | 民事上の効力等

　A社の千葉工場（労働者数20名）は，労働者の過半数を代表する者と「労働時間の延長をすることができる時間を(i)1日＝5時間，(ii)1ヵ月＝45時間（起算日は毎月1日），(iii)1年＝360時間（起算日は4月1日）とし，有効期間を1年間とする」という内容の労使協定（36協定）を平成29年1月に結んでいた（なお，所定労働時間は1日＝8時間）。この場合に，①A社は，A社の千葉工場の従業員Bに対し，平成29年6月に1ヵ月合計40時間の時間外労働を命じて就労させた。A社は，労働基準法32条に違反しないか。②1ヵ月合計60時間の時間外労働をさせた場合はどうか。③A社は，この労使協定は自動更新されるものと考え，平成27年3月に，起算日が平成27年4月1日のものを作成し労働基準監督署に届け出たが，その後は，作成も届出もしなかった。この場合はどうか。さらに，④A社は，上記の労使協定をもとに，A社千葉工場の従業員に対し1ヵ月45時間までの時間外労働を命ずることはできるか。

〔1〕　はじめに

　労働条件の最も基本的なものの1つである労働時間について，労働基準法は，1週間の労働時間を週40時間と定めているが（労基32条），これを現実の経済活動上の労働環境にあてはめると，経済そのものが停滞してしまう可能性がある。例えば医療や物流の現場でこの原則を厳格に適用すると，国民が必要なサービスを受けられない不都合が生ずる。そこで労働基準法は，この原則を画一的に適用することを避けるため，労働者の団体意思を条件として，その例外規定を

設けている (労基36条)。ここでは、使用者と労働者の過半数で組織する労働組合、あるいは労働者の過半数代表との書面による協定の締結とその行政官庁への届出を要件とするとともに、労使協定の締結に当たり、時間外労働に関し厚生労働大臣が定める基準についての遵守義務を労使当事者に課すなど、時間外、休日労働は本来臨時的なものとして必要最小限にとどめられることを、労使が十分意識したうえで労使協定が締結されることが期待されている。

時間外労働の限度基準については、当初、一定期間についての延長時間に関し、目安等が示されていたが、これは、法律に根拠をもつものではなかった。しかし、平成10年の改正により、平成11年4月1日からは、法文上に根拠がある限度基準が定められ（労働基準法36条1項の協定で定める労働時間の延長の限度等に関する基準（平10・12・28労働省告示154号、最終改正：平21・5・9改訂厚生労働省告示316号）。以下「労基法上の超過労働基準」という）、1ヵ月の時間外労働は45時間、1年間は360時間に制限されることになった。ただし、特別条項付の協定を結べば、年に6ヵ月までは納期やクレーム処理などの臨時的な特別事情があるときに、限度時間を超えて労働させることが可能となるが、この特別条項に関しては無制限の時間外労働が認められることになると批判が多かった。

そこで、2019年4月に改正される労働基準法では、特別条項について、①臨時的な特別な事情がある場合でも、限度時間は720時間を上回れない、②休日労働を含み、月100時間を超えない、③2〜6ヵ月の期間いずれも休日労働を含んで月平均80時間以内とする、という制限が加えられることになった。

〔2〕 36協定の自動更新

労働協約による場合を除き、労働基準法36条による超過労働に関する労使協定（36協定）には「有効期間の定め」を記載しなければならない (労基則16条2項)。「労基法上の超過労働基準」により、時間外労働に関する36協定においては、1年間についての延長期間が定めなければならないとされているので、1年未満で事業が終了する場合や休日労働だけを定める場合を除き、36協定の有効期間は最短でも1年となる。実務上も36協定は1年として締結されるのが通例である。定められた有効期間が満了すれば、協定の効力は失効するので、再度協定を締結しなおさなければならないというのが原則である。

しかし，例外的に自動更新という条項を設けておくことも禁止されるわけではない。実務上，36協定に「労使それぞれとくに異議がなければ，自動的に更新される」という条項が記載されている場合は，「そのような異議がなかった」ということを労働基準監督署に届けることで，自動更新が認められている。

〔3〕 労使協定の刑事的効力

労働基準法36条は，時間外又は休日労働を適法に行うための要件として協定の締結を規定しているのであるから，これを言い換えれば，協定の直接的効力は時間外効力又は休日労働の刑事上の免責であることになる。したがって，その規定内容も適法に時間外労働又は休日労働を行い得る枠を定め，必要とされる範囲内において最高の時間又は日数が定められている。刑事上の免責的効力が及ぶ人的適用範囲は，当該事業場の全労働者についてである。よって，労働者側の協定当事者が労働組合である場合は，当該労働組合の組合員以外の者にも，協定の刑事免責的効力が当然に及ぶことになる。

〔4〕 労使協定の民事上の効力

労働基準法36条は，時間外又は休日労働に適法に行うための手続を規定したものであるから，協定の効力も刑事免責的効力にかかるものであり，時間外又は休日労働命令に服すべき労働者の民事上の義務は，本協定から直接生ずるものではない。

使用者の行う時間外労働命令に服すべき労働者の義務が発生する根拠は，具体的には個々の労働者との合意に基づくものであるから，このような合意が存しない場合は，本条の協定が成立しても使用者は時間外又は休日労働を命ずることはできず，労働者はこれに従う義務はないことになる。

このように，使用者の時間外又は休日労働（超過労働）命令に服すべき義務は，個々の労働者との合意に基づくものであるとしても，その合意の形式については，その都度，個々の労働者との合意を要するとみるか，事前に労働契約あるいは労働契約を規律する労働協約，就業規則に超過労働を義務付ける規定を置くことによりその都度の合意をまつまでもなく超過労働を命じ得るかについては，説が分かれている。

第 2 節　労働時間と労使協定　　　　　　Q8　民事上の効力等

この点，労働協約，就業規則，労働契約のいずれのかたちでの事前の取り決めも労働者に超過労働に服すべき義務を生じず，36協定成立後に使用者がこれを承諾した場合に限り労働者の義務が生ずるとする説がある。

この説は，超過労働は，例外的なものであるとして，労働者の自由意思（自己決定権）を尊重している。

一方，超過労働について，あらかじめ労働協約，就業規則あるいは労働契約において規定されておれば，その後36協定が締結されることにより労働者は超過労働命令に服する義務があるとする説がある。この説は，36協定が成立した場合にはその協定の範囲内で行う労働については適法なものと認められるので，あらかじめなされた労働協約，就業規則あるいは労働契約よる労使の合意を否定する合理的な根拠はないとする。最高裁も「使用者が，当該事業場の労働者の過半数で組織する労働組合等と書面による協定（いわゆる36協定）を締結し，これを所轄労働基準監督署長に届けた場合において，使用者が当該事業所に適用される就業規則に当該36協定の範囲で一定期間の業務上の理由があれば労働契約に定める労働時間を延長して労働者を労働させることができる旨定めているときは，当該就業規則の内容が合理的なものである限り，それが具体的労働契約の内容をなすから，右就業規則の規定の適用を受ける労働者は，その定めるところに従い，労働契約に定める労働時間を超えて労働する義務を負うものと解するを相当とする。」と判示している（最判平3・11・28民集45巻8号1270頁・労判594号7頁〔日立製作所武蔵工場事件〕）。

ただし，各労働者の年休のうち5日を超える部分を対象に年休を与える時季を定める労使協定（計画年休制）においては，労使協定のみで民事的効力が認められている。

以上を前提に設問を検討すると，

■小問①について

労使協定の有効期間内に超過勤務を命じていること，1ヵ月40時間の超過勤務は，「労働基準法36条1項の協定で定める労働時間の延長の限度等に関する基準」（以下「基準」という）である1ヵ月45時間以内であることからすると，A社が命じた超過勤務命令は労働基準法32条に反しないと解される。

■小問②について

1ヵ月60時間の超過勤務命令は，労働基準法の基準を超え，しかも労使協定の範囲も超えているので，労働基準法32条に反し違法であると解される。

■小問③について

36協定の自動更新は必要な要件を満たしていれば認められる。まず，この労使協定に自動更新の条項が記載されていたかが問題となる。自動更新条項が記載されていなかった場合は，定められた有効期間が満了すれば，協定の効力は失効するので，A社が，労働者に時間外労働を命じても効力がなく，時間外労働が行われていたとしたら違法行為となる。そして，たとえ，この労使協定に自動更新の条項が記載されていたとしても，A社は，何の届出もしていないということなので，自動更新は認められず，労働基準法32条に反し違法となる。

■小問④について

労使協定は，使用者と当該事業場の多数派との合意によって，労基法上が規制の対象とする行為について，労基法違反とならない公法上の効果（免罰的効果）を生じさせるが，労使協定のみでは，原則として労働者に対する拘束力（私法上の効果）は生じさせることはできないと解されているので，上記最高裁判決によれば，事前に労働協約，就業規則に超過労働を義務付ける規定が置かれていない限り，A社は，上記の労使協定をもとに，A社千葉工場の従業員に対し1ヵ月45時間までの時間外労働を命ずることはできないことになる。上記時間外労働を命ずるには，上記労使協定のほかに，労働協約や就業規則による正当な根拠が必要となる。

［丸尾　敏也］

第3節　時間外労働義務

【概　説】時間外労働義務とは

〔1〕　36協定

(1)　時間外労働・休日労働

　使用者があらかじめ設定した労働時間（所定労働時間）を超えた労働を「所定外労働」という。一般的に，「残業（超勤）」といわれているのは，この「所定外労働」のことで，「法定内残業（法内超勤）」と「法定外残業」がある。

　「法定内残業（法内超勤）」とは，所定労働時間が法定労働時間（原則1日8時間，週40時間を超えてはならない（労基32条））より短く設定されている場合に，所定労働時間を超えて法定労働時間に達するまでの間の労働のことであり，「法定外残業」とは，法定労働時間を超えた労働で，労働基準法上の「時間外労働」のことである。例えば，所定労働時間が7時間の会社で，2時間の「残業（超勤）」をした場合，最初の1時間が「法定内残業（法内超勤）」，残りの1時間が「法定外残業（時間外労働）」となる。

　休日労働とは，法定休日（週1日，4週間を通じ4日以上（労基35条））に行われる労働（法定休日労働）のことである。例えば，土日を休みとする週休2日制の会社で，土日に労働した場合，1日のみが法定休日労働となり，残りの1日は法定外休日労働となる。

(2)　時間外労働・休日労働の事由

　労働基準法は，使用者が労働者に時間外労働・休日労働をさせることを厳しく規制している（労基32条・35条）が，例外的に，時間外労働・休日労働を行わせるための2つの事由を定めている（労基33条・36条）。

　(a)　非常事由による時間外労働・休日労働

　災害その他避けることのできない事由によって，臨時の必要がある場合においては，使用者は，行政官庁の許可を受けて，その必要の限度において労働時間（労基32条～32条の5・40条）を延長し，又は休日（労基35条）に労働させること

ができる。ただし，事態急迫のために行政官庁の許可を受ける暇がない場合においては，事後に遅滞なく届け出なければならない（労基33条１項）。災害，緊急，不可抗力その他客観的に避けることができない場合，突発的な機械の故障の修理，急病の発生等の人命・公益の保護，電圧低下により保安等の必要がある場合に限定されて許可され，業務の繁忙等経営上の必要のみでは許可されない（昭22・９・13発基17号，昭26・10・11基発696号）。

　（b）　36協定による時間外労働・休日労働（序編【概説】〔２〕(1)も参照）

　　(ｲ)　36協定の概要　　使用者は，当該事業場に，労働者の過半数で組織する労働組合がある場合においてはその労働組合，労働者の過半数で組織する労働組合がない場合においては労働者の過半数を代表する者との書面による協定をし，厚生労働省令で定めるところによりこれを行政官庁（所轄労働基準監督署長）に届け出た場合においては，労働時間又は休日に関する規定（労基32条～32条の５・40条・35条）にかかわらず，その協定で定めるところによって労働時間を延長し，又は休日に労働させることができる（労基36条１項）。

　事業場における労使の時間外労働・休日労働協定は，労働基準法36条に規定されていることから，36（サブロク）協定といわれ，書面による協定と協定の所轄労働基準監督署長への届出を条件として，時間外労働・休日労働が適法化される。

　第196回通常国会において，平成30年６月29日，雇用対策法，労働基準法，労働時間等設定改善法，労働安全衛生法，じん肺法，パートタイム労働法（パート法），労働契約法，労働者派遣法の８つの法律の改正案を１つにまとめた「働き方改革を推進するための関連法律の整備に関する法律」が成立し，同年７月６日，法律第71号として公布された。この労働基準法の改正により，時間外労働の上限（「限度時間」）が法定化され，平成31年４月１日（中小企業は平成32年（2020年）４月１日）から施行される（本稿における改正関係事項については改正法による）。その内容は，月45時間，かつ，年360時間（１年単位の変形労働時間制（３ヵ月を超える期間を対象期間として定める場合）については，月42時間，かつ，年320時間）を原則とし（労基36条４項），通常予見することのできない業務量の大幅な増加等に伴い臨時的に限度時間を超えて労働させる必要があり，労使が合意して，特別条項付きの協定を結んだ場合でも，①１ヵ月100時間未満（休日労働を含む），

第3節　時間外労働義務　　　　　　　　【概　説】時間外労働義務とは　　101

②1年720時間，③複数月（2ヵ月から6ヵ月まで）平均80時間（休日労働を含む），④坑内労働その他厚生労働省令で定める健康上特に有害な業務につき1日2時間を超えることはできない。また，月45時間の時間外労働を超えることができるのは，年間6ヵ月までである（労基36条5項・6項）。

　厚生労働大臣は，労働時間の延長及び休日の労働を適正なものとするために指針を定めることができ（労基36条7項），厚生労働省告示第323号により36協定で定める労働時間の延長及び休日の労働について留意すべき事項等に関する指針が定められている（厚生労働省ホームページ（https://www.mhlw.go.jp/content/000350259.pdf），平30・9・7基発0907第1号参照）（平成31年4月1日適用）。

　「労働者の過半数を代表する者」は，事業場全体の労働条件の計画・管理に関する権限を有する者等の管理・監督の地位にある者（労基41条2号）でなく，使用者の意向に基づいて選出されたものでもなく，協定等をする者を選出することを明らかにして実施される投票，挙手等の方法による手続で選出された者である（労基則6条の2第1項）。役員を含め全従業員で構成され，会員相互の親睦と生活の向上を目的とする親睦団体の代表者は，会員の選挙によって選出されたとしても，労働者代表を選出する手続と認められず，労働者の過半数を代表する者とは認められない（最判平13・6・22労判808号11頁〔トーコロ事件〕）。

　(ロ)　36協定の内容　　36協定で協定すべき事項は，①労働時間を延長し，又は休日に労働させることができることとされる労働者の範囲（業務の種類及び労働者数），②対象期間（労働時間を延長し，又は休日に労働させることができる期間で，1年間に限る），③労働時間を延長し，又は休日に労働させることができる場合（時間外労働又は休日労働をさせる必要のある具体的事由），④対象期間における1日，1ヵ月及び1年のそれぞれの期間について労働時間を延長して労働させることができる時間又は労働させることができる休日の日数，⑤労働時間の延長及び休日の労働を適正なものとするために必要な事項として厚生労働省令で定める事項である（労基36条2項，平30・9・7基発0907第1号参照）。この厚生労働省令で定める事項は，(i)36協定の有効期間の定め，(ii)上記④における1年の起算日，(iii)1ヵ月100時間未満かつ複数月平均80時間を超過していないこと，(iv)限度時間を超えて労働させることができる場合，(v)限度時間を超えて労働させる労働者に対する健康及び福祉を確保するための措置，(vi)限度時間を超えた労働に係

る割増賃金の率，(vii)限度時間を超えて労働させる場合における手続である（労基則17条1項）。「労働させることができる休日」は，個別的に特定して協定することもできるし，一定期間における休日の日数を協定することもできる。また，有効期間経過後に時間外労働・休日労働をさせるには再度36協定を締結し，届け出ることを要する。

　(ハ) 36協定の形式・届出　　36協定は，必要事項を記載した書面において締結されることを要し，その上で，所轄労働基準監督署長への届出を要するが，届け出る必要があるのは，36協定それ自体ではなく，様式第9号（限度時間以内で時間外労働・休日労働を行わせる場合（一般条項。労基36条2項参照））, 第9号の2（限度時間を超えて時間外労働・休日労働を行わせる場合（特別条項。労基36条5項参照））により，時間外労働や休日労働をさせる必要のある具体的事由（「臨時の受注，納期変更等」，「製品不具合への対応」等），業務の種類（「機械組立」，「検査」等），労働者数，1日，1ヵ月，1年についての延長をすることができる時間数や労働させることができる法定休日の日数，当該法定休日における始業及び終業の時刻等を記載した時間外労働・休日労働に関する協定届である（労基則16条1項）（様式第9号，第9号の2及び記入例について，厚生労働省ホームページ（https://www.mhlw.go.jp/stf/seisakunitsuite/bunya/0000148322_00001.html) 参照）。

　(ニ) 36協定の締結・届出の効果　　36協定の届出違反自体に罰則はないが，これを届けずに時間外労働・休日労働をさせた場合や時間外労働の上限規制に違反した場合，罰則が科される（労基119条1号）。なお，①工作物の建設の事業（労基139条），②自動車の運転の業務（労基140条），③医業に従事する医師（労基141条），④鹿児島県及び沖縄県における砂糖製造事業（労基142条），⑤新技術，新商品等の研究開発の業務（労基36条11項）は時間外労働の上限規制の適用猶予・除外の扱いである。36協定を締結し，届け出た場合，使用者はその有効期間中は協定の定めるところに従い，時間外労働・休日労働をさせても，刑事責任を免責する効果（免罰的効果）をもち，また，適法に時間外労働・休日労働を行い得る時間数・日数の枠を設定する効果を有する。このような効果は協定で掲げられた事業場の労働者全体について生ずる。

第3節　時間外労働義務　　　　　　【概　説】時間外労働義務とは

〔2〕 労働者の時間外労働義務

(1) 時間外労働義務

　36協定の締結・届出は，使用者に対し，免罰的効果をもつが，個々の労働者に対し，協定上定められた時間外労働を義務付けるものではない。そのため，個々の労働者の時間外労働義務を発生させるためには，労働契約上の根拠（就業規則，労働協約，個々の労働契約等）による具体的な指示に基づいた適法な業務命令が必要である（昭63・1・1基発1号参照）。つまり，労働契約上時間外労働義務を設定しておくことが必要であり，そのような義務が肯定されなければならない。

(2) 要　件

　そのためには，36協定の存在のほかに，どのような要件が必要かについて，学説上，個別的同意説（時間外労働義務を負わせるには，個々の労働者の個別的同意が必要であるとする説）や包括的同意説（就業規則や労働協約で包括的な時間外労働義務を負わせることも可能であるとする説）等の多くが存在する中，最高裁は，使用者が就業規則に36協定の範囲内で時間外労働をさせることができる旨を定めており，その規定の内容が合理的なものである限り，労働者はその定めるところに従い時間外労働をする義務を負うと判示した（最判平3・11・28民集45巻8号1270号・労判594号7頁〔日立製作所武蔵工場事件〕。詳細は**Q9**参照）。これは，就業規則上の規定が合理的なものであれば労働契約の内容になり，労働者が労働契約に定める労働時間を超えて労働する義務を負うとの判例（最判昭43・12・25民集22巻13号3459頁・労判750号8頁〔秋北バス事件〕）を引用して判断したものであった。この判例法理の展開を踏まえ，平成20年3月1日施行（平成24年8月一部改正）の労働契約法で，使用者が合理的な労働条件が定められている就業規則を労働者に周知させていれば，その就業規則で定められる労働条件が契約内容となると規定された（労契7条）。なお，一般的な時間外労働命令が認められる場合でも，その命令に，業務上の必要性がない，不当な動機・目的からなされている，労働者に著しい不利益を負わせるものである等，特段の事情が認められる場合には，権利の濫用として無効となる（労契3条5項，民1条3項）（最判平8・2・23労判690号12頁〔JR東日本（本荘保線区）事件〕，最判昭43・12・24民集22巻13号3050頁・

労判74号48頁〔千代田丸事件〕)。

〔3〕 労働契約，労働協約，就業規則

(1) はじめに

(a) 労働者と使用者との間の労働契約の内容を決するものとしては，①労働者が労働組合員である場合には，当該労働組合と使用者が締結した労働協約，②使用者が事業場単位で，当該事業場の労働者に等しく適用される就業規則，③当該労働者と使用者との間で，個別的に締結した労働契約がある。

(b) 法令，労働協約，就業規則及び労働契約との関係

労働者と使用者との間の労働をめぐる関係についての法源の効力の相互関係は，強行法規＞労働協約＞就業規則＞労働契約の序列である。強行法規に反する労働協約，就業規則，労働契約は無効となり（労基92条，労契13条），労働協約に反する就業規則，労働契約は無効となり（労基92条，労組16条），就業規則に反する労働契約は無効となる（労契12条）。

(2) 労働契約

労働契約は，労働者が使用者に使用されて労働（労働者が使用者に対して労働に従事（使用者の指揮命令に従って労務を提供））し，使用者がこれに対して賃金（報酬）を支払うことを内容とする契約で，労働者と使用者の合意により成立する契約（諾成契約）である（労契6条，民623条）。労働契約の基本的な権利義務は，労働者の労働義務と使用者の賃金支払義務である。

(a) 指揮命令権（業務命令権）

労働者は，労働契約上，使用者の指揮命令を受けながら労務を提供する義務を負っている。使用者が労働者に対してもつ指揮命令権を，業務命令権ということもある。この命令権は，労働協約の定めや就業規則の合意的な規定を含む労働契約によって根拠付けられ（最判昭61・3・13労判470号6頁〔電電公社帯広局事件〕，労契6条～10条），本来的な職務のほかに，出張，研修，健康診断や自宅待機等にも及ぶ。

(b) 労働義務の履行

労働者は，労働義務を「債務の本旨に従って」履行しなければならない（民493条）。この義務は，職務専念義務ないし誠実労働義務ともいわれ，この内容

は、当該労働契約で、どのような態様の労働が求められているかという個別の労働契約の解釈により、具体的に定まる。債務の本旨に従った履行がなされない場合、使用者はその受領を拒否し、賃金支払義務を免れる。

(3) 労働協約

労働協約は、労働組合と使用者が団体交渉や労使協議で合意に達した場合に締結されることが多く、労働者が組織する労働組合と使用者又はその団体との間で締結された労働条件その他に関する協定のことで、書面に作成し、両当事者が署名し、又は記名押印したものである（労組14条）。期間を定めて締結するもの（労組15条1項・2項）と期間を定めずに締結するもの（労組15条3項・4項）がある。

労働協約には、①労働契約を規律する強行的・直律的効力である規範的効力（労組16条）と、②労働協約締結当事者である使用者と労働組合は、設定された義務を誠実に履行しなければならないという私法上の契約の債権債務としての債務的効力がある。

(4) 就業規則

就業規則とは、多数の労働者にかかる労働条件や職場規律について使用者が定める規則の総称である。例えば、工場規則、退職金規程等就業規則以外の名称が用いられていたとしても、客観的に多数の労働者にかかる労働条件や職場規律について使用者が定める規則としての実態があれば、就業規則として労働基準法や労働契約法の諸規定の適用を受ける。就業規則は、労働契約に関する事件の場合、最も重要な資料であり、代理人となった弁護士や司法書士は、その内容がどのようなものか正確に把握すべきである。

(a) 就業規則の作成及び届出

常時10人以上の労働者を使用する使用者は、就業規則を作成し、行政官庁（所轄労働基準監督署長）に届け出なければならない。就業規則の記載事項を変更した場合も同様である（労基89条、労基則49条）。なお、モデル就業規則については、厚生労働省ホームページ（http://www.mhlw.go.jp/bunya/roudoukijun/model/）参照。

(b) 意見聴取

使用者は、就業規則の作成又は変更について、当該事業場に、労働者の過半

数で組織する労働組合がある場合においてはその労働組合，労働者の過半数で組織する労働組合がない場合においては労働者の過半数を代表する者の意見を聴かなければならず，届出をするについては，その意見を記した書面の添付が必要である（労基90条）。

(c) 周　　知

使用者は，就業規則を，常時各作業場の見やすい場所へ掲示し，又は備え付けること，書面を交付することその他の厚生労働省令で定める方法によって，労働者に周知させなければならない（労基106条1項，労基則52条の2）。

[南　正一]

Q9 | 時間外労働義務（残業命令）

　Xは、Y社武蔵工場に勤務し、製造部低周波製作課においてトランジスターの特性管理（歩留の維持向上及び不良対策等）の業務に従事していた。平成○年○月○日、Xの算出した選別実績歩留よりも低い結果が出たため、甲主任が、歩留推定表の数値の算出方法を問い質すと、Xは手抜作業を行ったことを認めたため、Xに対して原因の追及と歩留推定をやり直すように命じたところ、Xは拒否して退社した。数日後、乙課長は、Xに対し、残業拒否の件で始末書を提出するように命じたが、Xは、就業規則に違反した覚えはないと主張して始末書の提出を拒否し、乙課長からのさらなる始末書の提出要求に対してかえって挑発的な発言をするに至った。Y社は、Xの態度は過去3回の処分歴と相まって、就業規則所定の懲戒事由「しばしば懲戒、訓戒を受けたにもかかわらず、なお悔悟の見込みがないとき」に該当するとして、懲戒解雇の意思表示をした。Y社武蔵工場とその労働者の過半数で組織する労働組合（Xの加入するもの）の上部団体との間で締結された労働協約及びY社武蔵工場の就業規則には、Y社は、業務上の都合によりやむを得ない場合には、組合との36協定により1日8時間の実働時間を延長することがある旨定められ、Y社武蔵工場と組合との間では、「会社は、①納期に完納しないと重大な支障を起こすおそれのある場合、（②、③、④は省略）、⑤生産目標達成のため必要がある場合、⑥業務の内容によりやむを得ない場合、⑦その他前各号に準ずる理由のある場合は、実働時間を延長することがある。」旨の36協定が締結され、所轄の労働基準監督署長に届け出られている。Xは、労働基準法に定める労働時間を超える時間外労働に関する就業規則も労働協約も個々の労働者に対し時間外労働の義務を課すことはできず、36協定が結ばれている場合、使用者は単に個々の労働者に対し合法的に時間外労働の申込

みをなし得るにとどまるにすぎず，Xが残業命令を拒否したのは正当な行為であり，懲戒解雇は解雇権の濫用として無効であると主張して，雇用契約上の地位の確認と未払賃金の支払を求めて訴えを提起した。

Xの請求は認められるかについて説明しなさい。

〔1〕 問題の所在

労働基準法は，使用者が労働者に時間外労働・休日労働をさせることを厳しく規制しており（労基32条・35条），その例外として，非常事由による場合と36協定による場合を定めている（労基33条・36条）。

設問は，労働者の過半数で組織する労働組合と使用者であるY社武蔵工場との間で36協定が締結され，所轄の労働基準監督署長に届け出られているので，36協定による場合ということになる。この場合，使用者が労働者に時間外労働をさせるには，36協定の存在のほかに，要件が必要なのかどうか，また，必要であるとした場合，どのような要件が必要なのかが問題となる。

〔2〕 36協定

使用者は，当該事業場に，労働者の過半数で組織する労働組合がある場合においてはその労働組合，労働者の過半数で組織する労働組合がない場合においては労働者の過半数を代表する者との書面による協定をし，厚生労働省令で定めるところによりこれを行政官庁（所轄労働基準監督署長）に届け出た場合においては，労働時間又は休日に関する規定（労基32条～32条の5・40条・35条）にかかわらず，その協定で定めるところによって労働時間を延長し，又は休日に労働させることができる（労基36条1項）。書面による協定と協定の所轄労働基準監督署長への届出を条件として，時間外労働・休日労働が適法化されている（36協定の詳細については，本節【概説】〔1〕「36協定」を参照されたい）。しかし，これ

は，使用者に対し，免罰的効果をもつものではあるが，個々の労働者に対し，協定上定められた時間外労働を義務付けるものではないと解されている（岡山地判昭40・5・31労判16号10頁〔片山工業事件〕）。そのため，個々の労働者の時間外労働義務を発生させるためには，労働契約上の根拠による具体的な指示に基づいた適法な業務命令が必要となる。

〔3〕 時間外労働義務の要件

時間外労働義務に関する重要な判例法理の1つが，設問のもととなっている最判平3・11・28民集45巻8号1270頁・労判594号7頁〔日立製作所武蔵工場事件〕である。

(1) 学説及び裁判例

この判例以前には様々な学説があり，主に次のような4つに分けられる（調査官解説（増井和男・最判解説民事篇平成3年度）497頁）。

① 36協定の締結・届出により労働者は時間外労働の義務を負うとする説
② 36協定の締結・届出があり，かつ，労働者の時間外労働の義務を定めた労働協約又は就業規則があれば，労働者は時間外労働の義務を負うとする説
③ 36協定の締結・届出があり，かつ，労働者の事前の包括的な同意があれば，労働者は時間外労働の義務を負うとする説（包括的同意説）
④ 36協定の締結・届出があり，かつ，労働者の事前の個別的な同意がある場合にのみ，労働者は時間外労働の義務を負うとする説（個別的同意説）

また，裁判例も様々な見解に基づき結論が分かれていた（36協定が協約として締結されていれば義務が発生すると解するもの（名古屋地判昭43・10・21労民集19巻5号1316頁〔全日本検数協会事件〕），協約・就業規則等で残業を義務付ける規定を設けていれば，その協定の枠内で時間外労働義務が生ずると解するもの（横浜地川崎支判昭45・12・28労民集21巻6号1762頁〔日本鋼管事件〕），協約や就業規則で残業を義務付ける規定を設けていても労働者を拘束せず，36協定成立後，使用者からの残業の申込みがあり，個々の労働者が自由な意思によって個別に合意したときのみ義務を負うと解するもの（東京地判昭44・5・31労判82号18頁〔明治乳業事件〕））。

(2) 日立製作所武蔵工場事件

日立製作所武蔵工場事件は，36協定の締結，届出があり，かつ，労働者の時間外労働の義務を定めた労働協約及び就業規則が存在する事案で，この事件も各審級で結論が分かれた（仮処分申請事件として，東京地八王子支判昭44・10・2労民集22巻1号28頁（労働者敗訴），東京高判昭46・1・22労判121号73頁（労働者勝訴），本案訴訟事件として，東京地八王子支判昭53・5・22労判301号45頁（労働者勝訴），東京高判昭61・3・27労判472号28頁（労働者敗訴），最判平3・11・28民集45巻8号1270頁・労判594号7頁（労働者敗訴））。このうち，本案訴訟事件について，時間外労働義務の根拠を見ておくことにする。

(a) 第1審及び控訴審

第1審は，36協定が締結され，かつ，就業規則，労働協約等に労働者が時間外労働義務を負う旨の規定があり，これが労働契約の内容を律している場合には，労働者は，原則として，時間外労働に従事する義務を負うとし，控訴審も，36協定が締結され，かつ，労働協約及び就業規則に，36協定により使用者が労働者に時間外労働をさせることができる旨の規定がある場合，36協定所定の事由のあるときは，使用者は時間外労働を命ずることができ，労働者はこれに従い時間外労働をする義務を負うとし，基本的には，時間外労働義務の根拠を就業規則や労働協約に求めるという判断枠組みを踏襲した。

ただし，その上で，第1審は，労働基準法が8時間労働を原則とし，例外を厳しく制限していることから，時間外労働の内容が，一般的・抽象的であって，時間外労働を必要とする事由，時間外労働に従事すべき時間，労働者の範囲，労働の内容等が具体的に明確ではない場合や労働者がいかなる場合にいかなる時間外労働をすべきか具体的に予測することが困難で，時間外労働の必要性の有無あるいはその内容が使用者の判断に委ねられている場合には，労働者に時間外労働の義務を生じさせる効力はないとし，控訴審は，36協定所定の事由がいささか概括的であったとしても，労働者の具体的な業務内容から，労働者に予測困難な残業を一方的かつ無限定に課すことにならず，使用者も，企業経営上，生産計画を適正円滑に実施する必要があれば，不相当であるということはできず，労働者に時間外労働の義務を生じさせるとした。

(b) 上告審

上告審は，労働時間を延長して労働させることにつき，使用者が，36協定

第3節　時間外労働義務　　　　　Q9　時間外労働義務（残業命令）

を締結し、これを所轄労働基準監督署長に届け出た場合において、使用者が就業規則に36協定の範囲内で一定の業務上の事由があれば労働契約に定める労働時間を延長して労働者を労働させることができる旨定めているときは、就業規則の規定の内容が合理的なものである限り、それが具体的労働契約の内容をなすから、就業規則の規定の適用を受ける労働者は、その定めるところに従い、労働契約に定める労働時間を超えて労働をする義務を負う（最判昭43・12・25民集22巻13号3459頁・労判750号8頁〔秋北バス事件〕、最判昭61・3・13労判470号6頁〔電電公社帯広局事件〕参照）とし、時間外労働義務の根拠を就業規則に求めた。

　その上で、36協定所定の事由がいささか概括的、網羅的であるが、使用者側の必要性や労働者側の事情等を考慮し、相当性を欠くものでなく、就業規則の引用する36協定の定めには合理性があるとし、労働者に時間外労働の義務を生じさせるとした。

　(c)　このように、就業規則が労働者を残業させることができる旨定めている場合、①残業が労働基準法32条所定の労働時間の範囲内にとどまるときには、そのような就業規則が存在し、かつ、当該就業規則の規定の内容が合理的なものであるかぎり、②残業が労働基準法32条所定の労働時間の範囲を超えるときには、36協定の締結、届出があり、そのような就業規則が存在し、かつ、当該就業規則の規定の内容が合理的なものであるかぎり、労働者は時間外労働義務を負うという判例法理として確立された。

〔4〕　設問の検討

　設問は、Xが就業規則、労働協約の無効（時間外労働に関する就業規則も労働協約も個々の労働者に対し時間外労働の義務を課すことはできず、36協定が結ばれている場合、使用者は単に個々の労働者に対し合法的に時間外労働の申込みをなし得るにとどまるものであり、原告が残業命令を拒否したのは正当な行為であること）を前提に、①労働契約の締結、②労働契約中の賃金額等に関する定め（毎月の賃金締切日と支払日等）、③請求に対応する期間における労働義務の履行を請求原因とし、被告との間に雇用契約上の地位を有することの確認と未払賃金の支払を求め、これに対して、Y社が就業規則による懲戒解雇の有効性（被告は、平成○年○月○日原告がこれまでに3回懲戒、訓戒等の処分を受けたにもかかわらず、悔悟の見込みがないとの理由で、就業

規則に基づき，原告に対し，懲戒解雇の意思表示をしたこと）を主張し，さらに，Xが被告が残業拒否を主な解雇理由とする解雇処分は権利の濫用として解雇処分の無効を主張している事案である。この場合，Y社は合理的な就業規則であることを根拠付ける評価根拠事実，Xはその評価障害事実をそれぞれ主張立証することになる。

　Y社武蔵工場の就業規則には，Y社が業務上の都合によりやむを得ない場合，労働組合との36協定により1日8時間の実働時間を延長する旨定められ，Y社武蔵工場と労働組合との間では，「会社は，①納期に完納しないと重大な支障を起こすおそれのある場合，（②，③，④は省略），⑤生産目標達成のため必要がある場合，⑥業務の内容によりやむを得ない場合，⑦その他前各号に準ずる理由のある場合は，実働時間を延長することがある。」旨の36協定が締結され，所轄の労働基準監督署長に届けられている。

　Xは，就業規則も労働協約も個々の労働者に時間外労働の義務を課すことはできず，時間外労働の申込みをなしうるにとどまり，労使間の個別的な合意によってのみ生ずると主張する。

　しかし，Y社武蔵工場での時間外労働の具体的な内容は，36協定に定められて，その36協定は，労働者に時間外労働を命ずるについて，その時間を限定し，①ないし⑦所定の事由を必要としている。したがって，就業規則の規定は，合理的なもので，労働条件として契約内容となる。なお，⑤ないし⑦所定の事由がいささか概括的，網羅的であるが，企業が需要関係に即応した生産計画を適正かつ円滑に実施するという使用者側の必要性，Y社武蔵工場の事業内容，Xの職務，具体的な作業の手順や経過等の労働者側の事情，残業命令に至る経過等を考慮すると相当性を欠くものではないと認められる。そうすると，Y社は，平成○年○月○日当時，Xに残業するよう命ずることができたものであり，甲主任が発した残業命令は，本件36協定の⑤ないし⑦所定の事由に該当し，これによって，Xは，時間外労働義務を負ったというべきものである。

　Xは，本件残業命令を拒否し，乙課長が本件残業命令拒否の件で始末書の提出を命じたことに対し，それを拒否し，挑発的な発言をするに至ったというのであるから，Xには反省の態度が認められず，もはや悔悟の見込みがないものとして，過去3回の処分歴と相まって，就業規則所定の懲戒事由「しばしば懲

戒，訓戒を受けたにもかかわらず，なお悔悟の見込みがないとき」に該当するとして，本件懲戒解雇を行ったのは，正当な理由があり，その違反行為に相応して妥当な処分といえる。また，本件懲戒解雇が，客観的にみて裁量権の範囲を著しく逸脱し，懲戒権の濫用として許されていないものとすべき事情は認められない。

　したがって，Xの請求は認められない。

[南　正一]

Q 10 | 労働時間該当性(5)——残業禁止命令違反

　Yは音楽家を養成する専門学校○○の学院長として○○音楽院を個人経営している者であり，XはYに○○音楽院の従業員として雇用されていた者である。X及び他数名の従業員は平成○年○月に労働組合を結成し，労働組合はYとの間で36協定の締結に向けた交渉を行った。Yは，同年○月○日の朝礼において，36協定が未締結の状態にあることを理由に，職員の時間外労働，休日労働を禁止し，残務がある場合には役職者が引き継ぐべきであるとの指示・命令（以下「本件残業禁止命令」という）をした。従前，○○音楽院においては，36協定の締結及び届出をせずに従業員の時間外労働及び休日労働が行われており，給与総額に対する時間外労働賃金の割合が高く，これが生活の糧として重要な部分を占めていたことから，本件残業禁止命令の後においても，Xは従前と同じく時間外労働を続けていた。Yと労働組合は平成○年○月○日に36協定を締結した。Xは，本件残業禁止命令は，Yが36協定の締結のために労働組合が要求する団体交渉を拒否し続ける一方，36協定の締結のための労働者の代表選出から労働組合を排除し，別の者を労働者の代表に選出させようとして圧力を加える支配介入行為であるから，公序良俗に反し無効であると主張して，36協定の締結までに行った時間外労働に対する割増賃金の支払を求めて訴えを提起した。
　Xの請求は認められるかについて説明しなさい。

〔1〕 問題の所在

労働基準法は，使用者が労働者に時間外労働・休日労働をさせることを厳しく規制しており（労基32条・35条），その例外として，非常事由による場合と36協定による場合を定めている（労基33条・36条）。設問は，36協定を締結していない事業場において使用者から明示の指示により残業禁止命令が発せられているにもかかわらず，時間外労働をした場合，賃金の対象となる労働時間といえるかが問題となる。

〔2〕 36 協 定

使用者は，当該事業場に，労働者の過半数で組織する労働組合がある場合においてはその労働組合，労働者の過半数で組織する労働組合がない場合においては労働者の過半数を代表する者との書面による協定をし，厚生労働省令で定めるところによりこれを行政官庁（所轄労働基準監督署長）に届け出た場合においては，労働時間又は休日に関する規定（労基32条〜32条の5・40条・35条）にかかわらず，その協定で定めるところによって労働時間を延長し，又は休日に労働させることができる（労基36条1項）。書面による協定と協定の所轄労働基準監督署長への届出を条件として，時間外労働・休日労働が適法化される（36協定の詳細については，本節【概説】〔1〕「36協定」を参照されたい）。

36協定が存在しないで行われる時間外労働・休日労働は，違法となり，たとえ慣行的に行われていたとしても，使用者はそれを強制することができず，労働者は時間外労働・休日労働に服すべき義務を負わない（東京地判昭40・12・27労判18号6頁〔東京都水道局事件〕）。

しかし，違法な時間外労働・休日労働であったとしても，行われたものについても，割増賃金の支払義務（労基37条1項）は当然に及ぶと解釈されている（最判昭35・7・14刑集14巻9号1139頁〔小島撚糸事件〕）。

〔3〕 労働基準法上の労働時間
(労働時間の詳細については、本章第1節【概説】「労働時間の概念」を参照)

　労働基準法上の労働時間は、休憩時間を除き、使用者が実際に労働者を労働させる実労働時間である（労基32条）。判例は、労働基準法上の労働時間とは、労働者が使用者の指揮命令下に置かれている時間をいい、労働基準法上の労働時間に該当するか否かは、労働者が使用者の指揮命令下に置かれていたものと評価することができるか否かにより客観的に定まるものというべきであるとし、当該時間において労働契約上の役務の提供が義務付けられていると評価される場合には、労働からの解放が保障されているとはいえず、労働者は使用者の指揮命令下に置かれているとする（最判平12・3・9民集54巻3号801頁・労判778号11頁〔三菱重工業長崎造船所（一次訴訟・会社側上告）事件〕、最判平14・2・28民集56巻2号361頁・労判822号5頁〔大星ビル管理事件〕、最判平19・10・19民集61巻7号2555頁・労判946号31頁〔大林ファシリティーズ（オークビルサービス）事件〕）。

〔4〕 使用者の指揮命令（業務命令）

　労働者は、使用者に対して一定の範囲で労働力の自由な処分を許諾して労働契約を締結するものであるから、その一定の範囲での労働力の処分に関する使用者の指示、命令としての指揮命令に従う義務がある。使用者が指揮命令をもって指示、命令することのできる事項であるかどうかは、労働者が労働協約の定めや就業規則の合意的な規定を含む労働契約によってその処分を許諾した範囲内の事項であるかどうかによって定まるものであり（最判昭61・3・13労判470号6頁〔電電公社帯広局事件〕、労契6条〜10条）、本来的な職務のほかに、出張、研修、健康診断や自宅待機等にも及ぶ。

　部長や課長等の役職者から、「時間外勤務指示書」や「時間外勤務届」といった書面や口頭で指示が出された場合は、明示の指示に基づく時間外労働ということになるが、指示は一定の形式によらず、常に明示的になされなければならないものではない（最判昭47・4・6民集26巻3号397頁〔静岡県教育委員会事件〕）。

　労働者が規定と異なる出退勤を行って時間外労働に従事し、使用者が異議を述べていない場合（徳島地判平8・3・29労判702号64頁〔城南タクシー事件〕）、労働

第3節　時間外労働義務　　Q10　労働時間該当性(5)——残業禁止命令違反　　117

者が休日出勤している事実を認識していながら，中止の指示を出さなかった場合（東京地判平9・8・1労判722号62頁〔ほるぷ事件〕），時間外労働の記載のある整理簿を上司に提出し，上司もこれを認識していた場合（大阪地判平17・10・6労判907号5頁〔ピーエムコンサルタント事件〕），業務量が所定労働時間内に処理できないほど多く，時間外労働が常態化している場合（大阪地判平3・2・26労判586号80頁〔三栄珈琲事件〕，東京地判平14・9・27労判841号89頁〔都立墨東病院事件〕，大阪地判平11・5・31労判772号60頁〔千里山生活協同組合事件〕，大阪地判平11・6・25労判769号39頁〔ジャパンオート事件〕，大阪地判平15・4・25労判849号151頁〔徳洲会野崎徳洲会病院事件〕）には，黙認・許容といった黙示の指揮命令に基づく時間外労働と認められる。

　黙示の指示と認められれば，時間外労働への従事を事前の所属長の承認にかからしめる就業規則があったとしても，労働時間該当性は否定されない（大阪地判平18・10・6労判930号43頁〔昭和観光事件〕）。また，労働者の労働が仮に使用者の具体的な命令に基づくものでないとしても，労働基準法所定の裁量労働性の要件を満たしていない限り，所定労働時間を超えて労働した部分について，使用者は時間外労働手当の支払を免れない（大阪地判平17・10・6労判907号5頁〔ピーエムコンサルタント事件〕）。

〔5〕　残業禁止命令

　時間外労働賃金は割増されることから，これが生活の糧として重要な部分を占め，かえって労働者がこれを希望することもあり，慣行的に行われこともある。しかし，36協定が未締結であれば，時間外労働は違法なものであり，労働者にそのような時間外労働をさせないことは使用者の法的義務である。したがって，残務がある場合，役職者に業務を引き継ぐこと等を明示的に指示したうえで，時間外労働を禁止し，その義務を履行する業務命令自体について違法の評価を受けることはあり得ない。

　使用者の明示の残業禁止命令という業務命令が発令されている場合，労働者が業務を行ったとしても，指揮命令下の労働の要素を欠き，労働者が使用者の指揮命令下にある時間又は使用者の明示又は黙示の指示により業務に従事する時間であると評価できず，これを賃金算定の対象となる労働時間と解すること

はできない（東京高判平17・3・30労判905号72頁〔神代学園ミューズ音楽院事件〕）。

〔6〕 設問の検討

(1) 本　論

設問は，XがYに対し，36協定の締結までに行った時間外労働に対する割増賃金の支払を請求したのに対して，Yが36協定が未締結の状態にあることを理由に，本件残業禁止命令をしたと主張して労働時間該当性を争い，さらに，Xが本件残業禁止命令が36協定の締結のために労働組合が要求する団体交渉を拒否し，36協定の締結のために労働者の代表選出から労働組合を排除し，別の者を労働者の代表に選出させようとして圧力を加える支配介入行為であるから，公序良俗に反し無効であると主張した事案である。

労働時間該当性について，賃金が労働した時間によって算出される場合を前提に，その算定の対象となる労働時間は，労働者が使用者の指揮命令下にある時間又は使用者の明示又は黙示の指示により業務に従事する時間であると解され，使用者の関与と業務制，職務性に照らしてなされる規範的な評価を含む事実認定となる。そのため，労働者は，労働時間該当性を根拠付ける事実を具体的に主張立証することを要し，使用者は，その評価を障害する事実を反論反証することを要する。

労働時間該当性が認められるのであれば，36協定が締結されていない事業場であっても，所定労働時間を超えて労働した部分について，Yは時間外労働に対する割増賃金の支払を免れないことになる。

設問において，Yは，平成○年○月○日以降，朝礼において，36協定が未締結の状態にあることを理由に，本件残業禁止命令をし，この命令を徹底していたのであるから，Xが時間外労働を行ったとしても，その時間外にわたる残業時間を使用者の指揮命令下にある労働時間と評価することはできない。労働基準法は，1週40時間，1日8時間労働制・週休制を原則とし（労基32条・35条），使用者が労働者に時間外労働や休日労働をさせることを厳しく規制しているのであるから（労基33条・36条），従前，36協定の締結及びその届出をせずに従業員に時間外労働をさせていた実態があるからといって，その違法が厳しく糾弾されるのは当然として，労働組合が結成され，残業時間及び残業手当が問題と

される事態に直面し，36協定が締結されるまで残業禁止を命じる業務命令を発したとしても，その業務命令を公序良俗に反し無効なものということはできない。また，時間内では業務が終了しない状況があったとしても，そのような場合には役職者に引き継ぐことが命令されている以上，真意に出ない命令であるとも認めることはできない。

したがって，Xの請求は認められない。

(2) 補　論

なお，設問のもととなった東京高判平17・3・30労判905号72頁〔神代学園ミューズ音楽院事件〕においては，主な争点の1つとして，労働時間規制の適用除外となる管理監督者該当性（労基41条2号）が問題ともなった事案であるので，この点について，簡単に触れておきたい。

Yは，教務部長として講師や学生の管理業務を担当した者，事業部長として広報や経理業務を担当した者で，○○音楽院の組織編成上，Yに直属しこれに次ぐ地位にあった者たちに対して，管理監督者に該当し時間外手当支給の対象外であるとの主張をしていた。

しかし，判決は，管理監督者が「時間外手当支給の対象外とされるのは，その者が，経営者と一体的な立場において，労働時間，休憩及び休日等に関する規制の枠を超えて活動することを要請されてもやむを得ないものといえるような重要な職務と権限を付与され，また，そのゆえに賃金等の待遇及びその勤務態様において，他の一般労働者に比べて優遇措置が講じられている限り，厳格な労働時間等の規制をしなくてもその保護にかけるところがないという趣旨に出たもの」とし，「管理監督者に該当するといえるためには，その役職の名称だけでなく，実質的に以上のような法の趣旨が充足されるような立場にあると認められるものでなければならない」とした。その上で，労働時間等の規制になじまないような立場にあったとか，その勤務態様について，自由にその裁量を働かすことができたとは考えにくく，従事していた業務についても，Yの指示を受けずに，経営者と一体的な立場において，労働時間，休憩及び休日等に関する規制の枠を超えて活動することを要請されてもやむを得ないものといえるほどの重要な職務上の権限を付与されていたものと認めることが困難であること，また，支給される賃金等についても，厳格な労働時間等の規制をしなく

てもその保護に欠けるところがないといえるほどの優遇措置が講じられていると認めることは困難であることから，管理監督者該当性を否定した。

[南　正一]

第4節　労働時間の適正な把握・管理

【概　説】労働時間把握義務と労働時間の立証の問題

〔1〕　基本概念

(1)　労働時間の意義

(a)　労働基準法が規制する「労働時間」は、休憩時間を除く「実労働時間」をいう（労基32条）。実労働時間と休憩時間を合わせた時間は、使用者の拘束のもとに置かれているという意味で「拘束時間」と呼ばれる。また、実労働時間には、実際の労働は行われず労働者が待機している「手待時間」も含まれる。手待時間は、使用者の指示があれば直ちに作業に従事しなければならない時間としてその作業上の指揮監督下に置かれているからである。このような労働時間の基本的内容から、労働時間とは、労働者が使用者の指揮監督下にある時間と定義される（指揮命令下説）。

(b)　労働時間性の判断基準

ここに「使用者の指揮監督下にある」という概念が、具体的に、労働者がどのような状態にあることをいうのかは明らかでない。しかし、労働基準法32条は刑罰規定であり、その意義、限界は明確でなければならず、労働基準法自身が定義規定を置いていない以上、それは解釈によることになる。労働時間の意義、範囲は労使が自由に決めることができるものではなく、客観的に労働時間の性質を有する時間を労働時間でないように取り扱うことは違法であり、また、労働時間の意義、限界は明確に判断され得るものでなければならない（野川忍『労働法』649頁）。

実労働時間は、労働者が実際に労働をした時間であり、使用者の指揮命令下に置かれていると評価できるか否かを中心として判断されるべきであるが、当該の時間において、労働者が業務に従事しているといえるか、業務従事のための待機中といえるか、それら業務従事又はその待機が使用者の義務付けや指示によるものか、労働者が労働から離れることを保障されていない時間ではない

かなどの要素を考慮して判断されることとなる。

(c) 判例の立場

最高裁も，労働基準法32条の「労働時間」に該当するか否かは，労働者の行為が使用者の指揮命令下に置かれたものと評価することができるか否かにより客観的に定まるものであって，労働契約，就業規則，労働協約等の定めのいかんにより決定されるべきものではないとしている（最〔1小〕判平12・3・9民集54巻3号801頁・労判778号11頁〔三菱重工業長崎造船所（一次訴訟・会社側上告）事件〕）。労働基準法上の労働時間は，労働者が使用者の指揮命令下に置かれている時間を指すのであり，具体的な指揮命令の存否や，実際に何らかの業務に従事しているかどうかは直接の基準にならないし，労働基準法上の労働時間であるか否かの判断は客観的になされるべきもので，当事者の意思に左右されるものではない。

この最高裁判決を踏まえて，①ビルの守衛について，不活動仮眠時間であっても労働からの解放が保障されていない場合には労働基準法上の労働時間に当たる（最〔小1〕判平14・2・28民集56巻2号361頁・労判822号5頁〔大星ビル管理事件〕），また，②マンションの住み込み管理人について，所定労働時間外であっても住民などの要望に対応するために事実上待機せざるを得ない状況に置かれていた場合は，管理会社の指揮命令下に置かれた労働基準法上の労働時間に当たる（最〔2小〕判平19・10・19民集61巻7号2555頁・労判946号31頁〔大林ファシリティーズ（オークビルサービス）事件〕）との判断が示された。

(2) **時間外手当請求訴訟の訴訟物等**

(a) 時間外手当請求訴訟の訴訟物

時間外労働につき，通常賃金分（100%）及び割増分（25%など）の賃金請求ができるが，このうち，後者のみを割増賃金とする見解が最近では有力である（藤井聖悟「残業代請求事件の実務（上）」判タ1365号8頁）。この見解によると，前者は雇用契約に基づく賃金請求権，後者は労働基準法37条に基づく割増賃金請求権となる。

(b) 要件事実

割増賃金請求訴訟における主請求の要件事実は，①雇用契約の成立，②請求に対応する期間の時間外（又は深夜）の労務の提供，③割増賃金の基礎となる

1時間当たりの賃金額であり，④法定の最低割増率よりも有利である場合，割増率に関する就業規則の規定等も要件事実となる。

なお，付加金請求の要件事実は，主請求の要件事実と同じである。

(c) 請求の趣旨記載例

月給制の退職前労働者の場合，各月の時間外（又は深夜）手当及び賃金支払日の翌日から支払済みまでの遅延損害金の請求をするのが通例であるから，請求の趣旨は，例えば，「被告は，原告に対し，○万円及びうち○円に対する平成○年○月○日から，うち○円に対する平成○年○月○日から，うち○円に対する平成○年○月○日から，いずれも支払済みまで年6分の割合による金員を支払え。」となる（岡口基一『要件事実マニュアル第4巻〔第5版〕』651頁）。

その他，「被告は，原告に対し，○万円及びこれに対する本判決確定の日の翌日から支払済みまで年5分の割合による金員を支払え。」などとして，付加金の請求ができる（労基114条）。

〔2〕 平成29年ガイドライン

(1) 46通達から平成29年ガイドラインへ

労働時間の把握については，従前，「労働時間の適正な把握のために使用者が講ずべき措置に関する基準」（平13・4・6基発339号。以下「46通達」という）が行政の考え方として示されていたが，「労働時間の適正な把握のために使用者が講ずべき措置に関するガイドライン」（平29・1・20基発0120第3号。以下「平成29年ガイドライン」という）が策定され，同ガイドラインをもって46通達は廃止された。

(2) 平成29年ガイドラインの趣旨

労働基準法上，使用者に対して直接労働者の労働時間の把握を義務付けた規定はないが，労働基準法は，32条，36条，37条の規定により，使用者に，労働者に法定労働時間を超えて労働させる場合には，労使協定（いわゆる「36協定」）を締結の上，割増賃金を支払うことを義務付けており（労基37条1項），この義務を履行するには，使用者が労働時間を正確に把握していることが前提であることから，使用者には，労働時間を適正に把握するなど労働時間を適切に管理する義務（労働時間把握義務）があると解される。しかしながら，実際には，

労働時間の把握に係る自己申告制の不適正な運用等に伴い，同法に違反する過重な長時間労働や割増賃金の未払いといった問題が生じていたことから，厚生労働省は，46通達で，労働時間管理の方法として使用者自らの現認と並んでタイムカード等の客観的な記録方法を用いることを推奨してきたところであり，さらに46通達をもとにして，労働時間の考え方を明確にし，自己申告制の適正を確保するため使用者が講じるべき措置を具体化した平成29年ガイドラインを策定した（白石哲編著『労働関係訴訟の実務〔第2版〕』132頁〔若松光晴〕）。

平成29年ガイドラインは，46通達とほぼ同じ表現をとっている箇所もある一方，労働時間の考え方や，労働時間の適正な把握のために使用者が講ずべき措置について，より具体的に明らかにするものとなっている。すなわち，労働時間の適正な把握の原則的方法として2つの方法（①使用者が自ら現認する方法，②タイムカード，ICカード，パソコンの使用時間の記録等の客観的な記録を基礎として確認し，適正に記録する方法）を挙げ，これらの原則的方法によることができない場合の例外的な方法として，③自己申告制により始業・終業時刻の確認及び記録を行う方法を挙げている。自己申告による労働時間の把握については，あいまいな労働時間管理となりがちで，いわゆるサービス残業による割増賃金の不払いを誘引しやすいなどのおそれがあることに鑑みたものであると解される。

以下，平成29年ガイドラインに沿って「適用の範囲」，「労働時間の考え方」，「労働時間の適正な把握のために使用者が講ずべき措置」について見ていくこととする。

(3) **適用の範囲**（平成29年ガイドラインの2）

(a) 対象となる事業場は，労働基準法のうち労働時間に係る規定（労基第4章）が適用されるすべての事業場である。

(b) 対象となる労働者は，労働基準法41条に定める者及びみなし労働時間制が適用される労働者（事業場外労働を行う者にあっては，みなし労働時間制が適用される時間に限る）を除くすべての労働者である。

「労働基準法41条に定める者」とは，例えば，「管理監督者」（労基41条2号）が挙げられる。「管理監督者」とは，一般的には，部長，工場長等労働条件の決定その他労務管理について経営者と一体的な立場にある者をいうが，管理監督者に当たるか否かは，役職名ではなく，責任，権限，勤務内容，待遇等の実

態に即して判断されるべきである。

　高度プロフェッショナル制度（本章第3節【概説】参照）は、「高度の専門的知識等を必要とし、その性質上従事した時間と従事して得た成果との関連性が通常高くないと認められるものとして厚生労働省令で定める業務（対象業務）」に就く労働者について、労使委員会で所定の内容を決議して当該決議を使用者が行政官庁に届け出、健康確保措置等を講じた上で、書面等の方法で労働者本人の同意を得ることにより、労働時間、休憩、休日・深夜の割増賃金に係る労働基準法の適用から除外する制度であるから、平成29年ガイドラインの適用範囲にない。

　また、「みなし労働時間制が適用される労働者」とは、①事業場外で労働する者であって、労働時間の算定が困難なもの（労基38条の2）、②専門業務型裁量労働制が適用される者（労基38条の3）、③企画業務型裁量労働制が適用される者（労基38条の4）をいう（本編第2章第3節・第4節を参照）。

　なお、平成29年ガイドラインが適用されない労働者についても、健康確保を図る必要があることから、使用者において適正な労働時間管理を行う責務があることが明記されている。

(4)　労働時間の考え方（平成29年ガイドラインの3）

　平成29年ガイドラインは、労働時間とは、使用者の指揮命令下に置かれている時間のことをいい、使用者の明示又は黙示の指示により労働者が業務に従事する時間は労働時間に当たるとしている。

　そのため、①使用者の指示により、就業を命じられた業務に必要な準備行為（着用を義務付けられた所定の服装への着替え等）や業務終了後の業務に関連した後始末（清掃等）を事業場内において行った時間、②使用者の指示があった場合には即時に業務に従事することを求められており、労働から離れることが保障されていない状態で待機等している時間（いわゆる「手待時間」）、③参加することが業務上義務付けられている研修・教育訓練の受講や、使用者の指示により業務に必要な学習等を行っていた時間も、労働時間として扱わなければならないとしており、その上で、これら以外の時間についても、使用者の指揮命令下に置かれていると評価される時間については労働時間として取り扱うこととしている。

(5) 労働時間の適正な把握のために使用者が講ずべき措置（平成29年ガイドラインの4）

(a) 始業・終業時刻の確認及び記録

使用者は，労働時間を適正に把握するため，労働者の労働日ごとの始業・終業時刻を確認し，これを記録する。

(b) 始業・終業時刻の確認及び記録の方法としては，原則として次のいずれかの方法によること

① 使用者が，自ら現認することにより確認し，適正に記録すること。

ここに，「自ら現認する」とは，使用者自ら，あるいは労働時間管理を行う者が，直接始業時刻や終業時刻を確認することをいう。

② タイムカード，ICカード，パソコンの使用時間の記録等の客観的な記録を基礎として確認し，適正に記録すること。

労働時間管理のためには，タイムカード等の客観的な記録を基本情報とすべきであり，さらに，必要に応じて，例えば，使用者の残業命令書及びこれに対する報告書など，使用者が労働者の労働時間を算出するために有している記録と突き合わせることにより確認，記録すべきことが求められている。

(c) 自己申告制により始業・終業時刻の確認及び記録を行う場合の措置

上記(b)①，②の方法によることなく，自己申告制によりこれを行わざるを得ない場合に使用者が講ずべき措置について，次のとおり定めている。

「ア　自己申告制の対象となる労働者に対して，本ガイドラインを踏まえ，労働時間の実態を正しく記録し，適正に自己申告を行うことなどについて十分な説明を行うこと。」

その際，労働者に対して説明すべき事項としては，本ガイドラインで示した労働時間の考え方，自己申告制の具体的内容，適正な自己申告を行ったことにより不利益な取扱いが行われることがないことなどがある。

「イ　実際に労働時間を管理する者に対して，自己申告制の適正な運用を含め，本ガイドラインに従い講ずべき措置について十分な説明を行うこと。」

労働時間の適正な自己申告を担保するには，実際に労働時間を管理する者が本ガイドラインの内容を理解する必要がある。説明すべき事項は，労働者に対するものと同様に，本ガイドラインで示した労働時間の考え方や，自己申告制

の適正な運用などである。

「ウ　自己申告により把握した労働時間が実際の労働時間と合致しているか否かについて，必要に応じて実態調査を実施し，所要の労働時間の補正をすること。

　特に，入退場記録やパソコンの使用時間の記録など，事業場内にいた時間の分かるデータを有している場合に，労働者からの自己申告により把握した労働時間と当該データで分かった事業場内にいた時間との間に著しい乖離が生じているときには，実態調査を実施し，所要の労働時間の補正をすること。」

　使用者は自己申告制により労働時間が適正に把握されているか否かについて定期的に実態調査を行い，確認することが望ましい。

　特に，労働者が事業場内にいた時間と，労働者からの自己申告があった労働時間との間に著しい乖離が生じているときは，労働時間の実態を調査するようにしなければならない。

　また，自己申告制が適用されている労働者や労働組合等から，労働時間の把握が適正に行われていない旨の指摘がなされた場合などにも，このような実態調査を行うべきである。

「エ　自己申告した労働時間を超えて事業場内にいる時間について，その理由等を労働者に報告させる場合には，当該報告が適正に行われているかについて確認すること。

　その際，休憩や自主的な研修，教育訓練，学習等であるため労働時間ではないと報告されていても，実際には，使用者の指示により業務に従事しているなど使用者の指揮命令下に置かれていたと認められる時間については，労働時間として扱わなければならないこと。」

　使用者は，自己申告による労働時間の把握とタイムカード等を併用し，自己申告された労働時間とタイムカード等に記録された事業場内にいる時間に乖離が生じているときに，その理由を報告させている場合，その報告が適正に行われていないことによって，労働時間の適正な把握がなされなくなるおそれがあるため，その報告の内容が適正か否かについても確認する必要がある。

「オ　自己申告制は，労働者による適正な申告を前提として成り立つものである。このため，使用者は，労働者が自己申告できる時間外労働の時間数に上

限を設け，上限を超える申告を認めない等，労働者による労働時間の適正な申告を阻害する措置を講じてはならないこと。

また，時間外労働時間の削減のための社内通達や時間外労働手当の定額払等労働時間に係る事業場の措置が，労働者の労働時間の適正な申告を阻害する要因となっていないかについて確認するとともに，当該要因となっている場合においては，改善のための措置を講ずること。

さらに，労働基準法の定める法定労働時間や時間外労働に関する労使協定（いわゆる36協定）により延長することができる時間数を遵守することは当然であるが，実際には延長することができる時間数を超えて労働しているにもかかわらず，記録上これを守っているようにすることが，実際に労働時間を管理する者や労働者等において，慣習的に行われていないかについても確認すること。」

使用者は，労働者の適正な自己申告を阻害する措置を講じてはならないのはもちろんのこと，労働者の労働時間の適正な申告を阻害する要因となる事業場の措置がないか，また，労働者等が慣習的に労働時間を過少に申告していないかについても確認する必要がある。

(d) その他にも，①賃金台帳の適正な調製，②労働時間の記録に関する書類の保存，③労働時間を管理する者の職務，④労働時間等設定改善委員会等の活用に関する定めがある。

〔3〕 実労働時間の主張立証責任等について

(1) 実労働時間の主張立証責任

残業代（割増賃金）請求事件を初めとする賃金請求事件の訴訟物である賃金請求権は，労務給付と賃金が対価関係に立つこと（民623条），労働者は約束した労働を終わった後でなければ，報酬を請求することができないとされていること（民624条1項）から，労働義務の履行としての労務の提供が現実になされた場合に発生するものと解される（「ノーワーク・ノーペイ」の原則）。したがって，賃金請求事件において，労務提供の事実は請求原因であり，労働者が使用者に対して労務を提供した実労働時間については，賃金を請求する原告（労働者）が主張立証責任を負う。実労働時間は，労働日ごとに始業・終業時刻のほか，

割増率の関係で賃金単価が異なることから，所定外労働時間，法定外労働時間，深夜労働時間，法定外休日労働時間，法定休日労働時間の別を特定して主張する必要があり，これを特定していない主張は失当ということとなるから，原告（労働者）としては，これを特定し得るに足りる客観的な証拠に基づいて，これを速やかに行う必要がある。

実務では，実労働時間の主張は，表計算ソフトを活用し，実労働時間に賃金単価を乗じて未払賃金額（請求金額）を算出した別表を訴状に添付することによって行われるのが一般的である（白石編著・前掲54頁〔藤井聖悟〕）。

(2) 実労働時間の把握義務

他方において，労働者に対して賃金支払義務を負担する使用者は，労働基準法が賃金全額支払の原則（労基24条1項）をとり，時間外，休日，夜間労働についての厳格な規制を行っていることから，労働者の労働時間を管理する義務を負っているものと解されるところ，この義務を履行するためには，使用者が，労働時間を正確に把握していることが前提となるから，使用者には，労働時間を把握する義務があると解される。厚生労働省も，使用者が労働者の労働時間を適正に把握する義務があることを明確にするとともに，労働時間を適正に把握し，適切な労働時間管理を行うため，46通達を，次いで，平成29年ガイドラインを策定し，その遵守を求めていることは先に述べたとおりである。したがって，実労働時間についての証拠資料は，使用者が所持しているのが通常であるから，使用者は，訴訟においては，実労働時間について主張立証責任を負担していないけれども，単に「否認する」とだけ認否するのではなく，その理由を示して（民訴規79条3項），実労働時間について適切に認否，反論（積極否認）・反証をすることが求められる（白石編著・前掲55頁〔藤井聖悟〕）。

(3) 評価根拠事実，評価障害事実の主張立証

(a) 労働時間該当性について

労働時間該当性は，業務関連性の有無，使用者の明示又は黙示の指示による義務付けの有無等に照らして，客観的に見て，使用者の指揮命令下にあると評価できるか否かによって判断されるから，労働時間該当性は，規範的要件事実に準ずる。したがって，実労働時間について主張立証責任を負う原告は，労働時間性を基礎付ける事実（評価根拠事実）についても，主張立証責任を負うこと

になるから，上記の労働時間性が問題となる事例に応じて，業務関連性の有無，使用者の明示又は黙示の指示による義務付けの有無などの労働時間性の有無を判断するファクターとなっている事実について具体的に主張立証をする必要がある（白石編著・前掲68頁〔藤井聖悟〕）。他方，先に述べたように，使用者は，主張立証責任を負わないとしても，労働者の労働時間を把握する義務を負っているのであるから，使用者が単に「否認する」とだけ認否したときは，裁判所は，使用者に対して具体的な主張をするように促すべきである。

(b) 労働時間数について

労働時間数についても，労働者の側が一応の立証をしたと評価される場合，例えば，原告の個人的な日記や手帳のような資料であっても，一応の立証ができていると評価することも可能であり，使用者の側で有効かつ適切な反証ができていないときは，労働者側の提出資料によって請求を認容することが適切な事例も存するので，裁判所は，被告に対して，具体的な主張をするように促すべきである（山口幸雄＝三代川美千代＝難波孝一編『労働事件審理ノート〔第3版〕』130頁〔渡辺弘〕）。

〔4〕 実労働時間の主張立証の実際

立証方法としては，タイムカード，ICカード，作業日報，作業月報，入退出記録，職場のパソコンのログイン・ログアウト時刻の履歴，職場から送信したメールの送受信記録，定期的に記録されている会社・自宅間の公共交通機関の乗車記録，労働者作成のメモ，日記等，様々なものが考えられる。労働者側は，このような証拠資料をもとに，日ごとに始点と終点を特定して，実労働時間を主張立証する必要がある。

立証手段となる証拠は次のように類型化して考えることができるが，これらの証拠の価値については，機械的正確性，業務関連性，成立への使用者の関与，証拠の体裁，その記載内容自体ないし他の客観的証拠との整合性等を総合考慮して判断すべきである（佐々木宗啓ほか編著『類型別労働関係訴訟の実務』114頁〔佐々木宗啓〕）。

(1) **機械的正確性があり，成立に使用者が関与していて業務関連性も明白な証拠**（タイムカード，ICカード，タコグラフ等）

第4節　労働時間の適正な把握・管理【概　説】労働時間把握義務と労働時間の立証の問題　　131

　(a)　タイムカード等は，裁判上，立証手段とされることが多いが，タイムカード等による客観的記録を利用した時間管理がされている場合は，特段の事情のない限り，タイムカード等の打刻時間により，実労働時間を推認するのが実務の大勢である（京都地判昭62・10・1労判506号81頁〔京都福田事件〕，東京地判平9・3・13労判714号21頁〔三晃印刷事件〕，東京高判平10・9・16労判749号22頁〔三晃印刷事件〕，大阪地判平11・5・31労判772号60頁〔千里山生活協同組合事件〕，東京地判平14・11・11労判843号27頁〔ジャパンネットワークサービス事件〕，東京地判平17・12・28労判910号36頁〔松屋フーズ（パート未払賃金）事件〕，東京地判平21・10・21労判1000号65頁〔ボス事件〕，大阪地判平22・7・15労判1014号35頁〔医療法人大生会事件〕，大阪地判平22・7・15労判1023号70頁〔医療法人大寿会（割増賃金）事件〕，東京地判平22・9・7労判1020号66頁〔デンタルリサーチ社事件〕，東京地判平24・12・27労判1069号21頁〔プロッズ事件〕等）。タイムカードは，その名義の本人が作動させた場合には，タイムカードに打刻された時刻に当該労働者が事業場にいた事実を示す証拠であり，打刻の時点で事業場にいた事実からは打刻と打刻との間も事業場にいたこと，さらに事業場にいた間，使用者の明示又は黙示の指揮命令に服していたことを一応推測でき，時刻の記録に機械的な正確性があることも相まって，労働時間に関する重要な資料であると一般に認められている。それゆえ，特段の事情がない限り，タイムカードの記録する時刻をもって出勤・退勤の時刻と推認することができると解するべきであり，タイムカードによって労働時間の管理がされ，タイムレコーダーの管理もまったく杜撰であったといえない以上，原則として，これによって時間外労働時間を算定するのが合理的である。

　一方，タイムカードが導入されていながら，タイムカードが時間管理のためではなく，単に出退勤管理のために設置されていたとして，タイムカードによって実労働時間を認定しなかった裁判例（①東京地判昭63・5・27労判519号59頁〔三好屋商店事件〕，②大阪地判平元・4・20労判539号44頁〔北陽電機事件〕，③大阪地判平24・1・27労判1050号92頁〔スリー・エイト警備事件〕）もある。

　(b)　タイムカードによる勤務時間管理が実態を反映せず，不合理であって，タイムカードの記録中に労働時間に含まれない部分があると主張するような場合は，その点の立証（実労働時間に該当しない部分を特定した反証）は使用者側がなすべきであり，例えば，タイムカードに記載された時間が労働時間を示すもの

ではないといえる具体的な事情（途中での外出，第三者による打刻，打刻前後の準備・片づけにかかる時間等）を，使用者側が，具体的に主張立証する必要があると解される。ただし，その主張立証は容易ではないと考えられる（仙台地判平21・4・23労判988号53頁〔京電工事件〕参照）。

(c) タイムカードが導入されていない場合

使用者がタイムカードを設置せず，勤務時間を把握する態勢をとっていない場合や，原告（労働者）の手元にタイムカードの写しがない場合は，原告としては，出勤簿，原告が作成した勤務時間に関するメモ等の出勤状況を認定できる書証を準備する必要があり，その場合，原告作成のメモ等も有力な証拠となることがある（**Q11**参照）。

(2) **成立に使用者が関与していて業務関連性は明白であるが，機械的正確性のない証拠**（日報，週報等）

内容に機械的正確性がないことから，信用性の吟味が必要となり，事案により証拠価値が異なってくる。

裁判例としては，①運転報告書に相応の合理性があるとしたもの（大阪高判昭63・9・29労判546号61頁〔郡山交通事件〕），②労働者が作成し，責任者の点検を受けていた勤務状況報告書の記載のとおりに時間外労働を認定したもの（札幌高判平24・10・19労判1064号37頁〔ザ・ウィンザー・ホテルズインターナショナル事件〕）のほか，③工事日報の労働時間は原告の労働時間と同視できないとしたもの（大阪地判平13・7・19労判812号13頁〔光安建設事件〕）などがある。

(3) **機械的正確性はあるが，業務関連性が明白でない証拠**（パソコンのログイン・ログアウト時刻の履歴，職場から送信したメールの送受信記録，入退館記録等のセキュリティーデータ等）

裁判例としては，①パソコンのログデータによる推認を認めたもの（東京地判平18・11・10労判931号65頁〔PE & HR事件〕），②パソコン上のログデータやメールの送受信記録による推認を認めたもの（東京地判平24・12・27労判1069号21頁〔プロッズ事件〕）のほか，③入退館記録による推認を認めなかったもの（東京地判平25・5・22労判1095号63頁〔ヒロセ電機（残業代等請求）事件〕）などがある。

(4) **機械的正確性がなく，業務関連性も明白でない証拠**（メモ，手帳等の記載）

原告作成のメモ等については，その正確性を補強する証拠が必要であると解

される。裁判例としては、①原告の手帳による労働時間の認定をせず、予め作成されていた勤務シフト表に記載された限度で労働時間を認定した岡山地判平19・3・27労判941号23頁〔セントラル・パーク事件〕、②原告の手帳のみでは労働時間を認定することはできないとしたものの、Suica利用明細の記載等によって客観的な裏付けが得られる範囲においてこれを認めた東京地判平23・12・27労判1044号5頁〔HSBCサービシーズ・ジャパン・リミテッド（賃金等請求）事件〕などがある。

〔5〕 立証の程度

　立証の程度について、民事訴訟法248条の精神に鑑みて、割合的に時間外手当を認定することも許されるとした裁判例もあるが（東京地判平20・5・27労判962号86頁〔フォーシーズンズプレス事件〕）、本来、客観的な資料に基づいて立証されるべき労働時間が、証拠不十分であるため証明できない場合に、民事訴訟法248条の精神によって認容額を決定するというのは、結果として立証責任を軽減することとなって相当ではないとの指摘もある（白石編著・前掲59頁〔藤井聖悟〕）。それゆえ、時間外労働がされたことは間違いがないが、その正確な時間が把握できないという場合は、請求されている時間外手当の何割かを割合的に認めるという方法ではなく、証拠上推認できる労働時間を、控えめに認定するという方法によるべきであると解される（佐々木ほか編著・前掲117頁〔佐々木宗啓〕）。

〔加藤　優〕

Q11 労働時間の立証(1)──タイムカードによる労働時間の認定

　Yは印刷業を主たる業務とする株式会社であり、XはYの作業部の従業員であったが、Xは、タイムカードの記録をもとに、現実の時間外労働と実際に支払われた賃金との差額の支払を求めて訴えを提起した。これに対し、Yは次のように主張をする。Yでは、従業員は出・退勤時にタイムカードを打刻することが義務付けられており、また、Yにおける個人別出勤表はタイムカードの記録を転写することで作成されているが、タイムカードは、従業員の出・退勤の状況を把握し、あるいは、勤怠管理の一助にするという目的で従業員に打刻させていたものであり、従業員の時間管理をしていた事実はないし、Xのタイムカードの記載から計算される労働時間はXの現実の労働時間ではなく、さらに、Xは、所定労働時間中、手待時間があったことはもとより、多々公私混同の行動があり、あるいはまったく業務を行うことなく時間を徒過するなどしており、タイムカードの記載から計算される労働時間は現実の労働時間と大きく乖離したものである。
　Xの請求は認められるかについて説明しなさい。

〔1〕　労働時間把握義務

　労働基準法は、32条、36条、37条の規定により、使用者に、労働者に法定労働時間を超えて労働させる場合には、労使協定（いわゆる「36協定」）を締結の上、割増賃金を支払うことを義務付けており（労基37条1項）、同義務を履行するには、使用者が労働時間を正確に把握していることが前提となるので、使用

者には労働時間把握義務があると解されている（本節【概説】参照）。

いかなる方法で割増賃金等の対象となる実労働時間（労基32条）を把握するかについては，法の規制はなく，①現認による方法，②タイムカード等による方法，③自己申告による方法などが考えられるが，どのような方法で行うかは，使用者の意思に委ねられている。

〔2〕 主な争点

タイムカード，ICカード等で労働時間管理が正確になされていると認められる事案においては，タイムカードに記載された出勤・退勤時刻と就労の始期・終期との間に齟齬があることが証明されない限り，タイムカードに記載された出勤・退勤時刻をもって，実労働時間を認定すればよいと解される。

しかしながら，設例では，Yから，①タイムカードは，正確な労働時間を示すものではなく，タイムカードにより従業員の労働時間管理をしていた事実はないとの主張がなされており，タイムカードの記載による就労時間の始期，終期を労働時間と認定するためには，まず，タイムカードにより労働時間が管理されている事実の立証が必要と解される事案である。そこで，設例のような事案において，タイムカードにより従業員の労働時間管理がなされていることをどのように認定していくかということが問題となる。

次いで，②タイムカードが導入されている設例のような事案において，手待時間があった，公私混同の行動があった，まったく業務を行うことのなかった時間があったなどとして，使用者が労働時間性を争う場合に，実労働時間をどのように認定していくかということが問題となる。

〔3〕 タイムカード，ICカード等に関する裁判例

タイムカード，ICカード等によって時間管理がなされている場合には，特段の事情がない限り，タイムカードに打刻された時間をもって，実労働時間を事実上推定できるかという問題に関する裁判例を見ておこう（本節【概説】参照）。

(1) **タイムカード，ICカード等によって時間管理がなされている場合には，特段の事情がない限り，タイムカード等に打刻された時間をもって，実労働時間を事実上推定するとした裁判例**

(a) タイムカードに関する裁判例

(イ) 千里山生活協同組合事件（大阪地判平11・5・31労判772号60頁）　裁判所は，タイムレコーダーは，その名義の本人が作動させた場合には，タイムカードに打刻された時刻にその職員が所在したといいうるのであり，通常，その記載が職員の出勤・退勤時刻を表示するものであるから，特段の事情がない限り，タイムカードの記載する時刻をもって出勤・退勤の時刻と推認することができるもので，本件においても，これによって労働時間の管理がされ，タイムレコーダーの管理もまったく杜撰であったとはいえない以上は，個々の原告らについて特段の事情の有無を検討することになるものの，原則として，これによって時間外労働時間を算定するのが合理的であり，タイムカードを打刻すべき時刻について特段の取り決めがなされたとの事情の窺えない本件においては，タイムカードに記載された出勤・退勤時刻と就労の始期・終期との間に齟齬があることが証明されない限り，タイムカードに記載された出勤・退勤時刻をもって実労働時間を認定するべきであると判示した。

(ロ) 京電工事件（仙台地判平21・4・23労判988号53頁）　裁判所は，原告の労働時間を認定する最も有力な根拠となるのは，原告自身が打刻していたタイムカードであるとした上で，被告は，原告が勤務時間後も会社内に詰めていたのは自己都合の単なる居残りであり，パソコンゲームに熱中し，あるいは席を離れて仕事以外のことで時間を潰していたと主張し，原告の同僚従業員らの陳述・供述によれば，原告が勤務時間後に会社内に詰めていたときでも，パソコンゲームに熱中したり，あるいは事務所を離れて仕事に就いていなかった時間が相当あることが窺われるが，これら同僚従業員の陳述・供述は，その始期と終期があいまいで日時も特定されておらず，全般的な印象程度にとどまるものであること，労働基準法は，賃金全額支払の原則（労基24条1項）をとり，しかも，時間外労働，深夜労働及び休日労働についての厳格な規制を行っていることに照らすと，使用者の側に，労働者の労働時間を管理する義務を課していると解することができるところ，被告においてはその管理をタイムカードで行っていたのであるから，そのタイムカードに打刻された時間の範囲内は，仕事にあてられたものと事実上推定されるというべきであると判示した。

(b) IDカードに関する裁判例

コミネコミュニケーションズ事件（東京地判平17・9・30労経速1916号11頁）は，IDカードと就業状況月報により労働時間を管理していたと認められた事案である。

裁判所は，被告においては，営業社員を含む全社員が，その出勤時刻，退勤時刻をキャッシュカードと兼用のIDカードに記録することとされ，その結果が就業状況月報に集計されていたことなどを認定した上で，被告は，IDカード及び就業状況月報により個々の社員の労働時間を管理していたのであるから，これらに記録された出勤時刻，退勤時刻に基づき原告の実労働時間を推認するのが相当であると判示した。

(2) タイムカードが導入されているが，タイムカードが時間管理のためではなく，単に出退勤管理のために設置されていたとして，タイムカードによって実労働時間を認定しなかった裁判例

(a) 三好屋商店事件（東京地判昭63・5・27労判519号59頁）

裁判所は，一般に使用者が従業員にタイム・カードを打刻させるのは出退勤をこれによって確認することにあると考えられるから，その打刻時間が所定の労働時間の始業若しくは終業時刻よりも早かったり遅かったりしてもそれが直ちに管理者の指揮命令の下にあったと事実上の推定をすることはできないのであって，タイム・カードによって時間外労働時間数を認定できるといえるためには，残業が継続的になされていたというだけでは足りず，使用者がタイム・カードで従業員の労働時間を管理していた等の特別の事情の存することが必要であると考えられるところ，本件では，打刻時刻と就労とが一致していたとみなすことは無理があり，結局，原告についてもタイム・カードに記載された時刻から直ちに就労時間を算定することはできないと見るのが相当であるから，原告主張の時間外労働時間数を確定することができず，ひいてはこれに基づく割増賃金の算定もできないことに帰するので，原告の割増賃金の請求はこの点において理由がないと判示した。

なお，本件において，使用者がタイム・カードで従業員の労働時間を管理していた等の特別の事情が存するかという争点については，①原告が，毎朝，始業時間より前に出勤していたのは原告が上司から遅くとも始業の5分か10分前までに出勤しているように指示されていたからで，就業規則によれば時間外

勤務には早出と残業があり，遅くとも前日までに所要時間及び内容を告知することになっているにもかかわらず，原告にそのような告知がなされていなかったことが認められるから，就業開始前の出勤時刻については余裕をもって出勤することで始業後直ちに就業できるように考えた任意のものであったと推認するのが相当であり，また，②退勤時刻についても営業係の社員に対する就労時間の管理が比較的緩やかであったという事実（筆者注：営業係の社員には売上げの目標を課している関係上就労時間の管理が比較的緩やかで，就業時間内であっても顧客の都合によっては帰宅することを認め，その代わり就業後になってから得意先を訪問する者もおり，そのため営業係の社員については時間外の労働時間数の計算をまったく行っていなかったことが認められる）を考えると，打刻時刻と就労とが一致していたとみなすことは無理がある旨判示した。

(b) 北陽電機事件（大阪地判平元・4・20労判539号44頁）

裁判所は，一般に，会社においては従業員の出社・退社時刻と就労開始・終了時刻は峻別され，タイムカードの記載は出社・退社時刻を明らかにするにすぎないため，会社はタイムカードを従業員の遅刻・欠勤等をチェックする趣旨で設置していると考えられるのであり，原告らはタイムカードを出社・退社時に打刻しており，直行・直帰の場合も顧客先に到着した時刻，訪問後の最寄りの駅又は自宅への到着時刻を記入し所属グループ長に報告，承認を得ていたのみならず，被告は，営業社員の賃金計算をタイムカードを基礎資料にした作業月報によっており，また被告は，従来から営業社員の早出・残業時間をタイムカードにより把握し，これにより「著しく時間外の多い者」に賞与を与えてきたなどの事情があったとしても，上司のチェックは，形式的なものにすぎず，被告におけるタイムカードも従業員の遅刻・欠勤を知る趣旨で設置されているもので，従業員の労働時間を算定するために設置されたものではないと認められ，同カードに打刻・記載された時刻をもって直ちに原告らの就労の始期・終期と認めることはできない旨判示した。

〔4〕 タイムカードの打刻をしなかった場合

関連する問題として，タイムカードの打刻をしなかった日があった場合，どのように考えるべきかについて見ておこう。

この問題について，月ごとに打刻された退勤時間の平均時刻を算出して労働時間を推計することを認めた裁判例もある（東京地判平23・10・25労判1041号62頁〔スタジオツインク事件〕）。これは，使用者が，労働時間管理のための資料を合理的な理由なく廃棄したなどとして提出しなかった事案において，合理的な理由がないにもかかわらず，使用者が，本来，容易に提出できるはずの労働時間管理に関する資料を提出しない場合には，公平の観点に照らし，合理的な推計方法により労働時間を算定することが許される場合もあると解されるとして，合理的な推計方法により労働時間を算定することを認めたものである（なお，証拠の収集方法等については**Q12**〔5〕参照）。

　また，同様の推認をしたものとして，①労働者が作成し，責任者の点検を受けていた勤務状況報告書の記載のとおりに時間外労働を認定した札幌高判平24・10・19労判1064号37頁〔ザ・ウィンザー・ホテルズインターナショナル事件〕，②原告の請求する労働時間について，控え目に認定し，その2分の1については労働したものと推定することができるとした大阪高判平12・6・30労判792号103頁〔日本コンベンションサービス（割増賃金請求）事件〕などがある。

〔5〕 タイムカード以外の方法による立証

　では，タイムカード以外の日報，出勤管理表，メモ等による立証については，どのように考えるべきだろうか。一般論としては，これらの証拠は，機械的正確性がなく，業務関連性も明白でない場合があるから，その正確性を補強する証拠が必要であると解される。いくつかの裁判例を見ておこう。

(1)　光安建設事件（大阪地判平13・7・19労判812号13頁）

　裁判所は，工事日報は，現場監督人がその日の工事内容を記録してこれを被告に提出するためのものであって，現場監督人の勤務時間を記録する目的はそもそも有しておらず，現場監督人はその職務内容から工事現場全体の指揮監督はしており，工事日報の「労働時間」に記載されるのは，その日報の性質からして工事が実施されていた時間であると認められ，そのため，被告では各従業員が現実に労働していた時間については各人に個人日報を提出させ，被告において工事日報と対照して，その労働時間を判断していたといえるとした上で，原告作成の工事日報の信用性に疑問があることに加えて，上記のような工事日

報の性格からすると，原告が時間外労働割増賃金等の根拠としてあげる工事日報記載の「労働時間」については，工事が行われていた時間とは認められるものの，これをもって原告の労働時間がこれとまったく同一であったとまで認めることはできず，したがって，時間外労働及び深夜労働割増賃金の請求については，その基礎となる労働時間の特定を欠き，他にこれらの請求の基礎となる労働時間についてこれを認めるに足りる証拠はなく，この点に関する原告の主張は理由がないとして，工事日報による労働時間の認定をしなかった。

(2) **かんでんエンジニアリング事件**（大阪地判平16・10・22労経速1896号3頁）

出勤管理表や作業日報に記録されていない時間外労働の存否が争点となった事案において，裁判所は，原告は，振替休日，代休日，年次有給休暇取得日，夏期休暇取得日においても出勤して業務を行い，平成13年の夏期休暇については同年10月に1日，その残りは同年12月に取得していることからも，その所定労働時間内に終えることができないような業務を与えられていたということができる上，被告会社は，時間外労働についてタイムカード等の客観的な資料を用いずに従業員による申告によるとの方法を用い，かつ，電気工事課においては，時間外労働の申告に際し，事前承認を得るべきこととはなっておらず事後に手続を行うことが多かったことに加え，各従業員に対し，労働組合との間で合意した時間外労働・休日労働の上限時間を目標として設定し，事実上，電気工事課の従業員の時間外労働の申告を抑制していたとみるべきことからすると，所定の手続をとっていなかったことをもって，労働時間であることを否定すべきであるとはいえないとして，原告のダイアリー（勤務表）上の労働時間の記載につき信用性がないとはいえない旨判示した。

(3) **セントラルパーク事件**（岡山地判平19・3・27労判941号23頁）

裁判所は，原告の手帳について，本件手帳に記載された出勤時刻及び退勤時刻の記載と専務宛書面（筆者注：原告は被告を退社直後，被告の専務宛に時間外労働時間を記載した書面を交付していた）に記載された始業及び終業の時刻とは多くの点で齟齬が見られるなどと指摘した上で，本件手帳自体は当時使用されていたものと認められるし，出勤及び退勤の時刻の記載もそのすべてが事実と異なると断ずべきものとはいえないが，そのうちどの部分の記載が正確でどの部分の記載が不正確なものかを的確に判別することはできず，結局のところ，本件手帳

第4節 労働時間の適正な把握・管理　　Q11 労働時間の立証(1)

に基づき，原告の労働時間を認定することはできないというしかないとして，予め作成されていた勤務シフト表に記載された限度で労働時間を認定した。

(4) **トップ（カレーハウスココ壱番屋店長）事件**（大阪地判平19・10・25労判953号27頁）

原告が，概ね，勤務リストに従い，終業時刻については，営業日報の最終時刻から求め，原告の労働時間を計算しているという事案において，開始時刻については，勤務リストの記載に基づいた上，1時間単位の端数については切り捨てて計上され，終業時刻以外は，計算の便宜上，1時間単位で計算しているため，全体としては切り捨てにより計上されており，また，終業時刻については，勤務リストによると，原告の終業時刻は午前1時で終了となっていることが多いが，この時刻は，閉店時刻であり，実際の終業時刻を示しているものとは考えにくく，むしろ，証拠（原告本人）によると，原告が閉店後，営業日報の記載を完了し，終業時刻（退店時間／最終）を記入して，被告にファックス送信していたことが認められるから，上述した原告の労働時間の算出方法は，一応の合理性を有しているというべきであると判示し，勤務リスト，営業日誌，被告へのファックスなどにより労働時間を算出することを認めた。

(5) **オフィステン事件**（大阪地判平19・11・29労判956号16頁）

原告が，ワーキングフォーム（出退勤表）への記載をしていた事案で，ワーキングフォームは，その作成経緯から考えても，また，他の証拠との関係から見ても，その記載をそのまま採用することはできないが，まったくのでたらめということはできず，一応，原告の記憶に基づき記載されているものであるから，時間外労働の算定の資料とすることは可能といえるとした上で，原告は，ときには，一定期間をまとめて記載していたこと，その際は，特にメモなどによらず，記憶によって記載していたことが認められ，その結果，他の証拠（筆者注：ワーキングフォームの記載と矛盾するメールの送信記録等）から認められる事実と明らかな齟齬もあるが，全体として，自分の業務実態を記憶して，これに基づき再現しようとしたものと認めることができ，これらを総合考慮し，上記ワーキングフォームの記載から求められる時間外労働のうち，約3分の2程度の時間外労働を認めるのが相当であると判示した。

(6) **シン・コーポレーション事件**（大阪地判平21・6・21労判988号28頁）

各店舗の日ごと，時間帯ごとの人員数を定めるシフト表が使われていた事案で，被告の各店舗においては，POSシステム機能のある電子式金銭登録機（レジスタ）が設置されており，入出金だけでなく，入店客数，売上項目，レジスタの起動時刻，停止時刻，レジスタ打刻担当者名，その変更時刻だけでなく，出退勤時刻や休憩開始時刻，休憩終了時刻も入力できるようになっていたところ，これらのデータは，通信回線を通じて被告本社も把握できるようになっており，レジスタの起動時刻から開店時刻が，レジスタの停止時刻から閉店時刻が把握できるようになっていた。また，アルバイト従業員については，レジスタのデータをもとに勤怠管理をして賃金を計算しており，店長についても，少なくとも深夜勤務の勤務状況は，レジスタに打刻された出退勤時刻をもとに管理していたとして，シフト表，レジスタの記録などにより，労働時間を認定した。

(7) **HSBCサービシーズ・ジャパン・リミテッド（賃金等請求）事件**（東京地判平23・12・27労判1044号5頁）

原告が，タイムカード等による労働時間管理を受けていないことから，自らの労働時間を証するための客観的資料として，本件就労期間中の勤務時間を記載した原告作成の手帳及び汐留オフィスの最寄り駅である汐留駅での出入場状況が記載された「Suica残額ご利用明細」を提出して，本件就労期間における原告の労働時間を主張した事案において，裁判所は，Suica利用明細から導かれるのは，そこに記載された時刻に原告が汐留駅を出入場したという事実であって，原告の始業時刻・終業時刻そのものではないから，その意味で，Suica利用明細は，原告の労働時間という立証命題との関係では，間接的あるいは補助的な証拠にすぎないところ，本件においては，原告自身が始業時刻・終業時刻を記載したと主張する原告の手帳という直接証拠があるのであるから，間接証拠，補助証拠にすぎないSuica利用明細の記載から，原告の労働時間を認定することは相当でないというべきである（そのような認定をするためには，すべての日について，原告が汐留駅と汐留オフィスとの間を直行直帰したことが立証されなければならないが，それは極めて困難である）とした上で，原告の労働時間は，原則として，原告の手帳に記載された始業時刻・終業時刻に基づき，それがSuica利用明細，汐留オフィスの入退室履歴等の客観的な証拠によって裏付けられる範囲で認定

第4節　労働時間の適正な把握・管理　　Q11　労働時間の立証(1)

すると判示した。

(8) ピュアルネッサンス事件（東京地判平24・5・16労判1057号96頁）

裁判所は、タイムカードは存在するが、打刻されておらず、後から原告が手書きで記載したと思われる部分については、業務日報を参考に手書き記入したものと考えられるから、手書きの記載どおり、原告が時間外労働に従事していたものと認定するとした。

〔6〕　設例の検討

(1)　タイムカードにより従業員の労働時間管理がされていたか否か

(a)　問題の所在

Yでは、従業員は出・退勤時にタイムカードを打刻することが義務付けられており、また、Yにおける個人別出勤表はタイムカードの記録を転写することで作成されているというのであるが、Yから〔2〕①のような反論がなされた場合、どのように考えるべきか。

設例では、Yの従業員は、出・退勤時にタイムカードを打刻することが義務付けられていたこと、また、Yはタイムカードの記録を転写することで個人別出勤表を作成していたことなどが1つのポイントになるだろう。

(b)　検　　討

Xは、Yの作業部の従業員であったというのであるが、Yは、各労働者につき通常の労働時間を超える労働時間を、タイムカード等の方法により適正に把握、管理する義務を負うのであるから、Yとして、タイムカードの記載から計算される労働時間の中に、実労働時間として算定することが不相当と考えられる時間が算入され得ると考えていたのであれば、タイムカードを打刻すべき時刻に関して、予め、労使間で特段の取り決めをしておくか、タイムカード以外の何らかの方法で実労働時間を把握する措置を講じておくべきであった。

ところが、Yはタイムカードの導入以外の措置を講じておらず、一方、Yの従業員は、出・退勤時にタイムカードを打刻することが義務付けられ、Yはタイムカードの記録を転写することで個人別出勤表を作成していたというのであり、Yがその従業員であるXの労働時間を把握する方法は、タイムカード以外にもあり得るのに、タイムカード以外の措置を講じていなかったというのであ

るから、Xの労働時間は、Yの主張する主観的な意図ないし認識いかんにかかわらず、タイムカードによって一応の把握をすることができ、また、その趣旨で個人別出勤表が作成されていたと認めるべきである。以上によれば、タイムカードを打刻すべき時刻に関して、労使間で特段の取り決めをしていたというような事情がない限り、Xの実労働時間は、タイムカードの記録に基づいてYが作成した個人別出勤表によって推定することが相当である（東京高判平10・9・16労判749号22頁〔三晃印刷事件〕、東京地判平9・3・13労判714号21頁〔三晃印刷事件〕参照）。

(2) 使用者が労働時間性を争う場合

(a) 問題の所在

労働基準法が賃金全額支払の原則（労基24条1項）をとり、時間外、休日、夜間労働についての厳格な規制を行っていることから、使用者は、労働者の労働時間を管理する義務を負っているものと解されるところ、この義務を履行するためには、使用者が労働時間を正確に把握していることが前提となり、また、厚生労働省も、「労働時間の適正な把握のために使用者が講ずべき措置に関する基準」（平13・4・6基発339号。以下「46通達」という）を、さらに46通達をもとにして、「労働時間の適正な把握のために使用者が講ずべき措置に関するガイドライン」（平29・1・20基発0120第3号）を策定し、使用者が労働者の労働時間を適正に把握する義務があることを明確にしているので、これらを踏まえて検討する（本節【概説】参照）。

(b) 検　　討

タイムカードは、他人による打刻がない限り、直接には、その時刻に当該労働者が事業場にいた事実を示す証拠である。打刻の時点で事業場にいた事実からは打刻と打刻との間も事業場にいたこと、さらに事業場にいた間、使用者の明示又は黙示の指揮命令に服していたことを一応推測でき、時刻の記録に機械的な正確性があることも相まって、労働時間に関する重要な資料であると一般に認められている。

他方、労働者は、私用、組合活動、サークル活動等、使用者の指揮命令に服さない理由で事業場にとどまることもあるから、タイムカードからの労働時間の推測が民事訴訟法上の証明の程度[*1]に達する推認といえるか、見極める必

要がある。そして，その見極めは，事案ごとにタイムカードの利用目的（労働時間管理目的か否か），その利用の実態，労働時間管理の実態，時間帯，業務，特に残業の必要，実態，使用者の態度，事業場にとどまる別理由の可能性等の諸事情を具体的に検討すべきである。また，労働者が労働時間の立証責任を負っている一方，使用者は労働時間を適正に把握するなど労働時間を適切に管理する責務を負うから，使用者の側も労働時間を否認するのであれば具体的に反論しなければならないと解されており，労働者側の立証にやや弱い点があっても，使用者側の反証も弱ければ，総合して十分な証明があったといえることもある。例えば，使用者がタイムカード等の管理方法を導入しなかったため，客観的な記録に乏しい状況を招いている場合，諸事情等からある程度概括的に労働時間を推認することも許されうると解されている（須藤典明＝清水響編『労働事件事実認定重要判決50選』131頁〔若松光晴〕）。

　設例においては，YがXの労働時間を把握する方法は，タイムカードを打刻させ，その記録を転写することで作成されていた個人別出勤表を用いるという方法の他にもあり得たのに，Yはそれ以外の措置を講じていなかったのであるから，Xの実労働時間は，タイムカードの記録に基づいて，Yが作成した個人別出勤表によって推定するのが相当であると解されるところ，タイムカードに打刻されている始業時刻から終業時刻までの時間がXの実労働時間と推定され，同推定を覆す具体的な事実の主張立証責任はYにあると解されるから，これが尽くされているかということを検討していくことになるが，労働基準法32条等の労働時間に関する規定の趣旨及び同108条に定める使用者の労働時間算定義務等に鑑みると，労働時間性を争うYは，タイムカードに打刻されている始業時刻と終業時刻の間でXが労務を提供しなかった日時ないし時間を特定して指摘した上で，前記推定を覆す具体的な事実の主張立証を行うべきである。

　設例において，Yは，〔2〕①のとおり主張しているが，いずれの事由についても，問題文からみる限り，Yは，そのような具体的な主張立証責任を尽くしていないと認められる[*2]から，結局，タイムカードに打刻されている始業時刻から終業時刻までの時間をもってXの実労働時間とする前記推定をもって処理するほかなく，タイムカードに打刻されている始業時刻から終業時刻までの時間をもってXの実労働時間と考えるべきである。

よって、Xの請求は認められる。

＊1　ある事実の存在又は不存在が証明の対象となる場合に、裁判官は、当該事項に関して確信に至る程度の心証を形成することが要求される。いかなる程度の心証をもって確信を抱いた状態と呼ぶかについて、判例は、「一点の疑義も許されない自然科学的証明ではなく、経験則に照らして全証拠を総合検討し、特定の事実が特定の結果発生を招来した関係を是認しうる高度の蓋然性を証明することであり、その判定は、通常人が疑を差し挟まない程度に真実性の確信を持ちうるものであることを必要とし、かつ、それで足りる」としている（最〔2小〕判昭50・10・24民集29巻9号1417頁〔ルンバール・ショック事件〕）。

＊2　この点の具体的な立証方法については、タイムカードに打刻された時間の範囲内は、仕事にあてられたものと事実上推定されるというべきであるから、仮に、その時間内でも仕事に就いていなかった時間が存在するというのであれば、Yにおいて別途時間管理者を選任し、その者に時計を片手に各従業員の毎日の残業状況をチェックさせ、記録化する等しなければ、タイムカードによる勤務時間の外形的事実を覆すことは難しいというべきであるとした裁判例もある（仙台地判平21・4・23労判988号53頁〔京電工事件〕参照）。

〔加藤　優〕

第4節　労働時間の適正な把握・管理　　Q12　労働時間の立証(2)

 労働時間の立証(2)―― タイムカードによる時間管理があっても空白や書き込み等がある場合の労働時間の推定

　Yは，国際会議，学会，イベントの企画・運営を主たる業務とする会社であり，従業員であったXは，平成○年○月○日から退職するまで，Yの明示又は黙示の業務命令に基づいて，時間外労働に従事していたとして，割増賃金の支払を求めて訴えを提起した。Xは，Yにおいては従業員の勤務時間の管理をタイムカードによって行っていたから，Xのタイムカードに記載された時刻は，実際の業務の開始時刻及び終了時刻を正確に表すので，タイムカードによりXの時間外労働時間を算定することができる。もっとも，タイムカードが存在しない期間やタイムカードの記載が欠けている期間があるが，その部分は，同じ業務に従事した他の従業員の勤務時間を参考にしたり，Xのメモやスケジュールなどによって労働時間を算定することができる。Yでは時間外労働が常態化していたことは明らかであるから，タイムカードが存在しない期間や記載が欠けている期間においても，時間外労働がまったくされていないことは考えられず，全面的に割増賃金を否定するのは不公平であるから，少なくとも上記期間についても，Xが主張する時間外労働時間の2分の1について労働したものと推定すべきである。なお，タイムカードに手書きの部分が存在するのは，Yでは平成○年○月以降タイムカードの管理が強化されたが，実際には，従業員は届出書に記載をして上長の承認を得て自らタイムカードに時刻を手書きしたり，上長の承認を得ることなく自ら手書きをし，後に上長がそれを承認することも行われていたことによるものであり，事前・事後に上長の承認を得ているのであるから，タイムレコーダーによる打刻と同様に扱うべきである旨を主張する。これに対し，Yは，タイムカードの打刻は遅刻をチェックする意味しかなく，打刻された時刻は出社時刻，退社時刻を意味するにすぎず，タイムカードから労働基準法上の労働時

間を把握することはできず、また、タイムカードには空白やX自らの手書きの部分が存在することからして、タイムカードに記載された時刻をもってXの労働時間を算定することができない旨を主張する。

Xの請求は認められるかについて説明しなさい。

〔1〕 問題の所在

Xは、従業員の勤務時間の管理をタイムカードによって行っていたYにおいて、Yの明示又は黙示の業務命令に基づいて、時間外労働に従事していたとして、割増賃金の支払を求めて訴えを提起したが、Yは、①タイムカードの打刻は遅刻をチェックする意味しかなく、打刻された時刻は出社時刻、退社時刻を意味するにすぎず、タイムカードから労働基準法上の労働時間を把握することはできない、また、②タイムカードには空白やX自らの手書きの部分が存在することからして、タイムカードに記載された時刻をもってXの労働時間を算定することができない旨を主張するので、順に検討する。

〔2〕 タイムカードによる実労働時間算定の可否

タイムカードが導入され、タイムカードによって時間管理がなされている場合には、特段の事情がない限り、タイムカードに打刻された時間をもって、実労働時間が事実上推定されると考えてよい。タイムカードは、その名義の本人が作動させた場合には、タイムカードに打刻された時刻に当該労働者が事業場にいた事実を示す証拠であり、打刻の時点で事業場にいた事実からは打刻と打刻との間も事業場にいたこと、さらに事業場にいた間、使用者の明示又は黙示の指揮命令に服していたことを一応推測でき、時刻の記録に機械的な正確性があることも相まって、労働時間に関する重要な資料であると一般に認められて

第4節 労働時間の適正な把握・管理　　　Q12 労働時間の立証(2)

おり、特段の事情がない限り、タイムカードの記載する時刻をもって出勤・退勤の時刻と推認することができると解するべきだからである（**Q11**参照）。

〔3〕 タイムカードに空白や書込み等のある場合

　タイムカード等による管理が行われている事案において、タイムカードに空白や書込み等のある場合、タイムカードによる労働時間の推定ができるかが問題となる。

　出退勤時間をタイムカード又はICカードで管理している場合には、原則として、タイムカード等の記載の時刻には信用性があるとして、これらに基づき実労働時間を認定している裁判例が多いが、タイムカードによる時間管理がされていても、空白や書込み等がある場合、それらの部分をタイムカードの記載と同列に扱い、労働時間の推定ができるだろうか。一般論としては、空白や書込み部分があることについての合理的、説得的な説明がなされているか、それらの部分の改ざんの可能性はないか、空白や書込み部分の実労働の事実を裏付けるそれ以外の証拠があるか、また、その作成経緯や、信用性など、当該事案に現れている具体的、客観的な事情に基づいて判断することになるだろう。まず、いくつかの裁判例を概観する。

(1) **松山石油事件**（大阪地判平13・10・19労判820号15頁）

　原告は出退勤の際にタイムカードに打刻しており、被告はマネージャーについては労働時間を集計してはいなかったものの、タイムカードには目を通していた、一般職の従業員についてはタイムカードをマネージャーが管理しており、これに基づいて労働時間が管理されていたという事案において、裁判所は、原告の各労働日の労働時間（出勤時間及び退勤時間）については、タイムカード記載の出退勤時間をもって、これを認定するのが相当であるが、タイムカード記載の出退勤時刻について、時刻の記載が手書きのものや空欄となっているものについては、出勤あるいは退勤時間が明らかではないから所定労働時間内（1日8時間）の勤務であったというべきであり、この点について、原告は、本人尋問において、客等がいてタイムカードに打刻できなかった、あるいは会議のため打刻できなかった、7時間や8時間で退勤することはなかったと供述しているが、タイムカードの手書き部分及び空欄部分について、原告の出勤ないし

退勤時間を裏付ける証拠はないと判示し，労働時間の推定を認めなかった。

(2) ジャパンネットワークサービス事件（東京地判平14・11・11労判843号27頁）

原告が勤務時間をタイムカードで管理されていた事案において，原則としてタイムカード記載の時刻をもって勤務時間を認定するのが相当であるが，タイムカードの管理が必ずしも厳格にされていなかったことなどの事情もあったことから，タイムカードに記載のない部分については，原告の手帳記載の時刻をもって勤務時間を認定せざるを得ないと判示した。

(3) PE&HR事件（東京地判平18・11・10労判931号65頁）

裁判所は，原告の手帳の記載は主観的な認識によるもので，全面的には採用できないが，しかし，パソコンのログデータに記録のある時間は，原告が被告において各当日に被告の事務所において仕事をしていたことを推認できるとして，パソコンのログデータを利用しつつ，足りないところを原告の手帳における資料で補充する等して労働時間を推認した。

(4) アイスペック・ビジネスブレイン（賃金請求）事件（大阪地判平19・4・6労判946号119頁）

裁判所は，業務日誌の記載内容が信用できないことを認定した上で，原告のタイムカードの手書き部分は，「直行」又は「直帰」の付記があるものと，直行又は直帰ではないと思われるのに手書きとなっているものの2つに大別できるが，「直行」又は「直帰」の付記があるものについて，タイムカードに手書きされた直行又は直帰の事実及びその時間を裏付ける証拠は業務日誌のほかになく，業務日誌の記載内容がにわかに信用できないことは既に認定したとおりであるから，タイムカードの手書き部分は，付記の有無やその内容にかかわらず，記載の正確性はもとより，記された時刻が被告の業務に就いた時刻を示すものといえるかという点においても疑問があり，にわかに信用できないと判示し，労働時間の推定を認めなかった。

(5) ボス事件（東京地判平21・10・21労判1000号65頁）

原告が勤務の開始時及び終了時にタイムカードを打刻しており，タイムカードはすべて本社に提出され，点検を受けていたという事案において，裁判所は，原告の労働時間については，原則として，タイムカード記載の時刻（手書き部分を含む）をもって始業時刻及び終業時刻を認定し，その間の就労を認定する

のが相当であるが，証拠及び弁論の全趣旨によれば，原告が勤務時間中に店舗回りや銀行取引に出かけ，その後所在不明になったり，勤務に戻らず帰宅してしまうこともしばしばあったことが認められ，また，シフト表も勤務の予定を記載したものであって実就労時間を記載したものでもなく，実際にはシフト表予定の勤務時間がしばしば変更されていたとした上で，タイムカードに始業時刻又は終業時刻のいずれかのみが記載されている日については，前記タイムカードの記載では労働時間を認定するには足りないといわざるを得ず，その日の勤務時間がシフト表予定の勤務時間（12時間単位）のとおりであるということもできず，結局，勤務しなかったのと同様の扱いをするほかないと判示し，労働時間の推定を認めなかった。

(6) **デンタルリサーチ社事件**（東京地判平22・9・7労判1020号66頁）

裁判所は，タイムカードの打刻により打刻時刻が機械的に印字される以上，原告自身が打刻する限り，タイムカードの打刻時刻は原告の出勤，退勤時刻をほぼ正確に示すものということができるから，同タイムカードは原告の労働時間を端的に立証する信用性の高い証拠資料ということができるが，タイムカードの手書き部分については，正確性は低いといわざるを得ず，その証拠価値を過大に評価することはできないとして，労働時間の推定を認めなかった。

(7) **スタジオツインク事件**（東京地判平23・10・25労判1041号62頁）

裁判所は，時間外手当等請求訴訟において，時間外労働等を行ったことについては，同手当の支払を求める労働者側が主張立証責任を負うものであるが，他方で，労働基準法が時間外・深夜・休日労働について厳格な規制を行い，使用者に労働時間を管理する義務を負わせているものと解されることからすれば，このような時間外手当等請求訴訟においては，本来，労働時間を管理すべき使用者側が適切に積極否認ないし間接反証を行うことが期待されているという側面もあるのであって，合理的な理由がないにもかかわらず，使用者が，本来容易に提出できるはずの労働時間管理に関する資料を提出しない場合には，公平の観点に照らし，合理的な推計方法により労働時間を算定することが許される場合もあると解されると判示して，控え目な推計計算の方法をとることを容認した。

〔4〕 割合的包括的認定に関する裁判例

では，時間外労働等を客観的に立証する資料がない場合，割合的包括的認定をすることができるだろうか。

そもそも，従業員の勤務時間を管理する責任は使用者にあり，使用者がタイムカードなどの措置を講じることによってこれを果たしていればこのような問題は生じなかったといえるのであり，その責任をすべて従業員に帰する結果とするのは相当でないというべきであるから，公平の観点に照らし，合理的な推計方法により労働時間を算定することが許される場合もあると解するべきである。

(1) **リンガラマ・エグゼクティブ・ラングェージ・サービス事件**（東京地判平11・7・13労判770号120頁）

裁判所は，原告が行っていた業務の内容からすると，原告の所定の勤務時間内では当該業務を完遂することはできず，当該業務の納期などに照らせば，所定の勤務時間外の時間を利用して当該業務を完遂せざるを得ないということは困難であり，仮に所定の勤務時間外の時間を利用して当該業務を完遂せざるを得なかったと認め得るとしても，原告が果たして原告の主張するとおりの時間数だけ残業したことあるいは少なくとも原告が確実に残業をしていたといえる残業時間数を認めることはできないというべきであると判示し，確実に認定できるだけの証拠がないとして，原告の残業代の請求を棄却した。

(2) **フォーシーズンズプレス事件**（東京地判平20・5・27労判962号86頁）

使用者がタイムカードによる勤務時間管理をしていなかったという事案において，裁判所は，使用者においては，従業員の健康管理その他の理由から，従業員の勤務時間を管理すべき責任があり，通常，タイムカードによってこれが行われており，本件においても，使用者である被告がタイムカードによって勤務時間管理をしていれば，他の資料は原則として検討する必要がなかったといえるとし，原告が，労働時間の立証のために，提出した手帳，仕事リスト表，パソコンのデータ更新記録やメール送信記録，出退勤間際に買物をした際のレシート等は，十分信を措けるともいえないが，このような状態であるからといって，原告の立証すべき事実の立証が十分でないとしてその請求を直ちに棄却

第4節　労働時間の適正な把握・管理　　Q12　労働時間の立証(2)　　153

すべきことにはならず，まず，原告が時間外労働をしていた事実自体は認められるし，もともと従業員の勤務時間を管理すべき責任は使用者にあり，使用者がタイムカードによってこれを果たしていればこのような問題は生じなかった（タイムカードに表れた勤務時間内に，そのとおりに労働が行われたかは別論である）のであり，使用者が果たすべき義務を果たさなかったためにこのような問題が生じたのであるから，その責任をすべて従業員に帰する結果とするのは相当でないというべきであるとし，このような事例においては，やや場合を異にするが，民事訴訟法248条の精神に鑑み，割合的に時間外手当を認容することも許されるものと解すると判示し，原告の立証はできなかったが，請求の6割を認めた（本節【概説】〔5〕参照）。

(3) **ゴムノイナキ事件**（大阪高判平17・12・1労判933号69頁）

タイムカード等による出退勤管理がされていなかった会社において，遅くまで職場に残っていることが恒常化していたという事案で，退社時刻からただちに超過勤務時間を算出できるわけでもないし，原告の妻が原告の帰宅時間を記録したノートについても，時間そのものが必ずしも正確ではなく，途中で寄り道をしたかもしれないが，タイムカード等による出退勤管理をしていなかったのは，専ら会社の責任によるものであって，これをもって従業員に不利益に扱うべきではないこと，会社自身，残業許可願を提出せずに残業している従業員の存在を把握しながら，これを放置していたことがうかがわれることなどからすると，具体的な終業時刻や従事した勤務の内容が明らかではないことをもって，時間外労働の立証がまったくされていないとして扱うのは相当ではないというべきであるとして，全証拠から総合判断して，ある程度概括的に時間外労働時間を推認するほかはないと述べ，結論的には，原告が平均して午後9時までは就労しており，同就労については超過勤務手当の対象となるとの包括的認定をした。

(4) **日本機電事件**（大阪地判平24・3・9労判1052号70頁）

裁判所は，本件においては，タイムカード等原告の労働時間を直接証する資料が作成されておらず，原告の正確な退勤時刻を認定することは困難であるが，裁判所の認定した原告の業務内容，原告の被告における売上実績，時間外労働に関する被告の指導内容等に鑑みれば，原告は，少なくとも，営業活動後の残

務整理等のために，午後8時までは業務に従事していたと推認するのが相当であると判示し，少なくとも午後8時までの分について労働時間を推認した。

(5) **オフィステン事件**（大阪地平19・11・29労判956号16頁）

裁判所は，原告のワーキングフォーム（出退勤表）の記載は，まとめ書きをした可能性があるという作成経緯から考えても，また，他の証拠（筆者注：ワーキングフォームの記載と矛盾するメールの送信記録等）との関係から見ても，その記載をそのまま採用することはできないが，まったくのでたらめということはできず，一応，原告の記憶に基づき記載されているもので（原告本人），時間外労働の算定の資料とすることは可能といえるとした上で，原告は，ワーキングフォームへの記載をしていたが，ときには，一定期間をまとめて記載していたこと，その際は，特にメモなどによらず，記憶によって記載していたことが認められ，その結果，他の証拠から認められる事実と明らかな齟齬もあるが，全体として，自分の業務実態を記憶して，これに基づき再現しようとしたものと認めることができ，これらを総合考慮し，上記ワーキングフォームの記載から求められる時間外労働のうち，約3分の2程度の時間外労働を認めるのが相当であると判示した。

〔5〕 基本書証の収集方法等

(1) 問題の所在

労働訴訟においては事件類型に応じて様々な証拠が提出されるが，出勤簿，タイムカード，賃金台帳，勤務日報・日誌等，原告の稼働状況に関する代表的な証拠は，使用者又は労働者が保管していることが多く，当事者本人に関する情報だけが記載された書証であれば，プライバシーの問題もないため，多くの場合，任意に提出されることが多い。しかし，これらが任意に提出されない場合もあるので，基本書証の収集方法等についてみておく（白石哲編著『労働関係訴訟の実務〔第2版〕』538頁〔内藤寿彦〕）。

(2) **証拠保全**（民訴234条ないし242条）

(a) 手　続

証拠保全とは，本来の証拠調べを待っていたのでは取調べが不能又は困難となる事情がある場合に，あらかじめ証拠調べを行うことによりその結果を保全

しておくための手続である（民訴234条）。

証拠保全手続は，原則として，申立てにより開始される（民訴234条）。申立ては書面で行うことを要し，民事訴訟規則153条所定の事由を記載し，証拠保全の事由を疎明しなければならない（民訴規153条3項）。

証拠保全申立ての当否は，決定手続で審理され，理由があると認めるときは，裁判所は証拠保全決定をする。

(b) 留　意　点

証拠保全を行うためには，証拠保全の事由，すなわち，あらかじめ証拠調べをしておかなければその証拠を使用することが困難となる事情があることが必要である。証拠保全の対象が文書・検証物の場合には，滅失，散逸，保存期間満了等による廃棄，改ざん，性状ないし現状変更のおそれがあることが必要とされている。また，証拠保全の事由には，証拠保全の対象物が存在する蓋然性があることも含まれており，対象物の存在について疑義がある場合（例えば，保存期間を大幅に経過した文書の証拠保全を申し立てる場合）には，別途，対象物が存在することについての疎明が必要になる。証拠保全の事由は，これを基礎付ける事実を具体的に記載しなければならず，単に「改ざんのおそれがある。」，「廃棄，散逸する可能性がある。」といった抽象的な記載だけでは不十分であることに注意しなければならない。

(3) **文書送付嘱託**（民訴226条）

(a) 手　　続

文書送付嘱託とは，裁判所が文書の所持者にその文書の送付を嘱託することである（民訴226条）。所持者が嘱託に応じなくても制裁はない。文書提出義務のない者に対してなされるが，提出義務を負う者に対して送付嘱託申立てをなすことも許される。

文書送付嘱託の申立てに当たっては，①文書の所持者（嘱託の名宛人）を具体的に特定し，②送付すべき文書を具体的な文書の表示や趣旨によってできる限り特定し，③証明すべき事実（立証趣旨）を具体的に明らかにする必要がある。裁判所は，証拠調べの必要性があり，当事者が法令により文書の正本又は謄本の交付を求めることができない場合（民訴226条ただし書），文書送付嘱託を採用することになる。

(b) 留意点

文書送付嘱託については，対象文書の特定が不十分な場合，嘱託先がどんな文書を送ったらよいのか困惑し，関係のない文書が大量に送られてきたり，文書の送付を断られることになりかねないから，文書送付嘱託を申し立てようとする者は，これを申し立てる前に，嘱託先に連絡をとり，必要とする情報が記載された文書があるのかを確認した上で，文書の表題，大まかな分量を問い合わせるなどして，できるだけ対象文書を特定・限定しておくことが望ましい。

(4) 文書提出命令（民訴220条ないし225条）

(a) 手　続

使用者が作成，保存している実労働時間に関する証拠資料について，原告は，文書提出命令の申立て（民訴221条）をなすことによって，書証の申出をすることができる。

文書提出命令の発令要件は，①特定の文書が存在し，これを相手方が所持すること，②立証事項との関係で，当該文書の全部又は一部を証拠として取り調べる必要があること，③文書の所持者に提出義務（民訴220条）があることである。

(b) 留意点

挙証者である当該労働者の賃金台帳やタイムカードは，当該労働者と使用者との間の賃金に関する権利関係に関連のある事項を記載するための文書であるから，民事訴訟法220条3号後段に定める「挙証者と文書の所持者との間の法律関係について作成された」文書（法律関係文書）に該当し，文書提出義務が認められることが多いと解されるが，使用者において文書提出命令に従わない場合などには，真実擬制の効果（民訴224条）が生じることや，損害賠償の問題も起こることから，使用者側で任意に開示しているのが通常であり，特に問題になることはない（佐々木宗啓ほか編著『類型別労働関係訴訟の実務』119頁〔佐々木宗啓〕）。

(5) 調査嘱託（民訴186条）

(a) 手　続

裁判所は，申立て又は職権により，事実あるいは経験則に関し，必要な調査を官庁若しくは公署，外国の官庁若しくは公署又は学校，商工会議所，取引所その他の団体に嘱託することができる（民訴186条）。嘱託先の手元の資料で容

易に回答できる場合に用いられる。

　調査嘱託の申立ては，実務上は書面（調査嘱託申立書）によって行われる。申立書には証明すべき事実（民訴180条1項）のほか，嘱託先，嘱託すべき調査事項を記載する。

　裁判所から調査嘱託があった場合に，嘱託先がこれに応じるべき義務は明文では規定されていないが，嘱託先が日本国内の官庁その他の団体である場合は裁判所の嘱託に応じるべき一般公法上の義務が生じると解されており，正当な事由がない限り，調査報告を拒むことはできないとされている。

(b)　留意点

　調査嘱託についても，あらかじめ嘱託先に接触して，どういった調査嘱託事項にすれば，申立人の期待する回答が得られるのか，あるいは申し立てる調査嘱託事項について回答が可能であるか否かを問い合わせた上で行うことが，空振りを防ぐ工夫として有用である。報告・回答に当たって主観を混入させるおそれのない客観的な事項であって手元にある資料から容易に結果が得られるものについて調査嘱託を行わないと，嘱託先から回答不能とされる可能性があるし，仮に回答が帰ってきたとしても信用性について疑義が生じかねない。本来，回答に対する信用性に疑義が生じるような調査嘱託事項については，相手方の反対尋問権の保障という観点から証人尋問や鑑定によるべきであると解されるので留意する（白石編著・前掲551頁〔内藤寿彦〕）。

〔6〕　設例の検討

(1)　タイムカードによる実労働時間算定の可否

　労働基準法32条等の労働時間に関する規定の趣旨及び同108条に定める使用者の労働時間算定義務等に鑑みると，実労働時間の立証方法としては，出退勤時刻が記録されているタイムカードが最も直接的な証拠となると解される。

　ところで，Yは，国際会議，学会，イベントの企画・運営を主たる業務とする会社であり，Xの勤務は，Yの業務の性質上，直行，直帰などを含めて，相当程度，Xの裁量をもって行われていたと推測されるが，Xは，タイムカードの打刻によって勤務時間の把握，管理が行われていると認識した上で，直行，直帰などの勤務ではない場合，基本的には，タイムカードの打刻を行っていた

と考えられるから、このような具体的なタイムカードの運用状況を踏まえると、タイムカードの記載と実際の労働時間とが異なることにつき特段の立証がない限り、タイムカードの記載に従って、Xの労働時間を認定すべきであろう（**Q11**参照）。

(2) タイムカードに空白や書込み等のある場合の扱い

Xは、タイムカード以外の資料で労働時間を立証して割増賃金の請求を行おうとしているところ、X作成のメモ、スケジュールの記述は必ずしも正確であるとはいえず、客観性に欠ける面もあるといえるから、これらをタイムカードの記載と同列に扱い、これらから労働時間の証明がなされているものと扱うことはできないというべきである。

しかしながら、Yでは時間外労働が常態化していたというのであるし、Xは、事前・事後に上長の承認を得ていたというのであるから、タイムカードに空白や手書きの部分があったとしても、当該部分で、時間外労働がなされていないなどとは考えられず、正確な労働時間の把握は困難であるものの、相当程度、時間外労働がなされていたと考えざるを得ないし、また、タイムカードを管理する責任はYにあるにもかかわらず、時間外労働がなされたことが確実であるのに、タイムカードがなく、その正確な時間を把握できないという理由のみから全面的にXの割増賃金請求を否定するのは不公平である。

Yは、タイムカードには空白や手書きの部分が存在し、不正確である旨主張するが、労働時間を掌握する責任は使用者側にあるから、仮に、その取扱いが不合理で、従前の扱いでは業務に含まれないというのであれば、その点の立証はYが行うべきである。すなわち、設例では、手書き部分については、事前・事後に上長の承認を得ることにより記載されているという事情があり、Yは、いったんその労働時間性を承認して、タイムカードへの手書き等を認め、その訂正等を求めていないという事情があるのだから、Yとしては、例えば、タイムカードに記載された時間が労働時間を示すものではないといえる具体的な事情（途中での外出、第三者による打刻、打刻前後の準備・片づけにかかる時間等）を、主張立証する必要があると解される。しかしながら、設例の問題文を見る限り、同主張立証がなされているとは認められ難いから、一部形式的に不備なものが認められるとしても、これにより直ちにタイムカードの信用性が損なわれると

はいえないと考えるべきである。
　以上によれば，公平の観点から，Xが主張する時間外労働時間について控え目に認定し，その2分の1については労働したものと推定することができ，Xの請求は認められる（大阪高判平12・6・30労判792号103頁〔日本コンベンションサービス（割増賃金請求）事件〕，大阪地判平8・12・25労判712号32頁〔日本コンベンションサービス（割増賃金請求）事件〕参照）。

〔加藤　優〕

第 2 章

例外的な労働時間制度

第1節　変形労働時間制

【概　説】変形労働時間制とは

〔1〕　変形労働時間制の概要

(1)　柔軟な労働時間規制

　労働基準法は，法定労働時間を1週間40時間，1日8時間とする定型的労働時間制（固定労働時間制）を原則としており（労基32条），使用者は就業規則で1日の所定労働時間を一定とし，1週間単位で同じ労働時間が繰り返されることになる。この場合，他の週や他の日の労働時間が法定労働時間内であっても，ある週の所定労働時間が40時間を超えたり，ある日の所定労働時間が8時間を超えたりしたときは，法定労働時間を超える労働はすべて時間外労働となり，割増賃金の支払が必要となる（労基37条1項）。

　しかし，一定の周期で業務の繁忙な時期と閑散な時期がある業種においては，繁忙期と閑散期とを組み合わせた一定の単位期間の中で，繁忙期には所定労働時間を増やす代わりに，閑散期には所定労働時間を短くしたり休日を増やしたりして所定労働時間を短縮するなど，繁閑期に合わせた労働時間の効率的な配分を行う必要があるところ，定型的労働時間制のもとでの規則的な労働時間制では，繁忙期には仕事量が多く法定労働時間を超えた週や日については割増賃金を支払わなければならない反面，閑散期には仕事量が少なく所定労働時間の労働が必要でない場合についても所定労働時間の労働を行い，それに対応する

賃金を支払う必要があるなど、繁閑期に合わせた労働時間の柔軟な配分を行うことはできない。

変形労働時間制は、繁忙期には所定労働時間を増やし、閑散期には所定労働時間を短くすることができるように、繁忙期と閑散期を通じた一定の単位期間（変形期間、対象期間）を1単位として法定労働時間を考え、1週間又は1日を単位とする定型的労働時間制を単位期間にわたって変形して（平均して）配分する制度である（定型的労働時間制の弾力化）。変形労働時間制は、交替制労働を採用したり、業務に繁忙期と閑散期の波があったりする業種において、必要に応じて労働時間の長短を調整できるようにすることで、使用者による労働時間調整を容易にする一方、平均した週の労働時間を法定労働時間以下に抑えることで、労働者の総実労働時間の短縮を図る趣旨で導入されたものである（昭63・1・1基発1号）。

(2) **変形労働時間制**

(a) 意　　義

変形労働時間制は、単位期間を1単位として法定労働時間を考えるものであり、単位期間において所定労働時間の長い週、日と短い週、日があっても、単位期間の所定労働時間を平均し1週間当たりの労働時間が週法定労働時間を超えなければ、言い換えれば、単位期間の所定労働時間の総枠（合計）が単位期間における法定労働時間の上限を超えなければ、特定の週又は日において法定労働時間を超える所定労働時間を設定しても時間外労働とはならないという制度である（労基32条の2・32条の4・32条の4の2・32条の5）。変形労働時間制においては、単位期間の所定労働時間を平均し1週間当たりの労働時間が週法定労働時間内である限り、特定の週又は日に法定労働時間を超える労働があっても、割増賃金の支払対象とはならない。

(b) 定型的労働時間制の弾力化

変形労働時間制は、単位期間を1単位として法定労働時間を考え、1週間40時間、1日8時間という定型的労働時間制における労働時間の規制を、単位期間にわたって変形して所定労働時間を配分することを認める制度である。

例えば、単位期間を4週間とした場合、第1週及び第4週の所定労働時間に週法定労働時間を超える時間を配分したとしても、第2週と第3週の所定労働

時間を短くすることにより，単位期間における所定労働時間を平均し1週間当たりの労働時間が週法定労働時間に収まれば，第1週及び第4週の所定労働時間が週法定労働時間を超えていても，本来であれば時間外労働となるはずであるが，時間外労働ではないものとして扱われ，使用者は割増賃金支払義務を負担しないこととなる。

(c) 割増賃金請求訴訟における変形労働時間制の主張

変形労働時間制の導入が認められると，特定の日の所定労働時間が10時間と定められ，実際の労働時間が10時間に及んだ場合でも，使用者は法定労働時間を超える時間外の労働についての割増賃金支払義務を負わないので，原告である労働者の割増賃金請求訴訟における被告である使用者からの変形労働時間制の主張は，抗弁として機能することとなるから，使用者において変形労働時間制の要件について主張，立証しなければならない。

変形労働時間制が適用される場合であっても，休日労働規制や深夜労働規制は免れず，使用者は休日労働又は深夜労働についての割増賃金支払義務を負うから（労基37条1項・4項），休日労働又は深夜労働の割増賃金請求訴訟については，変形労働時間制の主張は抗弁とはならない。

〔2〕 各種の変形労働時間制

(1) 変形労働時間制の種類

労働基準法は，変形労働時間制について，1ヵ月単位の変形労働時間制（労基32条の2），1年単位の変形労働時間制（労基32条の4・32条の4の2）及び1週間単位の非定型的変形労働時間制（労基32条の5）の3つの種類を設けている。

(2) 導入可能業種等

変形労働時間制においては対象となる単位期間が1ヵ月以内，1年以内，1週間の3種類があるから，使用者は，目的（業種，事業場等）に応じて，いずれかの変形労働時間制を導入することになる。業務の繁忙と閑散が1ヵ月の中で日によって異なるような業種，事業場においては，1ヵ月単位の変形労働時間制が適しており，繁忙期と閑散期が特定の時期や月等によるような業種，事業場においては，1年単位の変形労働時間制が適する。これに対し，小売業，旅館，料理店，飲食店であって，1週間の中で日ごとの業務に著しい繁忙と閑散

が生じることが多く，あらかじめ予測して就業規則等で各日の所定労働時間を特定することが困難であるような業種，事業場においては，1週間単位の非定型的変形労働時間制が適している（むしろ対象業種が限定されている（労基32条の5第1項，労基則12条の5第1項・2項））。

(3) **導入要件**

変形労働時間制においては，単位期間の長短により定型的労働時間制の弾力化の程度や労働者の生活に与える影響が異なるため，3種類の変形労働時間制それぞれについて異なる導入の要件が規定されている。

(a) 1週間，1日の労働時間の限定

1ヵ月単位の変形労働時間制は，労働基準法が定める3種類の変形労働時間制の中で最も基本的な形態であり，他の2種類に比べて導入要件がゆるやかであり，対象業種についての限定はなく，1週間や1日の所定労働時間に制限はないが，1年単位の変形労働時間制においては，1週間や1日の所定労働時間に上限が設けられており（労基32条の4第3項，労基則12条の4第4項），1週間単位の非定型的変形労働時間制は，1日の所定労働時間に上限が設けられている（労基32条の5第1項，労基則12条の5第3項）。

(b) 変形期間における週法定労働時間

週法定労働時間は原則40時間であるが（労基32条1項），特例措置対象事業場（規模10人未満の商業，サービス業等（労基則25条の2第1項））に該当すれば，1ヵ月単位の変形労働時間制を導入する場合は，単位期間を平均し1週間当たりの所定労働時間が44時間を超えなければよいが（労基32条の2第1項），1年単位の変形労働時間制及び1週間単位の非定型的変形労働時間制を導入する場合には，特例措置対象事業場であっても，1週間当たりの所定労働時間が40時間以内でなければならない（労基32条の4第1項柱書・32条の5）。

(4) **導入手続**

(a) 1ヵ月単位の変形労働時間制

1ヵ月単位の変形労働時間制を導入する場合は，事業場に過半数の労働者を組織する労働組合（過半数組織労働組合）がある場合にはその労働組合，過半数組織労働組合がない場合には過半数の労働者を代表する者（過半数労働代表者）との労使協定の締結又は使用者が作成権限をもつ就業規則その他これに準ずる

ものの定めのいずれかにより導入することができる（労基32条の2第1項）。
　(b)　1年単位の変形労働時間制
　1年単位の変形労働時間制を導入する場合は，過半数組織労働組合又は過半数労働代表者との間で労使協定を締結しなければならない（労基32条の4第1項）。就業規則その他これに準ずるもののみによる導入は認められない。労使協定の締結を要件とするのは，1年単位の変形労働時間制の場合は，対象となる単位期間が長期にわたるため，労働者の生活への影響が大きくなるからである。
　(c)　1週間単位の非定型的変形労働時間制
　1週間単位の非定型的変形労働時間制を導入する場合についても，過半数組織労働組合又は過半数労働代表者との間で労使協定を締結しなければならない（労基32条の5第1項）。

〔3〕　変形労働時間制の適用制限

(1)　年少者
　(a)　15歳に達した日以後の最初の3月31日が終了した者であって満18歳未満の者（満15歳以上で18歳未満の者）
　変形労働時間制（労基32条の2・32条の4・32条の4の2・32条の5）の適用が排除される（労基60条1項）。ただし，1週間について48時間，1日について8時間を超えない範囲内で，1ヵ月単位の変形労働時間制（労基32条の2）又は1年単位の変形労働時間制（労基32条の4・32条の4の2）の規定の例により労働させることができる（労基60条3項2号，労基則34条の2）。
　(b)　満15歳に達した日以後の最初の3月31日が終了していない満13歳以上の者（満13歳以上で15歳未満の者）
　変形労働時間制（労基32条の2・32条の4・32条の5）の適用が全面的に排除されている（労基60条1項）。

(2)　妊産婦
　使用者は，妊産婦が請求した場合においては，いずれかの変形労働時間制を実施している場合でも，妊産婦を1週間及び1日について法定労働時間（労基32条）を超えて労働させてはならない（労基66条1項）。

(3)　育児を行う者等

使用者は，いずれかの変形労働時間制により労働させる場合には，育児を行う者，老人等の介護を行う者，職業訓練又は教育を受ける者その他特別の配慮を要する者については，これらの者が育児等に必要な時間を確保できるような配慮をしなければならない（労基則12条の６）。

[増田　輝夫]

Q13 1ヵ月単位の変形労働時間制(1)

1ヵ月単位の変形労働時間制について説明しなさい。

〔1〕 概　要

　1ヵ月単位の変形労働時間制は、1ヵ月以内の間で業務の繁忙期と閑散期が異なるような場合に、業務の繁閑に合わせて所定労働時間を変形して（平均して）配分し、例えば、月の後半に繁忙期となる場合、月の前半の所定労働時間を短く設定し、月の後半の所定労働時を多く設定することで、月全体として所定労働時間の短縮を図ろうとする弾力的な労働時間制である（定型的労働時間制の弾力化）。すなわち、1ヵ月以内の単位期間（変形期間）を平均し、1週間当たりの労働時間が週法定労働時間である40時間（特例措置対象事業場は44時間）を超えない範囲で、特定の週又は特定の日において法定労働時間を超える所定労働時間を定めることができるものであり（労基32条の2第1項）、労働基準法が規定する3種類の変形労働時間制のうちの最も基本的なものである。

〔2〕 導入要件

(1) 労使協定の締結又は就業規則その他これに準ずるものの定め

　1ヵ月単位の変形労働時間制を導入するためには、①事業場に過半数の労働者を組織する労働組合（過半数組織労働組合）がある場合にはその労働組合、過半数組織労働組合がない場合には過半数の労働者を代表する者（過半数労働代表者）との労使協定又は使用者が作成権限をもつ就業規則その他これに準ずるものにおいて、変形労働時間制を導入する旨を定め（労基32条の2第1項）、その中

で，②1ヵ月以内の変形期間を平均し1週間当たりの労働時間が週法定労働時間を超えない定めをし（労基32条の2第1項），③変形期間の起算日（労基則12条の2第1項），及び④労使協定の有効期間（労基則12条の2第1項）を明示し，⑤労使協定を行政官庁（所轄の労働基準監督署長）に届出（労基32条の2第2項，労基則12条の2第2項）をしなければならない。

(2) 1ヵ月以内の変形期間を平均し1週間当たりの労働時間が週法定労働時間を超えない定め（労基32条の2第1項）

(a) 変形期間

1ヵ月単位の変形労働時間制を導入する場合，変形期間（変形労働時間制における単位期間）を定めなければならない。変形期間は1ヵ月以内の一定期間であるが，1ヵ月の趣旨は変形労働時間制の平均時間の算定期間の最長を定めるものであるから，1ヵ月より短い期間である4週間，15日間といった期間を定めることは差し支えない。

(b) 変形期間の起算日（労基則12条の2第1項）

変形期間とは，特定の日から起算される一定期間であるから，変形期間の起算日（具体的な日）を明示しなければならない（労基則12条の2第1項）。

(c) 変形期間を平均し1週間当たりの労働時間が週法定労働時間を超えない定め（労基32条の2第1項柱書）

変形期間における所定労働時間の総枠（合計）を定め，それが変形期間における法定労働時間の総枠の上限以内でなければならないということである。変形期間を平均して1週間当たりの所定労働時間が週法定労働時間を超えないためには，変形期間中の所定労働時間の総枠を，**図表1**の計算式による法定労働時間の上限以内とする必要があるからである（昭63・1・1基発1号，平6・3・31基発181号，平9・3・25基発195号）。

週法定労働時間は原則40時間であるが（労基32条1項），特例措置対象事業場（規模10人未満の商業，サービス業等（労基則25条の2第1項））に該当すれば，1ヵ月単位の変形労働時間制を導入する場合，変形期間における所定労働時間の平均が1週間当たり44時間（労基則25条の2第1項）を超えなければよい（労基32条の2第1項参照，労基則25条の2第4項）。

例えば，週法定労働時間が40時間の場合，1ヵ月30日の月は，所定労働時

図表1　計算式

$$\text{変形期間の所定労働時間の総枠} = \text{1週間の法定労働時間} \times \frac{\text{変形期間の歴日数}}{\text{7日}}$$

・変形期間の所定労働時間の総枠 = $40\text{時間} \times \dfrac{\text{変形期間の歴日数}}{7\text{日}}$

　（ア）1ヵ月が30日の月 = $40\text{時間} \times \dfrac{30（日）}{7（日）}$
　　　　　　　　　　　≒ 171.4時間

　（イ）1ヵ月が31日の月 = $40\text{時間} \times \dfrac{31（日）}{7（日）}$
　　　　　　　　　　　≒ 177.1時間

【変形期間が1ヵ月の場合の上限時間】

週の法定労働時間	1ヵ月の歴日数			
	28日	29日	30日	31日
40時間	160.0時間	165.7時間	171.4時間	177.1時間
44時間	176.0時間	182.2時間	188.5時間	194.8時間

（小数第2位以下切り捨て）

間の総枠が171.4時間（171時間25分）を超えないように，その範囲内で所定労働時間を変形して（平均して）1ヵ月の各週，各日に配分していくのが1ヵ月単位の変形労働時間制である。

　(d)　変形期間における各週，各日の労働時間の特定

　(イ)　所定労働時間の特定　1ヵ月単位の変形労働時間制が適用されるためには，変形期間の中において法定労働時間を超えて労働することになる特定の週又は特定の日を定めなければならないが（労基32条の2第1項），他の週又は日の所定労働時間をどれだけ減らして法定労働時間を超過した時間分を吸収し，変形期間の所定労働時間を平均し1週間当たりの労働時間が週法定労働時間に収めるのかということを明らかにするために，他の週又は日の所定労働時間も

特定しなければならず，結局，労使協定又は就業規則において，変形期間のすべての週及び日の所定労働時間を特定しなければならない（昭63・1・1基発1号，平9・3・25基発195号，平11・3・31基発168号）。また，始業時刻及び終業時刻は就業規則の絶対的記載事項であるから（労基89条1号），1ヵ月単位の変形労働時間制においては，変形期間のすべての日の始業時刻，終業時刻を就業規則において特定しなければならない（最〔1小〕判平14・2・28民集56巻2号361頁・労判822号5頁〔大星ビル管理事件〕。昭63・1・1基発1号，平9・3・25基発195号，平11・3・31基発168号）。

1ヵ月単位の変形労働時間制は，労使協定又は就業規則等において各週及び各日の所定労働時間をあらかじめ特定しなければならないという意味で，「固定的，定型的」変形労働時間制である。

(ロ) 特定の程度　変形期間のすべての週及び日の所定労働時間を労使協定又は就業規則においてできるだけ特定すべきものであるが，業務の実態から月ごとに勤務割を作成する必要がある場合には，就業規則において各直勤務の始業時刻及び終業時刻，各直勤務の組合せの考え方，勤務割表の作成手続及びその周知方法等を定めておき，それに従って，各日ごとの勤務割は変形期間の開始前までに具体的に特定することで足りるとされている（昭63・3・14基発150号）。しかし，就業規則に「業務の都合により4週間ないし1ヵ月を通じ，1週平均38時間以内で終業させることがある」との枠組みだけを定め，所定労働時間の特定を行わない制度では，労働者の生活を考慮して特定要件を設けた法の趣旨が没却されるため，変形労働時間制の要件を充たすことにはならない（昭63・1・1基発1号，昭63・3・14基発150号）。

(ハ) 特定した所定労働時間の変更　各週及び各日の所定労働時間を特定し，1ヵ月単位の変形労働時間制による勤務が開始された後，突発的な業務や労働者の欠勤その他やむを得ない事由が生じた場合，いったん特定された所定労働時間を変更することが認められるかが問題となる。

行政解釈は，使用者が業務の都合によって任意に労働時間を変更するような制度は変形労働時間制に該当せず（昭63・1・1基発1号，平9・3・25基発195号，平11・3・31基発168号），特定された労働日及び労働日ごとの所定労働時間は変更することができず（平11・1・29基発45号），交代制の臨時の番方転換などにつ

いて，番方転換を行う場合の事由を就業規則に規定し，その規定によって労働者に事前にその旨を明示して番方転換を行った場合には，これにより4週間を平均して1週間の労働時間が48時間を超えない限り労働基準法32条違反ではない。（中略）このような方法によらず，欠勤者の代勤等のため使用者が任意に労働時間を変更するがごとき場合には，労働基準法32条の2は適用されないとする（昭42・12・27基収5675号，平11・3・31基発168号）。

　裁判例においては，東京地判平12・4・27労判782号6頁〔JR東日本（横浜土木技術センター）事件〕は，就業規則に規定された業務上の必要がある場合，指定した勤務を変更するという条項について，特定した労働時間を変更する場合の具体的な変更事由を何ら明示することのない包括的な内容のものであるから，社員においてどのような場合に変更が行われるのかを予測することが到底不可能であることは明らかであり，労働基準法32条の2に定める1ヵ月単位の変形労働時間制の趣旨に合致せず，特定の要件に欠ける違法，無効なものというべきである旨を判示する。盛岡地判平13・2・16労判810号15頁，仙台高判平13・8・29労判810号11頁〔岩手第一事件〕は，就業規則上の前条の始業・終業の時刻及び休憩の時間は，季節又は業務の都合により変更し，一定の期間内の特定の日あるいは特定の週について労働時間を延長し，若しくは短縮することがあるとの条項について，いったん特定された労働時間の変更に関する条項は，労働者からみてどのような場合に変更が行われるのかを予測することが可能な程度に変更事由を具体的に定めることを要するものというべきであるところ，当該条項は，使用者において，季節又は業務の都合により必要と判断した場合には，一方的に労働時間を変更することを容認する規定と解さざるを得ない旨を判示する。また，広島高判平14・6・25労判835号43頁〔JR西日本（広島支社）事件〕は，就業規則の業務上の必要がある場合は，指定した勤務を変更するとの条項について，変形労働時間制における労働時間の特定を要求している趣旨にかんがみ，一旦特定された労働時間の変更が使用者の恣意によりみだりに変更されることを防止するとともに，労働者にどのような場合に勤務変更が行われるかを了知させるため，変更が許される例外的，限定的事由を具体的に記載し，その場合に限って勤務変更を行う旨を定めることを要するものと解すべきであるが，当該条項は労働者にとって勤務変更事由が了知可能であるとは認め

難く，労働基準法32条の2が要求する勤務時間の特定の要件を充たさない旨を判示する。

裁判例は，いったん特定された所定労働時間を変更することは原則として許されないが，就業規則において事前に労働者から見て変更が予測される例外的限定的な事由を具体的に定め，そのような条項に基づく変更であれば有効であるとするものと解される。

(3) **労使協定の有効期間**（労基則12条の2の2第1項）

有効期間について特に制限はないが，不適切な変形労働時間制が運用されることを防ぐため，3年以内とすることが望ましいとされている（平11・3・31基発169号）。

(4) **労使協定の所轄の労働基準監督署長への届出**（労基32条の2第2項，労基則12条の2の2第2項）

労使協定の所轄の労働基準監督署長に対する届出は，労使協定の効力発生要件とはされていないため，届出を怠った場合でも，変形労働時間制の導入自体は有効である。また，就業規則は，所轄の労働基準監督署長に提出（労基89条柱書参照）をしなくても，変形労働時間制としては効力がある（神戸地決昭51・9・6判時847号92頁〔関西弘済整備事件〕）。就業規則作成義務のない常時10人未満の使用者も変形労働時間制を導入するときは，労働者に周知させる必要がある（労基則12条）。

〔3〕 **法的効果**

(1) **1週間，1日の定型的労働時間制の排除**

労使協定の締結によって導入する場合，使用者は労働者を1ヵ月単位の変形労働時間制に従って労働させても労働基準法違反にならないという効果（免罰的効果，適法化効果）をもつ（昭63・1・1基発1号）。変形期間を平均し1週間当たりの所定労働時間が週法定労働時間を超えなければ，特定の週又は日に法定労働時間を超えて労働させても直ちに時間外労働にはならず，使用者には労働基準法37条の割増賃金の支払義務が生じない。

(2) **労働義務**

1ヵ月単位の変形労働時間制を労使協定の締結によることは，労働基準法に

違反しないということにとどまり，労働者に1ヵ月単位の変形労働時間制に従って労働することを義務付けるためには，別途，労働契約上の根拠が必要であり，労使協定と同様の具体的事項を定めた就業規則や労働契約等が必要である（昭63・1・1基発1号）。

〔4〕 1ヵ月単位の変形労働時間制における時間外労働時間

(1) 時間外労働

(a) 1ヵ月単位の変形労働時間制における時間外労働となる時間は，①1日単位，②1週間単位，③変形期間単位の順序で検討していくこととなる（昭63・1・1基発1号，平3・1・1基発1号，平6・3・31基発181号）。最〔1小〕判平14・2・28民集56巻2号361頁・労判822号5頁〔大星ビル管理事件〕は，同事件の高裁判決（東京高判平8・12・5労判706号26頁）が，変形労働時間制の場合に労働基準法上の法定時間外労働を判断するについて，4週間ないし1ヵ月を通じての変形労働時間制が適用されていたとしたうえ，4週間ないし1ヵ月の単位期間を通じて1週平均48時間（昭和62年法律第99号改正前の労基法32条）を超えて労働させた時間を算出してこの時間の労働を法定時間外労働に当たるとしたのに対し，1ヵ月単位の変形労働時間制の適用による効果は，使用者が，単位期間内の一部の週又は日において法定労働時間を超える労働時間を定めても，定められた所定労働時間の限度で法定労働時間を超えたものとの取扱いをしないというにすぎないものであり，単位期間の実際の労働時間が平均して法定労働時間内であれば，法定時間外労働にならないというものではなく，特定の週又は日について法定労働時間を超える所定労働時間を定めた場合には，法定労働時間を超えた所定労働時間の労働は時間外労働とはならないが，そのような場合でないときは，所定労働時間を超えた労働は時間外労働となる旨を判示する。

(b) 1ヵ月単位の変形労働時間制の時間外労働となる時間の算定は，以下のようになる（旬報法律事務所編著『未払残業代請求 法律実務マニュアル』118頁以下参照）。

(イ) 第1に，1日単位で算出する。すなわち，所定労働時間を超え，かつ，法定労働時間の1日8時間（労基32条2項）を超える時間外労働時間を算出する。

第1節　変形労働時間制　　　Q13　1ヵ月単位の変形労働時間制⑴

① 所定労働時間が8時間を超える日

> **時間外労働時間＝所定労働時間を超えて労働した時間**

＊　1日8時間を超える所定労働時間が定められた日においては，定型的労働時間制（労基32条2項）が変形され，その時間が法定労働時間に代わる時間となり，それを超えて労働した場合に時間外労働時間となる。

② 所定労働時間が8時間以内の日

> **時間外労働時間＝8時間を超えて労働した時間**

＊　1日8時間以内の所定労働時間が定められた日においては，定型的労働時間制（労基32条2項）が適用され，1日8時間を超えて労働した場合に時間外労働時間となる。

③ 1日単位の時間外労働時間の合計

> **＝①＋②**

(ロ)　第2に，1週間単位で算出する。すなわち，所定労働時間を超え，かつ，法定労働時間の1週40時間（労基32条1項。特例措置対象事業場であれば44時間）を超える時間外労働時間を算出する。

④ 所定労働時間が40時間を超える週

> **時間外労働時間＝所定労働時間を超えて労働した時間**

＊　1週40時間を超える所定労働時間が定められた週においては，定型的労働時間制（労基32条1項）が変形され，その時間が法定労働時間に代わる時間となり，それを超えて労働した場合に時間外労働時間となる。
（二重評価防止のため，第1で算出した時間外労働時間を除く。）

⑤ 所定労働時間が40時間以内の週

> 時間外労働時間＝40時間を超えて労働した時間

＊ １週40時間以内の所定労働時間が定められた週においては，定型的労働時間制（労基32条１項）が適用され，１週40時間を超え労働した場合に時間外労働時間となる。
（二重評価防止のため，第１で算出した時間外労働時間を除く。）

⑥ １週間単位の時間外労働時間の合計

> ＝④＋⑤

(ハ) 第３に，変形期間単位で算出する。すなわち，所定労働時間の総枠が法定労働時間の上限を超えた時間外労働時間を算出する。

> 変形期間単位の時間外労働時間
>   ＝変形期間の法定労働時間の上限を超えて労働した時間

＊ （二重評価防止のため，第１及び第２で算出した時間外労働時間を除く。）

(ニ) 第４で，１ヵ月単位の変形労働時間制における時間外労働時間を算出する。

> ＝第１（イ）＋第２（ロ）＋第３（ハ）

(2) 事　例

図表２の事例において時間外労働となる時間は，以下のようになる。

(a) １日単位

第２週のイ（１時間）は，１日の法定労働時間８時間を超え，かつ，所定労

第1節 変形労働時間制　　Q13　1ヵ月単位の変形労働時間制(1)

図表2　時間外労働となる時間

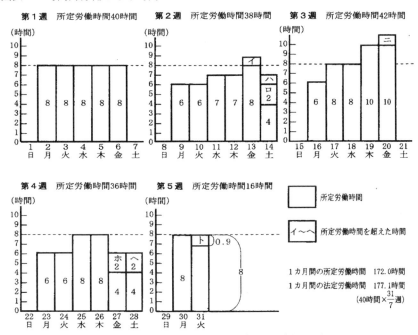

(資料出所)　厚生労働省労働基準局編『労働基準法（上）〔平成22版〕』412頁

働時間8時間を超えているので、超えた1時間は時間外労働時間となる。

　第2週のロ（2時間）は、1日8時間、1週40時間を超えておらず、変形期間の法定労働時間の枠内であるから、1日単位においては時間外労働時間として評価されず、法内労働時間である。ハ（1時間）も、1日8時間を超えていないので、1日単位においては時間外労働時間として評価されない。

　第3週のニ（1時間）は、1日の法定労働時間8時間を超え、かつ、所定労働時間10時間を超えているので、超えた1時間は時間外労働時間となる。

　第4週のホ（2時間）、ヘ（2時間）は、1日8時間、1週40時間を超えておらず、変形期間の法定労働時間の枠内であるから、1日単位においては時間外労働時間として評価されず、法内労働時間である。

(b)　1週間単位

　第2週（1週間の所定労働時間38時間）は、週所定労働時間が40時間以内の週な

■図表2の事例における割増賃金の計算方法（厚生労働省・都道府県労働局・労働基準監督署「リーフレットシリーズ労基法32条の2『1か月単位の変形労働時間制』」参照）

> 時給を1000円とすると，次のようになる。
> ①基本賃金‥‥‥‥‥‥‥‥‥‥‥‥‥‥1000円×172時間　　　＝17万2000円
> ②ロ，ホ，への賃金（法内労働時間）‥‥‥‥1000円× 6 時間　　　＝6000円
> ③イ，ハ，二の賃金（時間外労働時間）‥‥‥1000円×1.25× 3 時間＝3750円
> ④トの賃金（時間外労働時間）‥‥‥‥‥‥‥1000円×0.25×0.9時間＝225円
> ⑤①～④の合計‥‥‥‥‥‥17万2000円＋6000円＋3750円＋225円＝18万1975円

ので，40時間を超えて労働した時間の合計数から，1日単位で時間外労働とされた時間を差し引いた時間が時間外労働時間となる。イはすでに1日単位において時間外労働時間とされているので，1週間単位の時間外労働を検討するときには，二重評価防止のために除く。ハは，週法定労働時間40時間を超え，かつ，所定労働時間38時間を超えているので，超えた1時間は時間外労働時間となる。

第4週（1週間の所定労働時間36時間）のホ，へは，週法定労働時間40時間を超えていないので，1週間単位においては時間外労働時間とはならない。

(c)　変形期間単位

1ヵ月単位の変形労働時間制においては，変形期間を平均し1週間当たりの所定労働時間が週法定労働時間40時間を超えない，すなわち，1ヵ月が31日の場合，1ヵ月の所定労働時間の合計が1ヵ月の週法定労働時間の総枠である177.1時間を超えないことが必要であるから，177.1時間を超えて労働した時間から，二重評価防止のため，1日単位及び1週間単位の時間外労働時間を除いた残りの時間が，変形期間単位での時間外労働時間となる。

第5週のトは，週法定労働時間40時間を超えていないが，トを含めた変形期間における労働時間は181時間となり，1ヵ月の法定労働時間177.1時間を超えているので，その超えた時間（3.9時間）から，1日単位で評価された時間外労働時間（イ：1時間，ニ：1時間）及び1週間単位で評価された時間外労働時間（ハ：1時間）を除いた残りの0.9時間分（小数第2位以下切り捨て）が，変形期間単位での時間外労働時間となる。

　　　　　　　　　　　　　　　　　　　　　　　　　　　　　［増田　輝夫］

Q14 | 1ヵ月単位の変形労働時間制(2)

　Xは，レストランチェーンを経営するY社にアルバイト社員として入社し，甲店において接客や調理業務に従事してきたが，退社後，残業代があるとして未払時間外手当の支払を求めて訴えを提起した。
　以下の事実を前提として，Xの請求は認められるかについて説明しなさい。

　Xが従事していた甲店では，店舗は11時から22時までの営業であり，したがって，10時から22時30分の間が労働時間の枠となるところ，毎月1日ころ及び16日ころに，アルバイト従業員各自に対し，およそ2週間後からの15日分について（1日ころのときであればその月の16日から月末まで，16日ころのときであれば翌月の1日から15日まで），勤務する時間帯の希望を聴取し，Xを含むアルバイト従業員は，希望する日にち，時間の労働時間を申告し，そのまま労働時間として決定されることもあれば，正社員から「この時間，入れない。」と依頼されてアルバイト従業員がそれを承諾することもあり，また，希望が競合して話し合いを行うこともあり，そのような経過を経て，正社員が最終的に決定した半月ごとのシフト表で割り当てられた労働時間がアルバイト従業員の労働時間となっており，Xの労働時間もこのプロセスを経て決定されていた。
　Y社は，アルバイト従業員について，16日から月末及び1日から15日までの期間の半月単位の変形労働時間制を採用しており，残業代未払いはない。就業規則上の変形期間は1ヵ月であったが，アルバイト従業員は学生主体であるため，1ヵ月単位の予定を定めることが困難であるという事情があり，所定労働時間の特定は半月単位となっており，1ヵ月単位の変形労働時間制の要件を満たしていないものの，半月単位の変形労働時間制の要件は充足しており，労働基準監督署の是正勧告を受け，就業規則上も半月を変形期間とする

変形労働時間制に変更した旨を主張するのに対し、Xは、アルバイト従業員に変形労働時間制を採用すること自体、法の予定したものではなく許されず、また、Y社が採用していた変形労働時間制においては、変形期間すべてにおける労働日及び労働時間等を事前に定めず、変形期間における期間の起算日を就業規則等の定めによって明らかにしておらず、無効である旨を主張する。

〔1〕 １ヵ月単位の変形労働時間制

１ヵ月単位の変形労働時間制の導入が認められるためには、①事業場に過半数の労働者を組織する労働組合（過半数組織労働組合）がある場合にはその労働組合、過半数組織労働組合がない場合には過半数の労働者を代表する者（過半数労働代表者）と書面により締結した労使協定又は就業規則その他これに準ずるものにおいて、変形労働時間制を導入する旨を定め（労基32条の２第１項）、その中で、②変形期間（１ヵ月以内の一定の期間。労基32条の２第１項）及び起算日（労基則12条の２第１項）、③変形期間を平均し１週間当たりの労働時間が週法定労働時間を超えないこと（労基32条の２第１項）を定めなければならない（導入要件）。

〔2〕 変形期間おける各週、各日の労働時間の特定

(1) 所定労働時間の特定

変形期間を平均し１週間当たりの労働時間が週法定労働時間を超えないこと（労基32条の２第１項）というのは、変形期間における所定労働時間の総枠（合計）を定め、それが変形期間における法定労働時間の上限以内でなければならないということである。１ヵ月単位の変形労働時間制においては、法定労働時間の上限以内の範囲内で所定労働時間を変形して（平均して）配分し（定型的労働時間制の弾力化）、変形期間において法定労働時間を超えて労働する週又は日を特定

する必要があるが，他の週又は日の所定労働時間をどれだけ減らして法定労働時間を超過した時間分を吸収し，変形期間における所定労働時間を平均し1週間当たりの労働時間が週法定労働時間に収まるのかということを明らかにするために，他の週及び日の所定労働時間も特定しなければならず，結局，労使協定又は就業規則において，変形期間のすべての週及び日の所定労働時間を特定する必要がある（昭63・1・1基発1号，平9・3・25基発195号，平11・3・31基発168号）。また，始業時刻及び終業時刻は就業規則の絶対的記載事項であるから（労基89条1号），変形期間のすべての日の始業時刻及び終業時刻を就業規則において特定しなければならない（最〔1小〕判平14・2・28民集56巻2号361頁・労判822号5頁〔大星ビル管理事件〕）。

(2) 特定の程度

業務の実態から，労使協定又は就業規則で事前にすべての週及び日の所定労働時間を特定することが困難であり，月ごとに勤務割を作成する必要がある場合には，労使協定又は就業規則においては，各直勤務の始業時刻及び終業時刻，各直勤務の組合せの考え方，勤務割表の作成手続及びその周知方法等を定めておき，それに従って，各日ごとの勤務割は変形期間の開始前までに具体的に特定することで足りる（昭63・3・14基発150号）。

〔3〕 導入要件の特定が争点となった裁判例

(1) 否定した裁判例

1ヵ月単位の変形労働時間制における導入要件が争点となった裁判例では，1つないし複数の要件について特定があったとは認められないとして，導入が否定された裁判例が多数みられる。1ヵ月単位の変形労働時間制における導入要件が厳しいのは，使用者が特定の週又は日において法定労働時間を超えて労働させることが可能となり，労働者の生活に与える影響が通常の定型的労働時間制の場合より大きいため，変形期間におけるどの週又はどの日が法定労働時間を超えるのかを特定させることによって，労働者の生活設計に与える不利益を最小限にとどめる必要があるからである（東京地判平12・4・27労判782号6頁〔JR東日本（横浜土木技術センター）事件〕，仙台高判平13・8・29労判810号11頁〔岩手第一事件〕）。

(a) 変形期間

　東京地八王子支判平10・9・17労判941号23頁〔学校法人桐朋学園（賃金請求）事件〕は，就業規則と一体となる警備員勤務規定の定めに基づいて，暦月単位の警備員勤務日程表を事前に作成し，警備員に前月までに交付し，1ヵ月単位で警備員の具体的な勤務日及び勤務形態（平日勤務と休日勤務の区別）を指定しており，変形期間が1ヵ月であり，毎月1日を起算日とする1ヵ月単位の変形労働時間制を採用しているとの被告の主張に対し，警備員勤務規定は，警備員の勤務日は公平を失しないよう配慮して前月末までに決定し割り当てるものとすると定めるのみであり，変形期間の定め，変形期間の起算日，各日，各週の所定労働時間の特定を規定しておらず，変形労働時間制の定めがされたものと解釈することはできず，単に慣行上同様な取扱いがされていたことをもって，変形労働時間制の定めがされたものと解釈することはできない旨を判示する。就業規則で，寮監の勤務時間については変形労働時間制とし，個別に定めると定められ，労働者に対し2ヵ月ごとあるいは2，3週間の変形労働時間制の勤務表が交付されていた事案について，岡山地判平23・1・21労判1025号47頁〔学校法人関西学園事件〕は，そのような就業規則の定めでは，変形期間や上限，勤務のパターン及び各日の始業時刻や終業時刻の定めはまったく規定されておらず，法の要求する要件を満たしているとは認められないから，被告が主張する変形労働時間制を有効と認めることはできない旨を判示し，岡山地判平23・2・14労判1033号89頁〔学校法人関西学園（寮監・仮眠時間）事件〕は，就業規則には，変形期間及び起算日の定めすらなく，作成される個人別勤務表の内容，作成時期や作成手続等に関する定めすらないのであるから，各週，各日の所定労働時間の特定がされていると評価することはおよそできず，個人別勤務表の作成によって変形労働時間制を適用する要件が具備されていたとみることもできないから，結局，変形労働時間制を適用する要件が具備されているものと解することはできない旨を判示する。東京高判平27・12・24労判1137号42頁〔富士運輸事件〕は，就業規則には1ヵ月単位の変形労働時間制を採用するとの規定があり，労働契約書には就業時間について，1ヵ月単位の変形労働時間制によるシフト勤務を原則とする記載がされ，労使協定が締結されて所轄の労働基準監督署長に届出がされているが，労使協定には1ヵ月単位の変形労働時間制を

実施するための要件である変形期間となる1ヵ月以内の一定の期間の特定がなく、労働者に対し業務シフト表を作成して予め示すことをしていないことからすると、労働者の労働実態は1ヵ月単位の変形労働時間制が実施されているとは認められないというべきである旨を判示する。

(b) 各週、各日の所定労働時間

　岡山地判平19・3・27労判941号23頁〔セントラル・パーク事件〕は、就業規則で1ヵ月単位の変形労働時間制を採用すると定めた上で、1日の所定労働時間は6時間45分という範囲内で、シフト表によって始業時刻及び終業時刻並びに休憩時間を定めていたという事案において、シフト表には、休憩時間については確保されるべき総時間はもちろん、休憩時間の開始及び終了時刻の記載もされていなかったことが認められるところ、（中略）日々の休憩時間の特定がなければ、変形期間内の各週、各日の所定労働時間も特定しないことは明らかであるから、就業規則自体だけでなく、シフト表をも考慮したとしても、各週、各日の所定労働時間の特定がされているとは認め難い旨を判示する。東京地判平27・12・11判時2310号1396頁は、就業規則は1ヵ月単位の変形労働時間制を採用すると規定し、毎月1日を起算日とする1ヵ月間のローテーション表（勤務割表）を遅くとも当月1日までに作成し、従業員の各週、各日の労働時間を定めていたという事案において、就業規則は社員の勤務時間計算の起算日は平成23年5月9日とする規定しており、変形期間の起算日を毎月9日と定めるものと認められるから、毎月1日を起算日とするローテーション表による労働時間の特定方法は就業規則に反するものであり、仮に被告が毎月末日までに翌月分のローテーション表を作成していたとしても、翌々月1日から8日までの労働時間は特定されていないから、変形期間すべてにおける労働時間が特定されていないことになり、変形期間における各週、各日の労働時間の特定を欠き、変形労働時間制の要件を満たさないものである旨を判示する。また、津地判平28・10・25労判1160号14頁〔ジャパンレンタカー事件〕は、就業規則には、毎月21日を起算日とする1ヵ月単位の変形労働時間制の規定が置かれ、各日、各週の始業時刻及び終業時刻はシフトパターン表のパターンを組み合わせることにより行い、具体的なシフト決定は毎月20日までに翌日から1ヵ月分の行動予定表で通知するとされていたとの使用者の主張に対し、就業規則では、変

形期間の各週，各日の労働時間，始業時刻及び終業時刻は，別に定めるシフトパターン表を組み合わせることにより行うとするだけで，シフトパターン表は証拠として提出されていないから，変形労働時間制が適用されることを認めるに足りる証拠はない旨を判示する。

(2) **肯定した裁判例**

東京地判平25・5・22労判1095号63頁〔ヒロセ電機（残業代請求）事件〕は，就業規則において1ヵ月単位の変形労働時間制を採用すること，起算日を4月1日とすることが定められ，4週間ごとに平均して1週間当たりの所定労働時間が40時間以内となるように1日の所定労働時間及び1年間のカレンダー（東京労働局労働基準部・労働基準監督署が公表する「『1ヵ月単位の変形労働時間制』導入の手引き」5頁の就業規則例で例示されている「年間休日カレンダー方式」である。https://jsite.mhlw.go.jp/tokyo-roudoukyoku/library/tokyo-roudoukyoku/jikanka/ikkagetutani. pdf）を設定して回覧し，ミニカレンダーを毎年1月下旬から2月上旬に配布して，全従業員に周知しており，4月1日を起算日として4週間ごとに区切ることはカレンダーを見れば誰にでもできるし，カレンダーに沿って4週間の単位で勤務日数に8時間を乗じれば単位期間における所定労働時間数は特定され，変形期間を平均すると1週間当たりの労働時間が週法定労働時間を超えていないことも誰の目にも明らかであると使用者が主張した事案について，使用者においては，全従業員に1ヵ月単位の変形労働時間制が適法に適用されていた旨を判示する。

〔4〕 **設問の検討**

設問は，労働者であるXが，定型的労働時間制における法定労働時間を前提に残業代があるとして未払時間外手当（割増賃金）の支払を求めて訴えを提起したのに対して，使用者であるY社が，半月単位の変形労働時間制を導入しているので未払時間外手当は発生しないと主張したことから，半月単位の変形労働時間制が導入されていたかどうかが争われているものである。

変形労働時間制の導入が認められると，特定の週又は日における所定労働時間が法定労働時間を超えた場合であっても，使用者は法定労働時間を超える時間外の労働についての割増賃金支払義務を負わないから（労基32条の2第1項），

使用者による変形労働時間制の主張は、定型的労働時間制を前提とする時間外手当（割増賃金）の支払請求に対する抗弁（権利障害事実）として機能することとなり、使用者において変形労働時間制の要件を主張、立証しなければならない。

1ヵ月単位の変形労働時間制の導入が認められるためには、単に就業規則で1ヵ月単位の変形労働時間制を導入することを定めるのみではなく、変形期間において法定労働時間を超えて労働する週又は日を特定するとともに、変形期間を平均し1週間当たりの労働時間が週法定労働時間を超えないこと（労基32条の2第1項）を明らかにするため、他の週及び日の所定労働時間も特定する必要があり（昭63・1・1基発1号、平9・3・25基発195号、平11・3・31基発168号）、かつ、始業時刻及び終業時刻は就業規則の絶対的記載事項であるから（労基89条1号）、変形期間のすべての日の始業時刻及び終業時刻を就業規則において特定しなければならない（最〔1小〕判平14・2・28民集56巻2号361頁・労判822号5頁〔大星ビル管理事件〕）。もっとも、業務の実態から月ごとに勤務割を作成する必要がある場合には、就業規則において各直勤務の始業時刻及び終業時刻、各直勤務の組合せの考え方、勤務割表の作成手続及びその周知方法等を定めておき、それに従って、各日ごとの勤務割は変形期間の開始前までに具体的に特定することも認められる（昭63・3・14基発150号）。

設問におけるY社は、就業規則において変形期間を1ヵ月とする変形労働時間制（1ヵ月単位の変形労働時間制）を導入することを定めていたにもかかわらず、半月単位のシフト表しか作成しなかったというのであるから、変形期間である1ヵ月のすべての週又は日の所定労働時間を事前に特定して就業規則に定めることをしていない。Y社は、Xらアルバイト従業員は学生主体であるため、1ヵ月単位の予定を定めることが困難であるという事情があり、所定労働時間の特定は半月単位となっており、半月単位の変形労働時間制の要件は充足していると主張する。しかし、1ヵ月単位の変形労働時間制においては、特定の週又は日において法定労働時間を超える労働が可能となるため、労働者の生活への影響を考慮して、所定労働時間が法定労働時間を超える週又は日を事前に特定することを要件としているのであるから、特定の要件は厳格に解釈する必要があり、Y社の主張をもっては特定の要件を緩和しなければならない特別の事情ということはできず、また、単に慣行上取扱いがされていたことをもって、変

形労働時間制の定めがされたものと解釈することはできない（前掲東京地八王子支判平10・9・17〔学校法人桐朋学園（賃金請求）事件〕）。

　Y社は労働基準法32条の2が定める半月単位の変形労働時間制の要件を充たしていないことから，半月単位の変形労働時間制の導入を主張するYの抗弁は認められず，Xの請求は認められることとなる。

　設問は，東京地判平22・4・7労判1002号85頁〔日本レストランシステム事件〕を素材としたものであるところ，同判決は，被告が導入していた変形労働時間制は就業規則によれば1ヵ月単位の変形労働時間制であったのに，半月ごとのシフト表しか作成せず，変形期間すべてにおける労働日及びその労働時間等を事前に定めず，変形期間における起算日を就業規則等の定めによって明らかにしておらず，変形労働時間制の適用があることを前提とする被告の主張は採用できない旨を判示する。

〔増田　輝夫〕

Q15 1年単位の変形労働時間制

1年単位の変形労働時間制について説明しなさい。

〔1〕 概　要

　1年単位の変形労働時間制は，季節等によって業務に繁忙期と閑散期があり，繁忙期には1日8時間という定型的労働時間制（固定労働時間制）（労基32条2項）のままだと相当の時間外労働が生ずることになるが，一方で閑散期には所定労働時間に見合うだけの業務量がないといった場合，例えば，春季と秋季は繁忙な時期であるが，他の時期は閑散な事業において，繁忙期は所定労働時間を1日9時間，週5日労働（週45時間）とし，その他の閑散な時期に繁忙期の週法定労働時間の40時間（労基32条1項）を超えた時間分について短縮するために，所定労働時間を1日6時間や7時間としたり休日を増やすという形で定形的労働時間制を変形して（平均して）配分することで（定型的労働時間制の弾力化），1年全体として所定労働時間の短縮を行い，年間の平均時間により週法定労働時間40時間制を実現する制度である（昭63・1・1基発1号，平6・1・4基発1号，平9・3・25基発1号，平11・3・31基発168号）。

〔2〕 導入要件

(1) **労使協定の締結**（労基32条の4第1項柱書）

　1年単位の変形労働時間制を導入するためには，①事業場に過半数の労働者を組織する労働組合（過半数組織労働組合）がある場合にはその労働組合，過半数組織労働組合がない場合には過半数の労働者を代表する者（過半数労働代表

者)との間で書面による労使協定を締結しなければならず(変形の対象期間が長期にわたり労働者の生活への影響が大きくなるため,就業規則等のみによる導入は認められない),その中で,②対象労働者の範囲(労基32条の4第1項1号),③対象期間(労基32条の4第1項2号),④対象期間の起算日(労基32条の4第1項5号,労基則12条の2第1項),⑤特定期間(労基32条の4第1項3号),⑥対象期間を平均し1週間当たりの労働時間が週法定労働時間の40時間を超えない定め(労基32条の4第1項柱書),⑦対象期間における労働日及び労働日ごとの労働時間(労基32条の4第1項4号),⑧労働日数の限度(労基32条の4第3項,労基則12条の4第3項),⑨1日及び1週間の労働時間の限度(労基32条の4第3項,労基則12条の4第4項),⑩連続して労働させる日数の限度(労基32条の4第3項,労基則12条の4第5項),及び⑪労使協定の有効期間(労基32条の4第1項5号,労基則12条の4第1項)を明示し,⑫労使協定を行政官庁(所轄の労働基準監督署長)に届出(労基32条の4第4項・32条の2第2項,労基則12条の2の2第2項)をしなければならない。

(2) 対象労働者の範囲(労基32条の4第1項1号)

業務によっては1年単位の変形労働時間制の対象に相応しくない労働者が存在する場合があるので,労働者と使用者との協議で対象労働者の範囲を決定するものである。対象労働者に関する法律上の制限はないが,範囲は労使協定において,できる限り明確に定める必要がある(平6・1・4基発1号,平11・3・31基発168号)。対象労働者には,対象期間を通じて勤務することが予定されている者だけでなく,途中から採用された者や途中での退職者等の対象期間より短い期間しか労働しない労働者も含めることができる(労基32条の4の2)。

(3) 対象期間(労基32条の4第1項2号)及び起算日(労基32条の4第1項5号,労基則12条の2第1項)

対象期間は1ヵ月を超える1年以内の期間に限られるが(労基32条の4第1項2号),9ヵ月,10ヵ月でもよい。1年間を通じて変形労働時間制を導入することもできれば,1年間の一定期間の時期についてのみ導入することもできる(昭63・3・14基発150号)。1年単位の変形労働時間制は,対象期間を単位として導入されるものなので,労働者と使用者との間の合意によっても対象期間の途中で導入を中止することはできず,対象期間中は導入が継続される。

対象期間を具体的な期日でなく期間で定める場合は,対象期間の起算日(具

第 1 節　変形労働時間制　　　　Q15　1 年単位の変形労働時間制

図表 1　計算式

$$\text{対象期間の所定労働時間の総枠} = 40\text{時間} \times \frac{\text{対象期間の歴日数}}{7\text{日}}$$

【対象期間の所定労働時間の上限時間】

対象期間	所定労働時間の総枠
1 年　（365日）	2085.7時間
1 年　（366日）	2091.4時間
6 ヵ月（183日）	1045.7時間
3 ヵ月（92日）	525.7時間

（小数以下第 2 位切り捨て）

体的な日）を明示しなければならない。

(4)　**特定期間**（労基32条の 4 第 1 項 3 号）

　特定期間とは，対象期間中の特に業務が繁忙な期間をいう（労基32条の 4 第 1 項 3 号かっこ内）。特定期間について定めがない場合には，特定期間を定めない趣旨とみなされる（平11・3・31基発169号）。対象期間中に特定期間を変更することはできない（平11・1・29基発45号）。1 年単位の変形労働時間制は，長期間の中で生じる繁忙期と閑散期に対応するための制度であるから，繁忙期だけの業務だけでは実施できず，特定期間が対象期間の相当部分を占める定めは許されない（平11・1・29基発45号，平11・3・31基発169号）。

(5)　**対象期間を平均し 1 週間当たりの労働時間が週法定労働時間の40時間を超えない定め**（労基32条の 2 第 1 項柱書・32条の 4 第 1 項 2 号かっこ内）

　対象期間における所定労働時間の総枠（合計）を定め，それが対象期間における法定労働時間の総枠の範囲内でなければならないということである。対象期間を平均して 1 週間当たりの所定労働時間が週法定労働時間である40時間を超えないためには，対象期間中の所定労働時間の総枠を，1 ヵ月単位の変形労働時間制におけるのと同様，**図表 1** の計算式による法定労働時間の上限以内とする必要があるからである（昭63・1・1基発 1 号，平 9・3・25基発195号）。

1年単位の変形労働時間制を導入する場合，例えば，1年間（365日）の所定労働時間の総枠が2085.7時間の範囲内に収まるように，労働日と労働時間を配分することとなる。

特例措置対象事業場（規模10人未満の商業，サービス業等（労基則25条の2第1項））に該当すれば，1ヵ月単位の変形労働時間制を導入する場合は，変形期間における所定労働時間の平均が1週間当たり44時間（労基則25条の2第1項）を超えなければよいが（労基32条の2第1項参照），1年単位の変形労働時間制を導入する場合には，特例措置対象事業場であっても，1週間当たり40時間以内でなければならない（労基32条の4第1項柱書・32条の4第1項2号かっこ内，労基則25条の2第4項）。

(6) **対象期間における労働日及び労働日ごとの労働時間の特定**

1年単位の変形労働時間制において，労働日及び労働日ごとの労働時間を定める方法は2つある。

(a) 事前に対象期間すべてについて定める方法（労基32条の4第1項4号本文）

1ヵ月単位の変形労働時間制と同様，事前に対象期間におけるすべての労働日及び労働日ごとの所定労働時間を特定する方法である。始業時刻及び終業時刻は就業規則の絶対的記載事項であるから（労基89条1項），対象期間のすべての日の始業時刻及び終業時刻を就業規則において特定しなければならない（平11・1・29基発45号）。

(b) 対象期間を1ヵ月以上の各期間ごとに区分して，各期間が始まるまでに特定する方法（労基32条の4第1項4号かっこ内）

1年単位の変形労働時間制は対象期間が長期にわたるため，事前にすべての労働日及び労働日ごとの労働時間を特定することが困難であるので，対象期間を1ヵ月以上の期間で区分する場合，①最初の期間における労働日及び労働日ごとの労働時間と②最初の期間以外の期間における労働日数及び総労働時間を定めることで足りるが，②については，過半数組織労働組合又は過半数労働代表者の同意を得て，各期間の初日の30日前に各期間における具体的な労働日及び労働日ごとの労働時間を書面で（労基32条の4第1項4号かっこ内，労基則12条の4第2項）定めなければならない（平11・1・29基発45号）。

労働日及び労働日ごとの労働時間を定めるに当たって過半数組織労働組合又

図表2　計算式

$$\text{労働日数の限度} = 280日 \times \frac{\text{対象期間の暦日数}}{365日}$$

は過半数労働代表者の同意が得られなかった場合は，労働日及び労働日ごとの労働時間が確定しないことから，使用者は，当該期間に変形労働時間制は実施することはできず，当該期間の総労働時間の範囲内で，原則的な労働時間である労働基準法32条の規定により労働させることとなる（平6・5・31基発330号，平11・3・31基発168号）。

(7) 労働日ごとの所定労働時間に関する限度

1年単位の変形労働時間制は対象期間が長期にわたり労働者の生活への影響が大きいため，導入要件が厳しく，変形の限度に上限が設けられている。

(a) 労働日数の限度（労基32条の4第3項，労基則12条の4第3項）

対象期間における所定労働日数の限度は，対象期間が3ヵ月以内の場合は，労働基準法が一般的に週1日の休日を義務付けている（労基35条）ことによる休日日数（年間では52日）を確保した313日となるが，対象期間が3ヵ月を超える場合は，4週6休制プラス7日相当の休日日数（85日）が確保されるように，所定労働日数の限度は，1年当たり280日とされており，**図表2**の計算式によって計算される日数となる（小数点以下の端数は，切り捨てて適用する）。対象期間がうるう年を含んでいるか否かによって，労働日数の限度には変更はない。

(b) 1日及び1週間の所定労働時間の限度（労基32条の4第3項，労基則12条の4第4項）

対象期間における1日の所定労働時間の限度は10時間，1週間の所定労働時間の限度は52時間である（労基則12条の4第4項柱書）。対象期間が3ヵ月を超える場合は，①対象期間において所定労働時間が48時間を超える週が連続する場合の週の数が3以下であること（労基則12条の4第4項1号），②対象期間を初日から3ヵ月ごとに区分した各期間（3ヵ月未満の期間が生じたときは，その期間）において所定労働時間が48時間を超える週の初日の数が3以下であること（労基則12条の4第4項2号）のいずれにも該当しなければならない。

(c) 連続して労働させる日数の限度（労基32条の4第3項，労基則12条の4第5項）

対象期間における連続して労働させることができる所定労働日数の限度は6日であり（最大限6日労働すれば1日に休日が与えられなければならない），対象期間中の特定期間における連続して労働させることができる所定労働日数の限度は1週間に1日の休日が確保できる日数である（連続労働日数の上限は12日となる）。

(8) 労使協定の有効期間（労基32条の4第1項5号，労基則12条の4第1項）

有効期間について特に制限はないが，1年程度とすることが望ましいとされ，3年程度以内のものであれば労働監督署長は受理して差し支えないとされている（平6・1・4基発1号，平11・3・31基発168号）。

(9) 労使協定の所轄の労働基準監督署長への届出（労基32条の4第4項・32条の2第2項，労基則12条の2の2第2項）

労使協定の所轄の労働基準監督署に対する届出は，労使協定の効力発生要件とはされていないため，届出を怠った場合でも，変形労働時間制の導入自体は有効である。

〔3〕 法 的 効 果

(1) 1週間，1日の定型的労働時間制の排除

労使協定の締結によって導入する場合，使用者は労働者を1年単位の変形労働時間制に従って労働させても労働基準法違反にならないという効果（免罰的効果，適法化効果）をもつ（昭63・1・1基発1号）。対象期間の所定労働時間が平均して週の法定労働時間を超えなければ，1週間又は1日の法定労働時間を超えて労働させても直ちには時間外労働にはならず，使用者には労働基準法37条の割増賃金の支払義務が生じない。

(2) 労働義務

労働者に1年単位の変形労働時間制に従って労働することを義務付けるためには，別途，労働契約上の根拠が必要であり，労使協定と同様の具体的事項を定めた就業規則や労働契約等が必要である（昭63・1・1基発1号）。

〔4〕 1年単位の変形労働時間制における時間外労働時間

(1) 時間外労働時間

1年単位の変形労働時間制における時間外労働となる時間は、1ヵ月単位の変形労働時間制の場合と同様であり、①1日単位、②1週間単位、③対象期間単位の順序で検討していくこととなる（平6・1・14基発1号、平9・3・25基発195号。詳細は**Q13**参照）。

第1に1日単位については、所定労働時間が8時間を超える時間とされている日については、その所定労働時間を超えた時間、所定労働時間が8時間以内とされている日については、法定労働時間である8時間（労基32条2項）を超えた時間が、それぞれ時間外労働時間である。

第2に1週間単位については、所定労働時間が40時間（特例措置対象事業場であっても40時間である）を超える時間とされている週については、その所定労働時間を超えた時間、所定労働時間が40時間以内とされている週については、法定労働時間である40時間（労基32条1項）を超えた時間が、それぞれ時間外労働時間である（二重評価防止のため、第1で時間外労働となる時間を除く）。

第3に対象期間単位でについては、所定労働時間の総枠が前記〔2〕(5)において述べた法定労働時間の上限を超えた時間が、時間外労働時間である（二重評価防止のため、第1及び第2で時間外労働となる時間を除く）。

(2) 割増賃金の割増率

1年単位の変形労働時間制における時間外労働に対する割増賃金に関しては、割増率を、時間外労働が1ヵ月について60時間を超えない限り2割5分増しとし、60時間を超えれば5割増しとする規定（労基37条1項）の適用の仕方が問題となる。第1（1日単位）及び第2（1週間単位）は、発生した日、週の属する月に確定するので、合計が60時間を超えなければ2割5分増し（労基37条1項本文）、超えれば超えた部分に対して5割増し（労基37条1項ただし書）の割増賃金をその月に支払うことになる。第3（対象期間単位）の時間外労働時間は、発生した日の属する月の時間外労働となるため、時間外労働時間数に、その月の第1及び第2の時間外労働時間数を加えた時間数が、60時間を超えなければ2割5分増し（労基37条1項本文）、超えれば超えた時間が5割増し（労基37条1項ただし書）となる（平21・10・5基発1005第1号）。

(3) 割増賃金の支払時期

割増賃金の支払時期についても、第1（1日単位）及び第2（1週間単位）は、

発生した日，週の属する月に確定するので，通常の時間外労働時間の場合と同様，日や週を含む賃金計算の期間に対応した支払期日に支払義務が生じる。ところが，第3（変形期間単位）に係る割増賃金は，対象期間の終了時点で初めて確定するため，割増賃金の支払は，対象期間の終了直後の賃金支払日に行えば足り，その支払日が時効の起算点となる。対象期間の終了を待たずに所定労働時間の総枠が法定労働時間の上限を超えたことが明らかになった場合は，その直後の賃金支払日に支払われる必要がある（平6・5・31基発330号，平9・3・25基発195号）。

〔5〕 1年単位の変形労働時間制の途中適用者等の清算

(1) 意　義

1年単位の変形労働時間制の場合，対象期間が長いことから，対象期間の途中で退職したり，採用されたりする労働者については，対象期間の終了時点において，労働基準法37条の規定に従い割増賃金の清算をしなければならない（労基32条の4の2）。

(2) 清算が必要な労働者

1年単位の変形労働時間制の導入を受けて労働した実労働期間が，対象期間より短い労働者であって，実労働期間を平均して週法定労働時間である40時間を超えて労働した者である。例えば，①対象期間の途中で退職した者（途中退職者）又は採用された者（途中採用者），②1つの事業場で複数の1年単位の変形労働時間制が導入されている場合に，配置転換によって異なる変形労働時間制が導入されている部署等に配置転換された者である。②の場合，配置転換前に導入されていた変形労働時間制との関係では途中退職者として，配置後に導入されている変形労働時間制との関係では途中採用者と同様の清算が必要となる（平11・1・29基発45号）。1年単位の変形労働時間制の対象期間中に育児休業や産前産後休暇等により労働していなかった場合は，労働基準法32条の4の2に基づく清算の対象とはならない（平11・3・31基発169号）。

(3) 割増賃金の支払を要する労働時間

対象期間の終了時点，すなわち，途中退職者については退職等の時点，途中採用者については対象期間終了時点（途中採用者等が対象期間終了前に退職した場合

図表3　計算式（厚生労働省・都道府県労働局・労働基準監督署「リーフレットシリーズ労基法32条の2『1年単位の変形労働時間制』」参照）

$$\text{労働期間における実労働時間} = \text{労働基準法第37条の規定に基づく割増賃金の支払を要する時間} - 40 \times \frac{\text{実労働期間の歴日数}}{7日}$$

は退職した時点）で，**図表3**の計算式により計算した時間である。「労働基準法37条に基づき割増賃金を支払う時間」とは，前記〔4〕「1年単位の変形労働時間制における時間外労働時間」における第1（1日単位）及び第2（1週間単位）の時間外労働時間である。

　1年単位の変形労働時間制の対象期間中の実労働期間を単位期間とする変形労働時間制が適用されたかのようにして割増賃金の清算をすることとなる。

〔増田　輝夫〕

Q 16 | 1週間単位の非定型的変形労働時間制

1週間単位の非定型的変形労働時間制について説明しなさい。

〔1〕 概　　要

　日ごとの業務に著しい繁忙時と閑散時が生じることが多いが、繁忙日と閑散日の波が定型的でないような事業においては、労使協定や就業規則によってあらかじめ各日の所定労働時間を特定することは困難なので、事前に特定の週や日の所定労働時間を定めておく1ヵ月単位の変形労働時間制や1年単位の変形労働時間制を導入することはできない。しかし、このような事業についても、定型的労働時間制を変形して（平均して）配分し（定型的労働時間制の弾力化）、1日の所定労働時間を業務の繁閑に合わせて柔軟に設定することができれば、繁忙日には所定労働時間を長くする代わりに閑散日には所定労働時間を短縮するなど、全体として労働時間を短縮することができることから、1週間単位の非定型的変形労働時間制（労基32条の5）が設けられたものである（昭63・1・1基発1号）。

〔2〕 導入要件

(1) 対象となる事業場

　1週間単位の非定型的変形労働時間制では、あらかじめ各日の所定労働時間を特定することが困難な事業において認められることから、労働者の労働生活への影響が大きく、1週間単位の非定型的変形労働時間制を導入することができる事業場は、業種及び規模の両面で限定されている。対象となる業種は、小規模なサービス業である小売業、旅館、料理店及び飲食店の事業に限られ（労

基則12条の5第1項），規模は，常時使用する労働者の数が30人未満の事業場である（労基則12条の5第2項）。

(2) 労使協定の締結（労基32条の5第1項）

1週間単位の非定型的変形労働時間制は，①事業場に過半数の労働者を組織する労働組合（過半数組織労働組合）がある場合にはその労働組合，過半数組織労働組合がない場合には過半数の労働者を代表する者（過半数労働代表者）と書面により労使協定を締結しなければならず，その中で，②1週間の変形期間を平均し1週間当たりの労働時間が週法定労働時間である40時間を超えないことを定めることを要件として導入することができる。1週間単位の非定型的変形労働時間制を導入した場合は，③1日の所定労働時間を10時間を限度として，④労働者に対して原則として前週末までに翌週の各日の労働時間を書面で通知することを要するとともに，⑤労使協定を所轄の労働基準監督署長に届け出ることが必要である。

(3) 1週間の所定労働時間が週法定労働時間の40時間を超えない定め（労基32条の5第1項）

(a) 1週間の所定労働時間の制限

1週間単位の非定型的変形労働時間制を導入する場合，変形期間である1週間の各日の所定労働時間の合計が週法定労働時間である40時間以内に収まっていなければならない。特例措置対象事業場（規模10人未満の商業，サービス業等（労基則25条の2））に該当すれば，1ヵ月単位の変形労働時間制を導入する場合は，変形期間における所定労働時間の平均が1週間当たり44時間（労基則25条の2第1項）を超えなければよいが（労基32条の2第1項），1週間単位の非定型的変形労働時間制を導入する場合には，特例措置対象事業場であっても，1週間当たり40時間の枠内で所定労働時間を設定しなければならない（労基32の5第1項，労基則25条の2第4項）。

(b) 所定労働時間の特定

1週間単位の非定型的変形労働時間制は，1週間における繁忙日と閑散日が定型的に定まっておらず，あらかじめ各日の所定労働時間を特定することが困難な事業において，各週ごとに各日の所定労働時間を定める制度であるから，労使協定で各日の所定労働時間を特定する必要はない。就業規則では，1週間

の所定労働時間を定めるとともに，各日の始業時刻及び終業時刻については，労働者に通知する時期，方法等を規定しておけば足りる。

1週間単位の非定型的変形労働時間制は，労使協定で各日の所定労働時間をあらかじめ特定する必要がないことこそが，「非定型的」変形労働時間制と称されるゆえんである。

(4) 1日の所定労働時間の制限（労基32条の5第1項）

1週間単位の非定型的変形労働時間制における1日の所定労働時間は，10時間が上限とされている（労基32条の5第1項）。就業規則に各日の始業時刻及び終業時刻を定めないで，1週間内の繁閑に応じて使用者の裁量で各日の所定労働時間が決定され，労働者に通知する（労基32条の5第2項，労基則12条の5第3項）ことによって特定されるので，労働者の生活との調和を図るため，1日の所定労働時間について一定の上限が設けられたものである。

使用者は労働者を1日の法定労働時間の規定（労基32条2項）にかかわらず，1日について10時間まで労働させることができるのであり，1週間40時間の枠内において10時間まで定形的労働時間制を変形して（平均して）配分することができることとなる。

(5) 労働者の意思の尊重

使用者は，1週間の各日の所定労働時間を定めるに当たっては，労働者の意思を尊重するように努めなければならない（労基則12条の5第5項）。1週間単位の非定型的変形労働時間制は，使用者が各日の所定労働時間を始業時刻及終業時刻とともに決定するため，労働者の生活設計への影響が大きいので，使用者は，1週間の各日各労働者の所定労働時間を定めるに当たっては，事前に労働者の都合を聴く等労働者の意思を十分に努めなければならず（昭63・1・1基発1号），個々の労働者から労働時間に関する希望や意向を聴き取り，相互に調整して，各労働者間に不利益や不公平が生じないように所定労働時間を決定する義務がある。労働者の意思の尊重義務は，使用者の努力義務にとどまり，所定労働時間の決定に際して個々の労働者の同意までが必要になるものではない。

(6) 労働者への事前通知（労基32条の5第2項，労基則12条の5第3項本文）

(a) 通知の内容

使用者は，1週間単位の非定型的変形労働時間制を導入するに際しては，変

形期間である1週間の各日の所定労働時間を労使協定で特定する必要はないが，あらかじめ労働者に通知しなければならない（労基32条の5第2項）。通知は，いわば終業規則における始業時刻及び終業時刻の記載に代わるものといえる。

　(b)　通知の時期及び方法

　通知は，少なくとも1週間の開始する前に，書面で行わなければならない（労基則12条の5第3項本文）。1週間を日曜日から土曜日までの暦週としている場合には，その1週間が開始する前，すなわち遅くとも前週の土曜日までに，週の各日の所定労働時間を定めて，労働者に通知しなければならない。書面による場合，通知書，勤務割表を個々の労働者に交付するほか，就業規則の周知方法で事業場の見やすい場所に掲示する方法が定められていること（労基106条1項）に照らせば，掲示板等への掲示でも足りる。

(7)　**緊急の場合の所定労働時間の変更**（労基則12条の5第3項ただし書）

　緊急やむを得ない事由がある場合には，使用者は，あらかじめ通知した所定労働時間を変更しようとする日の前日まで書面により労働者に通知することにより，あらかじめ通知した労働時間を変更することができる。緊急な場合の前日までの変更を許容した点については，労働者の生活設計に重大な支障を及ぼし事前の通知の意義を没却させることになりかねないため，要件は厳格に解釈されなければならず，「緊急でやむを得ない事由がある場合」とは，使用者の主観的な必要性ではなく，台風の接近，豪雨等の天候の急変等客観的事実により当初想定した業務の繁閑に大幅な変更が生じた場合である（昭63・1・1基発1号）。これに該当する場合には，前日，すなわち，例えば木曜日以降の労働時間を変更するときには，水曜日までに，書面により通知することによって，あらかじめ通知した労働時間を変更することができる。

(8)　**労使協定の所轄の労働基準監督署長への届出**（労基32条の5第3項・32条の2第2項，労基則12条の5第4項）

　書面による労使協定を所轄の労働基準監督署長に届け出る必要があるが，届出は労使協定の効力発生要件とはされていないため，届出を怠った場合でも，変形労働時間制の導入自体は有効である。

〔3〕 法 的 効 果

(1) 1週，1日の定型的労働時間制の排除

　1週間単位の非定型的変形労働時間制を導入する場合，1日の法定労働時間である8時間（労基32条2項）を超えて労働させても，10時間までは労働基準法32条違反の時間外労働とならず（免罰的効果，適法化効果），労働基準法37条の割増賃金の支払義務も生じない。

(2) **労働義務**

　労働者に1週間単位の非定型的変形労働時間制に従って労働することを義務付けるためには，別途，労働契約上の根拠が必要であり，労使協定と同様の具体的事項を定めた就業規則や労働契約等が必要である（昭63・1・1基発1号）。

〔4〕 1週間単位の非定型的変形労働時間制における時間外労働時間

　1週間単位の非定型的変形労働時間制における時間外労働となる時間は，1ヵ月単位の変形労働時間制及び1年単位の変形労働時間制の場合と同様であり，①1日単位，②変形期間の1週間単位の順序で検討していくこととなる（詳細は**Q13**参照）。

　第1に1日単位については，事前通知により所定労働時間が法定労働時間である8時間（労基32条2項）を超える時間（10時間を超える場合は10時間）とされている日については，その所定労働時間を超えた時間，事前通知により所定労働時間が8時間以内とされている日については，法定労働時間である8時間（労基32条2項）を超えた時間が，それぞれ時間外労働時間となる。

　第2に変形期間の1週間単位については，二重評価防止のため，第1で時間外労働となる時間を除き，所定労働時間が法定労働時間である40時間（労基32条1項。特例措置対象事業場であっても40時間である）を超える時間が，時間外労働時間となる。

[増田　輝夫]

第2節　フレックスタイム制

【概　説】フレックスタイム制とは

〔1〕　概　　要

(1)　フレックスタイム制

　労働基準法32条の3は，フレックスタイム制について規定したものである。フレックスタイム制とは，一定の単位期間（清算期間）における法定労働時間の上限以内で所定労働時間の総枠を定めておき，その時間数を労働することを条件に，各日の始業時刻及び終業時刻を労働者の自主的な決定に委ね（労働者による始業時刻及び就業時刻の自主的決定），労働者が生活と業務の調和を図りながら，効率的に働くことを可能とし，労働時間の短縮（昭63・1・1基発1号，平11・3・31基発168号）を図ることを目的とする制度であり，変形労働時間制の一種である。

　第196回通常国会において，平成30年6月29日，雇用対策法，労働基準法，労働時間等設定改善法，労働安全衛生法，じん肺法，パートタイム労働法（パート法），労働契約法，労働者派遣法の8つの法律の改正案を1つにまとめた「働き方改革を推進するための関係法律の整備に関する法律」が成立し，同年7月6日，法律第71号として公布された。フレックスタイム制については，①清算期間を3ヵ月以内の期間とすること（労基32条の3第1項2号かっこ内），②清算期間が1ヵ月を超える場合は，清算期間の開始から以後1ヵ月ごとに区分した各期間を平均し1週間当たりの所定労働時間が50時間を超えた時間については，その月における割増賃金の支払対象とすること（労基32条の3第2項），③清算期間が1ヵ月以内であるときを除き，労使協定の所轄の労働基準監督署長への届出を義務付けること（労基32条の3第4項），④清算期間が1ヵ月を超える場合の途中適用者等について割増賃金の清算をすべきこと（労基32条の3の2）等が改正の内容であり，施行日は平成31年4月1日である（本稿における改正関係事項については改正法による）。

(2) 労働時間の弾力化——変形労働時間制

　一定の単位期間（変形期間，対象期間，清算期間）を１単位として法定労働時間を考え，１週40時間及び１日８時間を単位とする定型的労働時間制（労基32条）を変形して（平均して）所定労働時間を配分する（定型的労働時間制の弾力化）制度を変形労働時間制といい，労働基準法は，１ヵ月単位の変形労働時間制（労基32条の２），１年単位の変形労働時間制（労基32条の４・32条の４の２）及び１週間単位の非定型的変形労働時間制（労基32条の５）の３種類の変形労働時間制とフレックスタイム制（労基32条の３）を設けている。３種類の変形労働時間制においては，使用者が単位期間に所定労働時間を配分し，始業時刻及び終業時刻を決定するのに対し，フレックスタイム制においては，労働者が自主的に始業時刻及び終業時刻を決定し（労働者による始業時刻及び就業時刻の自主的決定），所定労働時間を配分することができる点が最も大きな違いである。また，３種類の変形労働時間制においては，単位期間に変形して配分された所定労働時間について，１週間及び１日の定型的労働時間制が及び続け，時間外労働時間の成否は１日単位，１週間単位及び単位期間単位の３つの観点から検討されるのに対し，フレックスタイム制においては，単位期間を平均し所定労働時間が週法定労働時間を超えなければ，配分された所定労働時間については１週間及び１日の定型的労働時間制は及ばず，時間外労働時間の成否についても，単位期間単位の観点からのみ検討されることとなる。

　フレックスタイム制を導入することは使用者の労働時間把握義務を免れさせるものではなく，使用者は，フレックスタイム制を実施する事業場についても，各労働者の各日の労働時間を把握する必要がある（昭63・３・14基発150号）。

(3) 割増賃金請求訴訟におけるフレックスタイム制の主張

　フレックスタイム制においては，一定の単位期間（清算期間）の所定労働時間が平均して週法定労働時間を超えなければ，特定の週又は日の所定労働時間が法定労働時間を超えても，使用者は法定労働時間を超える時間外労働についての割増賃金の支払義務を免れるので，原告である労働者の割増賃金請求訴訟における被告である使用者からのフレックスタイム制の主張は，抗弁としての意味をもつこととなる。使用者はフレックスタイム制の要件について主張，立証しなければならない。休日労働又は深夜労働の割増賃金請求に対しては，フ

レックスタイム制が導入されている場合も、使用者は割増賃金の支払義務を負うから、フレックスタイム制の主張は抗弁とはならない。

〔2〕 導入要件

(1) 就業規則の定め及び労使協定の締結

(a) 就業規則の定め

フレックスタイム制を導入するためには、まず、就業規則その他これに準ずるものにおいて、始業時刻及び終業時刻を労働者の決定に委ねる旨（労働者による始業時刻及び就業時刻の自主的決定）を定めなければならない（就業規則記載事項。労基32条の3第1項柱書）。フレックスタイム制は、労働者が始業時刻及び終業時刻を自主的決定できること（労働者による自主的決定）が最大の特徴であるので、それを担保するために就業規則に明記することとしたものである。始業時刻及び終業時刻は就業規則の絶対的記載事項であるが（労基89条1号）、フレックスタイム制の場合には、労働者に委ねる旨の定めをすることで、その要件を充たすものである（昭63・1・1基発1号）。

(b) 労使協定の締結

フレックスタイム制を導入するためには、就業規則において労働者による始業時刻及び就業時刻の自主的決定の旨を定めるとともに、事業場の過半数の労働者で組織する労働組合（過半数組織労働組合）がある場合にはその労働組合、過半数組織労働組合がない場合には過半数の労働者を代表する者（過半数労働代表者）との書面による労使協定を締結し、フレックスタイム制の基本的枠組みを定めなければならない（労使協定事項）。すなわち、労使協定の中で、①対象労働者の範囲（労基32条の3第1項1号）、②清算期間（労基32条の3第1項2号）、③清算期間の起算日（労基則12条の2第1項）、④清算期間における総労働時間（労基32条の3第1項3号）、⑤標準となる1日の労働時間（労基32条の3第1項4号、労基則12条の3第1項1号）、⑥コアタイムの開始時刻及び終了時刻（労基32条の3第1項4号、労基則12条の3第1項2号）、⑦フレキシブルタイムの開始時刻及び終了時刻（労基32条の3第1項4号、労基則12条の3第1項3号）を定め（労基32条の3第1項柱書）、⑧清算期間が1ヵ月以内であるときを除き、労使協定を所轄の労働基準監督署長に届け出なければならない（労基32条の3第4項・32条の2第2項、労

基則12条の2の2第2項)。

(2) 対象労働者の範囲（労基32条の3第1項1号）

業務によってはフレックスタイム制の対象に不向きな者もあるので，労使間の話し合いで対象労働者の範囲を決定するものである。対象労働者に関する法律上の制限はない。

(3) 清算期間（労基32条の3第1項2号）

(a) 意　義

清算期間とは，期間を平均して1週間当たりの労働時間が週法定労働時間（労基32条1項）を超えない範囲内において労働させる期間である（労基32条の3第1項2号かっこ内）。労働者が労働契約上フレックスタイム制の下で労働すべき所定労働時間を定める期間であり，労働者は，清算期間に定められた総所定労働時間を労働するように，各日の始業時刻及び終業時刻を自主的に決定し（労働者による自主的決定），清算期間内で配分することとなる。

(b) 清算期間の長さ

(イ) 上　限　　上限は3ヵ月以内の期間に限られている（労基32条の3第1項2号かっこ内）。下限については規定はなく，4週間とか1週間なども許されるが，清算期間が1日である場合には，1日の所定労働時間が固定されているため，労働者が自主的に始業時刻を決定できるにしても，終業時刻は労働者の意思に関わりなく決定されることになり，労働者による始業時刻及び就業時刻の自主的決定という要件を充たさず，フレックスタイム制とはいえない（厚生労働省労働基準局編『労働基準法（下）〔平成22年版〕』420頁)。

(ロ) 労働時間の柔軟な設定　　清算期間の長さが3ヵ月以内とされることにより，繁忙期や閑散期を考慮したより柔軟な労働時間を設定した働き方が可能となる。

労働時間の貸借（詳細は**Q17**参照）についての行政解釈によれば，不足実労働時間分を次の清算期間の労働時間に上積みすること（借時間）は許されるが，超過実労働時間分を次の清算期間の労働時間に充当すること（貸時間）は労働基準法24条に違反し許されないとされている（昭63・1・1基発1号）ため，清算期間が1ヵ月の場合，1ヵ月を超えた労働時間の調整（月またぎの調整）をすることはできない。清算期間が3ヵ月以内の場合は，3ヵ月以内での1週間当

第2節　フレックスタイム制　　　【概　説】フレックスタイム制とは

図表1　清算期間が3ヵ月の例

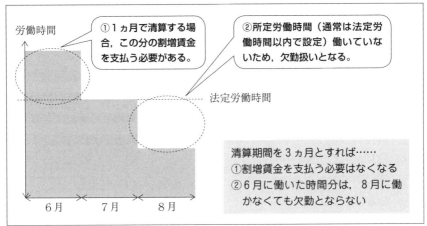

（資料出所）厚生労働省「『労働基準法等の一部を改正する法律案』について」6頁

たりの平均労働時間が週法定労働時間を超えなければ時間外労働時間が発生しないから，3ヵ月以内での月をまたいだ労働時間の調整（いわば，清算期間内での月またぎの貸時間）をすることが可能となる。ただし，1ヵ月ごとに区分した各期間を平均し1週間当たりの平均所定労働時間が50時間（時間外労働が月45時間弱となる時間に相当）を超えた場合は，その月における割増賃金の支払義務が生じる（労基32条の3第2項）。

厚生労働省は，「6月，7月，8月の3ヵ月」を例に，労働時間の調整が可能となるため，「子育て中の親が8月の労働時間を短くすることで，夏休み中の子どもと過ごす時間を確保しやすくなる。」など，子育てや介護といった生活上のニーズに合わせて労働時間が決められ，より柔軟な働き方が可能となるとしている（**図表1**参照。厚生労働省「『労働基準法等の一部を改正する法律案』について」）。

(c) 清算期間の起算日

3ヵ月以内の範囲で清算期間の長さを定める必要があるが，起算日（具体的な日）を明らかにしなければならない（労基則12条の2第1項）。

(4) **清算期間における総労働時間**（労基32条の3第1項3号）

(a) 清算期間における総所定労働時間

図表2　計算式

$$\text{清算期間の所定労働時間の総枠} = 1\text{週間の法定労働時間} \times \frac{\text{清算期間の歴日数}}{7\text{日}}$$

　清算期間における総労働時間とは，フレックスタイム制において，労働契約上労働者が清算期間において労働すべき時間として定められた時間であり，総所定労働時間である。フレックスタイム制においては，所定労働時間は清算期間を単位期間として定められる。

(b)　所定労働時間の総枠の定め

(イ)　清算期間が1ヵ月以内の場合　清算期間における総所定労働時間は，所定労働時間の総枠（合計）を平均して1週間当たりの所定労働時間が週法定労働時間を超えない範囲内でなければならず，そのためには，清算期間における所定労働時間の総枠が，**図表2**の計算式による法定労働時間の上限以内とする必要がある（労基32条の3第1項柱書）。基本的には1ヵ月単位の変形労働時間制の場合と同様である（詳細は**Q13**参照）。

　週法定労働時間は原則40時間であるが（労基32条1項）が，特例措置対象事業場（規模10人未満の商業，サービス業等（労基則25条の2第1項））に該当すれば，フレックスタイム制を導入する場合，清算期間において所定労働時間の平均が1週44時間（労基則25条の2第1項）を超えなければよい（労基32条の2第1項参照，労基則25条の2第4項）。

(ロ)　清算期間が1ヵ月を超える場合　清算期間が1ヵ月を超え3ヵ月以内の場合は，清算期間の開始から1ヵ月ごとに区分した各期間（最後に1ヵ月未満の期間を生じたときは，その期間）における総所定労働時間は，所定労働時間の総枠（合計）を平均して1週間当たりの所定労働時間が50時間を超えない範囲内でなければならない（労基32条の3第2項）。上記の計算式は**図表3**のようになる。

　例えば，31日の月では，所定労働時間の総枠は，清算期間が1ヵ月の場合は177.1時間（40時間×31日／7日）であるのに対し，1ヵ月を超える場合は221.4時間（50時間×31日／7日）となり，44.3時間の増加となる。

(5)　標準となる1日の労働時間（労基32条の3第1項4号，労基則12条の3第1項

図表3　計算式

$$1\text{ヵ月ごとに区分した期間の所定労働時間の総枠} = 50\text{時間} \times \frac{\text{清算期間の歴日数}}{7\text{日}}$$

1号）

　標準となる1日の労働時間は，フレックスタイム制のもとにおいて，労働者が年次有給休暇を取得した際に支払われる賃金の算定基礎となる1日の労働時間の長さを定めるものである（昭63・1・1基発1号，平9・3・15基発195号）。労使協定では，清算期間における総所定労働時間を清算期間中の所定労働日数で除した時間を基準として定めることとなる。

(6)　**コアタイムを設ける場合の開始時刻及び終了時刻**（労基32条の3第1項4号，労基則12条の3第1項2号）

　コアタイムとは，1日の内で労働者が労働しなければならない時間帯である（労基則12条の3第1項2号）。コアタイムは必ず定めなければならないものではないが，定める場合には，労使協定において開始時刻及び終了時刻を定めなければならない。コアタイムの時間帯は，労使協定で自由に定めることができる。フレックスタイム制においては，始業時刻及び終業時刻の両方を労働者の自主的決定に委ねることを要件としているから，コアタイムの開始から終了までの時間と標準となる1日の所定労働時間がほぼ一致している場合等については，基本的には始業時刻及び終業の時刻を労働者の決定に委ねたこととはならず，フレックスタイム制の趣旨には合致しないものである（昭63・1・1基発1号，平11・3・31基発168号）。

　コアタイムを定めた場合は，開始時刻及び終了時刻は労働者の始業時刻及び終業時刻に関する事項であるため，就業規則においても規定しなければならない（労基89条1号。昭63・1・1基発1号，平11・3・31基発168号）。

(7)　**フレキシブルタイムを設ける場合の開始時刻及び終了時刻**（労基32条の3第1項4号，労基則12条の3第1項3号）

　フレキシブルタイムとは，労働者が選択により労働することができる時間帯である（労基則12条の3第1項3号）。労働者がいつ出勤又は退勤してもよい時間

帯である。フレキシブルタイムも必ず定めなければならないものではないが，定める場合には，労使協定において開始時刻及び終了時刻を定めなければならない。フレキシブルタイムの時間帯についても，労使協定で自由に定めることができる。

フレックスタイム制においては，始業時刻及び終業時刻の両方を労働者の自主的決定に委ねることを要件としているから，フレキシブルタイムが極端に短い場合については，基本的には始業時刻及び終業の時刻を労働者の決定に委ねたこととはならない（昭63・1・1基発1号，平11・3・31基発168号）から，フレックスタイム制とはいえない。例えば，始業及び終業のそれぞれのフレキシブルタイムが30分というようなものはフレックスタイム制とはいえない。

フレキシブルタイムを定めた場合についても，開始時刻及び終了時刻は労働者の始業時刻及び終業時刻に関する事項であるため，就業規則においても規定しなければならない（労基89条1号。昭63・1・1基発1号，平11・3・31基発168号）。

(8) **労使協定の所轄の労働基準監督署長への届出**

清算期間が1ヵ月を超え3ヵ月以内の場合は，制度の適正な実施を担保するために，フレックスタイム制に係る労使協定を所轄の労働基準監督署長に届け出なければならない（労基32条の3第4項・32条の2第2項，労基則12条の2の2第2項）。

〔3〕 法的効果──1日の定型的労働時間制の排除，労働義務の発生

労使協定の締結は，フレックスタイム制の下での法定労働時間を超える労働について，労働基準法32条違反とはならず（免罰的効果，適法化効果），労働基準法37条の割増賃金の対象とならないが，労働者にフレックスタイム制の下で労働することを義務付けることはできず，フレックスタイム制を使用者と労働者との労働契約の内容とするためには，労働協約，就業規則の定め又は個別的労働契約上の合意が必要である（昭63・1・1基発1号）。

第2節　フレックスタイム制　　　　　【概　説】フレックスタイム制とは

図表4　フレックスタイム制の例

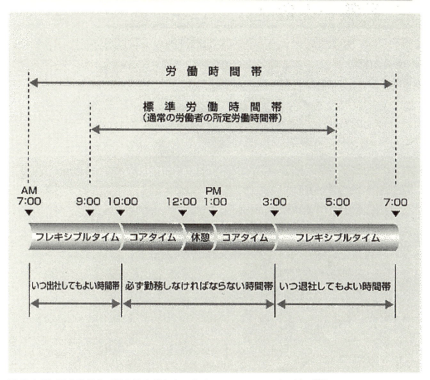

（資料出所）厚生労働省「効率的な働き方に向けてフレックスタイム制の導入

〔4〕　フレックスタイム制における時間外労働時間

(1)　1ヵ月単位

　清算期間が1ヵ月を超える場合において、清算期間の開始から1ヵ月ごとに区分した各期間（最後に1ヵ月未満の期間を生じたときは、その期間）を平均し1週間当たりの所定労働時間が50時間を超えて労働した時間である（労基32条の3第2項）。使用者はその各月で割増賃金を支払わなければならない。

(2)　清算期間単位

清算期間における所定労働時間の総枠（合計）が清算期間における法定労働時間の上限を超えて労働した時間である（昭63・1・1基発1号，平11・3・31基発168号）。フレックスタイム制の場合，所定労働時間は清算期間を単位として管理され（労働者による自主的決定により所定労働時間が配分されることから，1週及び1日の定型的労働時間制は排除される），時間外労働時間の計算においても，3種類の変形労働時間制におけるように1日単位，1週間単位では行われず，清算期間単位で行われ，時間外労働時間は清算期間が終了した時点で特定する。ただし，二重評価防止のため，上記(1)で算出した時間外労働時間は除かれる。

〔5〕 途中適用者等の清算

清算期間が3ヵ月以内とされ，清算期間の途中で退職したり採用されたりする労働者が生じる可能性があることから，清算期間が1ヵ月を超える場合において，労働した実労働期間が清算期間より短い労働者であって，実労働期間を平均して40時間を超えて労働した者に対しては，超えた時間について労働基準法37条の規定に従い割増賃金の支払をしなければならない（労基32条の3の2）。1年単位の変形労働時間制における途中適用者等の清算（労基32条の4の2）と同様の規定である（詳細は**Q15**参照）。

〔6〕 適 用 除 外

(1) 年 少 者

18歳未満の年少者については，フレックスタイム制の適用が排除される（労基60条1項）。

(2) **妊産婦についての適用制限**

変形労働時間制におけるとは異なり，妊産婦等の特別な配慮を要する者への適用は除外されていない（労基66条1項参照）。

[増田　輝夫]

第2節　フレックスタイム制

Q 17 | フレックスタイム制

フレックスタイム制に関する次の事項について説明しなさい。
(1) 労働時間の過不足の繰越し——労働時間の貸借
　　清算期間内での労働者の実労働時間が，同期間の総労働時間を超過し又は不足した場合，その過不足分を次の清算期間に繰り越すことができるか。
(2) フレックスタイム制の臨時解除——業務命令
　　フレックスタイム制が適用されている労働者に対し，使用者が，業務上の必要に基づき，一定の時刻までの出勤や一定時刻までの居残りを命令することができるか。業務命令を受けた時間に労働した場合，時間外労働になるか。
(3) 変則的フレックスタイム制
　　次のようなフレックスタイム制は認められるか。
　① 週に1日ないし数日は，始業時刻及び終業時刻のいずれか又は双方を固定させる方法
　② 同一職場内の労働者を班分けし，通常労働時間制とフレックスタイム制とを一定の期間ごとに交替する方法

〔1〕　設問(1)：労働時間の過不足の繰越し——労働時間の貸借

(1) 問題の所在
　労働者が清算期間内に実際に労働した時間（実労働時間）が，清算期間で定められた所定労働時間の総枠を超過する場合又は総枠に不足する場合には，清算期間内の実労働時間に応じて賃金で清算するのが本来であるが，事務的に煩雑

であり，労働者としても賃金が超過月は多くなるが不足月は少なくなるなど不安定となる。

そこで，賃金は毎月の定額の月給制として，労働時間の貸借で調整することが考えられる。労働時間の貸借とは，清算期間で定められた所定労働時間の総枠に対して，実労働時間が超過する場合は，超過分の賃金を支払わず，次の清算期間に繰り越すことで調整し，次の清算期間の所定労働時間の総枠に繰越分を充当し，逆に，実労働時間が不足する場合は，不足分の賃金を控除せず，次の清算期間に繰り越すことで調整し，次の清算期間の所定労働時間の総枠に繰越分を上積みすることをいう。例えば，1ヵ月の清算期間における所定労働時間の総枠を160時間と定めている場合，実労働時間が170時間のときは，賃金は160時間分とし，超過する10時間を，労働者が使用者に「貸す」ことにして，次の清算期間に繰り越して貸時間として充当し，次の清算期間の実労働時間を，所定労働時間の総枠に繰り越した10時間を充当して，150時間とすることとする（賃金は160時間分とする）。逆に，実労働時間が150時間のときは，賃金は160時間分とし，不足する10時間を，労働者が使用者から「借りる」ことにして，次の清算期間に繰り越して借時間として上積みし，次の清算期間の実労働時間を，所定労働時間の総枠に繰り越した10時間を上積みして，170時間とすることとする（賃金は160時間分とする）。

ただし，清算期間において時間外労働時間（所定労働時間の総枠が清算期間における法定労働時間の上限を超えた場合）が生じた場合は，割増賃金の支払義務が生じ（労基37条），清算期間に支払わなければならず，時間外労働時間を「貸す」ことは認められない。したがって，超過実労働時間を貸時間として「貸す」ことが問題となるのは，賃金が月ごとの実労働時間にかかわらず定額の月給制の場合（繰り越しても賃金全額払いの原則（労基24条）に違反しない）で，かつ，清算期間におけるの所定労働時間の総枠を超えた時間のうち，法定労働時間の上限を超えない部分を繰り越す場合（割増賃金の支払対象にならない）である。なお，借時間を，次の清算期間の実労働時間の所定労働時間の総枠に上積みして労働した結果，所定労働時間の総枠が清算期間における法定労働時間の上限を超えた場合は，時間外労働時間として割増賃金の支払義務が生じる（労基37条）。

(2) 学　　説

貸時間借時間双方肯定説と貸時間借時間双方否定説がある。

双方肯定説は，貸時間について，現行上賃金と労働時間の厳密な対応関係は求められておらず，賃金額を一定額とすることは労働契約の自由に委ねられているから，フレックスタイム制とともに，法定労働時間内の労働時間について賃金の定額制の貸借制を定めれば，賃金額の計算に関する有効な労働契約の定めになるはずであり，賃金の全額払原則は労働契約の定めに従って発生する賃金を支払わない場合に初めて違反が生じるものなので，労働契約の定めに従った賃金支払を違法とするものではないとし，借時間についても，総労働時間に不足する時間数を清算期間内で賃金は支払いつつ次の清算期間に繰り越すことは，労働契約の有効な対価の定め方に属し，完全に適法であると主張する（菅野和夫『労働法〔第11版補正版〕』515～516頁，下井隆史『労働基準法〔第4版〕』322頁，土田道夫『労働契約法〔第2版〕』356頁，野川忍『労働法』681頁など）。双方否定説は，フレックスタイム制にいう「清算」は，労働者の実労働時間に対応し，「総労働時間」との関係において賃金計算を行うことを意味しているとともに，「清算期間」を賃金支払期間の最長単位である1ヵ月（労基24条2項）と連結した趣旨は，実労働時間の過不足に関連する賃金の計算及び支払を，1ヵ月の単位期間ごとに実施すべきことを使用者に義務付けたものであると主張する（『新労働時間法のすべて』（ジュリ臨時増刊号917号）69頁以下〔渡辺章〕，萬井隆令「弾力的労働時間制」片岡昇＝萬井隆令編『労働時間法論』257頁以下など）。

(3) 行政解釈

労働時間の貸借についての行政解釈は，清算期間における実際の労働時間に超過があった場合（貸時間）に，超過分を次の清算期間の総労働時間の一部に充てることは，その清算期間内における労働の対価の一部がその期間の賃金支払日に支払われないことになるので，労働基準法24条に違反し許されないが，清算期間における実際の労働時間に不足があった場合（借時間）に，その不足分を次の清算期間の労働時間に上積みすることは，その清算期間においては実際の労働時間に対する賃金よりも多く賃金を支払い，次の清算期間でその分の賃金の過払いを清算するものと考えられるので，労働基準法24条に違反するものではないが，繰り越された時間を加えた次の清算期間における労働時間が法定労働時間の総枠の範囲内となるように，繰り越し得る時間の限度を定める

図表1　労働時間の貸借

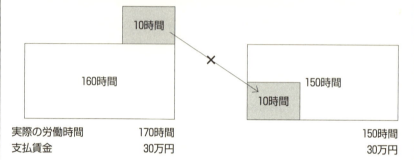

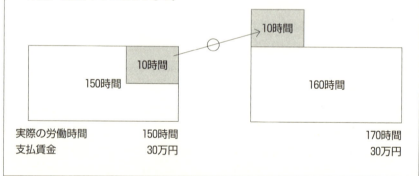

（参考資料）労働省労働基準局監督課編著『改正労働基準法の実務解説』145頁

必要があるとし（昭63・1・1基発1号），次の清算期間の労働時間が法定労働時間を超える場合には，その部分について割増賃金の支払が必要であるとする（労働省労働基準局監督課編著『改正労働基準法の実務解説』146頁）。

〔2〕 設問(2)：フレックスタイム制の臨時解除──業務命令

(1) 問題の所在

フレックスタイム制においても，労働者が会議への出席等の理由から一定の時刻までの出勤（早出）や一定時刻までの残業（居残り）が要請される，すなわち，使用者がフレックスタイム制を臨時に解除して業務命令を発する必要がある事態が生じることが考えられるが，フレックスタイム制は始業時刻及び終業時刻の両方を労働者の自主的決定に委ねること（労働者による始業時刻及び終業時刻の自主的決定）を要件とすることから，労働者の同意が得られない場合には問題となる（以下は東京大学労働法研究会『注釈 労働時間法』246～247頁による）。

(2) 労働基準法33条の要件を満たす場合

出退勤の時刻を指定した業務命令が労働基準法違反になることはない。ただし，労働者による始業時刻及び終業時刻の自主的決定というフレックスタイム制の要件を充足していないので，非常事由による業務命令の時点から同事由がやむまでの期間については，フレックスタイム制による賃金計算や労働時間の特例等の効果は適用されない。非常事由による業務命令により労働が義務付けられた時刻前にされた労働時間と，以降の労働時間を加算して，1日8時間の法定労働時間を超える時間については，時間外労働時間となり，割増賃金の支払が必要になると解される。なぜなら，非常事由による業務命令の時点以降のみについてフレックスタイム制を解除して計算すると，その時点から8時間を超えなくては割増賃金を得ることができないという不合理な結果を招くことになりかねないからである。この場合，清算期間における所定労働時間の総枠から標準となる1日の労働時間（労基32条の3第1項4号，労基則12条の3第1項1号）を控除することとなる。

(3) 労働基準法33条以外の場合

労働者による始業時刻及び終業時刻の自主的決定というフレックスタイム制の要件に違反することになるので，適用対象労働者（労基32条の3第1項1号）に対する時刻を指定しての業務命令は，認められず，労働者の同意への協力要請にとどまると解さざるを得ない。

(4) 労働時間帯の前後における労働時間の取扱い

労働者の個別的な同意によって，労働者が自主的に決定した始業時刻の前に行われた出勤（早出）や終業時刻の後に行われた残業（居残り）についての労働の性格が問題となる。フレキシブルタイムとコアタイムを併せた時間帯をフレックスタイム制における労働時間帯とすれば（本節【概説】の**図表4**「フレックスタイム制の例」参照），「労働時間帯の前後における労働時間」とは，労働時間帯の外側であり，フレックスタイム制が労働を予定しない時間であるといえるからである。①フレキシブルタイムに準じて，清算期間における所定労働時間の総枠に含めて清算する，②フレックスタイム制による労働時間帯の外側であるから，すべて時間外労働として割増賃金の対象とし，契約時間（清算期間における所定労働時間の総枠）に算入しない，③フレキシブルタイムが任意的労使協定事項であることから，労使が労働時間帯の労働と区別せずに清算期間の対象とすることを特約することまで違法とすることはできない，との考え方があるが，厚生労働省は，労働者がフレキシブルタイムを超えて労働した場合にも使用者がそれを認めている場合には，労働時間として扱われることになるとしている（厚生労働省労働基準局編『労働基準法（下）〔平成22年版〕』423頁）。

〔3〕 設問(3)：変則的フレックスタイム制

(1) 問題の所在

完全なフレックスタイム制と通常労働時間制（定型的労働時間制，固定労働時間制）との中間において設問(3)①や②のような変則的フレックスタイム制を考えることができる。

(2) 行政解釈

変則的フレックスタイム制について，行政解釈は，労働者に労働の時刻及び時間の自主的決定を与えた労働基準法の趣旨に反する設問(3)①については，始業，終業時刻の双方の決定を労働者に委ねる必要がある（昭63・1・1基発1号，平11・3・31基発168号）として，適法なフレックスタイム制として許容できないとし，厚生労働省ホームページ「効率的な働き方に向けてフレックスタイム制の導入」におけるQ＆Aにおいても，「フレックスタイム制の適用のある労働者に対して特定の日の始業，終業時刻を指定することはできますか。」との質問に対し，「フレックスタイム制は，労働者の自主的決定の範囲が広く，生活

と仕事との調和を図りながら働くことが容易なものについて認めるものであり，労働者に係る始業及び終業の時刻をその労働者の決定に委ねる労働時間制度であるので，フレックスタイム制の適用のある労働者に対し，特定の日の始業，終業時刻を指定することはできません。例えば，1週5日労働の場合の4日についてだけフレックスタイム制を採用することとし，特定の曜日についてはフレックスタイム制を適用せず，その日に会議等を行い，通常の固定的な労働時間とするような，通常の労働時間制とフレックスタイム制の混合の形態については，先に述べたように法がフレックスタイム制を認めることとした趣旨に反し，認められません。」との回答をする（https://www.mhlw.go.jp/www2/topics/seido/kijunkyoku/flextime/980908time06.htm）。

(3) 間欠型フレックスタイム制，混合型フレックスタイム制

1個の清算期間中にフレックスタイム制の日と通常労働時間制の日が混在する場合には，始業時刻及び終業時刻を労働者の自主的決定に委ねない日が存在することとなり，フレックスタイム制の要件に該当しないので，労働基準法32条の3が規定するフレックスタイム制としては違法となる。しかし，清算期間をフレックスタイム制のみの期間とし，フレックスタイム制と通常労働時間制を組み合わせ（混合的），一定の期間をおいて交互（間欠的）に反復することとすれば（間欠型フレックスタイム制，混合型フレックスタイム制），清算期間におけるすべての日の始業時刻及び終業時刻を労働者の自主的決定に委ねることとなるので，フレックスタイム制には違反しないと解することができる。

(4) 設問(3)の検討

設問(3)のようなフレックスタイム制を間欠型フレックスタイム制又は混合型フレックスタイム制として考えれば，設問(3)①については，始業時刻及び終業時刻の一方又は双方を固定するする日については通常労働時間制と解し，それ以外の日（期間）についてのみ，1個の清算期間と解してフレックスタイム制を導入することは可能である。この場合，通常労働時間制が適用になる日においては，1日8時間を超えれば時間外労働となり（また，その時間を除きその期間を含む日曜日から土曜日までの1週間において40時間を超える時間も時間外労働となる），かつ，通常労働時間制が適用になる間の労働時間は，清算期間における所定労働時間の総枠と通算することはできず，別に労働時間の計算が必要となる。設

問(3)②についても，フレックスタイム制による日（期間）を1個の清算期間と解し，その清算期間の終了日の翌日から開始し次の清算期間が開始する前日に終了する1個の清算期間を別個に設け，それぞれについて対象労働者の範囲（労基32条の3第1項1号）を明確に定めることによって，フレックスタイム制の趣旨に反することなく導入することができると考えられる。

[増田　輝夫]

第3節　事業場外労働のみなし労働時間制

【概　説】事業場外労働のみなし労働時間制とは

〔1〕　基本概念

(1)　**労働時間**

「法定労働時間」とは，法律が認める例外に当たる場合，例えば，労使協定を締結，届出して割増賃金を支払って時間外，休日労働をさせる場合（労基36条・37条）を除いて，使用者が労働者を使用することのできる最長労働時間の限度をいい，1週間については40時間，1日については8時間と定められている（労基32条1項・2項）。これに対し，労働基準法32条の「労働時間」は，労働者が使用者の指揮監督下にある時間ということができる。

(2)　**労働時間規制**

労働基準法は，一部の例外（労基41条・41条の2）を除き，すべての労働者を始業・終業時刻，法定労働時間，時間外労働等の労働時間規制の下に置いて，労働時間の厳格な計算を要求しており，法定労働時間を超える労働が行われた場合には，当該労働について，割増賃金の規定（労基37条）により，実際の労働時間（実労働時間）に比例した賃金支払を要求している。

(3)　**みなし労働時間制**

一方で，労働基準法は，労働時間規制の適用があることを前提としながらも，実労働時間によるのではなく，労働時間をみなす方法によって労働時間を算定できる場合として「みなし労働時間制」を規定している。

これは，勤務形態の複雑化によって，労働時間の計算につき通常の方法を用いることが適当でない場合が多くなったことに対応するもので，実際に何時間労働したかということとは関係なく，予め決めた一定の「みなし労働時間」を実労働時間とみなすものであり，「改正労働基準法の施行について」（昭63・1・1基発1号）によれば，事業場外労働のみなし労働時間制の趣旨は，「事業場外で労働する場合で，使用者の具体的な指揮監督が及ばず，労働時間の算定が困

難な業務が増加していることに対応して，当該業務における労働時間の算定が適切に行われるように法制度を整備したものである」とされている[*1]。

> *1 「労働時間の適正な把握のために使用者が講ずべき措置に関するガイドライン」（平29・1・20基発0120第3号。以下「平成29年ガイドライン」という）及び同ガイドラインが発出されるまでの基準とされていた「労働時間の適正な把握のために使用者が講ずべき措置に関する基準」（平13・4・6基発339号。以下「46通達」という）にも，平成29年ガイドライン等の対象となる労働者は，労働基準法41条，41条の2に定める者及びみなし労働時間制が適用される労働者（事業場外労働を行う者にあっては，みなし労働時間制が適用される時間に限る）を除くすべての労働者である旨の定めがある。
>
> みなし労働時間制には，①事業場外労働のみなし労働時間制と②裁量労働のみなし労働時間制があり，②には，(i)専門業務型裁量労働制と(ii)企画業務型裁量労働制の2種類があるが，みなし労働時間制が適用される場合には，原則として，実労働時間の算定は問題とならない（第3節で①について，第4節で②について概観する）。

(4) 高度プロフェッショナル制度の創設

平成30年第196回国会で成立した働き方改革関連法には，高度の専門的知識等を要する業務に就き，かつ，一定額以上の年収を有する労働者を，労働時間規制の対象から外す新たな仕組みとして「特定高度専門業務・成果型労働制」（高度プロフェッショナル制度）の創設等が盛り込まれた（労基41条の2）。これは，職務の範囲が明確で一定の年収（少なくとも1000万円以上。「1年間に支払われると見込まれる賃金の額が，『平均給与額』の3倍を相当程度上回る」水準として，省令で規定される額［1075万円を想定］以上）を得ている労働者が，高度の専門的知識を必要とする等の業務に従事する場合に，健康確保措置等を講じること，本人の同意や委員会の決議等を要件として，労働時間，休日，深夜の割増賃金等の規定を適用除外とするものである（労基41条の2）。

(5) 適切な労務管理の必要性

みなし労働時間制は，時間外手当の算定基礎となる労働時間について実労働時間によらず，これを一定の時間とみなす方法により算定する制度であるから，労働者の権利への影響が大きい。それゆえ，みなし労働時間制が，時間外手当を支払わない口実とされるようなことがあってはならず，使用者は労働基準法

その他関係法令に沿った適切な労務管理に努めなければならない（白石哲編著『労働関係訴訟の実務〔第2版〕』113頁〔村田一広〕）。

〔2〕 事業場外労働のみなし労働時間制

(1) 意　義

　事業場外労働のみなし労働時間制（労基38条の2）とは，労働者が労働時間の全部又は一部について使用者の事業場外で業務に従事した場合において，労働時間を算定し難いときに，所定労働時間又は当該業務の遂行に通常必要とされる時間労働したものとみなす制度である。ここに「事業場」とは，使用者の企業組織を場所的に表したもので，本店，支店，工場など企業の継続的な活動が行われる場所を指す。

　この制度では，みなし労働時間数を可能な限り実際の労働時間数に近づけるようにみなし方が定められており，事業場の労使協定によってみなしを行う場合も，みなし労働時間数は実際の労働時間数に近づけて協定することが要請される[*2]。

> [*2] これに対し，裁量労働のみなし労働時間制では，みなし労働時間数を実際の労働時間数にできるだけ合致させようとの要請は格別含まれていないと考えられる（菅野和夫「裁量労働のみなし制」ジュリ917号110頁）。

(2) 労働時間把握義務の免除

　使用者は労働者の労働時間を把握し，把握した時間に応じて算定した賃金を支払う義務を負うのが原則であるが，事業場外労働のみなし労働時間制の適用により，労働時間把握義務を免除され，みなし労働時間に応じて算定された賃金を支払えば足りることになる。

　平成29年ガイドラインも，「労働基準法においては，労働時間，休日，深夜業等について規定を設けていることから，使用者は，労働時間を適正に把握するなど労働時間を適切に管理する責務を有している。」としつつ，「みなし労働時間制が適用される労働者（事業場外労働を行う者にあっては，みなし労働時間制が適用される時間に限る。）」は，使用者が労働時間の適正な把握を行うべき労働者から除外している（本編第1章第4節【概説】参照）。

〔3〕 事業場外労働のみなし労働時間制を導入するための要件

(1) 事業場外労働であること

まず、「労働者が労働時間の全部又は一部について事業場外で業務に従事した場合」であること（労基38条の2第1項）が必要である。

(a) 「事業場」の範囲は、使用者の具体的な指揮監督の困難性の程度により決定されるものであり、就業規則の制定単位や労使協定の締結単位である「事業場」とは必ずしも一致しない。なお、「業務」には、恒常的な業務のみならず、出張等の臨時的業務も含まれる。

(b) 「事業場外で行う労働」に当たるか否かは、業務についての指揮監督の困難性から労働時間算定義務を免除した趣旨により判断すべきであり、自己の本来の所属事業場の労働時間管理組織から離脱した場所的状況の下で、他の労働時間管理組織からの具体的かつ継続的指揮命令を受けることなく行う労務提供行為をいう。

例えば、記事の取材、外勤営業、タクシー等の運転手、在宅勤務などがこれに当たる。このうち、労働者が自宅でパソコン等の情報通信機器を用いて行う在宅勤務については、行政解釈では、①当該業務が起居寝食等私生活を営む自宅で行われること、②当該情報通信機器が、使用者の指示により常時通信可能な状態に置くこととされていないこと、③当該業務が、随時使用者の具体的な指示に基づいて行われていないことのいずれの要件も満たす場合は、原則として、事業場外労働のみなし労働時間制が適用されるものとされている（平16・3・5基発0305001号、平20・7・28基発0728002号）。

(c) なお、事業場外労働のみなし労働時間制は、事業場外で業務に従事した場合の制度であるので、事業場外での業務に従事していない場合には、労働時間を算定し難い場合であっても、事業場外労働のみなし労働時間制の適用はないが、労働者が労働時間の「一部」について事業場外で業務に従事した場合には、事業場外労働のみなし労働時間制の適用があるので、労働者が事業場外と事業場内の両方で業務に従事した場合は、事業場外労働の部分について事業場外労働のみなし労働時間制が適用される可能性がある。

(2) 労働時間の算定困難性

第3節　事業場外労働のみなし労働時間制　【概　説】事業場外労働のみなし労働時間制とは

(a)　「労働時間を算定し難いとき」に当たること（労基38条の2第1項）

　事業場外労働のみなし労働時間制の趣旨からすれば，事業場外労働のみなし労働時間制が適用されるためには，事業場外で業務に従事しただけでは足りず，使用者の具体的な指揮監督が及ばず，労働時間を算定することが困難な業務であることが必要である（昭63・1・1基発1号）。

　ただし，昭和63年1月1日付け基発1号では，事業場外で業務に従事する場合であっても，使用者の具体的な指揮監督が及んでいる場合（①何人かのグループで事業場外労働に従事する場合で，そのメンバーの中に労働時間の管理をする者がいる場合，②事業場外で業務に従事するが，無線やポケットベル等によって随時使用者の指示を受けながら労働している場合，③事業場において，訪問先，帰社時刻等当日の業務の具体的指示を受けたのち，事業場外で指示どおりに業務に従事し，その後事業場にもどる場合）については，労働時間の算定が可能であるので，みなし労働時間制の適用はないとされている。

(b)　裁判例の概観

　事業場外労働のみなし労働時間制の導入要件のうち，特に問題となるのが，「労働時間の算定困難性」である。「労働時間の算定困難性」について判断した裁判例を概観する。

(ｲ)　みなし労働時間制の適用を否定したもの　　旅行会社が企画・催行する国内あるいは海外のツアーのために派遣業者から派遣されたツアー添乗員の添乗業務が「労働時間を算定し難いとき」に当たるかが争われた東京高判平23・9・14労判1036号14頁〔阪急トラベルサポート（派遣添乗員・第1）事件〕は，「労働時間を算定し難いとき」とは，勤務実態等の具体的事情を踏まえ，社会通念に従い，客観的にみて労働時間を把握することが困難であり，使用者の具体的な指揮監督が及ばないと評価される例外的な場合をいうものと解すべきとし，また，東京高判平24・3・7労判1048号6頁〔阪急トラベルサポート（派遣添乗員・第2）事件〕及び東京高判平24・3・7労判1048号26頁〔阪急トラベルサポート（派遣添乗員・第3）事件〕は，「労働時間を算定し難いとき」とは，当該業務の勤務実態等の具体的事情を踏まえて，社会通念に従って判断すると，使用者の具体的な指揮監督が及ばないと評価され，客観的にみて労働時間を把握することが困難である例外的な場合をいうとして，いずれも，労働時間の算定が困難では

ないとして，みなし労働時間制の適用を否定した。そして，海外旅行の派遣添乗業務について争われた第2事件の最高裁判決は，それまでの3つの高裁判決の立場を支持し，みなし労働時間制の適用を否定する立場を明らかにした（**Q18**参照）。

その他の裁判例でも，労働時間の算定が困難ではないとして，みなし労働時間制の適用を否定するものが多い。例えば，①東京地判平22・10・27労判1021号39頁〔レイズ事件〕は，営業活動について携帯電話等によって被告に報告していた，②東京地判平24・10・30労判1090号87頁〔ワールドビジョン事件〕は，従業員から出勤表の提出を受けることにより労働時間を把握していた，③東京地判平27・9・18労働判例ジャーナル45号2頁〔落合事件〕は，営業日報や口頭によりその日の訪問先や面談内容を報告することとされていた，④東京地判平27・10・30（判例秘書登載）は，営業日報やミーティングを通じて業務の遂行状況を相当程度把握できたことなどにより，それぞれ労働時間を把握できていたから，「労働時間を算定し難いとき」に当たらないと認め，みなし労働時間制の適用を否定した。

(ロ) みなし労働時間制の適用を肯定したもの　一方，「労働時間を算定し難いとき」に当たることが認められた裁判例は比較的少ないが，①労働者が自宅で行っていた生命保険の支払業務等に関する東京地判平21・2・16労判983号51頁〔日本インシュアランスサービス（休日労働手当・第1）事件〕，②出張中の業務に関する東京地判平23・2・23労経速2103号28頁〔ロフテム事件〕，③同じく出張中の業務に関する東京地判平24・7・27労判1059号26頁〔ロア・アドバタイジング事件〕，④出張や直行直帰に関する東京地判平25・5・22労判1095号63頁〔ヒロセ電機（残業代等請求）事件〕などがある。

〔4〕　事業場外労働のみなし労働時間の算定方法

事業場外労働のみなし労働時間制は，事業場外で労働を行うため使用者による労働時間の把握が困難であり，労働時間の算定が困難な場合に対応するために設けられた制度であるから，実際の労働時間にできるだけ近づけて労働時間が算定される必要がある。そこで，法は，3つの算定方法を定めている。

(1) 所定労働時間のみなし——当該業務を遂行するために通常所定労働時

間を超えて労働する必要がない場合

　事業場外のみなし労働時間制が適用される場合で，当該業務を遂行するために通常所定労働時間を超えて労働する必要がない場合は，所定労働時間労働したものとみなされる（労基38条の２第１項本文）。これが，原則的形態である。

　労働時間の一部について事業場内で業務に従事した場合には，当該事業場の労働時間と事業場外で従事した業務の遂行に必要とされる時間とを加えた時間が通常所定労働時間を超える場合を除き，事業場内労働時間を含めて所定労働時間労働したものとみなされる（昭63・１・１基発１号）。

(2)　通常必要時間のみなし——当該業務を遂行するためには通常所定労働時間を超えて労働することが必要となる場合

(a)　事業場外のみなし労働時間制が適用される場合で，当該業務を遂行するために通常所定労働時間を超えて労働することが必要となる場合には，当該業務に関しては，厚生労働省令で定めるところにより，当該業務の遂行に通常必要とされる時間労働したものとみなされる（労基38条の２第１項ただし書）。

　また，労働時間の一部について事業場内で業務に従事した場合には，当該事業場内の労働時間と事業場外で従事した業務の遂行に通常必要とされる時間とを加えた時間労働したものとみなされる（昭63・１・１基発１号）。これは，労働者に対し，適正な所定時間外労働の手当を得させようとするものであり，算定が実態と大幅にかけ離れているときには，労働者は，反証を提出して賃金請求又は割増賃金請求をもって，これを争い得ると解すべきであるから，算定が困難な事業場外労働であっても，一定限度において，使用者に通常必要労働時間数の把握，算定義務が課されているということが前提となる。そうすると，労働基準法38条の２第１項は，反証を許さない「みなす」という言葉を使っているが，使用者が設定したみなし労働時間と実態とが乖離している場合，使用者が設定したみなし労働時間ではなく，当該業務の遂行に通常必要とされる時間労働したものとみなされることから，ここでの「みなす義務」とは，「通常必要時間を適正に推定する義務」に近い効果を有していると理解すべきであり，同条のみなし規定をもって，使用者の労働時間算定義務を完全に免除したと解するのは正確ではない。

(b)　「当該業務の遂行に通常必要とされる時間」とは，「通常の状態でその

業務を遂行するために客観的に必要とされる時間」(昭63・1・1基発1号)をいう。

「当該業務の遂行に通常必要とされる時間」についての判断を示した裁判例としては、①東京地判平22・7・2労判1011号5頁〔阪急トラベルサポート(派遣添乗員・第2)事件〕、②東京地判平22・9・29労判1015号5頁〔阪急トラベルサポート(派遣添乗員・第3)事件〕などがある。このうち、①第2事件東京地裁判決は、「本条1項ただし書きの『業務の遂行に通常必要とされる時間』も、2項、3項と同様に解釈され、一定の時間を意味すると解すべきである。そして、本条が『通常』必要とされる時間と規定していることから、各日の状況や従事する労働者等により実際に必要とされる時間には差異があっても、平均的にみて当該業務の遂行に必要とされる時間を意味すると解される。」とし、②第3事件東京地裁判決は、「労働者の個性や業務遂行の現実的経過に起因して、実際の労働時間に差異が生じ得るとしても、(実労働時間の把握が困難である以上、)基本的には、個別具体的な事象は捨象し、いわば平均的な業務内容及び労働者を前提として、その遂行に通常必要とされる時間を算定し、これをみなし時間とすることを予定しているものと解される。」、「労働基準法は、事業場外労働の性質にかんがみて、本件みなし制度によって、使用者が労働時間を把握・算定する義務を一部免除したものにすぎないのであるから、同法は、本件みなし制度の適用結果(みなし労働時間)が、現実の労働時間と大きく乖離しないことを予定(想定)しているものと解される。すなわち、労働時間を把握することが困難であるとして、本件みなし制度が適用される以上、現実の労働時間との差異自体を問題とすることは相当ではないが、他方において、本件みなし制度は、当該業務から通常想定される労働時間が、現実の労働時間に近似するという前提に立った上で便宜上の算定方法を許容したものであるから、みなし労働時間の判定に当たっては、現実の労働時間と大きく乖離しないように留意する必要があるというべきである。」としている。

(3) **当該事業場に書面による協定(労使協定)がある場合**(労基38条の2第2項)

(a) 事業場外労働のみなし労働時間制は、労働時間を算定し難い事業場外労働に適用されるものであるが、「当該業務の遂行に通常必要とされる時間」を認定することには困難を伴うので、「当該業務の遂行に通常必要とされる時

間」については，業務の実態が最もよくわかっている労使間で，その実態を踏まえて協議した上で決めることが適当である。そこで，労働基準法38条の2第2項は，労使協定で労働時間を定めた場合には，当該労働時間を，「当該業務の遂行に通常必要とされる時間」とする旨規定している（昭63・1・1基発1号）。

みなし労働時間制による労働時間の算定の対象となるのは，事業場外で業務に従事した部分であり，労使協定は，この部分について協定することになるから，労働時間の一部を事業場内で労働した日の労働時間は，みなし労働時間制によって算定される事業場外で業務に従事した時間と，別途把握した事業場内における時間とを加えた時間になる（昭63・3・14基発150号）。

(b) 問題となるのは，労使協定で定めたみなし労働時間が実態と乖離している場合の労働時間の認定いかんということである。労使協定で定められたみなし労働時間が「当該業務の遂行に通常必要とされる時間」よりも長い場合は，特に問題とはならないだろうが，「当該業務の遂行に通常必要とされる時間」よりも大幅に短い場合には労働者にとって不利益な内容であることから，問題となる可能性がある。

この点，労働基準法38条の2第2項が，労使協定で定める時間を当該業務の遂行に通常必要とされる時間としたのは，労働時間を算定し難い事業場外労働における「当該業務の遂行に通常必要とされる時間」を認定することには困難を伴うため，みなし労働時間は，業務の実態が最もよくわかっている労使間でその実態を踏まえて協議した上で決めることが適当だからである。そうすると，適正な手続に則って労使協定が締結されている限り，労使協定で定める時間を当該業務の遂行に通常必要とされる時間とすることには合理性が認められるから，労使協定で「当該業務の遂行に通常必要とされる時間」を定めた場合は，その効力が否定されるのは極めて例外的な事例に限られると解される。

したがって，適正な手続に則って労使協定が締結されている場合は，事業場外労働のみなし労働時間の設定と実態が乖離しているように見えたとしても，極めて例外的な事例を除き，労使協定で定める時間が当該業務の遂行に通常必要とされる時間となり，労使協定で定める時間労働したものとみなされると考えるべきであろう。

〔5〕 みなし労働時間制の適用の主張（抗弁）

　事業場外労働のみなし労働時間制の趣旨は，労働時間は実労働時間によって算定するのが原則であるが，労働者が事業場外で行う労働に関しては，使用者の具体的な指揮監督が及ばず，労働時間の算定が困難なことがあるために，みなし労働時間制をとることによって使用者の労働時間算定義務を免除したものと解される。労働者（原告）による時間外手当の請求に対し，使用者（被告）がみなし労働時間制の適用を主張する場合，同主張は抗弁として位置付けられるから，所定労働時間が労働時間とみなされるとき，実労働時間にかかわらず，時間外手当が発生する余地はない。

　使用者は，時間外手当の請求に対し，事業場外労働のみなし労働時間制を主張する場合，①労働者が事業場外で業務に従事したこと，②労働時間を算定し難いことを主張立証する必要があるが，このみなし労働時間制の適用が認められた場合は，実労働時間の多寡にかかわらず，みなされた労働時間数に従って時間外労働の有無が判定されることになる（佐々木宗啓ほか編著『類型別労働関係訴訟の実務』156頁〔水倉義貴〕）。

〔6〕 効　　果

　事業場外労働のみなし労働時間制は，労働時間をみなす制度であり，時間外・休日・深夜の割増賃金（労基37条）の支払義務を免除するものではなく，所定労働時間みなし（労基38条の2第1項本文）が適用される事案において，所定労働時間労働したものとみなされた結果，時間外労働をしていないことになり，時間外割増賃金の支払が必要でなくなることがあるにとどまる。

　すなわち，みなし労働時間制は，労働時間規制のうち労働時間の算定方法について適用されるものであり，休憩時間，休日，深夜業，年少者及び妊産婦等に関する労働時間規制の適用を否定するものではない（労基則24条の2第1項・24条の2の2第1項・24条の2の3第2項。昭63・1・1基発1号，昭63・3・14基発150号，平12・1・1基発1号）から，みなし労働時間制の適用によって労働時間とみなされる時間が法定労働時間を超える場合には，36協定の締結・届出を要し，超過部分については割増賃金が発生することとなるし（労基37条1項）（一部抗弁），

また，労働基準法35条所定の法定休日，午後10時から午前5時までの深夜に労働させた場合には，休日割増賃金（労基37条1項），深夜割増賃金（労基37条4項）の支払が必要であり，みなし労働時間制は，休日・深夜割増賃金の請求との関係では，抗弁として機能し得ないこととなる（白石編著・前掲92頁〔村田一広〕）。

〔7〕 みなし労働時間制の具体的内容

(1) **労働時間の全部について事業場外労働をしたとき**
(a) 原則として，所定労働時間労働したものとみなす。
(b) 例外的に，当該業務遂行に通常必要とされる時間が所定労働時間を超える場合には，通常必要とされる時間労働したものとみなす。ここに「通常必要とされる時間」とは，通常の状態でその業務を遂行するために客観的に必要とされる時間をいう（昭63・1・1基発1号）。

(2) **労働時間の一部について事業場外労働をしたとき**
(a) 労働時間の一部について事業場内の業務に従事した場合は，事業場外の従事時間と合わせてみなし労働時間制の労働時間となるから，事業場内の従事時間を把握しておく必要がある。

例えば，所定労働時間8時間の事業場において，事業場内従事時間2時間の後，事業場外労働を行った場合，その労働者の労働時間は8時間とみなされるが，事業場外労働が通常7時間を要する業務である場合は，労働時間は9時間とみなされることとなる（昭63・1・1基発1号，昭63・3・14基発150号）。

(b) では，日中，事業場外で営業活動をし，帰社後，事業場内で遅くまでデスクワークをしていた場合は，どのように労働時間を算定すればよいだろうか。日中の営業活動が「労働時間を算定し難いとき」に当たらない場合は，単に，事業場外での営業活動の労働時間と帰社後の事業場内での労働時間とを合算して労働時間を算定すれば足りるが，日中の事業場外での営業活動が「労働時間を算定し難いとき」に当たり，事業場外労働のみなし労働時間制が適用される場合は，どのように労働時間を算定すればよいのかが問題となる。

日中，事業場外で営業活動をし，帰社後，事業場内で遅くまでデスクワークをしていたという場合は，そもそも，当該業務を遂行するためには通常所定労働時間を超えて労働することが必要となる場合であったと解されるから，当該

事業場内の労働時間と事業場外で従事した業務の遂行に必要とされる時間とを加えた時間労働したものとみなされることになると解される（昭63・1・1基発1号）。

(3) 早退したとき

就労時間がみなし労働時間よりも短いことを理由とした賃金カットを行うことは可能か。例えば，事業場外労働のみなし労働時間制が適用されない通常の労働者が早退した場合には，時間割計算する等して賃金カットを行うことが労働契約の内容となっている場合に問題となる。

労働基準法38条の2第1項は，「労働者が労働時間の全部又は一部について事業場外で業務に従事した場合において，労働時間を算定し難いときは，所定労働時間労働したものとみなす。」と規定しているので，事業場外労働のみなし労働時間制が適用される事業場外労働については，外出中，具合が悪くなり早退した結果，明らかにみなし労働時間より短い就労となった場合であっても，賃金カットを行うことはできないものと解すべきである。仮に，事業場外労働について賃金カットできる余地があるとすれば，事業場外労働についても労働時間を把握することができており，「明らかにみなし時間より短い就労」であることが具体的に主張立証できるような事案だということになると解されるところ，事業場外労働についても労働時間を把握することができているのであれば，「労働時間を算定し難いとき」には当たらず，そもそも事業場外労働のみなし労働時間制を適用することができないのではないかと考えられるからである。事業場外労働のみなし労働時間制が適用される事業場外労働について，みなし労働時間よりも長い時間労働した場合であっても，所定労働時間又は通常必要とされる労働時間労働したものとみなすのであるから，みなし労働時間よりも短い時間労働した場合に所定労働時間又は通常必要とされる労働時間労働したものとみなしたからといって，直ちに不当な結果と評価することはできないと考えるべきだろう（石井妙子編『労働時間管理Q&A』125頁）。

〔8〕 主張立証上の留意点

(1) 労働者側

事業場外労働のみなし労働時間制の適用が問題となる事例においては，事業

場外労働の性質上，実労働時間に関する客観的な資料（タイムカード，業務日報等）が存在しなかったり，労働時間性が問題となったりすることが多い。しかしながら，実労働時間を主張して時間外手当を請求する労働者は，実労働時間を可能な限り具体的に主張立証する必要があるから，労働者は，実労働時間を具体的に主張立証し，事業場外労働の実態等を明らかにするよう努めることによって，使用者による事業場外労働のみなし労働時間制の主張（労働時間の算定困難性等）に反論し，さらには，通常必要時間の主張立証を尽くすことになるものと考えられる。

(2) **使用者側**

使用者は，労働者の実労働時間を把握算定する義務を負担しており，事業場外労働のみなし労働時間制を適用するためには，抗弁事実（特に労働時間の算定困難性）を主張立証する必要があるから，就業規則に事業場外のみなし労働時間制に関する定めが置かれていること等を指摘するだけでは十分ではない。

裁判例は，事業場外労働のみなし労働時間制の適用を厳格に判断する傾向にあるので，使用者としては，裁判例が指摘する事情等を踏まえながら，労働時間の算定困難性等について主張立証を尽くす必要がある。

また，使用者は，時間外手当の請求に対し，労働者が主張する実労働時間（始業・終業時刻等）を具体的かつ詳細に認否する必要がある。なぜなら，仮に事業場外労働のみなし労働時間制が適用されたとしても，労働者が時間外手当を請求している以上，所定労働時間を超えた「通常必要時間」の算定が争点となる場合がほとんどである（なお，休日・深夜割増賃金が請求されている場合は，事業場外労働みなし労働時間制は抗弁となり得ない）からである。したがって，使用者は，実質的には，実労働時間をめぐる主張立証と同様の訴訟活動を求められることとなり，これを疎かにすると，みなし労働時間（通常必要時間）についての主張立証も不十分となってしまうこととなる。

なお，事業場外労働のみなし労働時間制によって労働時間は所定労働時間とみなされ，時間外手当は固定残業代の支払（営業手当等の名目）で対応している旨主張する使用者もいるが，通常必要時間が所定労働時間を超えるならば時間外手当は発生するのであり，同手当の対象となるべき時間外労働時間が主張立証されなければ，使用者の支払った固定残業代が，労働基準法所定の計算額以

上であるか否かを判断することもできないという関係にあるから注意を要する（白石編著・前掲101頁〔村田一広〕）。

[加藤　優]

18 | 事業場外労働のみなし労働時間制

　Xは，Y社に雇用され，同社が主催する募集型の企画旅行の添乗業務（以下「本件添乗業務」という）に従事していた者であったが，時間外割増賃金の支払を求めて訴えを提起した。これに対し，Y社は，従業員代表との間で事業場外労働のみなし労働時間制に関する協定書が作成されており，本件添乗業務については労働基準法38条の2第1項にいう「労働時間を算定し難いとき」に当たり，同項所定の事業場外労働のみなし労働時間制が適用され，実際の労働時間にかかわらず所定労働時間労働したものとみなされるから，時間外割増賃金が発生する余地はないと主張して，これを争っている。
　以下の事実を前提として，Xの請求は認められるかについて説明しなさい。
(1)　Y社が主催するツアーにおける旅行日程表は，ツアー参加者との間の契約内容となっており，本件添乗業務においては，その旅行日程の管理等を行うことが求められ，添乗員が自ら決定できる事項の範囲や決定に係る選択の幅は限られていた。
(2)　ツアーの開始前には，Y社は，添乗員に対し，旅行日程表及びこれに沿った手配状況を示した添乗員用のアイテナリーにより，具体的な目的地及びその場所において行うべき観光等の内容や手順等を示すとともに，添乗員用のマニュアルにより具体的な業務の内容を示し，それらに従った業務を行うことを命じている。ツアーの実施中においては，Y社は，添乗員に対し，携帯電話を所持して常時電源を入れておき，ツアー参加者との間で旅行日程の変更が必要となる場合には，Y社に報告して指示を受けることを求めている。ツアーの終了後においては，Y社は，添乗員に対し，ツアー中の各日について旅行日程表に沿った内容を正確かつ詳細に記載する添乗日報によって，業務の遂行状況等の詳細かつ正確

な報告を求めているところ、その報告の内容については、ツアー参加者のアンケートや関係者に問い合わせをすることによってその正確性を確認することができるものになっている。

〔1〕 労働時間の算定困難性

(1) 問題の所在

事業場外労働のみなし労働時間制を導入するための要件として、「労働時間を算定し難いとき」（労基38条の2第1項）に当たることが必要であるが、設例のように、業務用の携帯電話を持たせて、いつでも連絡できるようにしている等の事情がある場合には、使用者の具体的な指揮監督が及んでおり労働時間の算定が可能なので、「労働時間を算定し難いとき」とはいえず、事業場外労働のみなし労働時間制の適用はないのではないかということが問題となる。

(2) 労働時間性についてのメルクマール

本編第1章第4節【概説】に見たように、労働基準法上の「労働時間」は、労働者が使用者の指揮監督下にある時間と定義できる（指揮命令下説）。労働時間に該当するか否かは、労働者の行為が使用者の指揮命令下に置かれたものと評価することができるか否かにより客観的に定まるものであるから、この視点を踏まえながら、労働時間について考えていくこととなる。

(3) 業務用の携帯電話の位置付け

「改正労働基準法の施行について」（昭63・1・1基発1号。以下「同行政解釈」という）は、事業場外で業務に従事する場合であっても、使用者の具体的な指揮監督が及んでいる場合については、労働時間の算定が可能なので、みなし労働時間制の適用はないとしており、みなし労働時間制の適用がない具体例の1つとして、「事業場外で業務に従事するが、無線やポケットベル等によって随時使用者の指示を受けながら労働している場合」を挙げている。

そして、「業務用の携帯電話」は、同行政解釈における「無線やポケットベ

ル等」と同様の通信機器と考えて差し支えないと解されるから，同行政解釈を素直に読めば，事業場外で業務に従事した場合で，業務用の携帯電話によって，随時，使用者の指示を受けながら労働しているときには，使用者の具体的な指揮監督が及んでおり，労働時間の算定が可能であり，事業場外労働のみなし労働時間制の適用はないという結論になるとも考え得る。

　しかしながら，携帯電話等の通信機器の発達・普及した今日，ほとんどの労働者が携帯電話等を持って業務に就いており，また，電波の届く地域も広がっているから，「実際には具体的指示をしていなかったとしても，業務用の携帯電話等を持たせていつでも連絡できるようにしているのであれば，具体的指示をしたいときにすることができる以上，『労働時間を算定し難いとき』には当たらない」というような解釈をとると，電波が届かず，携帯電話等がまったく通じない極めて例外的な地域で業務に従事したような場合を除いて，事業場外労働のみなし労働時間制が適用される余地がなくなってしまい，労働基準法38条の2を空文化してしまいかねない。したがって，業務用の携帯電話を持たせて，いつでも連絡できるようにしているという事実だけで，直ちに「労働時間を算定し難いとき」に当たらないという解釈を採用することはできないというべきである。

　そうすると，使用者の具体的な指揮監督が及んでいるか否かについては，勤務実態等の具体的事情を踏まえ，社会通念に従い，客観的にみて労働時間を把握することが困難なため，使用者の具体的な指揮監督が及ばないと評価されるかどうかにより判断すべきであり，業務用の携帯電話を持たせていつでも連絡できるようにしているものの，業務用の携帯電話によって，随時，使用者の指示を受けながら労働しているとまではいえない場合には，使用者の具体的な指揮監督が及んでいるとはいえず，事業場外労働のみなし労働時間制の適用があるという結論になるであろう。

　それゆえ，業務用の携帯電話を持たせていつでも連絡できるようにしている場合であっても，例えば，①事業場外労働の前後に事業場に出社している，②タイムカードなどにより出退勤の管理がなされている，③いつどこで何をするのか等の具体的な業務内容が使用者により事前に指示されている，④日報等による事後の報告が義務付けられている，⑤携帯電話を使用して業務指示や業務

報告が頻繁になされている，⑥労働者の知識経験が乏しくその都度具体的な報告を受け，また，これに対して指示をしないと業務を遂行することが困難である等の事情がある場合は，使用者による具体的な指揮監督が及んでいると評価でき，「労働時間を算定し難いとき」に当たらないと認められる余地が出てくるだろう（石井妙子編『労働時間管理Q&A』119頁）。

〔2〕 労働時間の算定困難性に関わる近時の裁判例

労働基準法38条の2第1項にいう「労働時間を算定し難いとき」に当たるかどうかが争われた裁判例としては，次のようなものがある。

(1) 「労働時間を算定し難いとき」に当たらないとして事業場外労働のみなし労働時間制の適用を否定したもの

① 株式会社ほるぷ事件（東京地判平9・8・1労判722号62頁）　業務に従事する場所，範囲，時間が限られており裁量がないとして適用を否定。

② 光和商事事件（大阪地判平14・7・19労判833号22頁）　携帯電話により労働時間の把握ができていたとして適用を否定。

③ コミネコミュニケーションズ事件（東京地判平17・9・30労経速1916号11頁）　IDカード，月報，日報及び携帯電話等により使用者が労働時間を把握できるとして適用を否定。

④ ハイクリップス事件（大阪地判平20・3・7労判971号72頁）　従業員が作成していたタイムシートにより労働時間，内容を把握し，また電子メール等の方法により業務上の連絡を密にとっていたとして適用を否定。

⑤ レイズ事件（東京地判平22・10・27労判1021号39頁）　出退勤にタイムカードを打刻しており，営業活動中もその状況を携帯電話等によって報告していたとして適用を否定。

⑥ ワールドビジョン事件（東京地判平24・10・30労判1090号87頁）　従業員から出勤表の提出を受けることにより労働時間を把握していたとして適用を否定。

⑦ ワークスアプリケーションズ事件（東京地判平26・8・20労判1111号84頁）　営業活動に出る際も，出退勤は原則として営業所を経由しており，メールで報告などしていたことにより労働時間を把握していたとして適用を否定。

(2) 「労働時間を算定し難いとき」に当たるとして事業場外労働のみなし労

働時間制の適用を肯定したもの

① 日本インシュアランスサービス（休日労働手当・第1）事件（東京地判平21・2・16労判983号51頁）　労働者が自宅で生命保険の支払業務等を行うについて使用者による時間管理が困難であるとして適用を肯定。

② ヒロセ電機（残業代等請求）事件（東京地判平25・5・22労判1095号63頁）
入退館記録表（タイムカード）に打刻された時間から労働時間を推認することができない特段の事情（時間外労働の認定は時間外勤務命令書で把握されていた）があるとして適用を肯定。

〔3〕　阪急トラベルサポート（派遣添乗員・第2）事件

　最〔2小〕判平26・1・24裁判集民事246号1頁・労判1088号5頁〔阪急トラベルサポート（派遣添乗員・第2）事件〕は，株式会社阪急トラベルサポート（Y社）に登録型派遣添乗員として雇用され，訴外株式会社阪急交通社（A社）に添乗員として派遣され，同社が主催する募集型の企画旅行の添乗業務に従事していたXが，業務用の携帯電話によって随時，使用者の指示を受けながら労働している場合には，使用者の具体的な指揮監督が及んでおり，労働時間の算定が可能なので，事業場外労働のみなし労働時間制の適用はない旨主張して時間外割増賃金等の支払をY社に求めたのに対し，Y社が，本件添乗業務は，「事業場外で業務に従事した場合」で，かつ，労働基準法38条の2第1項にいう「労働時間を算定し難いとき」に該当し，事業場外労働のみなし労働時間制の適用がある等と主張し，これを争ったものである。

　1審は，「労働時間を算定し難いとき」に該当するとして前記添乗業務について事業場外労働のみなし労働時間制の適用を認めたが，控訴審は，その適用を認めず，Y社は，Xが実際に就労した時間を基準に割増賃金を支払うべきものとした。これに対し，Y社が上告及び上告受理申立てをしたところ，最高裁は，Y社の「添乗業務については同条項の『労働時間を算定し難いとき』に当たるとして所定労働時間労働をしたものとみなされる」という上告受理申立事件のみ上告を受理し，原審の判断を支持し，上告を棄却した。本判決は，事業場外労働のみなし労働時間制の適用要件である「労働時間を算定し難いとき」に当たるか否かについて，初めて最高裁の判断を示したものである。

■図表１　阪急トラベルサポート（派遣添乗員・第１ないし第３）事件

裁判所	派遣添乗員・第１事件 （以下「第１事件」という） 国内ツアー派遣添乗員１名	派遣添乗員・第２事件 （以下「第２事件」という） 海外ツアー派遣添乗員１名	派遣添乗員・第３事件 （以下「第３事件」という） 国内・海外ツアー派遣添乗員６名
東京地裁	平22・5・11 事業場外みなし労働時間制の適用なし 労判1008号91頁	平成22・7・2 適用あり 労判1011号5頁	平成22・9・29 適用あり 労判1015号5頁
東京高裁	平23・9・14 適用なし 労判1036号14頁	平成24・3・7 適用なし 労判1048号6頁	平成24・3・7 適用なし 労判1048号26頁
最高裁	最〔２小〕判平26・1・24 上告棄却・上告不受理 （高裁判決確定） 労判不掲載	最〔２小〕判平26・1・24 適用なし 労判1088号5頁	最〔２小〕判平26・1・24 上告棄却・上告不受理 （高裁判決確定） 労判不掲載

　なお，本件とは別に，同じくＹ社を相手どって，国内ツアー派遣添乗員１名が同種の請求を行った第１事件，国内・海外ツアー派遣添乗員６名が同種の請求を行った第３事件があるが，第２事件，第３事件の１審判決が事業場外労働のみなし労働時間制の適用を肯定し，それ以外の判決がこれを否定するというように判断が分かれていたので，最高裁の判断が注目されていた（**図表１記載の３事件を合わせて「阪急トラベルサポート事件」といい，「第１事件東京地判」などと呼称する。なお，判決要旨を掲記するに当たり，当事者の表記をＸ，Ｙ社及びＡ社と統一した**）。

(1) 第１事件

　第１事件は，国内ツアーの添乗員が原告となり，アイテナリー（筆者注：行程表）や添乗日報の存在に加えて携帯電話による確認が可能であることなどを指摘して，1，2審とも事業場労働のみなし労働時間制の適用を否定し，最高裁も上告を棄却した。

　最高裁は，添乗員は，午前９時までに自宅を出るツアーについては，起床時

及び自宅からの出発時にモーニングコールすることを義務付けられ，各ツアーについては指示書による行程の指示を受け，その指示に沿った行程管理を行って，行程ごとの出発時刻及び到着時刻，夕食が会食であるか自由食であるか等を詳細に記載した添乗日報を作成してこれをA社に提出しており，その記載の信用性を支える客観的な状況があり，実際に証拠として提出されている添乗日報の記載の信用性を疑わせるような事情も認められないのであるから，社会通念上，添乗業務は指示書によるA社の指揮監督の下で行われるもので，Y社は，A社の指示による行程を記録した添乗日報の記載を補充的に利用して，添乗員の労働時間を算定することが可能であると認められ，添乗業務は，その労働時間を算定し難い業務には当たらないと解するのが相当であると判示した。

(2) 第2事件
(a) 東京地判

東京地裁は，Xは単独で添乗業務を行っており，Y社から貸与された携帯電話を所持していたが，立ち回り先に到着した際に必ず連絡したり，Y社から指示を仰ぐなど随時連絡したり，指示を受けたりしていないこと，Xは，本件各コースにおいて，Y社に出社することなくツアーに出発し，帰社することなく，空港から帰宅すること，アイテナリー及び最終日程表の記載は大まかなもので，そこから労働時間を正確に把握することはできない上に，現場の状況で，観光する順番，必要な時間，さらには帰国する飛行機を変更することもあったから，アイテナリー及び最終日程表により，事業場において当日の業務の具体的指示を受けたとも評価できないことが認められるとした上で，これらによれば，本件添乗業務は，「労働時間を算定し難いとき」に該当すると判示した。

(b) 東京高判

東京高裁は，本件添乗業務においては，指示書等により旅行主催会社であるA社から添乗員であるXに対し旅程管理に関する具体的な業務指示がなされ，Xは，これに基づいて業務を遂行する義務を負い，携帯電話を所持して常時電源を入れておくよう求められて，旅程管理上重要な問題が発生したときには，A社に報告し，個別の指示を受ける仕組みが整えられており，実際に遂行した業務内容について，添乗日報に，出発地，運送機関の発着地，観光地や観光施設，到着地についての出発時刻，到着時刻等を正確かつ詳細に記載して提出し

報告することが義務付けられているものと認められ，このようなXの本件添乗業務の就労実態等の具体的事情を踏まえて，社会通念に従って判断すると，Xの本件添乗業務にはA社の具体的な指揮監督が及んでいると認めるのが相当であると判示した。

(c) 最　判

最高裁は，「本件添乗業務は，ツアーの旅行日程に従い，ツアー参加者に対する案内や必要な手続の代行などといったサービスを提供するものであるところ，ツアーの旅行日程は，本件会社とツアー参加者との間の契約内容としてその日時や目的地等を明らかにして定められており，その旅行日程につき，添乗員は，変更補償金の支払など契約上の問題が生じ得る変更が起こらないように，また，それには至らない場合でも変更が必要最小限のものとなるように旅程の管理等を行うことが求められている。そうすると，本件添乗業務は，旅行日程が上記のとおりその日時や目的地等を明らかにして定められることによって，業務の内容があらかじめ具体的に確定されており，添乗員が自ら決定できる事項の範囲及びその決定に係る選択の幅は限られているものということができる。

また，ツアーの開始前には，A社は，添乗員に対し，A社とツアー参加者との間の契約内容等を記載したパンフレットや最終日程表及びこれに沿った手配状況を示したアイテナリーにより具体的な目的地及びその場所において行うべき観光等の内容や手順等を示すとともに，添乗員用のマニュアルにより具体的な業務の内容を示し，これらに従った業務を行うことを命じている。そして，ツアーの実施中においても，A社は，添乗員に対し，携帯電話を所持して常時電源を入れておき，ツアー参加者との間で契約上の問題やクレームが生じ得る旅行日程の変更が必要となる場合には，A社に報告して指示を受けることを求めている。さらに，ツアーの終了後においては，A社は，添乗員に対し，前記のとおり旅程の管理等の状況を具体的に把握することができる添乗日報によって，業務の遂行の状況等の詳細かつ正確な報告を求めているところ，その報告の内容については，ツアー参加者のアンケートを参照することや関係者に問合せをすることによってその正確性を確認することができるものになっている。これらによれば，本件添乗業務について，A社は，添乗員との間で，あらかじめ定められた旅行日程に沿った旅程の管理等の業務を行うべきことを具体的に

第3節　事業場外労働のみなし労働時間制　Q18　事業場外労働のみなし労働時間制　239

指示した上で，予定された旅行日程に途中で相応の変更を要する事態が生じた場合にはその時点で個別の指示をするものとされ，旅行日程の終了後は内容の正確性を確認し得る添乗日報によって業務の遂行の状況等につき詳細な報告を受けるものとされているということができる。

　以上のような業務の性質，内容やその遂行の態様，状況等，A社と添乗員との間の業務に関する指示及び報告の方法，内容やその実施の態様，状況等に鑑みると，本件添乗業務については，これに従事する添乗員の勤務の状況を具体的に把握することが困難であったとは認め難く，労働基準法38条の2第1項にいう『労働時間を算定し難いとき』に当たるとはいえないと解するのが相当である。」と判示し，東京高裁の判断を支持した。

(3)　第3事件
(a)　東京地判

　国内，海外に派遣された添乗員らについて，ツアーの内容が現地で変更されることがあること，ツアーにおける非労働時間を逐一把握することは困難であること，添乗日報の記載には相当程度ばらつきがあり，その内容から具体的に労働時間を把握することも困難であることを指摘し，その添乗業務は社会通念上，「労働時間を算定し難いとき」に該当し，事業場外労働のみなし労働時間制が適用されると判断した。

(b)　東京高判

　東京高裁は，本件添乗業務においては，指示書等により旅行主催会社であるA社から添乗員であるXらに対し旅程管理に関する具体的な業務指示がなされ，Xらは，これに基づいて業務を遂行する義務を負い，携帯電話を所持して常時電源を入れておくよう求められて，旅程管理上重要な問題が発生したときには，A社に報告し，個別の指示を受ける仕組みが整えられており，実際に遂行した業務内容について，添乗日報に，出発地，運送機関の発着地，観光地や観光施設，到着地についての出発時刻，到着時刻等を正確かつ詳細に記載して提出し報告することが義務付けられているものと認められ，このようなXらの本件添乗業務の就労実態等の具体的事情を踏まえて，社会通念に従って判断すると，Xらの本件添乗業務にはA社の具体的な指揮監督が及んでいると認めるのが相当であると判示した（最高裁もY社の上告を棄却）。

〔4〕 設例の検討

(1) 問題の所在

　労働基準法38条の2の適用が認められる場合，実労働時間にかかわらず，時間外手当が発生する余地はない（本節【概説】参照）。そのため，事業場外労働を行った場合の時間外割増手当請求の可否に関わっては，同条の要件（①事業場外労働であること，②労働時間の算定困難性）が充足されているかが問題となるが，本件においては，添乗員の業務が事業場外の業務であることに争いはなく，後者の要件である労働時間の算定困難性の有無が争点となる。

(2) **事業場外労働のみなし労働時間制の趣旨と労働時間の算定困難性の判断基準**

　事業場外労働のみなし労働時間制は，労働時間の算定が困難な事業場外労働についてその算定のため便宜を図ったものではあるが，使用者は労働時間を把握して管理する義務を負うのが原則（労基108条，労基則54条参照）であることに照らせば，あくまで客観的にみて労働時間の算定が困難であり，使用者の具体的な指揮監督が及ばない例外的な場合に限って適用されると解すべきであり，使用者が主観的に算定困難と認識したり，労使が算定困難であると合意したりすれば足りるというものではない（本編第1章第4節【概説】参照）。

　そして，その判断枠組みは，Y社とXとの間の業務に関する指示及び報告の方法，内容，その実施の態様，状況等に鑑みて，本件添乗業務の状況を具体的に把握することが困難であったとは認め難いと判断されるか否かによって決せられるというべきである。設例においては，労働時間の自己申告たる性格を有する添乗日報をどのように位置付けるかということも1つのポイントとなる。

(3) **労働時間の自己申告たる性格を有する添乗日報をどのように位置付けるか**

　前記同行政解釈では，事業場外で業務に従事する場合であっても，使用者の具体的な指揮監督が及んでいる場合（①何人かのグループで事業場外労働に従事する場合で，そのメンバーの中に労働時間の管理をする者がいる場合，②事業場外で業務に従事するが，無線やポケットベル等によって随時使用者の指示を受けながら労働している場合，③事業場において，訪問先，帰社時刻等当日の業務の具体的指示を受けたのち，事業場外で

指示どおりに業務に従事し，その後事業場にもどる場合）については，労働時間の算定が可能であるので，事業場外労働のみなし労働時間制の適用はないとされている（昭63・1・1基発1号）。

　これに対して，設例は，時間管理者が同行している事例ではなく，携帯電話や電子メールなどを利用し会社と密に連絡をとっていたとまで認められる事例でもないから，同行政解釈の挙げる具体例は，直接にはあてはまらないと解される。そこで，以下，検討する。

(4) 検　　討

　募集型企画旅行契約においては旅行日程表が契約内容となっており，旅行主催会社であるY社は参加者に対し，旅行日程表に記載された旅行日程どおりの旅行サービスを提供する契約上の義務を負っているから，添乗員は，旅行日程表における旅行日程の記載の変更が生じないように旅程管理をする義務を負うものというべきである。

　一方，旅行中，いかなるアクシデントが発生するかは予見不可能であるから，添乗員は，必要最小限において旅行日程を変更せざるを得ない場合もあり，指示書等の記載は確定的なものではなく，合理的な理由による変更可能性を有するものというべきであるが，Xは，携帯電話を所持して，ツアー実施中は，常時電源を入れておき，ツアー参加者との間で旅行日程の変更が必要となったときには，Y社に報告し，指示を受けることを義務付けられており，旅程管理上重要な問題について，Y社が添乗業務中の添乗員に対し報告を求めたり，個別の指示を行うことができる仕組みが整えられていた。

　さらに，添乗員が作成してツアー終了後にY社に提出する添乗日報においては，業務の遂行状況等の詳細かつ正確な報告をすることが求められており，参加者から回収したアンケートや関係者への問合せによって，Y社は，Xが作成，提出した添乗日報の正確性を確認できる態勢ともなっている。

　このように，本件では，添乗員の業務内容があらかじめ具体的に確定されており，添乗員が自ら決定できる事項の範囲及びその決定に係る選択の幅は限られていたこと，Y社は，Xに対し，添乗員用マニュアルに則した業務の遂行と携帯電話による連絡を可能な状態にしておくことを義務付けていたこと，そして，Y社は，旅程の管理等の状況を具体的に把握することができ，その正確性

を確認できる添乗日報があることなどを勘案すれば，労働時間の算定が困難であったとはいえないと解される。事業場外労働における実労働時間把握の難しさが，主に，始終業時刻の把握の困難さ，及び，労働時間と非労働時間の区別の困難さにあることに照らせば，何らかの方法によってこれらが把握できれば，労働時間の算定が困難であるとは認め難いと考えられるのであるから，具体的事情を勘案して業務内容やその遂行について具体的な指示があることが認められ，正確性の担保された自己申告である添乗日報を利用することでそれを裏付けることができるのであれば，総合的に労働時間の算定は可能であったと判断するのが相当である。

(5) 結　論

以上のとおり，Xの本件添乗業務の就労実態等の具体的事情を踏まえて判断すると，Xの本件添乗業務の遂行にはY社の具体的な指揮監督が及んでいると認めるのが相当である。

よって，本件添乗業務は，労働基準法38条の2第1項にいう「労働時間を算定し難いとき」に当たらず，事業場外労働のみなし労働時間制の適用はないということになるから，Xの請求は認められると解される。

［加藤　優］

第4節　裁量労働のみなし労働時間制

【概　説】裁量労働のみなし労働時間制（裁量労働制）とは

〔1〕　基本概念

(1)　裁量労働の「みなし」労働時間制

　裁量労働の「みなし」労働時間制は，業務の性質上その遂行方法を大幅に労働者の裁量に委ねる必要があるものについて，実労働時間とは関係なく，労使協定や労使委員会の決議で定めた時間を労働時間としてみなす制度である。

　これは，近年の技術革新の進展，経済サービス化・情報化等に伴い，業務の性質上その業務の具体的な遂行については労働者の裁量に委ねる必要があるため，使用者の具体的な指揮監督に馴染まず，通常の方法による労働時間の算定が適切でない業務が増加していることに対応して，これまでとは基本的に違う考え方による労働時間制度を設けたものであり，①昭和62年の法改正で導入された専門業務型裁量労働制（労基38条の3），②平成10年の法改正で導入された企画業務型裁量労働制（労基38条の4）がある。

　(a)　専門業務型裁量労働制の対象業務は，「業務の性質上その遂行の方法を大幅に当該業務に従事する労働者の裁量に委ねる必要があるため，当該業務の遂行の手段及び時間配分の決定等に関し使用者が具体的な指示をすることが困難なもの」である（労基38条の3第1項1号）。

　対象業務は厚生労働省令で定められたものに限られ（労基38条の3第1項1号），新商品又は新技術の研究開発等の業務など特殊専門的な業務に限って認められる。

　(b)　企画業務型裁量労働制は，「事業の運営に関する事項についての企画，立案，調査及び分析の業務であつて，当該業務の性質上これを適切に遂行するにはその遂行の方法を大幅に労働者の裁量に委ねる必要があるため，当該業務の遂行の手段及び時間配分の決定等に関し使用者が具体的な指示をしないこととする業務」（労基38条の4第1項1号）に，「対象業務を適切に遂行するための

知識，経験等を有する労働者」（同2号）を就かせる場合に行うことができる。

企画業務型裁量労働制は，事業運営に関する企画，立案，調査，分析の業務について認められるが，これらの業務は，一般の企業においていわゆる「ホワイトカラー」が通常行っている業務であり，対象範囲が拡大するおそれがあることから，労使委員会における5分の4以上の多数決による決議を要するなど専門業務型裁量労働制に比べて要件が厳格になっている（労基38条の4第1項）。

(2) **全部抗弁又は一部抗弁**

裁量労働制とは，その就かせる業務の遂行方法等につき大幅に労働者の裁量に委ねる必要のある業務について，あらかじめ定めた労働時間労働したものとみなす制度であり，裁量労働制の適用が認められると，労働者の労働時間は，当該みなされた時間数となることから，割増賃金請求訴訟における実労働時間の主張は意味をもたなくなる。したがって，あらかじめ定めた労働時間が法定労働時間以内であれば，裁量労働制の主張は全部抗弁としての機能を果たし，あらかじめ定めた労働時間が法定労働時間を超えるものであれば，裁量労働制の主張は一部抗弁としての機能を果たすことになる（佐々木宗啓ほか編著『類型別労働関係訴訟の実務』164頁〔水倉義貴〕）。

(3) **効　果**

裁量労働としての協定を届け出た場合には，当該労働者の1日当たりの労働時間は，その協定に定められた時間とみなされる。「みなし」であるから，反証を許さない。その結果，使用者は，裁量労働の対象となっている労働者の労働時間を把握し，管理する義務を原則として免除される。

〔2〕 **専門業務型裁量労働制の概要**

(1) **意　義**

専門業務型裁量労働制とは，業務の性質上その遂行の方法を大幅に当該業務に従事する労働者の裁量に委ねる必要があるため，当該業務の遂行の手段及び時間配分の決定等に関し使用者が具体的な指示をすることが困難なものとして厚生労働省令で定める業務のうち，労働者に就かせることとする業務（対象業務）として労使協定で定めた業務に労働者を就かせたときは，実労働時間と関係なく，労使協定で定めた時間労働したものとみなす制度である（労基38条の3）。

第4節　裁量労働のみなし労働時間制　【概　説】裁量労働のみなし労働時間制（裁量労働制）とは　　245

(2)　導入要件

専門業務型裁量労働制を導入するためには，(a)労働基準法38条の3第1項各号に掲げる事項を労使協定で定めること，(b)就業規則や労働協約において専門業務型裁量労働制について定めて労働契約の内容とすることが必要となるが，(c)具体的事案において，みなし労働時間が適用されるためには，さらに，対象労働者を対象業務に就かせることが必要となる。

(a)　労働基準法38条の3第1項各号に掲げる事項を労使協定で定めること

専門業務型裁量労働制を導入するためには，当該事業場に，労働者の過半数で組織する労働組合があるときはその労働組合，労働者の過半数で組織する労働組合がないときは労働者の過半数を代表する者との書面による協定により，①対象業務，②対象業務に従事する労働者の労働時間として算定される時間，③対象業務の遂行の手段及び時間配分の決定等に関し，当該対象業務に従事する労働者に対し使用者が具体的な指示をしないこと，④健康・福祉確保措置，⑤苦情処理措置，⑥厚生労働省令で定める事項に掲げる事項を定める必要がある（労基38条の3第1項）。

労使協定は，その実効性確保のため，労働基準監督署長に届け出る必要があるが（労基38条の3第2項），同届出は，企画業務型裁量労働制とは異なり，専門業務型裁量労働制の適用要件とはされておらず，届出を怠ると30万円以下の罰金に処せられることがあるにとどまる（労基120条1号）。

労使協定の適用単位は事業場ごとであり，当該事業場において締結されることを要するから，専門業務型裁量労働制を導入しようとする事業場で労使協定が締結されていない場合には，専門業務型裁量労働制が適用される旨合意し，就業規則に専門業務型裁量労働制についての規定を置いて周知させたり，別の事業場で労使協定が締結されていたりしても，専門業務型裁量労働制を導入することはできない（京都地判平18・5・29労判920号57頁〔ドワンゴ事件〕）。

(イ)　対象業務──業務の性質上その遂行の方法を大幅に当該業務に従事する労働者の裁量に委ねる必要があるため，当該業務の遂行の手段及び時間配分の決定等に関し使用者が具体的な指示をすることが困難なものとして厚生労働省令で定める業務のうち，労働者に就かせることとする業務。

対象業務は，次の労働基準法施行規則24条の2の2第2項各号に定められた，

① 新商品若しくは新技術の研究開発又は人文科学若しくは自然科学に関する研究の業務
② 情報システムの分析又は設計の業務
③ 新聞若しくは出版の事業における記事の取材若しくは編集の業務又は放送番組の制作のための取材若しくは編集の業務
④ 衣服，室内装飾，工業製品，広告等の新たなデザインの考案の業務
⑤ 放送番組，映画等の制作の事業におけるプロデューサー又はディレクターの業務

のほか，「厚生労働大臣の指定する業務」である。「厚生労働省令で定める業務」としては，以下の⑥～⑲が限定列挙されている（制度新設当初は上記①ないし⑤の5業務が対象であった（労基則24条の2の2第2項）が，平9・2・14労働省告示7号で⑥，⑬ないし⑰の6業務が追加され，平12・12・25労働省告示120号（中央省庁等改革のための関係労働省告示の整備等に関する告示），平14・2・13厚生労働省告示22号で⑦ないし⑪，⑮，⑱，⑲の8業務が，平15・10・22厚生労働省告示354号で⑫の業務が追加された）[*1]。それぞれの具体的内容については，行政解釈が存在する（平9・2・14基発93号，平14・2・13基発0213002号，平15・10・22基発1022004号）。

>   *1 職種としては，上記のものに該当する場合でも，当該業務の遂行手段，時間配分の決定等について，使用者から具体的な指示がされるときは適用がない。例えば，対象専門業務の付随業務や補助業務は，専門業務型裁量労働制の対象とはならない。また，数人でプロジェクトチームを組んで開発業務を行っている場合で，その統括者の管理の下に業務遂行，時間配分を行っている者や，プロジェクト内で業務に付随する雑用，清掃等のみを行う者（昭63・3・14基発150号，平12・1・1基発1号），研究開発業務に従事する者を補助する助手，プログラマー等も，専門業務型裁量労働制の対象とはならない。

⑥ 広告，宣伝等における商品等の内容，特長等に係る文章の案の考案の業務
⑦ 事業運営において情報システムを活用するための問題点の把握又はそれを活用するための方法に関する考案若しくは助言の業務
⑧ 建築物内における照明器具，家具等の配置に関する考案，表現又は助言の業務

⑨　ゲーム用ソフトウェアの創作の業務
⑩　有価証券市場における相場等の動向又は有価証券の価値等の分析，評価又はこれに基づく投資に関する助言の業務
⑪　金融工学等の知識を用いて行う金融商品の開発の業務
⑫　大学における教授研究の業務（主として研究に従事するものに限る）
⑬　公認会計士の業務
⑭　弁護士の業務
⑮　建築士の業務
⑯　不動産鑑定士の業務
⑰　弁理士の業務
⑱　税理士の業務[*2]
⑲　中小企業診断士の業務

　　*2　東京高判平26・2・27労判1086号5頁〔レガシィほか1社事件〕は，税理士法人等に勤務する税理士の資格を有しないスタッフの業務が対象専門業務に該当するか否かが問題となった事案においてこれを否定した事案である。

(ロ)　対象労働者の労働時間として算定される時間——1日当たりの労働時間を協定して届け出る。専門業務型裁量労働制において1ヵ月の労働時間を労使協定で定めることはできず，1日当たりの労働時間を協定する必要がある（昭63・3・14基発150号，平12・1・1基発1号）。

(ハ)　対象業務の遂行の手段及び時間配分の決定等に関し，対象労働者に対し使用者が具体的な指示をしないこと——使用者は，対象労働者に対し対象業務の遂行の手段及び時間配分の決定等に関し具体的な指示をすることができない。

(ニ)　健康・福祉確保措置——対象業務に従事する労働者の労働時間の状況に応じた当該労働者の健康及び福祉を確保するための措置を当該協定で定めるところにより使用者が講ずること。

　健康・福祉確保措置の具体的内容については，企画業務型裁量労働制における同措置の内容と同等のものとすることが望ましい（平15・10・22基発1022001号）。

(ホ)　苦情処理措置——対象業務に従事する労働者からの苦情の処理に関する措置を当該協定で定めるところにより使用者が講ずること。

　苦情処理措置の具体的内容については，企画業務型裁量労働制における同措

置の内容と同等のものとすることが望ましい（平15・10・22基発1022001号）。

(ヘ) 厚生労働省令で定める事項に掲げる事項——厚生労働省令で定める事項は、①労使協定の有効期間の定め（労働協約による場合を除く）、②使用者は、健康・福祉確保措置として講じた措置、苦情処理措置として講じた措置に関する対象社員ごとの記録を、労使協定の有効期間中及び当該有効期間の満了後3年間保存することである（労基則24条の2の2第3項）。

なお、労使協定の有効期間については、不適切に制度が運用されることを防ぐため、3年以内とすることが望ましい（平15・10・22基発102001号）。

(b) 就業規則や労働協約等において専門業務型裁量労働制について定めて労働契約の内容とすること

労働基準法38条の3は、専門業務型裁量労働制の導入を労働基準法上適法とするための要件を定めたにすぎず、直ちに専門業務型裁量労働制を労働契約の内容とするものではないので、専門業務型裁量労働制を労働契約の内容とするためには、就業規則や労働協約等において専門業務型裁量労働制について規定する必要がある。

(c) 対象労働者を対象業務に就かせること

専門業務型裁量労働制が適用される業務は対象業務に限定されるので、対象労働者であったとしても、対象業務に従事させずに別の業務に従事させた場合には、専門業務型裁量労働制の適用はない。したがって、業務遂行の裁量性が低い場合や対象業務以外の業務の占める割合が高い場合には、対象業務に就かせていないと評価されて、専門業務型裁量労働制の適用が否定される可能性がある。

(3) 効　果

使用者は労働者の労働時間を把握し、把握した時間に応じて算定した賃金を支払う義務を負うのが原則であるが、専門業務型裁量労働制の適用により、労働時間把握義務を免除されることになる（平13・4・6基発339号）。

本制度は、みなし労働時間の決定を労使自治に委ねるものである以上、専門業務型裁量労働制の適用要件を充足する限り、みなし労働時間と実労働時間が乖離している場合であっても、みなし労働時間労働したものとみなされる。

しかし、本制度は、労働時間をみなす制度であり、労働時間に関する労働基

第4節　裁量労働のみなし労働時間制　【概　説】裁量労働のみなし労働時間制（裁量労働制）とは

準法の規制の適用を除外する制度ではないので，休憩（労基34条），休日（労基35条），時間外及び休日の労働（労基36条），時間外，休日及び深夜の割増賃金（労基37条）などの規定は原則どおり適用され，みなし労働時間が法定労働時間（労基32条）を超える場合や法定休日に労働させる場合には時間外・休日労働に関する労使協定の締結・届出（労基36条）や時間外・休日割増賃金の支払（労基37条1項）が必要となるほか，深夜（午後10時〜午前5時）に労働させた場合には，深夜割増賃金の支払（労基37条4項）が必要となる。

〔3〕　企画業務型裁量労働制の概要

(1)　意　義

　企画業務型裁量労働制とは，賃金，労働時間その他の当該事業場における労働条件に関する事項を調査審議し，事業主に対し当該事項について意見を述べることを目的とする委員会（労使委員会）が設置された事業場において，当該労使委員会がその委員の5分の4以上の多数による議決により，①事業の運営に関する事項についての企画，立案，調査及び分析の業務であって，当該業務の性質上これを適切に遂行するにはその遂行の方法を大幅に当該業務に従事する労働者の裁量に委ねる必要があるため，当該業務の遂行の手段及び時間配分の決定等に関し使用者が具体的な指示をしないこととする業務（対象業務），②対象業務を適切に遂行するための知識，経験等を有する労働者であって，当該対象業務に就かせたときは当該決議で定める時間労働したものとみなされることとなるもの（対象労働者）の範囲等，労働基準法38条の4第1項に掲げる事項に関する決議をし，かつ，使用者が当該決議を労働基準監督署長に届け出た場合に，対象労働者を当該事業場における対象業務に就かせたときは，実労働時間と関係なく，決議で定められた時間労働したものとみなす制度である（労基38条の4）。

(2)　導入要件

(a)　賃金，労働時間その他の当該事業場における労働条件に関する事項を調査審議し，事業主に対し当該事項について意見を述べることを目的とする委員会（労使委員会）が設置された事業場において，当該労使委員会がその委員の5分の4以上の多数による議決により労働基準法38条の4第1項各号に掲げ

る事項に関する決議をし，かつ，使用者が当該決議を労働基準監督署長に届け出ること

　企画業務型裁量労働制を導入するためには，労使委員会が設置された事業場において，当該労使委員会がその委員の5分の4以上の多数による議決により，①対象業務，②対象労働者の範囲，③対象労働者の労働時間として算定される時間，④健康・福祉確保措置*3，⑤苦情処理措置，⑥対象労働者の同意等，⑦厚生労働省令で定める事項に掲げる事項に関する決議をし，かつ，使用者が当該決議を労働基準監督署長に届け出る必要がある（労基38条の4第1項）。

　対象事業場は，対象業務が存在する事業場である必要がある。すなわち，本社・本店である事業場のほか，当該事業場の属する企業等に係る事業の運営に大きな影響を及ぼす決定が行われる事業場，本社・本店である事業場の具体的な指示を受けることなく，独自に当該事業場に係る事業の運営に大きな影響を及ぼす事業計画や営業計画の決定を行っている支社・支店等である事業場である。

　①対象業務に関しては，(i)事業の運営に関する事項についての，(ii)企画，立案，調査及び分析の業務であって，(iii)当該業務の性質上これを適切に遂行するにはその遂行の方法を大幅に当該業務に従事する労働者の裁量に委ねる必要があるため，(iv)当該業務の遂行の手段及び時間配分の決定等に関し使用者が具体的な指示をしないこととする業務という4要件をすべて充足する必要がある*4。

　②対象労働者の範囲は，「対象業務を適切に遂行するための知識，経験等を有する労働者」であり，対象業務に常態として従事していることを要する。「対象業務を適切に遂行するための知識，経験等を有する」か否かは，客観的に判断されることから，必要な職務経験年数，職能資格等の具体的な基準を明らかにする必要がある。例えば，新規学卒者で，まったく職務経験がない者は対象労働者にはならない。

　⑥対象労働者の同意は，個別具体的な同意でなければならず，事前の包括的な「同意」（就業規則や入社時の労働契約書の条項など）では足りない。また，同意しない労働者に対する不利益取扱いは禁止されており，解雇，配転，降格，処分など不同意を理由とする不利益処遇は，民事上公序良俗に反するものとして

無効であるとされている。なお，労働者は，同意を撤回することも可能である。

　　＊3　平成30年労働基準法等の一部を改正する法律案要綱（以下「要綱」という）では，企画業務型裁量労働制の導入事業場が実施しなければならない「労働者の健康・福祉確保措置」として，現在，指針（平11・12・27労働省告示149号（改正：平15・10・22厚生労働省告示353号）「労働基準法第38条の4第1項の規定により同項第1号の業務に従事する労働者の適正な労働条件の確保を図るための指針」）の第3の4「法38条の4第1項4号に規定する事項関係」において，「法38条の4第1項4号の対象労働者の『労働時間の状況に応じた当該労働者の健康及び福祉を確保するための措置（「健康・福祉確保措置」）』として例示されている内容（代償休日又は特別休暇の付与，健康診断の実施等）を厚生労働省令で規定するとともに，裁量労働制が「始業・終業時刻が労働者に委ねられている制度」であることを労働基準法上明確化する予定であったが，これらは要綱から削除され，成案に至らなかった。

　　＊4　要綱では，企画業務型裁量労働制の対象業務として，(i)「裁量的にPDCA（Plan（計画・企画）→Do（実行・実践）→Check（点検・評価）→Act（改善・処置））を回す業務」（事業の運営に関する事項について繰り返し，企画，立案，調査及び分析を行い，かつ，これらの成果を活用し，当該事項の実施を管理するとともにその実施状況の評価を行う業務。要綱における労基38条の4第1項1号ロ）及び(ii)「課題解決型提案営業」（法人である顧客の事業の運営に関する事項についての企画，立案，調査及び分析を行い，かつ，これらの成果を活用した商品の販売又は役務の提供に係る当該顧客との契約の締結の勧誘又は締結を行う業務。要綱における労基38条の4第1項1号ハ）の2類型が追加される予定であったが，これらは要綱から削除され，成案に至らなかった。

(b)　就業規則や労働協約において企画業務型裁量労働制について定めて労働契約の内容とすることが必要となる。

　労働基準法38条の4は，企画業務型裁量労働制の導入を労働基準法上適法とするための要件を定めているにすぎず，直ちに企画業務型裁量労働制を労働契約の内容とするものではないから，企画業務型裁量労働制を労働契約の内容とするためには，就業規則や労働協約等において企画業務型裁量労働制について規定等する必要がある。

　したがって，対象労働者の同意を得られないまま対象業務に就かせた場合であっても，対象労働者を対象業務に就かせたときは，対象労働者の労働時間と

して算定される時間労働したものとして対象労働者の同意を得る旨労使委員会で決議しているのであれば労働基準法38条の4の要件を満たすので、労働基準法違反にはならないと考えられるが、就業規則等では対象労働者の同意を企画業務型裁量労働制適用の要件として規定して労働契約の内容とすることになるから、対象労働者の同意を得られないまま対象業務に就かせた場合は、労働契約上、企画業務型裁量労働制の適用要件を満たさず、みなし労働時間の効果は生じないと考えられる。

なお、企画業務型裁量労働制の実施に当たって労働者の同意を得る必要があることについては、対象労働者は不同意後の配転などをおそれて事実上同意を強制される結果になってしまうのでは、いくら法律上対象労働者には自由な同意権（選択権）があり、不同意を理由とする不利益取扱いは禁止されているといっても意味がないという指摘がある（棗一郎『労働法実務解説(3)労働時間・休日・休暇』211頁）。

(c) なお、具体的事業においてみなし労働時間が適用されるためには、さらに、対象労働者を対象業務に就かせることが必要となる。

企画業務型裁量労働制が適用される業務は、対象業務に限定されるので、対象労働者であったとしても、対象業務に従事させずに別の業務に従事させた場合には、企画業務型裁量労働制は適用されない。また、業務遂行の裁量性が低い場合や、対象業務以外の業務の占める割合が高い場合には、対象業務に就かせていないと評価されて、企画業務型裁量労働制の適用が否定される可能性がある。

通常は、非対象業務に従事している労働者が、特定の期間に限り対象業務に従事することとなる場合には、その期間について企画業務型裁量労働制を適用することができ、決議の有効期間内であれば、適用し得る期間には制限はない（平12・3・28基発180号）。

(3) 効　果

労働者は、企画業務型裁量労働制を適用される場合、みなし労働時間労働したものとみなされることとなる（実労働時間の多寡は問題とならない）。

使用者は労働者の労働時間を把握し、把握した時間に応じて算定した賃金を支払う義務を負うのが原則であるが、企画業務型裁量労働制の適用により、労

働時間把握義務を免除されることになる（平13・4・6基発339号）。

本制度は、みなし労働時間の決定を労使自治に委ねるものである以上、企画業務型裁量労働制の適用要件を充足する限り、みなし労働時間と実労働時間が乖離している場合であっても、みなし労働時間労働したものとみなされる。

しかし、本制度は、労働時間をみなす制度であり、労働時間に関する労働基準法の規制の適用を除外する制度ではないので、休憩（労基34条）、休日（労基35条）、時間外及び休日の労働（労基36条）、時間外、休日及び深夜の割増賃金（労基37条）などの規定は原則どおり適用され、みなし労働時間が法定労働時間（労基32条）を超える場合や法定休日に労働させる場合には時間外・休日労働に関する労使協定の締結・届出（労基36条）や時間外・休日割増賃金の支払（労基37条1項）が必要となるほか、深夜（午後10時～午前5時）に労働させた場合には、深夜割増賃金の支払（労基37条4項）が必要となる。

〔4〕 主張立証上の留意点

(1) 労働者側

裁量労働制は、労使協定又は労使決議の方法による労使自治を前提とする制度であり（特に、企画業務型裁量労働制の場合、労働者自身の同意が要件となる）、時間外手当の請求において、裁量労働制が問題となる事例はそれほど多くないものと解されるが、労働者が裁量労働制の適用自体を争う場合には、具体的な労働実態（従事している業務の内容、実労働時間等）を明らかにした上で、どの導入要件を争うのかを明確にする必要がある。

(2) 使用者側

裁量労働制においては、事業場外労働のみなし労働時間制の場合と異なり、労働者の実労働時間を把握算定することに困難があるわけではないから、使用者は、労働者が裁量労働制の適用を争い、実労働時間を前提として時間外手当を請求する場合においても、労働者の主張する実労働時間や労働実態について具体的に認否することが重要である（白石哲編著『労働関係訴訟の実務〔第2版〕』112頁〔村田一広〕）。

〔加藤　優〕

Q19 専門業務型裁量労働制(1)

専門業務型裁量労働制について説明しなさい。

〔1〕 概　説

　専門業務型裁量労働制は，業務の性質上，業務遂行の手段や方法，時間配分等を大幅に労働者の裁量に委ねる必要がある業務として厚生労働省令及び厚生労働大臣告示によって定められた業務（以下「対象業務」という）を対象とし，その業務の中から，対象となる業務を労使協定によって定め，労働者を実際にその業務に就かせた場合，労使協定によりあらかじめ定めた時間働いたものとみなす制度である（労基38条の3第1項1号）。

　労働基準法では，労働者につき法定労働時間制を採用し，原則として週40時間，1週間の各日について1日につき8時間を超えて労働させてはならない旨規定し（労基32条），いわゆる36協定をし，かつこれを労働基準監督署長に届けた場合についてのみ時間外及び休日の労働を認める（労基36条）という規定を設けるとともに，法定労働時間を超えて労働させた場合については，その労働時間に応じた割増賃金（労基37条）を支払うこととして，労働時間に関して厳格な法規制を設けている。

　しかし，近年における技術革新，サービス産業の高度化，情報化等による社会経済や労働供給の在り方の変化に伴い，労働の遂行について，労働者の大幅な裁量に委ねるのが相当であり，その労働時間を一般の労働者と同様の厳格な法規制に委ねるのが，業務遂行の実体や能力発揮の目的から見て不適切である専門的労働者が増加してきた。このような労働者については，概ね労働の量

（労働時間）ではなく，労働の質（労働内容，成果）に着目して報酬が支払われるほうが適していると考えられる。

そこで，法は，業務の裁量性が強いため，その遂行方法や労働時間の決定について具体的な指示をすることが困難な業務を類型化して列挙し，そのような業務に関し，一定の事項について定めた労使協定を締結することを要件として，みなし労働時間を定めれば実際の労働時間数にかかわらずそれだけの時間労働を行ったとみなすことができる制度を創設した。

〔2〕 対象業務

専門業務型裁量労働制の対象となる業務は，業務の性質上，業務遂行の手段や方法，時間配分等を大幅に労働者の裁量に委ねる必要がある業務として厚生労働省令等で定められたものであり，省令では，次の業務が列挙されている（労基則24条の2の2）。

① 新商品若しくは新技術の研究開発又は人文科学若しくは自然科学に関する研究の業務
② 情報処理システム（電子計算機を使用して行う情報処理を目的として複数の要素が組み合わされた体系であってプログラムの設計の基本となるものをいう）の分析又は設計の業務
③ 新聞若しくは出版の事業における記事の取材若しくは編集の業務又は放送法（昭和25年法律第132号）2条28号に規定する放送番組の制作のための取材若しくは編集の業務
④ 衣服，室内装飾，工業製品，広告等の新たなデザインの考案の業務
⑤ 放送番組，映画等の制作の事業におけるプロデューサー又はディレクターの業務
⑥ 前各号のほか，厚生労働大臣の指定する業務

⑥の業務としてはコピーライターの業務，システムコンサルタントの業務，インテリアコンサルタントの業務，ゲーム用ソフトウェアの創作の業務，証券アナリストの業務，金融商品の開発の業務，大学における教授研究の業務，公認会計士の業務，弁護士の業務，建築士の業務，不動産鑑定士の業務，弁理士の業務，税理士の業務，中小企業診断士の業務が，それぞれ厚生労働大臣より

指定を受けている（平9労働省告示7号，平12同告示120号，平14厚生労働省告示23号，平15同告示354号）。

なお，上記職種に該当する者であっても，業務の遂行手段や時間配分の決定について，後述するように使用者から具体的な指示がなされる場合には，本裁量労働制は適用されない。

〔3〕 制度の有効要件

形式的に前項で述べた対象業務に当たるとしても，業務の遂行の手段や時間配分等を労働者に委ねることが客観的に認められなければ，たとえ，時間配分や業務の遂行の手段について具体的指示をしない等，労働基準法38条の3所定の事項につき，労使協定で定めたとしても，本裁量労働制の適用はない。以下で述べるように，時間配分や業務遂行手段が労働者の裁量に委ねられており，労働者がこれらの事項について決定権限を有していることが本裁量労働制の実施要件になる。

また，本裁量労働制をとるには，労働基準法38条の3第1項各号に定める事由について労使協定で定め，この協定を所轄の労働基準監督署長に届け出なければならない（労基38条の3第2項・38条の2第3項）。

さらに，以下で述べるとおり労使協定の締結・届出は，裁量労働のみなし制を労働基準法上適法とする効果があるにすぎず，制度に即した労働義務や賃金支払義務を発生させるためには，就業規則や労働協約等において，このみなし制を労働契約の内容とする必要がある。

(1) **時間配分の決定**

時間配分の決定について，労働時間や休憩をどのように配分するかは，労働者の裁量に委ねられ，使用者はそれに介入することができない。また，始業，終業時刻の規制については，使用者のほうで出勤簿やタイムレコーダーで始業・終業を管理することはできるが，労働者の出勤，退勤そのものを拘束することはできない。

(2) **業務遂行手段の決定**

業務遂行手段の決定とは，労働義務の具体的提供内容，方法，対応の決定をいい，これらの事項が労働者の裁量に委ねられる結果，使用者は，これらの事

第4節 裁量労働のみなし労働時間制　　Q19 専門業務型裁量労働制(1)

項につき，日常的・具体的な指示をすることができなくなる*1。

　ただし，使用者は，本裁量労働制の下でも，労働の基本的内容に関する基本的労務指揮権を有している。そのため，使用者において，労働者に対し，業務の基本目標・内容，期限を指示したり，業務の途中で必要な変更を指示したりすることは許される。また，本裁量労働制は，出勤（労働日の決定）まで労働者に委ねる制度ではないため，労働者が所定の労働日に出勤する義務を負うことは当然であり，出勤の自由や在宅勤務の自由まで認めるものではない*2。

　　*1　具体的な業務内容の決定は労働者に委ねられ，これに関する具体的指揮命令や就業規則中の細かな服務規律の適用も排斥される。また，時間を特定した個別指示も許されない。

　　*2　一方，時間配分の決定は前述したように，労働者の裁量に委ねられていることから，例えば労働者が出勤して10分で帰宅することは認められる。

(3) 労使協定の締結

　専門業務型裁量労働制を実施するためには，事業場ごとに，事業場の過半数で組織する労働組合，過半数代表者との間で次の①ないし⑥の事項を定めた書面による労使協定を締結するとともに，労働基準監督署長にその旨届出をしなければならない（労基38の3第1項・2項）。

　この事業場の過半数組合，過半数代表者との労使協定締結という要件は，本裁量労働制を労働基準法上適法とするためのものであり，この協定締結により制度内容の妥当性を確保しようとしたものである。

　① 対象業務（労基38の3第1項1号）
　② 対象業務に従事する労働者の労働時間として算定される時間（同項2号。みなし労働時間*3）
　③ 対象業務の遂行の手段及び時間配分の決定等につき，使用者が具体的指示をしないこと（同項3号）
　④ 労働者の健康及び福祉の確保のための措置を使用者が講じること（同項4号）
　⑤ 労働者からの苦情処理のための措置を使用者が講じること（同項5号）
　⑥ 労働基準法施行規則24条の2の2第3項に掲げる事項（同項6号）

　　*3　みなし労働時間とは，当該対象業務の遂行に必要な時間である。みなし時間の定

め方は、1日当たりの労働時間として定めるべきであり、これを1ヵ月の労働時間に代えることはできない。労使協定で法定労働時間（8時間。労基32条1項・2項）を超える時間を定めることもできるが、その場合には、いわゆる36協定の締結と割増賃金の支払が必要となる。

(4) 労働契約の締結

前述したように本裁量労働制に即した労働義務や賃金支払義務を発生されるためには、就業規則や労働協約等において、このみなし制を労働契約の内容とする必要がある。

具体的には、就業規則、労働協約においても、労使協定と同様、①対象業務、②みなし労働時間、③具体的指示を行わないこと、④健康・福祉確保措置、及び、⑤苦情処理制度等、労働基準法38条の3第1項1号ないし6号の各事項について、整備することが必要である。

〔4〕 専門業務型裁量労働制の効果

本裁量労働制を採用した場合の基本的効果は、労働者の実労働時間にかかわりなく、労使協定で定めた時間労働したものとみなす、という点に存する。この場合、労働者が実際の労働時間を挙げて反証してみなし制度の効果を覆すことはできない[*4]。

 *4 例えば、みなし時間が8時間の場合に、実労働時間が12時間であると反証しても12時間に応じた賃金請求権は発生しない。

〔5〕 専門業務型裁量労働制の下での各種訴訟について

(1) 賃金請求事件[*5]

(a) 請求原因

通常、労働者が就労したとして賃金の支払を求める場合の請求原因は、①労働契約の締結、②労働契約における賃金額に関する定め、③請求に対応する期間就労したこと（労働義務の履行）[*6]、及び、④毎月の賃金の締日及び支払日となる。

そして、本裁量労働制の適用がある労働者の場合にも、前記①ないし④の各要件を主張することになるが、これに加えて⑤で労働契約の内容として、専門業務型裁量労働制の適用がある労働契約であること、すなわち、ⓐ対象業務、

ⓑ具体的なみなし労働時間，ⓒ具体的指示を行わないこと，ⓓ健康・福祉確保措置，及び，ⓔ苦情処理制度等の存在等，ⓕ労基法施行規則に掲げる事項，労働基準法38条の3第1項各号に定める事項について，就業規則や労働協約等において，このみなし制を労働契約の内容とする旨が定められていることを主張することになる*7。また，③の労働義務の履行については，労働協約等で定められたみなし労働時間に，所定の労働日数について就労した事実を主張すればよい。実労働時間の多寡は問題とならず，労働義務・賃金支払義務と実労働時間は対応しないことになる。

> *5　例えば，みなし時間が8時間の場合に，実労働時間が「1時間×所定労働日数」であったため，使用者側が，実労働時間に対応した賃金しか支払わない，と主張するときには，本裁量労働制の適用のある労働者は，使用者に対し，賃金請求訴訟を提起することが考えられる。
>
> *6　訴状等では就労した事実は，当然のこととして記載が省略されている場合が多い。
>
> *7　ただし，この専門業務型裁量労働制の適用がある労働契約であることを基礎付ける⑤のⓐないしⓕの各事項（労基38条の3第1項）について，就業規則や労働協約等において，このみなし制を労働契約の内容とする旨が定められていることを主張するのは，使用者である被告側が，みなし労働時間より少ない時間しか労働していない，との主張（一部否認）を行った場合に，労働者側で主張するのが通例である。

(b)　予想される被告（使用者）の主張

以上のような労働者の主張に対し，被告たる使用者は，労働者が所定労働時間について労働しておらず，労働義務の履行が一部なされていない旨の主張を行うことが想定される。これは通常の賃金請求の場合には，請求原因事実③についての一部否認となる。

しかし，本裁量労働制においては，上述したように労働者の労働義務の履行の内容については，観念的にみなし労働時間を労働すべき義務となり，実労働時間の多寡は問題とならず，労働義務・賃金支払義務と実労働時間は対応しない。みなし労働時間よりも少ない時間しか労働していないとしても，みなし労働時間を労働したことになる。

したがって，労働者が所定労働時間について労働しておらず労働義務の履行が一部なされていない旨の主張は，主張自体失当となる。

(2) 時間外労働等の割増賃金請求事件

(a) 総論

本裁量労働制の適用が認められた場合，その業務における労働時間は，実労働時間数ではなく，労使協定で定めた時間数とみなされる。みなし労働時間が法定労働時間を超える場合に支払うべき割増賃金（労基37条）の算定基礎は，労使協定上のみなし労働時間になる。したがって，定めたみなし労働時間が法定労働時間を超える場合に限り，当該時間分の割増賃金を請求できる。

その際の割増賃金の算定の基礎となる賃金については，月額賃金を当該月のみなし労働時間数で除した額となり，かつ，あらかじめ法定労働時間を超えたみなし労働時間を定めていることからすれば，その法定労働時間外の部分も含めて賃金が決定されていると解されるため，法定労働時間を超える時間については，上記基礎となる賃金額に125％ではなく，割増率25％を乗じた額が割増賃金として支給されるべき額ということになる[*8]。

一方，本裁量労働制の下でも，休日労働や深夜労働がされた場合には，使用者は割増賃金を支払わなければならない。本裁量労働制においても休日規制が及ぶ趣旨からすると，例えば，休日労働については実労働時間に基づいて労働時間数を算定し，かつ，これに135％を乗じた額を割増賃金として支払う義務を使用者は負うことになる。

> [*8] なお，これに対し，25％の増額部分について元々の賃金に含まれている，との議論もあり得るが，この点は，元々の賃金のうち通常の賃金部分と割増賃金相当部分とが明確に区別されているか，区別された割増賃金相当部分が割増賃金としての実質を備えているか，といった固定残業代に関する考え方が参考になると思われる。また，月に60時間以上法定労働時間を超える部分がみなし労働時間として定められている場合には，その超過部分については，割増率は50％となる。

(b) 時間外勤務手当請求事件

(イ) 請求原因 前述したように，本裁量労働制の適用が認められた場合に，時間外勤務手当が請求できるのは，労使協定で定めたみなし労働時間が法定労働時間を超える場合に限られる。

通常，原告となる労働者側において時間外勤務手当を請求する場合の請求原因は，①労働契約の締結，②手当算定の基礎となる賃金額（賃金単価），③時間

外労働を行ったことを示す具体的事実（労働義務の履行），及び，④毎月の賃金の締日及び支払日となる。

　本裁量労働制の適用がある労働者の場合には，前記①の要件については，労働契約の内容として，前記〔5〕(1)(a)で述べたように専門業務型裁量労働制の適用がある労働契約であることを主張するとともに，②定めたみなし労働時間が法定労働時間を超えること及びその具体的な超過時間数，③労働義務の履行*9，及び，④毎月の賃金の締日及び支払日を請求原因として主張することになる*10。

　その上で，具体的な時間外勤務手当の額は，月額賃金を当該月のみなし労働時間数で除した額を基礎金額とし，その基礎金額にみなし労働時間から法定労働時間を除した時間数を乗じ，そこに割増率25％を乗じ，さらにその額に勤務すべき日数を乗じた額となる。

　　＊9　ここでいう労働義務の履行については，定めたみなし時間数を超えて労働した事実ではないことはいうまでもない。

　　＊10　実務では，原告である労働者のほうで専門業務型裁量労働制の適用のある労働契約である旨を主張せず，①労働契約の締結，②手当算定の基礎となる賃金額（賃金単価），③時間外労働を行ったことを示す具体的事実（労働義務の履行），及び，④毎月の賃金の締日及び支払日を主張して時間外勤務手当を請求する例も多い。この場合には，前記〔5〕(2)(b)(ロ)(ⅱ)で述べるように，使用者側の抗弁として，専門業務型裁量労働制の適用のある労働契約であることが主張されることになる。

(ロ)　予想される被告（使用者）の主張

　(ⅰ)　以上のような労働者の主張に対し，被告たる使用者のほうでは，前掲＊8で述べたように，25％の増額部分についても元々の賃金に含まれている，と主張することが考えられる。

　しかし，この点は，元々の賃金のうち通常の賃金部分と割増賃金相当部分とが明確に区別されているか，区別された割増賃金相当部分が割増賃金としての実質を備えているか，といった固定残業代に関する考え方が参考になる。

　(ⅱ)　また，原告となる労働者側において本裁量労働制の適用があることを主張せず，①労働契約の締結，②手当算定の基礎となる賃金額（賃金単価），③時間外労働を行ったことを示す具体的事実（労働義務の履行），及び，④毎月の

賃金の締日及び支払日を主張し，みなし労働時間として定められた時間について時間外勤務手当を請求した場合には，使用者側で，抗弁事実として，本件労働契約は本裁量労働制の適用があるものであることを基礎付ける事実を主張することができる。

この場合，あらかじめ定められたみなし労働時間が法定労働時間内であれば，本裁量労働制の主張は全部抗弁としての機能を果たし，あらかじめ定められたみなし労働時間が法定労働時間を超えるものであれば一部抗弁としての機能をもつことになる[*11]。

(c) 深夜労働及び休日労働に係る割増賃金請求事件

(イ) 請求原因　　上述したように，本裁量労働制の下でも，休日労働や深夜労働がされた場合には，使用者は割増賃金を支払わなければならない。この割増賃金の支払を求める場合の請求原因としては，①労働契約の締結，②手当算定の基礎となる賃金額（賃金単価），③深夜労働あるいは休日労働を行ったことを示す具体的事実（労働義務の履行）とその具体的時間数，及び，④毎月の賃金の締日及び支払日となる。

そして前記②の賃金単価については，月額賃金を当該月のみなし労働時間数で除した額で除したものになる。また，③の具体的時間数とは，深夜又は休日における実労働時間数を指すことになる。

そして，③の実労働時間数に深夜勤務あるいは休日勤務に適用される割増率[*12]を乗じたものが，割増賃金合計額になる。

(ロ) 予想される被告（使用者）の主張　　以上のような労働者の主張に対し，被告たる使用者のほうで，当該労働契約が本裁量労働制の適用のあるものであることを基礎付ける事実を抗弁事実として主張したとしても，本裁量労働制の下でも，労働者に対する休日規制が及ぶことから，時間外勤務手当請求の場合とは異なり，この抗弁自体失当となる。

*11　この抗弁に対し，みなし労働時間が実労働時間から乖離する場合については，業務の遂行に必要とされる時間が，時とともに変化することが考えられ，一定期間ごとに見直すことが適当であることから，協定の有効期間が定められたものとされている（昭63・3・14基発150号）ことを理由に，法はみなし労働時間が実労働時間から乖離する状況を許容する趣旨ではなく，このような場合には，裁量労働制は適

第4節 裁量労働のみなし労働時間制　　Q19　専門業務型裁量労働制(1)

法性を失い，原則的労働時間制が適用されると解する見解もある。このような見解に立てば，労働者側で行うみなし労働時間と実労働時間の乖離の主張は，裁量労働時間制に対する再抗弁となる。

＊12　割増率は，時間外勤務の場合には25％，法定時間外の深夜労働の場合には50％，休日労働の場合には35％，休日深夜労働の場合には60％となるのが原則であるが，定められたみなし時間のうち法定労働時間を超える部分が1ヵ月60時間以上ある場合には，その超えた部分についての割増率は，時間外勤務の場合には50％になる。また，深夜に1ヵ月60時間を超える法定時間外労働を行わせた場合は，深夜割増賃金率は75％となる（労基37条，労基則20条）。

［山下　知樹］

Q20 専門業務型裁量労働制(2)

　Xは，企業経営・情報システムのコンサルティング業務，情報システムの設計・開発等を業とする会社であるが，Yは，平成〇年〇月〇日にXに従業員として雇用され，その際，Xとの間で従業員の機密保持及び知的財産権に関する契約（以下「本件機密保持契約」という）を締結した。本件機密保持契約には，YはXの事業と競合又はXの利益と相反するいかなる事業活動にも従事，投資又は支援しない旨（以下「本件競業避止義務」という）規定されていた。Yは，平成〇年〇月〇日，コンピュータのソフトウェアの開発等を目的とする会社であり，X社との間でプロジェクトの業務の一部を受託するなどの取引を継続していた甲社に投資し，同年〇月〇日，同社の代表取締役に就任した。その後の平成〇年〇月〇日，Xは，本件競合避止義務違反を理由としてYを懲戒解雇するとともに，YはXのために労務を提供すべき時間中不就労部分の給与について不当利得としてその返還を求める訴えを提起した。Xは，社員の過半数を代表する者との間で，専門業務型裁量労働制に関する協定書を締結し，所轄の労働基準監督署長に届け出ており，Yは専門業務型裁量労働制が適用される労働者である。
　Xの請求は認められるかについて説明しなさい。

〔1〕　問題の所在

　本件は，労働者であるYが使用者Xのために労務を提供すべき時間中，不就労部分について支給した給与が法律上の原因なくして得た利得であり，その結

果Xはその分損失を受けたものであると主張し，不就労部分の給与が不当利得に当たるとして，その返還を求めた事案である。

　通常，賃金請求権は，労働契約の締結に基づいて発生するが，これは抽象的な基本債権にとどまり，具体的な額が確定した賃金請求権は，労働契約上の労働義務が現実に履行されて初めて発生する。これをノーワーク・ノーペイの原則といい，賃金を労働者の具体的な労働に対する対価と解する基本的な考え方である。

　この考え方によると，労働者が就労していない部分に対する賃金を使用者が支払った場合には，労働者には法律上の原因なくして支払を受けた賃金相当額の利得が認められ，使用者にはその額と同額の損失が認められることから，使用者は，労働者に対し，不当利得の返還を請求することができることになる。

　この場合，Xが，Yに対し，不就労部分の給与が不当利得に当たるとしてその返還を求める場合の請求原因事実としては，概ね次のとおりとなる。

① 　XとYが労働契約を締結したこと
② 　賃金額及び労働時間の定め
③ 　Yが就労しなかった具体的な時間数
④ 　Yが就労していない部分に対する賃金をXが支払ったこと及びその具体的な賃金額

　これに対し，本件においては，XとYとの間の労働契約は，専門業務型裁量労働制が適用されるものであるところ，対象業務に従事する労働時間として算定される時間（みなし労働時間）中，Xが現実に就労していなかった部分については労働義務の履行がなかったものとして，不就労部分の給与について，XがYに対し，不当利得の返還を求めることができるのかが問題となる。以下，専門業務型裁量労働制について簡単に解説する。

〔2〕 専門業務型裁量労働制

(1) 定　　義

　専門業務型裁量労働制は，業務の性質上，業務遂行の手段や方法，時間配分等を大幅に労働者の裁量に委ねる必要がある業務として厚生労働省令及び厚生労働大臣告示によって定められた業務（以下「対象業務」という）を対象とし，そ

の業務の中から，対象となる業務を労使協定によって定め，労働者を実際にその業務に就かせた場合，労使協定によりあらかじめ定めた時間働いたものとみなす制度である（労基38条の３第１項１号）。

(2) 適用要件

この裁量労働制が適用されるためには，①労働者が厚生労働省令及び厚生労働大臣告示によって定められた業務（対象業務）[1]に従事していることに加え，②業務の遂行の手段や時間配分等を労働者に委ねていることが客観的に認められるものであること，③事業場ごとに，事業場の過半数で組織する労働組合，過半数代表者との間で，対象業務，みなし労働時間，具体的指示を行わないこと，健康・福祉確保措置及び苦情処理制度等，労働基準法38条の３第１項各号所定の事項を定めた書面による労使協定を締結するとともに，労働基準監督署長にその旨届出を行ったこと，及び，④就業規則，労働協約において，労使協約と同様，対象業務，みなし労働時間，具体的指示を行わないこと，健康・福祉確保措置及び苦情処理制度等，労働基準法38条の３第１項１号ないし６号の各事項について整備し，労使間での労働契約の内容としたことが必要である。

> [1] 具体的な対象業務は次のとおり労働基準法施行規則24条の２の２第２項に列挙されている。①新商品若しくは新技術の研究開発又は人文科学若しくは自然科学に関する研究の業務，②情報処理システムの分析又は設計の業務，③新聞若しくは出版の事業における記事の取材若しくは編集の業務又は放送番組の制作のための取材若しくは編集の業務，④衣服，室内装飾，工業製品，広告等の新たなデザインの考案の業務，⑤放送番組，映画等の制作の事業におけるプロデューサー又はディレクターの業務，⑥前各号のほか，厚生労働大臣の指定する業務であり，⑥の業務としては，コピーライター，システムコンサルタント，インテリアコーディネーター，ゲーム用ソフトウェアの創作，証券アナリスト，金融工学等の知識を用いて行う金融商品の開発，大学における教授研究（主として研究に従事するものに限る），公認会計士，弁護士，建築士，不動産鑑定士，弁理士，税理士，中小企業診断士の各業務が指定されている。

(3) 効 果

上述したような適用要件を具備している場合には，専門業務型裁量労働制が適用される。この場合，労働者の実労働時間にかかわりなく，労使協定で定め

た時間労働したものとみなすことになる。本労働裁量制の下では，労働者は，観念的にみなし労働時間を労働すべき義務を負うこととなり，実労働時間の多寡は問題とならず，労働義務・賃金支払義務と実労働時間は対応しない。みなし労働時間よりも少ない時間しか労働していないとしても，みなし労働時間を労働したことになる。

〔3〕 本件へのあてはめ

　本件では，Xは，社員の過半数を代表する者との間で専門業務型裁量労働制に関する協定書を締結し，所轄の労働基準監督署長に届けており，Yは専門業務型裁量労働制が適用される労働者である，とされている。

　専門業務型裁量労働制が適用される労働者というのは，「業務の性質上その遂行の方法を大幅に当該業務に従事する労働者の裁量にゆだねる必要があるため当該業務の遂行の手段及び時間配分の決定等に関し具体的な指示をすることが困難な」業務に従事する者をいうものである（労基38条の3第1項）。このような労働者は，勤務時間を裁量において決定するとされ，始業，終業時間も，就業規則に定める時刻は単なる標準であって，個人の裁量により決定できるものとされている。そして，労働基準法38条の3第1項は，専門業務型裁量労働制が適用される労働者について，当該事業場の労働者の過半数で組織する労働組合があるときはその労働組合，労働者の過半数で組織する労働組合がないときは労働者の過半数を代表する者との書面による協定により定めた労働時間，労働したものとみなす旨を規定している。

　この場合，労働者Yが使用者Xに対して負う労働義務の内容は，観念的にみなし労働時間を労働すべき義務となり，実労働時間の多寡は問題とならず，労働義務・賃金支払義務と実労働時間は対応しない。Yが，みなし労働時間よりも多い時間労働したとしても，あるいは少ない時間しか労働していないとしても，Yは，みなし労働時間を労働したことになる。

　したがって，本裁量労働制の適用があるYが，協定により定めたみなし労働時間より実際に労働した時間が長時間であったとしても，そのことを，証拠を挙げて立証して，その分の割増賃金を請求することは許さないものであるのと同様，使用者であるXのほうで，労働者であるYがみなし労働時間とされてい

る時間よりも少ない時間しか労働していないとして，証拠を挙げて立証し，その分の賃金をカットしたり，あるいは後になって過払いであるとしてその返還を求めたりすることも許されないといえる。本件の場合，Yはみなし労働時間を労働したことになり，ノーワーク・ノーペイの原則にも反しないものといえる。

よって，本件の場合，Xの不当利得返還請求は，主張自体失当となるのであり，すでに支給した不就労部分の給与について，XはYに対し，不当利得の返還を求めることはできない。

〔4〕 おわりに

本件は，いわゆるライブウェーブコンサルティングほか事件の下級審判決（東京高判平21・10・21労判995号39頁）を素材にしたものである。

上記判決においては，本稿で解説したように，専門業務型裁量労働制の適用のある労働者に対し，本来使用者のために労務を提供すべき時間中に使用者の業務と競業する会社の業務を行い，使用者の損失において不就労時間分に相応する給与・賞与を不当に利得したと主張して，不当利得の返還を求めた事案につき，使用者側の主張自体失当と判示したほかにも，従業員の競業避止義務に関する事項（一審原告X社の従業員であった一審被告Y_1が，在職中に，同社の事業と競合する訴外S社の事業活動に従事し投資・支援したことにつき，X社とY_1との間で締結された本件機密保持契約上の競業避止義務違反に当たるとした一審の判断が維持された例），あるいは競業避止義務違反に起因する受注機会喪失に関する損害賠償請求（Y_1の上記競業避止義務違反の行為がなかったならば，S社が受注した本件各取引をX社が当然に受注したとまでは認められないなどとして，X社による受注機会喪失に関する債務不履行に基づく損害賠償請求を棄却した一審の判断が維持された例）等，多岐に亘る事項について判示された貴重な下級審判決である。

〔山下　知樹〕

Q21 企画業務型裁量労働制

企画業務型裁量労働制について説明しなさい。

A

〔1〕概　要

　労働基準法上の労働時間は実労働時間によって算定するのが原則であるが，業務の遂行方法が大幅に労働者の裁量に委ねられる一定の業務に従事する労働者について，労働時間の計算を実労働時間ではなく，みなし労働時間によって行うことを認める制度が，裁量労働制（裁量労働のみなし労働時間制）である（労基38条の3・38条の4）。裁量労働制が昭和62年の労働基準法改正（昭和62年法律第99号）により導入された際には，研究者やシステムエンジニアなどの専門的労働者にのみ適用されるものであったが，平成10年の労働基準法改正（平成10年法律第112号）により，企業の中枢部門において企画・立案・調査・分析の業務を行う一定範囲のホワイトカラー労働者を適用対象とする新たな制度が設けられた。前者の制度は専門業務型裁量労働制，後者の制度は企画業務型裁量労働制と呼ばれている。企画・立案・調査・分析の業務を行うホワイトカラー労働者についても，専門型裁量労働制の対象者と同様に，実労働時間ではなく仕事の質や成果により処遇することが妥当な場合があることを根拠としたものであるが，濫用のおそれがあるため，専門業務型に比べて要件は厳格になっている。その後，平成15年の労働基準法改正（平成15年法律第104号）により，制度導入の手続や要件について部分的に改正がされた。

〔2〕 対象業務等

(1) **対象業務**

「事業の運営に関する事項についての企画，立案，調査及び分析の業務であって，当該業務の性質上これを適切に遂行するにはその遂行の方法を大幅に労働者の裁量に委ねる必要があるため，当該業務の遂行の手段及び時間配分の決定等に関し使用者が具体的な指示をしないこととする業務」（労基38条の4第1項1号）が対象とされ，次のすべての事項にあてはまる業務である。

(a) 事業の運営に関する事項についての業務であること

例えば，対象事業場の属する企業等に係る事業の運営に影響を及ぼすもの，事業場独自の事業戦略に関するものなどである。

(b) 企画・立案・調査及び分析の業務であること

この「企画・立案・調査及び分析の業務」とは，「企画」，「立案」，「調査」，「分析」という相互に関連しあう作業を組み合わせて行うことを内容とする業務であり，例えば担当業務が「企画」のみであれば対象業務ではない。対象となるのは，部署が所掌する業務ではなく，個々の労働者が担当する業務であり，「企画課」，「調査部」などの名称をもつ部署の業務が当然に対象業務になるわけではない。

(c) 当該業務の性質上これを適切に遂行するには，その遂行の方法を大幅に労働者の裁量に委ねる必要があること

(d) 当該業務の遂行の手段及び時間配分の決定等に関し使用者が具体的な指示をしないこととする業務であること

「企画」，「立案」，「調査」，「分析」という相互に関連しあう作業を組み合わせて行う作業を，いつ，どのように行うか等について，広範な裁量が労働者に認められている業務をいう（平11・12・27労働省告示149号）。なお，業務量が過大であったり，業務に関して不適切な切迫した期限が設けられている場合は，時間配分の決定に関する裁量が事実上失われると解される。

業務の該当性を例示すると**図表1**のとおりである。

(2) **対象事業場**

企画業務型裁量労働制は，いかなる事業場においても導入できるということ

■図表1　業務の該当性例

組　織	業務内容	該当性
本社事業企画室	企業全体の事業戦略の策定	○
本社営業企画本部	特別案件に関する個別営業活動	×
支社企画課	当該支社及び配下の支店を統括した事業戦略の策定	○
支社営業部	個別の営業活動	×
工場製品企画課	特定製品の輸出戦略の策定業務に従事する労働者	○
工場製造課	製造作業	×

ではない。対象事業場は，前記の対象業務が存在する事業場である。制度導入当初は，「事業運営上の重要な決定が行われる事業場」に限定されていたが，平成15年の改正によりその規定は削除された。具体的には次の事業場が該当する。

① 本社，本店
② 当該事業場の属する企業等に係る事業の運営に大きな影響を及ぼす決定が行われる事業場
③ 本社・本店である事業場の具体的な指示を受けることなく独自に，事業の運営に大きな影響を及ぼす事業計画や営業計画の決定を行っている支社・支店等

(3) **対象労働者**

次のいずれにも該当する労働者が対象となる。

① 前記対象業務を適切に遂行するための知識・経験等を有する労働者

知識・経験等を有するとは，対象業務ごとに判断される。指針（平11・12・27労働省告示149号）においては，「大学の学部を卒業した労働者であって全く職務経験がないものは，客観的にみて対象労働者に該当し得ず，少なくとも3年ないし5年程度の職務経験を経た上で，対象業務を適切に遂行するための知識，経験等を有する労働者」が対象となり得るとしている。

② 前記対象業務に常態として従事している者

〔3〕 企画業務型裁量労働制の導入要件

　企画業務型裁量労働制を実施するに際しては，対象となる事業場において労使委員会を設置し，当該委員会の委員の5分の4以上の多数による決議で，必要な事項を決議し，使用者は当該決議を労働基準監督署長に届け出る。

(1) **労使委員会の設置**

　労使委員会とは，賃金，労働時間その他の当該事業場における労働条件に関する事項を調査審議し，事業主に対し当該事項について意見を述べることを目的とする委員会（労基38条の4第1項）である。労働者を代表する委員と，使用者を代表する委員で構成される。

　労使委員会の委員の半数については，当該事業場に，労働者の過半数で組織する労働組合がある場合にはその労働組合，労働者が過半数で組織する労働組合がない場合には労働者の過半数を代表する者に，任期を定めて指名されていることが必要である。

(2) **労使委員会での決議事項**

　労使委員会の決議事項は次のとおりである（労基38条の4第1項，労基則24条の2の3第3項）。

①　対象となる業務の具体的範囲
②　対象労働者の具体的範囲
③　労働したものとみなす時間
④　使用者が対象労働者の勤務状況に応じて実施する健康及び福祉を確保するための具体的措置
⑤　対象労働者からの苦情処理のための具体的措置
⑥　労働者本人の同意を得なければならないこと及び不同意の労働者に対し不利益な取扱いをしてはならないこと
⑦　決議の有効期間
⑧　企画業務型裁量労働制の実施状況に係る労働者ごとの記録を保存すること

(3) **対象労働者の同意の取得**

　対象労働者の個人の同意を得る必要がある。就業規則による包括的な同意は

第4節　裁量労働のみなし労働時間制　　Q21　企画業務型裁量労働制　273

個別の同意には当たらない。同意については書面によることと定めるのが適当とされており，また，労使委員会の裁量労働に関する決議の有効期間ごとに必要である（平11・12・27労働省告示149号）。

〔4〕　企画業務型裁量労働制の効果

　対象労働者を対象労働に就かせて制度を実施することにより，実際の労働時間と関係なく，決議で定めた時間労働したものとみなす効果が発生する。休憩，法定休日や，深夜業の割増賃金の規定は原則どおり適用される。

〔5〕　企画型裁量労働制における時間外労働等について

(1)　時間外労働

　裁量労働制においては，その業務における労働時間は，実労働時間にかかわらず，定めたみなし労働時間とされる。したがって，定めたみなし労働時間が労働基準法32条の法定労働時間を超える場合に限り，当該時間分の割増賃金（労基37条）を請求できる。

　この場合の割増賃金を算定する際の基礎賃金については，月額賃金を当該月のみなし労働時間数で除して得られた額となる。また，あらかじめ法定労働時間を超えたみなし労働時間を定めていることからすれば，その法定労働時間外分も含めて賃金が決定されているものと解されるため，その法定労働時間を超える時間に対して乗ずる率は125％ではなく，25％になるものと解される。

【計算例】　1日のみなし労働時間9時間，月額賃金54万円とした場合
　　1ヵ月（20日間）の労働時間…………9時間×20日＝180時間
　　基礎賃金（1時間）…………………月額賃金額54万円÷180時間＝3000円
　　1日当たりの法定時間外労働時間………9時間－8時間＝1時間
　　1ヵ月（20日間）の法定時間外労働時間
　　　　…………………………………1時間×20日＝20時間
　　よって，時間外割増賃金は
　　　　…………………………………3000円×0.25×20時間＝1万5000円

(2) 深夜労働・休日労働

労働基準法37条では、休日や午後10時から午前5時までの深夜時間帯に労働させた場合には、割増賃金の支払を義務付けている。みなし労働時間制は、労働時間規制のうち労働時間の算定方法について適用されるものであり、休日、深夜業に関する労働時間規制の適用を否定するものではない。

(a) 深夜労働

対象労働者が現実に午後10時から午前5時までの深夜時間帯に労働した場合には、実際にその時間帯に労働した時間に対し深夜割増賃金が支払わなければならない。ただし、その労働自体はすでに「みなし」の対象とされているので、使用者が支払を義務付けられる深夜割増賃金は、基礎賃金の25％である。

> **【計算例】** 基礎賃金（1時間）3000円で1ヵ月に深夜労働を10時間した場合
> 　深夜割増賃金……………3000円×0.25×10時間＝7500円

(b) 休日労働

対象労働者が休日労働をした場合は、企画業務型裁量労働制はあくまで所定の労働日の労働に適用されるもので、休日労働は想定されておらず（休日労働までも通常必要な労働とは解されない）、「みなし」の対象とはしない。よって、使用者は、休日に実際に労働した時間につき、基礎賃金に135％を乗じた休日割増賃金を支払わなければならない。

> **【計算例】** 基礎賃金（1時間）3000円で1ヵ月に休日労働を8時間した場合
> 　休日割増賃金……………3000円×1.35×8時間＝3万2400円

[熨斗　昌隆]

第 3 章

労働時間規定の適用除外

【概　説】労働時間規定の適用除外とは

〔1〕　はじめに

　労働基準法41条は，その従事する事業又は業務の性質・態様からみて，同法第4章，第6章及び第6章の2で定める労働時間，休憩及び休日に関する規定が適用除外となる者を限定列挙している。それが，①農業，畜産及び水産業に従事する者（1号），②管理監督者又は機密事務取扱者（2号），③監視・断続的労働従事者（3号）である。

　これらの者については，同法で定める労働時間等の適用が除外されることから，法定労働時間の制限なく労働させることができ，割増賃金支払義務も発生しないことになる。ただし，深夜業（労基37条4項）や年次有給休暇（労基39条）に関する規定は除外されないので，深夜割増賃金の支払や年次有給休暇の付与は認められる。

　また，特定高度専門業務・成果型労働制（高度プロフェッショナル制度）が適用された場合は，労働基準法第4章に定める労働時間，休憩，休日及び深夜割増賃金に関する規定が適用対象外となる。同法41条の2において，対象業務，対象労働者，健康確保措置，制度導入の手続等が定められている。

　以下，裁判実務において問題となることが多い管理監督者を中心に具体的に説明する。

〔2〕　農業，畜産及び水産業に従事する者

　これらの産業に従事する者（林業を除く）は，その労働時間が天候，季節等の

自然条件に左右され，1日8時間とか週休制とかの規制になじまないため，労働時間，休憩及び休日に関する規定につき適用除外となっている。悪天候，農閑期等のときには適宜休養がとれるので，労働者保護に欠けることはないと考えられている。

〔3〕 管理監督者

(1) 意　義

　管理監督者とは，労働基準法及び同法施行規則には具体的な内容を定めた規定はないものの，労務管理（労働条件等の決定）について経営者と一体的な立場にある者を指すと解されている（昭22・9・13発基17号，昭63・3・14基発150号）。

　労働基準法41条2号の趣旨は，職制上の役付者のうち，同法上の労働時間，休憩及び休日に関する規制の枠を超えて活動することが要請されざるを得ない重要な職務と責任を有し，現実の勤務態様もこれらの規制になじまず，賃金等の待遇に照らしても，同法1条の基本理念，同法37条1項の趣旨に反しないような立場にある者に限って，上記各規制の適用が除外されるというものである。そこで，管理監督者に当たるか否かの判断に際しては，資格及び職位の名称にとらわれることなく，職務権限，勤務態様及び賃金等の待遇の3つの点に着目して判断する必要がある。

(2) 判断要素

　管理監督者性の有無については，ライン職（指揮監督系統に直属する者）であれば，以下の3つの判断要素（(a)経営者と一体性をもつような職務権限が付与されているか，(b)労働時間が当該労働者の自由裁量に任されているか，(c)その地位にふさわしい待遇を受けているか）を総合的に考慮して判断すべきである。

　なお，スタッフ職（事業運営に関する企画立案等を担当する者）であれば，管理監督者であるライン職と「同格」以上に位置付けられているか，「経営上の重要事項に関する企画立案等の業務」を担当しているかの2点が，その判断要素になると考えられている（細川二朗「労働基準法41条2号の管理監督者の範囲について」判タ1253号61頁）。

(a) 経営者と一体性をもつような職務権限が付与されているか

　当該労働者が実質的に経営者と一体的な立場にあると認めるに足るだけの重

要な職務，権限及び責任を付与されているかということである。この判断要素については，職務の内容，権限及び責任に照らし，労務管理を含め，企業全体の事業経営に関する重要事項にどの程度関与しているかという観点から，次のような点について検討すべきものと解されている(細川・前掲62頁・66頁)。

(イ) 職務の内容，権限及び責任において，事業経営上重要な地位にいるか否か　事業経営上重要な職責を担っていることは，管理監督者性を肯定する重要な要素になる。

(ロ) 就業場所等の規模又は職務の内容及び権限の範囲が，企業全体からみて，どの程度か　就業場所等が企業全体の規模と比較して小規模である場合（少人数が勤務する支店等）は，管理監督者性を否定する要素になり得る。また，職務の内容及び権限の範囲が事業経営の全体からみて限られている場合は，管理監督者性を否定する要素になる。

(ハ) 他の一般従業員と同様の業務（現業等）に一体となって従事しているか否か　他の従業員と同様の業務（現場業務等）に一緒に従事している場合は，重要な職位にあったとしても，管理監督者性を否定する要素になり得る。

(ニ) 企業全体における事業経営方針の決定について，どの程度，手続に関与し，権限を有しているか　企業全体における事業経営方針の決定過程（経営会議等）に関与していないか，又は関与の度合が低い場合は，管理監督者性を否定する要素になり得る。

(ホ) 経営者又は上位の職位者との関係で，業務遂行に関して，どの程度，従属しているか。また，部下との関係で，どの程度，業務遂行に関する指揮監督を行っているか　経営者又は上位の職位者が決定した業務遂行方針等に専従すべき立場にあるときは，その決定過程に相当程度関与している場合であっても，管理監督者性を否定する要素になり得る。また，ライン職において，直属の部下等がいない場合，又は部下等に対する指揮監督の程度がそれほど強くない場合も，管理監督者性を否定する要素になり得る。

(ヘ) 部下等に対する人事管理について，どの程度，関与し，決定権限を有しているか　部下等に対する人事管理（人事評価，賃金査定等）に関与していない場合，又はこれに関与していても，強い決定権限を有していない場合は，管理監督者性を否定する要素になる。

(b) 労働時間が当該労働者の自由裁量に任されているか

自己の出退勤をはじめとする労働時間の決定について，厳格な制限・規制を受けない立場にあるかということである。この判断要素については，実際の勤務態様が労働時間等の規制になじまない立場にあり，自己の裁量的判断で労働時間を管理することができるかという観点から，次のような点について検討すべきものと解されている（細川・前掲63頁・66頁）。

(イ) 就業時間（始業，終業）や休憩時間が定められているか，労働時間が所定就業時間にどの程度，拘束されているか　労働時間に関する自由裁量性が認められる場合は，管理監督者性を肯定する重要な要素になる。しかし，所定就業時間に労働時間が拘束されている場合は，管理監督者性を否定する要素になり得る。

(ロ) 勤務体制との関係において，労働時間がどの程度拘束されているか　勤務体制上の必要から相当な時間外労働が必要とされる場合は，管理監督者性を否定する要素になり得る。

(ハ) タイムカードが使用されている場合は，これによって労働時間管理（労働時間への拘束）がどの程度なされているか　出退勤時刻がタイムカードによって管理されている場合は，職務内容等が重要なものであっても，管理監督者性を否定する要素になり得る。ただし，タイムカードが打刻されていても，労働時間管理との関係が希薄であるなど，労働者において労働時間に関する自由裁量が認められる場合は，管理監督者性が肯定されることもあり得る。

(ニ) タイムカードが使用されていない場合は，労働時間の管理がどのような方法で行われているか，これによって労働時間がどの程度，拘束されているか　タイムカードとは別の方法（出勤簿の記載，出退勤時の点呼・確認等）によって労働時間の管理が相当程度なされている場合は，管理監督者性を否定する要素になり得る。

(ホ) 労働時間管理について特に方法が講じられていない場合は，事業経営の必要上，労働時間等の規制を超えて労働する必要性があるか否か　労働時間管理が緩やかであることは，管理監督者性を肯定する要素になり得る。ただし，職務内容，業務量，所定就業時間，勤務体制等に照らし，労働時間に関する自由裁量性に乏しい場合や，企業経営上の必要から労働時間等の規制を超えて労

働する必要があるとは認め難い場合は，管理監督者性が否定されることもあり得る。

(ハ) 欠勤，遅刻，早退等が，賃金の査定，懲戒処分等の不利益処分における考慮要素にされているか否か　欠勤，遅刻，早退等について，人事担当者，上司等の承諾が必要とされる場合や，欠勤等の内容によっては賃金の査定要素や懲戒処分の対象となる場合は，管理監督者性を否定する要素になり得る。また，休日の出勤及び代休の付与が，企業で管理され，賃金清算の対象にされている場合は，管理監督者性を否定する要素になり得る。

(c) その地位にふさわしい待遇を受けているか

給与（基本給，役職手当等）及び賞与において，管理監督者にふさわしい待遇がなされているかということである。この判断要素については，他の一般労働者に比べて，役職に見合った程度の優遇措置がなされているか否かという観点から，次のような点について検討すべきものと解されている（細川・前掲64頁・66頁）。

(イ) 役職手当が支給されているか否か，その額はどの程度か　役職手当の支給額がそれほど多くない場合や，割増賃金が支給されたならば得られたであろう額と比較しても多くない場合は，役職に見合った待遇がなされていないとして，管理監督者性を否定する要素になり得る。また，役職手当の支給がない場合は，給与又は賃金全体において役職に見合った金額が支給されていると認められない限り，管理監督者性を否定する要素になり得る。

(ロ) 他の従業員と比較して，どの程度の待遇を受けているか　他の従業員（一般職，下位の管理職等）と比較して，給与，手当等の額にそれほど差がない場合は，管理監督者性を否定する理由になり得る。また，他の従業員より給与，手当等が高額であっても，役職に見合った程度には至っていない場合も，管理監督者性を否定する理由になり得る。

(ハ) 給与，賞与等が高額か否か　給与，賞与等が他の従業員との比較において相当高額であった場合でも，その理由が，役職に見合った支給をするためではなく，年功序列的な賃金体系，中途入社による厚遇等が理由である場合は，管理監督者性を否定する要素になり得る。

(3) **主張立証責任**

管理監督者が争点となる事案は，通常，被告（使用者側）が，抗弁として管理監督者性の根拠付けとなる具体的事実（労働者の職務権限，勤務態様，賃金等の待遇）を主張立証する必要がある。これに対し，原告（労働者側）が，その推認を阻害する具体的事実を主張立証することになる。

管理監督者性に関する客観的事実を証する書証としては，雇用契約書，就業規則，企業全体・勤務部門の組織表，職務権限を定めた文書，シフト表，タイムカード，出勤簿，賃金規程，賃金台帳等が挙げられる。

〔4〕 機密事務取扱者

機密事務取扱者とは，秘書その他職務が経営者又は監督管理者の活動と一体不可分であって，その業務の性質及び特殊性から，厳格な労働時間管理になじまない者を指すと解されている（昭22・9・13発基17号）。

この機密事務取扱者性の有無については，①当該労働者の職務内容が機密の事務を取り扱うものか，②職務内容や勤務実態に照らして，経営者又は管理監督者と一体不可分といえる関係にあるか，③給与等の待遇が職務内容及び勤務実態に見合ったものか否か，の各点について具体的事実を総合考慮して判断すべきものと解されている（細川二朗「管理監督者，機密事務取扱者，監視・断続的労働従事者」白石哲編著『労働関係訴訟の実務』139頁）。

〔5〕 監視・断続的労働従事者

(1) 監視・断続的労働従事者，宿日直勤務者

監視・断続的労働従事者には，例えば，守衛，小中学校の用務員，団地管理人等が挙げられる。これらの監視・断続的労働は，通常の労働に比して労働密度が薄いことから，労働時間規制を適用しなくても必ずしも労働者保護に欠けることはないと考えられている。ただし，使用者の恣意的判断で監視・断続的労働に当たると判断されないように，労働基準監督署長の許可を必要とする（労基則34条）。また，宿日直勤務も断続的労働の一態様とされている（労基則23条）。

(a) 監視に従事する者

監視に従事する者とは，原則として，一定部署にあって監視するのを本来の

業務とし，常態として身体又は精神的緊張の少ない労働に従事する者をいう。その意味で，①交通関係の監視，車両誘導を行う駐車場の監視等の業務，②プラント等における計器類を常態として監視する業務，③危険又は有害な場所における業務は，精神的緊張が高いことから，これに当たらないと解されている（昭22・9・13発基17号，昭63・3・14基発150号）。

　(b)　断続的労働に従事する者

　断続的労働に従事する者とは，業務自体が間欠的に行われるもので，休憩時間は少ないが，手待ち時間が多い者を意味する。

　行政通達（昭22・9・13発基17号，昭23・4・5基発535号，昭63・3・14基発150号）は，断続的労働従事者として許可すべき場合として，①修繕係等通常は業務閑散であるが，事故発生に備えて待機するもの，②寄宿舎の賄人等については，その者の勤務時間を基礎として作業時間と手待ち時間が折半程度までのもの（ただし，実労働時間の合計が8時間を超えるときはこの限りではない），③鉄道踏切番等については，1日交通量10往復程度までのものを挙げている。

　なお，ある1日が断続的労働であっても，他の日に通常の勤務に就くというようなかたちを繰り返す勤務については，常態として断続的労働に従事する者には該当しない（昭63・3・14基発150号）。

　(c)　宿日直勤務者

　宿日直勤務は，所定労働時間外又は休日における勤務であって，断続的労働の一態様として，労働基準法施行規則23条に定めがある。この勤務は，本来的業務の処理のためではなく，定時的巡視，緊急の文書又は電話の収受，非常事態発生の準備等を目的とする職務のために待機するものであって，常態としてほとんど労働する必要がない勤務をいうと解されている。

　行政通達（昭22・9・13発基17号，昭63・3・14基発150号）は，宿日直勤務の許可条件として，上記勤務内容のほか，手当（賃金の平均日額の3分の1を下らないもの），頻度（日直は月1回，宿直は週1回），宿直時の睡眠設備等について定めている（なお，医師，看護師等の宿日直許可については，本編第1章第1節**Q 4**〔2〕(1)の解説も参照）。

　(2)　**行政官庁の許可**

　監視・断続的労働従事者又は宿日直勤務者（以下「監視・断続的労働従事者等」という）について労働時間規制の適用除外を受けるためには，行政官庁の許可

が必要であり（労基41条3号，労基則34条），これを受けていない場合，業務内容が上記の意味における監視・断続的労働従事者等に当たっても適用除外は受けられない。行政官庁の許可は，適用除外の効力発生要件となる。したがって，使用者がこの許可を受けないで，監視・断続的労働従事者等に法定労働時間を超えて労働させた場合は，時間外労働の割増賃金の支払義務を負うことになる。また，この許可を受けていたとしても，勤務実態が想定した内容を超える場合は，監視・断続的労働従事者等が従事した時間外労働について割増賃金の支払義務を負うものと解されている（細川・前掲142頁）。

〔6〕 特定高度専門業務・成果型労働制（高度プロフェッショナル制度）

特定高度専門業務・成果型労働制（高度プロフェッショナル制度）とは，職務の範囲が明確で一定の収入（少なくとも1000万円以上。具体額は1075万円を想定）を有する労働者が，高度の専門的知識を必要とし，従事した時間と成果との関連が高くない業務（例えば，金融商品の開発・ディーリング，アナリスト，コンサルタント，研究開発等の業務）に従事する場合に，年間104日の休日を確実に取得させること等の健康確保措置を講じること，本人の同意や労使委員会の決議等を要件として，労働時間，休憩，休日及び深夜割増賃金に関する労働基準法上の規定を適用除外とする制度である（労基41条の2。厚生労働省「働き方改革を推進するための関係法律の整備に関する法律の概要」。詳しくは序編【概説】〔3〕の解説を参照）。

この制度については，既存の規制にとらわれない柔軟な労働時間の設定が可能となり，成果にリンクした賃金設定が容易になるといわれているが，他方で「残業代ゼロ制度」などといった批判もなされている。

〔宇都宮　庫敏〕

Q22 多店舗展開する小売業，飲食業の店長の管理監督者該当性

多店舗展開する小売業，飲食業の店長の管理監督者該当性について説明しなさい。

A

〔1〕　はじめに

　多店舗展開する小売業，飲食業（ファーストフード店，コンビニエンスストア等）の店長については，十分な職務権限をもたないのに，管理職という肩書だけを与えられて，労働時間規制や割増賃金規制が適用除外されているのではないか，それが長時間労働の温床になったり，過労死，過労うつ等の原因になったりしているのではないかという，いわゆる「名ばかり管理職（店長）」の問題がある。この問題について，近時，社会の注目を浴びた裁判例としては，ファーストフード・チェーン店の店長が労働基準法41条2号の管理監督者に該当するか否かが争点となった，東京地判平20・1・28労判953号10頁〔日本マクドナルド事件〕がある。以下，この裁判例と，その後に発出された行政通達の内容に沿って説明する。

〔2〕　日本マクドナルド事件

(1)　管理監督者該当性の判断基準

　管理監督者とは，労務管理（労働条件の決定等）について経営者と一体的な立場にある者の意であり，その該当性は，資格及び職位の名称にとらわれず，実態に即して判断しなければならない（昭22・9・13発基17号，昭63・3・14基発150号）。

　その判断要素としては，第1に経営者と一体性をもつような職務権限が付与

されているか（職務の内容，権限及び責任の程度。以下「第1要素」という），第2に労働時間が当該労働者の自由裁量に任されているか（労働時間の裁量及び管理の程度。以下「第2要素」という），第3にその地位にふさわしい待遇を受けているか（待遇の内容及び程度。以下「第3要素」という）を挙げることができ，これらを総合的に考慮して判断することになる（詳しくは，本章【概説】〔3〕(2)の解説を参照）。この一般的な判断枠組みを前提にして，日本マクドナルド事件の判決内容を紹介する。

(2) **事案の概要**

原告は，被告において直営店店長の地位にある者であり，被告は，全国に展開する直営店等で自社ブランドのハンバーガー等の飲食物を販売することなどを目的とする株式会社である。当該事件は，原告が，被告に対し，時間外労働に対応する時間外割増賃金等の請求をしたのに対し，被告が，原告は労働基準法41条2号の管理監督者に当たり，労働時間，休憩及び休日に関する規定の適用を受けないと主張して，これを争った事案である。

被告の店舗数は，平成17年12月31日現在，3802店（そのうち直営店は2785店）であり，従業員数は，平成19年9月30日現在，店長より上位の社員が277人，店長が1715人，ファーストアシスタントマネージャー，セカンドアシスタントマネージャー及びマネージャートレーニー（入社時からセカンドアシスタントマネージャーに昇格するまでの身分）が合計2555人，スウィングマネージャー（店舗の各営業時間帯に商品の製造，販売の総指揮を務める者をシフトマネージャーと呼び，アルバイト従業員のうちで，これを務めることができる者）が1万9870人，クルー（アルバイト従業員）が10万1152人であった。

(3) **裁判所の判断**

(a) 第1要素（経営者と一体性をもつような職務権限が付与されているか）について

原告は，クルーの採用，その時給額，スウィングマネージャーへの昇格等の決定権限を有しているが，アシスタントマネージャーや店長に昇格していく社員を採用する権限はなく，アシスタントマネージャーの人事考課に一次評価者として関与するものの，最終的な決定は，店長より上位の社員に委ねられていた。また，店舗の運営に関しては，原告は，被告を代表して，店舗従業員の代表者と時間外労働協定を締結したり，店舗従業員の勤務シフトを決定したり，

次年度の損益計画を作成したりするなど一定の権限を有していた。しかしながら、本社が打ち出した店舗営業時間の設定には従うことを余儀なくされ、全国展開する飲食店という性質上、店舗で独自のメニューを開発したり、原材料の仕入先を自由に選定したり、商品の価格設定をしたりすることは予定されていなかった。また、店長会議等の各種会議に参加しているものの、これらの会議は、被告から企業全体の営業方針、営業戦略、人事等に関する情報提供がなされるほかは、店舗運営に関する意見交換が行われるにすぎず、その場で、被告の企業全体としての経営方針等の決定に店長が関与するというものではなかった。他に原告が被告の企業全体の経営方針等の決定過程に関与していると評価できる事実も認められない。したがって、原告の職務、権限は、店舗内の事項に限られているにすぎず、経営者と一体的立場において、労働基準法の労働時間等の枠を超えて事業活動することを要請されてもやむを得ないような重要な職務と権限を付与されているとは認められないとした。

(b) 第2要素（労働時間が当該労働者の自由裁量に任されているか）について

被告の各店舗では、店舗営業時間帯に必ずシフトマネージャーを置かなければならないので、シフトマネージャーを確保できない営業時間帯は、店長が自ら勤めることが必要となる。原告の場合、自らシフトマネージャーとして勤務するため、時期によっては30日以上や60日以上の連続勤務を余儀なくされ、早朝や深夜の勤務も多数回に上り、原告の時間外労働時間は、月100時間を超える場合があるなど、相当長時間に及んでいた。労働時間に関する裁量については、原告自らスケジュールを決定する権限があって、早退や遅刻に関して上司の許可を得る必要はないなど、形式的には労働時間に裁量があるといえる。しかしながら、実際には、店長固有の業務だけで相応の時間（月150時間程度）を要するものであり、上記のような被告の勤務体制上の必要性から、自らシフトマネージャーとして勤務することなどにより、法定労働時間を超える長時間の時間外労働を余儀なくされていた。かかる勤務実態からすると、原告には労働時間に関する自由裁量性があったとは認められないとした。

(c) 第3要素（その地位にふさわしい処遇を受けているか）について

店長と部下の平均年収を比較すると、店長が平均707万0184円で、ファーストアシスタントマネージャー（以下「ファーストアシスタント」という）が平均590

万5057円であって，管理監督者として扱われている店長と，管理監督者として扱われていないファーストアシスタントとの収入には，相応の差異が設けられているようにも見える。しかしながら，賃金評価（4段階）のうち，最下位のＣ評価の店長（店長全体の10%）の年収は579万2000円で，下位の職位であるファーストアシスタントの年収を下回る。Ｂ評価の店長（店長全体の40%）にしても635万2000円で，ファーストアシスタントの年収を上回るものの，その差は年額で44万6943円にとどまっている。加えて，店長の週40時間を超える労働時間は，月平均39.28時間であり，ファーストアシスタントの月平均38.65時間を超えているところ，店長のかかる勤務実態を併せ考慮すると，原告の賃金は，管理監督者に対する待遇として十分であるとはいい難いとした。

　その結果，東京地裁は，上記3つの判断要素の観点から判断しても，原告は管理監督者には当たらないと判示した。

　なお，小売業，飲食業の店長については，日本マクドナルド事件以前から管理監督者該当性が争われてきたが，これまでに管理監督者性が認められたものは見当たらない（大阪地判平13・3・26労判810号41頁〔風月荘事件〕，東京地判平18・8・7労判924号50頁〔アクト事件〕，大阪地判平19・10・25労判953号27頁〔トップ（カレーハウスココ壱番屋店長）事件〕，東京地判平21・10・21労判1000号65頁〔ボス事件〕等）。

〔3〕　行政通達

　このような状況の下で，厚生労働省は，都道府県労働局宛に「多店舗展開する小売業，飲食業等の店舗における管理監督者の範囲の適正化について」（平20・9・9基発0909001号）と題する通達を発出した。この通達は，従前の通達（昭22・9・13発基17号，昭63・3・14基発150号）の判断枠組みを特化・補足して，以下のとおり，店長等の管理監督者性を否定する重要な要素と補強要素を示したものである。これは最近の裁判例も参考にして，特徴的な判断要素を整理したものであり，今後は，チェーン展開している飲食業等における判断基準になるものと思われる。ただし，ここに掲げた内容は，いずれも管理監督者性を否定する要素にかかるものであるから，これらの否定要素が認められない場合であっても，直ちに管理監督者性が肯定されることになるものではないことに留意する必要がある。

(1) 「職務内容，責任と権限」についての判断要素

(a) 採　　用

アルバイト，パート等の採用（人選のみを行う場合も含む）に関する責任と権限が実質的にない場合には，管理監督者性を否定する重要な要素となる。

(b) 解　　雇

アルバイト，パート等の解雇に関する事項が職務内容に含まれておらず，実質的にもこれに関与しない場合には，管理監督者性を否定する重要な要素となる。

(c) 人事考課

部下の人事考課（昇給，昇格，賞与等を決定するため労働者の業務遂行能力，業務成績等を評価することをいう）に関する事項が職務内容に含まれておらず，実質的にもこれに関与しない場合には，管理監督者性を否定する重要な要素となる。

(d) 労働時間の管理

勤務割表の作成又は所定時間外労働の命令を行う責任と権限が実質的にない場合には，管理監督者性を否定する重要な要素となる。

(2) 「勤務態様」についての判断要素

(a) 遅刻，早退等に関する取扱い

遅刻，早退等により減給の制裁，人事考課での負の評価など不利益な取扱いがされる場合は，管理監督者性を否定する重要な要素となる。ただし，管理監督者であっても，過重労働による健康障害防止や深夜業に対する割増賃金の支払の観点から，労働時間の把握や管理を受けている場合は，管理監督者性を否定する要素とはならない。

(b) 労働時間に関する裁量

営業時間中は店舗に常駐しなければならない，あるいは，アルバイト，パート等の人員が不足するときには，それらの者の業務に自ら従事しなければならず，長時間労働を余儀なくされているなど，実際には労働時間に関する裁量がほとんどないと認められる場合には，管理監督者性を否定する補強要素となる。

(c) 部下の勤務態様との相違

監理監督者としての職務も行うが，会社から配付されたマニュアルに従った業務にも従事しているなど，労働時間の規制を受ける部下と同様の勤務態様が

労働時間の大半を占めている場合には、管理監督者性を否定する補強要素となる。

(3) **賃金等の待遇についての判断要素**

(a) 基本給、役職手当等の優遇措置

基本給、役職手当等の優遇措置が、実際の労働時間数を勘案した場合に、割増賃金の規定が適用除外となることを考慮すると十分でなく、当該労働者の保護に欠けるおそれがあると認められるときは、管理監督者性を否定する補強要素となる。

(b) 支払われた賃金の総額

1年間に支払われた賃金の総額が、勤続年数、業績、専門職種等の特別の事情がないにもかかわらず、他店舗を含めた当該企業の一般労働者の賃金総額と同程度以下である場合には、管理監督者性を否定する補強要素となる。

(c) 時間単価

実態として長時間労働を余儀なくされた結果、時間単価に換算した賃金額が、アルバイト、パート等の賃金額に満たない場合には、管理監督者性を否定する重要な要素となる。特に、当該時間単価に換算した賃金額が最低賃金額に満たない場合は、管理監督者性を否定する極めて重要な要素となる。

[宇都宮　庫敏]

Q23 | 管理監督者と深夜割増賃金

　Xは，美容室及び理容室を経営するY社に平成〇年〇月〇日に入社し，平成〇年以降，Y社の総店長となったが，顧客に対する理美容業務にも従事していた。Xは，通常は，午前10時（平日）あるいは午前9時（土日）に出勤し，午後7時半に退社していたが，平成〇年〇月以降，毎月2回，原則として水曜日の夜，理美容業務を終えた後，午後9時ころから最低でも2時間，店長会議に出席していた。Xには，他の店長の3倍の店長手当を含め他の店長の約1.5倍程度の給与が支給されており，また，Y社の経営は代表取締役が最終的には決定していたが，Xは代表取締役と経営や売上げや人事異動等について打ち合わせをし，代表取締役に助言する立場にあった。ところが，平成〇年〇月，Y社の売上げが芳しくないことを理由とする減給の要請を受けてXは応じたが，その後も基本給を元に戻す話がなく，次第にY社の待遇に不満をもつようになり，平成〇年〇月〇日ころに体調不良を理由に退社したい旨を申し入れて同年〇月末日で退社した。退社後，Xは時間外賃金（深夜割増賃金）の支払を求めて訴えを提起した。Xは，総店長の地位にはあったものの，その業務は顧客に対する理美容行為であって，他の従業員と何ら変わるところはなく，労働基準法41条2号の管理監督者には該当しないと主張し，Y社は，XはY社の経営や人事管理に実質的に関与していた者であり，他の店長の3倍の店長手当を含め他の店長の約1.5倍程度の給与の支給を受けており，管理監督者に該当するところ，管理監督者については，労働基準法の労働時間，休憩及び休日に関する規定は適用されないから（労基41条柱書・2号），これらの規定が適用されることを前提とするXの深夜割増賃金の請求は理由がない旨を主張する。

　Xの請求は認められるかについて説明しなさい。

A

〔1〕 はじめに

本問は，最判平21・12・18裁判集民事232号825頁・労判1000号5頁〔ことぶき事件〕を素材としたものであって，労働基準法41条2号該当者（管理監督者）の深夜割増賃金請求権の存否が争点となる事案である。まず，Xが管理監督者に該当するか否か，次に，該当する場合であっても，深夜割増賃金請求権（労基37条4項）を有するか否かについて，順次検討する。

〔2〕 管理監督者該当性

(1) 管理監督者

管理監督者とは，労務管理（労働条件の決定等）について経営者と一体的な立場にある者の意であり，その該当性は，資格及び職位の名称にとらわれず，実態に即して判断しなければならない（昭22・9・13発基17号，昭63・3・14基発150号）。

管理監督者には，労働時間，休憩時間及び休日に関する適用の除外が認められている。この適用除外の趣旨は，管理監督者は，経営者と一体の地位にあって重要な職務と責任を有しているため，職務の性質上，一般労働者と同様の労働時間規制になじまず，勤務や出退社について自由裁量をもち，賃金等においても，その地位にふさわしい待遇を受けているので，厳格な労働時間規制や割増賃金規制がなくても保護に欠けることはないという点にある。

その趣旨から，管理監督者性の有無は，次の3つの要素を総合的に考慮して判断すべきことになる（詳しくは，本章【概説】〔3〕(2)の解説を参照）。

(a) 経営者と一体性をもつような職務権限が付与されているか（職務の内容，権限及び責任の程度。以下「第1要素」という）。

(b) 労働時間が当該労働者の自由裁量に任されているか（労働時間の裁量及び管理の程度。以下「第2要素」という）。

(c) その地位にふさわしい待遇を受けているか（待遇の内容及び程度。以下「第

3要素」という）。

(2) あてはめ

これを本問についてみると，①（第1要素）Xは，Y社の総店長として他の店長を統括する地位にあったこと，顧客に対する理美容業務にも従事していたこと，Y社の経営は，最終的には代表取締役が決定していたものの，Xは，経営，売上げ，人事異動等について，代表取締役と打ち合わせをしたり，同人に助言したりする立場にあったこと，Xは，毎月2回営業時間外に開かれる店長会議に出席していたこと，②（第2要素）Xは，平日は午前10時，土日は午前9時に出勤し，午後7時半に退社していたこと，③（第3要素）Xには，他の店長と比して，3倍の店長手当及び（少なくとも基本給の減給前においては）約1.5倍程度の給与が支給されていたことが認められる。

これらの実態に照らすと，第1要素については，Xは，現場業務にも従事していたものの，Y社の総店長として，労務管理について経営者と一体的な立場にあった者ということができ，労働基準法に定められた規制の枠を超えて活動することが要請されざるを得ない重要な職務と責任を有していたものと認められる。第2要素については，Xの勤務状況からすると，出退社時間に拘束されていたようにもみえるが，これは，顧客に対する理美容業務も担当していたことからくる合理的な制約というべきであって，必ずしも管理監督者性を否定する要素とはいえない。第3要素については，Xは，他の店長と比して，多額な店長手当及び給与の支給を受けていたのであるから，総店長として不十分とはいえない待遇を受けていたといえる。

(3) 結　論

以上を総合考慮すると，Xは，労働基準法41条2号の管理監督者に該当すると認めるのが相当である。

〔3〕 深夜割増賃金請求権の存否

(1) 管理監督者の深夜割増賃金請求権

管理監督者に該当すると，深夜労働の割増賃金規定（労基37条4項）まで適用除外の対象となるのであろうか。これについて，行政解釈では明確に適用除外しないとの見解が定着していたものの，裁判例では，管理監督者であっても深

夜労働の割増賃金請求権を有するとするもの（東京地判平18・8・7労判924号50頁〔アクト事件〕，福岡地判平19・4・26労判948号41頁〔姪浜タクシー事件〕等）と，管理監督者には深夜労働の割増賃金規定も適用が除外されるとするもの（東京地判昭63・4・27労判517号18頁〔日本プレジデントクラブ事件〕，東京地判平9・1・28労判725号89頁〔パルシングオー事件〕等）とが併存していた。

　これに対し，最高裁がその判断を示したのが，ことぶき事件である。最高裁は，同事件において，①労働基準法における労働時間に関する規定の多くは，その長さに関する規制について定めており，同法37条1項は，使用者が労働時間を延長した場合には，延長された時間の労働について所定の割増賃金を支払わなければならないことなどを規定している。他方，同条4項は，使用者が原則として午後10時から午前5時までの間に労働させた場合には，その時間の労働について所定の割増賃金を支払わなければならない旨を規定するが，同項は，労働が1日のうちのどのような時間帯に行われるかに着目して，深夜労働に関し一定の規制をする点で，労働時間に関する労働基準法中の他の規定とは，その趣旨目的を異にすると解されること，②労働基準法41条は，同法第4章，第6章及び第6章の2で定める労働時間，休憩及び休日に関する規定は，同条各号の一に該当する労働者については適用しないものとし，これに該当する労働者として，同条2号は管理監督者等を，同条1号は同法別表第1第6号（林業を除く）又は第7号に掲げる事業に従事する者を定めている。一方，同法第6章中の規定であって年少者に係る深夜業の規制について定める61条をみると，同条4項は，上記各事業については同条1項ないし3項の深夜業の規制に関する規定を適用しない旨別途規定している。こうした定めは，同法41条にいう「労働時間，休憩及び休日に関する規定」には，深夜業の規制に関する規定は含まれていないことを前提とするものと解されることから，管理監督者に該当する労働者であっても，労働基準法41条2号の規定によって同法37条4項の適用が除外されることはなく，同項に基づく深夜割増賃金を請求することができる旨判示した。

(2) 定額残業制の可否

(a) 定額残業制と深夜割増賃金

　管理監督者に該当する労働者であっても深夜割増賃金を請求できるとしても，

Xが，他の店長と比して，3倍の店長手当及び約1.5倍程度の給与を支給されていたことから，Y社が，Xの深夜労働に対して定額手当又は定額給を既に支払ったとの予備的抗弁を主張することが予想される。使用者が，労働基準法37条が定める計算方法による割増賃金に代えて，定額手当を支給したり，割増賃金を基本給に組み込んで支払ったりすることが許されるであろうか。この点についても関連する論点として説明しておきたい。

ちなみに，本問の素材となった「ことぶき事件」においても，上告人（X）は，被上告人（Y社）に対し，反訴として時間外労働と深夜労働に対する割増賃金を請求していた（二審においては，Xの管理監督者性が肯定されるので，その余の点について判断するまでもなく理由がないとして請求棄却された）が，最高裁は，Xに支払われた賃金の趣旨や，労働基準法37条所定の方法により計算された深夜割増賃金の額について審理することなく，Xの深夜割増賃金請求権の有無について判断することはできないとして，原判決のうち深夜割増賃金に係る反訴請求に関する部分を破棄し，二審に差し戻した。

(b) 定額残業制についての基本的な考え方

時間外労働が恒常化している職場においては，労働基準法37条に定める計算方法による時間外手当を支払う代わりに，別の方法による手当を支給することを合意している場合がある。その場合の割増賃金の支給方法には，次のようなものがある。

㈵ 手当制　時間外労働に対して定額手当を支給するものである。この方法を利用するには，当該手当を割増賃金に代えて支払うという労働契約上の合意があって，当該手当の支払が時間外労働に対応したものであると評価できるものでなければならない（対価性）。そして，その時間外手当に対応する定額手当が，労働基準法所定の時間外手当の割増率による額を上回る場合は問題ないが，下回る場合は労働基準法の規制に違反する限度で違法となり，その差額分を支払わなければならない。すなわち，割増賃金請求訴訟において，定額手当のほうが多額の場合は，当該手当の支払の主張は全部抗弁となるが，計算された割増賃金のほうが多額の場合は，当該手当の支払は一部抗弁となり，労働基準法37条に違反する限度で違法となって，その差額分の支払請求が認められることになる。

各種手当を割増賃金として認めた裁判例としては，大阪地判昭63・10・26労判530号40頁〔関西ソニー販売事件〕，東京地判平10・6・5労判748号117頁〔ユニ・フレックス事件〕，東京高判平21・12・25労判998号5頁〔東和システム事件〕等がある。また，近時の最高裁判例には，雇用契約書，採用条件確認書，賃金規程のほか，使用者と各従業員との間で作成された確認書にも，月々支払われる所定賃金のうち業務手当が時間外労働に対する対価として支払われる旨記載されており，その業務手当が，算定された時間外労働に対する割増賃金とかい離するものではなかったという事案において，当該業務手当は，雇用契約における時間外労働等に対する対価とみることができる旨判示したものがある（最判平30・7・19裁時1704号6頁〔日本ケミカル事件〕）。

他方，割増賃金として認めなかったものとしては，東京地判昭63・5・27労判519号59頁〔三好屋商店事件〕，大阪地判平8・10・2労判706号45頁〔共立メンテナンス事件〕，大阪地判平12・4・28労判787号30頁〔キャスコ事件〕，大阪高判平12・6・30労判792号103頁〔日本コンベンションサービス事件〕，東京地判平14・3・28労判827号74頁〔東建ジオテック事件〕，名古屋地判平17・8・5労判902号73頁〔オンテック・サカイ創建事件〕等がある。

(ロ) 定額給制　割増賃金を基本給に組み込んで支給するものである。この方法には，割増賃金部分とこれ以外の賃金部分とが区別されずに支給された場合は，基本給のうち割増賃金部分を確定することが困難になるという欠点がある。この点について，最高裁は，最判昭63・7・14労判523号6頁〔小里機材事件〕において，①基本給のうち時間外手当に当たる部分を明確に区分して雇用契約上の賃金合意をしており（明確区分性），かつ，②労働基準法所定の計算方法による額がその額を上回るときはその差額を当該賃金の支払期に支払うことを合意した場合でない限り，割増賃金を基本給に組み込んで支給する合意は違法であり，使用者は割増賃金の支払義務を免れないとする原審判断を維持した。ただし，②の部分は，その差額分の割増賃金が支払われることは，労働基準法上，当然のことであるから，この部分を独立の要件とする必要はないと解されている（白石哲「固定残業代と割増賃金請求」同編著『労働関係訴訟の実務』117頁）。

小里機材事件後の裁判例としては，東京地判平3・8・27労判596号29頁〔国際情報産業事件〕，東京地判平19・6・15労判944号42頁〔山本デザイン事務所事件〕，

東京地判平21・1・30労判980号18頁〔ニュース証券事件〕等が挙げられるが, 明確区分性の要件を充足していないと判断されているものがほとんどである。

(3) 結　論

Xは, 労働基準法41条2号の規定によって同法37条4項の適用が除外されることはなく, 管理監督者に該当する労働者であっても, 同項に基づく深夜割増賃金を請求することができる。

ただし, 仮に, Xの店長手当又は給与（そのうちの一定額）の支給が深夜割増賃金の手当制や定額給制の趣旨であり, かつ, その旨が個別の労働契約, 就業規則, 労働協約等に明示されている（例えば, 「総店長には1ヵ月3万円の店長手当を支給する。このうち2万円をもって深夜労働の割増賃金に充てるものとする。」, 「基本給30万円のうち5万円は, 1ヵ月20時間の深夜労働に対する割増賃金分とする。」などと規定されている）場合は, Xは, その額の限度において, 深夜割増賃金の支払を受けることができなくなる。

［宇都宮　庫敏］

第 4 章

休憩・休日

第1節 休憩

【概 説】休憩とは

〔1〕 概　要

　使用者は，労働時間が6時間を超える場合においては少なくとも45分，8時間を超える場合においては少なくとも1時間の休憩時間を労働時間の途中に与えなければならない（労基34条1項）。

　労働基準法において休憩を認めた趣旨は，労働者を労働から解放することにより，長期間労働による精神的・肉体的疲労を回復させるとともに，使用者による支配を排して，労働者に自由な時間を保障する点に存する。

　そこで，同法は，休憩に関し，①休憩時間の長さと時間帯，②休憩の一斉付与，及び，③休憩時間の自由利用という3つのルールを規定し，使用者がこれに違反した場合には，刑罰による制裁を与える旨規定することで（労基119条1号），休息時間の確保や自由利用を担保することとした。

〔2〕 休憩時間の長さと時間帯

　上述したように使用者は，労働時間が6時間を超える場合においては少なくとも45分，8時間を超える場合においては1時間の休憩時間を与えなければならない[*1]。法定労働時間の場合の休憩時間は45分となる。これに対し，例えば8時間労働を時間外労働によって延長する場合には，延長前に1時間の休

憩時間を与えていれば別論，そうでなければ不足休憩時間（この場合15分）を延長時間の終了前に付与しなければならない。

　この45分あるいは1時間という基準は，最低基準を定めたものであるから，それを超える休憩時間を与えることは適法であり，就業規則等にその旨を定めることにより，労働契約の内容となる[*2]（労基93条，労契7条）。

　また，休憩は，労働時間の途中に与えなければならない。労働開始時間前又は労働時間終了後に休憩を与えても，休憩を与えたことにはならない。

　ただし，労働時間中どの時間帯に休憩を与えるか，あるいは休憩時間を分割して付与することについては，法律上規制されていない。したがって，労働時間の途中で休憩を与えるのであれば，途中のどの段階で与えても，あるいは休憩時間を分割して付与したとしても違法とはならない。さらに，休憩時間の時間帯を特定し，あるいは一定させることも要求されてはいない[*3]。

*1　ただし，労働基準法別表第1の4号に掲げる事業（運送業）又は郵便等の事業に使用される労働者のうち，電車等，自動車，船舶又は飛行機に長期間（6時間以上，昭29・6・29基発355号）乗務する者については，休憩時間を与えないことができる旨規定されている（労基則32条1項）。また，乗務員であって上述した場合に当たらない場合でも，このような者がその勤務中における停止時間や折返しによる待合せ時間等の合計が法定休憩時間に相当する場合には，休憩時間を与えないことができる（同条2項）。

*2　ただし，法定休憩時間を超える休憩時間分については，労働基準法34条2項・3項（一斉休憩付与，自由利用の原則）の適用はない。

*3　もちろん，労務管理上，労働者を労働から解放することにより，長期間労働による精神的・肉体的疲労を回復させるとともに，使用者による支配を排して，労働者に自由な時間を保障する，という休憩制度の趣旨に反するような休憩時間の設定は望ましくない。

〔3〕　休憩の一斉付与の原則

　労働基準法では，休憩時間は，一斉に与えなければならない旨規定している（労基34条2項本文）。

　労働者を労働から解放することにより，長期間労働による精神的・肉体的疲

労を回復させるとともに，使用者による支配を排して，労働者に自由な時間を保障する，という休息の効果をあげることに加え，使用者側の労働時間や休憩時間の監督の便宜とが，一斉付与の原則を認めた趣旨である。休憩の一斉付与は，事業場単位で行うことになる。

これに対し，過半数労働組合あるいは過半数代表者との間で書面による協定がなされた場合には，休憩を一斉に付与しないこともできる（労基34条2項ただし書）。このような協定を行う場合には，一斉に休憩を与えない労働者の範囲及び当該労働者に対する休憩の与え方について，協定を行わなければならない（労基則15条1項）。

また，労働時間関係規定及び休憩関係規定の適用除外規定（労基40条，労基則31条）により労働基準法別表第1の4号，8号ないし11号，13号，14号に掲げられた事業（各種サービス業）あるいは，労働時間，休憩及び休日に関する規定の適用除外規定（労基41条）により，同表6号，7号に掲げられた事業（林業は除く），管理監督者等及び監視又は断続的業務（労基則23条）で行政官庁の許可を受けたもの等，事業の性質上，一斉休憩が困難な種類の事業については，この一斉休憩の規定は適用されない。

〔4〕 休憩時間自由利用の原則

使用者は，休憩時間を自由に利用させなければならない（労基34条3項）。これを休憩時間自由利用の原則という。

そもそも，休憩時間は，精神的・肉体的疲労を回復させるために，労働者が労働時間の途中において労働から完全に解放されることを保障されている時間である。その保障を全うするために，労働基準法は，休憩時間自由利用の原則を規定し，使用者に対し，休憩時間中の労働者の行動を制約することを禁じたものである[*4]。

この原則の下，労働者は，休憩時間中を自由に利用してよく，職場から離席したり，外出したりすることも認められる。これに対して，使用者側では，合理的な理由がある場合に最小限の態様の規制を（外出についての届出制，客観的基準による許可制）をなし得るにすぎない[*5]。

一方，休憩室等で自由に休憩できたとしても，来客や電話応対に備えてそこ

第1節 休　　憩　　　　　　　　　　　　　【概　説】休憩とは

で待機させることは，休憩室からの外出が制限されるため労働からの解放があったとは評価できず，休憩時間自由利用の原則に反することになる。

　なお，事業所内で休憩をとる場合には，企業の施設管理権や職場秩序・規律保持権に基づく制約を受けることになる。例えば，会議室や集会室などの企業施設の利用に関する許可制をとっている場合には，労働者はそれに従うことになるし，休憩中に，他の者の休憩の自由利用を妨げることも許されない。また，ビラ配布等につき許可制をとっている場合には，企業規律による制約に当たるものとして，それに従うことになる。

　この点につき，基本的には，休憩時間中の局所内におけるビラ配布等についても管理責任者の事前の許可を受けなければならない旨を定める就業規則の規定が休憩時間の自由利用に対する合理的制約であるが*6，工場内において従業員が会社の許可を得ないでした特定の政党の機関紙及び選挙法廷ビラの配布につき，それが，休憩時間に休憩室を兼ねている工場食堂において，食事中の従業員数人に1枚ずつ平穏に手渡し，他は食卓上に静かに置くという方法で行われ，配布に要した時間も数分間であったなど，判示のような事情があるときは，このビラ配布行為は，工場内の秩序を乱すおそれがなく，会社内で業務外のビラ配布等を行うときはあらかじめ会社の許可を受けなければならない旨を定める就業規則及び労働協約の規定に違反しない旨判示し，このような許可制の効力につき，職場秩序を乱すおそれがあるビラ配布行為についてのみ適用される旨を明らかにした判例もある*7。

　＊4　これに対し，警察官，消防吏員等，あるいは児童自立支援施設，乳児院，児童養護施設，障害児入所施設等に勤務する職員で児童と起居をともにする者，居宅訪問型事業における家庭的保育者等については，休憩時間自由利用の原則が適用されないものと規定されている（労基則33条1項）。なお，警察官，消防吏員等以外の者については，使用者側で，員数，収容児童数及び勤務態様を明らかにしてあらかじめ労働基準監督署長の許可を受けなければならない（同条2項）。

　＊5　菅野和夫『労働法〔第11版補正版〕』（弘文堂，2017年）466頁。これに対し，昭23・10・30基発1575号では，許可制にしても事業所内で自由に休憩し得る場合には必ずしも違法とならない，としている。

　＊6　最〔3小〕判昭52・12・13民集31巻7号974頁・労判300号42頁〔目黒電報電話

局事件〕。

*7　最〔3小〕判昭58・11・1裁判集民事140号259頁・労判417号21頁〔明治乳業事件〕。

〔5〕 休憩付与義務違反について

前述したように，休憩付与義務違反を行った使用者は刑罰による制裁を受けることになる（労基119条1号）。では，この使用者の休憩付与義務違反につき，債務不履行責任を問うことができるか。

使用者が，休憩付与義務に違反して休憩時間に労働させたり，手待ちを余儀なくされたりした場合*8には，就労の実態が認められるから，その時間は労働時間となり，その時間が法定労働時間を超過した場合には時間外労働を行ったものとして，労働者は割増賃金（労基37条）を請求することができる。一方，法定労働時間を超過していない場合には，その時間につき賃金を請求できるかは，労働契約における賃金計算の定めによることになる*9。

これに対し，上述した賃金請求権とは別に賃金相当額の損害賠償を請求することができるか。

この点につき，1時間の休憩時間において，食事をしに行くほかは操炉現場を離脱することを禁止された操炉班の職員について，休憩時間においても会社の労務指揮のもとに身体・自由を半ば拘束された状態にあったものであるから，休憩を与える債務の不完全な履行があったものというべきであるが，このように半ば拘束された状態にあったにしても，その時間に完全に労働に服したというのでもないから，労働者が受けた身体上，精神上の不利益は，勤務1時間当たりの労働の対価相当額に換算又は見積ることはできないとするとし，休憩付与義務違反に係る損害は，休憩を取ることができなかったことによる肉体的・精神的損害という非財産的損害（慰謝料）をもって算定するのが相当であるとして，労働者に対し，賃金相当額の損害賠償請求は認めず，慰藉料の支払請求のみを認容した判決がある*10。

この判決では，使用者側に債務不履行があったことを認めた上で，その時間に完全に労働に服したというのでもないとの理由から，労働者が受けた損害は，

第1節　休　　憩　　　　　　　　　　　　　　【概　説】休憩とは

勤務1時間当たりの労働の対価相当額に換算又は見積ることはできない旨判示している。

　これにつき，上述したように休憩時間に完全に労働に服したときは，その対価として賃金請求権の発生が認められるから，使用者側に債務不履行があったことを認めたとしても，それによる実損害はなかったものとして，賃金相当損害額の損害賠償は認められない，という見解によれば，上記判決においても，完全に労働に服していない場合の賃金債権*11を請求することができることを理由に，実損害はなかったものとして，賃金相当損害額の損害賠償は認められない旨を理由とすることも考えられたのではないかと思われる。

- ＊8　労働時間には，現実に作業に従事している時間だけでなく，作業と作業の合間の時間である手待時間も含まれる。なぜなら手待時間の場合，使用者の指示があれば直ちに作業に従事しなければならない時間として，使用者の指揮監督下に存するからである。
- ＊9　ただし，最低賃金法による最低賃金の規制の対象にはなるものと解される（菅野・前掲＊5・468頁・446〜447頁）。
- ＊10　最〔2小〕判昭54・11・13判タ402号64頁〔住友化学名古屋製造所事件〕。
- ＊11　完全に労働には服していない場合の賃金債権の内容をどのように確定し，算定するかは困難を要するものであることから，損害につき，肉体的・精神的損害に対する慰謝料の算定に委ねる，という本判決のアプローチも妥当な判断だといえよう。

〔山下　知樹〕

Q24 | 休憩時間該当性

　Xは，Yの経営するガソリンサービス・ステーションにおけるセルフスタンドの監視業務員として勤務していた者であるが，勤務実態から各勤務時間帯に設定された休憩は現実にはとることができず，休憩時間は手待時間に当たると主張して，当該時間分の割増賃金の支払を求めて訴えを提起した。

　以下の事実を前提として，Xの請求は認められるかについて説明しなさい。

　本件ガソリンサービス・ステーションは24時間営業であり，勤務形態は3交代制（午前7時から午後4時まで，午後3時から午後11時まで，午後10時から翌日午前8時まで）となっており，各日にちの各勤務形態の勤務者は，始業時と終業時の各1時間の重なり合いを除いて1人であった。休憩は，勤務形態ごとに，原則として1時間に10分ずつとることとし，休憩時間に顧客が来た場合などには勤務を優先し，適宜に休憩をとるよう指示されていた。Xが就いていた給油の監視業務においては，顧客が油種，給油量を設定し，現金又はキャッシュカードを投入して，所定ノズルを持ち上げて給油口にノズルを入れるのを確認してから，チャイムの音に合わせて監視員がボタンスイッチを押すことにより初めて給油が可能になるもので，セルフスタンドとはいっても監視員が個別に対応しなければならない状態にあり，顧客が来ているときは上記のような業務に当たらなければならず，持ち場を離れることはできず，時間帯やタイミングによっては食事やトイレにも不便を来す状況にあった。顧客が途切れているときでも，セルフスタンドが危険物取扱施設であることから，消防法等によって厳格に規制され，常時1名以上の従業員が監視，管理に当たっていることが要求されており，休憩とされる時間中も敷地から出ることは許されていなかった。Yは，各勤務形態ごとに全拘

時間に対して1勤務当たりの日給を支給しており，Xはこのような勤務形態をとることに合意している旨を主張する。

〔1〕 問題の所在

　本件では，24時間営業のガソリンスタンドにおいて3交代制勤務がとられている労働者に対し各時間帯に設けられていた休憩時間について，使用者より，休憩時間に顧客が来た場合などには勤務を優先することが指示されており，そのため労働者は持ち場を離れることはできず，時間帯やタイミングによっては食事やトイレにも不便を来す状況にあった。かつ，顧客が途切れているときでも，セルフスタンドが危険物取扱施設であることから，常時1名以上の従業員が監視，管理に当たっていることが要求されており，休憩とされる時間中も敷地から出ることは許されていなかった。

　休憩時間であってもこのような規制が労働者に課せられていることから，労働者に与えられていた休憩時間について，労働基準法34条3項でいう休憩時間自由利用の原則に反し，同法34条1項にいう休憩に該当せず，手待時間に該当するのではないかがまず問題となる。

　また，労働者の休憩時間が手待時間に該当すると認定された場合に，本件では，使用者は，各勤務形態ごとに全拘束時間に対して1勤務当たりの日給を支給しており，労働者もこのような勤務形態をとることに合意している，という事情の下，労働者は当該手待時間の部分につき割増賃金を請求することができるのかが問題となる。

　以下，休憩時間の意義及び休憩時間自由利用の原則について，簡単に解説した上で，上記各問題点につき，考察を進める。

〔2〕 休憩時間の意義及び休憩時間自由利用の原則について

　労働者を労働から解放することにより，長期間労働による精神的・肉体的疲労を回復させるとともに，使用者による支配を排して，労働者に自由な時間を保障するため，労働基準法では，使用者は，労働時間が6時間を超える場合においては少なくとも45分，8時間を超える場合には少なくとも1時間の休憩時間を労働時間の途中に与えなければならない旨規定している（労基34条1項）。そして，労働者の労働からの解放を全うさせるために，法は，使用者は，休憩時間を自由に利用させなければならない旨規定した（労基34条3項）。これを休憩時間自由利用の原則という。

　この自由利用原則の下，労働者は，休憩時間中を自由に利用してよく，職場から離席したり，外出したりすることも認められる。これに対して，使用者側では，合理的な理由がある場合に最小限の態様の規制を（外出についての届出制，客観的基準による許可制）をなし得るにすぎない。また，昭和23年10月30日基発1575号では，許可制にしても事業場内で自由に休憩し得る場合には必ずしも違法とならない旨を明らかにしており，職場からの外出許可制を導入するには，事業場内で労働者が自由に休憩し得る環境にあることが，適法要件とされていると考えられる。

　一方，使用者側でこの休憩時間自由利用の原則に反した場合については，債務不履行による損害賠償が認められるとともに，当該休憩時間について労働からの解放が認められない場合には，現実に作業をしている場合は勿論，現実に作業していない場合であっても作業と作業の間の待機時間である手待時間として労基法上の労働時間となり，その時間について，労働者は，使用者に対し，賃金請求権を有することになる。この場合，その時間が法定労働時間を超過した場合には時間外労働を行ったものとして，労働者は割増賃金（労基37条）を請求することができる。一方，法定労働時間を超過していない場合に，その超過勤務時間につき賃金を請求できるかは，労働契約における賃金計算の定めによることになる。この場合でも，最低賃金法による最低賃金の規制の対象にはなるものと解される。

〔3〕 本件における労働者Ｘの勤務形態及び休憩時間の実態

　本件において，使用者Ｙが定めた勤務体系における休憩時間が，労働基準法上の休憩時間といえるか。

　本件では，3交代制勤務がとられているＸを含む労働者に対し，休憩は，勤務形態ごとに，原則として1時間に10分ずつとることとされていたものの，各時間帯に設けられていた休憩時間について，使用者Ｙより，休憩時間に顧客が来た場合などには勤務を優先することが指示されていた。そして，Ｘが就いていた給油の監視業務においては，顧客が油種，給油量を設定し，現金又はキャッシュカードを投入して，所定ノズルを持ち上げて給油口にノズルを入れるのを確認してから，チャイムの音に合わせて監視員がボタンスイッチを押すことにより初めて給油が可能になるもので，セルフスタンドとはいっても監視員が個別に対応しなければならない状態にあり，顧客が来ているときは上記のような業務に当たらなければならなかった。かつ，顧客が途切れているときでも，セルフスタンドが危険物取扱施設であることから，常時1名以上の従業員が監視，管理に当たることが要求されていた。

　そのためＸを含む労働者は持ち場を離れることはできず，顧客対応のため食事中であったとしても途中で食事を中断せざるを得ず，トイレにも不便を来す状況にあった。それ以外の時間についても，Ｘを含む労働者は，休憩とされる時間中もセルフスタンドの敷地から出ることは許されていなかったものである。

　そもそも，労働基準法上の休憩時間は，労働者が労働時間の途中において，肉体的・精神的疲労を回復させるため，労働から完全に解放させることを保障する時間を意味するものである（休憩時間自由利用の原則）。

　しかし，本件においては，Ｘを含む労働者の勤務形態及び休憩時間の実態が以上で述べたような事情の下では，休憩時間の自由利用が阻害されているものといわざるを得ない。そして，顧客が途切れているときでも，休憩時間に顧客が来た場合などには勤務を優先することが指示されていること，セルフスタンドが危険物取扱施設であることから，常時1名以上の従業員が監視，管理に当たる必要があり，そのため休憩とされる時間中もセルフスタンドの敷地から出ることは許されていないことからすると，仮にＸが当該休憩時間に何らの作業

を現実に行っていなくとも，使用者Yの指示があれば直ちに作業に従事しなければならない時間として，使用者の指揮監督下に存する手待時間と評価すべきである。

　よって，本件において，使用者YがXを含む労働者に与えた休憩時間は，すべて手待時間として，実労働時間に組み入れて考えるべき性質のものであると認められる。

　これに対し，使用者Yは，各勤務形態ごとに全拘束時間に対して1勤務当たりの日給を支給しており，Xはこのような勤務形態をとることに合意している旨を主張している。

　しかし，労働基準法では，休憩時間は強行法規として一定の労働時間ごとに使用者が労働者に対し付与しなければならないことを，刑罰の制裁をもって義務付けている。

　したがって，このような労使間での合意により，休憩時間を与えずあるいは休憩時間の自由利用を阻害することは許されないのであり，Yの主張は失当である。

　なお，事業所内で休憩をとる場合には，Xを含む労働者は企業の施設管理権や職場秩序・規律保持権に基づく制約を受けることもある。

　しかし，セルフスタンドが危険物取扱施設であることから，常時1名以上の従業員が監視，管理に当たる必要があり，そのため休憩とされる時間中もセルフスタンドの敷地から出ることは許されない，という制約は，企業の施設管理権や職場秩序・規律保持権に基づく制約ではなく，単に企業側の勤務態勢の問題であると評価することができる。

　したがって，この点から見ても，労働者Xは休憩時間自由利用を阻害されており，上述したように，使用者Yが労働者Xに与えた休憩時間は，すべて手待時間として，実労働時間に組み入れて考えるべき性質のものであると認められる。

〔4〕 **手待時間における割増賃金について**

　本件では，使用者YがXを含む労働者に与えた休憩時間が手待時間と認定されたことに対し，使用者Yは，各勤務形態ごとに全拘束時間に対して1勤務当

たりの日給を支給しており，労働者Xもこのような勤務形態をとることに合意している旨主張している。このような事情の下，労働者Xは当該手待時間の部分につき割増賃金を請求することができるのかが問題となる。

本件の場合，勤務形態は3交代制となっており（以下，午前7時から午後4時までの勤務を「A勤務」と，午後3時から午後11時までの勤務を「B勤務」と，午後10時から翌日午前8時までの勤務を「C勤務」とそれぞれ呼称する），Xは，その時々に応じて，A勤務，B勤務，C勤務のいずれかに従事させられていたと考えられる。

A勤務においては，拘束時間は9時間，B勤務においては，拘束時間は8時間，C勤務においては，拘束時間は10時間であり，いずれの勤務においてもXを含む労働者は休憩時間をとることができなかったのであるから，いずれの勤務においても拘束時間が実労働時間となる。

(1) A勤務の場合

A勤務の場合，実労働時間は9時間になるから，法定労働時間の8時間を超える午後3時から午後4時までの1時間については時間外労働となり，Xは，Yに対し，割増賃金を請求することができる。

そして，このA勤務における賃金が日給a円だとすると，XがYに対し請求できる割増賃金額θ_1は1勤務当たり次のとおりとなる[*1]。

割増賃金額θ_1＝a÷8（法定労働時間）×1.25（割増率）×1（時間外労働時間）

例えば，日給が8000円の場合だと，Xは，Yに対し，1勤務当たりの割増賃金として，1250円（8000円÷8×1.25×1）を請求することができる。

[*1] 割増賃金の計算額については，日給制の場合には，その日給額を1日の所定労働時間数で除した金額に，時間外勤務時間数若しくは休日の労働時間数又は午後10時から午前5時までの（深夜労働）労働時間数を乗じた金額とする（労基則19条1項・2項）。

(2) C勤務の場合

C勤務の場合，実労働時間は10時間になるから[*2]，法定労働時間の8時間を超える午前6時から午前8時までの2時間については時間外労働となり，X

は，Yに対し，割増賃金を請求することができる。

そして，このC勤務における賃金が日給c円だとすると，XがYに対し請求できる割増賃金額θ_3は1勤務当たり次のとおりとなる。

> 割増賃金額θ_3＝c÷8（法定労働時間）×1.25（割増率）×2（時間外労働時間）

例えば，日給が1万円の場合だと，Xは，Yに対し，1勤務当たりの割増賃金として2500円（1万円÷8×1.25×2）を請求することができる。

* 2　C勤務の場合，午後10時から午前5時までは深夜労働時間となり，通常の賃金額に割増率25％を乗じた額を割増賃金として支払う必要があるが（労基37条4項，労基則19条），本件では，各勤務形態ごとに全拘束時間に対して1勤務当たりの日給を支給しており，設問では明らかではないが，C勤務の日給額cがA勤務の日給額aに比して1.25倍以上の額になっている場合には，深夜割増賃金分も日給額cに含まれることになる。

(3) B勤務の場合

B勤務の場合，実労働時間は8時間になる。そして，午後10時から午後11時の1時間については深夜労働時間に該当するものの，この時間も法定労働時間内の勤務となる。

この場合，深夜勤務のないA勤務の1時間当たりの賃金単価はa/8円となるところ，これをB勤務にあてはめると，同勤務は拘束8時間（午後3時から午後11時まで）のうちいわゆる休憩時間とされる時間を除いた実働7時間に対して日給額b円を支給しているところ，午後10時から午後11時までの深夜勤務に当たる時間帯の1時間のほかに，深夜ではない実働時間が6時間であるから，(a/8円×6時間＋a/8円×1.25) 円（この方法により算定した日給額を「γ円」とする）が，A勤務に照らしたB勤務の午後10時から午後11時までの1時間を2割5分増しとした深夜勤務割増賃金を含めたB勤務の1日当たりの賃金となる。

そして，実際にYがXに対し支給している日給額b円と，前段で計算したγ円と比較し，実際の日給額b円がγ円を上回る場合には，B勤務の日給額b円に1時間分の深夜割増分は含まれていると考えられることになる。

一方，実際の日給額b円がγ円を下回る場合には，B勤務の日給額b円に1時間分の深夜割増分は含まれていないことになり，その場合には，Xは，Yに対し，1勤務当たりγ円からb円を控除した額θ_2円を，深夜勤務割増賃金として請求することができる。

例えば，A勤務における日給額が8000円，B勤務におけるそれが7500円の場合，上述したγ円は，7250円（A勤務の時間当たりの賃金単価1000円×6時間＋1000円×1.25×1時間）となり，Bの日給額7500円を上回っているから，B勤務の日給額7500円には，1時間分の深夜割増分は含まれていると考えられることになる。

(4) 使用者Yの主張について

以上に対し，使用者Yは，各勤務形態ごとの全拘束時間に対して各勤務形態別の1日当たりの賃金を支払っている旨主張している。

しかしながら，前記のようにそのような被告の賃金についての計算方法は，労働基準法34条1項に反するもので，同法13条に照らしてその限りで無効であり，上記のように実働時間に対する賃金としての効力しか有しないものというべきであるから，休憩時間であるA勤務1日当たりの1時間とC勤務1日当たりの2時間については法定時間外の割増賃金を支払う義務が使用者Yに生じているものというべきであり[*3]，使用者Yの上記主張は採用できないことになる。

> [*3] また前記(3)で述べたように，YがXに対し，深夜勤務割増賃金を支払わなければならない場合も同様である。

〔5〕 おわりに

本件は，いわゆるクアトロ（ガソリンスタンド）事件の下級審判決（東京地判平17・11・11労判908号37頁）を素材としたものである。

上記判決においては，本稿で解説したように，セルフスタンドの監視業務員として勤務していた者が，勤務実態から各勤務時間帯に設定された休憩は現実にはとることができず，休憩時間は手待時間に当たると主張して，当該時間分の割増賃金の支払を請求したことに対し，その勤務実態から各勤務時間帯に設けられた休憩時間は手待時間に当たる旨判示して，当該時間分の割増賃金の支

払請求を認めている。
　そのほかにも，上記判決では，このような勤務実態によって，食事やトイレ等の不便を被ることにより従業員が精神的・肉体的苦痛を被っていることが労働法規に違反している疑いのあることを認識しながら2年余にわたってこれを放置していたことをもって，経営者の不法行為又は労働契約上の債務不履行と解し，各従業員の慰謝料請求を認める等，労働からの解放が保障されていない休憩時間の取扱いについて明快に判示した貴重な裁判例である。

〔山下　知樹〕

第2節　休　　日

【概　説】休日とは

〔1〕　休日の概要

(1)　休　　日

休日とは，労働契約において労働義務がないとされる日である。休日とされる日は，労働基準法上の労働時間であると判断される活動から解放されなければならない。逆に，労務と関連があっても労働基準法上の労働時間でない場合には，休日である。例えば，休日に出張する場合，出張中の用務のない日についても，物品の管理等の労働時間性を帯びる活動を伴うときのほかは休日であり，休日労働とはならない（昭23・3・17基発461号，昭33・2・13基発90号）。

なお，労働日としたまま労働者を就業させない休業日や，交替制労働における非番日は，労働基準法上の休日とは区別される。

(2)　法定外休日

労働基準法上の最低基準として要求される休日を「法定休日」というが，使用者が法定休日の日数より多い休日数を労働者に付与する場合，その多い部分の休日を「法定外休日」という。労働基準法上は，後述するとおり，週休1日を付与すればよいことになるが，現行の，1週40時間，1日8時間の法定労働時間制度（労基32条）において，1日の所定労働時間を8時間と設定すれば自ずと週休2日となり，現在はこの週休2日制が一般化している。この週休2日制下における法定休日以外の休日や，国民の祝日等が法定外休日である。法定外休日は，労働基準法35条の規制の対象外であるため，法定休日について求められる割増賃金率等の取扱いは求められていない。

〔2〕　週休制の原則・暦日休日制の原則

(1)　週休制の原則

労働基準法35条1項は，労働者を労働義務から解放する休日について，使

図表1

労働	非番	労働	非番	労働	非番	休日
午前9時 1日目	午前9時 2日目	午前9時 3日目	午前9時 4日目	午前9時 5日目	午前9時 6日目	7日目

用者は「毎週少なくとも1回」与えなければならないと定めている（週休制の原則）。6日間の継続労働による心身の疲労を，丸1日の労働義務からの解放によって回復させることを目的とする。週1回の休日を与えていれば，その曜日は問われない。「週」とは，暦週ではなく「起算日から計算して7日の期間」である（民138条・143条）。起算日が就業規則で定められていればそれによるが，定められていなければ起算日は日曜日である（昭63・1・1基発1号）。

(2) 暦日休日制の原則

1回の休日は，継続24時間を意味するのではなく，原則として暦日，すなわち午前0時から午後12時までとされる（昭23・4・5基発535号）。したがって，**図表1**のような一昼夜交替勤務の場合，非番の時間帯（午前9時から翌日午前9時までの24時間）を休日として扱うことができず，非番とは別に休日を付与する必要がある。

〔3〕 暦日休日制の例外（交替制労働）

8時間3交替制といった番方（シフト）編成による勤務が就業規則により定められている場合は，番方編成に不都合が生じるとして，暦日ではなく，例外的に継続24時間の休日を許容する解釈を示している（昭63・3・14基発150号）。交替制によっては，連続24時間の休息を確保するためには1週2暦日の休日を与えなければならない場合があるからとされる。

具体的には，①番方編成による交替制によることが就業規則により定められており，制度として運用されていること，②各番方の交替が規則的に定められているものであって，勤務割表等によりその都度設定されるものではないこと，のいずれの要件をも満たす場合に，継続24時間の休日を付与すれば差し支えないとされる。しかし，例えば，1日目から6日目まで午前8時〜午後4時の

勤務の後に，24時間の休日を付与して7日目午後4時から午前0時までの勤務を命じることが可能となり，暦日として7日連続勤務が可能となることから，この方式を認めることに対して批判的な意見もある。

また，旅館業における労働者（昭57・6・30基発446号），自動車運転手（平元・3・1基発93号）でも，一定の要件のもとに暦日休日の例外が認められている。

〔4〕 週休制の例外（変形休日制）

労働基準法35条2項は，「4週間を通じ4日以上の休日」を付与する方式である「変形休日制」を認めている。4週間を単位とした変形休日制の許容である。これは，事業の性質により休日の与え方が一律でないからとされるが，法文上，事業等の限定がなく実施できることから，批判的な学説が多い。労働者の疲労回復や生活時間の確保などへの配慮が必要であり，行政解釈上も，変形休日制はあくまで例外であることを強調している（昭22・9・13基発17号）。

特定の4週間において4日の休日が与えられていればよいとの趣旨であり，どの4週間を区切っても4日の休日が与えられていなければならないとの趣旨ではない（昭23・9・20基発1384号）。この変形休日制をとる場合は，就業規則において単位となる4週間（又はそれより短い期間）の起算日を定める必要があるが（労基則12条の2第2項），どの週に何日の休日を与え，どの週に休日を与えないかなどについて，事前の特定は必要されていない。

〔5〕 休 日 振 替

休日の振替とは，あらかじめ休日と定められた日を労働日とし，その代わりに他の労働日を休日とする措置をいう。労働義務のない休日に緊急・至急の対応が業務上必要な場合に，使用者の対処として，事前に，あらかじめ休日とされた日を労働日とし，その代わりに他の労働日を休日とする「休日振替」を行うことで，割増賃金の支払を回避することができる。

(1) **休日振替の要件**

就業規則であらかじめ休日と定めた日を別の日に振り替える措置は，労働契約の内容の変更に該当するので，使用者が一方的になし得ないと解される。したがって，休日振替を行うためには，使用者と労働者の合意が必要である。こ

の場合の合意の形態として，労働者の個別の同意のほか，労働協約や就業規則等で休日振替を行う旨あらかじめ規定しておくことが考えられる。行政解釈は，休日振替を必要とする場合，休日振替ができる旨の就業規則上の規定を設け，休日を振り替える前にあらかじめ振替休日を特定して振り替えたときは，当該休日における労働は休日労働とはならない，との見解である（昭23・4・19基収1397号）。

結局のところ，就業規則の包括的な規定に基づく使用者による一方的な休日の振替が適法に行われるためには，①振替の業務上の必要性，②振替の事前予告・通知（少なくとも1週間前），③1週1日若しくは4週4日の範囲内において振替休日の事前特定が明確にされていることの3つの要件の充足が必要となる。なお，就業規則等にこのような規定がない場合には，休日振替は，労働者の個別の同意が必要となる（鹿児島地判昭48・2・8判時718号104頁〔鹿屋市立小学校教職員事件〕）。また，労働基準法35条の規定に則り，1週1日又は4週4日の範囲内で振替休日を指定しなければならない。

(2) **休日振替の効果**

振替の効果として，振替前の休日は通常の労働日となる。したがって，当該日の労働については割増賃金の支払は不要である（昭63・3・14基発150号）。また，休日労働が禁止されている年少者及び妊産婦を当該日に労働させることも可能となる。もっとも，週の法定労働時間の制限や変形単位期間の総実労働時間の制限，連続労働日数の制限を受ける。休日振替の結果，週の労働時間が法定時間を超えると，超えた時間につき時間外労働の割増賃金の支払が必要となる。

例えば，**図表2**のように第1週の日曜日の休日を第2週の木曜日に振り替えた場合，第1週は水曜日が休日であり週休1日が確保されているので，日曜日に労働をしても労働基準法上の休日労働は発生しないが，第1週は48時間労働することになり，法定労働時間である40時間を超える8時間について時間外労働の割増賃金（1.25）の支払が必要となる。

また，振替後の休日に労働させる場合には，労働契約上の根拠が必要で，割増賃金の支払が必要になる。

第2節 休　　日　　　　　　　　　　　　　　【概　説】休日とは

図表2

	日	月	火	水	木	金	土	1週の労働時間
第1週	休日→振替による労働日（8時間）	労働日（8時間）	労働日（8時間）	休日	労働日（8時間）	労働日（8時間）	労働日（8時間）	48時間
第2週	休日	労働日（8時間）	労働日（8時間）	休日	労働日→振替による休日	労働日（8時間）	労働日（8時間）	32時間

〔6〕　代　　休

　休日振替は，実際に休日労働が行われる前に休日を変更する制度を指すが，代休の付与は，休日労働が行われた後に，その代償として休日を付与する制度である。この事後的な休日振替である代休については，労働基準法上は付与義務はない。したがって，代休を付与するについてどのような要件を設定するかは，使用者の自由と解される。また，代休日を付与する場合には1週1日や4週4日の週休制の要件は関係ない。

　代休の効果は，代休を付与する使用者の意思表示や就業規則等の内容によって決まる。一般には，労働日における労働義務の免除としての効果を有すると解される。ただし，代休の場合は休日振替と異なり，休日労働の代償として代休を付与しても，すでに行われた就業規則上定められた休日の労働は休日労働として扱われることになる。よって，この休日労働については，労働基準法37条に基づく割増賃金の支払が必要である。なお，代休の日を有給休暇とするか否かは労使の自治による。

〔7〕　時間単位，半日単位での休日振替，代休は可能か

(1) 休日振替の場合

　前述のとおり，休日とは暦日休日制が原則であり，1暦日（午前0時から午後

12時までの連続24時間）を指す。当初休日であった日を休日振替により労働日としたが労働が半日で終了した場合に，振り替えられた休日について半日の休日とし，残りの半日を労働しなければならないとすると，休日の条件である暦日を満たさないことになる。したがって，そのような振替は休日振替制度としては認められない。

　仮に，振り替えられた休日に半日労働したとすると，休日に労働したことになるため，この半日労働につき休日割増賃金が発生することになる。使用者にとって，休日振替には休日割増賃金の支払を回避する実益があるところ，これでは実益が生じないことになる。

(2) 代休の場合

　休日労働の代償として，使用者が代休を付与した場合は，代休として指定された日が暦日として休日となるのは休日振替と同様である。

　仮に，休日に半日労働を行い，代休として指定された日にも半日労働を行った場合は，いずれの労働にも休日割増賃金が発生することになる。

〔熨斗　昌隆〕

Q25 | 振替休日

　　XはY社の従業員であった。昭和〇年〇月11日（木曜日）と12日（金曜日）の両日は交通機関各社の交通ストが予定されていたが，交通ストが実施された場合，Y社の従業員のうち出勤可能な者は全体の30％程度と予想された。当時，Y社では膨大な注文を抱えて業務は多忙を極めており，従業員の時間外労働や外注加工等に依存せざるを得ない状況にあった。Y社では対策を検討した結果，13日（土曜日）及び14日（日曜日）は，就業規則〇条所定の休日であったが，就業規則〇条（「業務上必要がある場合は前条の休日を他の日に振り替えることがある。」）に基づいて，これらの休日を11日と12日に振り替え，13日と14日を就業日とすること，ただし，これを中止する場合にはその決定を10日（水曜日）に行うとの休日振替措置（以下「本件措置」という）を行うことにした。〇月3日に人事課長通達で全従業員に対し本件措置を通知し，4日，5日，8日，9日には本件措置の内容を構内放送によって伝達し，また，掲示板に掲示するなどして本件措置の周知徹底を図った。〇月10日，交通ストが不可避であることが明らかとなったので，休日振替をすることを最終的に確認し，周知を図った上で，本件措置を実施したところ，Xはこれに反対して13日と14日に欠勤したので，Y社は欠勤分を賃金から控除した。Xは，休日振替は，労働義務のない日時に労働義務を発生させる点において休日労働や時間外労働と異なるところはなく，休日労働や時間外労働の場合に使用者が労働者の同意がないのに一方的に労働義務を課すことができないのと同様に，休日振替の場合も個々の労働者の同意が必要であるところ，本件措置についてはXら個々の労働者の同意がなかったのであるから，労働基準法35条に違反して無効であると主張して，控除された賃金の支払を請求して訴えを提起した。

Xの請求は認められるかについて説明しなさい。

〔1〕 休日振替

(1) 休日振替の意義

　休日の振替とは、あらかじめ労働義務のない休日と定められている日を労働日（労働義務を負う日）とし、その代わりに他の労働日を労働基準法上の休日とする措置である。事前の振替である休日振替を狭義の休日振替と呼び、事後の振替である代休とは分けて論じられる。ここでは、事前の振替を休日振替と指すものとする。

　労働基準法35条は休日の特定を使用者に義務付けていないとされる。つまり、休日の特定は労働基準法の命じたものではなく、労働契約によるものである。また、休日振替が同条2項の変形休日制の許容範囲にあることから、同法は休日の振替を一般的には容認しているとされる。行政解釈では、休日振替について、「業務等の都合により予め休日と定められた日を労働日とし、その代わりに他の労働日を休日とするいわゆる休日の振替を行う場合には、就業規則等においてできる限り、休日振替の具体的理由と振り替えるべき日を規定することが望ましいこと。なお、振り替えるべき日については、振り替えられた日以降できる限り近接している日が望ましい」（昭23・7・5基発968号）とする。

　使用者としては、労働義務のない休日と定められた日に緊急の対応を迫られる業務上の必要性がある場合に、労働者に休日労働をさせて代休を付与するか、休日振替をして別の労働日を休日とするかの2つの対応が考えられる。休日労働の場合には、代休を付与しても休日労働の事実が消滅するわけではなく、36協定及び割増賃金の支払の手続を要する。休日の振替の場合には、前述のとおり、休日と定められた日を労働日とし、その代わりに他の労働日を休日とする方式なので、使用者は割増賃金の支払を免れることができる。このことから、

休日の振替は広く活用されている。

しかし，労働者にとって休日取得は重要な権利であり，その振替は労働者の生活設計に配慮して行われなければならない。

(2) 休日振替の要件

休日振替を行うためには，緊急・至急の対応が迫られる業務上の必要性があることに加え，3つの要件，すなわち，①就業規則の定め等，労働契約上の明確な根拠があること，②事前に振替日が指定されていること，③休日振替によっても4週4休（労基35条2項）が確保されていることが必要である。なお，労働者との個別の同意があれば，就業規則等の規定がなくとも休日の振替は可能である。

(3) 休日振替の効果

休日の振替の効果として，休日は通常の労働日となり，使用者は当該日における労働に対し休日労働の割増賃金を支払わなくてもよい。ただし，労働基準法は週の法定労働時間を40時間と定めているから，休日振替の結果，ある週の労働時間が40時間を超えることとなったときは，法定労働時間を超える時間外労働として割増賃金の支払が必要になる。また，休日労働が禁止されている年少者及び妊産婦を当該日に労働させることも可能となる。

〔2〕 本事例の検討

Xの請求は，本件休日振替の措置が労働基準法35条に違反し無効であり，無効な休日振替によって労働日となった日に出勤しなかった労働者の賃金控除は認められないとして，その支払を請求しているものである。休日振替によって労働日となった日に，労働者の労働提供義務が発生するのかという労働契約上の義務の存否をめぐる問題である。

(1) 就業規則が無効か

使用者が一方的に休日振替をなし得る旨の就業規則は，労働基準法の精神に反して無効といえるだろうか。本事例においては，就業規則で，「業務上必要がある場合は前条の休日を他の日に振り替えることがある」と定められており，所定の休日は振替のあり得ることが予定された上で特定されているものというべきであり，その性質上，労働契約の内容をなしているものと解される。よっ

て，使用者は，前記条件が満たされる限り，休日を振り替えることができるものと考えられる。

この「業務上必要がある場合」という一般的概括的規定によって，使用者による一方的休日振替を認める合意がなされたと解してよいのかという問題がある。しかし，企業の運営上，休日を変更して他に振り替える必要が生じる場合のあることは容易に理解し得るところであり，「業務上必要がある場合」という定めは，使用者に無条件かつ恣意的な振替を認めたものとは解されない。また，行政通達でも，必要ある場合の休日の振替という定め方を「違反」ではないとしている（昭23・7・5基発968号）。したがって，本事例のような「業務上必要がある場合」に休日振替ができるという定めの就業規則自体は無効であるとはいえない。

(2) 労働者個々の同意が必要か

Xは，休日振替につき使用者と個々の労働者の間に同意がなかったことを理由に無効であると主張する。就業規則の定め自体が無効でないとして，そのことから直ちに労働者に休日の振替に応ずべき義務が発生するのだろうか。基本的には次の2つの考え方に分かれる。第1は，特定された休日の振替に応じるべき労働者の義務をあくまで否定し，労働者がその都度個別に同意した場合に初めて，使用者は休日の振替をなし得るにすぎないとする考え方である。第2は，就業規則の定めが労働契約の内容になっており，特定した休日を振り替えるのに合理性ある理由・手続を備えている場合には，労働者は休日の振替に応じる義務があるとする考え方である。

前者の考え方は，労働基準法36条に基づく休日労働や時間外労働についての考え方を，休日の振替についてもとったものであり，労働者の私生活上の予定や生活設計の尊重に根拠を求める考えはある程度説得的である。しかし，休日振替は，時間外労働や休日労働と異なり，労働時間を延長するものではない。つまり，それだけの時間労働をすることについてはすでに合意がされており，さらなる労働の義務を発生させるわけではない。また，休日労働や時間外労働においては，失われた時間や休日は回復し得ないものであるが，休日の振替は，4週4休日の範囲内でのものであり，休日そのものが失われるものではない。

本事例では，就業規則により一定の条件のもとに所定の休日を振り替えるこ

とができることになっているのであるから、所定の休日は振替があり得ることが予定された上で特定されているものというべきであり、その性質上、労働契約の内容をなしているものと解される以上、労使間の合意を媒介にして一定の法的拘束力を認めるしかなく、これを否定する根拠に乏しいといわざるを得ない。以上により、業務上の必要性に基づき就業規則の定めにより合理的手段がとられてなされた休日振替については、個々の労働者の同意や了解がなくとも、使用者による一方的休日振替が認められ、労働者にはその休日に労働をなす義務が発生すると考えられる。

(3) 休日振替の要件があるか

本事例を前記〔1〕(2)で述べた休日振替の要件にあてはめると、以下のとおりである。

(a) 業務繁忙時に大規模交通ストライキによって労働者の出勤が確保できず、その結果、作業効率の著しい低下や安全面の確保の不安が見込まれることから、緊急に対応する業務上の必要性はあると考えられる。

(b) 就業規則上、「業務上必要がある場合は前条の休日を他の日に振り替えることがある。」と定められている。

(c) 振替休日（11日、12日）の前日（10日）に最終的に休日の振替が決定（事前の振替日の指定）がされている。なんら前触れもなくいきなり前日に振替を通知されたのであれば、労働者にとっては急に予定の変更を余儀なくされるため、手続上に問題があり、場合によっては権利の濫用とされよう。しかし本事例では、最終決定こそ前日ではあったものの、1週間前（3日）の時点で休日振替の具体的内容（振替によって休日となる日及び就業日となる日）を通知しており、また、その通知方法も複数回にわたるものであることから、事前の予告が有効になされていたと解される。

(d) この休日振替によって4週4休が確保される必要があるが、本事例では、振り替えられた休日が近接していること、また、仮にY社が土曜日、日曜日を休日としているのであれば、14日（日曜日）を振り替えて就業日としても20日（土曜日）が休日となるので、4週4休日は確保されており、労働基準法に違反した変形休日にはなっていないと考えられる。

〔3〕 ま と め

　本事例では，就業規則に定めるところの振り替えるべき「業務上の必要性」は存在し，かつ，手続も適正であるので，個々の労働者の同意を要せずとも本件休日振替は労働契約上有効であり，Xには，本件休日振替の結果就業日とされた13日，14日について労働義務が発生している。この2日間について欠勤として賃金を控除した使用者の措置は違法でなく，Xの控除された賃金の支払請求は認められないという結論になる。

　なお，本事例は，横浜地判昭55・3・28労判339号20頁〔三菱重工業横浜造船所事件〕を素材としたものである。

[熨斗　昌隆]

第3編

時間外,休日,深夜労働の割増賃金

第 1 章

割増賃金（時間外手当）

【概　説】時間外労働，休日労働，深夜労働とは

〔1〕意　義

(1) 時間外労働

時間外労働とは，労働基準法32条の法定労働時間（1日8時間，1週40時間）を超える労働のことである。

会社の所定労働時間（労働契約や就業規則等で定められた始業時刻から終業時刻までの時間のうち，休憩時間を除く時間）を超えてさせた労働がすべて時間外労働になるわけではない。例えば，1日の所定労働時間が7時間とされている会社において，1時間残業（8時間労働）をさせた場合，所定労働時間を1時間オーバーしているものの，労働基準法（以下「労基法」という）上の制限内には収まっているので，最後の1時間は，労基法上の時間外労働ではなく，「法内残業」あるいは「所定時間外労働」といわれている。これに対し，労基法所定の法定労働時間を超える労働のことは，「法内残業」と区別するために，「法外残業」あるいは「法定時間外労働」という。

なお，労働者が実際に働いた時間のことを，「実労働時間」という。労基法が規制している労働時間は，この実労働時間のことである。

(2) 休日労働

休日労働とは，労基法35条の法定休日にさせる労働のことである。

法定休日は，1週1日（労基35条1項。週休制）又は4週間を通じて4日（同条2項。変形休日制・変形週休制）である。

したがって，週休2日制がとられ，土・日曜日が休日とされている会社にお

いて、いずれの日にも労働をさせたとしても、労基法上の休日労働となるのは、そのうちの1日だけということであり、他の1日は、休日労働に含まれないということになる（昭23・12・18基収3970号）。

また、国民の休日や祝日に、休日を付与しなくても、1週1日又は4週4日の休日を付与していれば、労基法違反にはならないということになる（ただし、国民の祝日に労働者を休ませることが望ましいことはいうまでもない。昭41・7・14基発739号）。

なお、休日は原則として、午前0時から午後12時までの暦日単位で連続24時間与えられなければならない（昭23・4・5基発535号）。また、毎週1日は休日があるほうが望ましいことから、休日は、1週1日の付与（労基35条1項）が原則であり、4週4日（同条2項）の変形休日制は、例外である（昭22・9・13基発17号）。ここでいう週は、特段の定めがない限り、「日曜日から土曜日までのいわゆる暦週」のことである（昭63・1・1基発1号）。休日の詳細については、第2編第4章第2節を参照されたい。

(3) 深夜労働

深夜労働とは、午後10時から午前5時までの時間帯にさせる労働のことである（労基37条4項）。当該労働が所定労働時間内かどうかを問わない。

〔2〕 時間外労働等に対する主たる規制

(1) 総　説

憲法は、25条1項で、国民に健康で文化的な最低限度の生活を営む権利があることを謳っている。そして、憲法27条は、1項で、国民に勤労の権利とともに、勤労の義務があることも規定するが、2項で、「賃金、就業時間、休息その他の労働条件に関する基準は、法律でこれを定める。」と規定している。これを受けて制定されたのが労働基準法であり、同法は、労働者保護立法ということになる。この点、休憩や休日を含む労働時間制度は、労働者の健康確保等の労働者保護の中核をなすものである（なお、休憩、休日については第2編第4章参照）。

そのため、使用者は、本来、労働者に時間外労働や休日労働を強いることはできない（労働時間について規定している労基法32条も、「労働させてはならない。」と規

定している)。

労働時間規制の効果としては，次のものがある。

① 労基法の定めに反する労働契約条項は無効であり，無効部分に労基法の基準が適用される（労基13条）。これは労基法の強行的，直律的効力によるものである。

例えば，1日の所定労働時間を10時間とする労働契約の定めは，変形労働時間制（第2編第2章第1節参照）をとっていない限り，法定労働時間（1日8時間，労基32条2項）に反するので，無効であり，8時間が所定労働時間となる。

② 時間外労働等に対する割増賃金の支払義務（労基37条1項）

③ 違反した使用者に対する刑事罰──6ヵ月以下の懲役又は30万円以下の罰金（労基119条1号）

なお，このように労基法には罰則まで存在することから，企業を経営する者が労基法を遵守することは当然として，使用者から相談を受けた法律専門家や社会保険労務士としても，使用者を適切に指導することが求められる。

(2) **時間外，休日労働が許容される場合**

しかし，時と場合によっては，労働者に時間外労働，休日労働を行わせなければならないこともあり得る。そこで，労基法は，例外的に，次の場合につき，時間外労働や休日労働を許容している（使用者は，時間外労働や休日労働をさせても，刑事罰を免れることができる）。

① 災害その他避けられない事由により臨時の必要のある場合（ただし，事前又は事後に行政官庁（労働基準監督署長）の許可を受ける）（労基33条）

② 労基法36条に基づき，事業場の過半数の労働者が加入する労働組合又は事業場の過半数を代表する労働者と書面による協定（いわゆる36協定）を締結し，これを行政官庁（労働基準監督署長）に届け出て，これに従った労働をさせた場合（ただし，労働契約上の根拠があること）

(3) **時間外労働の限度**

もっとも，時間外労働や休日労働は，臨時的，一時的に，やむを得ない場合に認められるべきであって，恒常的に認められるべきものではない（昭63・3・14基発150号，平11・3・31基発168号）。

そのため，36協定を締結していても，無制限に時間外労働が認められるべ

きではなく，時間外労働時間の上限規制がなされている。

　この点，現行労基法36条２項は，厚生労働大臣が，労働時間の延長の限度その他の必要な事項について基準を定めることができるものとしており，これを受けて定められた「労働基準法第36条第１項の協定で定める労働時間の延長の限度等に関する基準」(平10・12・28労働省告示154号，最終改正：平21・5・29厚生労働省告示316号。通称「限度基準」)に，時間外労働の限度基準が規定されている（例えば，一般労働者については，１ヵ月で45時間，１年間で360時間等)。

　ただし，限度基準３条１項ただし書によって，特別な事情が予想される場合には，例外的に，いわゆる特別条項付き36協定を締結することにより限度時間を超えることも認められており，しかも，この場合の延長時間には，上限が定められていない。

　しかし，平成30年改正労基法においては，時間外労働時間の上限規制が労基法36条３項及び４項に格上げされて規定され，また，上限規制の例外についても，同法５項及び６項において，制限的に規定された（平成31（2019）年４月１日施行，中小企業への適用は平成32（2020）年４月１日)。改正労基法では，時間外労働の上限の例外についても，年720時間，月100時間未満が上限とされている。この点については，序編【概説】〔２〕(1)を参照されたい。

　なお，１ヵ月に60時間を超える時間外労働が行われた場合，その超えた部分の割増率が５割以上に引き上げられている（労基37条１項ただし書）が，これは，時間外労働の上限規制と矛盾するものではない。割増率の引上げも，労働者保護の観点による時間外労働の抑制策の１つであり，60時間超の時間外労働を正面切って容認しているわけではない。

　36協定の詳細については，第２編第１章第２節，第３節【概説】を参照されたい。

(4)　深夜労働の規制

　一方，深夜労働については，36協定がなくても可能である。

　しかし，18歳未満の未成年者の深夜労働は，原則として禁止され，例外的に許容される場合がある（労基61条)。

〔3〕 割増賃金支払義務について

(1) 総　説

　使用者が時間外労働，休日労働，深夜労働をさせた場合，その時間又はその日の労働に対して，通常の労働時間又は労働日の賃金の計算額に一定の割増率を乗じて得た割増賃金を支払わなければならない（労基37条1項・4項）。

　「時間外労働及び休日労働に対する割増賃金の支払は，通常の勤務時間とは違うこれら特別の労働に対する労働者への補償を行うとともに，使用者に対し，経済的負担を課すことによってこれらの労働を抑制することを目的とするもの」とされている（平6・1・4基発1号）。そのため，労基法37条1項本文は，割増賃金の支払義務について，時間外労働等の例外要件を満たしている場合に発生するかのような規定ぶりになっているものの，違法に時間外労働をさせた場合にも，使用者は割増賃金の支払義務を負うことになる（昭63・3・14基発150号，平11・3・31基発168号，最判昭35・7・14刑集14巻9号1139頁〔小島撚糸事件〕）。ちなみに，簡易裁判所の民事訴訟において被告となる使用者には，36協定を締結していない会社が多く見られる。

　また，労基法33条の非常事由による時間外，休日労働をさせた場合にも，同様に，割増賃金支払義務が発生する（労基37条1項）。

　一方，深夜労働の割増賃金は，この時間帯が，睡眠や休息等の労働者の健康維持や労働力回復にとって重要な時間であることに鑑み，時間外労働や休日労働とは別に，深夜労働を抑制する手段として導入されたものと解される。そのため，深夜労働が所定労働時間内に行われていても，割増賃金が発生する。また，労働時間，休憩及び休日に関する規定の適用除外となる管理監督者（労基41条2号，最判平21・12・18労判1000号5頁〔ことぶき事件〕）についても，深夜労働の割増賃金を支払わなければならない（昭23・10・14基発1506号）（詳細についてはQ23参照）。

　なお，労使間において，割増賃金を支払わないという契約をしていても，前述した労基法の強行的効力により，この契約は無効となる（労基13条前段）。

(2) 義務履行の担保

(a) 付加金

使用者が時間外，休日，深夜労働に対する割増賃金の支払義務（労基37条）に違反した場合，裁判所は，労働者の請求により，当該規定により使用者が支払うべき未払金のほか，これと同一額の付加金の支払を命ずることができるものとされている（労基114条）。

付加金については，**Q29**を参照されたい。

(b) 刑 事 罰

使用者が割増賃金を支払わない場合には，6ヵ月以下の懲役又は30万円以下の罰金を科せられることがある（労基119条1号・37条）。

(c) 労基署による行政指導等

労働基準監督署には，労働基準監督官が置かれ（労基97条1項），「労働基準監督官は，事業場，寄宿舎その他の附属建設物に臨検し，帳簿及び書類の提出を求め，又は使用者若しくは労働者に対して尋問を行うことができる。」とされている（労基101条1項）。

そして，労働基準監督官により割増賃金の未払いが判明した場合，行政指導の一環として，使用者が「是正勧告書」を交付され，違法状態の是正が勧告されることもある。この場合，賃金請求権の時効は2年間とされていること（労基115条）から，最大で2年分の未払金の支払を勧告されることもある。

労働基準監督官から是正勧告書を交付されたにもかかわらず，使用者がまったく是正しなかったり，虚偽の是正報告をしたりといった悪質な場合には，労働基準監督官が，労基法102条により，書類送検をすることもある。

(3) **遅延損害金**

(a) 在 職 中

使用者が，割増賃金を支払わない場合には，遅延損害金が発生する。

その利率は，使用者が会社や商人の場合，商事法定利率の年6％である（商514条）が，営利を目的としない事業者の場合，民事法定利率の年5％（民419条1項・404条）である。

ただし，平成32年4月1日施行の「民法の一部を改正する法律」（平成29年法律第44号）により，民事法定利率は年3％とされ（改正民404条2項。ただし，3年ごとに見直しがされる。同条2項ないし5項），また，「民法の一部を改正する法律の施行に伴う関係法律の整備等に関する法律」（平成29年法律第45号）3条1項によ

り，商法514条は削除され，以後は商行為によって生じた債務についても，改正民法に規定する法定利率が適用される。

(b) 退職後

また，退職した労働者については，退職日（退職した日の後に支給日がくる場合は当該支給日）の翌日以降，年14.6％の割合による遅延損害金を請求することができる（賃確6条1項，賃確令1条）。ただし，支払を遅滞している賃金の全部又は一部の存否に係る事項に関し，合理的な理由により，裁判所又は労働委員会で争っている場合等には，この利率は適用されない（賃確6条2項，賃確則6条）。

詳細については，**Q29**を参照されたい。

(4) 割増賃金の計算方法

Q26において詳述したので，そちらを参照されたい。

〔4〕 法外残業と法内残業の差異

(1) 残業とは

ひと口に残業（あるいは，時間外労働）といっても，前述のとおり，法外残業と法内残業がある。労基法37条1項により割増賃金支払義務が発生するのは，法外残業のほうである。ところが，一般社会では，この両者を区別せずに残業，あるいは時間外労働といっており，いわゆる本人訴訟の場合，法内残業についても割増賃金を請求してくる者がいるので，注意を要する。

(2) 法内残業の扱い

もっとも，法内残業の場合，所定労働時間を超えた部分につき，労基法上の割増賃金支払義務は発生しないものの，労働に対する賃金を支払わないわけにはいかないので，通常の労働時間の賃金（時間単価に応じた賃金）を支払わなければならない（昭23・11・4基発1592号）。

また，法内残業であっても，就業規則等に，割増賃金を支払う旨の規定がある場合には，当該規定に基づいて割増賃金を支払わなければならない。この点に関し，給与規定において単に時間外勤務について割増賃金を支払う旨規定するのみで，法内残業（判決文の表現は「法内超勤」）と法外残業とを区別していなかった事案について，法内残業についても労基法所定の時間外割増賃金を支払うことが労働契約上合意されていると解した大阪地判平11・5・31労判772号

60頁〔千里山生活協同組合事件〕がある。

〔5〕 法定休日と所定休日（法定外休日）の差異

　法定休日ではない労働契約上の所定休日（法定外休日）は，労基法上の休日規制が及ばず（時間外規制の対象にはなり得る），労働者が法定外休日に労働をしたとしても，使用者は，基本的に通常の労働時間の賃金を支払えばよい。

　ただし，この日，8時間を超えて労働をしたり，労働時間が1週40時間を超えたりした場合には，法外残業として，割増賃金の支払義務を負うことになる。

　また，法定外休日労働であっても，就業規則等に，割増賃金を支払う旨の規定がある場合には，当該規定に基づいて割増賃金を支払わなければならない。ところが，そのような就業規則等の規定がないにもかかわらず，法定外休日にした労働についても，休日労働の割増賃金を請求してくる者が間々いるので，注意を要する。

〔6〕 法定休日の特定

(1) 問題の所在

　法定休日は，前述したとおり，1週1日又は4週4日と定められており，法定休日に労働をさせるには，36協定の締結，届出が必要であり（労基36条），また，労働をさせた場合には，割増賃金の支払を要する（労基37条1項）。さらに，法定休日は，賃金が5割増となる60時間超の時間外労働の60時間に含まれない。

　ところが，法定休日が，1週1日又は4週4日でよいということは，休日は，必ずしも暦の休日どおりでなくてもよいということを意味し，結局のところ，これは労使間で定めることができるということになる。そのため，現在では，週休2日制を採用している会社が多く（そうしないと，週40時間の労働時間規制に抵触してしまうおそれがあるので），しかも，国民の祝日や年末年始等，他にも休日を設けている会社が一般的である。そして，法定休日以外の所定休日における労働については，労基法の休日労働の規制は及ばない。

　そこで，法定休日を取得できているかどうかは，割増賃金の発生の有無等に関わってくることから，例えば，就業規則において，「毎週日曜日を法定休日

とする。」といった具合に、法定休日を特定する必要があるのか、これが特定されていない場合には、休日割増賃金の発生の有無をどのように判断するのかが問題となる。これについては、項を改めて説明することとする。

ところで、週休2日制をとり、土・日曜日を休日と定めている会社において、日曜日を法定休日と定めた場合、土曜日は、法定外休日ということになる。この場合、従業員を日曜日に休ませていれば、土曜日に労働をさせたとしても、休日労働をさせたことにはならない。法定休日が日曜日とされていて、日曜日に休んでいる場合であるにもかかわらず、土曜日に労働をしたとして、休日労働の割増賃金を請求してくるケースがあるので、注意をされたい（就業規則の有無及び内容の確認を怠った結果である）。

(2) 法定休日の特定の要否

労基法35条は、休日の特定を要求しておらず、また、就業規則の記載事項を定める同法89条においても、休日の記載は絶対的記載事項とされている（同条1号）ものの、法定休日の特定までは要求されていないことから、法定休日の特定は法的義務でないと解されている。行政通達でも、「法第35条は必ずしも休日を特定すべきことを要求していない」としている（昭23・5・5基発682号）。

しかし、就業規則等において、法定休日を特定することが望ましいことは確かであり（平6・1・4基発1号、平11・3・31基発168号、平21・5・29基発0529001号）、就業規則においてできるだけ法定休日を特定するよう指導することとされ、常時10人未満の労働者を使用するにすぎない事業であっても指導するように通達されている（昭23・5・5基発682号、昭63・3・14基発150号）。もとより、4週4日の休日についても、「第2項による場合にも、できる限り第32条の2第1項に準じて就業規則その他これに準ずるものにより定めをするよう指導すること」とされている（昭22・9・13発基17号）。

また、4週4日の変形休日制をとる場合には、就業規則等で4週間の起算日を定めなければならない（労基則12条の2第2項）。つまり、変形週休制の場合、4週間の特定は必要になるということである。ただし、起算日からの4週間に4日の休日を与えればよい（昭23・9・20基発1384号）。

(3) 特定されている場合

例えば、土・日曜日の週休2日制をとっている会社が、日曜日を法定休日と

定めている場合において，従業員が，土曜日は休んだが日曜日には出勤していたというとき，会社は当該従業員に対し，割増賃金の支払義務を負うということになる。

このようなとき，1週1日という労基法の要求を満たしているにもかかわらず，法定休日を特定したがために，かえって割増賃金の支払をしなければならなくなるという一見，不合理なようにも思える事態に陥ることになるが，このような事態を回避するには，就業規則の記載を工夫するか，休日の振替制度を利用することになろう（振替休日についてはQ25参照）。

(4) 特定されていない場合

簡裁の訴訟においては，法定休日が特定されていないケース（さらにいえば，就業規則すら作成していない会社）にしばしば出くわす。

この点，法定休日が原則として1週1日とされていることから，1週のうちの複数の休日のうち現実に休みをとれている日があれば，その日を法定休日と扱うのが実務の立場であると思われる。そうすると，従業員が日曜日には出勤しても土曜日に休んでいれば，会社は割増賃金の支払義務を負わないことになる。

一方，土・日曜日週休2日制の事業場において，法定休日の特定がなされておらず，土・日いずれも労働した場合について，週の起算日を日曜日とする前提に立ち，暦週において後順に位置する土曜日における労働が法定休日労働であるとする行政解釈がある（厚生労働省労働局監督課・改正労働基準法に係る質疑応答（平21・10・5）A10）。

また，就業規則上，休日を特定する規定がなく，日曜日から土曜日までの暦週において1回も休日が与えられなかった場合に，その最終日である土曜日の勤務を休日労働と認めた東京地判平20・1・28判タ1262号221頁〔日本マクドナルド事件〕もある。

ただし，「週休2日制の成り立ちにかんがみ，旧来からの休日である日曜日が法定休日であると解するのが一般的な社会通念に合致すると考えられることからすれば，他に特段の事情の認められない本件においては，日曜日をもって法定休日とする黙示的な定めがあったものと解するのが相当」とした東京地判平23・12・27労判1044号5頁〔HSBCサービシーズ・ジャパン・リミテッド事件〕が

ある。

(5) 休日労働と時間外労働の関係

　法定休日には，そもそも法定労働時間を観念し得ない。休日労働は，休日が本来，労働義務を課せられていない日であり，労働者の疲労の回復や幸福追求にあてられる日であるにもかかわらず，必要やむを得ず労働をさせるものであるから，割増賃金を支払うものとされているのである。労基法37条1項が，「その日の労働について」と規定しているのも，そのためであり，また，時間外労働と休日労働の割増率の差も，この点を考慮したものと思われる。

　したがって，休日労働が継続して8時間を超えてなされても，深夜労働に当たらない限り，休日労働としての割増率だけを乗じればよく，時間外労働の割増率を重ねて乗じる必要はない（昭22・11・21基発366号，昭33・2・13基発90号，平6・3・31基発181号，平11・3・31基発168号，大阪地判平18・5・25労判922号55頁〔アサヒ急配事件〕）。

〔小泉　孝博〕

Q 26 割増賃金の計算方法

時間外労働，休日労働及び深夜労働に対する割増賃金の計算方法について説明しなさい。

〔1〕 時間外労働の割増賃金について

(1) 総　　説

　使用者が法定労働時間外に労働をさせた場合には，その時間分の労働について，通常の労働時間の賃金額に一定の割増率を乗じて得た賃金を支払わなければならない（労基37条）。

　したがって，時間外労働の割増賃金を算出するには，賃金の時間単価を算出しておいて，これに時間外労働の時間数を乗じ（労基則19条1項本文），さらに割増率を乗じるということになる。例えば，月給制をとっている会社であっても，賃金の1時間当たりの単価を算出する必要があるわけである。また，割増賃金は，通常の労働時間の賃金に割増率の分が加算された額であるということになる（昭23・3・17基発451号）。すなわち，割増率が，例えば2割5分（25％）と法定されていても，25％相当額だけというわけではないということになる。したがって，割増賃金は，通常の労働時間の賃金（時間単価）に対し，0.25を乗じるのではなく，1.25を乗じて得るのが原則ということになる。

　ここで，月給制の場合における時間外労働の割増賃金の計算式を示すと，次頁の**図表1**のとおりである。

　そこで，割増賃金を算出するには，時間単価の算定とそのための書証（契約書，就業規則，求人票，給与明細，預金通帳その他）の準備が必要であり，また，時間外労働時間を特定する前提として，日々の実労働時間（何時何分から何時何分

図表1　時間外労働の割増賃金額の計算式

```
割増賃金額
   ＝　時間単価（＝1ヵ月の基礎賃金÷1ヵ月の所定労働時間数）
      ×時間外労働時間数
      ×割増率（1.25、1.50）
```

まで）の特定とそのための書証の確保も必要となる。

(2) **時間単価の計算方法**

(a) 基礎賃金

　割増賃金計算の基礎となる賃金には、家族手当、通勤手当及び労働基準法（以下「労基法」という）施行規則21条で定める賃金（別居手当、子女教育手当、住宅手当、臨時に支払われた賃金、1ヵ月を超える期間ごとに支払われる賃金）は含まれない（労基37条5項。次頁の**図表2**参照）。「臨時に支払われた賃金」とは、臨時的、突発的事由に基づいて支払われたものや、支給条件はあらかじめ確定しているが支給事由の発生が不確定であり、かつ、非常に稀に発生するものをいう（昭22・9・13発基17号）。「1ヵ月を超える期間ごとに支払われる賃金」は、典型例が賞与であるが、他に労基法施行規則8条に列挙されている。

　ただし、「家族手当」、「通勤手当」は、名称にかかわらず実質によって判断し、家族数や通勤距離とは無関係に一律支払われるものは、基礎賃金から除外できないもの（昭22・9・13発基17号、昭22・11・5基発231号、昭23・2・20基発297号）とされている。また、「住宅手当」についても、住宅に要する費用にかかわらず一律に定額で支給されるものは、除外賃金に該当せず、算入しなければならない（平11・3・31基発170号）。さらに、賞与は、支給額があらかじめ確定しているものは「賞与」とはみなされない（昭22・9・13発基17号）。したがって、年俸制において支給額があらかじめ確定している賞与についても、「臨時に支払われた賃金」、「1ヵ月を超える期間ごとに支払われる賃金」に該当しない（平12・3・8基収78号）。

　基本給と上記の除外賃金以外の手当が、基礎賃金ということになるわけであるが、訴訟実務上、「手当」と称するものをすべて基礎賃金に含めて計算をしてくる者が多くいる。請求をする者も審理をする者も、互いに慎重に内容を吟

図表2　基礎賃金からの除外賃金

①家族手当　②通勤手当　③別居手当　④子女教育手当
⑤住宅手当　⑥臨時に支払われた賃金
⑦1ヵ月を超える期間ごとに支払われる賃金

味する必要がある。

なお，基礎賃金の算定に関連して，固定残業代制（割増賃金の支払に代えて一定額の手当を支給したり，基本給の中に一定額の割増賃金を組み込んで支給したりする制度）の可否の問題がある。固定残業代が認められる場合，それは割増賃金計算のための基礎賃金から除外されることになる反面，固定残業代が認められない場合，これも基礎賃金に算入されることになる。固定残業代制については，**Q28**を参照されたい。

(b)　計算方法

これについては，労基法施行規則19条1項が，賃金形態に応じて以下のように定めている。

①　時間給（時給）の場合には，その金額

②　日給の場合には，日給額を1日の所定労働時間数（日によって時間数が異なるときには，1週間における1日の平均時間数）で割った金額

③　週給の場合には，週給額を1週間の所定労働時間数（週によって時間数が異なるときには，4週間における1週間の平均時間数）で割った金額

④　月給の場合には，月給額を1ヵ月の所定労働時間数（月によって時間数が異なるときには，1年間における1ヵ月の平均時間数）で割った金額

　　＊注　1ヵ月の平均所定労働時間数を算出するには，年の暦日から所定休日（例えば，土・日曜日，国民の祝日・休日，年末年始，夏季休日等）の日数を控除して，年間の所定労働日数を算出し，これに1日の所定労働時間数を乗じて算出した年間の総所定労働時間数を，12ヵ月で除すればよい。

　　　ところが，中小零細企業や個人事業主を被告とすることが多い簡易裁判所における労働事件（民事訴訟）においては，月によって，休日の日数が異なることに伴い，所定労働時間数が異なっていても，使用者が就業規則を作成しておらず，労働者も

短期間で離職してしまう等の理由から、年間を通しての所定休日数が書証上、不明確であり、労働者である原告も正確に主張することができないというケースが少なくない。このような場合には、ひとまず、割増賃金を請求している月の所定労働日数（複数の月にまたがっているときは、それらの月の平均日数）に基づく労働時間数で計算せざるを得ない。しかも、このような場合、得てして使用者である被告も、休日をきちんと決めておらず、結局、原告の主張する計算方法を容認してしまうことが多い。労基法が強行法規であることからすると、当事者が容認しているからといって、裁判所が直ちにそれを採用することは好ましくないが、このようなとき、原告の主張する計算方法を採用したり、所定労働時間数を控え目に計上したりせざるを得ないこともある。

　しかし、あくまでも1年間を通しての月平均所定労働時間数を算出することが基本であり、割増賃金を適正に請求するためには、労働者側としても、年間の所定労働日数の把握に努めることが重要であることは、忘れないでいただきたい。

⑤　旬給、半月給の場合には、当該期間の給与額を当該期間の所定労働時間数（期間によって時間数が異なるときには、1ヵ月等の一定期間における平均時間数）で割った金額

⑥　出来高払いその他の請負給の場合には、賃金算定期間の賃金総額をその間の総労働時間数で割った金額

　ここで、請負給とは、労働者の仕事の成果（一定の労働給付や一定の出来高）に応じて定められた賃金を支払う場合のことである。

⑦　複数の賃金形態が組み合わされている場合（例えば、日給制に各種手当のように月単位の賃金が組み合わされているときや、月給（固定給）と歩合給（出来高払い）が組み合わされているとき）には、各計算方法で算出した金額の合計額

　なお、行政通達（昭63・3・14基発150号）において、1時間当たりの賃金額や割増賃金額に1円未満の端数がある場合には、50銭未満の端数は切り捨てて、50銭以上の端数は切り上げることも違法ではないとされている。

　月給制の場合における1ヵ月の平均所定労働時間数の計算式を、次頁の**図表3**に、マニュアル的に示しておく。

(c)　計　算　例

　月給制で基本給が30万円、家族手当が扶養家族1人につき8000円、住宅手当が持ち家1戸に限り2万円、通勤手当は実費支給、労働時間が午前9時から

図表3　1年間における1ヵ月の平均所定労働時間の計算式

```
年間所定労働日数＝1年間の日数－1年間の所定休日日数
                    ↓
年間所定労働時間数＝年間所定労働日数×1日の所定労働時間
                    ↓
月平均所定労働時間数＝年間所定労働時間数÷12ヵ月
```

午後6時まで（ただし，途中1時間休憩），休日が毎週土・日曜日，国民の祝日，12月30日から1月3日までの間及び会社所定の休日と定められている会社に勤務する労働者が，通勤手当として3万円を支給されており，ある年の所定労働日数が240日であったとする。

この場合の時間単価は，次のとおりである。月によって，所定労働時間数が異なることになるので，1ヵ月の平均所定労働時間数を算出する必要があることに注意していただきたい。

・基礎賃金：　基本給30万円＋住宅手当2万円＝32万円
　　　　　　（注：この例では，家族手当と通勤手当は含まれない）
・年240日×8時間÷12ヵ月＝1月当たり160時間
・月32万円÷月160時間＝1時間当たり2000円

なお，実務上，通勤手当について，通勤距離に応じて一定額を支給するという定めをしている例もあるが，この場合も，距離に応じて額が変わってくるので，この通勤手当は，基礎賃金から除外される。一方，当月において遅刻，欠勤がないときに一定額の皆勤手当を支給することとしている場合，この皆勤手当は，除外賃金には当たらない。

(3) **時間外労働時間数の計算**

(a) 基本的事項

労基法は，1日又は1週間の最長労働時間につき，原則として，1日8時間，1週40時間であると定めている（労基32条。なお，条文では，1週40時間，1日8時

間の順で規定されている）。

ただし，常時10人未満の労働者を雇用する商業，映画制作事業を除く映画演劇業，保健衛生業及び接客業については，1週44時間の特例がある（労基則25条の2）。また，変形労働時間制やフレックスタイム制といった例外的労働時間制度がある（第2編第2章参照）。もっとも，変形労働時間制やフレックスタイム制の下においても，法で許容されている範囲を超えて労働させた場合には，時間外労働となり得る。

ここで，原則的法定労働時間を前提として述べると，法定休日以外の日について，1日8時間の法定労働時間を超えた実労働時間が，法定労働時間外の労働時間ということになる。

また，1週40時間の規制については，1日の労働時間が法定の時間内に収まっていても，労働時間が1週間で40時間を超えることが規制されることになるので，法定休日以外の日について，1日8時間を超えた分を除く実労働時間（つまり，8時間を超えて労働していれば8時間，実労働時間が8時間未満の場合にはその労働時間）を積算していき，1週40時間の法定労働時間を超えた時間が，法定労働時間外の労働時間となる。

例えば，日曜日が法定休日の会社において，月曜日から金曜日まで毎日8時間ずつ勤務をした者が，土曜日にも出勤して，4時間勤務した場合，その4時間分については，金曜日にすでに40時間に達しているので，時間外割増賃金が発生する。

なお，「法第32条第1項で1週間の法定労働時間を規定し，同条第2項で1日の法定労働時間を規定することとしたが，これは，労働時間の規制は1週間単位の規制を基本として1週間の労働時間を短縮し，1日の労働時間は1週間の労働時間を各日に割り振る場合の上限として考えるという考え方による」ものである（昭63・1・1基発1号）。

(b) 「1日」の範囲，「1週間」の起算点

労基法32条2項の「1日」は，暦日，すなわち，午前0時から午後12時までであると解されている。

しかし，「継続勤務が2暦日にわたる場合には，たとえ暦日を異にする場合でも1勤務として取り扱い，当該勤務は始業時刻の属する日の労働として，当

該日の『1日』の労働とする。」ものとされている（昭63・1・1基発1号）。ただし，暦日をまたいで残業が行われ，翌日の所定始業時刻以降に及んだときには，翌日の所定始業時刻で所定内労働にリセットされる（昭26・2・26基収3406号，昭63・3・14基発150号，平11・3・31基発168号）。

一方，「1週間とは，就業規則その他に特段の定めがない限り，日曜日から土曜日までのいわゆる暦週をいう」（昭63・1・1基発1号）とされている。したがって，1週間の起算日は，基本的に日曜日ということになるが，例えば就業規則や労働契約によって，月曜日を起算点と定めていれば，月曜日が起算点となるというわけである。

(c) 法内残業との区別

会社の所定労働時間（労働契約や就業規則等で定められた始業時刻から終業時刻までの時間のうち，休憩時間を除く時間）を超えてさせた労働がすべて時間外労働になるわけではないことに注意が必要である。

例えば，勤務時間が午前9時から午後5時までで，途中1時間の休憩時間がある会社においては，所定労働時間は7時間ということになる。この会社において，従業員が，午前9時から午後6時まで勤務したが，途中1時間休憩をしていたとする。この場合，所定労働時間は超えているものの，労基法上の時間内には収まっている。したがって，最後の1時間は，労基法上の時間外労働とはならない（よって，上記1時間の残業をさせるのに，36協定は不要であり，残業させたとしても，労基法違反になるものではない）。これを，「法内残業」という（これに対し，労基法上の時間外労働のことは，「法外残業」という）。

もっとも，法内残業といえども，賃金の支払義務はある（この点については，本章【概説】〔5〕を参照されたい）。

これに対し，上記の例で，従業員が午後7時まで勤務したとすると，法定労働時間である8時間を超えるので，午後6時から午後7時までの1時間については，労基法上の時間外労働となり，割増賃金の支払義務が発生する。一方，この従業員が1時間遅刻して出勤していたとすれば，実労働時間は8時間を超えていないので，時間外労働とはならない。

この点に関しては，**Q27**でも具体的に説明するので，参照されたい。

(d) 労働時間の意義，実労働時間の立証

割増賃金を過不足なく請求するためには，実労働時間を特定することが極めて重要であるが，労使間において，ある時間が性質上，労働時間に当たるのか，また，現実に労働をしていたのか（特に，後者）が争われることが多く，そうなった場合，労働者がこれを証明することは必ずしも容易ではない（特に，簡易裁判所の民事訴訟の場合，タイムカードを導入している使用者が少ないなど，証明の困難さが顕著である）。

何をもって労働時間とするのかについては，第2編第1章第1節を参照されたい。また，実労働時間の立証方法については，第2編第1章第1節及び**Q30**を参照されたい。

(e) 労働時間計算における端数の扱い

月給制でなくても，賃金計算期間を1ヵ月としている使用者（日給月給制を採用している会社はその例である）は多いと思われる。このように賃金計算期間が1ヵ月とされている場合，当該1ヵ月間（賃金の締め日までの期間）における日々の実労働時間を積算していくことになる（その際，単に始業時刻と終業時刻から，その間の時間を割り出すのではなく，休憩時間を控除することを忘れてはならない）。

そして，このように計算していくと，端数が生じる場合がある。この場合，使用者としては，賃金全額払いの原則（労基24条）により，割増賃金計算の基礎となる労働時間についても，1時間未満なり30分未満なりの端数も切り捨てることなく，分単位で全部算入するのが基本である。

ただし，1ヵ月における時間外労働，休日労働及び深夜労働の各時間数の合計に1時間未満の端数がある場合，30分未満の端数を切り捨てて，それ以上を1時間に切り上げる処理をしても，労基法24条及び37条違反としては扱わないとの行政通達がある（昭63・3・14基発150号）。

もっとも，これは，「常に労働者の不利となるものではな（い）」（上記通達）ことから認められたものであって，1ヵ月単位で切り上げと切り捨てがセットになっている場合のみを許容しているものである点に注意を要する。日ごとに端数を切り捨てることは許容されていない。訴訟上，使用者が日ごとに30分未満や15分未満の残業時間を切り捨てて処理している例をしばしば見受けるが，これは許されないことなのである。

(4) **割 増 率**

図表4　時間外労働の割増率

① １日８時間又は１週40時間を超えた時間外労働で、１ヵ月の合計が60時間までの場合
　………………25%（労基37条１項本文、割増賃金令）
② １ヵ月の合計が60時間を超える時間外労働をした場合の60時間を超えた部分
　………………50%（労基37条１項ただし書）

　時間外労働に対する割増率は、**図表4**のとおり、２通りある。
　ただし、１ヵ月60時間を超えた時間外労働に対する割増率の規定は、当分の間、中小事業主に適用しないとされている（労基附則138条）。ここで、中小事業主とは、「その資本金の額又は出資の総額が３億円（小売業又はサービス業を主たる事業とする事業主については5000万円、卸売業を主たる事業とする事業主については１億円）以下である事業主及びその常時使用する労働者の数が300人（小売業を主たる事業とする事業主については50人、卸売業又はサービス業を主たる事業とする事業主については100人）以下である事業主」のことである（労基附則138条）。しかし、平成30年改正労基法が施行される平成35（2023）年４月１日から、中小事業主に対しても、月60時間超の時間外労働に対しては、50%の割増率が適用されることになる。この点については、序編【概説】〔２〕(4)を合わせて参照されたい。
　また、１ヵ月60時間を超える時間外労働に対する割増律の引き上げ部分（25%分）について、労働者の過半数で組織する労働組合又は（それがないときは）労働者の過半数代表と労使協定を締結することにより、割増賃金の支払に代えて有給休暇を付与することができるという代替休暇という制度がある（労基37条３項）。労使協定については、第２編第１章第２節を参照されたい。
　なお、労基法37条１項本文は、「通常の労働時間又は労働日の賃金の計算額の２割５分以上５割以下の範囲内でそれぞれ政令で定める率以上の率で計算した割増賃金」と規定しており、これを受けて制定されたのが、割増賃金に係る率の最低限度を定める政令（平６・１・４政令５号）である（上記に割増賃金令と表示したもの）。

(5) 割増率の乗じ方

前述のとおり，割増賃金は，通常の労働時間の賃金に割増率の分が加算された額である。つまり，割増率を25％とすると，時間外割増賃金は，通常の労働時間に対する賃金の125％の額であって，25％の額ではないから，割増賃金を算出する際には，基本的に，時間単価に1.25を乗じることになる。

ただし，歩合給の場合には，総労働に対する対価であるから，時間単価を算出するに際して，時間外の労働時間を含めて計算することになる（「×1」の部分は含まれている）ので，乗じる率は，0.25にすぎないこと（昭23・11・25基収3052号，昭63・3・14基発150号，平6・3・31基発181号，名古屋地判平3・9・6労判610号79頁〔名鉄運輸事件〕）に注意する。

(6) 計算例

ある会社の月給制の労働者について，ある月の時間外労働時間数が10時間であった場合において，時間単価が前述の例のとおり2000円であったとしたときの割増賃金額は，次のとおりである。

> ・割増率の選択：時間外労働の時間数10時間（つまり60時間以下）
>   → 25％増し
> ・時間単価2000円×10時間×1.25＝割増賃金2万5000円

(7) 割増賃金額の端数の扱い

1ヵ月における時間外，休日，深夜労働の各々の割増賃金の総額に1円未満の端数が生じた場合，時間単価の場合と同様に処理する（昭63・3・14基発150号）。すなわち，50銭未満は切り捨て可，50銭以上は1円に切り上げ可ということである。

〔2〕 休日労働の割増賃金について

(1) 総　説

使用者が法定休日に労働をさせた場合には，その日の労働については，通常の労働日の賃金額に一定の割増率を乗じて得た賃金を支払わなければならない（労基37条1項本文）。

法定休日は、1週1日又は4週4日であり（労基35条）、必ずしも会社の定めた休日（所定休日）ではない。そのため、法定休日をどのように認定するのかが問題となる。法定休日と所定休日の差異がわからないまま、誤った休日割増の計算をしてくる訴状をしばしば見掛けるので、これについては、本章【概説】〔6〕、〔7〕を必ず参照していただきたい。

(2) 休日労働における休日の範囲

休日は、暦日、すなわち0時から24時までとされる（昭23・4・5基発535号）。

したがって、例えば、法定休日の午後6時から翌日（平日）午前5時まで就業したという場合、翌日午前0時以降は、休日労働ではなくなる（昭23・11・9基収2968号、平6・3・31基発181号、平6・5・31基発331号）。この例に関していえば、午前0時から午前5時までは、後述の深夜労働としての割増対象となるだけである。

逆に、法定休日の前日から勤務が開始され、法定休日である翌日午前3時まで勤務が及んだという場合、翌日午前0時から午前3時までの労働は、休日労働及び深夜労働としての割増率で計算された割増賃金を支払うことになる（平6・3・31基発181号、平6・5・31基発331号）。

なお、休日労働をさせ、その後に代わりの休日（代休）を与えることが行われることがあるが、代休を付与しても、休日労働をさせた事実がなくなるわけではないので、当該休日が法定休日に当たる場合には、割増賃金の支払は免れない（昭23・4・19基収1397号、昭63・3・14基発150号）。

(3) 割増率

休日労働に対する割増率は、35％（労基37条1項本文、割増賃金令）である。

(4) 計算方法

法定休日には、そもそも法定労働時間を観念し得ない。したがって、休日労働が継続して8時間を超えてなされても、後述する深夜労働に当たらない限り、休日労働としての割増率（35％）だけを乗ずればよく、時間外労働の割増率（25％）を重ねて乗じる必要はない。そこで、時間外労働の割増賃金と休日労働の割増賃金は、区別して計算する必要がある（そのためにも法定休日の認定は重要である）。

ただし、休日労働に対する割増賃金も、時間数に応じて算定することになる（労基則19条1項本文）ので、賃金の時間単価に休日労働の時間数を乗じ、さらに

図表5　休日労働の割増賃金額の計算式

```
割増賃金額
   ＝　時間単価（＝1ヵ月の基礎賃金÷1ヵ月の所定労働時間数）
      ×休日労働時間数
      ×割増率（1.35）
```

割増率を乗じて算出するということになる。

月給制の場合における休日労働の割増賃金の計算式は，**図表5**のとおりである。

(5) 計　算　例

ある会社の月給制の労働者について，ある月の休日労働時間数が10時間であった場合において，時間単価が前記のとおり2000円であったときの割増賃金額は，次のとおりである。

・時間単価2000円×10時間×1.35＝割増賃金2万7000円

〔3〕　深夜労働の割増賃金について

(1) 総　　説

使用者が深夜（午後10時から午前5時までの間）に労働をさせた場合には，その時間の労働については，通常の労働時間の賃金額に一定の割増率を乗じて得た賃金を支払わなければならない（労基37条4項）。

ただし，深夜営業の店に勤務している場合等に，深夜割増分も含めて所定賃金が定められていることがあるが，それが明確な場合には，深夜割増賃金を請求することができない（昭23・10・14基発1506号）。

(2) 割　増　率

深夜労働に対する割増率は，25％（労基37条4項）である。

(3) 計算方法

深夜労働の割増賃金を算出する場合にも，賃金の時間単価に深夜労働の時間数を乗じ（労基則19条1項本文），さらに割増率を乗じるということになる。

ただし，深夜割増は，深夜労働が所定労働時間内になされようが，時間外になされようが，休日になされようが，一律に行われる。したがって，深夜割増賃金の計算においては，理論的には，時間単価に深夜労働の時間数を乗じ，これに0.25を乗じるだけ（25％相当額だけ）ということになる。「×１」により得られるべき部分（100％の部分）は，すでに所定賃金額や時間外労働等の割増賃金として算入済みだからである。

要するに，例えば法定時間外の深夜労働をした場合，その部分の割増賃金については，時間単価に時間外深夜労働時間数を乗じ，これに1.5を乗じて得た額と同じになるということである。したがって，時間外深夜労働については，５割増又は（１ヵ月60時間超の場合，60時間超の部分につき）７割５分増（労基則20条１項），休日深夜労働については，６割増（同条２項）ということになる。

(4) 計 算 例

ある会社の月給制の労働者について，ある月の時間外労働時間数が10時間であったが，そのうち５時間が深夜労働であった場合において，時間単価が前記のとおり2000円であったときの，当該５時間分の割増賃金額は，次のとおりである。

・時間単価2000円×５時間×1.5＝割増賃金１万5000円

なお，この例で，単なる時間外労働の部分（終業が22時を超えていない範囲）の割増賃金額は，次のとおりである。

・時間単価2000円×５時間×1.25＝割増賃金１万2500円

したがって，この月の割増賃金額は，合計２万7500円ということになる。

〔4〕 時間外，休日，深夜労働の割増率（まとめ）

(1) 一 覧 表

以上見てきた時間外，休日，深夜労働の割増率を一覧表にまとめると，次頁の**図表６**のとおりである。

図表6　時間外，休日，深夜労働の割増率

- 法内残業 ……………………………………… 割増なし
- 時間外労働（１ヵ月60時間以下）…………… 25％
- 時間外労働（１ヵ月60時間超）……………… 50％[注]
- 法定外休日労働（週40時間超でない場合）… 割増なし
- 休日労働（１日８時間まで）………………… 35％
- 休日労働（１日８時間超）…………………… 35％
- 法定時間内労働＋深夜労働 ………………… 25％
- 時間外労働（60時間以下）＋深夜労働 …… 50％（25＋25）
- 時間外労働（60時間超）＋深夜労働 ……… 60時間超の部分につき75％（50＋25）
- 休日労働＋深夜労働 ………………………… 60％（35＋25）

[注] 中小事業主については，現在，適用が猶予されている（前記〔１〕(4)参照）。

(2) 割増率の具体的適用例

　労働者が，法定休日前日の午後１時から午後５時まで勤務し，１時間の休憩を挟み，午後６時から午後12時（午前０時）まで勤務したが，さらに勤務を継続して，法定休日の午前７時まで勤務したとする。

　この場合，午後10時からは，労働時間が８時間を超えるので，時間外労働となり，また，午前０時以降も，継続して勤務しているので，時間外労働と扱われるようにも見える（前記〔１〕(3)(b)参照）が，午前０時から法定休日になる（前記〔２〕(2)参照）ので，時間外労働は２時間だけであり，午前０時から午前７時までは，休日労働ということになる。一方，午後10時から午前５時までは，深夜労働にも当たる。

　したがって，午後10時から午前０時までは，時間外深夜労働ということで，割増率が50％ということになる。また，午前０時から午前５時までは，休日深夜労働ということで，割増率が60％となる。そして，午前５時から午前７時までは，単なる休日労働ということで，割増率は35％となる。

[小泉　孝博]

Q27 | 割増賃金の発生

　労働時間が9時から17時までで，休憩時間が12時から13時までの1時間と定められ，休日が日曜日と土曜日の週休2日制が採用されている会社に関する次の事項について，説明しなさい。

(1) 従業員が，平日の9時から18時まで勤務した場合（休憩は所定時間どおり取得したものとする），会社に割増賃金の支払義務はあるか。

(2) 従業員が，午前半日休暇を取得し，13時から18時20分まで勤務した場合はどうか。

(3) 従業員が，平日の9時から18時20分まで勤務した場合（休憩は所定時間どおり取得したものとする），会社が，当該月の割増賃金を算出するために労働時間を集計するに際して，1日につき30分未満の残業時間は切り捨てる旨の就業規則に基づいて，上記の労働時間中，20分の端数を切り捨てることは許されるか。

(4) 会社が日曜日を法定休日であると定めていた場合において，従業員が，ある週の日曜日に出勤し，9時から17時まで勤務したが，その週の土曜日には出勤しなかったとき，会社は，休日労働に対する割増賃金の支払義務を負うか。

(5) 上記(4)において，会社が法定休日を特定していなかった場合には，休日労働に対する割増賃金の支払義務はどうなるか。また，この場合において，従業員が，土曜日にも出勤したときには，どうなるか。

(6) 会社が法定休日を特定していなかった場合において，従業員が，日曜日に出勤し，8時間を超えて勤務したとき，会社は，時間外労働に対する割増賃金の支払義務を負うか。

A

〔1〕 はじめに

 本問は，基本的な事柄であるにもかかわらず，労働者や労働事件に不慣れな代理人，使用者が誤りがちなケースを集めているが，いずれも，本章【概説】やQ26で述べた事項の具体的場面へのあてはめや応用が問われている。そこで，詳細については，本章【概説】やQ26を参照していただくこととして，以下においては，簡単に，問題の所在と検討過程を含めた設問への解答を述べていくこととする。

 また，関連する事例についての説明を，補充的にしておくこととした。

〔2〕 設問(1)について

(1) 問題の所在

 ここでは，従業員が，所定の終業時間を超え，しかも，所定労働時間（7時間）を超えて労働していることから，時間外割増賃金が発生するのではないかとの問題がある。

(2) 解　答

 時間外労働の割増賃金の支払義務は，法定労働時間を超えて労働をさせたことにより発生する。そして，法定の労働時間は，1日8時間である（労基32条2項）から，実労働時間が8時間を超えて初めて時間外割増賃金の支払義務が発生する。

 しかるに，本設問においては，実労働時間が法定時間内に収まっている。したがって，時間外労働に当たらない（法内残業という）ので，割増賃金の支払義務は発生しない。本設問において，例えば，従業員が午後9時まで勤務していれば，3時間分の時間外割増賃金が発生する。

 ただし，法内残業がなされた場合でも，賃金は支払わなければならないので，本設問の場合には，通常の時間単価1時間分の賃金を支払わなければならない。また，法内残業であっても，就業規則等に，割増賃金を支払う旨の規定がある

場合には，当該規定に基づいて割増賃金を支払わなければならない。

〔3〕 設問(2)について

(1) 問題の所在

ここでは，従業員が，所定の終業時間を1時間20分超えて労働しており，しかも，始業時間である午前9時から起算すれば，就業時間が所定労働時間である7時間どころか，法定時間である8時間も超えることになり，加えて，従業員の休暇が有給休暇であった場合，実際には午前中働いていなくても，あたかも働いていたかのように1日分の賃金を得られるので，時間外割増賃金が発生するのではないかが問題となる。現に，本人訴訟において，遅刻や休暇取得をしたにもかかわらず，その時間も労働時間に算入して計算をしてくる者がいる。

(2) 解　答

労働時間の法定による労働時間規制は，労働者保護の見地からなされるものであり，割増の対象となるのは，実労働時間であるから，割増賃金の支払を要するのは，法定労働時間を超えて労働させた場合である（平11・3・31基発168号）。そして，本設問においても，実労働時間は，1日8時間の法定労働時間を超えていない。したがって，割増賃金の支払義務は発生しない。

ただし，設問(1)の場合と同様に，就業規則等に，午後6時以降の労働に対しては一律，割増賃金を支払う旨の規定があれば，法定労働時間は超過していなくても，当該規定に基づいて割増賃金を支払わなければならない。

(3) 補充説明

ちなみに，本設問において，従業員が，午後10時まで継続的に勤務した場合には，実労働時間が8時間を超えることになるので，時間外割増賃金が発生する。さらに，午後11時まで勤務した場合には，勤務が深夜（午後10時から翌日午前5時まで。労基37条4項）に及ぶので，2時間分の時間外割増に加えて，1時間分の深夜割増も必要となる。

〔4〕 設問(3)について

(1) 問題の所在

訴訟上，本設問のように，実労働時間を集計するに際して，30分未満の端

数を切り捨てるという処理をしている使用者に出くわすことが少なくないが，果たしてこのようなことが許されるのであろうか。

(2) 解　答

　賃金全額払いの原則（労基24条）から，割増賃金計算の基礎となる労働時間については，分単位で全部算入するのが基本である。

　ただし，1ヵ月における時間外労働，休日労働及び深夜労働の各時間数の合計に1時間未満の端数がある場合には，30分未満の端数を切り捨てて，それ以上を1時間に切り上げる処理は労基法24条及び37条違反としては扱わないとの行政通達がある（昭63・3・14基発150号）。

　しかし，これは，1ヵ月単位における端数処理を認めたものであり，日ごとに端数を切り捨てることは許容されていない（**Q26**〔1〕(3)参照）。

　したがって，本設問のように20分の端数を切り捨てることは許されない。

〔5〕　設問(4)について

(1) 問題の所在

　休日労働をさせた場合，使用者は，35％増しの割増賃金の支払義務を負うことになるわけである（労基37条1項）が，労基法において，休日は，原則として1週1日でよいとされており（労基35条），この休日のことは，法定休日といわれている。暦の上での休日のすべてが，法定休日となるわけではなく，また，会社が，暦どおりに休日を定めたり，週休2日制を採用していても，その所定休日すべてが法定休日になるものでもない。本設問を通じて，まずはそのことを認識していただきたい。

　また，法定休日が1週1日でよいとされていることの帰結として，土・日曜日の休日のうち，どちらかさえ休んでいれば，休日割増賃金の支払義務は発生しないように見える。ただし，1週間のうちの複数の休日のうち，休日割増賃金の支払義務を発生させる休日が1日だけである以上，法定休日がいつなのかを明確にしておくことが望ましいといえ（本章【概説】〔7〕(2)参照），実務上，就業規則において，法定休日が特定されている場合がある。本設問の会社もそうしているわけである。そこで，法定休日の特定がなされている場合にどうなるのかについても合わせて認識していただきたい。

(2) 解　答

　法定休日が日曜日とされている以上，法定休日は日曜日に特定され，土曜日は，法定外休日ということになる。

　そこで，従業員が土曜日に休んだとしても，会社は，日曜日に勤務したこの従業員に対し，休日割増賃金（35％増）の支払義務を負うことになる。

(3) 補充説明

　ちなみに，本設問において，従業員が土曜日に出勤し，8時間以内の勤務をした場合には，休日労働ではないので，通常の労働時間に対する賃金を支払うことになるのが基本であるが，例えば従業員が，月曜日から金曜日まで毎日8時間ずつ勤務をしていたときには，金曜日の時点で，実労働時間がすでに1週の法定の40時間に達しているので，土曜日の労働に対しても，25％の時間外割増が必要となる。

〔6〕　設問(5)について

(1) 問題の所在

　法定休日が法律上，特定される必要まではないと解されていることから，法定休日が特定されていないケースも多い。そこで，前問とは逆に，法定休日が特定されていない場合にどうなるかを問うものである。法定休日がいつなのかが問題となる。

(2) 解　答

(a)　設問前段（日曜日出勤，土曜日休み）

　労基法上，法定休日が1週1日でよいとされており，かつ，本設問においては，法定休日が特定されていない以上，土・日曜日のいずれか休んだ日を法定休日と認めてよいものと解される。

　本設問前段においては，土曜日に休んでいることから，休日割増賃金の支払義務は発生しない。

(b)　設問後段（日曜日及び土曜日出勤）

　本設問後段のような場合においては，暦週において後順に位置する土曜日における労働が法定休日労働であるというのが実務の大勢である（本章【概説】〔7〕(3)の厚生労働省の回答等参照）。

よって，本設問後段においては，土曜日が法定休日となるので，土曜日の実労働時間に応じた休日割増賃金（35%増）の支払義務を負う。

ただし，本章【概説】〔7〕(3)に挙げた東京地判平23・12・27によれば，日曜日を法定休日とする余地があるが，割増賃金の計算をするに際しては，実務の大勢に沿って計算しておくのが簡便であろう。

(c) 補充説明

ちなみに，本設問後段の土曜日勤務が18時を過ぎても，法定休日については，労働時間を観念し得ないから，時間外労働にはならないが，22時（午後10時）過ぎにまで及んだ場合には，22時以降は，休日深夜労働として，60%（35%＋25%）増となる（本章【概説】〔6〕(5)参照）。さらに勤務が翌日（日曜日）5時まで及んだ場合には，土曜日24時以降は，休日労働ではなくなり，深夜割増（25%増）しか受けられなくなる（Q26〔2〕(2)参照）。

〔7〕 設問(6)について

(1) 問題の所在

休日労働と時間外労働の関係について問う問題である（本章【概説】〔7〕(5)参照）。

(2) 解　　答

まずは，法定休日がいつなのかを認定する必要があるが，これは前問で述べたとおり，土曜日としておけばよかろう（1週の起算日を日曜日とすると，従業員が日曜日に出勤した本設問においては，土曜日を休もうが休むまいが，土曜日が法定休日となる）。

そうすると，本設問の日曜日に労働をしても，休日労働にはならない。

そこで，通常の労働時間の賃金に基づいて賃金計算をすることになる。そして，勤務時間が8時間を超えた場合には，その超過時間分の労働につき，時間外労働の割増賃金の支払義務を負うことになる。

[小泉　孝博]

Q28 固定残業代

固定残業代制とはどのような制度であり，どのような場合に有効となるのかについて説明しなさい。

〔1〕 固定残業代制

(1) 固定残業代制とは

　固定残業代制とは，従業員の労働時間について実際の実労働時間にかかわらず，一定の労働時間勤務したものとみなし，労働基準法37条に定める計算方法による割増賃金を支払う代わりに，定額の残業代を支払う取扱いをする制度である。

　固定残業代制として導入されている取扱いについては，大きく分けて，基本給の中に定額の残業代部分を含めて支払うもの（組入型と呼ばれる）と定額の手当を基本給とは別に支払う方法（手当型と呼ばれる）が存在している。

(2) 固定残業代制の適法性

　まず，前提として，固定残業代制自体の適法性について問題となる。この点については，労働基準法が規制しているのは同法所定の計算方法による時間外手当を支払うことであるので，その規制に違反しない限りは，適法であると一般的に考えられている。

　近時の判例においても，同条の趣旨について「同条は，労働基準法37条等に定められた方法により算定された額を下回らない額の割増賃金を支払うことを義務付けるにとどまるものと解され，労働者に支払われる基本給や諸手当にあらかじめ含めることにより割増賃金を支払うという方法自体が直ちに同条に反するものではない」（最判平29・7・7労判1168号49頁〔医療法人社団康心会事件〕）

と明確に判示されており、その適法性について実務上争いはないといえる。

(3) 固定残業代制の有効性が問題となる場面

固定残業代制自体が有効であれば、支給された固定残業代の金額が労働基準法37条所定の金額に満たない場合であっても、その差額分を支給すれば足りることになる。他方で、仮に効力が否定されるような場合には、残業代の未払いが多く存在していることになることに加え、固定残業代とされていた部分（手当等）が基礎賃金として算入されてしまうことにもなる。当然、このことは付加金の支払命令の金額にも最終的に影響を及ぼすことになる。

このように、固定残業代制については、有効性が否定される場面におけるデメリットが非常に大きいため、割増賃金の支払をめぐる場面において大きな影響がある。そのため、固定残業代制をめぐっては、どのような場合に固定残業代制が有効となるのか、その有効要件が労使間で争いになる場面が多く、多くの裁判例の蓄積がなされている。

固定残業代制が有効と判断される要件について、裁判所が示した判断基準は、下級審を含め多岐にわたっているが、現時点において、最高裁が示している判断基準としては、①固定残業代が時間外労働や深夜労働に対する割増賃金の対価の趣旨で支払われており、当該手当等の中に割増賃金の支払を含むとの労使間の合意が存在していること（対価性の要件）、及び、②当該手当等の支給において、所定内賃金部分と割増賃金部分とが明確に判別することができるか（明確区分性の要件）の2点が要件として求められていると考えられている。

以下、この2つの要件について述べるとともに、近時の裁判例等において問題にされることのあるその他の要素についても検討をする。

〔2〕 固定残業代制の有効要件

(1) 対価性の要件

先に述べたように、固定残業代制が有効と認められるためには、当然ではあるが、固定残業代とされる賃金が時間外労働の対価の趣旨で支払われていることが必要となる。この要件については、主に基本給とは別に固定残業代が支給される手当型の類型について問題となることが多い。

そして、当該手当に時間外労働等に対する対価として以外の趣旨が含まれて

いる場合には，その有効性は否定されることになる。

　この要件については，「営業手当」に関するもの（東京地判平24・8・28労判1058号5頁〔アクティリンク事件〕），「精勤手当」に関するもの（東京地判平25・2・28労判1074号47頁〔イーライフ事件〕）など，多くの裁判例における判断が積み重ねられてきた。

　その上で，近時，最高裁は，薬局に雇用されている薬剤師の「業務手当」が時間外労働の対価といえるか争われた事件において，「雇用契約においてある手当が時間外労働等に対する対価として支払われるものとされているか否かは，雇用契約にかかる契約書等の記載内容のほか，具体的事案に応じ，使用者の労働者に対する当該手当や割増賃金に関する説明の内容，労働者の実際の労働時間等の勤務状況などの事情を考慮して判断すべきである」（最判平30・7・19裁時1704号6頁〔日本ケミカル事件〕）との判断基準を示した。

　今後は，この判断基準に則り，①契約書への記載や使用者からの説明の内容に照らし，固定残業代の対価とされている手当が契約上どのように位置付けられていたか，また，②実際の勤務状況に照らして，手当の性質や金額が労働者に課せられていた時間外労働の実態と乖離するようなものではないかどうかといった枠組みに沿って，主張立証を行うことが必要になると考えられる。

(2) 明確区分性の要件

　対価性の要件とともに有効性要件の1つとして考えられているのが，明確区分性の要件，すなわち，時間外労働に対して支給される賃金の部分と通常の労働時間に対する賃金とを区分することができているかという点の充足性についてである。

　これまで，明確区分性の要件についても，様々な考え方が示されてきたが，最高裁で初めて基準として示されたのは小里機材事件（最判昭63・7・14労判523号6頁）である。同事件において最高裁は，基本給の中に本来の基本給に加えて月15時間分の時間外労働に対する割増賃金を含める合意をしていたという使用者の主張に対し，「仮に，月15時間の時間外労働に対する割増賃金を基本給に含める旨の合意がなされたとしても，その基本給のうち割増賃金に当たる部分が明確に区分されて合意がされ，かつ，労基法所定の計算方法による額がその額を上回るときはその差額を当該賃金の支払期に支払うことが合意されて

いる場合にのみ，その予定割増賃金を当該月の割増賃金の一部または全部とすることができるものと解すべき」との判断を示した。基本給のうち割増賃金に当たる部分が明確に区分されていることという点が，有効性の要件として定立された。

　また，高知県観光事件（最判平6・6・13労判653号12頁）は，歩合給制のタクシー運転手の割増賃金が問題となったやや特殊な事例ではあるが，「時間外及び深夜の労働を行った場合においてもその額が増額されるものではなく，通常の労働時間の賃金に当たる部分と時間外及び深夜の割増賃金に当たる部分とを判別することもできないものであったことからして，この歩合給の支給によって，法37条の規定する時間外及び深夜の割増賃金が支払われたとすることは困難なものというべきであ」ると判示しており，固定残業代制の実施において，通常の労働時間の賃金に当たる部分と時間外及び深夜の割増賃金に当たる部分とを判別することもできるということがやはり有効性の要件として認識されていることが示されている。同様に，通常の労働時間の賃金に当たる部分と時間外の割増賃金に当たる部分とを判別することができるかどうかという判断枠組みに沿った判断は，その後の最高裁判例（最判平24・3・8労判1060号5頁〔テックジャパン事件〕）でも引き継がれており，近時の判例においても，これらの最高裁判例を引用して「使用者が，労働者に対し，時間外労働等の対価として労働基準法37条の定める割増賃金を支払ったとすることができるか否かを判断するには，労働契約における賃金の定めにつき，それが通常の労働時間の賃金に当たる部分と同条の定める割増賃金に当たる部分とに判別することができるか否かを検討」する必要があるという判断が示されている（最判平29・2・28労判1152号5頁〔国際自動車事件〕）。

　その上で，近時，最高裁は，医師の年俸に時間外労働等に対する割増賃金が含まれているか否かが争われた事件において，「使用者が労働者に対して労働基準法37条の定める割増賃金を支払ったとすることができるか否かを判断するためには，割増賃金として支払われた金額が，通常の労働時間の賃金に相当する部分の金額を基礎として，労働基準法37条等に定められた方法により算定した割増賃金の額を下回らないか否かを検討することになるところ，同条の上記趣旨によれば，割増賃金をあらかじめ基本給に含める方法で支払う場合に

おいては，上記の検討の前提として，労働契約における基本給等の定めにつき，通常の労働時間の賃金に当たる部分と割増賃金に当たる部分とを判別することができることが必要であ」る（最判平29・7・7労判1168号49頁〔医療法人社団康心会事件〕）との判断を示しており，従前の判断基準を踏襲していることを示していると考えられる。

このような状況を踏まえ，固定残業代制の有効性については，通常の労働時間の賃金に当たる部分と割増賃金に当たる部分とを判別することができるかという明確区分性の要件の充足が求められていることは判例法理として確立しているものと考えられる。

なお，明確区分性の要件については，上記テックジャパン事件の櫻井判事補足意見において「支給対象の時間外労働の時間数と残業手当の額が労働者に明示されていなければならないであろう」との見解が示されていたが，前掲の日本ケミカル事件においては，金額の明示のみがなされているケースについて，明確区分性の点を問題とはせず，先に述べたように対価性の要件を検討したうえで，固定残業代としての性質を是認している。行政解釈においても，「基本給等に予め割増賃金を含めて支払っている場合，相当する時間外労働等の時間数又は金額を書面等で明示するなどして，区分できるようにしているか確認すること」と（平29・7・31基監発0731第1号），時間数「又は」金額の明示を要請しており，同様の解釈が示されていると考えられており，明確区分性の要件の判断に当たって，時間数と金額の双方を契約等において明示することまでは厳密に求められていないとも考えられる。

〔3〕 その他検討されることがある点

(1) **精算合意，精算実績について**

固定残業代制の有効制を検討する際に，固定残業代の対価部分を超過した場合には支払う旨の合意（精算合意）及び精算合意に加えて従来超過部分を支払ってきた実績があるか（精算実績）といった点を求める裁判例も存在している（東京地判平24・8・28労判1058号5頁〔アクティリンク事件〕，東京地判平25・2・28労判1074号47頁〔イーライフ事件〕）。

特に，最高裁において，前掲のテックジャパン事件の櫻井判事補足意見にお

いて「(固定残業代の対価となる労働時間)を超えて残業が行われた場合には当然その所定の支給日に別途上乗せして残業手当を支給する旨もあらかじめ明らかにされていなければならないと解すべきと思われる。」との見解が示されたこともあり、これらの点が固定残業代制の要件となるといった考え方もある。

他方で、精算合意又は精算実績の点を有効性の要件とする見解については、固定残業代制が定めている部分を超えて時間外労働をした場合に超過分について割増賃金を支払うことは労基法上当然の要請であることから、固定残業代制の有効性を判断するに際して独立の要件とすることについては消極的な見解も多く存在しており、テックジャパン事件以降の最高裁の判示にもこの点を有効性要件として明確に検討しているものは存在していないと考えられる。

近時の最高裁においても「いわゆる定額残業代の支払を法定の時間外手当の全部又は一部の支払とみなすことができるのは、定額残業代を上回る金額の時間外手当が法律上発生した場合にその事実を労働者が認識して直ちに支払を請求することができる仕組み(発生していない場合にはそのことを労働者が認識することができる仕組み)が備わっており、これらの仕組みが雇用主により誠実に実行されている」という原審の判断について「必須のものとしているとは解されない」としている(前掲日本ケミカル事件)。

ただし、先に検討したように、対価性の要件及び明確区分性の要件の充足性を判断するに当たって、契約時の事情や実際の労働状況と固定残業代制との近接性について検討することが実務上当然に必要となってくる。したがって、精算合意及び精算実績の点が、有効性を判断するに際しての重要な事実となることに変わりはないと思われる。

(2) **時間外労働時間数の上限について**

また、近時、固定残業代制の有効性が争われる事例において、固定残業代の対象とされている残業時間自体が問題とされるケースも存在している。

ザ・ウインザー・ホテルズインターナショナル事件(札幌高判平24・10・19労判1064号37頁)は、職務手当が95時間分の時間外労働に対する対価であるとする使用者側の主張に対し「労基法36条の上限として周知されている月45時間(昭和57年労働省告示第69号・平成4年労働省告示第72号により示されたもの)を超えて具体的な時間外労働義務を発生させるものと解釈するのは相当ではない。」「本件職

務手当が95時間分の時間外賃金であると解釈すると，本件職務手当の受給を合意した被控訴人は95時間の時間外労働義務を負うことになるものと解されるが，このような長時間の時間外労働を義務付けることは，使用者の業務運営に配慮しながらも労働者の生活と仕事を調和させようとする労基法36条の規定を無意味なものとするばかりでなく，安全配慮義務に違反し，公序良俗に反するおそれさえあるというべきである」と判示したうえで，結論として職務手当は月45時間分の残業の対価として合意されたものとして認めるとしている。

　他方で，このような考え方に対しては，労基法36条に基づく基準は強行的な効力をもつものではないのであるから，固定残業代制の有効性を判断する要件として考えるべきではないとの批判もある。

　そのため，極めて長時間の時間外労働を前提として設定されている固定残業代制について合意の成立を否定したもの（東京高判平26・11・26労判1110号46頁〔株式会社マーケティングインフォメーションコミュニティ事件〕），相当な長時間労働を強いる根拠となるものであって公序良俗に反するとしたもの（岐阜地判平27・10・22労判1127号29頁〔穂波事件〕）も存在している。

　このような裁判例の状況に照らせば，固定残業代の対象となる残業時間自体について何らかの具体的な時間数の上限が明確に有効性の要件となっているとまではいい難いと考えられるが，あまりに長時間の時間外労働を前提とする固定残業代制は，固定残業代に関する合意の成立自体や，その有効性に影響を与える可能性があると思われる。

　さらに，平成30年の労働基準法改正に伴い同法36条において残業時間の上限規制と罰則の導入が規定された。このことにより，固定残業代の対象となる残業時間についても何らかの影響は避けられないと考えられる。

　なお，当然ではあるが，固定残業代部分を除いた基準賃金を時給換算した場合に（最低賃金法4条），最低賃金法に定める最低時給額を下回る場合には，最低賃金法に抵触することになる。

〔太田　和範〕

Q29 | 遅延損害金，付加金，消滅時効

使用者が割増賃金の支払義務を怠った場合の法的効果について説明しなさい。また，割増賃金支払請求権の期間制限についても説明しなさい。

〔1〕 遅延損害金

(1) **賃金の支払の確保等に関する法律**

使用者が割増賃金の支払義務を怠った場合，債務不履行に基づく損害賠償として，割増賃金と合わせて遅延損害金を請求することができる（労基114条）。使用者が「会社」や「商人」である場合は年6％（商514条）の遅延損害金が，使用者が営利を目的としない事業者の場合は年5％（民419条・404条）の遅延損害金が，当該賃金の支払期日の翌日から起算して発生することになる（なお，債権法改正（平成29年法律第44号・第45号）により，商法514条は削除され，以後は商行為によって生じた債務についても，改正民法に規定する法定利率年3％が適用されるので留意が必要である（ただし，3年ごとに見直しがある。改正民404条2項ないし5項））。

さらに，労働者が退職した後には，割増賃金は「賃金の支払の確保等に関する法律」の規定（賃確6条1項）により，退職した後の遅延損害金の年率は14.6％となる（賃確令1条）。この場合の，遅延損害金の起算点は，退職日の翌日からとなる。

(2) **除外事由**

上記の賃金の支払の確保等に関する法律所定の年率の適用については，法定の除外事由が定められている。

すなわち，賃金の支払の遅延が天災地変その他のやむを得ない事由で厚生労

働省令が定めるものによるものである場合には、その事由の存する期間については適用されない（賃確6条2項）。

そして、同法施行規則はその具体的な事由について、支払を遅延している当該賃金の全部又は一部の存否に係る事項に関し、

「① 天災地変
② 事業主が破産手続開始の決定を受け、又は賃金の支払の確保等に関する法律施行令（以下「令」という。）第2条第1項各号に掲げる事由のいずれかに該当することとなつたこと。
③ 法令の制約により賃金の支払に充てるべき資金の確保が困難であること。
④ 支払が遅滞している賃金の全部又は一部の存否に係る事項に関し、合理的な理由により、裁判所又は労働委員会で争つていること。
⑤ その他前各号に掲げる事由に準ずる事由」

を定めている（賃確則6条各号）。

実務上、問題となるのは、上記4号の「支払を遅延している当該賃金の全部又は一部の存否に係る事項に関し、合理的な理由により、裁判所又は労働委員会で争っている場合には同規定は適用されない」という規定である。

(3) **合理的な理由により争っている場合**

この点について、賃金の存否を争う「合理的な理由」を厳格に解釈し、事業主の賃金支払拒絶が天災地変と同視し得るような合理的かつやむを得ない事由に基づくものと認められる場合に限るとする裁判例（東京地判平25・9・26労判1086号12頁〔レガシィ事件〕）がある一方で、割増賃金支払の前提問題としての裁量労働制の適用の可否を争っている場合に合理的な理由がないとはいえないと判断した裁判例（東京高判平26・2・27労判1086号5頁〔レガシィほか1社事件〕上記地裁の控訴審）もあり、実務上判断は分かれている。

〔2〕 付 加 金

(1) **付加金とは**

使用者が割増賃金をはじめとする法所定の賃金の支払義務に違反した場合に、裁判所は、労働者の請求により、未払賃金のほかにこれと同一額の付加金の支払を命じることができる（労基114条）。

付加金の趣旨としては，労働者の保護の観点から，休業手当等の支払義務を履行しない使用者に対し一種の制裁として経済的な不利益を課すこととし，その支払義務の履行を促すことにより労働基準法における各規定の実効性を高めようとするものと解されている（最決平27・5・19民集69巻4号635頁）。

同規定における定め方からわかるように，付加金の支払義務は裁判所の支払命令（裁判）によって初めて発生するものであり，割増賃金の未払いがあっても当然に発生するものではない。

裁判例においても，「使用者による同法違反の程度・態様，労働者が受けた不利益の性質・内容等諸般の事情を考慮して（付加金の）支払義務の存否及び額を決定すべきもの」とされており（大阪地判平13・10・19労判820号15頁〔松山石油事件〕），事案によっては，割増賃金の未払いがあっても，付加金の支払を命じないといった場合も実務上存在している。

(2) **割増賃金を支払うことにより付加金の支払命令は出されないこと**

先に述べたように，付加金の支払義務は裁判所の支払命令（裁判）によって初めて発生するものであるため，付加金の支払命令が出される前に，未払いの割増賃金の支払が行われ，労基法違反の状況が解消されれば，裁判所は付加金の支払を命じることはできないことになる。これは，労働者が裁判上で付加金の請求を行った後であっても妥当する。

判例は，事実審の口頭弁論終結時までに支払がなされれば，もはや付加金の支払を命ずることはできなくなると判断しており（最判平26・3・6労判1119号5頁〔甲野堂薬局事件〕），第一審の判決で付加金の支払が命じられたとしても，当事者が控訴を行った場合は，控訴審の口頭弁論終結前に使用者において未払いの割増賃金の支払を行ってしまえば，控訴審の判決において付加金に関する部分の判断は取り消されることになる。

第一審判決後の未払いの割増賃金の支払をめぐっては，労働者の受領拒絶を理由として使用者が供託をした事案においても，有効な弁済として供託した金額の限度で未払いの状況は解消されていると判断し，付加金の請求を認めなかった裁判例が存在している（東京地判平27・9・18労働判例ジャーナル45号2頁〔落合事件〕，東京高判平27・10・7判時2287号118頁〔医療法人社団康心会（控訴審）事件〕）。

なお，判決の確定により請求権が発生する以上，付加金の支払を命じる判決

に仮執行宣言を付することはできないと考えられている。

(3) 付加金に対する遅延損害金

付加金は，裁判所の支払命令を根拠として発生するため，付加金の支払を命ずる判決が確定した翌日から，遅延損害金が発生することになる。

また，付加金の支払義務は，裁判所の支払命令を根拠として発生するものであるので，遅延損害金の年率としては商事法定利率ではなく民事法定利率が適用になると解されている（最判昭50・7・17労判234号17頁〔江東ダイハツ自動車事件〕）。

(4) 期間制限

付加金の請求は違反のあった時から2年以内に行わなければならない（労基114条ただし書）。この期間は，時効期間ではなく除斥期間と解されている。

なお，このことが，労働審判申立時における付加金請求についての以下のような実務上の運用に影響している。

労働審判における労働審判の確定は，裁判上の和解と同一の効力を有するにすぎないため（労審21条4項），労働審判において，付加金支払義務を発生させる裁判所の支払命令（裁判）は出されることはない。そのため，労働審判においては付加金の支払を命じることはできないと考えられている。

他方で，労働審判手続における労働審判が出されたとしても，使用者が異議の申立てを行い訴訟手続に移行する場合には，労働審判手続の申立書が訴状とみなされる（労審22条）。そのため，付加金の請求に関する2年間の期間制限を見越して，労働審判手続申立書に付加金の請求を記載することが実務上では行われており，裁判所においても認められている（札幌地判平23・5・20労判1031号81頁〔ザ・ウィンザー・ホテルズインターナショナル事件〕）。

〔3〕 消滅時効

(1) 労基法上の定め

労働基準法115条は，「この法律の規定による賃金（退職手当を除く。），災害補償その他の請求権は2年間，この法律の規定による退職手当の請求権は5年間行わない場合においては，時効によつて消滅する。」と定めており，割増賃金請求権の消滅時効は2年間と定められている。

消滅時効は権利を行使することができる時から進行するため，ある年のある

月における割増賃金については，労働者が使用者に対して請求を行うことが可能になる時，すなわち当該月分の給与の支払日から消滅時効が進行することになる。割増賃金の請求をする際には，各労働契約における給与支払日を正確に把握して請求を行うことが重要になる。

なお，債権法改正（平成29年法律第44号・第45号）により，民法上の債権の消滅時効期間は原則として5年間となる（改正民166条）。そのため，賃金等請求権に関する2年間という消滅時効期間を維持するのか，民法改正に合わせて5年間とするのかについての検討が行われている。割増賃金の請求について非常に大きな影響があるため，今後の動向を注視する必要がある（本項の記載は，現行法に基づく）。

(2) 時効の中断

消滅時効である以上，時効の中断事由の存否が問題となる。

実務上は，割増賃金の請求に着手した段階で，内容証明郵便を用いて請求を行うことで「催告」（民153条）をし，それから6ヵ月以内に裁判上の請求（民147条）を行うというのが通常であると考えられる。この際，裁判前の交渉に時間を要し，6ヵ月が漫然と経過しないように注意することが必要である。

他方で，弁護士に割増賃金の請求に関する相談・依頼を行う前に，労働者自身が使用者と支払交渉を行っていたような場合には，割増賃金に関する何らかのやりとりを書面やメールで所持しているケースも見受けられる。このような場合には，「催告」に該当するのか，使用者側の「承認」事由は存在しないのかといった観点から，事実経緯を検討することも重要となる。

(3) 消滅時効期間経過後の請求

このように割増賃金の請求権には2年間の消滅時効期間が存在する。当然，消滅時効の適用のためには時効の援用が必要となるが，使用者が時効援用を行わないことは想定できず，原則としては2年間経過後の請求はできないことになる。

これに対し，使用者側の消滅時効の援用自体を権利濫用とする主張がなされることもあるが，在職中に労働者が割増賃金を請求することが，法律上の障害と評価されることは考えにくく，一般的には難しい主張になると思われる。

また，時効期間との関係で，時効完成後の期間に対応する割増賃金相当額を

不法行為に基づいて請求することも実務上考えられる。

　この点，労務管理，時間管理手続の整備を怠り，労働基準法所定の割増賃金請求手続を行わせるべき義務に違反した点を不法行為として，未払いの割増賃金相当額を損害として支払を命じた裁判例も存在する（広島高判平19・9・4労判952号33頁〔杉本商事事件〕）。

　しかし，割増賃金の支払義務は，労働契約に基づく債権債務関係によって生ずるものであり，債務不履行として構成することが原則であると考えられる。

　したがって，不法行為として構成するに足るような事情，欺罔行為や脅迫行為によって使用者が積極的に割増賃金の請求を妨げたといった事情が存在する事案でない限りは，原則として不法行為に基づく損害賠償請求が認められることは難しいと考えられる。

　裁判例においても，労働者に対する時間外・深夜労働の手当を支払わないことについて，使用者に不法行為が成立するのは，使用者がその手当（賃金）の支払義務を認識しながら，労働者による賃金請求が行われるための制度をまったく整えなかったり，賃金債権発生後にその権利行使をことさら妨害したなどの特段の事情が認められる場合に限られると解するもの（京都地判平21・9・17労判994号89頁〔ディバイスリレーションズ事件〕），割増賃金の支払を行ったとしても，債務不履行責任を負ったりすることはともかく労働者との関係で直ちに不法行為を構成すると解することはできないとして，請求を棄却したもの（東京地判平19・3・28判例秘書登載）が存在している。

〔太田　和範〕

第 2 章

割増賃金請求訴訟

【概 説】割増賃金請求訴訟とは

〔1〕 割増賃金制度の目的

　労働基準法は，労働時間について1週40時間，1日8時間の原則を定めている（労基32条）（ただし，常時10人未満の労働者を使用する飲食店等の一定の事業については，法定労働時間を1週44時間とする特例がある（労基40条，労基則25条の2））。

　労働基準法37条は，労働者が使用者に対し，上記の1週及び1日の最長労働時間（以下「法定労働時間」という）規制を超えて，時間外，休日又は深夜労働を提供した場合は，同法が定める基準以上の割増賃金を支払うべきことを義務付けている。その趣旨は，法定労働時間制（労基32条）と週休制（労基35条）の原則の維持を図るとともに，加重な労働に対し，正規の労働に対して支払われる賃金に加えて一定の割増賃金を支払わせ，それによって労働者の生活を保障するとともに，法定労働時間外の労働を抑制することを目的としている。

〔2〕 割増賃金請求の概説

(1) 割増賃金を支払うべき場合

　使用者は，労働者に時間外，休日又は深夜労働をさせた場合は，割増賃金を支払わなければならない（労基37条）。

　(a) 時間外労働

　1日8時間又は1週40時間の法定労働時間を超える時間外労働（以下「時間外労働」という）は，割増賃金の支払対象となる（労基37条1項）。

　時間外労働が適法となるのは，①災害その他避けることのできない事由によ

って臨時の必要があり，行政官庁の許可を得た場合（労基33条1項），②公務のために臨時の必要がある場合（労基33条3項），又は③36協定を締結して行政官庁に届け出た場合（労基36条1項）であるが，これらによらない違法な時間外労働に対しても割増賃金支払義務は当然のこととして発生する（最判昭35・7・14刑集14巻9号1139頁〔小島撚糸事件〕）。これに対し，所定労働時間が1日8時間未満の場合に，当該所定労働時間を超え1日8時間までの時間における労働（以下「法内残業」という）は，時間外労働ではないので，1週40時間を超えない限り割増賃金の支払対象とはならない。ただし，法内残業であっても，労働契約による賃金支払対象となっていない時間については，別途の支払が必要である。就業規則又は個別の労働契約により支払額が定められている場合は，当該金額が支払額となるが，定めがない場合は，通常の労働時間1時間当たりの賃金が支払われなければならない（昭23・11・4基発1592号）。

　(b)　休日労働

　1週1日又は4週4日の法定休日（労基35条1項・2項）における労働は，割増賃金の支払対象となる（労基37条1項）。法定休日を事前に別日に振り替えた場合，振替前は法定休日であった日における労働は休日労働ではなくなるので割増賃金の支払対象とならないが（昭63・3・14基発150号），事後に振り替えた代休の場合は法定休日に労働したことに変わりはないので，割増賃金の支払対象となる。

　これに対し，週休2日制など，1週に2日以上の休日がある場合，休日のうち1日のみが法定休日で，それ以外の休日は法定外休日となる。法定外休日における労働は，休日労働ではないため割増賃金の支払対象とはならなく，通常の労働時間1時間当たりの賃金が支払われなければならない。ただし，就業規則又は個別の労働契約により割増賃金の支払額が定められている場合は，当該金額が支払額となるが，定めがない場合は，1日8時間又は1週40時間超の時間外労働になる場合に限り，割増賃金の支払対象となる。

　(c)　深夜労働

　深夜とは，午後10時から午前5時まで（厚生労働大臣が必要であると認める場合においては，その定める地域又は期間については午後11時から午前6時まで）を意味し，この時間帯における労働は，割増賃金の支払対象となる（労基37条4項）。

(2) 割増賃金の計算方法と算定基礎

(a) 計算方法の原則

割増賃金額は,「通常の労働時間又は労働日の賃金」に労働時間及び割増率を乗じて計算する（労基37条1項）。「通常の労働時間又は労働日の賃金」は, 労働契約に基づく1時間当たりの単価（以下「時間単価」という）に, 割増賃金の支払対象となる労働時間数を乗じて計算する（労基則19条1項）。したがって, 割増賃金額の計算式は, 次のとおりとなる。

> **割増賃金額＝時間単価×労働時間数×割増率**

なお, 行政通達では, 時間単価及び割増賃金額に円未満の端数が生じた場合に, 50銭未満の端数を切り捨て, 50銭以上の端数を1円に切り上げる方法は, 労働基準法24条及び37条違反にはならないとされているが（昭63・3・14基発150号）, 裁判実務では, 1円未満の端数は切り捨てで取り扱われる場合が多い。

(b) 労働時間

(イ) 意　義　「通常の労働時間」とは, 当該事業所において, 労働者が労働義務を負う時間であり, 所定労働時間とほぼ一致する。労働時間とは, 始業時刻から終業時刻までの拘束時間から休憩時間を除いた実労働時間であり, 現実に作業に従事している時間に加え, 作業のために待機している手待時間も含まれる。労働時間は,「労働者の行為が使用者の指揮命令下に置かれたものと評価することができるか否かにより客観的に定まるものであって, 労働契約, 就業規則, 労働協約等の定めのいかんにより決定されるべきものではない」（最判平12・3・9労判778号11頁〔三菱重工業長崎造船所事件〕）。

(ロ) 労働時間該当性が争点となった事例　①休憩, 仮眠, 手待時間, ②始業時刻前の準備行為, 終業時刻後の後始末, ③通勤時間, 出張のための移動時間, ④研修等がある。

(c) 時間単価

(イ) 月給制の場合（労基則19条4号）

(i) 計算方法　時間単価は, 1ヵ月の基礎賃金を「①1ヵ月の所定労働時間数」で除した金額である。「①1ヵ月の所定労働時間」は, 就業規則や労

働契約において定められている場合にはその時間，月によって異なる場合には，「②1年間における1ヵ月の平均所定労働時間」による。「②1年間における1ヵ月の平均所定労働時間数」は，「③1年間の所定労働時間数」を月数の12で除した時間である。「③1年間の所定労働時間数」は，1日の所定労働時間数に「④1年の所定労働日数」を乗じた時間である。「④1年の所定労働日数」は，1年の暦日数から「⑤1年の所定休日日数」を引いた日数である。「⑤1年の所定休日日数」は，就業規則や労働契約において年間休日日数が定められている場合は，その日数によるが，通常は，所定休日は「土日祝日」と定められていることが多いため，当該年度の1月1日から12月31日までのカレンダーを実際に確認して，所定休日日数を数える必要がある。

したがって，月給制の場合の時間単価の計算式は，次のとおりとなる。

> **1ヵ月の基礎賃金÷1ヵ月の所定労働時間数**

(ⅱ) 留意点　なお，労働契約又は就業規則に所定労働時間に関する規程がない場合，あるいは，規程があっても当該規程によれば所定労働時間が法定労働時間を超えてしまう場合，1ヵ月の所定労働時間数を，いかに計算するかが問題となり得る。

このような場合は，法定労働時間である1日8時間，1週40時間をもとに1年の所定労働時間を計算し，それを12で除した時間を1ヵ月の総労働時間として計算すべきである（東京地判平24・8・28労判1058号5頁〔アクティリンク事件〕）。具体的には，平年は173.81時間（365日÷7×40÷12），閏年は174.29時間（366日÷7×40÷12）となる（小数第3位切り上げ）。

(ロ) 月給制以外の場合

(ⅰ) 時給制の場合（労基則19条1号）　時間単価は，時給金額である。

(ⅱ) 日給制の場合（労基則19条2号）　時間単価は，日給を1日の所定労働時間数で除した金額である。日によって所定労働時間数が異なる場合には，1週間における1日平均所定労働時間数を所定労働時間数として時間単価を計算する。

(ⅲ) 週給制の場合（労基則19条3号）　時間単価は，週給を1週の所定労

働時間数で除した金額である。週によって所定労働時間数が異なる場合には，4週間における1週平均所定労働時間数を所定労働時間数として時間単価を計算する。

　(iv)　出来高制の場合（労基則19条6号）　時間単価は，賃金算定期間（賃金締切日がある場合には，賃金締切期間）において出来高払制その他の請負制によって計算された賃金の総額を当該賃金算定期間（又は賃金締切期間）における総労働時間数で除した金額である。

　(ハ)　算定基礎から除外される賃金　時間単価算定の基礎となる賃金には，「家族手当」，「通勤手当」，「別居手当」，「子女教育手当」，「住宅手当」，「臨時に支払われた賃金」，「1ヵ月を超える期間で支払われる賃金」は算入しない（労基37条5項，労基則21条）。これらは，限定列挙である。実際に支払われる手当が，除外賃金に該当するか否かは，名称のいかんを問わず実質的に判断される（昭22・9・13基発17号）。前記の名称を付されていても，扶養家族の有無・数，通勤や住宅に要する額など具体的事情を度外視して一律の額で支給される手当は，除外賃金に当たらない（奈良地判昭56・6・26労判372号41頁〔壺阪観光事件〕）。逆に，「物価手当」や「生活手当」等の名称が付されていても，扶養家族の有無・数によって算定される手当であれば「家族手当」に該当する（昭22・11・5基発231号）。

(3)　**割　増　率**

(a)　労働基準法の規定

　労働基準法の定める割増率は，以下のとおりである。以下の割増率は労働基準法の定める最低基準であるから，労働契約や就業規則等でこれらを超える割増率を定めたときは，その定めに従った割増賃金を支払わなければならない。

　(イ)　時間外労働

　　(i)　1ヵ月の合計が45時間以下の時間　2割5分の割増率となる（労基37条1項本文，割増賃金令）。

　　(ii)　1ヵ月の合計が45時間超60時間以下の時間　2割5分の割増率となる（労基37条1項本文，割増賃金令）。(ii)については，割増率を<u>2割5分よりも高く定める努力義務</u>が定められている（労働基準法第36条第1項の協定で定める労働時間の延長の限度等に関する基準，平10・12・28労働省告示154号，平21・5・29厚生労働

省告示316号）。

　　(iii)　1ヵ月の合計が60時間超の時間　　5割以上の割増率となる（労基37条1項ただし書）。通常の割増率に付加された割増率（2割5分以上）の部分については，事業場の労使協定で，割増賃金の支払に代えて代替休暇を与えることとし，現実に代休を与えたときは，代替休暇に対応する時間の労働については，割増賃金の支払は不要となる（労基37条3項）。

　　上記(iii)については，当分の間は，中小事業主の事業については適用がない（労基附則138条）。ただし，この猶予措置（労基138条）は，平成35（2023）年4月1日施行の「働き方改革を推進するための関係法律の整備に関する法律」（平成30年法律第71号）により，廃止（削除）される。

　(ロ)　休日労働　　3割5分以上の割増率となる（労基37条1項本文，割増賃金令）。
　(ハ)　深夜労働　　2割5分以上の割増率となる（労基37条4項）。
　(b)　割増率の性質及び相互の関係
　(イ)　割増率の性質　　休日労働割増は，法定休日の0時から24時まで，深夜労働割増は，午後10時から午前5時までの時間帯における労働に対する割増であるのに対し，時間外割増は，1日又は1週の労働時間が法定労働時間を超えた時間における労働に対する割増である。

　(ロ)　割増率相互の関係　　休日労働も時間外労働も法定外労働という点では同性質のものであり，異なる割増原因が重複したものではないと解されており，休日労働割増と時間外労働割増とは，重ねて適用されない。したがって，休日労働が8時間を超えても割増賃金は3割5分のみで足りる（昭22・11・21基発366号，昭33・2・13基発90号，平6・3・31基発181号）。

　深夜労働割増は，時間外労働割増，休日労働割増のいずれとも重ねて適用される（労基則20条1項・2項参照）。したがって，深夜労働が時間外労働と重なるときは5割以上（労基則20条1項），休日労働と重なるときは6割以上（労基則20条2項）の割増となる。

〔3〕　割増賃金請求訴訟の訴訟物

　割増賃金請求訴訟における訴訟物は，次のとおりである。

> ① 雇用契約に基づく賃金支払請求権（未払賃金の支払請求権）
> ② 労働基準法114条に基づく付加金支払請求権
> ③ 債務不履行による損害賠償請求権（遅延損害金）

　①について，労働者が時間外労働をしたことに対する対価として，当然に，賃金請求権を取得する（労基11条）。したがって，時間外手当を請求する訴訟における訴訟物は，雇用契約に基づく賃金支払請求権となる。ここでいう賃金支払請求権は，いわゆる基本債権ではなく，支分権としての具体的な請求権（例，月給制の場合には毎月支払われる賃金，日給制では毎日支払われる賃金）である。

　②について，裁判所は，労働基準法37条（割増賃金）の規定に違反した使用者に対し，労働者の請求により，本来使用者が支払うべき金額の未払金と同額の付加金の支払を命じることができる（労基114条1項本文）。したがって，付加金の支払を求める場合には，これを請求の趣旨に掲げて付加金の請求を求める趣旨を明確にする必要があるが，その訴訟物は労働基準法114条に基づく付加金支払請求権となる。

　③は，労働者に対し支払われるべき割増賃金の履行遅滞に基づく損害賠償請求権である。

〔4〕　要件事実（請求原因事実）

　割増賃金の主請求の要件事実は，この請求が労働契約に基づく賃金請求権であることから，一般的な労働契約の賃金支払請求権（民623条・624条）と同一である。

　なお，付加金請求の要件事実についても，上記の請求原因事実と同一となる。具体的には，次のとおりとなる。

> ① 雇用契約の締結
> ② 雇用契約中の時間外労働に関する合意の内容
> ③ 請求に対応する期間の時間外の労務の提供

①の「雇用契約の締結」の事実の中には，賃金額や労働時間の合意内容が要素として主張されることになる。なお，遅延損害金請求の支払期限のため，ないし，時間外労働の計算の便宜のためにも，賃金支払方法の合意（何日締め，何日払い）の事実の主張が必要となる。

②の「時間外労働に関する合意の内容」があればそれを主張することになるが，これが労働基準法の定める労働条件を下回るものであれば，その合意の内容は無効となり，同法の定める基準による労働条件が定められたことになる（労基13条）。その場合には，②の要件に替えて，雇用契約中の時間外労働に関する合意が労働基準法37条の基準を下回ること及び労働基準法37条の計算の基礎となる1時間当たりの賃金の額（時間単価）の事実を主張する必要がある。

③については，原告が主張立証責任を負っており，具体的には労働日ごとに始業・終業時刻，所定時間内（外）労働時間，深夜労働時間，休日労働時間を特定して主張する必要がある。

〔5〕 証　　　拠

時間外手当等を請求する場合に，労働者が時間外労働又は休日労働をしたことの主張立証責任は，労働者の側にあるので，労働者は労務提供の事実について立証をしなければならない。なお，立証は，客観的な資料等による客観的な事実の確定が必要なことから，主として書証によることとなる。

(1) **証明すべき事項と書証**

立証方法としては，以下の(a)ないし(d)の書証があげられる。

(a) 雇用契約締結の事実，賃金支払の定め等

雇用契約書，労働条件通知書，求人票。

(b) 請求する期間の給与額

給与明細，就業規則（賃金規程）・給与規程，賃金台帳。

(c) 所定労働時間，所定休日，時間外手当の内容

就業規則，求人票。

(d) 時間外労働の役務の提供の事実（労働時間の立証）

タイムカード，出退勤表，勤務時間整理簿，給与明細書，シフト表（勤務割表），勤務リスト，業務日誌，パソコンのログデータ記録（ログイン・ログアウト

の時間),メールの送受信記録,ICカード,タコグラフ,タコメーター,入退室記録,警備会社による事業場の錠の開閉記録・警備記録,日報,日誌,労働者の作成した日記,手帳,メモ等。

(2) **証拠収集の方法**

証拠収集の方法としては,任意開示,任意提出,証拠保全(民訴234条以下),弁護士会照会,文書送付嘱託(民訴226条),文書提出命令(民訴223条1項)等が考えられる。

(3) **訴訟における注意点**

割増賃金請求訴訟において,労力がかかるのが,時間外労働した時間の把握と割増賃金の計算の基礎となる賃金額の認定である。本来,ある程度,客観的に把握できる数字であるにもかかわらず,原告の主張に対して,被告が争うというだけで,特に具体的な認否をしなかったり,原告と被告の主張が齟齬している場合,特に時間外労働した時間の把握は,日常的なものであるため,長期間の時間外労働時間をチェックするのは膨大な作業となる。被告が,単に否認するとだけ認否することは,民事訴訟法上も問題である(民訴規79条3項)し,そもそも,使用者は,労働者の労働時間を把握する義務を負っていると考えれば,主張立証責任を負わないとしても,被告に対して,具体的な主張をするように促すべきである。

〔6〕 **消滅時効,遅延損害金,付加金**

(1) **消滅時効**

(a) 割増賃金請求権は,当該割増賃金の支払われるべき賃金支払日から起算して2年で消滅時効にかかる(民166条1項,労基115条)。

(b) なお,「民法の一部を改正する法律」(平成29年法律第44号)は,債権の消滅時効に関し,主観的起算点(債権者が権利を行使することができることを知った時)を追加した上で,時効の完成期間を主観的起算点からは5年,客観的起算点(権利を行使することができる時)からは改正前民法と同様に10年と規定した(改正民166条1項)。しかし,特別法の消滅時効期間や起算点が改正民法の規定するものに統一されたわけではなく,多くの特別法の規定(労基115条,保険法95条,会社法701条など)について,「民法の一部を改正する法律の施行に伴う関係法律

の整備等に関する法律」(平成29年法律第45号)(以下「民法改正整備法」という)による消滅時効期間の改正はなされていない。また,民法に主観的起算点からの消滅時効の規定を追加したことに伴い,改正前民法の客観的起算点を前提に時効期間の特例を定めていた特別法の規定については,客観的起算点を明示する整備が行われているが,改正前民法174条に対する特例規定である労働基準法115条については,別途,改正の要否が検討されている。

(2) 遅延損害金

(a) 在 職 中

割増賃金が支払われるべき日の翌日を起算日として,使用者が会社や商人である場合は年6%(商514条),営利を目的としない事業者の場合は年5%(民419条・404条)の割合による遅延損害金を請求できる。

なお,平成32年4月1日施行の民法改正整備法・民法の一部を改正する法律(平成29年法律第44号)により,商法514条は削除され,以後は商行為によって生じた債務についても,改正民法に規定する法定利率年3%が適用される(ただし,3年ごとに見直しがある。改正民404条2項ないし5項)。

(b) 退 職 後

退職労働者が使用者に対して未払賃金債権(退職手当は除く)を有している場合,当該労働者は,未払賃金につき,退職日(退職日後に支払期日が到来する賃金については当該支払期日)の翌日以降,年14.6%の割合による遅延損害金を請求できる(賃確6条1項,賃確令1条)。

上記遅延損害金は,使用者が「支払が遅滞している賃金の全部又は一部の存否に係る事項に関し,合理的な理由により,裁判所又は労働委員会で争っている」場合には,その事由の存する期間について適用されない(賃確6条2項,賃確則6条4号)。

(3) 付 加 金

(a) 付加金の対象

使用者が,時間外,休日又は深夜労働の割増賃金(労基37条)の支払義務に違反した場合には,裁判所は,労働者の請求により,それらの規定により使用者が支払わなければならない金額についての未払金のほか,これと同一額の付加金の支払を命ずることができる(労基114条)。

(b) 支払義務の発生

付加金の支払義務は，実際の運用においては，使用者による労働基準法違反の態様，労働者の受けた不利益の程度等諸般の事情を考慮して，支払義務の存否・額が決められており，その支払を命ずる裁判所の判決の確定によって初めて発生するものである（最判昭50・7・17労判234号17頁〔江東ダイハツ自動車事件〕）。

条文の文言上，付加金の支払を命ずるとされているのが「裁判所」であるため，労働審判委員会が行う労働審判においては，付加金の支払は認められない。また，使用者が，事実審の口頭弁論終結時までに未払賃金を支払った場合，裁判所は付加金の支払を命ずることはできない（最判平26・3・6労判1119号5頁〔甲野堂薬局事件〕）。

(c) 遅延損害金

付加金については，その支払を命じる判決確定の日の翌日から民事法定利率である年5分の割合による遅延損害金も請求できる。また，以上の論理的帰結として，付加金の支払を命じる判決に仮執行宣言を付することはできない（前掲江東ダイハツ自動車事件）。

なお，民事法定利率年5分については，民法の一部を改正する法律（平成29年法律第44号）により，平成32年4月1日（施行日）から改正民法404条2項ないし5項が適用され，同日時点で年3％となる（ただし，3年ごとに見直しがある）。

(d) 除斥期間

また，付加金の請求は，違反があった時から，2年以内にしなければならない（労基114条ただし書）。この期間は，時効期間ではなく，除斥期間である。

［堀田　隆］

Q30 | 割増賃金請求訴訟(1)――請求原因

割増賃金請求訴訟における要件事実を明らかにし、その要件事実を証明するための証拠にはどのようなものがあるかについて説明しなさい。

A

〔1〕 要件事実（請求原因事実）

(1) **はじめに**

割増賃金（時間外手当）を請求する場合の要件事実（請求原因事実）は、この請求が労働契約に基づく賃金請求権であることから、一般的な労働契約の賃金支払請求権（労契6条、民623条・624条）と同一である。具体的には、次のとおりとなる。

(a) 主請求の要件事実
① 雇用契約の締結
② 雇用契約中の時間外労働に関する合意の内容
③ 請求に対応する期間の時間外の労務の提供

(b) 付帯請求の要件事実
① 請求に対応する期間の賃金の支払日の定め
②ⓐ 使用者が商人であること（年6％の請求をする場合）
　　　又は
　ⓑ 労働者が退職したこと及びその日（年14.6％の請求をする場合）
③ 賃金支払日から一定期間の経過

(2) **主請求の要件事実**

(a) 雇用契約の締結（上記(1)(a)①）

①では,「雇用契約の締結の事実」として, 賃金額や労働時間の合意内容を要素として主張する必要がある。これらの要素は, 基本給等によって支払済みの所定労働時間と未払いの時間外（割増）労働時間を峻別するとともに, 労働基準法37条, 労働基準法施行規則19条に基づく時間外手当算定の基礎となる要素として不可欠な事実の主張である。また, 遅延損害金請求の支払期限のため, ないし, 時間外労働の計算の便宜のためにも, 賃金支払方法の合意（何日締め, 何日払い）の事実の主張が必要となる。

　賃金額の主張として, 年俸制, 月給制, 日給制, 時間給制の別, 賃金総額のほか, その内訳等を明らかにする。

　労働時間の主張として, 始業・終業時刻, 休憩時間, 所定労働時間, 所定休日（所定労働日数）の日数・内容（法定休日との関係, 有給休暇であるかどうか）等を明らかにする。

　(b)　雇用契約中の時間外労働に関する合意の内容（上記(1)(a)②）

　②では,「時間外労働に関する合意内容」があればそれを主張することとなるが, これが労働基準法の定める労働条件を下回るものであれば, その合意の内容は無効となり, 同法の定める基準による労働条件が定められたことになる（労基13条）。その場合には, ②の要件に替えて,「雇用契約中の時間外労働に関する合意」が労働基準法37条の基準を下回ること及び労基法37条の計算の基礎となる1時間当たりの賃金の額（以下「時間単価」という）を主張する必要がある。また, ②の「時間外労働に関する合意内容」がなければ, 同様に, 労働基準法37条の計算の基礎となる時間単価の事実を主張することとなる。時間単価の計算は労働基準法施行規則19条によって計算するが, その際, 支払われている手当が労働基準法37条5項, 労働基準法施行規則21条の除外賃金に該当しているか否かについて注意する必要がある。

　(c)　請求に対応する期間の時間外の労務の提供（上記(1)(a)③）

　(イ)　主張立証責任　③については, 原告が主張立証責任を負っており, 具体的には労働日ごとに始業・終業時刻, 所定時間内（外）労働時間, 深夜労働時間, 休日労働時間を特定して主張する必要がある。

　(ロ)　割増賃金計算の際の注意点　この主張は, 表計算の形式で主張されるのが一般的である。表計算ソフトの利用に当たっては, 実務上の便宜を考え,

相手方，裁判所が共有でき，操作が容易であることも重要である。相手方が全部自白する全部認容判決であればともかく，争いがある場合には，相手方の主張，裁判所の認定が反映できることが不可欠の前提となる。

　時間外，休日，深夜労働時間の計算は，
(ⅰ)　1日8時間の法定労働時間を超えた時間数
(ⅱ)　1日8時間を超えた部分を除いた週の労働時間を合計して1週40時間の法定労働時間を超えた時間数
(ⅲ)　法定休日労働（1週間休みなく働いた場合の1日），深夜労働時間（22時から翌5時まで）に当たる時間数

をそれぞれ算出し，相当する割増率の加算をすることとなるが，請求金額が変わってきてしまうから，これらを2重計上して減縮を余儀なくされるようなことのないように注意する必要がある。

　労働基準法37条，労働基準法施行規則19条によって，「時間単価×労働時間数×割増率＝割増賃金額」という算式に従って，訴状で支払を求める未払いの割増賃金の額を算定する。計算間違い等により，請求金額が変わってくると，訴えの変更（拡張・減縮）が必要となるため，割増率のあてはめを間違えないようにする必要がある。

　当該時間が労働時間に該当するかが争点となる事例（始業前の準備行為，終業時刻後の後始末，手待時間，出張のための移動時間，自宅持ち帰り残業，仮眠時間，呼出待機，研修など）においては，当該労働の業務関連性，使用者による指揮監督が存在することの具体的な状況を根拠付ける事実を労働者側が主張する必要がある。

　(ハ)　違法な時間外労働と割増賃金支払義務　　労働基準法は，法定労働時間（労基32条），法定休日（労基35条）により，労働時間の規制をしているが，非常事由による場合（労基33条）と労使協定（労基36条，いわゆる36協定）の締結による時間外労働を許容しており（その場合に同法の定める基準額以上の時間外手当を支払うことを要求している），労働基準法上の時間外手当の規定の文言は，これらの要件を具備して行われた法定外労働について規定している。しかし，時間外手当請求訴訟において，上記労働基準法33条，36条の要件を満たすことなく行われた違法な時間外労働に対しても，割増賃金支払義務は当然のこととして発生する（最判昭35・7・14刑集14巻9号1139頁・判タ106号35頁〔小島撚糸事件〕）。

同法33条，36条の要件を具備することなく行われた時間外労働に対する同法37条1項による割増賃金の支払義務を履行しない使用者に対して，同法119条1号の罰則が適用される（前掲小島撚糸事件）と解されているので，時間外労働が適法であることは要件事実としては不要ということになる。したがって，被告（使用者側）が違法であるという主張をしても，賃金請求権を訴訟物とする以上，意味のない主張となる。

(3) 付帯請求の要件事実
(a) 請求に対応する期間の賃金の支払日の定め（上記(1)(b)①）
①については，上記(2)(a)に記載の，主請求の要件事実の①「雇用契約の締結」で主張済みである。

(b) 使用者が商人であること（年6％の請求をする場合）又は労働者が退職したこと及びその日（年14.6％の請求をする場合）（上記(1)(b)②）

(イ) 在職中の場合　②については，在職中に割増賃金を請求する場合，労働者は，雇用契約上の地位を有しているため，賃金の支払の確保等に関する法律の適用がなく，通常どおり，商事法定利率で計算すれば足りることになる。雇用契約等に基づく割増賃金が支払われるべき日の翌日を起算日として，使用者が会社や商人である場合は年6％（商514条），営利を目的としない事業者の場合は年5％（民419条・404条）の割合による遅延損害金を請求できる。

なお，民法改正整備法（平成29年法律第45号），民法の一部を改正する法律（平成29年法律第44号）により，平成32年4月1日（施行日）に商法514条は削除され，以後は商行為によって生じた債務についても，改正民法に規定（改正民404条2項ないし5項）する法定利率年3％（ただし，3年ごとに見直しがある）が適用される。

(ロ) 退職後の場合　割増賃金は，賃金の支払の確保等に関する法律所定の「賃金」に該当することから（賃確6条1項・2条），退職後に退職労働者が使用者に対して，割増賃金を含む未払賃金を請求する場合には，年率14.6％の遅延損害金を請求することができ（賃確令1条），その起算点は，退職日の翌日である（賃確6条1項）。

上記遅延損害金は，使用者が「支払が遅滞している賃金の全部又は一部の存否に係る事項に関し，合理的な理由により，裁判所又は労働委員会で争っている」場合には，その事由の存する期間について適用されない（賃確6条2項，賃

確則6条4号)。

(c) 賃金支払日から一定期間の経過(上記(1)(b)③)

③については,賃金支払日の合意,すなわち労働契約による確定期限の合意があるから,その期限の経過(民412条1項)を主張することになる。

(4) **付加金請求の要件事実**(請求原因事実)

付加金請求の要件事実は,主請求の請求原因事実と同一となる。

付加金の支払義務は,その支払を命ずる裁判所の判決の確定によって初めて発生する。また,付加金についても,使用者がその支払を怠った場合には遅延損害金が発生する。その支払義務は,労働契約ではなく,裁判所により命じられることによって発生するものであるから,商行為性はなく,その支払義務に対する利率は民事法定利率となる(最判昭50・7・17労判234号17頁〔江東ダイハツ自動車事件〕)。なお,使用者が,事実審の口頭弁論終結時までに未払賃金を支払った場合,裁判所は付加金の支払を命ずることはできない(最判平26・3・6労判1119号5頁〔甲野堂薬局事件〕)。

労働基準法114条違反の事実がある場合に,付加金の支払を命ずるか否かは,裁判所の裁量に委ねられており,裁判例を見ると,裁判所は,使用者による労基法違反の程度・態様,労働者の不利益の性質・内容等諸般の事情を考慮して支払命令の可否及び額を決定すべきであるとして,使用者に対し付加金という制裁を課すことが相当でない特段の事情が存する場合には,支払を命じていない(大阪地判平13・10・19労判820号15頁〔松山石油事件〕,大阪地判平8・10・2労判706号45頁〔共立メンテナンス事件〕,福岡地判昭47・1・31労判146号36頁〔西日本新聞社事件〕など)。同様に,付加金の減額の可否については,上記のような事情を考慮して,裁量による減額ができるとした裁判例(例えば,割増賃金の支払をしなかったことについて,使用者のみを責めるのが適当でないとして付加金の一部を減額した裁判例として京都地判平4・2・4労判606号24頁〔彌榮自動車事件〕,労働者の不利益の程度等を考慮して付加金の一部を減額した裁判例として東京地判平20・1・28判タ1262号221頁〔日本マクドナルド事件〕,大阪地判平19・11・29労判956号16頁〔オフィステン事件〕など)などが存する。

〔2〕 要件事実を証明するための証拠

時間外手当等を請求する場合に，労働者が時間外労働又は休日労働をしたことの主張立証責任は，労働者の側にあるので，労働者は労務提供の事実について立証をしなければならない。立証は，客観的な資料等による客観的な事実の確定が必要なことから，主として書証によることとなる。

(1) 証明すべき事項と書証

立証方法としては，以下の(a)ないし(d)の書証があげられる。

(a) 雇用契約締結の事実，賃金支払の定め等

雇用契約書，労働条件通知書，求人票。

(b) 請求する期間の給与額

給与明細，就業規則（賃金規程）・給与規程，賃金台帳。

(c) 所定労働時間，所定休日，時間外手当の内容

就業規則，求人票。

(d) 時間外労働の役務の提供の事実（労働時間の立証）

タイムカード，出退勤表，勤務時間整理簿，給与明細書，シフト表（勤務割表），勤務リスト，業務日誌，パソコンのログデータ記録（ログイン・ログアウトの時間），メールの送受信記録，ICカード，タコグラフ，タコメーター，入退室記録，警備会社による事業場の錠の開閉記録・警備記録，日報，日誌，労働者の作成した日記，手帳，メモ等。

(2) 証拠収集の方法

証拠収集の方法としては，任意開示，任意提出，証拠保全（民訴234条以下），弁護士会照会，文書送付嘱託（民訴226条），文書提出命令（民訴223条1項）等が考えられる。

(a) 任意開示

割増賃金請求の消滅時効は，2年間であるため（労基115条），労働時間を立証する書証の種類によっては，その分量が膨大となる場合もある。そこで，裁判所においては，当事者間で，原資料を任意開示して証拠を共有した上で，争いのある部分に限った証拠を提出することが望ましい。

なお，割増賃金請求の2年間の消滅時効期間と改正民法166条の関係につい

ては，本章【概説】〔6〕(1)(b)を参照されたい。
　(b)　任意提出
　上記(1)(a)ないし(d)の書証は，労働者又は使用者が保管しているものであり，文書提出命令（民訴220条～225条）における「法律関係文書」（民訴220条3号）に該当するから，通常，当事者から任意に提出されることが多い。
　(3)　裁　判　例
　タイムカード，出退勤表等の客観的な記録によって時間管理がなされている場合には，それをもって立証が可能であるが，客観的な記録が存在する場合には労務を提供した時間外労働又は休日労働の時間については，当事者間で争いがなくなる場合もあり，そうした場合には書証としての提出も必要最小限度で足りる。
　(a)　タイムカードによる立証
　労働時間を端的に立証する信用性の高い証拠は，タイムカードである。
　タイムカードによって時間管理がなされている場合には，特段の事情のない限り，タイムカード打刻時間をもって実労働時間と事実上推定するとした裁判例として，大阪地判平25・9・6労判1085号81頁〔おいしい約束事件〕，東京地判平21・10・21労判1000号65頁〔ボス事件〕，東京地判平17・12・28労判910号36頁〔松屋フーズ事件〕，東京地判平14・11・11労判843号27頁〔ジャパンネットワークサービス事件〕，大阪地判平13・10・19労判820号15頁〔松山石油事件〕，大阪地判平11・5・31判タ1040号147頁〔千里山生活協同組合事件〕，東京高判平10・9・16労判749号22頁〔三晃印刷事件〕，大阪高判平元・2・21労判538号63頁〔京都福田事件〕等がある。そのため，これに対する反証は容易ではなく，奏功しないことも多い。
　これに対し，タイムカードが導入されていながら，タイムカードが時間管理のためではなく，単に出退勤管理のために設置されていたとして，①タイムカードによって実労働時間を認定しなかった裁判例として，大阪地判平元・4・20労判539号44頁〔北洋電機事件〕，東京地判昭63・5・27労判519号59頁〔三好屋商店事件〕がある。また，②始業時刻よりも前にタイムカードが打刻されている場合であっても，始業時刻よりも前の打刻について，通常は使用者の指揮命令下に置かれていたものと評価することはできず，特別の事情が認められない

限り始業時刻をもって業務開始時刻とした裁判例（東京地判平25・2・28労判1074号47頁〔イーライフ事件〕）がある。さらに，③会社施設管理のため会社構内における滞留時間を記録するICカードについても，履歴上の滞留時間をもって直ちに時間外労働をしたと認めることはできないとした裁判例（東京高判平25・11・21労判1086号52頁〔オリエンタルモーター事件〕）がある。

　(b)　タイムカード以外による立証

　タイムカードが存在しない又は入手できない場合には，その他の証拠により労働時間の立証をすることになる。タイムカード以外によって，労働時間を認定した裁判例としては，3・4・5級管理職手当加算分確認票の記載を基本とし，補助的に出退勤管理システムの記録を用いた裁判例（大阪地判平27・1・16労判1124号78頁〔東大阪市事件〕），打刻されていないタイムカードに業務日報を参考に手書きで記入したものと考えられるので記載どおり認定した裁判例（東京地判平24・5・16労判1057号96頁〔ピュアルネッサンス事件〕），Suica利用明細により客観的な裏付けが得られる範囲の手帳の記載内容による裁判例（東京地判平23・12・27労判1044号5頁〔HSBCサービシーズ・ジャパン・リミテッド事件〕），パソコンのログデータ記録による裁判例（東京地判平23・9・9労判1038号53頁〔十象舎事件〕，東京地判平18・11・10労判931号65頁〔PE & HR事件〕），POSシステム（販売時点情報管理）機能のあるレジスタの起動時刻から開店時刻が，レジスタ停止時刻から閉店時刻が把握できるようになっていたことをもとにする認定をした裁判例（大阪地判平21・6・12労判988号28頁〔シン・コーポレーション事件〕），労働者の「手帳」等による裁判例（東京地判平20・5・27労判962号86頁〔フォーシーズンズプレス事件〕），「シフト表（勤務割表）」による裁判例（岡山地判平19・3・27労判941号23頁〔セントラル・パーク事件〕），ワーキングフォーム（出退勤表）による裁判例（ただし約3分の2程度の時間）（大阪地判平19・3・27労判941号23頁〔オフィステン事件〕），始業時刻については「勤務リスト」の記載に基づき，終業時刻については営業日報の記載や会社へのファックス送信を考慮して算定した裁判例（大阪地判平19・10・25労判953号27頁〔トップ（カレーハウスココ壱番屋店長）事件〕），自動車運転手の場合の「タコメーター」による裁判例（大阪地判平18・6・15労判924号72頁〔大虎運輸事件〕），「勤務時間整理薄」による裁判例（大阪地判平17・10・6労判907号5頁〔ピーエムコンサルタント（契約社員年俸制）事件〕），運転報告書などの「日報」によ

る裁判例(大阪高判昭63・9・29労判546号61頁〔郡山交通事件〕)などがある。

[堀田　隆]

Q31 | 割増賃金請求訴訟(2)――反論・抗弁

割増賃金請求訴訟において考えられる被告（使用者）側の反論について説明しなさい。

〔1〕総　説

　雇用契約は，当事者の一方が相手方に対して労働に従事することを約し，相手方がこれに対して報酬を与えることを約すことによって成立する（民623条）。また，労働契約は，労働者が使用者に使用されて労働し，使用者がこれに対して賃金を支払うことを合意することによって成立するものとされている（労契6条）。したがって，労働者が割増賃金を請求する場合，労働者である原告としては，①雇用契約の締結，②時間外，休日，深夜に労務を提供したこと（時間外等の労働時間を含む）を主張しなければならない（請求原因についてはQ30，Q32参照）。

　そこで，使用者である被告が，原告の請求の全部又は一部を拒否するためには，これらの請求原因となる事実の存在や法的評価を否定するか（理由付け否認），請求原因事実が揃うことによって発生する法的効果を否定する事実を主張（抗弁），立証することになる。

　以下，実務上しばしばなされる反論の内容を，理由付け否認，各種抗弁，その他に分けて説明していく。

　なお，以下の説明においては，法内残業や法定外休日労働について割増賃金を計上したり（これらについては，本編第1章【概説】参照），割増率の適用を誤ったりといった単純ミスといってもよいケースについては，除いている。

〔2〕 理由付け否認

(1) 原告と被告との間の契約は雇用契約ではなく，原告は「労働者」ではないという主張

　労基法は，使用者と労働者との関係を規律するものであるから，原告と被告との間の契約が雇用契約ではなく，原告が「労働者」でないということになれば，被告には，労基法32条の労働時間規制が及ばず，また，同法37条の割増賃金の支払義務を負わないということになる。

　そのため，被告から，原告と被告との間の契約が，請負契約や業務委託契約であるから，原告は「労働者」ではないといった主張がなされ，（原告が提出していなければ）「業務委託契約書」等の名称が記載された契約書が，書証として提出されることがある（ちなみに，報酬につき，完全歩合給制をとっていることを正当化するために主張されることもある）。原告が被告会社の取締役である場合，原告が，自分は従業員兼取締役であるとして，従業員，すなわち労働者としての報酬（賃金）を請求しているのに対し，被告が，原告は単なる取締役にすぎないと主張することもある。

　労働者性の判断方法については，第1編を参照されたい。

(2) 基礎賃金の額が違っているという主張

　割増賃金の計算式は，時間外労働についていうと，「基礎賃金の時間単価×時間外労働時間数×割増率」であり，また，休日労働や深夜労働についても，同様である（**Q26**参照）。したがって，割増賃金の請求をする際には，実労働時間の特定（これにより，割増率も決まることになる）もさることながら，基礎賃金の時間単価を算出することも重要である。時間給制や日給制がとられていれば，時間単価の算出は比較的容易であるが，多くの企業で採用されている月給制においては，通常，月によって所定労働日数が異なっているところ，所定休日の日数が原告の手持ちの書証では定かでないことが原因で所定労働日数が不明朗であることが少なくなく，原告にとっては，時間単価の算出が必ずしも容易ではない（**Q26**〔1〕(2)参照）。そのようなことから，時間単価が被告に争われることもある。

　しかも，特定の手当については，基礎賃金の算定から除外するものとされて

いる（労基37条5項，労基則21条）（**Q26**〔1〕(2)参照）。

　そのため，原告が各種手当をすべて基礎賃金に含めて計算している場合，被告から，除外されるべき手当が含まれているので基礎賃金の額が違っているという主張がなされることがあり得る。実際，本人訴訟の場合，労基法37条5項のことを知らず，除外されるべき手当を基礎賃金に含めている事案に出くわすことがある。

(3) 原告主張の労働時間が実労働時間とは異なるという主張

　労基法が規制している「労働時間」は，現に労働をしている時間（実労働時間）である。そのため割増賃金も，実労働時間に応じて算出されることになる（**Q26**参照）。

　そこで，使用者である被告が，労働者である原告主張の時間外（あるいは，休日，深夜）労働時間の全部又は一部につき，実際には労働をしていないという主張をすることがある。この点に関し，被告が，原告は勤務中に，携帯電話でゲームをしていたとか，会社のパソコンを私的に利用していたとか，席を頻繁に離れていたとか主張することがあるが，被告において，具体的にその時間を特定しないと，被告の主張が裁判所に採用されることは少ないようである。

　実労働時間の立証については，第2編第1章第4節及び前問（**Q30**）を参照されたい。

(4) 労働時間でないものが含まれているという主張

(a) 労働時間かどうかについて

　雇用契約は，当事者の一方が相手方に対して労働に従事することを約し，相手方がこれに対して報酬を与えることを約すことによって成立する（民623条）が，このような雇用契約においては，いきおい使用者の立場のほうが強くならざるを得ない。そのため，労働者保護立法として労基法が制定されている。したがって，労基法が規制している「労働時間」は，使用者の指揮命令下に置かれている時間を指すことになる。そして，そのことの証明責任は，労働者である原告側にある。

　そこで，使用者である被告が，原告が主張している労働時間の中には，労働時間には当たらない時間が含まれているという主張をすることがある。

　ここで，通勤時間や休憩時間は，労働時間に含まれない。これに対し，実務

上，問題となることがあるものとしては，現場への移動時間（なお，休日に出張先への移動をした場合でも，特段の指示がなされていないときには，休日労働に当たらない。昭23・3・17基発461号，昭33・2・13基発90号），制服への着替え時間，朝礼，業務終了後の後始末，仮眠時間，手待ち時間（休憩時間中の客待ち当番，電話当番），自宅での待機時間，研修時間といったものがある。

　何が「労働時間」に当たるのかについては，第2編第1章第1節を参照されたい。

　(b)　命令や許可がない等という主張について

　また，時間外労働や休日労働を命じていない（あるいは，残業許可制を導入していた）のに原告が（許可を得ることもなく）自発的に，早出や残業をしたので，その時間については，労働時間に当たらないという主張がなされることも少なくない。

　さらには，残業禁止命令を出していたのに，原告が勝手に残業したという主張がなされる場合もある。残業禁止命令に反して残業した場合には労働時間に当たらないとした裁判例として，東京高判平17・3・30労判905号72頁〔神代学園ミューズ音楽院事件〕がある。

　なお，残業の指示，命令は，明示的なものではなく，黙示的なものでもよいというのが裁判実務の立場である。行政解釈においても，「自主的時間外労働の場合は，労働時間ではないが，黙示の命令があると判断されるような場合（残業しないと嫌がらせをされたり，不利益な扱いをされる等）は，労働時間にあたる」とされている（昭23・7・13基発1018号）。したがって，例えば，労働者が，残業をしなければ締切りまでに処理し切れないほどの業務量を抱えていた場合には，黙示の命令があったと認定されることになる。また，労働者が残業をしていることを黙認していた場合や，残業許可制をとっていても，労働者の多くが許可を得ずに残業をしており，使用者がこれを認識していたが，特に残業を禁止していなかったような場合にも，（許可を得ていなくても）黙示の命令があったと認定され，労働時間と認められる可能性が高いといえる。

　残業禁止命令については，**Q10**も併せて参照されたい。

〔3〕 割増賃金の発生を全部又は一部障害する抗弁

(1) 労働時間等規制の適用除外の主張

　労働者が、農業等の従事者（労基41条1号）、いわゆる管理監督者（同条2号）、機密事務取扱者（同条同号）、監視労働・断続的労働に従事する者で使用者が行政官庁の許可を受けた者（同条3号）については、労働時間、休憩及び休日に関する規定の適用から除外されている。

　そこで、使用者である被告から、原告がこれらに当たるとの主張がなされる場合もある。特に、原告が管理監督者に当たるかどうかを巡って争われることが少なくない。

　なお、管理監督者であっても、深夜労働に対する割増賃金の支払義務に関する規定の適用は除外されない（最判平21・12・18労判1000号5頁〔ことぶき事件〕）。また、機密事務取扱者や、監視労働・断続的労働従事者に対しても、深夜労働の割増賃金規定は適用される（昭63・3・14基発150号）。

　これらについては、第2編第3章を参照されたい。

(2) 事業場外みなし労働の対象者であるとの主張

　①労働者が労働時間の全部又は一部について事業場の外で業務に従事したこと、②労働時間を算定し難いことの2つの要件を満たした場合に、所定労働時間の労働をしたものとみなす制度として、事業場外みなし労働時間制がある（労基38条の2）。ただし、通常、所定労働時間を超えて労働をすることが必要な場合には、当該業務の遂行に通常必要とされる時間に労働したとみなされることになる（労基38条の2第1項ただし書）。

　いずれにせよ、労働者が事業場外みなし労働の対象者であると、実労働時間に対応する時間外割増賃金は発生しないことになるので、被告が、原告が事業場外みなし労働の対象者であるとの主張をすることがある。

　なお、事業場外みなし労働時間制が適用されても、これはあくまでも労働時間の例外規定である（労基則24条の2第1項・24条の2の2第1項参照）から、労働者の休日労働、深夜労働に対して、使用者は割増賃金の支払義務を負うことになる。

　事業場外労働については、第2編第2章第3節を参照されたい。

(3) 裁量労働制の対象者であるとの主張

　労基法においては，専門業務型裁量労働制（労基38条の3）と企画業務型裁量労働制（労基38条の4）という2つの裁量労働制が用意されているところ，いずれも，一定の労働時間の労働をしたものとみなす制度である。

　みなし労働時間が法定労働時間を超えていなければ，割増賃金の支払は不要となるので，被告が裁量労働制を導入している場合，原告がその対象者であるとの主張がなされることになる。

　裁量労働制については，第2編第2章第4節を参照されたい。

(4) 変形労働時間制が適用されるとの主張

　労働時間は，原則として，1日8時間，1週40時間と法定されている（労基32条）が，変形労働時間制は，一定期間（1ヵ月単位，1年単位，1週単位）内において，一定の条件の下に，1日8時間や1週40時間の制限を超える所定労働時間を設定することを可能とした制度である（労基32条の2・32条の4・32条の5）。また，変形労働時間制の一種として，フレックスタイム制もある（労基32条の3）。

　変形労働時間制がとられていると，1日8時間，1週40時間を超える労働をさせても，所定労働時間内にとどまっていれば，割増賃金は発生しないので，変形労働時間制が採用されている場合，使用者から，これが適用されるとの主張がなされることになる。

　しかし，変形労働時間制を導入するには，厳格な要件が定められているので，特に，変形労働時間制のうち最も多いといわれている1ヵ月単位の変形労働時間制に関して，要件を満たしているかどうかを巡って，原・被告間において争われることがある。また，変形労働時間制といえども，所定労働時間を超え，かつ，法定労働時間も超えている場合には，割増賃金が発生することになるので，原告の実労働時間を巡って，争いになることも少なくない。

　なお，1ヵ月単位の変形労働時間制については，就業規則又は労使協定により定め，また，1年単位及び1週単位の変形労働時間制については，労使協定により定め，これら労使協定については，労働基準監督署長への届出が必要である（労基32条の2第2項・32条の4第4項・32条の5第3項）が，訴訟上，労使協定の届出をしていないケースに出くわすことがある。しかし，届出を怠っても，変形労働時間制の効力には影響がないと解されている。

変形労働時間制については，第2編第2章第1節を，また，フレックスタイム制については，同章第2節を参照されたい。

〔4〕 割増賃金請求権を消滅させる抗弁

(1) 基本給や手当に含まれているとの主張

使用者が，割増賃金も基本給や定額の手当に含まれており（したがって，この主張は，基礎賃金額に対する否認としても機能する），支払済みであるとの主張をすることがある。固定残業代制（定額残業代制）の問題である。なお，「残業代」という名称が付いているが，休日割増賃金や深夜割増賃金が基本給等に含まれているとされている場合についても，同様の問題がある。使用者が，時間外や深夜の割増分を，歩合給（成果給と称していることもある）に含めて支払っている場合もある。

一定の割増賃金を基本給に含めて支給すること自体は，判例上，有効性が認められている（例えば，最判昭63・7・14労判523号6頁〔小里機材事件〕等）が，その要件については，判例上，厳格な要件が設定されている（これは，賃金が比較的高額となる年俸制がとられている場合であっても，あてはまる。大阪高判平14・11・26労判828号14頁〔創栄コンサルタント事件〕）。そこで，訴訟上，その要件該当性を巡って，争われることがある。

なお，割増分を歩合給に含めている場合にも，割増分を基本給に含めている場合と同様に扱われる（最判平6・6・13労判653号12頁〔高知県観光事件〕等）。

また，一定の割増賃金を定額の手当として支給することも，裁判実務において認められているが，当該手当が割増賃金の趣旨であるのかどうかが明確ではなく，訴訟で争われることが多い。さらに，労働者である原告から，手当の額が適正に算出された割増賃金の額よりも低額であると主張されることもある。

固定残業代制については，**Q28**を参照されたい。

(2) 残業代請求権を放棄したとの主張

使用者が割増賃金を支払わない場合において，労働者が代理人を立てずに，自ら使用者と交渉をし，その際，使用者から一方的に提示された法定の計算方法で算出した額よりも少ない金額について，異論を唱えない等，それを呑むかのような態度を示していたとき，使用者である被告から，原告が残業代請求権

を放棄したとの主張がなされ，原告とのやりとりを示したメールや文書が，証拠として提出されることが間々ある。

この点，判例（最判昭48・1・19判タ289号203頁〔シンガー・ソーイング・メシーン・カムパニー事件〕）は，賃金請求権の放棄について，労働者の自由意思に基づくものであると認めるに足りる合理的理由が客観的に存在するときは，有効であるとしている（主張立証責任という観点からすると，被告において，労働者が放棄の意思表示をしたことと，それが自由意思に基づくものであることを根拠付ける具体的事情を主張，立証する必要があるということになる）。したがって，労働者の自由意思に基づくものであると認めるに足りる合理的理由が客観的に存在するときは，残業代請求権の放棄も有効ということになる。

もっとも，上記シンガー・ソーイング・メシーン・カムパニー事件は，賃金請求権の放棄を有効とした原審の判断を支持したものの，放棄の効果が否定された事例判決もあり（例えば，最判平15・12・18労判866号14頁〔北海道国際航空事件〕等），残業代請求権の放棄が有効と認められるのは，決して容易ではない。

そこで，被告から，残業代請求権が放棄されたとの主張があり，原告が，（書証があることから放棄をしたこと自体は争わないものの）その有効性を争う場合には，これが原告の自由意思に基づくものかどうか，ひいては，それを根拠付ける具体的事情の有無が審理されることになる。

(3) **相殺の主張**

使用者である被告が労働者である原告に対して，何らかの債権を有している（と主張している）場合，被告が法律専門家を代理人としていないときに，原告に対し，割増賃金を含む賃金債権との相殺を主張することがある。

しかし，使用者による賃金債権との一方的相殺は，労基法24条1項により禁止され，無効であるから，上記の相殺の主張は，主張自体失当であり，認められない。

これに対し，労働者が，真に自由な意思に基づいて相殺の合意をしたと認められる合理的理由が客観的に存在する場合には，相殺は有効である（最判平2・11・26民集44巻8号1085頁〔日新製鋼事件〕）から，被告が，相殺合意があったとの主張をすることもある。この場合，真に自由な意思に基づいて相殺の合意をしたかどうかを巡って争われ，上記合理的理由を基礎付ける事実の存否が審理さ

れることになる。

　また，欠勤や計算の誤り等によりすでに支払済みの賃金が過払いとなった場合，過払賃金の清算方法として，未払いの賃金債権との相殺をすること（これを調整的相殺という）は，過払いのあった時期と賃金の清算調整の実を失わない程度に合理的に接着した時期においてなされ，かつ，その方法，金額等から見て労働者の経済生活の安定を害さない限り，賃金全額払いの原則（労基24条1項）の例外として，許されている（最判昭44・12・18民集23巻12号2495頁〔福島県教組事件〕等）。そこで，使用者から，この調整的相殺が主張されることもある。

(4) 消滅時効の主張

　割増賃金請求権をはじめとした賃金債権の時効期間は，2年間である（労基115条）。そこで，割増賃金請求権について，権利を行使することができる時（つまり，給料日）から2年間が経過すると（なお，初日不算入である），消滅時効が完成するので，使用者である被告は，消滅時効を援用することになる。

　消滅時効の抗弁に対する労働者である原告の代表的な再抗弁は，時効中断（民147条。なお，平成32年（2020年）4月1日施行の改正民法においては，147条以下に詳細に規定され，また，「中断」から「完成猶予」や「更新」に表現が改められている）の主張と時効援用が権利濫用に当たるという主張である。

　なお，割増賃金の悪質な未払いについては，不法行為に当たることもあり得る（広島高判平19・9・4労判952号33頁〔杉本商事事件〕）ところ，この場合，消滅時効期間は3年間である（民724条前段。なお，改正民法724条1号においても変更はない）。

　消滅時効については，**Q29**を参照されたい。

〔5〕 そ の 他

(1) 遅延損害金に対する反論

　労働者である原告が，退職後に，在職中の残業代について，賃確法6条1項に基づき年14.6％の割合による遅延損害金を請求してきたことに対し，使用者が，同条2項，同法施行規則6条4号（支払が遅延している賃金の全部又は一部の存否に係る事項に関し，合理的な理由により，裁判所又は労働委員会で争っている場合には，上記利率は適用されない旨の規定）により，合理的な理由により争っているとの主張（抗弁）をすることがあり得る。

合理的理由については，これを厳格に捉える見解（〔レガシィほか事件〕の原審である東京地判平25・9・26労判1086号12頁）と緩やかに捉える見解（東京地判平23・9・9労判1038号53頁〔十像舎事件〕，〔レガシィほか事件〕の控訴審判決である東京高判平26・2・27労判1086号5頁）等）とがある。この点については，**Q29**を参照されたい。

なお，賃確法施行規則6条4号により，年14.6％の利率が認められなかった場合，利率は，使用者が会社や商人のときには，商事法定利率である年6％（商514条），また，営利を目的としない事業者のときには，年5％（民419条1項・404条）となる。ただし，平成32年（2020年）4月1日施行の「民法の一部を改正する法律」（平成29年法律第44号）により，民法所定の法定利率は年3％とされ（改正民404条2項）（ただし，3年ごとに見直しがされる。同条2項ないし5項），また，「民法の一部を改正する法律の施行に伴う関係法律の整備等に関する法律」（平成29年法律第45号）3条1項により，商法544条は削除され，以後は，改正民法に規定する法定利率が適用される。

(2) 付加金に対する反論

労基法114条には，裁判所が，未払いの割増賃金の支払に加え，これと同額の付加金の支払を命じる制度が規定されている。

付加金は，同条において，「裁判所は……命ずることができる。」とされ，裁判所の裁量に委ねられている。そして，裁判所は，使用者による労基法違反の程度・態様，労働者の不利益の性質・内容等，諸般の事情を考慮して，その額が決せられる（大阪地判平19・11・29労判956号16頁〔オフィステン事件〕等の裁判実務）。

そこで，使用者である被告が，付加金の支払命令を阻止するため，割増賃金の支払をしなかったことにつき理由があることや被告が原告との交渉において誠実に対応したことを基礎付ける事実を主張することがある。

また，付加金が，未払いの割増賃金と同額の範囲内で支払が命じられるものである以上，判決が確定して初めて支払義務が発生するということになる。そこで，被告が口頭弁論終結前に割増賃金を一部でも支払えば，少なくともその額については，付加金の支払を命じられることもないということになる。

なお，付加金の請求は，違反時から2年内にしなければならない（労基114条ただし書）が，これは，付加金の請求が裁判所を利用してなすものであること

から，除斥期間と解されていることに注意を要する。

付加金については，**Q29**も参照されたい。

[小泉　孝博]

Q32 割増賃金請求訴訟(3)── 事例の検討と訴状の記載例

　次の設例をもとに，割増賃金（時間外手当）額を計算し，計算根拠について簡単に説明するとともに，この割増賃金を訴求する場合の訴状における請求の趣旨及び請求の原因を記載しなさい。

(1)　A株式会社（資本金1億円，従業員約90人。以下「A」という）は衣料品の販売（卸売業）を行う会社である。BはAとの間で平成24年3月20日に雇用契約を締結し，同年4月1日に入社した。雇用契約書及びAの就業規則によると，所定労働時間は午前9時〜午後5時（途中，午後0時〜午後1時は休憩時間）の1日7時間（1週間35時間），休日は土曜日，日曜日（日曜日は法定休日）であり，時間外手当については，法定労働時間内については1割増，法定労働時間を超える場合は法定の割増率による。ただし，法定外休日労働の場合の割増率は2割5分増とするとされている。なお，給料は，毎月末日締め，翌月5日払いである。

　Bは，基本給25万円，通勤手当（実費）2万円，住居手当（家賃の6割相当分）6万円，家族手当2万円（配偶者1万円，子ども5000円／人，Bは2人の子どもがいる）で合計35万円の支給を受けている。さらに，賞与として，6月と12月に基本給の3ヵ月分（75万円）の各支給を受けている。この場合に，Bは，平成29年11月に所定労働時間35時間のほかに，以下のように残業を55時間行った。しかし，Aは経営が苦しいことを理由に時間外手当をまったく支払ってくれない。Bは，毎月の給与の支払も遅延気味であるため，時間外手当の支払をしてくれるのか不安に思い，時間外手当の支払を求めて提訴しようと考えている。

```
11／06（月）PM05：00〜PM09：00              4時間
11／11（土）AM09：00〜PM05：00
         （PM0：00〜PM1：00＝休憩時間）    7時間
```

```
11/12（日）PM01：00〜PM11：00                    10時間
11/21（火）PM05：00〜PM11：00                     6時間
11/22（水）PM05：00〜PM10：00                     5時間
11/25（土）PM01：00〜PM07：00                     6時間
11/26（日）AM09：00〜PM02：00                     5時間
11/28（火）PM05：00〜翌日（11/29（水））AM06：00
      （AM0：00〜AM1：00＝休憩時間）             12時間
```

(2) なお，就業規則で，住居手当は一律に定額5万円を支給し，家族手当は一律に定額2万円を支給するとなっていた場合はどうか。また，上記の残業のほかに，

```
11/07（火）PM05：00〜PM11：00                     6時間
11/08（水）PM05：00〜PM09：00                     4時間
```

の残業（合計65時間）を行っていた場合はどうか。

〔1〕 割増賃金の計算方法

(1) 計 算 式

　割増賃金額は，「通常の労働時間又は労働日の賃金」に労働時間及び割増率を乗じて計算する（労基37条1項）。

　「通常の労働時間又は労働日の賃金」は，労働契約に基づく1時間当たりの単価（以下「時間単価」という）に，割増賃金の支払対象となる労働時間数を乗じて計算する（労基則19条1項）。したがって，割増賃金額の計算式は，次のとおりとなる。

> 割増賃金額＝時間単価×労働時間数×割増率

なお，行政通達では，時間単価及び割増賃金額に円未満の端数が生じた場合に，50銭未満の端数を切り捨て，50銭以上の端数を1円に切り上げる方法は，労働基準法24条及び37条違反にはならないとされているが（昭63・4・14基発150号），裁判実務では，1円未満の端数は切り捨てで取り扱われる場合が多い。

以下，設問においても，1円未満の端数切り捨てで計算することとする。

〔2〕 時間単価と労働時間

(1) 時間単価

(a) 時間単価の計算式

月給制の場合（労基則19条4号）の時間単価は，1ヵ月の基礎賃金を「1ヵ月の所定労働時間数」で除した金額である。1ヵ月の所定労働時間数は，就業規則や労働契約において定められている場合にはその時間による。したがって，設問における月給制の場合の時間単価の計算式は，以下のとおりとなる。

> **1ヵ月の基礎賃金÷1ヵ月の所定労働時間数**

(b) 計算の基礎から除外されるべき賃金

(イ) はじめに　時間単価算定の基礎となる賃金には，「家族手当」，「通勤手当」，「別居手当」，「子女教育手当」，「住宅手当」，「臨時に支払われた賃金」，「1ヵ月を超える期間ごとに支払われる賃金」は算入しない（労基37条5項，労基則21条）。これらは，限定列挙である。実際に支払われる手当が，除外賃金に該当するか否かは，名称のいかんを問わず実質的に判断される（昭22・9・13基発17号）。前記の名称を付されていても，扶養家族の有無・数，通勤や住宅に要する額など具体的事情を度外視して一律の額で支給される手当は，除外賃金に当たらない（奈良地判昭56・6・26労判372号41頁〔壷阪観光事件〕）。逆に，「物価手当」や「生活手当」等の名称が付されていても，扶養家族の有無・数によって算定される手当であれば「家族手当」に該当する（昭22・11・5基発231号）。

(ロ) 設問について，除外賃金か否かの検討　設問に即して，平成29年11月期にBに対して支給されていた給与を各項目ごとに，除外賃金か否かを検討する。

（ⅰ）設問(1)について

ⓐ 基本給——25万円（月給制）。

労働基準法37条1項の「通常の労働時間又は労働日の賃金」に該当し，時間単価算定の基礎となる。

ⓑ 通勤手当——月額2万円（実費）。

実費支給の通勤手当は，除外賃金となる（労基37条5項，労基則21条本文）。

ⓒ 住居手当——月額6万円（家賃の6割相当分）。

家賃の6割相当分の住居手当は，労働の内容や量とは無関係な事項により定まるものであるから，「通常の労働時間又は労働日の賃金」には当たらず，除外賃金となる（労基37条，労基則21条3号）。

ⓓ 家族手当——月額2万円（配偶者1万円，子ども5000円×2人）。

設問の家族手当は，扶養家族の数という，労働の内容や量とは無関係な事項により定まるものであるから，除外賃金となる（労基37条，労基則21条本文）。

ⓔ 賞　　与　1ヵ月を超える期間ごとに支払われる賃金であるから除外賃金となる（労基37条，労基則21条5号）。

（ⅱ）設問(2)について　基本給25万円（月給制），通勤手当月額2万円（実費）及び賞与については，上記(ⅰ)と同じである。

ⓐ 住居手当——定額5万円。

住居手当は一律に定額5万円を支給しているということであるから，その実質を考えると，従業員全員に住居実費と無関係に一律の額で支給されているものであり，「通常の労働時間又は労働日の賃金」に該当すると解されるから，時間単価算定の基礎となる。

ⓑ 家族手当——定額2万円。

家族手当は一律に定額2万円を支給しているということであるから，その実質を考えると，従業員全員に扶養実費と無関係に一律に支給されているのであり，「通常の労働時間又は労働日の賃金」に該当すると解されるから，時間単価算定の基礎となる。

（ｃ）設問の時間単価算定の基礎となる給与

以上によれば，設問(1)では，基本給月額25万円が時間単価（1時間当たりの単価）算定の基礎となる月額賃金となり，設問(2)では，基本給月額25万円，住居

手当5万円、家族手当2万円の合計32万円が時間単価算定の基礎となる月額賃金となる。

(2) **労働時間**

(a) **はじめに**

労働時間は、割増率の異なる時間ごとに集計する必要がある。一般的には、表計算ソフトによる割増賃金計算表を利用して集計することになろうが、割増率の異なる時間ごとに正しく集計されるように計算式を組み、検証しなければならない。

集計に当たっては、計算の便宜上、時刻を24時間制で入力する必要がある。また、設問の11／28（火）のように勤務時間が2暦日にまたがる場合、当該勤務時間は、勤務開始日の労働時間として取り扱うこととなる（昭63・1・1基発1号）。ただし、翌日の所定労働時間までの超過時間に対して、労働基準法37条の割増賃金を支払えば、同法37条の違反にはならないため（昭26・2・26基収3406号、昭63・3・14基発150号、平11・3・31基発168号）、2日目の始業時刻までの労働時間を前日の勤務として計算する。

(b) **所定労働時間**

カレンダーによれば、Bの平成29年11月の所定労働時間は、7時間×(30日－8日)＝154時間になる。

【設問の時間単価】

時間単価の計算方法は、上記(1)(a)に記載したとおり、「**1ヵ月の基礎賃金÷1ヵ月の所定労働時間数**」となる。そこで、設問(1)の時間単価を算定すると、25万円÷{7時間×(30日－8日)}＝1623円（1円未満の端数は切り捨て）となり、設問(2)の時間単価を算定すると、32万円÷{7時間×(30日－8日)}＝2077円（1円未満の端数は切り捨て）となる。

〔3〕 **割　増　率**

(1) **労働基準法の規定**

労働基準法の定める割増率は、以下のとおりである。以下の割増率は労働基準法の定める最低基準であるから、労働契約や就業規則等でこれらを超える割増率を定めたときは、その定めに従った割増賃金を支払わなければならない。

(a) 時間外労働

(イ) 1ヵ月の合計が45時間以下の時間　2割5分の割増率となる（労基37条1項本文，割増賃金令）。

(ロ) 1ヵ月の合計が45時間超60時間以下の時間　2割5分の割増率となる（労基37条1項本文，割増賃金令）。

(ハ) 上記(ロ)については，割増率を2割5分よりも高く定める努力義務が定められている（労働基準法第36条第1項の協定で定める労働時間の延長の限度等に関する基準，平10・12・28労働省告示154号，平21・5・29厚生労働省告示316号）。

(ニ) 1ヵ月の合計が60時間超の時間　5割以上の割増率となる（労基37条1項ただし書）。

上記(ニ)については，当分の間は，中小事業主の事業については適用がない（労基附則138条）。中小事業主とは，資本金の額又は出資の総額が3億円（小売業又はサービス業を主たる事業とする事業主については5000万円，卸売業を主たる事業とする事業主については1億円）以下である事業主及びその常時使用する労働者の数が300人（小売業を主たる事業とする事業主については50人，卸売業又はサービス業を主たる事業とする事業主については100人）以下である事業主をいう。ただし，この猶予措置は，平成35年（2023年）4月1日施行の「働き方改革を推進するための関係法律の整備に関する法律」（平成30年法律第71号）により，廃止（削除）される。

上記によれば，設問のBの時間外労働は，設問(1)では55時間であり，そもそも60時間を超えていなく，設問(2)では65時間であるが，Aは，資本金1億円，従業員約90人の衣料品販売（卸売業）を行う会社（中小事業主）であるため，労働基準法37条1項ただし書の適用はない。

(b) 休日労働

3割5分以上の割増率となる（労基37条1項本文，割増賃金令）。

(c) 深夜労働

2割5分以上の割増率となる（労基37条4項）。

(d) 時間内労働（法内残業）

設例のA・B間の労働契約によると，所定労働時間は1日7時間であるから，時間外労働のうち，1時間は法定労働時間となる。そこで，労働基準法の法定労働時間の規制内であるが，労働契約が定めた所定労働時間を超えて残業をし

た場合（法定時間内労働。以下「法内残業」という）に，どのような手当の支払が請求できるかが問題となる。時間外手当の要件事実（請求原因事実）は，①A・B間の雇用契約に定める時間外労働に関する賃金支払の合意，②Bによる時間外労働の労務の提供であるから，設例の労働契約中に法内残業に対する賃金支払の明確な合意があるので，それに従うことになる。したがって，設問では，A・B間の雇用契約により，1時間の法定労働時間に対し，1割の割増賃金が認められる（後記〔4〕(3)(a)(ロ)参照）。

(2) 割増率の性質及び相互の関係

割増率の性質及び時間外労働割増，休日労働割増，深夜労働割増の相互の関係は，以下のとおりである。

(a) 割増率の性質

休日労働割増は，法定休日の0時から24時まで，深夜労働割増は，午後10時から午前5時までの時間帯における労働に対する割増であるのに対し，時間外労働割増は，1日又は1週の労働時間が法定労働時間を超えた時間における労働に対する割増である。雇用契約中の時間外労働に関する労働条件が，上記基準以上の額である場合には，労働者は，当該労働条件に則った雇用契約に基づく賃金支払請求権を行使することになるが，上記基準を下回る時間外労働に関する労働条件は無効となり，労働基準法の定める基準による労働条件が定められたことになる（労基13条）。

(b) 割増率相互の関係

(イ) 休日労働と時間外労働の関係　休日労働割増と時間外労働割増とは，重ねて適用されない。

休日労働も時間外労働も法定外労働という点では同性質のものであり，異なる割増原因が重複したものではないと解されており，休日労働が8時間を超えても割増賃金は3割5分のみで足りる（昭22・11・21基発366号，昭33・2・13基発90号，平6・3・31基発181号）。同様に，法定休日労働は休日労働の観点から時間外労働として評価されるため，週の時間外労働にはカウントされない。したがって，休日労働と週の時間外労働に対する割増賃金の重複は問題とならない。

(ロ) 深夜労働と休日労働，時間外労働との関係　深夜労働割増は，休日労働割増，時間外労働割増のいずれとも重ねて適用される（労基則20条1項・2項

参照)。したがって，深夜労働が時間外労働と重なるときは5割以上（労基則20条1項），休日労働と重なるときは6割以上（労基則20条2項）の割増となる。

(c) 設問における法定外休日の割増率

設問の土曜日は法定休日ではないので，賃金の支払義務はあるが，通常は，割増賃金の支払義務はない。しかし，A・B間の雇用契約書及び就業規則中に法定外休日労働の場合の割増率は2割5分増とする旨の規定があることから，その規定により，労働基準法37条の割増賃金を支払うことが合意されたものと解される（大阪地判平11・5・31労判772号60頁〔千里山生活協同組合事件〕，大阪地判平8・12・25労判712号32頁〔日本コンベンションサービス事件〕）。したがって，A・B間の雇用契約のうち，法定外休日労働の割増率2割5分増の部分は有効となり，1週40時間法定労働時間規制について検討するまでもなく，2割5分の割増率で計算することとなる。

〔4〕 消滅時効，遅延損害金，付加金

(1) 消滅時効

割増賃金請求権は，当該割増賃金の支払われるべき賃金支払日から起算して2年で消滅時効にかかる（民166条1項，労基115条）。

なお，割増賃金請求の2年間の消滅時効期間と改正民法166条の関係については，本章【概説】〔6〕(1)(b)を参照されたい。

(2) 遅延損害金

設問のBは退職前であり，使用人のAは株式会社であり商人であることから，遅延損害金の利率は，商事法定利率の年6％（商514条，最判昭51・7・9判時819号91頁）の割合となる。したがって，割増賃金の遅延損害金は，賃金の支払時期の翌日（平成29年12月6日）から支払済みまで，商事法定利率である年6％の割合で算定されることになる。

なお，平成32年4月1日施行の民法改正整備法（平成29年法律第45号）・民法の一部を改正する法律（平成29年法律第44号）により，商法514条は削除され，以後は商行為によって生じた債務についても，改正民法に規定する法定利率年3％が適用される（ただし，3年ごとに見直しがある。改正民404条2項ないし5項）。

(3) 付加金

(a) 付加金の対象

(イ) はじめに　使用者が、時間外、休日又は深夜労働の割増賃金（労基37条）の支払義務に違反した場合には、裁判所は、労働者の請求により、それらの規定により使用者が支払わなければならない金額についての未払金のほか、これと同一額の付加金の支払を命ずることができる（労基114条）。

(ロ) 法内残業及び法定外休日労働　設問では、雇用契約書及び就業規則中に法内残業については1割増、法定外休日労働については2割5分増の割増率とする旨の規定があり、その規定により、労働基準法37条の割増賃金を支払うことが合意されたものと解される（上記〔3〕(1)(d)参照）。

したがって、法内残業や法定外休日労働の賃金が支払われていなければ、これを請求する部分も労働基準法37条の割増賃金請求訴訟の対象となり、これと同一額が付加金請求の対象となる。

(b) 支払義務の発生

付加金の支払義務は、実際の運用においては、使用者による労働基準法違反の態様、労働者の受けた不利益の程度等諸般の事情を考慮して、支払義務の存否・額が決められており、その支払を命ずる裁判所の判決の確定によって初めて発生するものである。また、付加金についても、使用者がその支払を怠った場合には遅延損害金が発生する。その支払義務は、労働契約ではなく、裁判所により命じられることによって発生するものであるから、商行為性はなく、その支払義務に対する利率は民事法定利率となる（最判昭50・7・17労判234号17頁〔江東ダイハツ自動車事件〕）。

条文の文言上、付加金の支払を命ずるとされているのが「裁判所」であるため、労働審判委員会が行う労働審判においては、付加金の支払は認められない。また、使用者が、事実審の口頭弁論終結時までに未払賃金を支払った場合、裁判所は付加金の支払を命ずることはできない（最判平26・3・6労判1119号5頁〔甲野堂薬局事件〕）。

(c) 遅延損害金

付加金については、その支払を命じる判決確定の日の翌日から民事法定利率である年5％の割合による遅延損害金も請求できる。また、以上の論理的帰結として、付加金の支払を命じる判決に仮執行宣言を付することはできない（前

掲江東ダイハツ自動車事件)。

なお、民事法定利率年5％については、民法の一部を改正する法律（平成29年法律第44号）により、平成32年4月1日（施行日）から改正民法404条2項ないし5項が適用され、同日時点で年3％となる（ただし、3年ごとに見直しがある）。

(d) 除斥期間

また、付加金の請求は、違反があったときから、2年以内にしなければならない（労基114条ただし書）。この期間は、時効期間ではなく、除斥期間である。

〔5〕 設問の解答

設問(1)及び(2)に対する、訴状における「請求の趣旨及び請求の原因」の記載例をまとめると、次頁以下のとおりである。

[堀田　隆]

■設問(1)における「請求の趣旨及び請求の原因」の記載例

第1　請求の趣旨
1　被告は，原告に対し，11万6260円及びこれに対する平成29年12月6日から支払済みまで年6パーセントの割合による金員を支払え。
2　被告は，原告に対し，11万6260円及びこれに対する本判決確定の日の翌日から支払済みまで年5パーセントの割合による金員を支払え。
3　訴訟費用は被告の負担とする。
4　第1項につき仮執行宣言
との判決を求める。

第2　請求の原因
1　雇用契約の成立等
　(1)　被告は，衣料品販売等を目的とする株式会社である（履歴事項全部証明書）。
　(2)　原告は，平成24年3月20日，被告との間で，下記の条件で雇用契約を締結し，被告会社において，同年4月1日から従業員として勤務している（就業規則，雇用契約書，給与明細書）。
　　①ア　基本給　　月額　25万円（月給制）
　　　イ　通勤手当　月額　2万円（実費）
　　　ウ　住居手当　月額　6万円（家賃の6割相当分）
　　　エ　家族手当　月額　2万円（配偶者1万円，子ども5000円×2人）
　　　オ　総額　　　月額　35万円
　　②　毎月末日締め，翌月5日払い
　　③　所定労働時間7時間（始業時刻午前9時，終業時刻午後5時，休憩時間午後0時から午後1時まで1時間）であり，所定休日は土曜日，日曜日（日曜日は法定休日日）である。
2　本件雇用契約及び就業規則中には時間外労働に対する賃金は支給する旨の規定がある。
3　（労基則19条4号による計算方法の基礎となる事実，積算方法）
　(1)　原告の月当たりの賃金，手当等の額は，前記1(2)①のとおりであり，時間単価算定の基礎となる月額賃金25万円が，「通常の労働時間又は労働日の賃金」算定の基礎となる。
　(2)　1日の所定労働時間，所定休日は，前記1(2)③のとおりであり，平成29年11月の所定労働時間は7時間×22日間＝154時間となる。
　(3)　したがって，通常の労働時間の賃金は，25万円÷154時間＝1623円となる。
4　（請求の対象となる期間における時間外の労務の提供の事実）

原告は，別紙1「時間外労働一覧表」記載のとおり，法内残業，法定外休日労働，時間外労働，休日労働，深夜労働に従事したから，別紙2「割増賃金額計算表」記載のとおり，合計11万6260円の時間外手当の支払を求めることができる。
5　よって，原告は，被告に対し，賃金支払請求権に基づき，未払賃金（時間外手当）11万6260円及びこれに対する平成29年12月6日（支払期日の翌日）から支払済みまでの商事法定利率である年6分の割合による遅延損害金の支払を，付加金請求権に基づいて，未払賃金（時間外手当）11万6260円と同額の付加金及びこれに対する本判決確定の日の翌日から支払済みまで民法所定の年5分の割合による遅延損害金の支払を求める。

（別紙1）

```
                    時間外労働一覧表

    平成29／11／06（月）PM05：00〜PM09：00        4時間
    11／11（土）AM09：00〜PM05：00
      （PM 0：00〜PM 1：00＝休憩時間）            7時間
    11／12（日）PM01：00〜PM11：00              10時間
    11／21（火）PM05：00〜PM11：00               6時間
    11／22（水）PM05：00〜PM10：00               5時間
    11／25（土）PM01：00〜PM07：00               6時間
    11／26（日）AM09：00〜PM02：00               5時間
    11／28（火）PM05：00〜翌日（11／29（水））AM06：00
      （AM 0：00〜AM 1：00＝休憩時間）           12時間
                                              合計55時間
```

（別紙2）

```
                   割増賃金額計算表

 1時間当たりの割増賃金額（いずれも円未満の端数は切り捨て）
  ・法内残業（1623円×1.1＝）1785円
  ・法定外休日労働（1623円×1.25＝）2028円
  ・時間外労働（1623円×1.25＝）2028円
  ・深夜労働（1623円×1.5＝）2434円
  ・休日労働（1623円×1.35＝）2191円
```

・休日・深夜労働（1623円×1.6＝）2596円

1	11／06（月）PM05：00～PM09：00　　4時間	
	法内残業1時間×1785円＝1785円	
	時間外労働3時間×2028円＝6084円	計7869円
2	11／11（土）AM 9：00～PM 5：00　　7時間	
	（PM 0：00～PM 1：00＝休憩時間）	
	法定外休日労働7時間×2028＝14196円	計1万4196円
3	11／12（日）PM01：00～PM11：00　　10時間	
	休日労働9時間×2191円＝1万9719円	
	休日・深夜労働1時間×2596円＝2596円	計2万2315円
4	11／21（火）PM05：00～PM11：00　　6時間	
	法内残業1時間×1785円＝1785円	
	時間外労働4時間×2028円＝8112円	
	深夜労働1時間×2434円＝2434円	計1万2331円
5	11／22（水）PM05：00～PM10：00　　5時間	
	法内残業1時間×1785円＝1785円	
	時間外労働4時間×2028円＝8112円	計9897円
6	11／25（土）PM01：00～PM07：00　　6時間	
	法定外休日労働6時間×2028円＝1万2168円	計1万2168円
7	11／26（日）AM09：00～PM02：00　　5時間	
	休日労働5時間×2191円＝1万0955円	計1万0955円
8	11／28（火）PM05：00～翌日（11／29（水））AM06：00　12時間	
	（AM 0：00～AM 1：00＝休憩時間）	
	法内残業1時間×1785円＝1785円	
	時間外労働4時間×2028円＝8112円	
	深夜労働6時間×2434円＝1万4604円	
	時間外労働1時間×2028円＝2028円	計2万6529円

以上を集計すると，
　・法内残業4時間×1785円＝7140円
　・法定外休日労働13時間×2028円＝2万6364円
　・時間外労働16時間×2028円＝3万2448円
　・深夜労働7時間×2434円＝1万7038円
　・休日労働14時間×2191円＝3万0674円
　・休日・深夜労働1時間×2596円＝2596円

　　　　　　　計55時間・合計11万6260円となる。

■設問(2)における「請求の趣旨及び請求の原因」の記載例

第1 請求の趣旨
 1 被告は，原告に対し，17万4645円及びこれに対する平成29年12月6日から支払済みまで年6パーセントの割合による金員を支払え。
 2 被告は，原告に対し，17万4645円及びこれに対する本判決確定の日の翌日から支払済みまで年5パーセントの割合による金員を支払え。
 3 訴訟費用は被告の負担とする。
 4 第1項につき仮執行宣言
との判決を求める。

第2 請求の原因
 1 雇用契約の成立等
  (1) 被告は，衣料品販売等を目的とする株式会社である（履歴事項全部証明書）。
  (2) 原告は，平成24年3月20日，被告との間で，下記の条件で雇用契約を締結し，被告会社において，同年4月1日から従業員として勤務している（就業規則，雇用契約書，給与明細書）。
   ① ア 基本給 月額 25万円（月給制）
     イ 通勤手当 月額 2万円（実費）
     ウ 住居手当 月額 5万円（一律定額）
     エ 家族手当 月額 2万円（一律定額）
     オ 総額 月額 34万円
   ② 毎月末日締め，翌月5日払い
   ③ 所定労働時間7時間（始業時刻午前9時，終業時刻午後5時，休憩時間午後0時から午後1時まで1時間）であり，所定休日は土曜日，日曜日（日曜日は法定休日日）である。
 2 本件雇用契約及び就業規則中には時間外労働に対する賃金は支給する旨の規定がある。
 3 （労基則19条4号による計算方法の基礎となる事実，積算方法）
  (1) 原告の月当たりの賃金，手当等の額は，前記1(2)①のとおりであり，時間単価算定の基礎となる月額賃金32万円が，「通常の労働時間又は労働日の賃金」算定の基礎となる。
  (2) 1日の所定労働時間，所定休日は，前記1(2)③のとおりであり，平成29年11月の所定労働時間は7時間×22日間＝154時間となる。
  (3) したがって，通常の労働時間の賃金は，32万円÷154時間＝2077円となる。
 4 （請求の対象となる期間における時間外の労務の提供の事実）

原告は，別紙「時間外労働一覧表」記載のとおり，法内残業，法定外休日労働，時間外労働，休日労働，深夜労働に従事したから，別紙2「割増賃金額計算表」記載のとおり，合計17万4645円の時間外手当の支払を求めることができる。
5　よって，原告は，被告に対し，賃金支払請求権に基づき，未払賃金（時間外手当）17万4645円及びこれに対する平成29年12月6日（支払期日の翌日）から支払済みまでの商事法定利率である年6分の割合による遅延損害金の支払を，付加金請求権に基づいて，未払賃金（時間外手当）17万4645円と同額の付加金及びこれに対する本判決確定の日の翌日から支払済みまで民法所定の年5分の割合による遅延損害金の支払を求める。

（別紙1）

時間外労働一覧表

平成29／11／06（月）PM05：00〜PM09：00	4時間
11／07（火）PM05：00〜PM11：00	6時間
11／08（水）PM05：00〜PM09：00	4時間
11／11（土）AM09：00〜PM05：00　（PM0：00〜PM1：00＝休憩時間）	7時間
11／12（日）PM01：00〜PM11：00	10時間
11／21（火）PM05：00〜PM11：00	6時間
11／22（水）PM05：00〜PM10：00	5時間
11／25（土）PM01：00〜PM07：00	6時間
11／26（日）AM09：00〜PM02：00	5時間
11／28（火）PM05：00〜翌日（11／29（水））AM06：00　（AM0：00〜AM1：00＝休憩時間）	12時間
	合計65時間

（別紙２）

割増賃金額計算表

１時間当たりの割増賃金額（いずれも円未満の端数は切り捨て）
・法内残業（2077円×1.1＝）2284円
・法定外休日労働（2077円×1.25＝）2596円
・時間外労働（2077円×1.25＝）2596円
・深夜労働（2077円×1.5＝）3115円
・休日労働（2077円×1.35＝）2803円
・休日・深夜労働（2077円×1.6＝）3323円

1　11／06（月）PM05：00〜PM09：00　　4時間
　　法内残業1時間×2284円＝2284円
　　時間外労働3時間×2596円＝7788円　　　　　　計1万0072円

2　11／07（火）PM05：00〜PM11：00　　6時間
　　法内残業1時間×2284円＝2284円
　　時間外労働4時間×2596円＝1万0384円
　　深夜労働1時間×3115円＝3115円　　　　　　　計1万5783円

3　11／08（水）PM05：00〜PM09：00　　4時間
　　法内残業1時間×2284円＝2284円
　　時間外労働3時間×2596円＝7788円　　　　　　計1万0072円

4　11／11（土）AM09：00〜PM05：00　　7時間
　　　（PM0：00〜PM1：00＝休憩時間）
　　法定外休日労働7時間×2596円＝1万8172円　　　計1万8172円

5　11／12（日）PM01：00〜PM11：00　　10時間
　　休日労働9時間×2803円＝2万5227円
　　休日・深夜労働1時間×3323円＝3323円　　　　計2万8550円

6　11／21（火）PM05：00〜PM11：00　　6時間
　　法内残業1時間×2284円＝2284円
　　時間外労働4時間×2596円＝1万0384円
　　深夜労働1時間×3115円＝3115円　　　　　　　計1万5783円

7　11／22（水）PM05：00〜PM10：00　　5時間
　　法内残業1時間×2284円＝2284円
　　時間外労働4時間×2596円＝1万0384円　　　　　計1万2668円

8　11／25（土）PM01：00〜PM07：00　　6時間
　　法定外休日労働6時間×2596円＝1万5576円　　　計1万5576円

9　11／26（日）AM09：00〜PM02：00　　5時間

　　　　休日労働5時間×2803円＝1万4015円　　　　　　計1万4015円
　10　11／28（火）PM05：00〜翌日（11／29（水））AM06：00　　12時間
　　　　（AM0：00〜AM1：00＝休憩時間）
　　　　法内残業1時間×2284円＝2284円
　　　　時間外労働4時間×2596円＝1万0384円
　　　　深夜労働6時間×3115円＝1万8690円
　　　　時間外労働1時間×2596円＝2596円　　　　　　計3万3954円

　以上を集計すると，
　　・法内残業6時間×2284円＝1万3704円
　　・法定外休日労働13時間×2596円＝3万3748円
　　・時間外労働23時間×2596円＝5万9708円
　　・深夜労働8時間×3115円＝2万4920円
　　・休日労働14時間×2803円＝3万9242円
　　・休日・深夜労働1時間×3323円＝3323円
　　　　　　　　　　　　　計65時間・合計金17万4645円となる。

第4編

年次有給休暇

【概　説】年次有給休暇とは

〔1〕　はじめに

　年次有給休暇（以下「年休」という）とは，憲法27条2項の「休息」の権利を具体化したものであり，労働者が，毎年一定日数，賃金を受けながら取得できる休暇のことをいう。わが国にも，年次有給休暇制度（以下「年休制度」という）があり，法定の要件を満たした場合において，当然に付与される権利（年次有給休暇権（以下「年休権」という）。労基39条1項）となる。

　年休制度は，休暇の取得により，労働者の心身の疲労を回復させ，労働力を維持培養して健康で文化的な生活を営むことを目的としている。近時は，労働者の健康に対する配慮からワーク・ライフ・バランス，つまりは，どのようにして，仕事と生活の調和・調整を図るべきかという観点から，わが国でも，労働時間を減少させ，休暇環境を整備・充実させることが必要不可欠の課題と考えられている。

　ワーク・ライフ・バランスにとって，日々の長時間労働が大きな障害となるが，労働時間だけではなく，視点を季節や年単位などに転じると，私たちの短い休暇取得期間や職場環境なども大いに問題となっている。

　年休があまり消化されないのは，労働者は，夏季休暇や年末年始休暇などの特別休暇があるから，この特別休暇に満足して，特別休暇と年休と合わせた2，3週間の長期休暇を欲していないのか，それとも長期休暇を取得しにくい職場環境にあるのだろうか。休暇を取得することなく，長時間の労働が常態化すると，それが原因で健康を害することにもなるし，例えば，休暇を返上して勤務する営業職などは，自分の健康よりも顧客中心の働き方になっていることが想定できる。

　本来は，年休を消化しないで労働時間に割り振りしても収入が増えるという効果はない。有給休暇なのだから，少なくとも，短期的には，働いても有給休暇を取得しても収入には無関係である。現実的な問題として，労働者は，長期的な所得の向上（昇給や昇格）を目指して日頃から年休を消化しないことも考えられるが，年休権は労働者の権利であるから，法律的には，年休の取得による

使用者の労働者に対する不利益な取扱いはできない。

わが国のワーク・ライフ・バランスの実現のために休暇環境をどのように整備すべきかという観点から述べれば，第1に法律・行政面の問題，第2に会社の労務管理の問題，第3に個々の労働者の生活意識の問題がある。

法律においては，年休の連続取得の促進を目的とした計画的付与制度がある（労基39条6項）。この制度は，有給休暇の取得率を向上させ，労働時間を短縮させる目的で，労使協定による有給休暇の計画的付与を認めたものである。統計的には，計画的付与制度のある企業・大企業のほうが，計画付与制度のない企業・小規模企業よりも労働者の年休取得率は高いが，それでも50％を超える程度であり，企業全体としても，年休が効率よく消化されているとはいえないし（厚生労働省「平成29年度・就労条件総合調査」），企業において，引き続きこの計画的付与制度を推進していく意義はある。この使用者の休暇取得計画は，裏を返せば労務管理の問題でもあり，事業運営に必要な労働者を確保し，労働者の休暇取得の時季，日数，人員を適切に配分することも重要なことである。年休の計画的付与制度については，**Q37**「年休の計画的付与」で説明する。

労働者は，休暇を取得して，家族との時間を設けたり，趣味を充実させたりできるのである。何か目的がないと休暇が取れないわけでもない。そこは事業所内の中心的役割を担う労働者であっても，休暇を取ることが健康を保持し，かつ，職務の遂行能力を高めることになると考え，仕事を離れる時間をもつことも重要である。管理監督者等であっても（労基41条の該当者），年休の規定の適用は排除されない（昭22・11・26基発389号）。

〔2〕 年休制度

(1) 年休の構造

労働基準法では，使用者は，労働者が一定の要件を満たせば，所定の年休を与えなくてはならないとし（労基39条1項），それは労働者の請求する時季に与えるとされている（労基39条5項）。学説上，年休権の法的性質をどう理解するかについて，年休の効果が労働者の請求がなくても発生するのか，あるいは，労働者の請求があり，使用者がこれを承認して発生するものかが問題となった。

この点について，最高裁は，「労基法39条1，2項の要件が充足されたとき

は、当該労働者は法律上当然に右各項所定日数の年次有給休暇の権利を取得し、使用者はこれを与える義務を負うのであるが、この年次休暇権を具体的に行使するにあたっては、同法は、まず労働者において休暇の時季を『請求』すべく、これに対し使用者は、同法3項（現行5項）但書の事由が存する場合には、これを他の時期に変更させることができるものとしている。かくのごとく、労基法は同条3項（現行5項）において『請求』という語を用いているけれども、年次有給休暇の権利は、前述のように、同条1、2項の要件が充足されることによって法律上当然に労働者に生じる権利であって、労働者の請求をまって始めて生ずるものではなく、また、同条3項（現行5項）にいう『請求』とは、休暇の時季にのみかかる文言であって、その趣旨は、休暇の時季の『指定』にほかならないものと解すべきである。」と判示している（最判昭48・3・2民集27巻2号191頁・労判171号16頁〔全林野白石営林署事件〕）。

　この最高裁の判断に基づき、年休制度の解釈上の問題は解決されたものといえる。労働者の年休権は、労働基準法39条1項、同条2項の要件を充足することにより、当然に生じる権利であり、労働者の請求やこれに対する使用者の承認も必要ない。

　労働基準法39条5項本文にいう労働者の「請求」の意義は、具体的に始期と終期を特定した時季指定権の行使であり、使用者が同条5項ただし書による時季変更権を行使しない限り、労働者の年休日が定まることになる。

　前記の判断（前掲全林野白石営林署事件）が示されて以来、年休に関する主要な争いは、年休権の法的性質論から、使用者の時季変更権の行使が適法になされたか否かに移行したといえ、その裁判例も少なくない（後記〔3〕）。

　なお、年休の計画的付与の対象となっている部分は、その限りにおいて労働者の時季指定権は排除される（**Q37**「年休の計画的付与」）。

(2) **年休の取得要件**

(a) **年休の法定付与日数**

(イ)　年休権は、雇用の日から6ヵ月継続勤務して、全労働日の8割以上出勤した労働者に当然に発生し（前掲・全林野白石営林署事件）、この要件を満たすと6ヵ月勤務した翌日（年休の付与日）に10日間（十労働日）の年休権が生じる（労基39条1項）。

図表1　通常付与（正社員とこれに準じるパート社員）

継続勤務日数	6ヵ月	1年6ヵ月	2年6ヵ月	3年6ヵ月	4年6ヵ月	5年6ヵ月	6年6ヵ月以上
付与日数	10日	11日	12日	14日	16日	18日	20日

図表2　比例付与（法定で付与されるパート社員）

週所定労働日数	1年間の所定労働日数	雇入れの日から起算した継続勤務期間						
		6ヵ月	1年6ヵ月	2年6ヵ月	3年6ヵ月	4年6ヵ月	5年6ヵ月	6年6ヵ月以上
4日	169日〜216日	7日	8日	9日	10日	12日	13日	15日
3日	121日〜168日	5日	6日	6日	8日	9日	10日	11日
2日	73日〜120日	3日	4日	4日	5日	6日	6日	7日
1日	48日〜72日	1日	2日	2日	2日	3日	3日	3日

　そして，1年6ヵ月継続勤務した者は，前年度1年間に全労働日の8割以上出勤すると，当該年度には1日加算され（11日），これが3年6ヵ月以降では，年休日数が20日になるまで，前年度の日数に各2日加算した年休が付与される（**図表1**，労基39条2項）。

　(ロ)　正社員等より所定労働時間が少ないパートタイムやアルバイト労働者（以下「パート社員」という）についても，所定労働日数が週4日ないし年216日を超える者又は4日以下でも週の所定労働時間が30時間以上の者は，正社員と同様に年休が通常付与される（**図表1**，労基39条3項，労基則24条の3）。

　(ハ)　週所定の労働日数が4日以下・週所定の労働時間が30時間未満の者又は年間所定日数216日以下の者（パート社員）は，その週・1年間の労働日数と雇用の日からの継続勤務期間に応じた年休日数（1日ないし15日）が比例付与される（**図表2**，労基39条3項，労基則24条の3）。

　(ニ)　比例付与（**図表2**）の取得要件を満たさない者（週所定の労働日数の定めがなく，かつ，年間所定労働日数が48日未満）は，年休付与の対象外となる。

　(ホ)　年休の比例付与されているパート社員が年度の途中で所定労働日数を5

日に変更した場合でも，年休の付与日（以下「基準日」という）までの間は，年休の付与日数を通常付与に見直す必要はない。労働基準局長通達では，「労働基準法第39条第3項の適用を受ける労働者が，年度の途中で所定労働日数が変更された場合，年休は基準日において発生するので，初めの日数のままと考える。」としている（昭63・3・14基発150号）。

　もっとも，年休制度の趣旨（労働者の心身の疲労を回復させ，労働力の維持培養を図ること）を踏まえると，年度途中であっても，その時点で当該日数に応じた年休の日数を付与することは，法定以上の取扱いになっても検討してもよいのではないか。

　しかし，年度途中に所定労働日数を減らし，その時点で当該日数に応じた年休日数に見直すことは，いったん付与した権利を剥奪することになるので，このような取扱いはできないと考える。

　(b)　労働者の継続勤務（勤務年数の通算と年休付与）

　労働者が年休権を取得するためには，まずは，最初6ヵ月間継続勤務（その後は1年間）するという客観的要件を満たす必要がある（労基39条1項・2項）。

　この「継続勤務」とは，労働契約の存続期間，すなわち在籍期間をいう。継続勤務かどうかは，勤務の実態に即して判断されるのであり，①期間従業員等であっても勤務実態から引き続き雇用していると認められる場合，②定年退職後に引き続き嘱託社員等として再雇用する場合，③休職とされていた者が復職した場合，④パート社員を正社員に切り替えした場合，⑤在籍型の出向をした場合などは，継続勤務として勤務年数を通算して年休を付与することができる（昭63・3・14基発150号）。

　(イ)　形式的雇用関係がない期間が比較的長期の場合　　継続勤務かどうかについて，判例では，競馬開催日（就労日）が限定される競馬事業で競馬が開催されない夏季（7月，8月）の約2ヵ月間という比較的長期間就労していなくとも（仕事自体がない），実質的には継続勤務の要件が充足されると判示している（東京高判平11・9・30労判780号80頁〔日本中央競馬会事件〕）。

　これは，競馬事業という特殊な事案ではあるが，近時，形式的には短期の雇用を繰り返しているが，その実態は継続して就労しているという事案は他の企業でも珍しくもない。

労働者に年休権を発生させてよいか判断に迷う場合，単に不就労期間の長短を問題にするのではなく，就労期間中の業務の実態，不就労期間中の就労可能性，他の労働者との勤務実態の比較など各事情を考慮して，使用者との労働契約が実態として同一と認められるならば，実質的に継続勤務しているという判断ができる場合もあると考える。

　(ロ)　労働者が他社に出向していた場合等

　(ⅰ)　一般的に，出向とは，労働者が雇用先（以下「出向元」という）に在籍したまま他社（以下「出向先」という）の業務に相当期間にわたり従事することである（以下「在籍出向」という）。

　在籍出向については，労働基準局長通達でも勤務年数を通算すべき場合として，「在籍型の出向をした場合」を挙げており，出向先では，出向元の勤続年数も通算して年休を与えることになる（昭63・3・14基発150号）。つまりは，出向元ですでに6年6ヵ月以上継続勤務している労働者（出向者）は，出向先でも法定の20日間の年休を与えられることになる。

　通常は，使用者の出向命令により，出向者は出向先に赴くのであるが，在籍出向であるから，解雇や退職等の身分に関すること，退職金の計算にかかる勤続期間の通算等は，当然に出向元の就業規則によるが，年休取得等の日頃の労務管理については，基本的には，現実に就労する出向先の就業規則が適用される。

　そうすると，出向元の年休日数が法定で付与される日数を上回っているが，出向先では法定どおりの付与日数である場合で，出向先の年休制度を適用すると，この出向者には不利な取扱いとなる。また，これとは逆に出向先の年休日数が法定で付与される日数を上回っている場合もある。

　出向者には，出向元と出向先の労働契約関係（就業規則等）が一部併存するような形態となり，このどちらを選択するかという問題は，年休制度を定めた労働基準法39条の問題とはならない。

　しかし，出向命令による出向であるから，出向者に対し，出向先での労働条件が著しく低下しないような配慮が必要と考える。もっとも，出向者が，出向先で付与される年休日数が法定付与日数を上回っていても，元の職場に復帰すれば，当然に従前の年休付与日数（法定で付与される日数等）に戻ることになる。

(ii) 出向に似た他の勤務形態（派遣及び転籍）　派遣とは，自己の雇用する労働者を，当該雇用関係の下に，かつ，他人の指揮命令を受けて，当該他人のために労働に従事させることをいう（労派遣2条1号）。この法律上の定義によれば，派遣では，労働者と派遣先との間では，労働契約関係は存在せず，指揮命令関係のみが存在することになり，基本的に，労働者と出向先との間に何らかの労働契約関係がある出向とは，この点において違いがあるといえる。

そうすると，派遣された労働者は，労働基準法39条1項，同条2項の要件を満たせば，当然に年休権が発生するのであるが，それは，あくまで派遣元に対するものであり，派遣された労働者が年休を請求した場合，派遣先において時季変更権を行使できるかどうかということが問題となる。

転籍とは，労働者が勤務先との労働契約関係を終了（解除）させ，新たに別の会社との労働契約関係を成立させる異動である。労働基準局長通達には，継続勤務とみなす例示として「在籍型の出向」を挙げているが，転籍（「移籍型の出向」という）は，労働者が完全に移籍する形態であるし，同通達でも，継続勤務とみなす例示として，この「移籍型の出向」を挙げておらず，この別形態の「移籍型の出向」では，原則，労働者の勤続期間は通算されない（昭63・3・14基発150号）。

この転籍の場合は，いままでの労働契約関係が解除されることからも当該労働者の個別的な同意が必要となるが，グループ会社等への転籍では，元の会社に戻ることがなくても，会社の転籍に関する就業規則等による包括的な同意で足り，労働者の個別的な同意は不要であるという考え方もある。この考え方によれば，転籍先との緊密性の度合いによっては勤続年数を通算することも可能であると考える。

(c)　労働者の全労働日の8割以上の出勤（全労働日の意義）

労働者の年休権は，労働者が当初6ヵ月間（その後は1年間）継続勤務することと，全労働日の8割以上の出勤という客観的要件も満たす必要がある（労基39条1項）。

つまり，使用者は，雇用された日から6ヵ月間（その後は1年間）ごとに全労働日の出勤率が8割以上の労働者には年休を与えなくてはならないのである。出勤率は，会社の全労働日を分母，労働者の出勤日数を分子として計算される

(出勤日÷全労働日)。

(イ) 判例では,「労働基準法(略)39条1項にいう全労働日とは,1年の総暦日数のうち労働者が労働契約上労働義務を課せられている日数をいう」としている(最判平4・2・18裁判集民事164号67頁・労判609号12頁〔エス・ウント・エー事件〕)。

そうすると,全労働日数は,労働協約や就業規則などで労働日と定めた日ということになるから,6ヵ月(1年)の総暦日数から所定の休日とされる日を除外した日となる。所定の休日に労働したとしても(①休日労働日),その日は,労働義務が存在しない日であるので,全労働日から除外される(昭33・2・13基発90号)。

(ロ) ②正当な同盟罷業その他正当な労働争議により労務提供がまったくなされない日,③使用者の責めに帰すべき事由による休業日(労基26条の休業日)は,いずれも全労働日から除外されていた(昭33・2・13基発90号,昭63・3・14基発150号)。

ところが,前記③使用者の責めに帰すべき事由による休業日について,解雇係争期間を全労働日から除外することの是非について,判例では,「無用な解雇の場合のように労働者が使用者から正当な理由なく就労を拒まれたために就労することができなかった日は,労働者の責めに帰すべき事由によるとはいえない不就労であり,このような日は使用者の責めに帰すべき事由による不就労であっても当事者間の衡平等の観点から出勤日数に参入するのが相当ではなく全労働日から除かれるべきものとはいえないから,法39条1項及び2項における出勤率の算定に当たっては,出勤日数に参入すべきものとして全労働日に含まれるものというべきである」と判示している(最判平25・6・6民集67巻5号1187頁・労判1075号21頁〔八千代交通事件〕)。

この最高裁の判断を受け,厚生労働省は,「裁判所の判決により解雇が無効と確定した場合や,労働委員会による救済命令を受けて会社が解雇の取り消しを行った場合の解雇日から復職日までの不就労のように,労働者が使用者から正当な理由なく就労を拒まれたために就労することができなかった日」について,出勤率算定に当たって,出勤日数に参入すべきであると取扱いを改めた(平25・7・10基発0710第3号)。

(ハ) 労働者が、④生理休暇を取得した日（昭23・7・31基収2675号）、⑤法定外休暇取得日（慶弔休暇）、⑥通勤災害による休業日などは、基本的には、労働協約や就業規則等で労働日を定める際に全労働日から除外されている。

(ニ) ⑦私傷病による休職期間の出勤率の算定をどのように考えればよいのか。労働基準法39条が年休の取得要件として8割以上の出勤を条件にしているのは、労働者の就労状況を勘案して、特に出勤率の悪い者を除外する趣旨と考えられるところ、私傷病による休職期間中は、就業規則等により労働義務を免除するなどの規定をした上で（勤務不良と評価されているわけではない）、休職期間を全労働日から除外するのが相当である。

(ホ) この出勤率の算定において、労働基準法39条10項（平30・4・1改正前の労基39条8項）で「労働者が業務上負傷し、又は疾病にかかり療養のために休業した期間及び育児休業、介護休業等育児又は家族介護を行う労働者の福祉に関する法律第2条第1号に規定する育児休業又は同条第2号に規定する介護休業をした期間並びに産前産後の女性が第65条の規定によつて休業した期間は、第1項及び第2項の適用については、これを出勤したものとみなす。」と規定しており、⑧業務上の災害による休業日、⑨育児・介護休業日、⑩産前産後休暇日は、いずれも全労働日に参入して、出勤率の算定では出勤したとみなされる。

(ヘ) ⑪年休取得日についても、「年次有給休暇としての休業日数は本条（労基39条）第1項及び第2項の規定の適用については出勤したものとして取扱うこと」とされており（昭22・9・13発基17号）、全労働日に参入して、出勤率の算定では出勤したとみなされる。

(ト) ⑫欠勤（債務不履行責任が問われる不就労）は、全労働日に参入するが、出勤とはみなさない。

(チ) 次頁の**図表3**は、法律や通達で定められた日の取扱いを、その付した番号（①ないし⑫）により区分して一覧表にしたものである。

(3) 半日の年休、時間単位の年休の取得

(a) 半日の年休の付与

年休は、労働者を休養させることを目的としているから、まとめて取得するのが望ましいが、労働基準法39条1項では、「継続し、又は分割した十労働日」とし、分割して取得するにも、取得の単位は1日（1労働日）が原則である。

図表3

区　　分	全労働日に参入する	出勤とみなす
①，②	×	×
③	×（事由により○）	×（事由により○）
④，⑤，⑥，⑦	×（就業規則等による）	×（就業規則等による）
⑧，⑨，⑩，⑪	○	○
⑫	○	×

　1労働日を分割した半日の年休（以下「半日休」という）の取得については，「年次有給休暇は，1労働日を単位とするものであるから，使用者は労働者に半日単位で付与する義務はない。」（昭24・7・7基収1428号，昭63・3・14基発150号）とするが，この通達の解釈としては，半日休の付与を禁止するのではなく，使用者は，労働者から半日休を請求されてもこれを付与する義務はないが，任意に付与しても差し支えない（使用者が同意した場合に認められる）とされている。

　判例では，「もともと労基法上の年次有給休暇は，最低分割単位を1労働日としており，半日に分割してこれを与えることを予定していないものと解されるが，有給休暇制度の目的は，労働者の心身の疲労を回復させ，労働力の維持培養を図ることにあり，半日年休は，右目的を達成するのに，労使双方にとって便宜かつ合目的的であることから，同法は，同条の規定文言にかかわらず，使用者が進んで半日年休を付与する取扱いをすることをなんら妨げるものではないと解するのが相当である」と判示している（東京地判平7・6・19労判678号18頁〔学校法人高宮学園事件〕）。

　半日休の付与は，実際に企業で認められており，1日単位の年休と異なる取扱いもしない。労働者が半日休を取得した場合は，法定年休と同一日数である就業規則所定の残余日数を0.5減じることとなる。この「半日」とは，「1労働日」が暦日計算によることから，「午前」あるいは「午後」として付与するのが望ましい。

　(b)　時間単位の年休の付与

　労働者の休養以外の事由（通院や子の学校行事の参加等）が意識されるようにな

り，現在では，労働者の過半数を代表する労働組合又は過半数の代表者との書面による労使協定により，時間単位の年休の付与が認められる（労基39条4項）。

労使協定により定める事項は次のとおりである。

(イ) **時間単位の年休の対象労働者の範囲**（労基39条4項1号）　一部の労働者を対象外とする場合は，事業の正常な運営を妨げる場合（工場のラインで働く者など）に限られ，労働者の取得目的（育児を行うためなど）により対象範囲を定めることはできない（平21・5・29基発0529001号）。

(ロ) **時間単位で与えることのできる年休の日数**（労基39条4項2号）　1年間の年休のうちで5日以内に限る。前年度からの繰越しがある場合は，この繰越分も含めて5日以内となり，年休が5日に満たない日数を比例付与されているパート社員（労基39条3項）は，この比例付与の日数となる（平21・5・29基発0529001号）。

(ハ) **時間単位の年休の1日の時間数**（労基則24条の4第1号）　1日に対応する年休の時間数を所定労働時間数をもとにして定める。この時間単位に満たない端数がある場合は，時間単位に切り上げて計算する（平21・5・29基発0529001号）。

例えば，1日の所定労働時間7時間30分の場合，この30分を切り上げて1日8時間とし，5日分の時間単位の年休は40時間となる（8時間×5日）。

(ニ) **1時間以外の時間を単位とする場合の時間数**（労基則24条の4第2号）　1時間以外を単位とする場合はその時間数となる。例えば，「2時間」，「3時間」となるが，1日の所定労働時間を上回ることはできない（平21・5・29基発0529001号）。

(4) **年休取得の法的効果**

(a) 年休日の労働義務の消滅

労働者が年休を取得すると，年休日の労働義務が消滅する。判例においても，「休暇の付与義務者たる使用者に要求されるのは，労働者がその権利として有する有給休暇を享受することを妨げてはならない」という不作為義務があり，労働者の，「当該労働日における就労義務が消滅するものと解するのが相当である。」と判示している（最判昭48・3・2民集27巻2号191頁・労判171号16頁〔全林野白石営林署事件〕）。使用者には，労働者の希望する時季に休暇を取得できるよ

うに配慮する義務もある（東京高判平7・11・16労判686号38頁〔時事通信社事件（差戻審）〕）。

(b) 年休日の賃金の支払義務

使用者は，労働者に年休日の賃金の支払義務がある。その賃金は，就業規則の定めるところにより，平均賃金（労基12条）若しくは所定労働時間労働した場合に支払われる通常の賃金になるが，労使協定で標準報酬日額を選んだときはこれによる（労基39条9項（平30・4・1改正前の労基39条7項），労基則25条）。

(c) 年休取得を理由とした不利益な取扱いの禁止

使用者は，労働者の年休取得を理由として賃金減額その他の不利益な取扱いをしてはならない（労基附則136条）。

しかし，この規定には罰則もなく，使用者の努力義務とされる。附則136条は，昭和62年の労働基準法の改正で定められたが，どのような民事上の効力を生み出すか，労働者の不利益扱いとして禁じられるべきかについて，この改正を踏まえての最高裁の判断は，タクシー乗務員の突発年休を理由とする皆勤手当の減給等が争われた事件について，「タクシー業者の経営は運賃収入に依存しているため自動車を効率的に運行させる必要性が大きく，交番表（勤務割表）が作成された後に乗務員が年次有給休暇を取得した場合には代替要員の手配が困難となり，自動車の実働率が低下するという事態が生ずることから，このような形で年次有給休暇を取得することを避ける配慮をした乗務員については皆勤手当を支給することとしたものと解されるのであって，右措置は，年次有給休暇の取得を一般的に抑制する趣旨に出たものではないと見るのが相当であり，また，乗務員が年次有給休暇を取得したことにより控除される皆勤手当の額が相対的に大きいものではないことなどからして，この措置が乗務員の年次有給休暇の取得を事実上抑制する力は大きなものではなかったというべきである。」とし，年休の取得を理由に皆勤手当を控除する措置は，労働基準法39条及び同法附則134条（現行136条）の趣旨からして望ましいものではないにしても，この同法附則134条（現行136条）は，使用者の努力義務を定めたものであり，労働者の年次有給休暇の取得を理由とする不利益取扱いの私法上の効果を否定するまでの効果を有するものとは解されないし，労働者に保障した年休権を実質的に失わせるものでない限り，公序に反して無効とはできないと判示

している（最判平5・6・25民集47巻6号4585頁・労判636号11頁〔沼津交通事件〕）。

　これに対し，労働基準法が，年休の取得日に賃金の支払を義務付けているのは，精勤手当や賞与等の年休の取得日の属する期間に対応する賃金について，年休の取得日を出勤した日と同様に扱うべきであるという趣旨が含まれていると考えるのであって，皆勤手当や賞与等の計算上年休の取得日を欠勤扱いにすることは違法であり，むろん，年休権確保の趣旨に照らせば，昇給，昇格等の処遇において，年休取得を理由に不利益な扱いをすることも違法であるとする考え方もある。

　労働者に対する不利益な取扱いとされ，無効と判断したものとしては，①年休取得日の属する期間に対応する賞与の計算において，年休取得日を欠勤として扱い，賞与を減額することは許されないとしたエス・ウント・エー事件（最判平4・2・18裁判集民事164号67頁・労判609号12頁），②すべての原因による不就労（欠勤，遅刻等労働者の責めに帰すべきもののほかに，年休，生理休暇，労働災害による休業や通院など労働基準法又は労働組合法において保障されているものも含む）を基礎として算出した前年の稼働率の80％以下の従業員を翌年度のベースアップを含む賃金引上げの対象者から除外する旨の労働協約条項は，そのうち労働基準法又は労働組合法上の権利に基づくもの以外の不就労を稼働率算定の基礎とする部分は有効であるが，各権利に基づく不就労を稼働率算定の基礎とする部分は公序に反し無効であるとした日本シェーリング事件（最判平元・12・14民集43巻12号1895頁・労判553号16頁）などがある。

〔3〕 **時季指定権と時季変更権**

　労働者が，具体的な年休の始期と終期を特定して時季指定したときは，客観的に事業の正常な運営を妨げる場合に該当せず，かつ，これを理由として使用者が時季変更権を行使しない限り，時季指定日に年休が成立する（労基39条5項ただし書）。この時季指定の時季とは，季節と具体的時期の意味を含む概念であって，労働者の時季指定権は，形成権であり，使用者の時季変更権の行使を解除条件として，その効力が発生する（最判昭48・3・2民集27巻2号191頁・労判171号16頁〔全林野白石営林署事件〕）。

(1) **労働者の時季指定権の行使**

労働者の時季指定権の行使は、使用者の承認を得る必要はなく、年休を取得する日や期間を特定して使用者に届け出る。

労働者が、急な理由で欠勤した場合等、これを勤務開始後に事後的に年休日に振り替えることができるかという問題もある。年休の事後請求という概念は成り立たないが、使用者の年休取得配慮義務を根拠として、労働者にやむを得ない事情等がある場合、使用者の同意をもって年休取得を認めることは差し支えないと考える。

年休の取得は、1日を単位とするが、使用者は、年5日を限度として時間単位の年休も付与できる（前記〔2〕(3)(b)）。また、労働者の年休の請求があり、使用者が任意に与える限り、半日の年休の付与も可能である（前記〔2〕(3)(a)）。

(2) **使用者による時季変更権の行使**

使用者は、労働者が指定した時季に年休を与えることが「事業の正常な運営を妨げる場合」には、他の時季に年休を与えることができる（労基39条5項ただし書）。

(a) 使用者の労働者に対する態様

事業の正常な運営を妨げる事由があるという意思表示で足り、代わりの年休日を提示する必要はない。判例では、「事業の正常な運営を妨げるおそれのあることを理由として請求にかかる日の年休を承認しない旨の意思表示をしたのであるから、右意思表示をもって控訴人の時季変更権の行使がなされたものとするのが相当である」と判示し、年休の時季を特定する権利が労働者にある以上、使用者が時季を指定する必要もなく、単に「承認しない」という使用者の意思表示も時季変更権の行使に当たるとしている（最判昭57・3・18民集36巻3号366頁・労判381号20頁〔電電公社此花局事件〕）。

また、労働者（通信記者）が、夏期約1ヵ月（時季指定）の長期の年休申請について、使用者が後半の2週間については、業務の正常な運営を妨げるとして時季変更権を行使した事案について、「労働者が、右（使用者の業務計画、他の労働者の休暇予定等との事前）の調整を経ることなく、その有する年次有給休暇の日数の範囲内で始期と終期を特定して長期かつ連続の年次有給休暇の時季指定をした場合には、これに対する使用者の時季変更権の行使については、右休暇が事業運営にどのような支障をもたらすか、右休暇の時期、期間につきどの程度

の修正，変更を行うかに関し，使用者にある程度の裁量的判断の余地を認めざるを得ない」と判示し，労働者の複数日にわたる一括した時季指定に対し，その一部についてのみ時季指定権の行使を可能とした事例もある（最判平4・6・23民集46巻4号306頁・労判613号6頁〔時事通信社事件〕）。

　労働者の長期的な年休取得により，事業の正常な運営の妨げとなるか予測することは困難である。最高裁の判断では，使用者の裁量的判断を認めたが（前掲時事通信社事件），それは労働基準法39条の趣旨に沿う合理的なものでなくてはならない。

(b)　使用者の年休取得配慮義務

　使用者の時季変更権の行使に係る「事業の正常な運営を妨げる場合」とは，当該労働者の時季指定日（指定時間）の労働が，担当する業務（関係する部署等も含む）の運営にとって必要不可欠であり，かつ，代替要員を確保するのが困難であることが必要である。業務繁忙とか単なる人員不足では，「事業の正常な運営を妨げる場合」に該当しない。

　使用者には，労働者が年休を享受することを妨げてはならない不作為義務があり（労基附則136条），判例では，勤務割による勤務体制がある事業所において「使用者としての通常の配慮をすれば，勤務割を変更して代替勤務者を配置することが客観的に可能な状況にあると認められるにもかかわらず，使用者がそのための，配慮をしないことにより代替勤務者が配置されないときは，必要配置人員を欠くものとして事業の正常な運営を妨げる場合に当たるということはできないと解するのが相当である。」と判示している（最判昭62・7・10民集41巻5号1229頁・労判499号19頁〔弘前電報電話局事件〕）。

　代替要員の確保すること等の義務は，時季変更権の行使の要件であり，これに通常必要な配慮をすることなく時季変更権を行使した場合，この行使は無効といえる。

　また，判例では，労働者の年休の時季指定の効果は，使用者の適法な時季変更権の行使を解除条件として生じるのであるから，「使用者の適法な時季変更権の行使を不可能または著しく困難にするような形での時季指定，たとえば同一事業場における労働者が意思を通じて全員一斉に同一時季を指定した場合には，権利の濫用として時季指定の効果を生じないものと解すべきである。」と

判示し、労働者の配置を変更したりして事業の正常な運営を確保する手立てを講じた上で時季変更権を行使することなど不可能又は著しく困難であって、使用者をこのような状態に陥れた場合まで、なお適法な時季指定権を行使しない限り当該時季の年休が成立すると解すべき理由はないとしている（札幌地判昭50・11・26労判243号22頁〔道立夕張南高校事件〕）。

「事業の正常な運営を妨げる場合」に当たるかどうかは、時季変更権行使の時点において、その蓋然的な予測ができたかをみることになる。使用者は、労働者の所属する事業所を基準として、会社の事業の規模、内容、当該労働者の担当する作業の内容、性質、作業の繁閑、代替勤務者の配置の難易、労働慣行等諸般の事情を考慮して客観的に判断することになる（大阪高判昭53・1・31労判291号14頁〔電電公社此花局（控訴審）事件〕）。

〔4〕 未消化の年休処理

(1) 年休の繰越しと消滅時効

労働者に付与された日数分の年休が未消化の場合、労働基準法上の請求権の消滅時効が2年であることから（労基115条）、この年休の権利も同様であり、当該年度で消滅するのではなく翌年度まで繰越しが認められており、これを2年間行使しないことで時効により消滅する（昭22・12・15基発501号、東京地判平9・12・1労判729号26頁〔国際協力事業団事件〕）。

(2) 年休の買上げ

年休の買上げの予約をし、これに基づいて労働基準法39条の規定により請求し得る年休の日数を減じ、ないし、請求された日数を与えないことは、同法の違反である（昭30・11・30基収4718号）。

年休は、有給での休暇を与えるものであるから、金銭を支給して実際に休ませないのは休暇を与えたことにならない。

つまり、使用者が労働者に対して、未消化の年休日数に応じて手当金を支給することは差し支えないが、使用者が手当金の支払をすることにより、労働者の法定の年休取得を認めない趣旨を含むのであるなら、これを認めることはできない。

ただし、権利の発生から2年経過して、その年度において未消化となった年

休については，年休権を行使する可能性がないから，これを買い上げても違法とはならない。退職時の残余年休についても，退職時に未消化の年休を精算するものであり，事前に年休権を損なうものでもなく，労働者の任意に基づき，使用者が買い上げることは可能である。

　この場合でも，使用者に年休買上義務は，当然には生じるものでもなく，制度や慣行等により，初めて使用者の買上義務が生じる。

[中林　清則]

Q33 | 取得要件

年休取得に関する以下の項目について説明しなさい。

(1) 従業員が出勤日当日の始業時刻前に、電話で年休を申請した場合、会社は年休を認めなければならないか。

(2) 上記(1)の場合において、会社の就業規則において、年休申請は2日前までに書面で届け出なければならないと定められていたとしたら、どうか。

(3) 従業員が欠勤や遅刻をした場合、欠勤日や遅れた時間につき、事後的に、年休を取得したものと扱うことができるか。

〔1〕 はじめに

　年休は、法定の要件を満たした労働者に当然に発生する権利である（労基39条1項・2項）。正社員でなくとも（週の所定労働日数が少ないパート従業員等）、法定の要件を満たせば勤続年数と所定労働日数に応じた年休日数が付与される（労基39条3項）。

　年休の時季指定権は、労働者にその選択権があり、使用者については、労働者に年休を与えることが事業の正常な運営を妨げる場合には、時季変更権を行使することが認められている（労基39条5項ただし書）。使用者は、できる限り労働者が休暇を取得できるように配慮しなくてはならず、使用者が時季変更権を行使するかどうかは、「事業の規模、内容、当該労働者の担当する作業の内容、性質、作業の繁閑、代行者の配置の難易、労働慣行等諸般の事情を考慮して客観的に判断すべきである」とされる（大阪高判昭53・1・31労判291号14頁〔電電公社此花局（控訴審）事件〕）。

労働者から年休の請求（日・時間及び期間が特定された時季指定権の行使）があり，これに使用者が適法な時季変更権を行使しない限り，年休が成立する。

年休制度については，本編【概説】「年次有給休暇制度とは」に記載してあるが，本稿では，年休の取得要件に関する説明をしながら，設問(1)ないし(3)についての具体的な問題等を検討していきたい。

〔2〕 年休の取得要件に関する事項

(1) 年休の付与単位について

年休は，「労働日」を単位として付与される（労基39条1項）。労働日とは，暦日計算によるとされ，原則として，午前0時から始まる24時間が1労働日ということになる（昭63・3・14基発150号）。

年休を取得すると就労義務が消滅するのであるが，暦日計算により，午前0時から休暇が始まり，使用者は，労働者の年休の事前請求により，当該日の午前0時からの24時間について，1労働日の年休を与えることになる。ただし，午前0時をまたぐ夜間勤務の場合は，暦日計算することが不適当であるから，勤務時間を含む継続した24時間をもって1労働日としている（昭63・3・14基発150号）。

しかし，今日では，子の学校行事の参加など休養以外の事由で年休取得の必要性が意識されるようになり，時間単位で年休の付与ができるし（労基39条4項），労働者の請求があり，使用者がこれに任意に応じることで半日単位（午前・午後）で年休の付与もできる。

労働者の年休の請求が当日の始業時刻前であると，すでに午前0時を過ぎているので，「労働日」が開始されてからの事後請求ということになる。もっとも，実際の就労義務は始業時刻からであるし，就業規則により年休の当日申請を認めている会社や事後速やかに申し出れば年休に振り替えることを認めている会社もある。労働基準法では，年休の請求する時期までは明確に制限していないのである。

使用者が，就業規則等で何の定めもなく，午前0時の時点で就労義務が消滅していないという理由だけで年休の請求を一切認めず，一律に当該労働者を欠勤扱いとするような硬直的な取扱いをすることは，労働基準法が定めた労働者

の年休権の著しい制限となる。

(2) 年休の請求のあり方

(a) 使用者は，労働者の年休の請求につき事前の書面による方式に沿わなかったとしても，事業の正常な運営を妨げない限りは休暇を与えなくてはならないとした高知県（年休）事件（高知地判平11・3・31労判781号85頁）の判決を要約すると，年休の請求及びその方式について以下のとおり述べている。

年休の請求方式等を規定した会社の規則の趣旨は，使用者に時季変更権を行使するか否かの判断に要する時間的な余裕を与えるとともに，職員の勤務時間割を事前に変更して代替要員を確保するのを容易にし，時季変更権の行使をなるべく差し控えることや，時季指定権の存否，事由を書面で提出することにより，明確で円滑な労務管理を図ることにある。

労働者に対し，事前に書面により年休の請求を行わせても，当該労働者に過大な負担を課すというものでもなく，これにより時季指定権の行使が著しく困難となることもない。

よって，会社の規則（年休の請求方式等の定め）は，時季指定権を行使する時期や方法の制限として合理的なものといえ，労働基準法39条5項に違反するものとはいえない。

もっとも，やむを得ない事情により，書面により事前に時季指定ができなかった場合，書面による請求がなされていないの一事をもって有効な時季指定と認めないのは，年休を権利として与えた法の趣旨には沿わない。

国家公務員については，災害その他やむを得ない事由により，あらかじめ請求できない場合には事後請求を認めている（人事院規則15-14（職員の勤務時間，休日及び休暇）27条1項ただし書）。一方で，会社の規則には，事後請求の定めがないことも考慮すると，使用者は，労働者が年休の請求方式に沿わなかったとしても，事業の正常な運営を妨げない限りは，休暇を与えなければならないと解する（要約は以上である）。

(b) 使用者側からみると，当日になって労働者から年休を請求されたときなどは，事業の正常な運営を妨げる場合に該当するのかどうか検討する時間的余裕がないこともある。使用者に時季変更権を行使するかどうかの判断をする時間的余裕も与えないことは，法律により認められた使用者の対応の機会を失

わせることにもなる（労基39条5項ただし書）。

　そこで，使用者が時季変更権を行使するかどうかの判断に必要な時間を見込んで，会社の就業規則等により，年休の請求期限を定めることは許されるものと考える。

　この判断に必要な期間は，会社により異なると思われるが，2日前までに請求するとの請求期限の定めは合理的なものであり許される範囲内と思われる（参考：最判昭57・3・18民集36巻3号366頁・労判381号20頁〔電電公社此花局事件〕）。

　もっとも，緊急の場合はどうなるのかという労働者の反発もあり得るから，原則として，事後請求は認められないが，緊急，やむを得ない場合で，かつ，会社が認めた場合は，事後に年休に振り替えるというような例外規定を置くことが相当である。

(3) 年休の利用目的

　(a) 年休取得について，その利用目的は，労働者の自由である。判例でも，「年次休暇の利用目的は労基法の関知しないところであり，休暇をどのように利用するかは，使用者の干渉を許さない労働者の自由である，とするのが法の趣旨であると解するのが相当である。」と判示している（最判昭48・3・2民集27巻2号191頁・労判171号16頁〔全林野白石営林署事件〕）。年休の請求には，その理由を表明する必要はない。したがって，休暇届に取得理由が不記載という理由により年休を不承認とするのは不適法となる。

　ただし，使用者が，労働者の時季指定が事業の正常な運営を妨げることが予見できる場合，労働者に年休の使途を尋ねてもこれに答えない（拒否した）ときは，時季変更権を行使することも，客観的事由がある限り，適法であるとしている（最判昭57・3・18民集36巻3号366頁・労判381号20頁〔電電公社此花局事件〕）。

　(b) 年休自由利用の原則（前記(a)）との関係において問題となったのは，労働者が，所属する事業所の正常な運営を阻害する目的をもって，いわゆる一斉休暇闘争を行った場合に，年休の請求が認められるかということである。

　判例では，「いわゆる一斉休暇闘争とは，これを，労働者がその所属の事業所において，その業務の正常な運営の阻害を目的として，全員一斉に休暇届を提出して職場を放棄・離脱するものと解するときは，その実質は，年次休暇に名を籍りた同盟罷業にほかならない。したがって，その形式いかんにかかわら

ず，本来の年次休暇権の行使ではないのであるから，これに対する使用者の時季変更権の行使もありえず，一斉休暇の名の下に同盟罷業に入った労働者の全部について，賃金請求権が発生しないことになるのである。」と判示している（最判昭48・3・2民集27巻2号191頁・労判171号16頁〔全林野白石営林署事件〕）。

なお，休暇中の労働者が，他の事業所の争議行為に参加した事案について，その参加行為が所属先の一斉休暇闘争に当たらない限り，年休の自由利用の原則が妥当するとして（年休の利用目的は年休の成否に影響しない），年休の請求を認めた判断をしている（最判昭53・12・8労判312号49頁〔徳島県職組事件〕）。

〔3〕 設問(1)――書面によらない年休の請求

労働者が，出勤日当日の始業時刻直前に電話で年休を請求した場合，使用者は年休を認めなければならないか。

(1) 請求の要件

年休の請求時期については，法文上では明確には制限されていないが，使用者に時季変更権を行使するか否かの判断をする時間的余裕も必要であり（年休の時季指定の効果は，使用者の適法な時季変更権の行使を解除条件として発生（年休の成立）する），少なくとも始業時刻前において，会社に休暇をとる旨の連絡をする必要がある。

「労働日」の解釈からすると（前記〔2〕(1)），労働が開始されてからの事後請求ということになるが，国家公務員については，人事院規則により休暇の事後請求を認めていること（前記〔2〕(2)(a)），多くの会社では，やむを得ない事情等がある場合は，事後請求に基づき年休に振り替える扱いをしていることなども踏まえると，就業規則等に年休の請求期限や事後請求の規定がなければ，当日の始業時刻前でも，年休を請求すること自体は認めてもよい（請求の要件を満たしている）と考える。

年休の請求方式として，書面申請とする理由はあるが（前記〔2〕(2)(a)），労働者の時季指定権の行使は，使用者に承認を求めるものではないし，就業規則等に何ら定めがない場合，書面でなくとも，使用者に到達して閲覧等で告知可能な状態に置かれれば，口頭，電話，電子メール等でもよい。労働者による年休の取得手続は，工場長に対し，口頭で適正に行われているとして，無断欠勤

として給与からカットされた休暇取得分に係る賃金の支払を認めた裁判例もある（大阪地判平10・2・9労判733号67頁〔株式会社三庵堂事件〕）。

本問でも，実際には，労働者から電話連絡を受けて，他の者が代理申請しておくとか，当該労働者が，時間に遅れて出勤したとき，あるいは翌日に出勤したときに，休暇届の用紙があれば，速やかにこれを作成して提出することになると思われる。

(2) 時季変更権行使の要件

使用者は，本来の年休権の行使でないと認められる場合（同盟罷業等）以外で，年休の請求の要件を満たしていれば，この請求について時季変更権を行使するかどうかの判断をすることになる。

使用者が年休の請求を拒否するかどうかは，当日の始業時刻直前の請求だからという理由で判断するのではなく，あくまで年休を取得させることにより事業の正常な運営を妨げる場合に当たるか，これが唯一の判断要素である（労基39条5項ただし書）。

本問でも，電話があった時点において，事業の正常な運営を妨げる蓋然性がある場合には時季変更権を行使（不承認）し，そうでなければ年休を付与する（認める）ことになる。

使用者には，時季変更権を行使するための時間的余裕を与える必要もあるが，請求の時期によっては，この時間的余裕がないこともあり得る。しかし，使用者には，労働者が希望する時季に年休を取得できるように常日頃から代替要員の確保等の状況に応じた配慮をする義務があり（通常の配慮で足りる），年休を付与しても，結局のところは，事業の正常な運営を妨げる場合でなかったことが多いであろう。

パート社員等を雇用して，労働者がシフト制により就業日や就業時間があらかじめ組まれている職場では，直前の年休の請求は，代替職員の確保等がより困難な場合もある。このような勤務交代制の職場であればこそ，代替要員の確保等の配慮が必要であり，この使用者の配慮は，時季変更権行使の要件であるといえる。

他方で，当該労働者においても，時季指定権を行使することはよいが，自らの勤務予定表に照らし，他の労働者の配置状況等も確認して，労働者自身が年

休取得において配慮（調整）することも必要と思われ，個々の事案に応じた判断が必要となってくる（参考：最判昭62・7・10民集41巻5号1229頁・労判499号19頁〔弘前電報電話局事件〕，最判平4・6・23民集46巻4号306頁・労判613号6頁〔時事通信社事件〕）。

〔4〕 設問(2)——年休の請求と就業規則

　会社の就業規則で年休の請求は2日前までに書面で届出をする取扱いになっていて，当日の始業時刻前に電話で年休の申請をした場合，使用者は年休を認めなければならないか。

(1) 請求の要件

　年休の請求の時期については，就業規則により明確に制限されている。

　労働者の年休の請求は，就業規則の請求時期に後れた事後請求ということになるが，就業規則で定める始業時刻前の請求でもあるし，使用者は，就業規則に事後請求の定め（例外規定等）がない場合は，一律に労働者の年休権（労基39条1項・2項）を排除することなく，有効な時季指定権の行使と受け止める必要もある（前記〔2〕(2)(a)）。

　思うに，年休の事後請求という概念は成り立たないが，使用者の年休取得配慮義務を根拠として，やむを得ない事情等で請求が遅れた場合などは，年休の始業時刻前の請求自体は認めるなどの措置が求められる。

　年休の請求方式として，書面申請とする理由は認めることができるが（前記〔2〕(2)(a)），書面でなくとも，口頭，電話，電子メール等でもよいことは，前記〔3〕(1)で説明したとおりである。しかし，就業規則等で書面申請が規定されていると，これが会社の運用ということになる。

　本問でも，実際には，労働者からの事前の電話連絡を受けて他の者が代理申請しておくとか，当該労働者が，時間に遅れて出勤したとき，あるいは翌日に出勤したときに速やかに休暇届を作成して提出することになると思われる。

(2) 時季変更権行使の要件

(a) 使用者が年休の請求を拒否するかどうかは，あくまで年休を取得させることにより事業の正常な運営を妨げる場合に当たるか，これが唯一の判断要素である（労基39条5項ただし書）。

年休の請求時期等を就業規則等において定める理由としては、使用者に時季変更権を行使するか否かの判断に要する時間的な余裕を与えるとともに、職員の勤務時間割を事前に変更して代替要員を確保するのを容易にし、時季変更権の行使をなるべく差し控えることや、時季指定権の存否、事由を書面で提出することにより明確で円滑な労務管理を図ることにある（前記〔2〕(2)(a)）。この就業規則等の定めが会社の運用となるが、原則は原則として（2日前までの届出）、会社の労務管理をさらに円滑に進めるためにも、緊急、やむを得ない場合で、かつ、会社が認めた場合に限り、事後請求により年休に振り替えるというような例外規定を置くことも必要である。

(b) 労働者の時季指定権の効果は、使用者の適法な時季変更権の行使を解除条件として発生する（年休の成立）のであるから、就業規則等で労働者の年休の請求期限を定めることは制限として合理的なものと考えられる（前記〔2〕(2)(b)）。

判例では、いつ年休の時季を指定するかは労働者の自由であるから、前々日までに指定するという就業規則の規定は、「訓示的な意味に止まり、法的な拘束力をもち」得ないとし、本件年休は、時季指定により有効に成立しており、賃金カットすることは違法であると判示した（大阪地判昭51・3・24労判250号47頁〔電電公社此花局（第一審）事件〕）。

しかし、この控訴審では、就業規則の規定は、年休の時季を指定すべき時期についての制限として合理的で、かつ、有効であり、この規定に反した「休暇日当日になされたものであって、前記の労使間の協約からみて代行者の配置は困難であって」、「事業の正常な運営に支障」を生じる場合に当たり、所属長の不承認により適法に時季変更権が行使されたものとして、賃金カットを適法であると判示している（大阪高判昭53・1・31労判291号14頁〔電電公社此花局（控訴審）事件〕）。最高裁もこの控訴審の判断を維持している（最判昭57・3・18民集36巻3号366頁・労判381号20頁〔電電公社此花局事件〕）。

このように判決の結論が異なる理由は、2日前までに年休の請求をすべきとした就業規則の規定にどの程度の重きを置いたかにあるといえる。

(c) 最高裁の判断（前掲電電公社此花局事件）も踏まえて検討すると、本問は、以下のとおり考えることができる。

就業規則等により事後請求（当日の始業時刻前の請求）は認めないが，緊急，やむを得ない場合で，かつ，会社が認めた場合は，事後に年休に振り替えるなどというような例外規定（事後請求）がある場合は，この規定により年休が成立することがある。

この場合，どのような事由がやむを得ない場合と認定できるかの取扱いを就業規則等で取り決めておくのが相当である。

次に，例外規定（事後請求）の規定がない場合は，年休の請求が当日の始業時刻前となってしまったことについて，やむを得ない事情等があれば，会社の運用等により，使用者の年休取得配慮義務を根拠にして，年休の請求を認めてもよいのではないか。

この場合，電話があった時点において，事業の正常な運営を妨げる蓋然性がある場合には時季変更権を行使（不承認）し，そうでなければ年休が成立する。2日前に請求していれば，代替要員等の確保ができて年休が成立したのに，電話があった時点では，代替要員の確保等も困難であり，「事業の正常な運営を妨げる場合」（労基39条5項ただし書）に当たる場合，使用者は，時季変更権を行使（不承認）することになろう。

〔5〕 設問(3)——年休の事後請求とその請求事由

労働者が欠勤や遅刻した場合，その欠勤日や遅れた時間について，事後的（勤務時間開始後）に年休を取得したものと扱うことができるか。

(1) 請求の要件

労働者が，勤務時間開始後に事後請求することになるのだが，この請求は，労働者の時季指定権の行使といえるのであろうか。法文上は，「請求」とあるが，その時期については，明確に制限してはいない（労基39条5項本文）。

判例では，「使用者は労働基準法39条1ないし3項の規定する有給休暇を労働者の請求する時季に与えなければならない（同条4項（現行5項））が，労働者による有給休暇の請求は時季指定に係る労働日以前にされなければならないのであって，有給休暇の請求が時季指定に係る労働日以後にされた場合の有給休暇の請求とは，有給休暇の請求が事前にされなかったために当該労働者の指定に係る労働日の就労義務が消滅しておらず，したがって，当該労働日は欠勤と

取り扱われたことについて，労働者が欠勤とされた日を有給休暇に振り替える措置（いわゆる年休の振替）を求めるものにすぎず，労働基準法39条4項（現行5項）に規定する有給休暇の請求とは異なるものである。そして，使用者が年休の振替を認めるかどうかは使用者の裁量に委ねられているというべきである。」と判示している（東京地判平10・11・16労判758号63頁〔高栄建設事件〕）。

現実には，労働者が年休の事後請求を行い，年休の取得を認められることはあると思われるが，この裁判所の判断によれば，使用者の裁量により欠勤を年休に振り替えたにすぎないもので，事後請求が認められ，年休が成立したわけではないということになる。

この判断の理由及び結論は，いずれも実務感覚にも合っているし，妥当な判断といえる。

本問の労働者についても，遅刻等，理由に関係なく，年休を取得することはできないということになる。ただし，使用者の裁量により，年休を取得したものとして扱うことはできるであろう。

(2) 事後請求と年休の振替

労働者が事前に休暇届も提出しないで，始業時刻になっても，連絡もなく出勤しないときは，欠勤扱いになると考えられる。

そして，就業規則等において，災害その他やむを得ない事情等がある場合は，事後請求に基づき年休に振り替える扱いをしている会社においては，労働者の請求により，使用者が，やむを得ない事情などがあると認定すれば，欠勤の年休への振替がなされることになる。

就業規則等に年休の請求期限や事後請求に関する規定がなければ，会社の運用により判断されることになろう。

いずれにしても，会社の運用や慣行によって，事後請求により，欠勤の年休への振替が行われている場合は，理由もなく，特定の労働者には欠勤の年休への振替をしないような不公平な取扱いをすると，その取扱いが使用者の裁量逸脱行為となる。

本問でも，この事後請求は，労働基準法39条5項の年休の請求とは異なるから（前記(1)），使用者には労働者に年休を与える義務はないが，例えば，労働者が通勤途中の事故に遭遇して始業時刻に遅れた場合などは，これをやむを得

ない事情があると認定して，年休への振替がなされることが考えられる。

　現行法では，時間単位の年休の請求も認められるが（労基39条4項），その取扱いによっては，時間単位の年休は，労働者の責めによる遅刻や早退等の穴埋めとして利用されることも想定される。会社としては，安易な運用をして会社の秩序を乱すことがないように，年休の始業時刻直後あるいは事後請求は，原則として，認められないという運用方針を就業規則等により明確にしておく必要がある。

〔中林　清則〕

Q34 | 年休取得と不利益扱い

年休を取得した日の賃金は、どのように処理されるのかについて説明しなさい。また、所定労働日すべてに出勤した従業員に皆勤手当を支給している会社の就業規則において、従業員が年休を取得した場合、皆勤手当を不支給とすることは許されるのかについて、説明しなさい。

〔1〕 賃金について

労働基準法（以下「労基法」という）11条は、賃金について、「この法律で賃金とは、賃金、手当、賞与その他名称の如何を問わず、労働の対償として使用者が労働者に支払うすべてのものをいう」としている。すなわち、労務に服することへの報酬が、賃金の基本的要素とされているので、従業員が欠勤して労務を提供しなかった場合には、労働契約の趣旨として異なる定めが別途なされている場合（例えば、純然たる月給制や出来高給制など）を除き、当該従業員には賃金請求権が発生しないことになる。これをいわゆる「ノーワーク・ノーペイの原則」という。

したがって、基本給部分が「賃金」に該当することは明らかであるから、基本給部分から、欠勤の割合に応じた賃金カットができることは当然である。

〔2〕 所定労働日の例外について

(1) 休日、法定休日、法定外休日
(a) 休日とは、労働契約において労働者が使用者に対して労働義務を負わない日である。

(b)　法定休日とは，労基法35条に規定する週1回又は4週4休の休日である。
　(c)　法定外休日とは，法定休日に該当しない労働契約上の休日である。
　労基法37条による割増賃金の支払義務が発生するのは，法定休日についてであるから，週休2日制の場合，1日は法定休日，1日は法定外休日となることに注意を要する。
(2)　**時間外労働，休日労働**
　(a)　時間外労働とは，所定労働時間を延長して労働させることである。
　(b)　休日労働とは，法定休日に労働させることである。
(3)　**法定時間外労働，法内（所定）時間外労働**
　(a)　法定時間外労働とは，法定時間を超える労働である。
　(b)　法内（所定）時間外労働とは，労働契約において，所定労働時間が法定労働時間よりも短く規定されている場合（例として，1日7時間30分）に所定労働時間を超えて法定労働時間の範囲内で行われる労働（上記の例では30分間）である。
(4)　**法定休日労働，法定外休日における労働**
　(a)　法定休日労働とは，法定休日における労働である。
　(b)　法定外休日労働とは，所定休日が法定休日より多く定められている場合（週休2日制が典型例である）に法定外休日に行われる労働である。

〔3〕　**労働時間に関する賃金の基本原則**

(1)　**期間に関する原則（1ヵ月，1週，1日）**
　(a)　1ヵ月とは，暦による1ヵ月をいい，起算日は，毎月1日，賃金計算期間の初日，時間外労働協定における一定期間などとして，就業規則に記載する必要がある（労基89条2号）。定めがない場合には，賃金計算期間の初日として取り扱う（平21・5・29基発0529001号）。これは，1ヵ月60時間を超える時間外労働（労基37条1項ただし書）の算定の際に問題となる。
　(b)　1週とは，就業規則その他に別段の定めがない限り，日曜日から土曜日までの暦週をいう（昭63・1・1基発1号）。
　(c)　1日とは，午前0時から午後12時までの暦日をいう（昭63・1・1基発1号）。
　2暦日にわたって継続勤務が行われる場合は，1勤務として，勤務の全体が

始業時刻の属する日の労働として取り扱われる（昭63・1・1基発1号）。したがって，午前0時を挟んで労務を提供した場合には通算される。

(2) **労働時間の原則**（1週40時間（労基32条1項），1日8時間（労基32条2項））

(a) 労働者は，法定労働時間を超えて労働する義務を負わない。そのため，法定労働時間を超える所定労働時間を定めても，労基法13条によって無効となり（強行的，直律的効力），法定労働時間に修正される。

(b) 法定労働時間を超えて労働が行われる場合には，時間外労働の要件（労基36条。いわゆる36「サブロク」協定の締結，届出）を満たす必要があり，かつ，法定労働時間については割増賃金を支払う必要がある（労基37条。以下割増賃金の詳細は，第3編第1章「割増賃金（時間外手当）」以下を参照）。同法の違反には罰則がある（労基119条）。

(c) 違法な契約であっても，使用者は割増賃金の支払義務を免れない。

(3) **休憩時間の原則**

(a) 使用者は，労働時間が6時間を超える場合においては少なくとも45分，8時間を超える場合には少なくとも1時間の休憩時間を労働時間の途中に与えなければならない（労基34条1項）。

(b) 使用者は，休憩時間を自由に利用させなければならない（同条3項）。

(c) 休憩付与義務違反についても罰則がある（労基119条）。

(4) **休日の原則**

(a) 週休1日制とは，少なくとも毎週1回（労基35条1項）の休日をとらなければならない。ただし，変形週休制（4週4休）の場合は適用されない（同条2項）。休日は，労働者が労働義務を負わない日である。

(b) 週休2日制を採用する場合，1日が法定休日，他の1日が法定外休日となるが，休日に労働させた場合に法定休日の場合は休日労働として3割5分増の割増賃金が生じるが，法定外休日の場合はこの義務は生じない。

(c) 割増賃金（時間外手当）の支払義務

労基法上の割増賃金（時間外手当等）の支払義務は，実労働時間（始業から終業までの拘束時間）の中から休憩時間と認められる時間を除いた時間（労働者が使用者の指揮命令下に置かれている時間。最〔1小〕判平12・3・9民集54巻3号801頁・労判778号8頁・判タ1029号164頁・判時1709号126頁〔三菱重工業長崎造船所（組合側上告事

件)］）が法定労働時間（1日8時間，1週40時間，労基32条）を超える場合に生じる（菅野和夫『労働法〔第11版〕』492頁）。

〔4〕 年次有給休暇の不利益取扱いについて

(1) 年次有給休暇の不利益取扱禁止規定

前記のとおり，休日の原則を除き，労基法上は，「ノーワーク・ノーペイの原則」が適用されることになるが，その例外として，年次有給休暇の不利益取扱いについて関し，労基法附則136条（昭和62年改正）に次のような規定が置かれている。

> **第136条** 使用者は，第39条第1項から第3項までの規定による有給休暇を取得した労働者に対して，賃金の減額その他不利益な取扱いをしないようにしなければならない。

(2) 有給休暇付与制度の改正

労基法39条は，労働者の心身の疲労を回復させ，労働力の維持培養を図るため，また，今日，ゆとりある生活の実現にも資するという位置付けから，休日のほかに毎年一定期日数の有給休暇を与えることを規定している。

この年次有給休暇は，本法の適用事業すべての労働者に与えられる建前をとっているが，休暇権の発生要件として1年間（初年度は6ヵ月）の継続勤務と1年間（初年度は6ヵ月）の出勤成績が8割以上であることを規定している（労基39条1項）。

この2要件を満たした労働者に対し，6ヵ月経過後に10日，次年度以降は継続勤務2年6ヵ月まで継続勤務1年ごとに1日，3年6ヵ月以後継続勤務1年ごとに2日を加算した日数が最高20日を限度として与えられる（同条2項）。また，所定労働日数が少ない労働者に対しては，当該労働者の所定労働日数に応じた日数の年次有給休暇が比例付与される（同条3項）。

この休暇日の賃金については，平均賃金，所定労働時間労働した場合に支払われる通常の賃金又は健康保険法40条1項による標準報酬日額に相当する金額のうち，就業規則その他これに準ずるもの又は労使協定（標準報酬日額の場合）で選択したものを支払うべきこととされている（労基39条9項）。

このような休暇は、わが国においても古くから慰労休暇として広く行われていたものであり、官庁においては、いわゆる賜暇制度（「官庁執務時間並休暇に関する件」大正2年閣令6号）として認められていたが、一般労働者に対しては、ついに終戦まで立法化されなかった。本法の制定により、年次有給休暇制度が設けられたが、初年度の付与日数は6日とされていたほか、所定労働日数の少ない労働者に対する比例付与制度、労使協定により計画的付与制度はなかった。

そこで、昭和62年の改正において、わが国の雇用慣行、生活習慣等を考慮しつつ、年次有給休暇の現状を改善し、本来の趣旨に即して取得するようにするため、①年次有給休暇の最低付与日数を6日から10日への引上げ、②所定労働日数が少ない労働者について年次有給休暇の比例付与制度の創設、③職場において業務との兼合いをつけながら気兼ねなく取得できるようにするための制度としての労使協定による計画的付与制度の創設、④年休を取得した労働者に対し前記労基法附則136条のとおり、賃金の減額等の不利益な扱いをしないようにしなければならない旨の規定を内容とする改正が行われた。

また、平成5年の改正において、新卒者、特に若年者の年次有給休暇に対する希望が強いこと、労働力の流動化が進展していること等の現状に鑑み、初年度の年次有給休暇の継続要件を1年から6ヵ月に短縮した。さらに、平成10年の改正において、労働移動の増加に対応して、勤続年数の長短により付与日数に大きな差が生じないようにするとともに、中小企業における労働者の定着状況を考慮し、付与日数を2年6ヵ月を超える継続勤務期間1年ごとに2日ずつ増加させた日数とした。また、これに伴い比例付与日数及び労基法72条の適用を受ける未成年者についての付与日数も引き上げられた。なお、平成30年7月6日に公布された改正労基法により、使用者の時季指定による1年間のうち、5日の年次有給休暇を平成31年（2019年）4月1日から義務化した（改正労基39条7項）。

(3) 年次有給休暇の際の賃金

有給休暇を与える場合には、平均賃金又は所定労働時間労働した場合に支払われる通常の賃金を支払わなければならない。

年次有給休暇の際に支払うべき賃金として、①平均賃金、②所定労働時間労働した場合に支払われる通常の賃金、③健康保険法99条1項による標準報酬

日数に相当する金額，の3種類を定め，そのいずれを選択するかは，就業規則その他において明確に規定することを要求し，かつ，定めた場合はその定めに従うこととしており，「労働者各人についてその都度使用者の恣意的選択を認めるものではない」（昭27・9・20基発675号）。そのうえで，労基法36条の時間外休日労働協定と同様の方式により③の賃金を選択することを労使協定した場合は，例外的に③の賃金を支払えばよいこととしている。この場合も選択がなされた場合には，必ずその方法による賃金を支払わなければならないことはいうまでもない。

(4) 本問について

以上のことからすれば，年休を取得した労働者に対し前記労基法附則136条のとおり，賃金の減額等の不利益な扱いをしないようにしなければならない旨の規定の解釈からすると，所定労働日すべてに出勤した従業員に皆勤手当を支給している会社の就業規則は，その附則に定める範囲で拘束され，会社の従業員が適法な年休を取得した場合には，実質的に労働者の賃金の減額その他不利益な取扱いをすることになる皆勤手当を不支給とすることは許されないと解すべきである。従来の裁判例においても，不利益取扱いとして当該措置が無効であり許されないとされたものとしては，皆勤手当等の諸手当の全部又は一部を「年休を取得して休んだ日のあること」を理由にして支給しないこととするもの（横浜地判昭51・3・4（昭47（ワ）1616号）〔大瀬工業事件〕），最高裁判例では，前年1年間の稼働率が80％以下の者について賃金引上げの対象から除外する労働協約の条項により，年休取得日を昇給上の要件たる出勤率の算定に当たり欠勤日として扱うもの（最〔1小〕判平元・12・14（昭56（オ）1542号）民集43巻12号1895頁〔日本シェーリング事件〕等）がある。

(5) 労基法39条違反

労基法39条に違反した使用者は，6ヵ月以下の懲役又は30万円以下の罰金に処せられる（労基119条1号）。

(6) 不利益禁止についての最高裁判例

しかしながら，他方で，最高裁判例は，「年休取得者に対する精皆勤手当，一時金，昇給などにおける不利益変更措置については，当該措置の趣旨，目的，労働者が失う経済的利益の程度，年休の取得に対する事実上の抑止力の強弱等

諸般の事情を総合して，年休権行使を抑制し，ひいては年休権保障の趣旨を失わせないかぎり，公序良俗違反として無効となるものではない。」と判示した。そして，より具体的には，不利益措置も，年休取得を一般的に抑制する趣旨での措置や，年休取得の結果生じる不利益の大きさのゆえに年休取得を事実上抑止する効果をもつ措置でなければ，無効とはならないとしている（タクシー乗務員が月ごとの勤務予定表作成後に年休を取得した場合に皆勤手当を減額ないし不支給とする取扱いにつき，最〔2小〕判平5・6・25労判636号11頁〔沼津交通事件〕）。

この判示に対し，学説の有力説には，労基法が，年休取得につき一定額の賃金の支払を義務付けている趣旨には，精皆勤手当や賞与など年休取得日の属する期間に対応する賃金につき年休取得日を出勤した日と同様に取り扱うべきであるとの要請が含まれていると見るべきで，精皆勤手当や賞与の計算上年休取得日を欠勤扱いにすることは，私法上は違法と解するものがある。また，年休保障の趣旨に照らせば，昇給・昇格などの処遇において年休取得を理由に不利益な取扱いをすることは私法上違法であると解するものがある。労働基準法の1987年（昭和62年）改正法は，前記附則136条のとおり規定したが，これは年休権保障の中に含まれる不利益取扱禁止の私法規範を確認したものと解すべきである。前記最高裁判例（沼津交通事件）は，同規定を努力義務規定であり，私法上の努力は存しないと解釈したが，年休権保障の本旨と，昭和62年改正の意義を理解しない見解で賛成できないと批判する有力な見解がある（菅野和夫『労働法〔第11版〕』545頁）。

[岡﨑　昌吾]

Q35 半日単位・時間単位の年休

半日単位及び時間単位の年次有給休暇付与の可否及びその場合の支払うべき賃金について説明しなさい。

A

〔1〕 労働日単位の年休取得の例外について

そもそも、年休は休養や活力の養成を目的とするから、分割の最低単位は、労働基準法制定以来、1労働日とされてきた。しかし、実際には、通院、家族の病気、子どもの学校の行事などで半日又は時間単位の年休を取得する必要性が意識され、通達で部分的な対応がなされていた。年次有給休暇制度は、本来、ある程度まとまった有給の休暇を付与することにより、労働者が安心して休養をとり、心身の疲労を回復させるために設けられたものであり、また、そのゆとりある生活の実現にも資するという趣旨から規定されているものである。労働基準法39条では付与日数について「労働日」という文言を使用し、休暇の単位として労働日単位を表していることから、労基法上は労働者が半日単位で請求しても、使用者は原則としてこれに応じる義務はないとされる。

しかしながら、労使双方において、年次有給休暇について半日単位での取得、付与を希望している場合、労働者がその取得を希望して時季を指定し、これに使用者が同意した場合で、労働日単位の取得という年次有給休暇取得の原則の阻害とならない限りにおいては、この範囲での年次有給休暇の半日単位の取得は、問題がないものとして取り扱われている。この関係では、半日単位の年次有給休暇については、労働者の請求で使用者が任意に半日単位の年休を与えることは差し支えない、との通達がある（昭63・3・14基発150号）。なお、労働者が1日単位で年次有給休暇の時季を指定しているにもかかわらず、使用者が半

日単位で年次有給休暇を付与することはできない（平7・7・27基監発33号）。

〔2〕 時間単位の年休取得について

平成22年（2010年）4月1日に施行された労働基準法改正に際しては、仕事と生活の調和を促進する観点から、事業場の労使協定の定めがあれば、①1年に5日の年休の範囲内で年休の時間単位の取得を認めること（労基39条4項2号）、②時間単位の年休の1日の時間数（労基則24条の4第1号）、③1時間以外の時間を単位とする場合の時間数（労基則24条の4第2号）が認められている。

時間単位の年休を実施するには、まず、事業場の労使協定において、①時間単位の年休を与え得る労働者の範囲（時間単位の年休取得になじまない仕事をしている労働者があり得るため）、②時間単位の年休として与え得る年休の日数（5日以内に限る）、③①の年休日数について1日の時間数（1日の所定時間数を下回らないこと、例えば、1日の所定労働時間数が7時間30分の場合には8時間とすべきこと）、④1時間以外の時間数を単位として年休を与えることとする場合にはその時間数（1日の所定労働時間数に満たないもの）、を定めるべきこととされている（労基39条4項、労基則24条の4）。時間単位の年休は、このような労使協定の定めに従って、労働者の請求（時季指定）によって付すべきものである（したがって、使用者による時季変更権の行使があり得る）。

前記時間単位の年次有給休暇を取得した場合の賃金の支給は、年次有給休暇の際に支払うべき賃金と同様であり、就業規則その他これに準ずるもので定めるところにより、①所定労働時間労働した場合に支払われる通常の賃金、②平均賃金、③健康保険法99条1項に定める標準報酬日数に相当する金額（労使の書面協定がある場合に限る）の3種類を定め、そのいずれを選択するかは、就業規則その他において明確に規定することを要求し、かつ、定めた場合はその定めに従うこととしている（昭27・9・20基発675号）。

なお、上記のうち、「所定労働時間労働した場合に支払われる通常の賃金」については、労働基準法施行規則25条にその具体的算定方法が定められており、また「平均賃金」については、労働基準法12条で定める平均賃金のことである。そして「健康保険法99条1項に定める標準報酬日額」の計算方法は、同法40条において定められた標準報酬月額の30分の1の額である。

また，時間単位年休として与えた時間については，平均賃金若しくは所定労働時間労働をした場合に支払われる通常の賃金の額をその日の所定労働時間数で除して得た額の賃金，又は標準報酬日額をその日の所定労働時間数で除して得た金額を，当該時間に応じ支払わなければならないこととされている。「その日の所定労働時間数」とは，時間単位年休を取得した日の所定労働時間数をいう。「平均賃金」，「通常の賃金」，「標準報酬日額」のいずれを基準とするかについては，日単位による取得の場合と同様としなければならない（労働調査会出版局編『年次有給休暇制度の解説とＱ＆Ａ〔改訂５版〕』11頁）。

[岡﨑　昌吾]

Q36 | 年休基準日の統一と問題点

使用者が全労働者についての年次有給休暇付与の統一基準日を設ける場合の問題点について説明しなさい。

〔1〕 労働基準法の定め

　年次有給休暇付与の基準日の統一について、労働基準法に明文の規定は存在しない。労働基準法は、「雇入れの日から6ヵ月経過した段階で10日、それから1年（雇入れからは1年6ヵ月）経過で11日、2年経過で12日、3年経過で14日、4年経過で16日、5年経過で18日、6年経過で20日、以後毎年20日与えよ」（労基39条2項）といっているのみである。ただし、雇入日が毎年4月1日に固定しており、それ以外の日に雇い入れることはないという場合はともかく、多数の労働者を使用する企業においては、各人の入社の期日が同一でないことが多いことが当然あり得るわけであるが、中途採用者が多い企業の場合は、それぞれの労働者の雇入れから起算していくと年休の発生する日（基準日）がバラバラになることがある。すなわち、労働基準法39条が定める年次有給休暇権が発生するためには、6ヵ月以上の継続勤務が要件となっている。そして、この継続勤務6ヵ月の起算日は、その労働者の採用日であると解される。労働者の採用日が異なる場合には、年次有給休暇権の発生日（基準日）が労働者の採用ごとに異なることになる。このような事態は、多数の労働者を雇用する事業場においては事務的に煩雑にすぎ、労働者個々人について年休の権利及び日数の計算をすることは担当者に大変な事務量となる。そこで、一定の締め切り日を設けて全労働者の年休を統一的に扱うことができれば事務処理が容易になることから、基準日を全労働者について斉一的に取り扱う必要も生じる。

そこで，企業においては，年休の基準日を統一して，例えば，全員について毎年4月1日に年休が発生するものとして取り扱うという方法を採用している。しかし，基準日を統一する場合，それによって，労働基準法よりも労働者に不利な取扱いになってはならない。法律どおりに与えれば，労働者間の年休の取扱いについての有利不利は生じない。しかしながら，基準日を統一するとなると，必ず有利不利が生じる。しかも，その有利不利の調整によって労基法を下回ることは許されないから，労基法を上回る方向で基準日の統一を図らなければならない。

〔2〕 解釈例規（行政解釈）の見解

また，基準日を4月1日とする企業は多いようであるが，法律上の年休は，4月1日採用者の基準日は，6ヵ月後の10月1日である。労働者に有利な基準日の統一も結構であるが，選択肢としては10月1日に統一する方法もあり得る。基準日の統一については企業等からの問い合わせが多いことから，厚生労働基準局長は，次のような解釈例規を出している。

■平6・1・4基発1号

(3) 年次有給休暇の斉一的取扱い
　(1)の年次有給休暇について法律どおり付与すると年次有給休暇の基準日が複数となる等から，その斉一的取扱い（原則として全労働者につき一律の基準日を定めて年次有給休暇を与える取扱いをいう。）や分割付与（初年度において法定の年次有給休暇の付与日数を一括して与えるのではなく，その日数の一部を法定の基準日以前に付与することをいう。）が問題となるが，以下の要件に該当する場合には，そのような取扱いをすることも差し支えないものであること。
イ　斉一的取扱いや分割付与により法定の基準日以前に付与する場合の年次有給休暇の付与要件である8割出勤の算定は，短縮された期間は全期間出勤したものとみなすものであること。
ロ　次年度以降の年次有給休暇の付与日についても，初年度の付与日を法定の基準日から繰り上げた期間と同じ又はそれ以上の期間，法定の基準日より繰り上げること。（例えば，斉一的取扱いとして，4月1日入社した者に入社時に10日，一年後である翌年の4月1日に11日付与とする場合，また，分割付与として，4月1日入社した者に入社時に5日，法定の基準日である6箇月後の10月1日に5日付与し，次年度の基準日は本来翌年10月1日

であるが，初年度に10日のうち5日分について6箇月繰り上げたことから同様に6箇月繰り上げ，4月1日に11日付与する場合などが考えられること。）

【上記イについて】

　仮に基準日を10月1日に統一した場合，8月1日入社の者は2ヵ月勤務で基準日に到達し年休を付与することになる。本来6ヵ月勤務が付与条件であるところ，4ヵ月短縮されたことになる。その短縮された4ヵ月は，全期間出勤したものとみなす，つまり100％出勤として取り扱うということである。それに実際に勤務した2ヵ月間の出勤状況を合算して，8割出勤かどうかを判定するということである。

　また，平成6年4月1日施行の法改正により，年休の発生要件が，雇入れ後勤続6ヵ月で最初1日の年休が発生することになり，以降は，この6ヵ月を初年度にして1年間の継続勤務で加算増加することになったが，当時の改正法の経過措置で，法施行日の平成6年4月1日前に6ヵ月を超えて継続勤務している労働者（平成5年10月1日以降，翌年4月1日前に雇い入れられた者）については，改正前の規定を適用することとし，平成5年10月1日以降，翌年4月1日前に雇い入れられたものとして取り扱うこととしたため，前述のとおり今後相当長期間にわたり基準日を異にする2本立ての年休制度になる。しかしながら，最低基準である労働基準法の性格上，勤務期間の切り捨てはもちろん，四捨五入方式も認められないので，基準日の斉一的取扱いを行うには，常に切り上げることになる。

　例えば，4月1日を基準日とする場合には，その年の1月1日に採用した労働者についても3ヵ月継続後の4月1日の時点（法定の場合より3ヵ月前倒し）で初年度の年次有給休暇を付与することになる。このような切上げ方式による場合は，初年度の年次有給休暇日数を10日とする限りにおいて基準日までに継続勤務6ヵ月未満の者相互の間で，例えば，基準日の前日に採用された者と基準日より5ヵ月前に採用された者の年次有給休暇日数はいずれも10日となり，継続期間の長短が考慮されない結果を招くが，基準日を斉一的に取り扱う以上やむを得ないと考えられる。

なお、このような斉一的取扱いにより、法定の基準日以前に付与されることとなる年次有給休暇の付与要件である8割出勤の算定は、短縮された期間は全期間出勤したものとみなすことが必要であり、また次年度以降の年次有給休暇の付与日についても、初年度の付与日を法定の基準日から、繰り上げた期間と同じ又はそれ以上の期間、法定の基準日より繰り上げることが必要である（平6・1・4基発1号）。また、一度定められた基準日を変更する場合には、常に労働者に不利にならない方法でのみ可能と解される。

〔3〕 年休の基準日統一の方法

以下(1)から(3)までは、入社と同時に年休を付与するのではなく、6ヵ月内の一定期間勤務後に年休を付与し、2回目以降の年休の基準日を統一する方法について説明する。入社と同時に年休を付与する場合については、(4)において説明する。

(1) 4月1日基準日に統一する

(a) 定期採用者の取扱い

多くの企業は人事異動、昇給、出勤率の算定等の人事・労務に関する各種の取扱いについて4月1日を基準日とする、という取扱いである。6ヵ月勤務で年休が発生するというように労働基準法が改正されたのは平成6年4月からであるが、それまでは、1年勤務が条件であったから、4月1日入社の定期採用者の基準日は、法定と同じであったし、今もその対象者は多数存在する。これらの者については、基準日を4月1日とすることに特に問題はない。ただ、平成6年度以降の定期採用者については2回目以降の基準日を法律より6ヵ月繰り上げて、

　　　6ヵ月後……10日　1回目の基準日
　　　1年後………11日　2回目以降の基準日
　　　2年後………12日　2回目以降の基準日
　　　3年後………14日　2回目以降の基準日

というようにするしかない。

この取扱いは、定期採用者については、2回目以降は常に法定より6ヵ月早く年休が付与されることとなる。

(b) 中途採用者の取扱い

　もし，中途採用者についても年休の基準日を4月1日に統一しようとすれば，労働者によっては半年と少々で早くも2回目の年休を付与するというケースが出てくる。

　例えば，平成28年9月1日に採用した労働者について考えてみると，

　(イ) 第1回目の年休付与は10月1日に統一するという方法をとった場合，勤務1ヵ月で10日の年休が付与され，その後6ヵ月（すなわち採用から7ヵ月後の平成29年4月1日）で11日の年休が付与されることになる。

　(ロ) 仮に第1回目の年休付与は勤務6ヵ月後とした場合でも，勤務6ヵ月後の平成29年3月1日に10日，それから1ヵ月後の4月1日に11日の年休を付与しなければならないということになる。

　もし，平成29年4月1日に2回目の年休を付与しない場合は，翌年（平成30年）の4月1日に2回目の年休を付与することになるが（1回目を除き年休の基準日を4月1日に統一するというのが，ここでの取扱いであるから），それでは労働基準法が定めている採用から1年6ヵ月後（すなわちこのケースでは平成30年3月1日）に2回目の年休付与という，法の要求より1ヵ月遅れることになってしまうからである。

　これに対し，10月1日以降の中途採用者についてはそこまで労働者に有利に取り扱う必要はない。例えば，平成29年4月1日に1回目の年休を，それから1年後の平成30年4月1日に2回目の年休を付与すれば，法律どおりの取扱いであり，かつ，基準日統一という企業の必要にも応じることになる。最も短い3月採用の者でも2回目の年休付与まで，採用から1年以上の間があり，9月までの採用者に比べると企業の負担は軽くなる。

　このように，中途採用者についても年休の基準日を4月1日に統一しようとする場合，9月の採用者は半年余りで2回目の年休が付与され，10月の採用者は1年半経過しなければ2回目の年休が付与されないという不公平な結果を生じる。しかし，これは基準日の統一を行おうとする以上避けられないことであり，①中途採用者の少ない企業にとっては大きな問題ではない，②年度の中途の前半に採用された者より後半に採用された者のほうがある程度不利になっても（もちろん労基法の要求を下回らない範囲で）仕方がないというふうに割り切る

こと可能ではある。

　いずれにせよ，基準日の4月統一は，法律を上回る取扱いになること，労働者間で若干の不公平を生じることと，人事異動等4月を基準日とする他の取扱いに合わせることの必要性を勘案して企業が決定すべき問題である。

(2) 10月1日基準日に統一する

(a) 定期採用者の取扱い

　4月1日定期採用者の法定の基準日である10月1日に統一しようというものであるこの方法は，定期採用者にとっては，法定どおりということになる。ただ，平成6年以前に採用された労働者は，基準日が4月1日になっているであろうから，これまで4月1日に発生してきた年休を6ヵ月繰り上げて，10月にすることになる。

(b) 中途採用者の取扱い

　中途採用者について基準日の統一を行おうとする場合，前記(1)(b)で述べたところと類似の問題を生じる。例えば，平成28年3月1日に採用した労働者について10月1日に基準日の統一を行おうとする場合，2回目の年休付与を採用7ヵ月後の平成28年10月1日にしなければならない。もしそうしなければ翌年の平成29年10月1日ということになるが，それでは採用から1年6ヵ月後（このケースでは平成29年9月1日）に2回目の年休を付与せよという労基法の要求より1ヵ月遅れることになってしまうからである。

　これに対し，4月1日の定期採用者は法律どおり1年6ヵ月でよいことになり，前記(1)(b)の場合と逆に，年度後半に採用された者のほうが有利という奇妙な結果になるが，実は基準日の統一のやり方そのものがそのような前提に成り立っているのである。もっとも，①中途採用者は他の面で定期採用者に比べ不利な面があること，②中途採用者の少ない企業にとっては大きな問題ではない，といった観点からの割り切りは可能であろう。

　基準日の10月1日統一は，このような定期採用者と中途採用者の不公平感等を勘案のうえ，企業が決定すべき問題である。

(3) 基準日を4月1日と10月1日の2本立てとする

(a) 定期採用者の取扱い

　4月1日定期採用者についての基準日は10月1日となり，法定どおりである。

(b) 中途採用者の取扱い

2本立てという取扱いを中途採用者についてみれば，4月2日から9月30日までに採用した労働者については10月1日を基準日に，10月1日から3月31日までに採用した労働者に対しては4月1日を基準日にするということである。前記(1)，(2)のように年1回しか基準日がないというやり方では，2回目の年休付与までの期間に最長1年という不公平を生じるが，この方法によれば不公平の度合いが半年に縮められるというメリットがある。

(4) 入社と同時に年休を付与する場合の取扱い

基準日を統一する場合，必ずしも入社と同時に年休を付与する必要はないが，事業場によっては入社と同時に5日とか10日の年休を付与しているところがある。その場合，次期（2回目）の年休はいつ付与すればよいかということが問題となる。この点について先に紹介した解釈例規では，

「初年度の付与日を法定の基準日から繰り上げた期間と同じ又はそれ以上の期間，法定の基準日より繰り上げること」

としている。

例えば，4月1日採用者に採用と同時に10日の年休を付与した場合，本来の付与日より6ヵ月繰り上げているから，同じ期間だけ繰り上げるとすると，次期の付与日は本来の付与日である1年6ヵ月より6ヵ月繰り上げて採用から1年後の4月1日ということになる。もっとも，4月1日の採用と同時に5日，6ヵ月後の10月1日に5日付与した場合，本来10日以上まとめて付与されるべきものが，次期以降も常に分割して付与されることになってしまうから，次期，すなわち採用から1年後の4月1日に11日，その1年後の4月1日には12日というように付与することが望ましいといえる。前記解釈例規のロの括弧書きの後半は，そのことを規定している（労務行政研究所編『新版　新・労働法実務相談〔第2版〕』442頁）。

[岡﨑　昌吾]

Q37 | 年休の計画的付与

年休の計画的付与の制度について説明しなさい。

〔1〕 はじめに

年次有給休暇（以下「年休」という）は，労働者の権利であるが，わが国における年休の取得率は，会社に対する気遣いや休暇のとりにくい職場環境もあるのか，企業全体で5割前後で推移している。休暇の取得方法も，1日や2日というように細切れ的な休暇が多く，長期年休を取得し，休日を楽しむ方法は定着しているとはいえない。

また，労働者が健康状態を害してしまっている場合，本来は，健康状態が悪いのと年休の取扱いとは無関係であるのに，病気が原因の欠勤等に年休が充当されている。労働者は，この病気と年休の関係を深い関わりをもって考えているのではないか。健康保険法99条1項には，病気等で療養のため労務に服することができないときは，この欠勤等に対して，4日目以降に傷病手当金を支給することができる旨の規定があるが，これによっても，当初の3日間は，単なる欠勤と扱われることになる。民間企業で就業規則等で病気休暇制度を定めている割合は，32.5％であり，このうち，労働者に給与全額が支給されているのは，約33％である（厚生労働省「平成29年度・就労条件総合調査」）。

労働者にすれば，どうせ年休は余るのだから，年休を使おうというのは合理的な判断かもしれないし，年休は，次年度に繰越しできるので，残しておけば安心感もある。

しかし，その結果，労働者の心身の疲労を回復させ，労働力の維持培養を図

るという年休制度の本来の意義を薄めることになっているといえる。
　政府は、第4次男女共同参画基本計画（平27・12・25閣議決定）の中で、平成32年までに有給休暇の取得率を70％にするという目標を掲げている（平成29年度の年休の取得率は、男44.7％、女53.3％である）。
　この背景には、仕事と生活の調和・調整を図るというワーク・ライフ・バランスによる労働者の生活環境の整備・充実ということがある。
　労働基準法には、ワーク・ライフ・バランスを実現するための制度として年休の計画的付与制度が規定されており、この制度の概要等について説明する。
　また、労働基準法の改正（平成30年4月1日）により、労働者の新たな年休取得制度として、有給年休5日取得の義務化がなされるが、この内容についても、労働者の時季指定（労基39条5項）、本稿の年休の計画的付与（労基39条6項）とは別個の年休を取得する制度となるので、後記〔5〕で説明したい。

〔2〕 計画的付与の制度

(1) 概　要

　年休権は、労働者が最初6ヵ月間継続して勤務し（その後は1年間）、全労働日の8割以上の出勤したという客観的要件を満たすことにより、法律上、当然に発生する権利である（労基39条1項）。労働者は、この年休権について、時季指定権を行使して、年休の具体的時期、取得期間を特定できる（労基39条5項）。
　判例でも、年休制度というものは、使用者との関係において、まず、労働者は「一定の季節ないしこれに相当する長さの期間中に纏まった日数の休暇をとる旨をあらかじめ申し出て、これら多数の申出を合理的に調整したうえで、全体としての計画に従って年次休暇を有効に消化する」ものと判示しているが（最判昭48・3・2民集27巻2号191頁・労判171号16頁〔全林野白石営林署事件〕）、現状では、これが社会において十分消化されていないといえる。
　このような状況下において、年休の取得を促進させるため、職場で一斉に、あるいは、交替で年休を計画的に消化するのが効果的であって、これを実行するのが、年休の計画的付与制度であり、労働基準法39条6条に規定されている。
　この計画的付与制度は、年休の取得率の向上のみならず、長期にわたり年休を円滑に取得できる制度としての活用が期待されている。

(2) 計画的付与の内容

使用者は，事業所の過半数の労働者を組織する労働組合又は労働者の過半数の代表者と書面による労使協定（以下「労使協定」という）を締結し，年休を与える時季についての定めをすれば，その定めに従い，労働者に年休を与えることができる（労基39条6項）。

この協定の対象とされる労働者である限り，反対であっても（その日に休暇を取得したくない），当該協定で特定された日が年休日となり，この分の労働者の時季指定権はなくなる。

ただし，労働基準法39条6項は，労働者の個人的理由による年休の取得を残し，労働者に発生した年休権（労基39条1項ないし3項）のうち，5日を超える年休の日数についてのみ計画的年休の対象とした。この制度下においても，労働者は少なくとも5日については，時季指定権を行使して年休日を特定できる（労基39条5項本文）。

計画的年休は，労働者も拘束するものであることについて，判例では，労働基準法39条6項により計画的年休制度が設けられたのは，年休の取得率を向上させ，労働時間の短縮と余暇の活用を推進しようというものであり，「労基法上，労使協定による計画年休制度が新設されたことにより，年休日の特定を完全に労働者個人の権利としていた従来の建前は改められ，前記の個人的事由による取得のために留保された5日を超える日数については，個人的な特定方法に加えて，労働者と使用者の協議によって集団的統一的に特定されると，その日数について個々の労働者の時季指定権及び使用者の時季変更権は，共に，当然に排除され，その効果は，当該協定により適用対象とされた事業所の全労働者に及ぶと解するべきである」と判示している（福岡高判平6・3・24労民集45巻1＝2号123頁〔三菱重工業長崎造船所事件〕）。

(3) 計画的付与からの除外

特別な事情により，計画的年休を付与することが適当ではない労働者を計画的年休の付与から除外することを含め，労使協定の当事者は，これに十分配慮することが必要である（昭63・1・1基発1号）。

計画的年休を付与することが不適当な労働者としては，①計画的年休の期間中に退職予定である者，②産前・産後休業，育児・介護休業予定がある者，③

通信教育のスクーリング等の特別の目的があって年休を使用する必要がある者などが考えられる。

〔3〕 計画的付与の方法

(1) 計画的付与の対象となる日

使用者は，年休日を20日取得している労働者について，5日を超える部分である15日を計画的付与の対象することができる。年休日が10日であると，計画的付与の対象となる日は5日となる（労基39条6項）。

なお，通常では，前年度に年休を取得しなかった日数を次年度に繰り越しする取扱いが相当とされている（昭22・12・15基発501号）。この場合には，繰り越された年休の日数を含めて5日を超える部分を計画的付与の対象とすることができる。そして，特段の事情等がない限り，当事者の合理的意思解釈として，繰り越された年休から消化されると考えるのが相当である。

(2) 年休日の少ない労働者に対する措置

勤続6ヵ月未満の労働者の場合は，年休の取得要件が満たされておらず，年休権が発生していないことになる（労基39条1項）。

また，時間単位の年休（労基39条4項）は，計画的年休の取得対象とすることはできない取扱いである（平29・5・29基発0529001号）。

年休が少ない，あるいはまったくない労働者には，無給で休暇をとらせるわけにはいかない。この場合は，この労働者を計画的付与の対象から外すか，休暇をとらせる場合は，①不足分の年休を増やしてやる，②不足分だけ有給の特別休暇を与える，③休暇日について，平均賃金6割以上の休業手当を与える（労基26条）という措置が考えられる。

なお，4月に入社した新入社員（労働者）については，計画年休分を分割付与することも考えられる。例えば，8月のお盆休暇期間（3日間）を事業所の一斉休業日とするときに，3日間の年休をとらせることである。この取扱いは，入社6ヵ月後よりも早く年休を付与することになるが，労働者に有利な取扱いであるし，6ヵ月経過後に労働者が自由に行使できる年休が5日以上確保されれば問題はないと考える。

(3) 計画的付与の種類

使用者が，労使協定の定めにより，実現できる計画的付与のあり方として，以下の方法が考えられる。

(a) 事業全体による一斉休暇

5月の連休（ゴールデンウィーク），夏季休暇，年末休暇等の一斉休暇であり，厚生労働省が推進している日本型バカンスである。

この場合，年休が少ない，あるいはまったくない労働者には，前記(2)の①特別休暇等を与えるか，②少なくとも6割の休業手当を支払う必要がある。

(b) 班別等による交代制休暇

夏季期間中，例えば，労働者を第1グループと第2グループに分けて，別々に休暇期間を設けるなどして，会社がお盆休暇等で一斉休業することがない場合等である。

会社の一斉休業がないから，年休のまったくない労働者などは，計画的付与の対象外という扱いもできる。

(c) 計画表による個人別休暇

年度当初に，使用者が労働者から年休取得希望日を求め，これを使用者が調整して計画的に各労働者の年休日を定めることであり，これを年休カレンダー方式という。

(d) ブリッチホリデー活用休暇

ブリッチホリデー（土日の休日と祝日との間に勤務がある場合（木曜日が祝日で土日が休日，金曜日が勤務日等））を活用し，この勤務日を計画的付与の年休として連休にする休暇である。

(e) 併用型休暇

会社の方針により，前記(a)ないし(c)の方法を併用する扱いもできる。例えば，5日分については，前記(a)の方法で年休を付与し，残りは労働者の希望に応じて，前記(c)の方法により年休を付与することも考えられる。

わが国においては，盆（8月）や年の暮れ（12月）に休暇を求める労働者も多い。この労働者の年休取得と前記(a)の計画的付与の年休を合わせて大型連休とすることもできる。

〔4〕 計画的付与の年休日の変更

(1) 計画的年休のあり方

計画的付与の年休日については，労働者の時季指定権が当然に除外され，その日は当該年休をとらなければならず，これを他の日にとることはできない（福岡高判平6・3・24労民集45巻1＝2号123頁〔三菱重工業長崎造船所事件〕）。

また，使用者についても，いったん，労使協定により特定した年休日の変更の問題であり，労働者が指定した年休日の成立過程における使用者の時季変更権（労基39条5項ただし書）の行使の問題ではないから，労働者に対して，計画的に付与した年休日を与えなくてはならない。

労働基準局長通達には，計画的年休の変更の場合は，「39条5項の労働者の時季指定権及び使用者の時季変更権は，ともに行使することはできない」と規定されている（昭63・3・14基発150号）。

つまり，計画的付与の制度は，年休の利用促進と事業運営の合理的調整を図ることを目的としているのであり，原則として，指定された計画的年休を使用者や労働者の都合で一方的に変更することができないのである。

(2) 年休日の変更

計画的に付与される年休日について，使用者の業務上の都合等により，変更する可能性がある場合は，労使協定を締結する際に，特別な事情等がある場合の計画的年休の変更に関する要件や手続を書面に規定しておくことが求められる。変更に関する規定が労使協定にあることを根拠とすれば，特定された計画的年休日を変更することも可能であり，その例文を示すと次のとおりになる。

(例文)

> 第○条（計画年休の変更）
> 1　会社及び従業員は，労使協定により年休の計画的年休日が確定している場合であっても，やむを得ない事情がある場合には，○日前までに申出することより，この年休日を変更することができる。
> 2　会社及び従業員は，前項の申出について，業務の正常な運営を妨げ，又は従業員の予定を著しく妨げるような事情がない限り，これに応じるものとする。

休の利用促進と事業運営を調整を図るものであるから，労使協定を合理的に解釈して，特定された計画的年休日を変更するために，使用者が，当該年休を実現する上で業務運営上の重大な支障が発生し，かつ，この支障発生が年休の計画的付与に関して予測し得なかったことを説明し，労働者側に，この変更に関する承諾を得ることを条件とするなど，問題を個別に解決するほかない。

〔5〕 有給年休5日の義務化

　当事者が年休を取得することの企業の義務化を含む「働き方改革を推進するための関係法律の整備に関する法律案」（以下「法律案」という）が第196回通常国会において審議され，衆院本会議で可決後，平成30年6月29日に参院本会議において可決・成立した。この法律案の年休に関する改正では，労働者の年休5日取得が義務化され，使用者は，10日以上の年休が付与される労働者に対し，その5日について，毎年，時季を指定して年休を与えなくてはならない。この制度は，労働者を保護する労働基準法を改正する方法で実施される（施行日は平成30年4月1日・成立した法律案には年休に関する経過措置あり（附則（施行期日）4条））。

　企業によっては，年休が期限切れ（消滅）になる際に，これを買取りしていることもあるが（本編【概説】〔4〕(2)），このような企業についても，必ず5日以上は労働者に年休を取得させなくてはならないことになる。つまりは，5日以上の年休取得が見込まれていない労働者が在職する企業は，その対策を立てることが必要となる。企業が実行しないと労働基準法違反となり，罰則規定の適用の対象となる（改正後の労基120条）。

　改正後の労働基準法では，同法39条7項及び8項として，次のとおり規定される（改正前の同条7項は同条9項と，同条8項は同条10項と変更）。

■改正後の労働基準法39条7項・8項

　7　使用者は，第1項から第3項までの規定による有給休暇（これらの規定により使用者が与えなければならない有給休暇の日数が10労働日以上である労働者に係るものに限る。以下この項及び次項において同じ。）の日数のうち5日については，基準日（継続勤務した期間を6箇月経過日から1年

ごとに区分した各期間（最後に1年未満の期間を生じたときは，当該期間）の初日をいう。以下この項において同じ。）から1年以内の期間に，労働者ごとにその時季を定めることにより与えなければならない。ただし，第1項から第3項までの規定による有給休暇を当該有給休暇に係る基準日より前の日から与えることとしたときは，厚生労働省令で定めるところにより，労働者ごとにその時季を定めることにより与えなければならない。

8 前項の規定にかかわらず，第5項又は第6項の規定により第1項から第3項までの規定による有給休暇を与えた場合においては，当該与えた有給休暇の日数（当該日数が5日を超える場合には，5日とする。）分については，時季を定めることにより与えることを要しない。

[中林　清則]

Q38 派遣先の派遣労働者に対する年休の時季変更権

労働者派遣における年次有給休暇の付与と使用者の時季変更権について説明しなさい。

〔1〕 労働者派遣の概要

本問について説明する前に，まず，労働者派遣の概要について説明する。
(1) 労働者派遣の意義

労働者派遣とは，労働者派遣事業の適正な運営の確保及び派遣労働者の保護等に関する法律（以下「労働者派遣法」という）によれば，「自己の雇用する労働者を，当該雇用関係の下に，かつ，他人の指揮命令を受けて，当該他人のために労働に従事させることをいい，当該他人に対し当該労働者を当該他人に雇用させることを約してするものを含まないもの」をいう（労派遣2条1号）。

(2) 労働者派遣の内容

労働者を派遣する事業者を派遣元，派遣する先の事業者を派遣先，派遣される労働者を派遣労働者とすると，①派遣元と派遣労働者との間には雇用関係があり，②派遣元は派遣先との間に労働者派遣契約を締結して，派遣先に派遣労働者を派遣し，③派遣労働者を，派遣先の指揮命令の下，④派遣先のために労働に従事させるというものである（次頁の**図表1**参照）。

【図表1関係図の補足説明】
(a) ①の雇用関係について

労働者派遣における雇用関係とは，派遣労働者が派遣元事業者の支配を受けて，その規律の下に従属的地位において労働を提供し，その提供した労働の対償として派遣元事業者から賃金，給与その他これらに準ずるものの支払を受け

図表1　労働者派遣の関係図

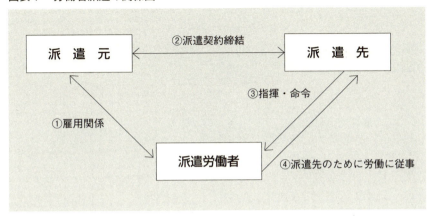

ているような労働契約関係のすべてをいい，労働者派遣に該当するためには，派遣労働者と派遣元事業者との間に，このような雇用関係が継続していることが要件となる。

(b) ②の派遣契約について

②の派遣契約とは，派遣元が派遣先に対し，派遣元事業者の雇用する労働者を派遣先の指揮命令の下に，派遣先のために労働に従事させる契約である。労働者派遣契約に関し，派遣労働者の適正な就業を確保するため，労働者派遣法26条に規制が定められている。

(c) ③の指揮・命令関係について

通常は，派遣労働者が派遣先に場所的移動をして，派遣先事業者から指揮・命令を受ける関係が想定されているものといえるが，派遣労働者を派遣先のために従事させる（この意味については，後記(d)参照）という形態をとる限りは，派遣労働者が派遣先に場所的移動をしないで，派遣先のほうから派遣元に出向いて，労働者を指揮命令する場合であっても，労働者派遣に該当する。

(d) ④の「派遣先のために労働に従事」について

「派遣先のために」とは，派遣労働者の当該労働への従事に伴って生ずる利益が，当該指揮命令を行う派遣先事業者に帰属させるような形態で，派遣元が派遣先労働者を派遣先事業の労働に従事させることをいう。

図表2　請負の関係図

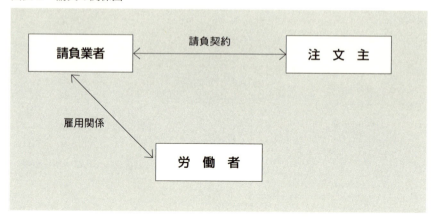

　また，「労働に従事させる。」とは，派遣元が雇用主としての資格に基づき，労働者について自己の支配により，その規律の下に従属的地位において労働を提供させることをいう。

(3) **請負及び出向（在籍型出向）との区別**

(a) 請負との区別

　労働者派遣は，労働者を「他人（派遣先）の指揮命令を受けて，当該他人のために労働に従事させる」点で請負と区別される。すなわち，請負は，仕事の完成を目的とする注文者と請負人との契約であり，請負人に雇用される労働者は専ら請負人のために労働し，他人（注文者）の指揮・命令は受けない（**図表2**参照）。

(b) 在籍型出向との区別

　また，派遣労働は，「（派遣元が）当該他人（派遣先）に対し当該労働者を当該他人（派遣先）に雇用させることを約してするものを含まない」点で在籍型出向と区別される。

　すなわち，在籍型出向においては，労働者と出向元との間の雇用関係だけでなく，労働者と出向先との間にも雇用関係がある点で区別されるのである（次頁の**図表3**参照）。

　なお，出向には，出向元及び出向先各事業主の双方と労働者との間に雇用関

図表3　在籍型出向の関係図

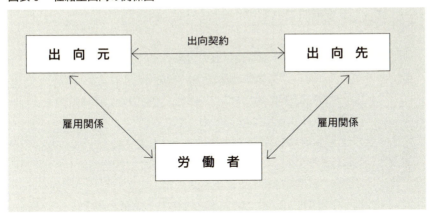

係が存在する在籍型出向と，出向先事業主と労働者との間にのみ雇用関係がある移籍型出向とがある。移籍型出向の場合には出向元事業者との間に雇用関係は終了していることから，上記要件該当性を考慮するまでもなく労働者派遣には該当しない。

(4) **派遣労働事業の種類**

派遣労働事業には，次の一般労働者派遣事業及び特定労働者派遣事業の2種類がある（ただし，平成27年の労働者派遣法の改正（同法16条の削除）により両者の同法上の区別はなくなった）。

(a) 一般労働者派遣事業

特定労働者派遣事業以外の労働者派遣事業をいう。派遣元があらかじめ労働者を登録しておき，派遣先から求めがあった場合に登録労働者の中から派遣先が求める内容に合致する労働者を雇い入れて，派遣するといういわゆる「登録型」の労働者派遣も一般労働者派遣事業に該当する。

(b) 特定労働者派遣事業

労働者派遣の対象となる労働者が，実質的に期間の定めなく雇い入れられた労働者（常用雇用労働者）のみからなる労働者派遣事業をいう。

〔2〕 労働者派遣における年次有給休暇の付与及び使用者の時季変更権について

(1) 派遣労働者に対する年次有給休暇の付与

　労働者派遣においては，労働基準法39条に規定する年次有給休暇（以下「年休」という）は，派遣先の使用者ではなく，派遣元事業者が，派遣労働者に対し，付与しなければならない。理由は次のとおりである。

　(a) 年休の付与日数は継続勤務年数等によって算定される（労基39条1項及び2項）が，労働者派遣の場合の継続勤務年数は，派遣元事業者における継続勤務年数として算定されるべきものと考えられる。

　(b) 年休は，1労働日以上にわたるものであり，事前に請求し，計画的に取得することが望ましいことから，当該派遣労働者の派遣を管理する派遣元事業者が付与するのが適当である。

　(c) 年休を取得した場合，賃金の支払が必要となるが（労基39条7項），派遣労働者の賃金は，派遣元事業者から支払われるものである。

(2) 派遣労働者に対する年休付与の要件

　労働基準法は，「使用者は，①雇入れの日から起算して6ヵ月間継続勤務し，②全労働日の8割以上出勤した労働者に対し，最低10日の年休を付与しなければならない。」旨定めている（労基39条1項）。

　派遣労働者に対する年休は，派遣元事業者が付与することから，年休の権利を取得する要件である，①6ヵ月以上の継続勤務の有無については，派遣元事業者との労働契約の期間，②前年度（雇入れ直後は6ヵ月，その後は1年）における全労働日の8割以上の出勤の有無は，派遣元事業者と派遣労働者との間の労働契約によって定められた労働日の日数により，それぞれ判断される。

　上記①の要件（6ヵ月以上の継続勤務）について，派遣労働者が派遣元に常時雇用されている場合には，当然継続勤務に該当するが，それ以外の場合には勤務の実態に即して実質的に判断される。特に，いわゆる登録型の派遣労働（前記〔1〕(4)(a)参照）の場合には，登録がされている時点では労働契約は締結されておらず，具体的に派遣先が決まった時点で労働契約が締結されることになることから，上記継続勤務をどのような基準で判断するかが問題となるが，労働

契約が締結されている期間を全体として判断して，実態として引き続き使用していると認められる場合には継続勤務に該当すると考えることができよう。

(3) 派遣労働における時季変更権の行使

年休は，労働者の請求する時季に与えなければならない。ただし，労働者の指定した時季に休暇を与えることが事業の正常な運営を妨げる場合には，使用者に時季を変更する権利が認められている（以上，労基39条5項。なお，使用者の時季変更権の内容及び行使の要件等については，**Q41**「年次有給休暇と時季変更」の説明を参照されたい）。

年休を請求した労働者が派遣労働者である場合には，派遣元事業者が年休を付与しなければならないことから，時季変更権も，派遣先の事業者ではなく，派遣元事業者が，派遣元の事業に関し，事業の正常な運営が妨げられるかどうかを判断して行使することになる。

つまり，上記「事業の正常な運営を妨げる場合」であるかどうかは，派遣元の事業についてその正常な運営を妨げるかどうかという点から判断されることになるのである。どのような場合にこれに該当するかについては，事案に応じて個々具体的に判断されることになるが，派遣労働者が年休を取得することにより，派遣先の事業の正常な運営を妨げる場合であっても，派遣元事業者において代替となる労働者の派遣が可能である場合には，派遣元事業者との関係で事業の正常な運営を妨げないものと判断され，派遣元事業者が時季変更権を行使できない場合もあろう。

［辰已　晃］

Q39 | 年次有給休暇の付与日数(1)

　Bは，A株式会社（以下「A社」という）に平成25年4月1日に入社し，平成27年9月30日までの2年と半年の勤務をしたが，同年10月1日から平成28年9月30日までの1年間病気のために休職し，同年10月1日に復職した。それから1年間（平成29年9月30日まで）の年所定労働日数（245日）のうち実際に勤務をしたのが197日であった。
　この場合に，以下の各問について簡単な理由をつけて説明しなさい。

(1) 復職した平成28年10月1日の時点での年次有給休暇の付与日数は何日になるか。

(2) 復職後1年が経過した平成29年10月1日の時点での年次有給休暇の付与日数は何日になるか。また，実際に勤務をしたのが197日であったが，このうち15日間につき，遅刻や早退があった場合はどうか。さらに，実際に勤務をしたのが197日であったが，このうちの3日間は休日労働であった場合はどうか（代休はなかった）。

(3) 平成28年10月1日（復職日）から平成29年9月30日までに，実際に勤務をしたのが186日であった場合はどうか。さらに，実際に勤務をしたのが186日であったが，勤務をしない日のうち10日間については年次有給休暇を取得していた場合はどうか。

(4) 平成28年10月1日（復職日）から平成29年9月30日までに，実際に勤務をしたのが193日であったが，勤務をしない日のうち5日間については実母のための介護休業を取得していた場合はどうか。

(5) 平成28年10月1日（復職日）から平成29年9月30日までに，実際に勤務をしたのが193日であったが，勤務をしない日のうち3日間については実父死亡のための特別休暇（いわゆる忌引き休暇）を取得していた場合，あるいは生理休暇を取得していた場合はど

うか（Ａ社では，就業規則で上記の特別休暇や生理休暇について年次有給休暇と同様に取り扱う旨が規定されている）。もし，Ａ社の就業規則で上記の特別休暇や生理休暇については欠勤と同様に取り扱う旨が規定されていた場合はどうか。
(6) 平成28年10月１日（復職日）から平成29年９月30日までに，実際に勤務をしたのが193日であったが，勤務をしない日のうち５日間については，Ａ社にある労働組合のストライキによる不就労日であった場合はどうか。

〔１〕 はじめに

　年次有給休暇の取得要件の説明については第４編【概説】〔２〕(2)を参照されたい。
　労働基準法（以下「労基法」という）39条は年次有給休暇の付与要件について規定する。その１項は，使用者は雇入れの日から起算して６ヵ月間継続勤務し全労働日の８割以上出勤した労働者に対して10労働日以上の有給休暇を与えなければならない旨規定する。そして，その２項は，１項を受けて，使用者は，１年６ヵ月以上継続勤務した労働者に対しては，１項の６ヵ月経過日から起算した継続勤務年数１年ごとに１項の10労働日に２項記載の表に応じた労働日を加算した期間の有給休暇を与えなければならないが（２項本文），継続勤務年数の各１年の期間において，出勤した日数が全労働日の８割未満である労働者に対しては，その翌１年の期間における有給休暇を与えることを要しない旨規定する（２項ただし書）。
　本問は，労基法39条２項ただし書の適用の有無を問う問題であり，「継続勤務」，「労働日」，及び「出勤」の解釈が問題となる。

〔2〕 小問(1)について

(1) 解答例

本問におけるBの病気による休職は，私傷病を理由とする病気休職であると解されるところ，これは，病気に罹ったりケガを負って勤務できなくなった労働者につき，労働契約関係を維持しつつ，その就労義務を一時的に免除する使用者による処分である。そうすると，Bが平成27年10月1日から平成28年9月30日までの1年間病気のために休職した期間は，BがA社の被用者たる地位を継続して保有しながら就労義務を免除された期間であるから，この間は労基法39条2項の「継続勤務」をしたものと認められる。

しかしながら，前記Bが休職した期間については，労働者の労働義務が免除されるものであるから，労基法39条1項及び2項の「全労働日」には含まれない。また，現実に出勤していないため，「出勤」日ともならず，同条8項の業務上の疾病等による療養のための休業のように休業期間を「出勤」したものとみなす旨の規定もない。

よって，Bは，平成28年10月1日の時点で，その直前1年間の全労働日のうち8割以上の出勤という有給休暇付与の要件を充たさないこととなる。

以上により，復職したBに対する平成28年10月1日時点での有給休暇の付与日数は0日となる。

(2) 解　説

(a) 私傷病休職について

休職とは，病気，公務その他の理由で一定期間以上にわたり勤務が不可能な労働者について，労働契約関係はそのまま維持しつつ（「在籍」という），当該労働者の就労を一時的に免除又は禁止する使用者の処分をいう。

公務員法（国家公務員法79条，地方公務員法28条）は，公務員につき病気等による休職を規定するが，私企業における休職については，直接の法的規制はなく，就業規則や労働協約等（以下「就業規則等」という）の定めによる。

また，病気休業については，労基法39条8項に「業務上負傷し，又は疾病にかかり療養のために休業した期間……は，第1項及び第2項の規定の適用については，これを出勤したものとみなす。」という規定があるが，業務以外の

事由による負傷又は疾病といった、私傷病による休業（休職も同様に解することができる）についての規定はない。

(b) 私傷病休職と労基法39条1項及び2項の各要件について

(イ) 前記のとおり、休職期間中であっても、在籍は維持されるため、「継続勤務」の要件は充たす。

(ロ) 前記のとおり、休職が労働者の就労義務を一時的に免除したものであるとすると、休職期間中は「全労働日」からも「出勤」日からも除外されることになる。そして、出勤率算定期間の全労働日数が0となる労働者については当該算定期間に対応する年次有給休暇は発生しない（昭27・12・2基収5873号）。

(ハ) 以上の結論に対しては、出勤率8割以上を年次有給休暇の取得要件とするのは、年次有給休暇の付与を功労報償と結び付ける考えによるもので不当である、むしろ病気休暇明けの者こそが職場復帰後の年次有給休暇による保養を必要としている等の理由から、病気休暇期間を「全労働日」及び「出勤」日に算入すべきとの説もある。

(ニ) 病気休職は労働者本人側の事由に基づくものではあるが、通常はその帰責事由によるものとはいえないこと、出勤率8割以上の要件は労働者の勤怠の状況を勘案して特に出勤率の低い者には有給休暇を付与しない趣旨のものと解するのが相当であることから、就業規則等により労働義務を免除した上で「全労働日」及び「出勤」から除外するのが相当である。

〔3〕 小問(2)について

(1) **解 答 例**

(a) Bが平成27年10月1日から平成28年9月30日までの1年間病気のために休職した期間は、BがA社の被用者たる地位を継続して保有しながら就労義務を免除された期間であるから、この間は労基法39条2項の「継続勤務」をしたものと認められる。そうすると、Bは、A社に復職後1年が経過した平成29年10月1日の時点で、平成25年4月1日の入社日から通算して4年6ヵ月間A社において継続勤務をしていることとなる。

また、Bは、復職後の1年間において、年所定労働日数245日のうち実際に197日間勤務しているから、出勤率は8割以上となる。

よって，労基法39条2項及び1項により，平成29年10月1日時点でのA社のBに対する有給休暇の付与日数は16日となる（労基39条2項）。

(b) Bが実際に勤務した197日のうち，15日間について遅刻や早退があった場合であっても，労基法39条において出勤の有無は「労働日」という暦日を単位として判断されるので，出勤日として取り扱わなければならない。

よって，Bの労基法39条2項における「出勤した日数」は197日となり，前記(a)と同様の結論となる。

(c) Bが実際に勤務した197日のうち3日間が休日労働であった場合については，労基法39条1項及び2項の「全労働日」とは労働契約上労働義務の課されている日であり，休日労働は労働義務を課されていない日における労働であるから，「全労働日」には含まれない。

そうすると，Bの労基法39条2項における「出勤した日数は」，実際に勤務した197日から休日労働をした3日を控除した194日となり，年所定労働日数が245日であるから，出勤率は8割未満となる

よって，平成29年10月1日時点でのA社のBに対する有給休暇の付与日数は0日となる。

(2) 解　説
(a) 休職期間中は「継続勤務」に当たるか

労基法39条1項及び2項の「継続勤務」とは，労働者が同一使用者の下で被用者としての法的地位を継続して保有すること，いわゆる在籍を意味するものであり，これは労働契約関係の存在により基礎付けられるものである。

そして，休職は，病気，公務その他の理由で一定期間以上にわたり勤務が不可能な労働者について，労働契約関係はそのまま維持しつつ，当該労働者の就労を一時的に免除又は禁止する使用者の処分であるから，休職期間中も「継続勤務」に当たる（昭63・3・14基発150号）。

(b) 遅刻や早退があった場合は出勤日といえるか

出勤日とは，現実に出勤した日を意味するが，労基法39条1項及び2項の「出勤」は同項の「労働日」すなわち暦日を単位として認定されるものであるから，遅刻や早退があった日についても1日として取り扱うべきものである。

就業規則上は，遅刻や早退を欠勤扱いとし，その賃金を控除したり勤務査定

の資料とすることが行われることがあるが、そうした場合でも、年休付与の要件としての出勤した日数から控除することはできない。

(c) 休日労働した日は「全労働日」に含まれるか

「労働日」とは、原則として、就業規則等で当該労働者に労働契約上の労働義務が課された日であり、一般的には、総暦日数から所定の休日を除いた日をいう。よって、休日労働をさせた日は「労働日」には当たらないとするのが行政解釈及び多数説である（昭33・2・13基発90号、昭63・3・14基発150号）。

これに対し、使用者が具体的に休日労働を命じて労働者が休日労働義務を負う場合には、当該休日労働した日を休日から労働日に転化したものとして「労働日」及び「出勤」日に当たるとする反対説もある。

なお、休日出勤の場合、休日振替や代休の取扱いがなされる場合については、休日振替は労働日と休日が入れ替わるだけであるから出勤率の算定に影響はなく、代休はこれが「全労働日」に含まれるがどうかが別途問題となる。

〔4〕 小問(3)について

(1) 解答例

(a) Bが、復職後の1年間において、年所定労働日数245日のうち実際に186日間勤務した場合は、出勤率は8割未満となる。

よって、平成29年10月1日時点でのA社のBに対する有給休暇の付与日数は0日となる。

(b) 年次有給休暇は法が保障したものであることから、これを労基法39条1項及び2項の出勤率算定において欠勤として扱うことは相当でなく、年次有給休暇の取得日は「全労働日」にも「出勤」日にも含まれるものとして取り扱うべきである。

そうすると、Bが年次有給休暇を取得した10日を実際に勤務した186日に加えた196日が「出勤」日となり、年所定労働日数245日は変わらないから、出勤率は8割以上となる。

よって、労基法39条2項及び1項により、平成29年10月1日時点でのA社のBに対する有給休暇の付与日数は16日となる。

(2) 解　説

年次有給休暇制度は，憲法25条の生存権保障の理念の下，同法27条2項に「賃金，就業時間，休息その他の勤労条件に関する基準は，法律でこれを定める」とあるのを受けて労働者の権利として定められたものである。そうすると，年次有給休暇の取得要件である出勤率の算定において，年次有給休暇取得日を欠勤として労働者にとって不利益に取り扱うのは相当ではない。行政解釈上も，年次有給休暇取得日は「出勤」日扱いとされており，そうすると「全労働日」にも含まれることとなる（昭22・9・13基発17号）。

〔5〕 小問(4)について

(1) 解 答 例

Bが復職してから1年の間に実母のための介護休業を5日間取得していた場合，介護休業をした期間は労基法39条8項により，同条1項及び2項の適用上は「出勤」したものとみなされる。

そうすると，Bが平成28年10月1日の職場復帰後平成29年9月30日までの1年間における実際に勤務をした193日に介護休業の5日を加えた198日が「出勤」日となり，年所定労働日数245日は変わらないから，出勤率は8割以上となる。

よって，労基法39条2項及び1項により，平成29年10月1日時点でのA社のBに対する有給休暇の付与日数は16日となる。

(2) 解 説

介護休業については，「育児休業，介護休業等育児又は家族介護を行う労働者の福祉に関する法律」2条2号が「介護休業 労働者が，第3章に定めるところにより，その要介護状態にある対象家族を介護するためにする休業をいう。」と規定し，同条3号で「要介護状態」，同条4号で「対象家族」の定義を規定しており，実母のための介護休業は同法が規定する介護休業に当たる。

そして，労基法39条8項は「労働者が……育児休業，介護休業等育児又は家族介護を行う労働者の福祉に関する法律第2条……第2号に規定する介護休業をした期間……は，第1項及び第2項の規定の適用については，これを出勤したものとみなす。」と規定しているため，実母のための介護休業を取得した期間は同条1項及び2項の「出勤」日に算入されることとなる。

〔6〕 小問(5)について

(1) 解答例
(a) 忌引き休暇について
(イ) 特別休暇である忌引き休暇は、労働法その他の法令に基づかない、いわゆる法定外休暇であり、その内容は就業規則によって定まるものであるところ、A社では、就業規則により特別休暇について年次有給休暇と同様に取り扱う旨規定されている。

そして、年次有給休暇は、法が保障したものであることから、これを労基法39条1項及び2項の出勤率算定において欠勤として扱うことは相当でなく、年次有給休暇の取得日は「全労働日」にも「出勤」日にも含まれるものとして取り扱うべきである。

そうすると、Bが復職した平成28年10月1日から平成29年9月30日までの間の勤務しない日のうち3日間について実父死亡のための忌引き休暇を取得しており、これを実際に勤務した193日に加えた196日が年次有給休暇休暇付与の要件における「出勤」日となり、「全労働日」に当たる年所定労働日数245日は変わらないから、出勤率は8割以上となる。

よって、労基法39条2項及び1項により、平成29年10月1日時点でのA社のBに対する有給休暇の付与日数は16日となる。

(ロ) 他方、A社の就業規則で忌引き休暇につき欠勤と同様に取り扱う旨規定されている場合は、労基法39条1項及び2項の出勤率算定においては、「全労働日」には含まれるが、「出勤」日には含まれないこととなるから、Bが実際に勤務した193日が「出勤」日となり、「全労働日」に当たる年所定労働日数245日は変わらないから、出勤率は8割未満となる。

よって、労基法39条2項及び1項により、平成29年10月1日時点でのA社のBに対する年次有給休暇の付与日数は0日となる。

(b) 生理休暇について
(イ) 生理休暇は、労基法68条に基づく法定休暇であるが、労基法39条8項のような同条1項及び2項において「出勤」したものとみなす規定が存しないから、年次有給休暇付与の要件としての「全労働日」には含まれるものの、

「出勤」日には含まれないものと解される。

　しかしながら，労基法39条1項及び2項の適用において，有給休暇の発生要件を当事者の合意，つまり就業規則等によって法の規定する基準より労働者にとって有利な取扱いを定めることは法上何ら問題はないから，A社の就業規則により生理休暇を年次有給休暇と同様に取り扱う旨を定め，これを労基法39条1項及び2項の適用において「出勤」日として取り扱うことは労働者に有利な取扱いとして有効である。

　よって，前記忌引き休暇の場合と同様の処理により，平成29年10月1日時点でのA社のBに対する有給休暇の付与日数は16日となる。

　(ロ)　他方，A社の就業規則で生理休暇につき欠勤と同様に取り扱う旨規定されている場合は，労基法39条1項及び2項の出勤率算定においては，「全労働日」には含まれるが，「出勤」日には含まれないこととなるから，Bが実際に勤務した193日が「出勤」日となり，「全労働日」に当たる年所定労働日数245日は変わらないから，出勤率は8割未満となる。

　よって，労基法39条2項及び1項により，平成29年10月1日時点でのA社のBに対する有給休暇の付与日数は0日となる。

　(2)　解　説

　(a)　忌引き休暇等の特別休暇は，労働法その他の法令に基づく休暇である法定休暇（休業）に対し，法定外休暇（休業）に分類される。そして，法定外休暇については，その要件や効果は就業規則等により個々に定められることとなる。よって，忌引き休暇につき，労働義務の不履行責任を問わない趣旨のものとして定め，欠勤扱いとすることも可能であるが，労働義務が免除される趣旨のものとして定め，労基法39条の適用上は「全労働日」からも「出勤」日からも除外する取扱いが妥当であるとされる。

　(b)　生理休暇は，「使用者は，生理日の就業が著しく困難な女性が休暇を請求したときは，その者を生理日に就業させてはならない。」旨規定した労基法68条に基づく法定休暇であるが，労基法39条1項及び2項の適用においては，「出勤したものとみなす」旨の同条8項の適用対象からは除外されており，同条の解釈上は「出勤」したものとはみなされない，つまり欠勤扱いになると解される。

そして，行政解釈上は，従前は，生理休暇取得日については法上出勤したものと取り扱う規定がないことから，労基法39条1項及び2項の適用においては「全労働日」に含まれ，欠勤扱いが可能であるとの取扱いであったが（昭23・7・31基収2675号），最判平25・6・6民集67巻5号1187頁・労判1075号21頁〔八千代交通事件〕の後発出された行政通達では，当事者の合意によって出勤したものとみなすことも，もとより差し支えないものと改められた（平25・7・10基発0710第3号）。

また，生理休暇日については，労基法39条8項のような同条1項及び2項の適用上「出勤」とみなす旨の規定はないものの，労基法68条で認められた法定休暇であって，欠勤と同視すべきものではないとして，「出勤」日に含めるとすべきとする説や，「全労働日」から除外すべきとする説も有力である。

〔7〕 小問(6)について

(1) 解 答 例

A社の労働組合のストライキによる不就労日については，正当なものであれば，組合員は労働義務を負わないものと解されるから，この日は労基法39条1項及び2項の「全労働日」からも「出勤」日からも除外されることとなる。

そうすると，Bが復職した平成28年10月1日から平成29年9月30日までの間の勤務しない日のうち5日間がA社にある労働組合の正当なストライキによる不就労日であるから，同期間における年所定労働日数245日からこれを除外した240日が同期間における「全労働日」となる。他方，「出勤」日については，設問ではもともとストライキによる不就労日5日間を勤務しない日としており，実際に勤務した193日からさらに5日を除外する必要はない。そうすると，これを実際に勤務した193日が年次有給休暇休暇付与の要件における「出勤」日となり，「全労働日」は240日となるから，出勤率は8割以上となる。

よって，労基法39条2項及び1項により，平成29年10月1日時点でのA社のBに対する有給休暇の付与日数は16日となる。

(2) 解　　説

労働組合の正当なストライキ等の争議行為により労務の提供がまったくなされなかった期間については，当事者間の衡平の観点から，またその期間中は勤

怠評価の対象とされるべきでないことから,「出勤」日に算入するのは相当でなく,「全労働日」からも除外される（昭33・2・13基発90号,昭63・3・14基発150号,平25・7・10基発0710第3号）。

　労基法39条1項及び2項の「労働日」とは,労働者が労働契約に従い労働義務を負う日であることから,正当なストライキにより組合員は労働義務を免れることとなるので,その日は「労働日」ではなくなるものと考えられる。

　また,違法なストライキ等の争議行為については,その違法の内容や程度にもよるが,企業の服務規律の観点からすると,違法な争議行為により組合員が就労義務を免れるものと解することはできず,当該争議行為を行った日は「全労働日」から除外されないこととなるから,欠勤扱いになるものと考えられる。

[田村　幸彦]

Q40 | 年次有給休暇の付与日数(2)

Q39の設例において，Cは，A社の経営するスーパーマーケット甲店にパートタイマーとして働いており，その勤務形態は，週3日間（月，水，金の各曜日），1日当たり4時間（午後1時から午後5時まで）の勤務であって，平成28年4月1日から平成29年9月30日までの1年と半年の期間勤めている。このCにつき，平成29年10月1日の時点での年次有給休暇の付与日数は何日になるか。

〔1〕 はじめに

年次有給休暇の取得要件の説明については第4編【概説】〔2〕(2)を参照されたい。

労働基準法（以下「労基法」という）39条は，年次有給休暇を付与する対象としては「労働者」と規定するのみであるところ，労基法9条は「この法律において『労働者』とは，……事業又は事務所に使用される者で，賃金を支払われる者をいう。」と規定するから，いわゆる正社員のみならず，週の所定労働時間や所定労働日数が短いパートタイマーやアルバイトであっても年次有給休暇を取得する権利を有する。

そして，労基法39条3項は，同条1項及び2項の特則として，週の所定労働期間や所定労働日数が通常の労働者に比べて相当程度少ない者につき，所定労働時間と所定労働日数に応じた日数の年次有給休暇が付与されるという比例付与について定める。

本問は，労基法39条3項の年次有給休暇の比例付与の適用について問う問題である。

〔2〕 解 答 例

　週の所定労働時間が30時間以上の者，週の所定労働日が5日以上の者及び年間の所定労働日数が217日以上の労働者については，通常の労働者と同様，労基法39条1項1及び2項により年次有給休暇の付与日数を定めなければならないが（労基則24条の3），Cの甲店における勤務形態は，週の所定労働日が3日，週の所定労働時間が12時間，年間の所定労働日数が217日未満であるから，労基法39条3項の比例付与の適用対象となる。

　そして，前記Cの甲店における勤務形態を，年次有給休暇の比例付与について定めた労基法施行規則24条の3第3項別表の基準にあてはめると，平成28年4月1日から平成29年9月30日までの1年6ヵ月の間甲店に勤めているCに対する同年10月1日における有給休暇の付与日数は6日となる。

〔3〕 解 説

　パートタイマーに対しては，従前は，週に5日以上労働する者については通常の労働者と同様に労基法39条1項及び2項により年次有給休暇を付与しなければならないが，それ未満の者については年次有給休暇を付与するのが望ましいとされつつも，法規定が存しなかったところ，昭和62年の労基法改正において法39条3項により前記年次有給休暇の付与の基準を充たさなかった労働日数の少なかった者に対しても通常の場合と比例して年次有給休暇を付与すべきものとされた。

　年次有給休暇の比例付与の対象となるのは，1週間の所定労働時間が30時間未満の労働者で（労基則24条の3第1項），①1週間の所定労働日数が厚生労働省で定める4日以下の者（労基39条3項1号，労基則24条の3第4項），又は②週以外の期間により所定労働日数が定められる者であって，年間の所定労働日数が216日以下の者（労基39条3項2号，労基則24条の3第5項）である。6ヵ月以上の継続勤務を要する点は通常の年次有給休暇の場合と同様である。

　具体的な年次有給休暇の付与日数については，労基法施行規則24条の3第3項別表（第4編【概説】〔2〕(2)・図表2）を参照されたい。

［田村　幸彦］

Q41 | 年次有給休暇と時季変更

　A株式会社（以下「A社」という）は，〇〇市内でドラッグストア3店舗（甲店，乙店，丙店）を経営しており，社長以下管理職3人（取締役専務，取締役総務部長，会計課長各1人），本社従業員1人及び店舗従業員7人（甲店－3人，乙店－2人，丙店－2人）の合計12人の会社である。A社では，年休について，就業規則に「年休取得のためには事前に書面で申請し使用者の許可を受けなければならない」と規定していた。

　平成29年12月24日（日）に，甲店従業員のBと乙店従業員のC，Dが，全店一斉の年末大売出しが開始される翌25日（月）に有給休暇をとりたいと申請してきた。Bの申請理由には「発熱した子どもを病院に連れて行くため」と，Cの申請理由には「葬儀参加のため」とそれぞれ記載されていた。しかし，Dの申請理由には何も書かれていなかった。本社の総務部長が携帯電話でDの申請理由を尋ねたが，Dは「年休の申請理由を記載させるのは違法で，答える必要はない」との返事で申請理由はわからなかった。

　この場合に，A社はDの有給休暇を許可しないことはできるか。あるいは，A社は有給休暇理由不記載を理由にDの有給休暇を承認しないとすることはできるか。また，A社は，Dの有給休暇を別の日に変更することはできるか。

〔1〕 労働者の時季指定権

(1) 年休権の法的性質

労働基準法39条は，労働者が使用者に対し，年休を取得する権利，すなわち年休権を定めているが，年休権の法的性質については，一般的には次のように理解されている（最判昭48・3・2民集27巻2号191頁・労判171号16頁〔白石営林署事件〕，同民集27巻2号210頁・労判171号4頁〔国鉄郡山工場事件〕（両者を併せて，〔3・2判決〕といわれている）各参照）。

(a) 法律上当然に発生する権利

年休権は，労働基準法39条に規定する各要件を満たすことで，労働者の請求や使用者の承諾なくして法律上当然に発生する権利である。

(b) 年休権の本質は労働者の時季指定権

労働基準法39条5項本文の労働者の「年休の請求」とは休暇時季の指定の意味であり，労働者は同項に基づき，第一次的に休暇を取得する時季を指定する権利（以下「時季指定権」という）を有する。

(2) 時季指定権の性質及び効果

時季指定権は，形成権の性質を有すると考えられており，労働基準法39条所定の要件を満たす年休権を取得した労働者（以下「労働者」という場合は，このような年休権を有する労働者をいうものとする）は，具体的休暇日を特定して行使することで，特定された休暇日における労働義務を消滅させるとともに，労働基準法39条7項に定める年休手当の請求権を取得する。

(3) 時季指定の方法

労働者は，時季指定権に基づき，①始期と終期を特定した具体的時期，又は②季節又はこれに相当する3ヵ月程度の期間を指定することができる。

具体的には，①については，休暇日となるべき労働日及び日数を特定するものであり，②については，具体的季節の指定に加えて，当該季節に取得する休暇の日数及び継続・分割の別を明らかにして行う必要がある。

(4) 時季指定権が行使される時期

時季指定権は、使用者が休暇開始前に時季変更権（後記〔2〕参照）を行使するかどうかの判断ができるような時間的余裕をもって事前に行使されるべきであり、労働者が、使用者において時季変更権を行使すべきかどうかを検討する時間的余裕すら与えないで、使用者に対し、年休の取得時季を指定した場合は、権利の濫用になるとされる場合もあろう。

〔2〕 使用者の時季変更権

(1) 時季変更権の意義

使用者は、労働者が請求する時季に年休を付与しなければならないが、請求された時季に休暇を付与することが事業の正常な運営を妨げる場合においては、他の時季に休暇を付与することができる（労基39条5項ただし書）。

(2) 時季指定権と時季変更権との関係

時季変更権は、労働者が時季指定権に基づいて休暇日の第一次決定権を有することを前提としつつ、労働者の年休権の保障と使用者の業務運営上の必要性を調和させることで、年休権の円滑かつ十全な実現を図ることを目的として法律上使用者に付与された権利である。これを労働者の側からみれば、使用者には基本的には労働者が年休を享受することを妨げてはならないとする不作為義務があることを前提に、労働者が時季指定権に基づき休暇日を第一次的に決定し、指定された休暇の付与が事業の正常な運営を妨げる場合に限って、使用者が時季変更権の行使によって第二次的にこれを修正するものであるといえる。

(3) 時季変更権を行使できる要件

使用者の時季変更権行使の基本的要件としては、労働者が指定した時季に年休を与えることが使用者の事業の正常な運営を妨げる場合であると認められること（労基39条5項ただし書）である。

上記場合に該当するか否かは、一般的には、事業の内容・規模、労働者の担当業務の内容、業務の繁閑、予定された年休の日数、他の労働者との業務の調整などの事情を総合考慮して判断される。

〔3〕 本問の各事例について

(1) A社はDの年休を許可しないことはできるか

　前記〔1〕(2)のとおり、年休の時季指定権は形成権の性質を有するから、使用者の承認・不承認は年休取得の要件とはならず、使用者が労働者の年休に係る時季の指定を承認しないとの意思表示は、時季変更権を行使する旨の意思表示としての意味をもつことになる（最判昭57・3・18民集36巻3号366頁・労判381号20頁〔電電公社此花電報電話局事件〕参照。なお、季節を指定する時季指定権の行使の場合の不承認の意味についても上記と同様であると考えられる）。

　したがって、Dが、「平成29年12月25日（月）」という時季を指定して、A社に対し年休申請をした時点で、Dの上記年月日を指定した年休権は効力を生じることになる。

　本問では就業規則に、「従業員が年休を取得にするについては、事前にA社の許可を得る」旨の定めがあるが、上記のような趣旨から、A社が年休申請を許可するとは、A社が従業員の年休申請に対し、「適法な時季変更権を行使しない」との意味に解釈されるべきである。

　以上から、A社が、適法な時季変更権を行使しないまま、ただDの上記年休申請を不許可とすることは許されないこととなる。

(2) A社は年休理由不記載を理由にDの年休を承認しないことができるか

　労働者の年休利用について、労働者が休暇をどのように利用するかは、労働者の自由であり、使用者の干渉は受けない（前掲〔白石営林署事件〕、〔国鉄郡山事件〕（いわゆる〔3・2判決〕）各参照）。この原則は年休自由利用の原則といわれている。

　上記年休自由利用の原則の趣旨は、年休利用の目的・方法が何ら限定されないということと同時に、このような年休利用の目的・方法について、使用者その他の干渉を許さないことによって、労働者に安んじてその望む利用目的・方法で休暇の効用を享受させ、年休保障の実効性を確保しようとするところにある。したがって、使用者が労働者の年休利用の目的・方法を理由として、労働者の年休権や時季指定権に制限を加えることは、労働者の年休取得が上記原則の趣旨を逸脱して権利の濫用に当たるとされるようなごく例外的な場合（例え

ば，労働者が反社会的行為に出ることを目的として年休を取得したような場合等が考えられよう）を除いて，許されない。

そして，このような年休自由利用の原則の趣旨からすれば，労働者が年休を請求するに際し，年休の利用目的や取得理由を明らかにする必要はなく，これらを明らかにしないとの理由で，使用者が，労働者の年休申請を不許可とすることはできない。

以上から，Dが年休申請の理由を記載しないこと自体を理由として，A社がDの年休申請を承認しないこと（すなわち時季変更権を行使すること）は許されない。

なお，本問では，Dが，「年休の申請理由を記載させることは違法である。」と主張しているが，申請者が任意で記載するとの前提の下に，A社が休暇申請書に申請理由を記載する欄を設ける等して年休の取得理由を問うこと自体は，直ちに労働基準法に違反するとまではいえないであろう。

(3) A社は，Dの年休を別の日に変更することはできるか

(a) 時季変更権行使の要件

A社がDに対して時季変更権を行使するためには，A社の事業の正常な運営を妨げる場合であると認められることが必要となる（前記〔2〕(3)参照）。

A社の事業の運営を妨げる場合であるかどうかは，A社全体の事業の運営ではなく，A社の従業員（労働者）の日常的な職場単位での事業の運営について検討すべきである（最判平元・7・4民集43巻7号767頁・労判543号7頁〔電電公社関東電気通信局事件〕等参照）。

また，「事業の正常な運営を妨げる」とは，現実にこのような事態が発生したことまでは必要ではなく，時季変更権の行使の時点で，客観的にみて，労働者の年休取得により，事業の正常な運営が妨げる事態が発生するような蓋然性が存在することをいう。ただし，上記のような事態が発生するような蓋然性が認められる場合でも，使用者は，可能な限り労働者が指定した時季に休暇が取得できるよう状況に応じた配慮をすることが要請されるのであり（最判昭62・7・10民集41巻5号1229頁・労判499号19頁〔弘前電報電話局事件〕），このような配慮をしてもなお，上記のような事態が解消されない場合にのみ，使用者は時季変更権を行使できることとなる。

(b) A社の時季変更権行使の可否

上記(a)を本問についてみると、まず、本問の場合は、Dの職場である乙店における事業の運営を妨げるかどうかについて考えていくことになる。乙店に配置されている販売従業員はCとDの2人であり、A社の全店一斉の年末大売出し開始日という時季に、CとDがいずれも年休を取得して勤務しない場合には、A社の事業の正常な運営が妨げられる状態が発生しないとはいえないものと考えられる。

しかしながら、A社には、C及びDが指定した時季である平成29年12月25日に休暇が取得できるよう、可能な限り配慮することが要請されており、C及びDがいずれもその前日に年休の申請をしていることから、一般的にはA社が上記配慮をする時間が与えられているといえる。

そして、本問の場合、A社に要請されている配慮とは、具体的には、CとDの代替要員を確保することにあると考えられる。

そこで、A社の上記のような代替要員確保の可能性をみてみると、A社各店の人員配置としては、乙店に従業員C、Dが配置されているほかには、甲店にBほか3人、丙店に2人の店舗従業員が配置されているところ、代替要員確保の方法として、甲店、丙店の各従業員を乙店に臨時の配置換えをする方法がまず考えられる。ただ、甲店に配置されているBが、同じく平成29年12月25日に年休を申請しており、同日が年末大売出し開始日であるという状況からすると、A社としては、上記のような店舗従業員の臨時の配置換えで対応することは困難であろう。次に、本社には、社長及び管理職3人と従業員1人がおり、管理職と本社従業員の合計4人のうち半数の2人を乙店に派遣する方法が考えられ、このような方法であれば代替要員を確保することは不可能であるとまではいえないと考えられる。

そうすると、本問の場合には、A社が時季変更権を行使できると考えることは困難であるといえよう。

もっとも、A社としては、年休を申請している労働者B、C及びDの年休取得を可能にするためにあらゆる手段を尽くす必要があるとまではいえず、代替要員となる労働者等の負担と年休権保障の要請を調整しつつ、「通常の配慮」に基づく手段をとれば足りることから（前掲〔電電公社関東電気通信局事件〕）、臨時の配置換えあるいは乙店への派遣について管理職や本社従業員の同意が得ら

れなかった場合に、一方的に平成29年12月25日は乙店で勤務するようにという業務命令を発出し、あるいは店舗従業員を臨時に雇用する等して、乙店の代替要員を確保することまでは求められていないものといえる。

したがって、A社が乙店の代替要員確保についての配慮を行ったにもかかわらず、それでもなお、上記のような事由により、代替要員の確保が困難となることが見込まれる場合には、A社が時季変更権を行使できる場合も生じないわけではない。

(c) A社の時季変更権行使の対象となる従業員

上記(b)のとおり、A社が時季変更権を行使できる場合でも、A社には労働者に可能な限り年休を取得させる義務があるから、CとDの両者に対し、同時に時季変更権を行使することは許されず、一方に対してのみ行使し得ることになる。

そこで、本問の場合、A社がCとD、いずれに対し時季変更権を行使し得るかが問題となる。まず、Cの申請理由は「葬儀参加のため」であり、社会通念上、時季を変更するのは妥当でないと考えられるのに比べ、一方、Dについては申請理由を明らかにしないためA社に判断資料がないことから、Dに対して時季変更権を行使したとしても、その判断が合理的なものである限り、許されないものとはいえないであろう（広島高岡山支判昭61・12・25労民集37巻6号584頁・労判490号26頁〔津山郵便局事件〕参照）。

(d) A社がDに対し時季変更権を行使できる場合に、Dの年休を別の日に変更することはできるか

A社が時季変更権を行使することが許される場合であっても、代替の年休の時季は、労働者の時季指定権に基づき、時季変更権の行使を受けた労働者が指定することになるのであって、使用者が代替の年休の時季を指定することはできない。

したがって、A社がDに対し時季変更権を行使できる場合でも、A社のほうでDの休暇取得の日を別の日に指定することはできない。

〔辰已　晃〕

42 | 解雇・退職予定者に対する年休の時季変更権

　A自動車販売会社（以下「A社」という）の社員Bは、営業部に所属し自動車のセールスを担当していたが、営業成績が低調で、遅刻も多く、また無断欠勤もあったため、A社は30日間の解雇予告のもとBを解雇することにした。Bも自分には自動車のセールスは向かないと考え、この解雇を受け入れることにした。そして、Bは、年次有給休暇が35日残っているとして、解雇予告があった日の翌日から解雇の日までの年次有給休暇を申請した。

(1)　この場合に、A社としては引継ぎのためせめて2日間はBに出社をしてほしいと考えているが、A社はBの年次有給休暇を認めるしかないか。A社のとり得る方法にどのようなものがあるか。

(2)　また、上記(1)において、A社はBを戒告処分にするにとどめたが、Bは自分には自動車のセールスは向かないと考え、1ヵ月後に退職する旨の退職届を提出し、その翌日から退職までの年次有給休暇を申請した。この場合はどうか。

〔1〕　退職が予定される労働者に対する使用者の時季変更権の行使

　労働者の年次有給休暇（以下「年休」という）の申請に対し、使用者が適法な時季変更権を行使した場合は、労働者のほうで代わりの年休が取得される日（以下「代替日」という）について時季指定権を行使することができる（労基39条5項。**Q41**〔3〕参照）。

この場合，使用者のほうで代替日の指定はできない。

それでは，労働者が退職直前に残された労働日の全日数について年休の申請をした場合，使用者がこれに対して時季変更権を行使するとどうなるか。

労働者の時季指定権は，労働契約の存在を前提とする。そうすると，退職により労働契約が消滅した後は，労働者は代替日の指定をすることができなくなってしまう。

したがって，使用者の事業の正常な運営が阻害される場合にも，時季変更権は行使し得ないと解される（この点について，「年休の権利が労働基準法に基づく限り，使用者は当該労働者の解雇予定日を超えての時季変更権行使は行えない」旨の行政解釈（昭49・1・11基収5554号）がある）。

〔2〕 本問(1)について

上記〔1〕の趣旨からすれば，Bの年休申請に対しては，これが権利の濫用や信義則違反に当たるとするような特別な事情がない限り，A社としては，時季変更権を行使することはできず，Bの年休権の行使を認めるしかないということになる。

ほかにA社がBに引継ぎを行ってもらうためにとり得る方法として，A社がBの退職日までの年休残日数のうち2日分の年休権を事前に買い上げることは許されるであろうか。

年休権の買上げとは，使用者が労働者に勤務させるため，労働者の同意・不同意にかかわりなく，一方的に労働者に金銭を給付することにより，年休を与えたことにする取扱いをいう。

労働基準法における年休制度の趣旨は，使用者が，休日のほかに労働者の勤務年数に応じて毎年一定日数の有給休暇を付与することを義務付けることによって，労働者の心身の疲労の回復と労働力の維持・培養を図ることにある。

上記法の趣旨からすれば，使用者が，一方的に，労働者に金銭を給付しその代わりに年休を付与しないという年休権の買上げは，労働基準法に違反することになり，禁止されることになる（昭30・11・30基収4718号）。

ただ，①退職により権利が消滅する年休の残日数及び，②労働者が権利を行使しなかったことによって消滅時効（消滅時効期間は労働基準法115条により2年間と

されているが，債権法改正により，債権一般の消滅時効期間について，5年間（改正民166条1項1号）又は10年間（同項2号）となることとの関係で今後も同条が適用されるかどうかは未定である）にかかる年休の残日数の各買上げについては，いずれも消滅した年休権の買取りであって，年休権の事前買上げとは趣旨を異にし，上記年休権の買上げ禁止の趣旨に違反するものではないので，原則として許されるものと解されている。

したがって，本問の場合，A社は，Bの年休の残日数35日からBの年休取得期間を差し引いた退職後の残日数について，年休権の買上げをすることができるにすぎず，Bの退職前に，一方的にBの年休権の買上げを行ってBに引継ぎのために出勤を命じることはできないものといわざるを得ない。

ただし，Bには，信義則上，A社の従業員として，A社が指名する担当者に対し引継ぎを行う義務があると解される余地があることからすると，A社が，一方的に年休権の買上げを行うのではなく，Bが申請した解雇予告期間満了日（退職日）までの年休の日数のうち，引継ぎに必要な日数分（2日分）に限って年休権を買い取る旨，Bに対し申し出て，Bがあくまで任意にこれを承諾した場合については，違法であるということはできず，許されることになろう。

〔3〕 本問(2)について

本問(2)では，Bは，自己都合による退職の申出を行っている。

本問(2)のように，労働者の自己都合により退職する場合も，労働者の年休権が解雇により退職する場合と同じく労働基準法に基づくものであることから，使用者の時季変更権については，前記〔1〕で述べたところと同様に解される。

したがって，本問(2)の場合にも，労働者が退職直前に残された労働日の全日数について年休の時季指定をした場合，使用者はこれに対して時季変更権を行使することはできず，また，A社がBの退職予定日までの年休の残日数のうち2日分の年休を一方的に買い上げることは許されない。

そうすると，本問(2)において，Bに2日間の引継ぎをしてもらうためにA社のとり得る方法としては，本問(1)の解雇予告による退職の場合と同様，A社がBに対し，退職予定日までの年休の日数のうち，引継ぎに必要な日数分（2日分）に限って，買取りを申し出て，Bに任意で承諾してもらう方法がまず考え

られるところである。

　さらに，自己都合による退職の場合には，上記方法に加えて，退職を申し出た労働者が退職予定日を自由に設定できる（ただし，「雇用は，解約の申入れの日から2週間を経過することによって終了する。」との民法の規定（民627条（債権法改正後も条文は同じ）があることに注意を要する）ことから，A社とBとの話し合いによって，Bに引継ぎに必要な期間（2日間）だけ退職予定日を延期してもらい，先に2日出勤して，その後に延期された退職日まで休暇を取得してもらうか，もともとの退職予定日まで休暇を取得した後に2日出勤してもらって，引継ぎをしてもらうことについて，合意する方法も考えられよう。

［辰已　晃］

第5編

仕事と育児・介護の両立支援制度
——育児休業,介護休業

第 1 章

仕事と育児・介護の両立支援制度と休業制度

【概　説】仕事と育児・介護の両立支援制度

〔1〕　はじめに

　この概説においては，仕事と育児・介護の両立支援制度，すなわち，労働者が就業しつつ子の養育や家族の介護を容易にするための制度につき，第2章で説明する育児休業や第3章で説明する介護休業以外のものについて，説明することにしたい。

　まず，育児のための両立支援の制度として，①所定労働時間の短縮措置（短時間勤務の制度），②上記①の措置がとれない場合の代替措置，また，③小学校就学の始期に達するまでの子を養育する労働者に関する措置についてそれぞれ説明する。次に，介護のための両立支援の制度として，④介護のための所定労働時間の短縮等の措置，また，⑤家族の介護を行う労働者に対する措置についてそれぞれ説明する。さらに，育児と介護のための両立支援の制度として，⑥所定外労働の制限（残業の免除），⑦時間外労働の制限，また，⑧深夜業の制限についてそれぞれ説明する。その後に，⑨子の看護休暇制度と，⑩介護休暇制度についても説明し，最後に，⑪不利益取扱いの禁止についても説明することにしたい。

〔2〕　仕事と育児の両立支援の制度

　育児介護休業法では，労働者につき仕事と子の養育の両立を支援するために，事業主は，次のような措置を講じなければならないとされている。

(1)　育児のための所定労働時間の短縮措置（育介23条1項）

(a) 内　　容

　事業主は，3歳に満たない子を養育している労働者に対し，仕事と子の養育の両立を支援するために，所定労働時間の短縮措置を講じなければならない（育介23条1項）。

　育児のための所定労働時間の短縮措置については，その原則的形態は，1日の所定労働時間を6時間にする短時間勤務制度の採用である（育介則74条1項）。その他，この所定労働時間を6時間にする短時間勤務の制度を設けた上で，1日の所定労働時間を7時間にする措置及び隔日勤務などの所定労働日数を短縮する措置をとって，所定労働時間を短縮するような方法も考えられる。

　そして，労働者がこの所定労働時間の短縮措置を利用する場合，その短縮部分の賃金については，ノーワーク・ノーペイの考え方に基づき無給にすることができる。ただし，就業規則に規定しておかなければならない（労基89条2号）。

■無給にする場合の就業規則の具体例

> 1　本制度の適用を受ける間の給与については，別途定める給与規定に基づく労務提供のなかった時間分に相当する額を控除した基本給と諸手当の全額を支給する*1。
> 2　賞与については，その算定対象期間に本制度の適用を受ける期間がある場合においては，短縮した時間に対応する賞与は支給しない。
> 3　定期昇給及び退職金の算定に当たっては，本制度の適用を受ける期間は通常の勤務をしているものとみなす。

（資料出所）厚生労働省都道府県労働局雇用環境・均等部（室）「就業規則への記載はもうお済ですか－育児・介護休業等に関する規則の規定例－平成29年10月1日施行対応」（以下「厚労省・就業規則への記載」という）32頁以下参照

　　＊1　所定労働時間8時間を2時間短縮して6時間とする場合を想定すると，上記の1項については，次のような規定も考えられる（前掲「厚労省・就業規則への記載」33頁参照）。

> 1　本制度の適用を受ける間の給与については，給与規定に基づく基本給からその25％を減額した額と諸手当の全額を支給する。

> 1　本制度の適用を受ける間の給与については，給与規定に基づく基本給及び○○手当からその25％を減額した額と○○手当を除く諸手当の全額を支給する。

(b)　対 象 者

(イ)　所定労働時間の短縮措置（短時間勤務制度）の対象者は，3歳に満たない子を養育する労働者で，かつ，現に育児休業を取得していない者である。有期契約労働者（期間を定めて雇用される者）であっても，また，配偶者が専業主婦である労働者であっても対象者になり得る。

(ロ)　しかし，①日々雇用労働者（育介2条1号），また，②1日の所定労働時間が6時間以下の労働者（育介23条1項本文，育介則72条）は，対象者から除外される。

(ハ)　さらに，労使協定によって，①その事業主に継続して雇用された期間が1年に満たない者（育介23条1項1号），②1週間の所定労働日数が2日以下の者（同項2号，育介則73条），③業務の性質や業務の実施体制から短時間勤務制度を採用することが困難な業務に従事する者（同項3号）についても，対象者から除外されることがある。

　上記の③に該当する業務については，例えば，(i)業務の性質から短時間勤務制度を採用することが困難な場合が考えられ，このような業務としては，国際線の航空機の客室乗務員の業務などがある。また，(ii)業務の実施体制から短時間勤務制度を採用することが困難な場合が考えられ，このような業務としては，労働者数が少ない事業所において，当該業務に従事し得る労働者数が著しく少ない業務などがある。さらに，(iii)業務の性質及び実施体制から短時間勤務制度を採用することが困難な場合が考えられ，このような業務としては，製造業務において流れ作業方式，あるいは交代制勤務体制がとられており，短時間勤務の者をこのような勤務体制に組み込むことが困難な場合の業務，また，営業業務において個人ごとに担当先が厳密に決められており，他の者の代替が困難な場合の業務などがある（平成21年厚生労働省告示509号（以下「厚労省告示509号」という）の第2,9,(3)参照）。

(c)　手 続

所定労働時間の短縮措置（短時間勤務制度）の適用を受けようとする労働者がとるべき手続については，育児介護休業法などに規定がない。したがって，そのような手続については，事業主において，適用を受けようとする労働者が過重な負担にならないように配慮しつつ，また，育児休業や育児のための所定外労働の制限についての手続規定（育介5条6項，育介則7条，育介16条の8第2項，育介則45条）における手続などを参考にして，定めることができる（下記(e)「就業規則の具体例」における第3項）。

(d) 所定労働時間の短縮措置（短時間勤務制度）を講じる義務

事業主は，育児のための所定労働時間の短縮措置を「講じなければならない」とされており（育介23条1項），したがって，所定労働時間の短縮措置を，下記(e)のような就業規則に規定するなどして，制度化しておかなければならない。すなわち，運用で行っているというだけでは不十分である。

(e) 所定労働時間の短縮措置（短時間勤務制度）についての就業規則の具体例

育児短時間勤務制度についての就業規則の具体例は，次のとおりである。これは，厚生労働省都道府県労働局雇用環境・均等部（室）「育児・介護休業法のあらまし（育児休業，介護休業等育児又は家族介護を行う労働者の福祉に関する法律）」中の「育児・介護休業法に関する規則の規定例・様式例」の「育児・介護休業等に関する規則」（以下「厚労省・育児介護休業等規則」という）110頁から引用したものである。

なお，労働者が所定労働時間の短縮措置（短時間勤務制度）を利用した場合の短縮部分の賃金についての就業規則については，上記(a)を参照されたい。

育児短時間勤務
1 　3歳に満たない子を養育する従業員は，申し出ることにより，就業規則第○条の所定労働時間について，以下のように変更することができる。
　　所定労働時間を午前9時から午後4時まで（うち休憩時間は，午前12時から午後1時までの1時間とする。）の6時間とする（1歳に満たない子を育てる女性従業員は更に別途30分ずつ2回の育児時間を請求することができる*2。）。
2 　1にかかわらず，次のいずれかに該当する従業員からの育児短時間勤務の申出は拒むことができる。
　一　日雇従業員

【概　説】仕事と育児・介護の両立支援制度　509

　　二　1日の所定労働時間が6時間以下の従業員
　　三　労使協定によって除外された次の従業員
　　　(ｱ)　入社1年未満の従業員
　　　(ｲ)　1週間の所定労働日数が2日以下の従業員
　3　申出をしようとする者は，1回につき，1か月以上1年以内の期間について，短縮を開始しようとする日及び短縮を終了しようとする日を明らかにして，原則として，短縮を開始しようとする日の1か月前までに，短時間勤務申出書により人事担当者に申し出なければならない。

　　＊2　この部分については，育児時間（労基67条。本編第2章概説〔4〕参照）についての規定となる。

(2)　3歳に満たない子を養育する労働者に対する代替措置（育介23条2項）

　上記(1)の所定労働時間の短縮措置（短時間勤務制度）については，上記(1)(b)(ハ)③のように，労使協定によって，業務の性質や業務の実施体制から短時間勤務制度を採用することが困難な業務に従事する労働者につき，その対象者から除外できることになっている（育介23条1項3号）。
　ただし，そのように除外する場合には，事業主は，その代替措置として，3歳に満たない子を養育する労働者に対し，①育児休業制度に準ずる措置，②フレックスタイム制度（労基32条の3），③始業・終業時刻の繰上げ・繰下げ（時差出勤の制度），④保育施設の設置運営その他これに準じる便宜の供与（育介則74条2項）のうちのいずれかの措置を講じなければならない（育介23条2項）。
　そして，上記④の「その他これに準じる便宜の供与」については，労働者からの委任を受けてベビーシッターを手配し，その費用を負担することなどが考えられる。

(3)　小学校就学の始期に達するまでの子を養育する労働者に関する措置（育介24条1項）

(a)　育児のための就業支援の措置・制度に準じて必要な措置を講ずる努力義務
　事業主は，小学校就学の始期に達するまでの子を養育する労働者について，以下のような労働者の区分に応じ，仕事と育児の両立支援のための措置や制度に準じて必要な措置を講ずるように努力しなければならない（育介24条1項）。

(イ) 1歳*3に満たない子を養育する労働者で，かつ育児休業をしていない者　事業主は，このような労働者に対して，仕事と子の養育の両立を支援するために，①フレックスタイム制度（労基32条の3），②始業・終業時刻の繰上げ・繰下げの制度（時差出勤の制度），③保育施設の設置運営その他これに準じる便宜の供与（このうち「準じる便宜の供与」とは，例えば，労働者からの委任を受けてベビーシッターを手配し，その費用を負担することなどが考えられる）（育介則74条2項）などの措置に準じて，必要な措置を講ずるように努力しなければならない。

(ロ) 1歳から3歳に達するまでの子を養育する労働者　事業主は，このような労働者に対して，仕事と子の養育の両立を支援するために，①育児休業の制度，②フレックスタイム制度（労基32条の3），③始業・終業時刻の繰上げ・繰下げの制度（時差出勤の制度），④保育施設の設置運営その他これに準じる便宜の供与（育介則74条2項）などの措置に準じて，必要な措置を講ずるように努力しなければならない。

(ハ) 3歳から小学校就学の始期に達するまでの子を養育する労働者　事業主は，このような労働者に対して，仕事と子の養育の両立を支援するために，①育児休業の制度，②所定外労働の制限に関する制度（残業の制限。育介16条の8），③短時間勤務制度（上記(1)参照），④フレックスタイム制度（労基32条の3），⑤始業・終業時刻の繰上げ・繰下げの制度（時差出勤の制度），⑥保育施設の設置運営その他これに準じる便宜の供与（育介則74条2項）などの措置に準じて，必要な措置を講ずるように努力しなければならない。

(b) 育児目的で利用できる休暇制度を設ける努力義務

事業主は，育児目的で利用できる休暇制度（育児目的休暇制度。例えば，配偶者出産休暇*4や子の行事（運動会や参観日など）参加目的休暇など）を設けるように努力しなければならない（育介24条1項）。

この努力義務については，平成29年の育児介護休業法の改正によって設けられたものである。

*3　子が1歳6ヵ月に達する日までの育児休業の申出をなし得るが，そのような育児休業をしていない場合は1歳6ヵ月と，また，子が2歳に達する日までの育児休業の申出をなし得るが，そのような育児休業をしていない場合は2歳とそれぞれ読み替える（育介24条1項1号括弧書）。

＊4　配偶者出産休暇とは，配偶者（妻）が出産する時に従業員（夫。届出をしていないが事実上の婚姻関係にある者を含む）が休暇を取得し得る制度であって，例えば，出産予定日の6週間前の日から産後8週間経過の日までの期間において，当該出産に係る子や小学校就学の始期に達するまでの子を養育する労働者（夫）に対し，5日程度の範囲内で，通常の年次休暇や育児休業（基本的に無給，ただし，雇用保険から賃金の50～67％支給される育児休業給付金の制度がある）とは別個に与えられる特別休暇（有給休暇）である。なお，この配偶者出産休暇については，法律によって義務付けられた制度ではない。

〔3〕　仕事と介護の両立支援の制度

　育児介護休業法では，労働者につき仕事と「要介護状態」にある「対象家族」の介護の両立を支援するために，事業主は，次のような措置を講じなければならないとされている。

　なお，上記の「要介護状態」とは，負傷，疾病又は身体上や精神上の障害により2週間以上にわたり常時介護を必要とする状態をいい（育介2条3号，育介則2条），また，「対象家族」とは，①配偶者（事実婚の場合を含む），②父母，③子，④配偶者の父母，⑤祖父母，⑥兄弟姉妹，及び，⑦孫をいう（育介2条4号，育介則3条）。このうち⑤祖父母，⑥兄弟姉妹，及び，⑦孫については，平成28年の育児介護休業法の改正によって，平成29年1月1日から，それらの者に付されていた「同居し，かつ，扶養している」という要件がはずされた。その結果，これらの者についても，①配偶者，②父母，③子，及び，④配偶者の父母の場合と同様に，同居していなくても，また，扶養していなくても，要介護状態であれば，これらの者を世話するために，下記における介護のための就業支援の措置を受けられるようになった。

(1)　介護のための所定労働時間の短縮等の措置（育介23条3項）

(a)　内　　容

　事業主は，要介護状態にある対象家族の介護をする労働者に対して，仕事と介護の両立を支援するために，対象家族1人につき，①所定労働時間の短縮措置，②フレックスタイム制度（労基32条の3），③始業・終業時刻の繰上げ・繰下げ（時差出勤の制度），④労働者が利用する介護サービスにつき，その費用の

助成その他これに準じる制度のいずれかの措置を選択して講じなければならない。このような事業主がとらなければならない措置を，「介護のための所定労働時間の短縮等の措置」という（育介23条3項，育介則74条3項）。

上記の「介護のための所定労働時間の短縮等の措置」については，事業主は，対象家族を介護する労働者に対して，「連続する3年間以上の期間」において，少なくとも「2回以上利用できるもの」として講じなければならない（育介23条3項，育介則74条3項）。例えば，労働者が，平成30年3月1日に，上記①の所定労働時間の短縮措置（この措置のうちの「1日の所定労働時間を短縮する制度」を申し出たものと想定する）を同年4月1日から利用したいと申し出た場合には，上記の「連続する3年間以上の期間」については，労働者が申し出た制度利用開始日から起算することになるので（育介23条4項），平成30年4月1日から起算して3年間は平成33年3月31日までとなり，そこで，この平成33年3月31日以上の期間につき，事業主は，申し出た労働者に対して，1日の所定労働時間を短縮する制度を認めなければならない。しかも，「2回以上利用できるもの」として講じなければならないとされており，よって，この労働者は，例えば，平成30年4月1日から同31年3月31日までの1年間は1日の所定労働時間を短縮する制度を利用し（1回目），それから平成31年4月1日から同月30日までの1ヵ月については介護休業をとり，さらに，その後の平成31年5月1日から同33年3月31日までは再度1日の所定労働時間を短縮する制度を利用する（2回目）ようなことも可能である。また，事業主は，「2回以上利用できるもの」として制度を設けておればよく，この場合に，労働者が望めば，平成30年4月1日から平成33年3月31日までの期間において，1日の所定労働時間を短縮する制度をずっと利用するようなことも可能である。

なお，事業主が「2回以上利用できるもの」として制度を設けておく必要があるのは，上記の①ないし③の制度であり，④については除かれている（育介則74条3項）。

また，上記①の所定労働時間の短縮措置については，(i)1日の所定労働時間を短縮する制度，(ii)週又は月の所定労働時間を短縮する制度，(iii)週又は月の所定労働日数を短縮する制度（隔日勤務や特定の曜日のみを勤務日とする制度など），(iv)労働者が個々に勤務しない日や時間を請求することを認める制度などが考えられ

る。そして，労働者がこの所定労働時間の短縮措置を利用する場合，その短縮部分の賃金については，ノーワーク・ノーペイの考え方に基づき無給にすることができる。ただし，就業規則に規定しておかなければならない（労基89条2号）。

■無給にする場合の就業規則の具体例（前掲「厚労省・就業規則への記載」34頁以下参照）

> 1 本制度の適用を受ける間の給与については，別途定める給与規定に基づく労務提供のなかった時間分に相当する額を控除した基本給と諸手当の全額を支給する＊5。
> 2 賞与については，その算定対象期間に本制度の適用を受ける期間がある場合においては，短縮した時間に対応する賞与は支給しない。
> 3 定期昇給及び退職金の算定に当たっては，本制度の適用を受ける期間は通常の勤務をしているものとみなす。

なお，事業主は，対象家族を介護する労働者に対して，上記①ないし④の措置のうち1つの措置を講じておけばよい。すなわち，労働者が望むごとに望む措置を講ずるように義務付けられているわけではないのである。

＊5 1日の所定労働時間の8時間を2時間短縮して6時間とする場合（上記(i)の場合）を想定すると，上記の1項については，次のような規定も考えられる（前掲「厚労省・就業規則への記載」35頁以下参照）。

> 1 本制度の適用を受ける間の給与については，給与規定に基づく基本給からその25％を減額した額と諸手当の全額を支給する。

> 1 本制度の適用を受ける間の給与については，給与規定に基づく基本給及び○○手当からその25％を減額した額と○○手当を除く諸手当の全額を支給する。

(b) 対象者
(イ) 介護のための所定労働時間の短縮等の措置の対象者は，要介護状態にある対象家族を介護する労働者で，かつ，現に介護休業を取得していない者である。有期契約労働者であっても，また，配偶者が専業主婦である労働者であっ

ても対象者になり得る。

　(ロ)　しかし，①日々雇用労働者は，対象者から除外され（育介２条１号），さらに，労使協定によって，②その事業主に継続して雇用された期間が１年に満たない者（育介23条３項１号），また，③１週間の所定労働日数が２日以下の者（同項２号，育介則75条）については，対象者から除外されることがある。

　(c)　手　　続

　介護のための所定労働時間の短縮等の措置の適用を受けようとする労働者がとるべき手続については，育児介護休業法などに規定がない。したがって，そのような手続については，事業主において定めることができる（下記(e)「就業規則の具体例」における第３項参照）。

　(d)　介護のための所定労働時間の短縮等の措置を講じる義務

　事業主は，介護のための所定労働時間の短縮等の措置を「講じなければならない」とされており（育介23条３項），したがって，所定労働時間の短縮等の措置を，下記(e)のような就業規則に規定するなどして，制度化しておかなければならない。すなわち，運用で行っているというだけでは不十分である。

　(e)　介護のための所定労働時間の短縮等の措置についての就業規則の具体例

　介護のための所定労働時間の短縮等の措置（上記(a)①の所定労働時間の短縮措置のうち，「１日の所定労働時間を短縮する制度」）についての就業規則の具体例は，次のとおりである。これは，前掲「厚労省・育児介護休業等規則」110頁から引用したものである。

　なお，労働者が所定労働時間の短縮措置を利用した場合の短縮部分の賃金についての就業規則については，上記(a)を参照されたい。

介護短時間勤務

１　要介護状態にある家族を介護する従業員は，申し出ることにより，当該家族１人当たり利用開始の日から３年の間で２回までの範囲内で，就業規則第○条の所定労働時間について，以下のように変更することができる。

　　所定労働時間を午前９時から午後４時まで（うち休憩時間は，午前12時から午後１時までの１時間とする。）の６時間とする。

２　１にかかわらず，次のいずれかに該当する従業員からの介護短時間勤務の申出は拒むことができる。

一　日雇従業員
　二　労使協定によって除外された次の従業員
　　㈦　入社１年未満の従業員
　　㈸　１週間の所定労働日数が２日以下の従業員
３　介護のための短時間勤務をしようとする者は，短縮を開始しようとする日及び短縮を終了しようとする日を明らかにして，原則として，短縮を開始しようとする日の２週間前までに，短時間勤務申出書により人事担当者に申し出なければならない。

(2) 家族の介護を行う労働者に対する措置（育介24条2項）

　事業主は，家族の介護を行う労働者に対し，介護を要する期間，取得回数，対象家族の範囲，介護を要する状態などについて，介護休業の制度（育介11条），介護休暇の制度（育介16条の５），また，介護のための所定労働時間の短縮等の措置（育介23条3項）に準じつつ，法で定められた基準や内容を上回る制度を講ずるように努力しなければならない。

　すなわち，一方において，介護休業の制度について法で定められた内容は，すべての企業に一律に義務付けられる最低限度の基準，内容といい得る。介護休暇に関する制度や介護のための所定労働時間の短縮等の措置についても，同様であると考えられる。他方において，介護に関しては，①対象家族の発症から安定期に達するまでに，又は介護施設や在宅サービスを利用し得るまでに93日の介護休業日数を超えてしまう場合もあり，②介護休業日数が93日に達している対象家族について，再び介護が必要になる場合（過去に介護休業を取得していた場合に，その過去の介護休業日数を通算すると93日を超えてしまう場合も含む）もあり，③対象家族に含まれない家族についても，他に近親の家族がいないために，介護が必要になる場合もあり，④要介護状態に達していない家族を介護するために，就業が困難になる場合もある。さらに，⑤介護の必要性の程度が変化するのに応じて，制度の弾力的利用をなし得るよう望まれる場合もある（前掲・厚労省告示509号第2, 13, (2)参照）。介護に関しては上記のような事情があり，このような事情を考慮するならば，法で定められた最低限度の基準や内容を上回る制度が望まれるところであって，そのため企業の雇用管理等に伴う負担との調和も勘案しつつ，事業主は，家族の介護を行う労働者に対して，介護を要する期

間や取得回数などにつき，法で定められた最低限度の基準や内容を上回る制度を決定していくという努力を求められるのである。

〔4〕 仕事と育児・介護の両立支援の制度

さらに，育児介護休業法では，労働者につき，仕事と子の養育の両立を支援するために，また，仕事と要介護状態にある対象家族の介護の両立を支援するために，①所定外労働の制限の制度（育介16条の8・16条の9），②時間外労働の制限の制度（育介17条・18条），及び，③深夜業の制限の制度（育介19条・20条）を設けている。以下に説明をしていきたい。

(1) 育児・介護のための所定外労働の制限（育介16条の8・16条の9）

(a) 内　容

事業主は，3歳に満たない子を養育する労働者が請求した場合，また，要介護状態にある対象家族を介護する労働者が請求した場合には，事業の「正常な運営を妨げる場合」を除き，所定労働時間を超えて労働させることができない（残業の免除の制度。育介16条の8・16条の9）。

上記の「正常な運営を妨げる場合」に当たるかどうかは，その労働者が所属する事業所を基準に，その労働者が担当する作業の内容，作業の繁閑，代替要員の配置の難易など諸々の事情を考慮して客観的に決することになる。

要介護状態にある対象家族を介護する労働者のための所定外労働の制限（残業免除の制度）については，平成28年の育児介護休業法の改正によって認められるようになった（改正前は，要介護状態にある対象家族を介護する労働者のためのこのような制度はなかった）。

(b) 対 象 者

このような残業の免除を請求し得る者は，3歳に満たない子を養育する労働者であり，また，要介護状態にある対象家族を介護する労働者である（育介16条の8第1項・19条の9第1項）。有期契約労働者であっても，また，配偶者が専業主婦である労働者であっても請求できる。しかも，この請求は何回もすることができる。

ただし，①日々雇用労働者は請求できず（育介2条1号），しかも，労使協定によって，②その事業主に継続して雇用された期間が1年に満たない者（育介

16条の8第1項1号・16条の9第1項)，また，③1週間の所定労働日数が2日以下の者（育介16条の8第1項2号，育介則44条，育介16条の9第1項，育介則48条）についても，請求権者から除外されることがある。

(c) 手　続

(イ)　3歳に満たない子を養育する労働者が請求する場合　労働者は，残業の免除を受ける期間（制限期間。この制限期間は1ヵ月以上1年以内に限られる）の初日（制限開始予定日）と末日（制限終了予定日）を明示して，制限開始予定日の1ヵ月前までに請求をしなければならない。しかも，この制限期間は，下記(2)の時間外労働の制限期間と重複しないようにしなければならない（育介16条の8第2項）。

さらに，上記の請求については，事業主に対し，①請求の年月日，②請求する労働者の氏名，③請求に係る子の氏名，生年月日，請求する労働者との続柄等（子が未だ出生していない場合には，子を出産予定である者の氏名，出産予定日，請求する労働者との続柄，特別養子縁組の場合であればその事実），④制限開始予定日と制限終了予定日，⑤請求に係る子が養子である場合には，養子縁組の効力が生じた日を通知して行わなければならない（育介則45条1項）。

この通知は書面のほか，事業主が認めれば，ファクシミリや電子メール等（事業主が出力し書面化できるものに限られる）によることも可能である（同条2項）。また，事業主は，労働者に対し，妊娠，出生，養子縁組等の証明書類の提出を求めることができる（同条4項）。

(ロ)　要介護状態にある対象家族を介護する労働者　このような労働者の行う残業の免除を受けるための請求についても，基本的に上記(イ)の手続と同様である。

ただし，この請求については，労働者は，事業主に対し，①請求の年月日，②請求する労働者の氏名，③請求に係る対象家族の氏名，請求する労働者との続柄等，④請求に係る対象家族が要介護状態にある事実，⑤制限開始予定日と制限終了予定日を通知して行わなければならない（育介則49条1項）。また，事業主は，労働者に対し，上記③及び④についての証明書類の提出を求めることができる（同条4項）。

(d) 就業規則化

育児・介護のための所定外労働の制限（残業の免除の制度）については，労働

者がこの制度を容易に利用できるようにするため，あらかじめこの制度を設けて就業規則に規定していることが必要になる（前掲・厚労省告示509号第2，3，(1)参照）。

育児・介護のための所定外労働の制限についての就業規則の具体例は，次のとおりである。これは，前掲「厚労省・育児介護休業等規則」108頁から引用したものである。

育児・介護のための所定外労働の制限

1　3歳に満たない子を養育する従業員（日雇従業員を除く）が当該子を養育するため，又は要介護状態にある家族を介護する従業員（日雇従業員を除く）が当該家族を介護するために請求した場合には，事業の正常な運営に支障がある場合を除き，所定労働時間を超えて労働をさせることはない。

2　1にかかわらず，労使協定によって除外された次の従業員からの所定外労働の制限の請求は拒むことができる。
　一　入社1年未満の従業員
　二　1週間の所定労働日数が2日以下の従業員

3　請求をしようとする者は，1回につき，1か月以上1年以内の期間について，制限を開始しようとする日及び制限を終了しようとする日を明らかにして，原則として，制限開始予定日の1か月前までに，育児・介護のための所定外労働制限請求書を人事担当者に提出するものとする。

---

(2) 育児・介護のための時間外労働の制限（育介17条・18条）

(a) 内　　容

事業主は，小学校就学の始期に達するまでの子を養育する労働者がその子を養育するために請求した場合，また，要介護状態にある対象家族を介護する労働者がその家族を介護するために請求した場合には，事業の正常な運営を妨げる場合を除き，1ヵ月について24時間，1年について150時間を超える時間外労働をさせることが許されなくなる。

上記の「正常な運営を妨げる場合」に当たるかどうかについては，上記(1)(a)を参照されたい。

(b) 対 象 者

このような時間外労働の制限を請求し得る者は，小学校就学の始期に達する

までの子を養育する労働者であり，また，要介護状態にある対象家族を介護する労働者である（育介17条1項・18条1項）。有期契約労働者であっても，また，配偶者が専業主婦である労働者であっても請求できる。しかも，この請求は何回もすることができる。

ただし，①日々雇用労働者（育介2条1号），②その事業主に継続して雇用された期間が1年に満たない者（育介17条1項1号・18条1項），③1週間の所定労働日数が2日以下の者（育介17条1項2号，育介則52条，育介18条1項）は，請求権者から除外されている。

(c) 手　続

(イ) 小学校就学の始期に達するまでの子を養育する労働者が請求する場合

労働者は，時間外労働の制限を受ける期間（制限期間。この制限期間は1ヵ月以上1年以内に限られる）の初日（制限開始予定日）と末日（制限終了予定日）を明示して，制限開始予定日の1ヵ月前までに請求をしなければならない。しかも，この制限期間は，上記(1)の所定外労働の制限（残業の免除）の制限期間と重複しないようにしなければならない（育介17条2項）。

さらに，上記の請求については，事業主に対し，①請求の年月日，②請求する労働者の氏名，③請求に係る子の氏名，生年月日，請求する労働者との続柄等（子が未だ出生していない場合には，子を出産予定である者の氏名，出産予定日，請求する労働者との続柄，特別養子縁組の場合であればその事実），④制限開始予定日と制限終了予定日，⑤請求に係る子が養子である場合には，養子縁組の効力が生じた日を通知して行わなければならない（育介則53条1項）。

この通知は書面のほか，事業主が認めれば，ファクシミリや電子メール等（事業主が出力し書面化できるものに限られる）によることも可能である（同条2項）。また，事業主は，労働者に対し，妊娠，出生，養子縁組等の証明書類の提出を求めることができる（同条4項）。

(ロ) 要介護状態にある対象家族を介護する労働者が請求する場合　このような労働者の行う時間外労働の制限を受けるための請求についても，基本的に上記(イ)の手続と同様である。

ただし，この請求については，労働者は，事業主に対し，①請求の年月日，②請求する労働者の氏名，③請求に係る対象家族の氏名，請求する労働者との

続柄，④請求に係る対象家族が要介護状態にある事実，⑤制限開始予定日と制限終了予定日を通知して行なわなければならない (育介則57条1項)。また，事業主は，労働者に対し，上記③及び④についての証明書類の提出を求めることができる (同条4項)。

(d) 就業規則化

育児・介護のための時間外労働の制限については，労働者がこの制度を容易に利用できるようにするため，あらかじめこの制度を設けて就業規則に規定していることが必要になる (前掲・厚労省告示509号第2，4参照)。

育児・介護のための時間外労働の制限についての就業規則の具体例は，次のとおりである。これは，前掲「厚労省・育児介護休業等規則」108頁から引用したものである。

育児・介護のための時間外労働の制限

1　小学校就学の始期に達するまでの子を養育する従業員が当該子を養育するため又は要介護状態にある家族を介護する従業員が当該家族を介護するために請求した場合には，就業規則第○条の規定及び時間外労働に関する協定にかかわらず，事業の正常な運営に支障がある場合を除き，1か月について24時間，1年について150時間を超えて時間外労働をさせることはない。
2　1にかかわらず，次の一から三のいずれかに該当する従業員は育児のための時間外労働の制限及び介護のための時間外労働の制限を請求することができない。
一　日雇従業員
二　入社1年未満の従業員
三　1週間の所定労働日数が2日以下の従業員
3　請求をしようとする者は，1回につき，1か月以上1年以内の期間について，制限を開始しようとする日及び制限を終了しようとする日を明らかにして，原則として，制限を開始しようとする日の1か月前までに，育児・介護のための時間外労働制限請求書を人事担当者に提出するものとする。

---

(3) **育児・介護のための深夜業の制限** (育介19条・20条)

(a) 内　　容

事業主は，小学校就学の始期に達するまでの子を養育する労働者がその子を養育するために請求した場合，また，要介護状態にある対象家族を介護する労働者がその家族を介護するために請求した場合には，事業の正常な運営を妨げる場合を除き，午後10時から午前5時までの間に労働させることは許されなくなる（育介19条1項・20条1項）。

上記の「正常な運営を妨げる場合」に当たるかどうかについては，上記(1)(a)を参照されたい。

(b) 対 象 者

このような深夜業の制限を請求し得る者は，小学校就学の始期に達するまでの子を養育する労働者であり，また，要介護状態にある対象家族を介護する労働者である（育介19条1項・20条1項）。有期契約労働者であっても，また，配偶者が専業主婦である労働者であっても請求できる。しかも，この請求は何回もすることができる。

ただし，①日々雇用労働者（育介2条1号），②その事業主に継続して雇用された期間が1年に満たない者（育介19条1項1号・20条1項），③深夜において子の保育や対象家族の介護をなし得る同居の家族がいる者（育介19条1項2号・20条1項。下記(d)「就業規則の具体例」の2三参照），④1週間の所定労働日数が2日以下の者（育介19条1項3号，育介則61条1号，育介20条1項），⑤所定労働時間の全部が深夜である者（育介19条1項3号，育介則61条2号，育介20条1項）は，請求権者から除外されている。

(c) 手 続

(イ) 小学校就学の始期に達するまでの子を養育する労働者が請求する場合

労働者は，深夜業の制限を受ける期間（制限期間。この制限期間は1ヵ月以上6ヵ月以内に限られる）の初日（制限開始予定日）と末日（制限終了予定日）を明示して，制限開始予定日の1ヵ月前までに請求をしなければならない（育介19条2項）。

さらに，上記の請求については，事業主に対し，①請求の年月日，②請求する労働者の氏名，③請求に係る子の氏名，生年月日，請求する労働者との続柄等（子が未だ出生していない場合には，子を出産予定である者の氏名，出産予定日，請求する労働者との続柄，特別養子縁組の場合であればその事実），④制限開始予定日と制限終了予定日，⑤請求に係る子が養子である場合には，養子縁組の効力が生じた

日，⑥深夜において子の保育をなし得る同居の家族（下記(d)「就業規則の具体例」の2三参照）がいない事実を通知して行なわなければならない（育介則62条1項）。

この通知は書面のほか，事業主が認めれば，ファクシミリや電子メール等（事業主が出力し書面化できるものに限られる）によることも可能である（同条2項）。また，事業主は，労働者に対し，妊娠，出生，養子縁組，深夜において子の保育をなし得る同居の家族のいないこと等の証明書類の提出を求めることができる（同条4項）。

(ロ) 要介護状態にある対象家族を介護する労働者が請求する場合　このような労働者の行う深夜業の制限を受けるための請求についても，基本的に上記(イ)の手続と同様である。

ただし，この請求については，労働者は，事業主に対し，①請求の年月日，②請求する労働者の氏名，③請求に係る対象家族の氏名，請求する労働者との続柄，④請求に係る対象家族が要介護状態にある事実，⑤制限開始予定日と制限終了予定日，⑥深夜において対象家族の介護をなし得る同居の家族（下記(d)「就業規則の具体例」の2三参照）がいない事実を通知して行わなければならない（育介則67条1項）。また，事業主は，労働者に対し，上記③，④及び⑥についての証明書類の提出を求めることができる（同条4項）。

(d)　就業規則化

育児・介護のための深夜業の制限については，労働者がこの制度を容易に利用できるようにするため，あらかじめこの制度を設けて就業規則に規定していることが必要になる（前掲・厚労省告示509号第2, 5, (1)参照）。

育児・介護のための深夜業の制限についての就業規則の具体例は，次のとおりである。これは，前掲「厚労省・育児介護休業等規則」108頁から引用したものである。

育児・介護のための深夜業の制限

1　小学校就学の始期に達するまでの子を養育する従業員が当該子を養育するため又は要介護状態にある家族を介護する従業員が当該家族を介護する

ために請求した場合には，就業規則第○条の規定にかかわらず，事業の正常な運営に支障がある場合を除き，午後10時から午前5時までの間に労働させることはない。
2　1にかかわらず，次のいずれかに該当する従業員は深夜業の制限を請求することができない。
　一　日雇従業員
　二　入社1年未満の従業員
　三　請求に係る家族の16歳以上の同居の家族が次のいずれにも該当する従業員
　　イ　深夜において就業していない者（1か月について深夜における就業が3日以下の者を含む。）であること
　　ロ　心身の状況が請求に係る子の保育又は家族の介護をすることができる者であること
　　ハ　6週間（多胎妊娠の場合にあっては，14週間）以内に出産予定でなく，かつ産後8週間以内でない者であること
　四　1週間の所定労働日数が2日以下の従業員
　五　所定労働時間の全部が深夜にある従業員
3　請求をしようとする者は，1回につき，1か月以上6か月以内の期間について，制限を開始しようとする日及び制限を終了しようとする日を明らかにして，原則として，制限を開始しようとする日の1か月前までに，育児・介護のための深夜業制限請求書を人事担当者に提出するものとする。

〔5〕　子の看護休暇制度

(1)　子の看護休暇

(a)　内　　容

　労働者が小学校就学の始期に達するまでの子を養育している場合，そのような労働者につき仕事と子の養育の両立を支援するために，子の看護休暇の制度が設けられている（育介16条の2第1項，育介則32条）。すなわち，小学校就学の始期に達するまでの子を養育する労働者は，1年[*6]に5日（子が2人以上の場合は10日）まで，事業主に申し出て，病気，負傷をした子の看護又は子に予防接種や健康診断を受けさせるために，年次有給休暇とは別個に，子の看護休暇を取得できる。

事業主は，労働者から申出があった場合には，事業の正常な運営を妨げる場合とか事業繁忙とかその他のどのような理由があっても，その申出を拒めず，労働者に対し子の看護休暇を与えなければならない（育介16条の3）。さらに，事業主は，子の看護休暇の申出や取得をした労働者に対し，解雇その他の不利益な取扱いをすることは許されない（育介16条の4・10条）。

また，平成28年の育児介護休業法の改正によって，子の看護休暇については，半日単位で取得し得るようになった（育介16条の2第2項，育介則34条1項。改正前は1日単位の取得しか認められていなかった）。この結果，子の看護休暇を利用しやすくなった。ただし，1日の所定労働時間が4時間以下の労働者については，半日単位の取得はできない（育介則33条）。

(b) 対象者

小学校就学の始期に達するまでの子を養育する労働者であれば取得できる。よって，有期契約労働者であっても，配偶者が専業主婦である労働者であっても取得できる。

しかし，①日々雇用労働者は取得できず（育介2条1号），また，労使協定によって，②雇用された期間が6ヵ月未満の労働者（育介16条の3第2項・6条1項ただし書・同項1号），③週の所定労働日数が2日以下の労働者（育介16条の3第2項・6条1項ただし書・同項2号，育介則36条・8条2項），④子の看護休暇を半日単位で取得することが困難な業務[7]に従事する労働者（育介16条の3第2項・6条1項ただし書・同項2号）については，子の看護休暇を取得し得る労働者の中から除外することができる。

(c) 子の看護休暇の取得と賃金

子の看護休暇の取得日の賃金については，労働基準法や育児介護休業法に定めがなく，有給にするか無給にするかは自由である。よって，ノーワーク・ノーペイの考え方に基づき無給にすることもできる。いずれにしても，就業規則に定めておく必要がある（労基89条2号）。

■有給にする場合の就業規則の具体例

> 子の看護休暇の取得日については，給与，賞与，定期昇給及び退職金の算定に当たっては通常の勤務をしたものとみなす。

■無給にする場合の就業規則の具体例

> 子の看護休暇の取得日については，賃金は支給しない。

> 子の看護休暇の取得日については，賞与，定期昇給及び退職金の算定期間に算入しないものとする。

(d) 手　続

労働者は，事業主に対し，①氏名，②申出に係る子の氏名と生年月日，③取得する年月日（1日未満の単位で取得する場合は，開始と終了の年月日時），④申出に係る子が負傷，疾病にかかっていること，又は疾病の予防のために必要な世話を行うものであることを明示して申出を行う必要がある（育介則35条1項）。

子の看護休暇については，子の急な負傷や疾病の際にも利用されるものであり，よって，その申出は，当日の電話等による口頭の申出でよいものとし，書面の提出を求める場合であっても事後提出で差し支えないとする必要がある。

一方，事業主は，労働者に対し，上記④の事実，すなわち，子の負傷や疾病の事実，又は疾病の予防のために必要な世話を行うものであることを証明する書類の提出を求めることができる（同条2項）。ただし，そのような証明書類の提出を求めるにしても，事後提出を可能とする等，労働者に加重な負担を強いることにならないようにしなければならない（前掲・厚労省告示509号第2，2，(2)参照）。

* 6　この「1年」とは，事業主が特に定めをしないときには，毎年4月1日から翌年3月31日までとなる。
* 7　半日単位で取得することが困難な業務としては，①例えば，国際線航空機の客室乗務員の業務のように，また，②遠隔地の業務であって，移動に長時間を要する場合のように，子の看護休暇（また，下記〔6〕「介護休暇制度」）につき，半日単位で取得した後では業務の遂行が困難であり，他方で，業務を遂行した後では半日単位の取得が困難になるもの，さらに，③流れ作業方式や交代制勤務の業務であって，半日単位の子の看護休暇（また，下記〔6〕「介護休暇制度」）を組み込むと業務の遂行が困難になる場合などが考えられる（前掲・厚労省告示509号第2，2，(3)参照）。これらの業務に従事する労働者については，労使協定で定めれば，半日単位での子の看護休暇（また，下記〔6〕「介護休暇制度」）を取得できない（事

業主は取得の申出を拒むことができる)。しかし，このような労働者であっても，1日単位なら取得できる（事業主は取得の申出を拒むことはできない）。

(2) 子の看護休暇についての就業規則の具体例

子の看護休暇についての就業規則の具体例は，次のとおりである。これは，前掲「厚労省・育児介護休業等規則」106頁から引用したものである。

子の看護休暇

1　小学校就学の始期に達するまでの子を養育する従業員（日雇従業員を除く）は，負傷し，又は疾病にかかった当該子の世話をするために，又は当該子に予防接種や健康診断を受けさせるために，就業規則第○条に規定する年次有給休暇とは別に，当該子が1人の場合は1年間につき5日，2人以上の場合は1年間につき10日を限度として，子の看護休暇を取得することができる。この場合の1年間とは，4月1日から翌年3月31日までの期間とする。

　　ただし，労使協定により除外された次の従業員からの申出は拒むことができる。
一　入社6か月未満の従業員
二　1週間の所定労働日数が2日以下の従業員
2　子の看護休暇は，半日単位で取得することができる。

---

〔6〕 介護休暇制度

(1) 介護休暇

(a) 内　　容

労働者が要介護状態にある対象家族の介護を行っている場合，そのような労働者につき仕事と対象家族の介護やその他の世話の両立を支援するために，介護休暇の制度が設けられている（育介16条の5第1項）。すなわち，要介護状態にある対象家族の介護を行う労働者（日々雇用労働者を除く）は，1年[*8]に5日（対象家族が2人以上の場合は10日）まで，事業主に申し出て，介護その他の世話を行うために，年次有給休暇とは別個に，介護休暇を取得できる。

事業主は，労働者から申出があった場合には，事業の正常な運営を妨げる場合とか事業繁忙とかその他どのような理由があっても，その申出を拒めず，労

働者に対し介護休暇を与えなければならない（育介16条の6）。さらに，事業主は，介護休暇の申出や取得をした労働者に対し，解雇その他の不利益な取扱いをすることは許されない（育介16条の7・10条）。

また，平成28年の育児介護休業法の改正によって，介護休暇についても，半日単位で取得し得るようになった（育介16条の5第2項，育介則40条1項。改正前は1日単位の取得しか認められていなかった）。この結果，介護休暇を利用しやすくなった。ただし，1日の所定労働時間が4時間以下の労働者については，半日単位の取得はできない（育介則39条）。

(b) 対 象 者

要介護状態にある対象家族の介護を行っている労働者であれば取得できる。よって，有期契約労働者であっても，配偶者が専業主婦である労働者であっても取得できる。

しかし，①日々雇用労働者は取得できず（育介2条1号），また，労使協定によって，②雇用された期間が6ヵ月未満の労働者（育介16条の6第2項・6条1項ただし書・同項1号）と，③週の所定労働日数が2日以下の労働者（育介16条の6第2項・6条1項ただし書・同項2号，育介則42条・8条2項），④介護休暇を半日単位で取得することが困難な業務[*9]に従事する労働者（育介16条の6第2項・6条1項ただし書・同項2号）については，介護休暇を取得し得る労働者の中から除外することができる。

(c) 介護休暇の取得と賃金

介護休暇の取得日の賃金については，労働基準法や育児介護休業法に定めがなく，有給にするか無給にするかは自由である。よって，ノーワーク・ノーペイの考え方に基づき無給にすることもできる。いずれにしても，就業規則に定めておく必要がある（労基89条2号）。

■有給にする場合の就業規則の具体例

> 介護休暇の取得日については，給与，賞与，定期昇給及び退職金の算定に当たっては通常の勤務をしたものとみなす。

■無給にする場合の就業規則の具体例

> 介護休暇の取得日については，賃金は支給しない。

> 介護休暇の取得日については，賞与，定期昇給及び退職金の算定期間に算入しないものとする。

(d) 手続

労働者は，事業主に対し，①氏名，②対象家族の氏名と労働者との続柄，③取得する年月日（1日未満の単位で取得する場合は，開始と終了の年月日時），④対象家族が要介護状態にあることを明示して申出を行う必要がある（育介則41条1項）。

介護休暇については，申出方法につき書面による提出に限定されておらず，よって，口頭申出も可能である。また，書面による提出を求める場合であっても，介護休暇は急な介護やその他の世話が必要になった場合に利用されることもあり，よって，当日の電話等による口頭の申出を認め，書面は事後提出で差し支えないとする必要がある。

一方，事業主は，労働者に対し，上記②と④の事実を証明する書類の提出を求めることができる（同条2項）。ただし，介護休暇は急な介護やその他の世話が必要になった場合に利用されることもあり，証明書類の提出を求めるにしても，事後提出を可能とする等，労働者に加重な負担を強いることにならないようにしなければならない（前掲・厚労省告示509号第2，2，(2)参照）。

*8 前掲*6参照。
*9 前掲*7参照。

(2) **介護休暇についての就業規則の具体例**

介護休暇についても，就業規則の絶対的必要記載事項である「休暇」（労基89条1号）に該当するから，就業規則に記載しておかなければならない。

介護休暇についての就業規則の具体例は，次のとおりである。これは，前掲「厚労省・育児介護休業等規則」106頁から引用したものである。なお，介護休暇の取得日の賃金につき，その場合の就業規則については，上記(1)(c)を参照されたい。

介護休暇
1　要介護状態にある家族の介護その他の世話をする従業員（日雇従業員を除く）は，就業規則第○条に規定する年次有給休暇とは別に，対象家族が1人の場合は1年間につき5日，2人以上の場合は1年間につき10日を限度として，介護休暇を取得することができる。この場合の1年間とは，4月1日から翌年3月31日までの期間とする。
　　ただし，労使協定により除外された次の従業員からの申出は拒むことができる。
　一　入社6か月未満の従業員
　二　1週間の所定労働日数が2日以下の従業員
2　介護休暇は，半日単位で取得することができる。

〔7〕　不利益取扱いの禁止

(1)　事業主の不利益取扱いの禁止

　事業主が，育児休業（育介5条），介護休業（育介11条），子の看護休暇（育介16条の2），介護休暇（育介16条の5），育児や介護のための所定外労働の制限（育介16条の8・16条の9）・時間外労働の制限（育介17条・18条）・深夜業の制限（育介19条・20条），育児のための所定労働時間の短縮措置（育介23条1項），育児休業に関する制度に準ずる措置又は始業時刻変更等の措置（育介23条2項），及び，介護のための所定労働時間の短縮等の措置（育介23条3項）について，その申出をしたり取得したりしたことを理由に解雇などの不利益取扱いをすることは禁止されている（育介10条・16条・16条の4・16条の7・16条の10・18条の2・20条の2・23条の2）。

(2)　育児休業等の申出・取得を理由とする上司・同僚の嫌がらせ等就業環境が害される事態の防止のための措置の義務化（育介25条）

(a)　内　　容

　事業主は，労働者が育児休業（育介5条），介護休業（育介11条），子の看護休暇（育介16条の2），介護休暇（育介16条の5），育児や介護のための所定外労働の制限（育介16条の8・16条の9）・時間外労働の制限（育介17条・18条）・深夜業の制限（育介19条・20条），育児のための所定労働時間の短縮の措置（育介23条1項），

育児休業に関する制度に準ずる措置又は始業時刻変更等の措置（育介23条2項），及び，介護のための所定労働時間の短縮等の措置（育介23条3項）について，その申出をしたり取得したりしたことを理由に，上司や同僚から，嫌がらせ等の就業環境が害される事態（妊娠の場合であればいわゆるマタハラ・パタハラなど）の引き起こされることを防止するための措置を講じるように義務付けられている（育介25条，育介則76条）。

この事業主の義務付けについては，平成28年の育児介護休業法の改正によって設けられた。

また，上記の嫌がらせ等の就業環境が害される事態（妊娠の場合であればいわゆるマタハラ・パタハラなど）とは，上司や同僚が，①解雇その他不利益取扱いを示唆したり，②上記制度の取下げや申出をしないように言ったり（同僚の場合は，繰り返し又は継続的に言うこと），③嫌がらせ等（業務に従事させないとか，専ら雑務に従事させるとか，また，労働者が意に反すると伝えているのにさらに同様のことを言うとかを含む）をいう。また，上記のマタハラとは，「マタニティー・ハラスメント*10」の略で，上司や同僚からの妊娠や出産，育児休業等に関する言動により，妊娠・出産した女性労働者や育児休業等を申出・取得した男女労働者の就業環境が害されること，さらに，パタハラとは，「パタニティー・ハラスメント*10」の略で，上司や同僚からの育児休業等に関する言動により，育児休業等を申出・取得した男性労働者の就業環境が害されることをいう（**Q44**〔1〕(9)(c)参照）。

> *10　ハラスメントとは，嫌がらせ等，精神的・身体的苦痛を与えたり，就業環境を害したりする行為をいう。また，マタハラやパタハラについては，**Q44**〔1〕(9)(c)(イ)(ロ)の用語説明を参照されたい。

(b)　事業主が講じなければならない措置

育児休業等の申出や取得を理由とした上司や同僚からの嫌がらせ等の就業環境が害される事態を防止するために，事業主が講じなければならない措置は次のようなものである（前掲・厚労省告示509号第2，14，(2)参照）。

(イ)　事業主の方針等の明確化及びその周知・啓発　　事業主は，育児休業等に関するハラスメントの内容，育児休業等に関する否定的言動が上記ハラスメントの原因になり得ること，上記ハラスメントがあってはならないこと，さら

に，育児休業等の制度の存在やその取得が可能なことなどを全従業員に周知し啓発しなければならない。

　(ロ)　相談（苦情を含む）に応じ，適切に対応し得る体制の整備　　事業主は，相談窓口を設け，相談窓口担当者が育児休業等に関するハラスメントに適切に対応できるようにしなければならない。しかも，育児や介護以外を原因とするその他のハラスメントにも一元的に対応できるようにすることが望ましいとされている。

　(ハ)　発生したハラスメントへの迅速・適切な事後対応　　育児休業等に関してハラスメントが発生した場合には，事業主は，迅速かつ正確に事実関係を確認し，被害者に対し適正な配慮の措置を行い，また，行為者に対し適正な措置を行い，さらに，再発防止のための措置を講じなければならない。

　(ニ)　発生したハラスメントの原因等の解消のための措置　　事業主は，①事業主や育児休業等の制度を利用する労働者やその他の労働者の実情に応じて，業務体制の整備など，ハラスメントが再び発生しないように措置を講じたり，②労働者に対し，周囲とのコミュニケーションを図りながら育児休業等の制度の利用状況に応じて適切に業務を行っていくという意識をもつこと等を周知し啓発したりするようにしなければならない。

　(ホ)　上記の(イ)ないし(ニ)の措置と併せて講ずべき措置　　事業主は，①相談者などのプライバシー保護の措置を講じ，労働者に周知させ，また，②相談したこと，事実関係の確認に協力したこと等を理由に不利益な取扱いをしてはならないことを定め，労働者に周知し啓発するようにしなければならない。

　(c)　労働者派遣の役務の提供を受ける者（派遣労働者の派遣先）の義務
　労働者派遣の役務の提供を受ける者，すなわち派遣労働者の派遣先についても，①育児休業等の申出・取得を理由とする不利益取扱いの禁止のみならず，②上記における，育児休業等の申出・取得を理由とする上司などの嫌がらせ等就業環境が害される事態を防止するための措置の義務化が適用される（労派遣47条の3，育介25条。前掲・厚労省告示509号第2，14，(1)，ハ参照）。よって，派遣労働者の派遣先においても，上記(b)のような措置を講じなければならない。

[井手　良彦]

Q43 休業制度の周知義務

事業主の休業制度の周知義務について、周知制度の趣旨、周知事項、また周知方法などについて説明しなさい。

〔1〕 はじめに

育児休業と介護休業の休業制度について、法は、事業主に対し一定事項につき明示し周知することを義務付けた。そのような周知義務の制度について、その制度趣旨、周知事項、また、周知方法などにつき、以下に説明していく。

〔2〕 休業制度の周知義務の制度

(1) 休業制度の周知義務の制度趣旨

事業主は、育児休業と介護休業に関し、下記(2)(a)ないし(d)の各事項につき、労働者に対して、明示し周知させるための措置を講じなければならない（育介21条、育介則70条）。このような事業主の周知義務は、努力義務とされている。

事業主の周知義務の制度（努力義務）が設けられたのは、労働者による育児休業の利用、また、介護休業の利用をよりいっそう促進させるためである。

(2) 休業制度の周知義務において周知すべき事項

事業主が労働者に対し明示し周知させるための措置を講じなければならない事項は、以下の(a)ないし(d)の各事項である。

(a) 育児休業中や介護休業中の待遇に関する事項（育介21条1項1号）

この事項の中には、休業期間における賃金その他の経済的給付についての事項や教育訓練の実施についての事項などが含まれる。

(b) 育児休業後や介護休業後の賃金、配属その他の労働条件に関する事項（同項2号）

この事項の中には，昇進，昇格及び年次有給休暇に関する事項などが含まれる。

なお，労働基準法に基づく年次有給休暇の権利取得に必要となる出勤率の算定に当たっては，育児休業や介護休業をした期間は出勤したものとみなされることに注意しなければならない（労基39条10項）。

(c) 子の死亡などにより子を養育しなくなったり，対象家族の死亡などによりその者を介護しなくなったりしたことによって，育児休業や介護休業が途中で終了した場合の労務提供開始時期に関する事項（育介21条1項3号，育介則70条1号）

(d) 労働者が介護休業期間中に負担すべき社会保険料を事業主に支払う方法に関する事項（育介21条1項3号，育介則70条2号）

なお，産前産後休業期間中及び育児休業期間中の社会保険料（健康保険料，厚生年金保険料）については，事業主が保険者に対し申し出ると，被保険者負担分及び事業主負担分ともに免除される（健保159条・159条の3，厚年81条の2・81条の2の2）。

(3) 周知方法

(a) 一般的な周知のための措置

事業主は，育児休業と介護休業に関して上記(2)(a)ないし(d)の各事項やその他必要な事項について就業規則に一括して規定することにより，労働者に対し，周知させることが望ましく（平成21年厚生労働省告示509号（以下「厚労省告示509号」という）第2，6，(1)参照）。そこで，周知方法としては，まず，就業規則に規定するなどして，労働者に対し，上記事項を一般的に周知させるべきである。

(b) 個別的・具体的な周知のための措置

(イ) しかも，事業主は，上記(a)のような措置をとった上で，休業を申し出た労働者に対して，上記(2)(a)ないし(d)の各事項につき，当該労働者にあてはめた具体的な取扱いを明らかにして文書化し，その文書を速やかに交付することによって，個別的・具体的に周知させるようにしなければならない（育介21条2項，育介則71条）。

(ロ) ところで，育児介護休業法の平成29年改正（平成29年10月1日から施行）によって，育児介護休業法21条1項の「……これを労働者に周知させるための

措置」の後に，括弧書きとして「労働者若しくはその配偶者が妊娠し，若しくは出産したこと又は労働者が対象家族を介護していることを知ったときに，当該労働者に対し知らせる措置を含む。」という一文が追加された。

　上記における，事業主が「労働者若しくはその配偶者が妊娠し，若しくは出産したこと又は労働者が対象家族を介護していることを知ったとき……」とは，労働者のプライバシー保護の観点から，労働者のほうから事業主に対し妊娠・出産の事実あるいは介護の事実を知らせることを前提としている。すなわち，労働者のほうから事業主に対し妊娠・出産の事実や介護の事実を知らせ，これによって，事業主がそれらの事実を知り，そこで，事業主が当該労働者に対し上記(2)(a)ないし(d)の各事項を文書によって個別的・具体的に知らせるといった手順を想定しているのである。そして，この手順のように，労働者のほうから事業主に対し知らせるというためには，労働者の職場環境が自発的に知らせやすいものになっていることが重要であり，それには，事業主が，育児休業や介護休業等に関するハラスメント防止のための措置を講じていることが必要になるであろう（育介25条。前掲・厚労省告示509号第2，6，(2)参照）。

　(ハ)　なお，事業主が，労働者やその配偶者の妊娠・出産の事実を知ったため，上記(2)(a)ないし(d)の各事項を個別的・具体的に知らせる際には，労働者が計画的に育児休業を取得できるようにし，また，育児と仕事が両立できるようにするために，要するに，育児のために離職することのないように，「パパ休暇」（育介5条2項の括弧書），「パパ・ママ育休プラス」（育介9条の2），その他の両立支援制度（育児休業（育介5条）のほか，子の看護休暇（育介16条の2），所定外労働の制限（育介16条の8），時間外労働の制限（育介17条），深夜業の制限（育介19条）など）を知らせることが望ましいとされている（前掲・厚労省告示509号第2，6，(3)参照）。

〔井手　良彦〕

Q 44 | 育児介護休業法

育児介護休業法は，平成28年と平成29年にそれぞれ改正されたが，両者の改正内容について簡単に説明しなさい。

A

〔1〕 平成28年改正の内容（平成29年1月1日からの施行分）

育児介護休業法は平成28年3月29日に改正され（同月31日公布），その改正内容は平成29年1月1日から施行されている。

平成28年の主な改正点は次の9項目，すなわち，①介護休業の分割取得，②介護休暇の取得単位の柔軟化，③介護のための所定労働時間の短縮等の措置，④介護のための残業免除制度の新設，⑤有期契約労働者（期間を定めて雇用される者）の育児休業の取得要件の緩和，⑥有期契約労働者の介護休業の取得要件の緩和，⑦子の看護休暇の取得単位の柔軟化，⑧育児休業などの対象となる子の範囲の拡大，⑨（上司や同僚からの）マタハラ・パタハラなどの防止措置義務の新設である。これらについて，以下に簡単に説明していく。

(1) **介護休業の分割取得**

(a) 平成28年12月31日まで

介護休業は，要介護状態にある対象家族1人につき，通算93日まで，原則として1回に限り取得可能であった。

(b) 平成29年1月1日から（改正内容）

介護休業は，要介護状態にある対象家族1人につき，通算93日まで，3回を限度として，分割して取得できるようになった（育介11条2項）。

このような改正の結果，介護休業取得の時期，回数又は日数などにつき選択の余地が広がり，介護休業を利用しやすくなった。

(c) 用語説明——介護休業，要介護状態，対象家族

(イ)「介護休業」とは，労働者（日々雇用労働者を除く）が，「要介護状態」にある「対象家族」を介護するための休業をいう（育介2条2号・11条ないし16条）。

なお，「介護休業」についての詳細は，本編第3章「介護休業」以下の解説を参照されたい。

(ロ)「要介護状態」とは，負傷，疾病又は身体上・精神上の障害により，2週間以上にわたり常時介護を必要とする状態をいう（育介2条3号，育介則2条）。

(ハ)「対象家族」とは，①配偶者（事実婚の場合を含む），②父母，③子，④配偶者の父母，⑤祖父母，⑥兄弟姉妹，及び，⑦孫である（育介2条4号，育介則3条）。

このうち⑤祖父母，⑥兄弟姉妹，及び，⑦孫については，平成29年1月1日から，それらの者に付されていた「同居し，かつ，扶養している」という要件がはずされた。その結果，これらの者についても，①配偶者，②父母，③子，及び，④配偶者の父母の場合と同様に，同居していなくても，また，扶養していなくても，要介護状態であれば，これらの者を介護するために，介護休業を取得し得ることになった[1]。

> [1] 上記の⑤祖父母，⑥兄弟姉妹，及び，⑦孫についても，要介護状態にあれば，同居していなくても，また，扶養していなくても，介護休業のほか，(i)介護休暇（育介16条の5），(ii)所定外労働の制限（残業の免除の制度。育介16条の9），(iii)時間外労働の制限（育介18条），(iv)深夜業の制限（育介20条），(v)介護のための所定労働時間の短縮等の措置（育介23条3項）の制度を利用し得ることになった。

(2) 介護休暇の取得単位の柔軟化

(a) 平成28年12月31日まで

介護休暇（「介護休業」と混同しないように注意）は，1日単位でしか取得できなかった。

(b) 平成29年1月1日から（改正内容）

介護休暇は，半日（所定労働時間の1/2）単位で取得できるようになった（育介16条の5第2項，育介則40条1項）。すなわち，取得単位が半日単位と柔軟化され，その結果，介護休暇を利用しやすくなった。

(c) 用語説明——介護休暇

「介護休暇」とは、「要介護状態」（上記(1)(c)(ロ)参照）にある「対象家族」（上記(1)(c)(ハ)参照）の介護その他の世話を行う労働者（日々雇用労働者を除く）が、1年に5日（対象家族が2人以上の場合は10日）まで取得し得る、介護その他の世話を行うための休暇をいう（育介16条の5第1項）。

なお、「介護休暇」についての詳細は、本章【概説】〔6〕の解説を参照されたい。

(3) **介護のための所定労働時間の短縮等の措置**

(a) 平成28年12月31日まで

労働者は、介護のための所定労働時間の短縮等の措置について、介護休業と通算して93日の範囲内で取得可能とされていた。

(b) 平成29年1月1日から（改正内容）

労働者は、介護のための所定労働時間の短縮等の措置について、介護休業とは別個に、利用開始から3年間で2回以上の利用が可能となった。

(c) 用語説明──介護のための所定労働時間の短縮等の措置

事業主は、「要介護状態」（上記(1)(c)(ロ)参照）にある「対象家族」（上記(1)(c)(ハ)参照）の介護をする労働者に対して、対象家族1人につき、①所定労働時間の短縮措置、②フレックスタイム制度、③始業・終業時刻の繰上げ・繰下げ（時差出勤の制度）、④労働者が利用する介護サービス費用の助成その他これに準じる制度のいずれかの措置を選択して講じなければならないが、このような事業主がとらなければならない措置を、「介護のための所定労働時間の短縮等の措置」という（育介23条3項、育介則74条3項）。そして、労働者は、この「介護のための所定労働時間の短縮等の措置」（上記④の制度は除く）について、介護休業をしていない期間に、3年間の間で少なくとも2回以上利用し得る。

なお、「介護のための所定労働時間の短縮等の措置」についての詳細は、本章【概説】〔3〕(1)以下の解説を参照されたい。

(4) **介護のための所定外労働の制限制度の新設**

(a) 平成28年12月31日まで

下記(b)のような介護のための所定外労働の制限制度（残業免除の制度）は存在しなかった。

(b) 平成29年1月1日から（改正内容）

(イ) 「要介護状態」（上記(1)(c)(ロ)参照）にある「対象家族」（上記(1)(c)(ハ)参照）1人につき，介護の必要がなくなるまで，所定外労働の制限（残業の免除）が受けられる制度が新たに設けられた（育介16条の9（新設規定））。

(ロ) したがって，要介護状態にある対象家族を介護する労働者（日々雇用労働者を除く）が事業主に所定外労働の制限（残業の免除）を請求した場合には，「業務の正常な運営を妨げる場合」を除き，事業主は，当該労働者に所定労働時間を超えた時間の労働（残業）をさせることができないことになる。労働者は，このような請求を，1回につき，1ヵ月以上1年以内の期間について開始の日及び終了の日を明示して，制限開始予定日の1ヵ月前までにしなければならない。このような請求は，書面の提出，ファクシミリ，又は電子メールの方法によってしなければならない（育介16条の9・16条の8第2項，育介則49条）。さらに，労働者は，介護の必要がなくなるまで，このような請求を何度もすることができる。

なお，「業務の正常な運営を妨げる場合」に当たるかどうかについては，当該労働者の所属する事業所を基準にして，その労働者の担当する作業内容や作業の繁閑，また，代替要員の配置の難易などの諸般の事情を総合考慮して客観的に判断されることになる[*2]。

追って，「介護のための所定外労働の制限（残業の免除）の制度」についての詳細は，本章【概説】〔4〕(1)以下の解説を参照されたい。

> *2 介護のための所定外労働の制限（残業の免除）の制度は，「3歳に満たない子を養育する労働者の所定外労働の制限（残業の免除）の制度」（育介16条の8）を準用していることから，(ロ)の記述内容については，「要介護状態にある対象家族を介護する労働者」とあるのを「3歳に満たない子を養育する労働者」と，また「介護」とあるのを「養育」と読み替えれば，「3歳に満たない子を養育する労働者の所定外労働の制限（残業の免除）の制度」についても，そのまま妥当する。

(5) 有期契約労働者の育児休業の取得要件の緩和

(a) 平成28年12月31日まで

有期契約労働者（期間を定めて雇用される者。パート，契約社員など）については，育児休業を取得するには，申出の時点で，①過去1年以上継続して雇用されていること，また，②子が1歳になった後も雇用継続の見込みがあることが必要であり，ただし，③子が2歳になるまでの間に雇用契約期間が満了し雇用契約

が更新されないことが明らかである者は除かれることになっていた。

(b) 平成29年1月1日から（改正内容）

有期契約労働者については，育児休業を取得するには，申出の時点で，①過去1年以上継続して雇用されていること，②子が1歳6ヵ月になるまでの間に雇用契約が満了することが明らかでないことが必要であると改正された（育介5条1項ただし書）。上記②のように育児休業の取得要件が緩和されたため，有期契約労働者も育児休業を取得しやすくなった。

なお，「有期契約労働者の育児休業の取得要件」についての詳細は，本編第2章【概説】〔3〕(2)以下の解説を参照されたい。

(6) 有期契約労働者の介護休業の取得要件の緩和

(a) 平成28年12月31日まで

有期契約労働者（期間を定めて雇用される者）については，介護休業を取得するには，申出の時点で，①過去1年以上継続して雇用されていること，②介護休業の取得予定日から起算して93日の経過の後も雇用継続の見込みがあることが必要であり，ただし，③93日の経過の後1年経過の日までに雇用契約期間が満了し雇用契約が更新されないことが明らかである者は除かれることになっていた。

(b) 平成29年1月1日から（改正内容）

有期契約労働者については，介護休業を取得するについても，申出の時点で，①過去1年以上継続して雇用されていること，②介護休業の取得予定日から起算して93日の経過の日から6ヵ月を経過するまでの間に雇用契約が満了することが明らかでないことが必要であると改正された（育介11条1項ただし書）。上記②のように介護休業の取得要件が緩和されたため，有期契約労働者も介護休業を取得しやすくなった。

なお，「有期契約労働者の介護休業の取得要件」についての詳細は，本編第3章【概説】における解説を参照されたい。

(7) 子の看護休暇の取得単位の柔軟化

(a) 平成28年12月31日まで

子の看護休暇は，1日単位でしか取得できなかった。

(b) 平成29年1月1日から（改正内容）

子の看護休暇は，半日（所定労働時間の1/2）単位で取得できるようになった（育介16条の2第2項，育介則34条1項）。すなわち，取得単位が半日とされ柔軟化されたことによって子の看護休暇を利用しやすくなった。

(c) 用語説明——子の看護休暇

小学校就学の始期に達するまでの子を養育する労働者（日々雇用の労働者を除く）は，1年[*3]に5日（子が2人以上の場合は10日）まで，事業主に申し出て，病気，負傷をした子の看護又は子に予防接種や健康診断を受けさせるための休暇を取得できるが，このような休暇のことを「子の看護休暇」という（育介16条の2第1項，育介則32条）。

なお，「子の看護休暇」についての詳細は，本章【概説】〔5〕の解説を参照されたい。

  *3 この「1年」とは，事業主が特に定めをしないときには，毎年4月1日から翌年3月31日までとなる。

(8) **育児休業など[*4]の対象となる子の範囲の拡大**

(a) 平成28年12月31日まで

育児休業などを取得できる対象となる「子」は，法律上の親子関係のある①実子と②養子に限られていた。

(b) 平成29年1月1日から（改正内容）

育児休業[*4]を取得できる対象となる「子」は，法律上の親子関係のある①実子と②養子のほか，法律上の親子関係に準じて考えられる③特別養子縁組のための試験的な養育期間にある子，また，④養子縁組里親に委託されている子，さらに，⑤当該労働者を養子縁組里親として委託することが適当と認められるにもかかわらず，実親等が反対したことにより，当該労働者を養育里親として委託された子などについても，労働者が養育していれば該当するとされ，育児休業などの対象となる子の範囲が拡大された（育介2条1号，育介則1条）。

なお，「対象となる子の範囲の拡大」についての詳細は，本編第2章【概説】〔3〕(3)以下の解説を参照されたい。

  *4 ①育児休業だけでなく，②子の看護休暇（上記(7)参照，育介16条の2），③所定外労働の制限（残業の免除。育介16条の8），④時間外労働の制限（育介17条），⑤深夜業の制限（育介19条），⑥育児のための所定労働時間の短縮措置（育介23条1

項）などの制度においても，対象となる子の範囲が拡大され，本文における③ないし⑤のような子も対象者に含まれるようになった（育介2条1号）。

(9) （上司や同僚からの）マタハラ・パタハラなどの防止措置義務の新設
(a) 平成28年12月31日まで

事業主による育児休業，介護休業等[*5]の措置について，その申出・取得したことを理由とした不利益取扱いについては禁止されている（育介10条・16条・16条の4・16条の7・16条の10・18条の2・20条の2・23条の2）。

(b) 平成29年1月1日から（改正内容）

上記(a)の不利益取扱い禁止（育介10条など）に加え，事業主は，労働者が育児休業，介護休業等[*5]の措置について，その申出をしたり取得したりしたことを理由に，上司や同僚から，嫌がらせ等の就業環境が害される事態（妊娠の場合であればいわゆるマタハラ・パタハラなど）の引き起こされることを防止するための措置を講じるように義務付けられた（育介25条）。

また，派遣労働者の派遣先にも，①育児休業，介護休業等[*5]の申出・取得を理由とする不利益取扱いの禁止のほか，②育児休業，介護休業等[*5]の申出・取得を理由とする上司・同僚の嫌がらせ等就業環境が害される事態の防止のための措置の義務化が適用されるようになった（平成21年厚生労働省告示509号第2，14，(1)，ハ参照）。

なお，この育児休業，介護休業等[*5]の申出・取得を理由とする上司・同僚の嫌がらせ等就業環境が害される事態の防止のための措置の義務化については，本章【概説】〔7〕(2)以下の解説を参照されたい。

(c) 用語説明——マタハラ・パタハラ

(イ) 「マタハラ」とは，「マタニティー・ハラスメント」の略で，上司や同僚からの妊娠や出産，育児休業等に関する言動により，妊娠・出産した女性労働者や育児休業等を申出・取得した男女労働者の就業環境が害されることをいう。

このマタハラには，①制度等利用への嫌がらせ型と，②状態への嫌がらせ型があるとされ，①の類型の典型的なものとしては，例えば，(i)産前休業の取得を上司に相談したところ，「休みをとるなら辞めてもらう」と言われた場合，(ii)育児休業の申請をしたところ，「男のくせに育児休業をとるな」とか「育児休業の申出を取り下げろ」と言われた場合などが，また，②の類型の典型的な

ものとしては，例えば，(i)妊娠を上司に報告すると，「次の人を雇うから，早く辞めてくれ」と言われた場合，(ii)上司から「妊婦はいつ休むかわからない」などと繰り返し言われ，通常の業務に就かせてもらえない場合などが考えられる。

　(ロ)　「パタハラ」とは，「パタニティー・ハラスメント」の略で，上司や同僚からの育児休業等に関する言動により，育児休業等を申出・取得した男性労働者の就業環境が害されることをいう。このパタハラの典型的なものとしては，上記(イ)の①の類型の(ii)の事例などが考えられる（「パタニティー」とは，英語で「父性」の意味である）。

　　＊5　ここにおける「育児休業，介護休業等」とは，①育児休業，②介護休業のほか，③子の看護休暇（上記(7)参照，育介16条の2），④介護休暇（育介16条の5），⑤所定外労働の制限（育介16条の8），⑥時間外労働の制限（育介17条），⑦深夜業の制限（育介19条），⑧育児のための所定労働時間の短縮措置（育介23条1項），⑨育児休業に関する制度に準ずる措置又は始業時刻変更等の措置（育介23条2項。フレックスタイム制度，時差出勤の制度など），⑩介護のための所定労働時間の短縮等の措置（育介23条3項）をいう（育介則76条）。

〔2〕　平成29年改正の内容（平成29年10月1日からの施行分）

　育児介護休業法は平成29年3月31日にも改正され（同日公布），その改正内容は平成29年10月1日から施行されている。

　平成29年の主な改正点は次の3項目，すなわち，①育児休業の2歳までの再延長，②育児休業制度等の個別周知の努力義務の創設，③育児目的休暇制度の導入の努力義務の創設である。これらについて，以下に簡単に説明していく。

(1)　育児休業の2歳までの再延長

(a)　平成29年9月30日まで

　育児休業期間を，子の1歳の誕生日＊6から最長1歳6ヵ月に達する日（1歳6ヵ月到達日＊6）まで延長できた。

(b)　平成29年10月1日から（改正内容）

　上記(a)の1歳6ヵ月までの延長のほか，さらに，育児休業期間を，子の1歳6ヵ月到達日＊6の翌日から最長2歳に達する日（2歳到達日）＊6まで再延長できるようになった＊7（育介5条4項）。

すなわち，労働者が，次の(イ)と(ロ)の各要件をいずれも満たす場合には，事業主に申し出て，子の1歳6ヵ月到達日[*6]の翌日から最長2歳到達日[*6]までの育児休業を取得することができるようになった（育介5条4項）。

(イ) 子の1歳6ヵ月到達日[*6]において，当該労働者又は配偶者が育児休業をしていること

(ロ) 子の1歳6ヵ月到達日[*6]の後の期間について，休業することが雇用の継続のために特に必要と認められる事情のあること

上記(ロ)における特に必要と認められる事情とは，次の①，あるいは②の(ⅰ)ないし(ⅳ)のようなものであり，それらの事情のいずれか1つがあればよい（育介則6条）。

① 保育所等における保育の利用を希望し，申込みを行っているが，子の1歳6ヵ月到達日の後の期間について，当面その実施が行われない場合

② 常態として子の養育を行っている配偶者（育児休業に係る子のもう一人の親）であって，子の1歳6ヵ月到達日の後の期間について常態として子の養育を行う予定であった者が，(ⅰ)死亡したとき，(ⅱ)負傷，疾病，障害等により養育が困難になったとき，(ⅲ)婚姻の解消等により子と同居しなくなったとき，(ⅳ)6週間（多胎妊娠の場合は14週間）以内に出産予定であるか，産後8週間を経過しないとき

この点についての詳細については，**Q46〔2〕**(1)(b)以下の解説を参照されたい。

[*6] 子の誕生日が，例えば平成28年4月15日なら，①子の1歳到達日は，平成29年4月14日（1歳誕生日の前日）であり，②子の1歳誕生日は，平成29年4月15日であり，③子の1歳6ヵ月到達日は，平成29年10月14日であり，④子の2歳到達日は，平成30年4月14日（2歳誕生日の前日）であり，②子の2歳誕生日は，平成30年4月15日である。

[*7] 有期契約労働者にあっては，最長2歳到達日までの育児休業を取得するためには，申出の時点で，①同一の事業主に引き続き雇用された期間が，1年以上であること，また，②子が2歳到達日までに労働契約期間が満了し更新されないことが明らかでないことの要件を満たさなければならない（育介5条5項・1項ただし書）。

(2) 休業制度の周知義務における個別周知義務（努力義務）の創設

(a) 平成29年9月30日まで

育児休業等休業制度の周知義務（努力義務）は規定されていたが，下記(b)のような個別周知の努力義務までは規定されていなかった。

(b) 平成29年10月1日から（改正内容）

事業主は，労働者やその配偶者が妊娠したり，出産したりしたことを知ったとき，又は労働者が対象家族を介護していることを知ったときには，当該労働者に対し，個別に，①休業中の待遇に関する事項，②休業後の賃金，配置その他の労働条件に関する事項，③子の死亡などにより子を養育しなくなったり，対象家族の死亡などによりその者を介護しなくなったりしたことによって，育児休業や介護休業が途中で終了した場合の労務提供開始時期に関する事項，④労働者が介護休業期間中に負担すべき社会保険料を事業主に支払う方法に関する事項を知らせる努力義務を負うものとされた（育介21条1項[*8]，育介則70条）。

なお，この努力義務の詳細については，**Q43**〔2〕(3)(b)以下の解説を参照されたい。

> [*8] 平成29年の改正によって，育児介護休業法21条1項の「……これを労働者に周知させるための措置」の後に，括弧書きとして「労働者若しくはその配偶者が妊娠し，若しくは出産したこと又は労働者が対象家族を介護していることを知ったときに，当該労働者に対し知らせる措置を含む。」という一文が書き加えられた。これにより，事業主に本文のような個別周知の努力義務が課せられるようになった。

(3) 育児目的休暇制度の導入の努力義務の創設

(a) 平成29年9月30日まで

下記(b)のような育児目的休暇の導入についての努力義務は規定されていなかった。

(b) 平成29年10月1日から（改正内容）

事業主につき，小学校就学の始期に達するまでの子を養育する労働者に関して，育児目的休暇（配偶者出産休暇，子の行事参加のための休暇など）を導入するよう努力しなければならないという努力義務が創設された（育介24条1項）。

なお，この点の詳細については，本章【概説】〔2〕(3)(b)以下の解説を参照されたい。

［井手　良彦］

第 2 章

育 児 休 業

【概　説】育児休業とは

〔1〕　はじめに

　以下に「育児休業」の概要について説明するが，その前に，まず「産前産後休業」（労基65条）についても説明しておきたい。「育児休業」の概要についての説明の後には，「育児時間」（労基67条）についても，少し説明することにしたい。

〔2〕　産前産後休業（労基65条）

(1)　労働基準法65条が規定している内容

(a)　労働基準法65条 1 項（産前休業[*1]）

　(イ)　使用者は，出産予定の女性労働者が休業を請求した場合には，産前 6 週間（ただし，多胎妊娠の場合には14週間）の期間につき就業させてはならない。この休業のことを「産前休業」という。産前休業は，出産予定の女性労働者から「請求」があった場合に認めることになる。

　(ロ)　この場合の「産前 6 週間」は，出産予定日を基準にして計算する。もし，実際の出産日が予定日よりも遅れた場合は， 6 週間を超えて実際の出産日までが産前休業期間となる。反対に，実際の出産日が予定日よりも早まった場合は，実際の出産日に産前休業期間は終了する（なお，出産当日は「産前 6 週間」に含まれる。昭25・3・31基収4057号）。

　また，「出産」とは，妊娠 4 ヵ月以上の分娩を意味する。この場合の 1 ヵ月は28日として計算する。よって，「妊娠 4 ヵ月以上」とは，「妊娠 3 ヵ月（＝28

日×3ヵ月＝84日）と1日の経過」で「妊娠4ヵ月以上」になるので，「妊娠85日以上」の意味になる。また，「分娩」には，流産，死産，人工妊娠中絶も含まれる（昭23・12・23基発1885号，昭26・4・2婦発113号）。

(b) 労働基準法65条2項（産後休業*1）

(イ) 使用者は，「出産」した女性労働者を産後8週間の期間，就業させてはならず，当然に休業となる。この休業のことを，「産後休業」という。ただし，使用者は，産後6週間を経過した場合に，本人の請求があるときは，医師が支障がないと認めた業務に就かせることができる。

(ロ) 「産後8週間」は，出産日（流産，死産，人工妊娠中絶の日も含む）の翌日から起算される。

(ハ) このように産後休業の場合の「産後6週間の経過前」については，本人の請求があろうがなかろうが，当然に休業にしなければならない。ただし，「産後6週間の経過後」については，本人の請求があるときに，医師が支障がないと認めた業務に就かせることができる。しかし，このような本人の請求がない以上は当然に休業となる。

産前休業と産後休業の相違は，産前休業では本人の請求がある場合には休業としなければならないとされ，「本人の請求」が要件とされているのに対し，産後休業では「本人の請求」は要件とされていない点である。

(c) 労働基準法65条3項

(イ) 使用者は，妊娠中の女性が請求した場合は，他の軽易な業務に転換させなければならない。

(ロ) ただし，この3項の規定によっても，使用者が軽易な業務を創設して女性に与える義務までを負わせたものではないとされている（昭61・3・20基発151号・婦発69号）。

(2) 趣 旨 等

(a) 労働基準法65条が設けられた趣旨は，母体を保護するためである。

(b) また，産前産後休業期間中の賃金の支払については，労働基準法に定めはなく，有給にするか無給にするかは自由である。よって，ノーワーク・ノーペイの考え方に基づき無給にすることもできるが，就業規則に定めておく必要がある。

(c) 産前産後休業の就業規則（具体例）

産前産後休業についての就業規則の具体例を示すと，次のとおりである。

---

(1) 会社は，出産する予定の女性社員がそのことを証明する書面を付して休業を請求した場合は，出産予定日の6週間前（多胎妊娠の場合は14週間前）から出産日まで当該社員を就業させない。
(2) 会社は，出産日の翌日から8週間を経過していない女性社員を就業させない。ただし，出産日の翌日から6週間を経過した女性社員から請求があったときは，医師が支障がないと認めた業務に就かせることができる。
(3) この産前産後休業中の賃金については，無給とする。

＊1 「産前休業」は「産前休暇」と，また「産後休業」は「産後休暇」とそれぞれ表現されることもある。「休業」と「休暇」を区別する厳格な基準などはないようであるが，用語例として，「休暇」のうち連続して取得するのが一般的なものを「休業」とするようである。

〔3〕 育児休業

(1) 育児休業の定義

育児休業とは，労働者が原則としてその1歳に満たない子を養育するためにする休業のことである（育介2条1号）。

育児休業は労働基準法89条1号の「休暇」に該当し，就業規則の絶対的必要記載事項に当たるため，就業規則に①付与要件（対象となる労働者の範囲等），②取得に必要な手続，③期間などについて必ず記載しなければならない。

なお，育児休業につき就業規則で定めることについての詳細は，**Q45**〔2〕の解説を参照されたい。

(2) 対象労働者

(a) 労働者

労働者であればよく，男女を問わない。ただし，日々雇用労働者は除かれる（育介2条1号）。

(b) 有期契約労働者（期間を定めて雇用される者）の場合

有期契約労働者については，申出の時点で，以下の要件を満たす必要がある

（育介 5 条 1 項ただし書）。
　① 同一の事業主に引き続き雇用された期間が，1 年以上であること
　② 子が 1 年 6 ヵ月に達する日（子が 1 歳 6 ヵ月から 2 歳に達する日までの育児休業の場合（下記(6)(b)(ロ)の場合）にあっては，2 歳に達する日。育介 5 条 5 項）までに労働契約期間が満了し，更新されないことが明らかでないこと
　(c) 労使協定で対象外になし得る場合
　以下の労働者については，労使協定で対象外にすることできる（育介 6 条 1 項，育介則 8 条）。
　① 雇用された期間が，1 年未満の労働者
　② 1 年（1 歳以降の育児休業の場合（下記(6)(b)(イ)と(ロ)の場合）は，6 ヵ月）以内に雇用関係が終了する労働者
　③ 週の所定労働日数が 2 日以下の労働者

(3) 対象となる家族の範囲

　育児休業の対象となる家族は，労働者の「子」である（育介 2 条 1 号）。
　労働者と法律上の親子関係にある①実子や②養子はもちろんのこと，法律上の親子関係に準じて考えられる③特別養子縁組のための試験的な養育期間にある子，また，④養子縁組里親に委託されている子，さらに，⑤当該労働者を養子縁組里親として委託することが適当と認められるにもかかわらず，実親等が反対したことにより，当該労働者を養育里親として委託された子についても，労働者が養育していれば含まれる。
　③，④及び⑤の子については，平成 28 年の法改正によって，拡張された（育介 2 条 1 号）。

(4) 取得できる回数

　取得できる回数の詳細については，**Q46〔4〕**の解説を参照されたい。
　以下においては，取得できる回数についての簡単な説明をしておきたい。
　(a) 原　則
　育児休業は，子 1 人につき原則として 1 回である（育介 5 条 2 項）。
　ただし，子の出生日から 8 週間以内に取得した最初の育児休業は除かれる（同項括弧書）。この特例は，特に男性が育児休業を取得することを促進しようとして規定されたもので，例えば，男性が，配偶者（妻）の出産後 8 週間以内

に最初の育児休業を取得していた場合に，この育児休業はカウントされないので，下記(b)のような「特別の事情」がなくても，再度の育児休業を取得できることになる（育児休業の再度取得の特例。上記のような，男性が配偶者（妻）の出産後8週間以内に取得する育児休業のことを「パパ休暇」という。なお，この「パパ休暇」については，**Q46〔4〕(1)**の解説を参照されたい）。

(b) 再度の育児休業が可能な場合（育介5条2項，育介則5条）

上記(a)による1回の育児休業が終了しても，例えば，①育児休業が産前産後休業や新たな育児休業の開始により終了した場合に，当該産前産後休業や新たな育児休業の対象となった子の死亡などにより当該産前産後休業や新たな育児休業が終了した場合，②育児休業が介護休業の開始により終了した場合に，当該介護休業の対象となった家族の死亡などにより当該介護休業が終了した場合，③配偶者が死亡した場合，④配偶者の疾病等により子の養育が困難になった場合，⑤離婚等により配偶者と子が同居しなくなった場合，⑥子が負傷，疾病又は障害のため*2 2週間以上の世話が必要になった場合，⑦保育所等*3における保育を希望し申込みを行っているが，当面その実施が行われない場合などの「特別の事情」がある場合には，再度の育児休業の取得が可能である。

(c) 子が1歳以降の育児休業について

子が1歳以降になった場合，一定の要件を充足すれば1歳までの育児休業とは別個の育児休業の取得が可能である（下記(6)参照）。なお，これについての詳細は，**Q46〔2〕(1)**の解説を参照されたい。

*2 「子が負傷，疾病又は障害のため」については，①「負傷や疾病が治ったが，その後障害が残った場合」も含まれる。しかし，②「乳幼児の通常の生育過程において，日常生活上必要な便宜を与える必要がある場合」は含まれない。よって，①により2週間以上の世話が必要となる場合には，再度の育児休業をすることが可能であるが，②により2週間以上の世話が必要であっても，再度の育児休業をすることはできない。

*3 「保育所等」については，①児童福祉法39条1項に規定する保育所，②就学前の子どもに関する教育，保育等の総合的な提供の推進に関する法律2条6項に規定する認定こども園，及び，③児童福祉法24条2項に規定する家庭的保育事業等（家庭的保育事業，小規模保育事業，居宅訪問型保育事業，事業所内保育事業）が該当する。しかし，無認可保育施設は含まれない（育介則5条8号）。

(5) 期　　間

(a) 原　　則

子が出生した日（誕生日）から1歳に達する日（1歳到達日＝1歳の誕生日の前日）までの期間で，労働者が申し出た連続した期間である。

「連続した期間」，すなわち，ひとまとまりの期間でなければならないので，例えば，3月1日から同月31日までと5月1日から11月30日までというように分けて育児休業を取得することはできない。

なお，下記(6)のように，一定の要件を満たす場合に，1歳の誕生日から1歳6ヵ月に達する日まで育児休業をする場合（延長），さらに1歳6ヵ月から2歳に達する日（2歳の誕生日の前日）まで育児休業をする場合（再延長）がある。

(b) 「パパ・ママ育休プラス」の場合

(イ)　パパ・ママ育休プラスの詳細な解説は，**Q46**〔3〕を参照されたい。以下においては，パパ・ママ育休プラスについての簡単な説明をしておきたい。

(ロ)　「パパ・ママ育休プラス」とは，父母がともに育児休業を取得する場合（父母の育児休業が重複する場合もあるし，重複しない場合もある）で，①育児休業を取得しようとする労働者（以下「本人」という）の配偶者（夫婦の実体を有するが婚姻届を出していないような場合の配偶者を含む）が，子の1歳到達日（1歳の誕生日の前日）以前において育児休業をしていること，②本人の育児休業の開始予定日が，子の1歳の誕生日以前であること，③本人の育児休業の開始予定日が，配偶者が取得している育児休業の初日以降であることという要件をすべて満たす場合に，子が1歳2ヵ月に達する日まで育児休業を取得し得るという制度である（育介9条の2）。

これは，育児休業期間を2ヵ月延長することにより，取得率の低い男性の育児休業取得の促進を図るために，特例として認められた制度である。ただし，この制度においても，労働者1人が取得し得る育児休業期間は1年[*4]（出産した女性においては，出産日と産後休業期間と育児休業期間を合計して1年）である。

　　[*4]　この1年とは，うるう日を含まない場合は365日，うるう日を含む場合は366日となる。

(6) 期　　間（延長する場合）

(a) 子が1歳以降について育児休業を延長する場合の詳細については，**Q**

46〔2〕(1)の解説を参照されたい。以下においては，1歳以降の育児休業の延長について，簡単な説明をしておきたい。

(b) 子が1歳以降についても，以下の(イ)のように，子が1歳6ヵ月に達する日まで，さらに，以下の(ロ)のように，2歳に達する日まで，育児休業を取得することができる*5。これらの場合は，1歳以降に育児休業が当然に延長されるわけではない。一定の要件の充足と申出，それによって新たな育児休業が取得できることになっている（育介5条3項・4項）。

(イ) 子が1歳の誕生日から1歳6ヵ月に達する日までの期間　労働者は，①子の1歳到達日（1歳の誕生日の前日）*6において，当該労働者又は配偶者が育児休業をしており，かつ，②子の1歳到達日（1歳の誕生日の前日）*6の後の期間について，休業することが雇用の継続のために特に必要と認められる事情がある場合*7には，事業主に申し出て，子が1歳6ヵ月に達する日（1歳6ヵ月到達日*8）までの育児休業を取得することができる（育介5条3項）。

(ロ) 子が1歳6ヵ月から2歳に達する日（2歳の誕生日の前日）までの期間　労働者は，①子の1歳6ヵ月到達日*8において，当該労働者又は配偶者が育児休業をしており，かつ，②子の1歳6ヵ月到達日の後の期間について，休業することが雇用の継続のために特に必要と認められる事情がある場合*7には，事業主に申し出て，子が2歳に達する日（2歳の誕生日の前日）までの育児休業を取得することができる（育介5条4項）。

*5　ただし，有期契約労働者の場合には，申出の時点で，①同一の事業主に引き続き雇用された期間が1年以上であること，かつ，②子が1歳6ヵ月（下記(ロ)の場合には「2歳」）に達する日までに労働契約期間が満了し更新されないことが明らかでない場合でなければならない（育介5条3項ただし書・5項）。

*6　子が1歳2ヵ月になるまで育児休業が可能である場合（パパ・ママ育休プラス）に，1歳を超えて育児休業をしているときは，その育児休業終了予定日となる。

*7　「休業することが雇用の継続のために特に必要と認められる事情がある場合」については，育介則6条，6条の2に規定されている。

*8　「1歳6ヵ月到達日」については，例えば，子の誕生日が「平成28年4月15日」であれば，平成28年4月15日から1年6ヵ月経過の対応日（平成29年10月15日）の前日がその日に当たり，したがって，「平成29年10月14日」が「1歳6ヵ月到達日」ということなる。

(7) 手　　続
　(a) 申出手続と事業主の通知
　(イ) 労働者は，事業主に対し，書面等で育児休業の申出を行う必要がある（育介5条6項，育介則7条1項・2項）。
　(ロ) 事業主は，労働者に対し，証明書類の提出を求めることができる（育介則7条7項）。
　事業主は，育児休業の申出がなされた場合に，育児休業の開始予定日及び終了予定日等を書面等で労働者に通知しなければならない（同条4項ないし6項）。
　(ハ) 申出手続の詳細については，**Q45〔3〕**(2)の解説を，事業主の通知の詳細については，**Q45〔3〕**(4)の解説をそれぞれ参照されたい。
　(b) 申出期間
　(イ) 子が1歳未満の場合の育児休業の申出　原則として，労働者が育児休業を開始しようとする日の1ヵ月前の日までに，申出をしなければならない（育介6条3項）。このような申出期間を設けたのは，事業主が代替労働者の確保や業務調整等をなし得る期間を確保できるようにするためである。
　もし，申出がこれより遅れた場合には，事業主は，労働者が育児休業を開始しようとする日以後で申出日の翌日から1ヵ月を経過する日（申出日の翌月の応当日）までの間で，育児休業開始日を指定することができる（同項）。
　ただし，①出産予定日前に子が出生したとき，②配偶者が死亡したとき，③配偶者が病気や負傷等により子の養育が困難になったとき，④配偶者が子と同居しなくなったとき，⑤子が負傷，疾病又は障害のため*9　2週間以上の期間，世話が必要になったとき，⑥保育所等*10における保育を希望し，申込みをしているが，当面その実施が行われないときには，1週間前の日までに申出をすればよいことになっている（同項，育介則10条・11条）。
　(ロ) 子が1歳以降の場合の育児休業の申出　この場合は，育児休業を開始しようとする日の2週間前の日までに申出をしなければならない（育介6条3項）。
　(ハ) この申出期間についての詳細は，**Q45〔3〕**(3)の解説を参照されたい。
　　*9　前掲*2を参照されたい。
　　*10　前掲*3を参照されたい。
(8) 育児休業期間の変更等

(a) 開始予定日の繰上げ

(イ) 出産予定日前に子が出生した場合等の事由がある場合に限って，1回に限り，開始予定日を繰上げ変更し育児休業期間を延長することができる（育介7条1項，育介則10条）。

(ロ) この開始予定日の繰上げについての詳細は，**Q45**〔5〕(2)(a)の解説を参照されたい。

(b) 終了予定日の繰下げ

(イ) 1ヵ月前までに申し出ることにより，子が1歳に達するまでの期間内で，1回に限り，終了予定日を繰下げ変更し育児休業期間を延長することができる（育介7条3項，育介則16条）。

(ロ) 1歳以降の育児休業をしている場合は，2週間前の日までに申し出ることにより，子が1歳6ヵ月（あるいは2歳）に達するまでの期間内で，1回に限り，終了予定日を繰下げ変更し育児休業期間を延長することができる（育介7条3項，育介則16条）。

(ハ) この終了予定日の繰下げについての詳細は，**Q45**〔5〕(2)(b)の解説を参照されたい。

(c) 申出の撤回

(イ) 休業開始予定日の前日までに，育児休業の申出を撤回することができる（育介8条1項）。

ただし，この場合には，その申出の対象となった子については，原則として再度の育児休業の申出はできない（育介8条2項，育介則19条）。

(ロ) この育児休業の申出の撤回についての詳細は，**Q47**〔1〕の解説を参照されたい。

〔4〕 育児時間（労基67条）

(1) 育児時間とは

生後満1歳に達しない幼児を育てる女性から請求があれば，使用者が認めなければならない育児のための時間で，1日2回それぞれ30分以上の時間を認めなければならない。使用者は，この育児時間中，当該女性を使用してはならないとされている（労基67条1項・2項）。

ただし，労働基準法67条は，1日の労働時間を8時間とする通常の勤務形態を前提としたものであるから，1日の労働時間が4時間以内の女性労働者の場合には，1日1回の育児時間を与えればよいとされている（昭36・1・9基収8996号）。

(2) 育児時間の利用方法など

この育児時間は，休憩時間とは別に認められ，しかも，休憩時間と異なり，始業・終業時刻に接着させることもできる。育児時間は，本来は，授乳や搾乳のための時間を想定したものである。しかし，育児のためであれば，柔軟に取り扱ってもよく，そのため，30分×2回の育児時間をまとめて1時間にし，1時間早く退社若しくは遅く出社して保育所への送迎にあてることなども認められる。

また，育児時間中の賃金については，労働基準法に定めはない。よって，ノーワーク・ノーペイの考え方から無給にすることでよいが，就業規則で有給にすることもできる。

なお，事業主が就業規則にあらかじめ一方的に育児時間を指定して，それ以外の時間帯には与えないことにするなどは違法となる。

[井手　良彦]

Q45 育児休業(1) —— 取得

Aは，その夫Bとともに，C社に勤めているが，妊娠したため，子どもが生まれたら，産後休業の後に，育児休業を取得しようと考えている。どのようにすればよいか。出産の日が当初予定日から変わった場合にはどうすればよいか。いつまで取得し得るか。また，夫のBも取得し得るか。

〔1〕 はじめに

本問では，C社に勤めているAが妊娠し，産後休業の後に育児休業を取得しようと考えているとのことであり，そのため，本問では，①C社における育児休業についての定め，言い換えると，事業主は，育児休業につき就業規則などでどのように定めておく必要があるのか，また，②育児休業の申出はどのようにするのか，③育児休業の期間はどのくらいか，④Aの出産の日が予定日と変わったことによって，育児休業の期間は変更されるのか，⑤Aの夫B，すなわち，男性労働者も育児休業を取得し得るかなどが問題となる。これらの問題について，以下に，順次説明をしていきたい。

〔2〕 育児休業の就業規則化

(1) 育児休業の就業規則化

育児休業は，就業規則の絶対的必要記載事項である「休暇」（労基89条1号）に該当するから，就業規則に必ず記載しなければならない。C社も，下記(2)のような就業規則を設けておく必要がある。

(2) 就業規則の具体例

育児休業についての就業規則の具体例は，次のとおりである。これは，厚生労働省都道府県労働局雇用環境・均等部（室）「育児・介護休業法のあらまし（育児休業，介護休業等育児又は家族介護を行う労働者の福祉に関する法律）」（以下「育児・介護休業法のあらまし」という）中の「育児・介護休業法に関する規則の規定例・様式例」104頁からの引用である。

■育児休業についての就業規則の具体例

1　育児のために休業することを希望する従業員（日雇従業員を除く）であって，1歳に満たない子と同居し，養育する者は，申出により，育児休業をすることができる。ただし，有期契約従業員にあっては，申出時点において，次のいずれにも該当する者に限り，育児休業をすることができる。
　一　入社1年以上であること
　二　子が1歳6か月（4の申出にあっては2歳）になるまでに労働契約期間が満了し，更新されないことが明らかでないこと
2　1，3，4，5にかかわらず，労使協定により除外された次の従業員からの休業の申出は拒むことができる[*1]。
　一　入社1年未満の従業員
　二　申出の日から1年以内（4及び5の申出をする場合は，6か月以内）に雇用関係が終了することが明らかな従業員
　三　1週間の所定労働日数が2日以下の従業員
3　配偶者が従業員と同じ日から又は従業員より先に育児休業をしている場合，従業員は，子が1歳2か月に達するまでの間で，出生日以後の産前・産後休業期間と育児休業期間との合計が1年を限度として，育児休業をすることができる[*2]。
4　次のいずれにも該当する従業員は，子が1歳6か月に達するまでの間で必要な日数について育児休業をすることができる。なお，育児休業を開始しようとする日は，原則として子の1歳の誕生日に限るものとする[*3]。
　(1)　従業員又は配偶者が原則として子の1歳の誕生日の前日に育児休業をしていること
　(2)　次のいずれかの事情があること
　　(ア)　保育所等に入所を希望しているが，入所できない場合
　　(イ)　従業員の配偶者であって育児休業の対象となる子の親であり，1歳以降育児に当たる予定であった者が，死亡，負傷，疾病等の事情により子を養育することが困難になった場合
5　次のいずれにも該当する従業員は，子が2歳に達するまでの間で必要な

日数について，育児休業をすることができる。なお，育児休業を開始しようとする日は，子の1歳6か月の誕生日応当日とする*4。
　(1)　従業員又は配偶者が子の1歳6か月の誕生日応答日の前日に育児休業をしていること
　(2)　次のいずれかの事情があること
　　(ア)　保育所等に入所を希望しているが，入所できない場合
　　(イ)　従業員の配偶者であって育児休業の対象となる子の親であり，1歳6か月以降育児に当たる予定であった者が死亡，負傷，疾病等の事情により子を養育することが困難になった場合
6　育児休業をすることを希望する従業員は，原則として，育児休業を開始しようとする日の1か月前（4及び5に基づく1歳を超える休業の場合は，2週間前）までに，育児休業申出書を人事担当者に提出することにより申し出るものとする。
　　なお，育児休業中の有期契約従業員が労働契約を更新するに当たり，引き続き休業を希望する場合には，更新された労働契約期間の初日を育児休業開始予定日として，育児休業申出書により再度の申出を行うものとする。
7　申出は，次のいずれかに該当する場合を除く，一子につき1回限りとする。ただし，産前休業をしていない従業員が，子の出生日又は出産予定日のいずれか遅い方から8週間以内にした最初の育児休業については，1回の申出にカウントしない*5。
　(1)　1に基づく休業をした者が4又は5に基づく休業の申出をしようとする場合又は4に基づく休業をした者が5に基づく休業の申出をしようとする場合
　(2)　配偶者の死亡等特別の事情がある場合
8　育児休業申出書が提出されたときは，会社は速やかに当該育児休業申出書を提出した者に対し，育児休業取扱通知書を交付する。

*1　労使協定で除外される従業員を規定しない場合には，2項の規定は必要でないことになる。
*2　いわゆるパパ・ママ育休プラスについての就業規則の規定である。
*3　子が1歳以降の育児休業のうち，子が1歳6ヵ月に達する日までの育児休業についての就業規則の規定である。
*4　子が1歳以降の育児休業のうち，子が2歳に達する日までの育児休業についての就業規則の規定である。この子が2歳に達する日までの育児休業については，平成29年の法改正によって認められるようになった。

＊5　男性が配偶者（妻）の産後8週間以内に取得する育児休業のことを，いわゆるパパ休暇という。このパパ休暇については，これを取得しても育児休業の1回にカウントされない（育介5条2項括弧書）。よって，パパ休暇を取得していた男性従業員は，もう1度，育児休業を取得し得る。このことを規定した就業規則の規定である。なお，パパ休暇については，**Q46**〔4〕(1)の解説を参照されたい。

〔3〕 育児休業の申出

(1)　育児休業の申出とその内容，効果

育児介護休業法における育児休業を取得するためには，労働者が事業主に対し育児休業の申出をすることが必要である（育介5条1項）。そのため，この育児休業の申出は，申出を行った労働者の労務提供義務を一定期間消滅させる効果のある意思表示といい得る。

そして，労働者から育児休業の申出があった場合に，育児休業の要件（例えば，1歳に満たない子を養育しており，この子のための育児休業であるとして申出を行ったなど）を充足するならば，事業主は，育児休業の申出を拒むことはできない（育介6条1項）。すなわち，事業主は，労働者に対し，事業が繁忙であるという理由や経営上の理由などをもって，育児休業の取得を妨げることはできないのである。ただし，当該労働者が労使協定で除外される者（下記〔6〕(3)参照）に該当しないことが必要であり，また，当該労働者が有期契約労働者（期間を定めて雇用される者）であったならば，育児休業取得のための要件（下記〔6〕(2)(イ)及び(ロ)参照）をすべて充足している必要がある。

(2)　申出の手続

労働者は，事業主に対し，書面又はファックス若しくは電子メール等＊6により，以下の事項を申し出て行わなければならない（育介5条6項，育介則7条1項・2項）。

そして，労働者が育児休業の申出をする場合に，①ないし④については，必ず申し出なければならない事項であり，⑤ないし⑫については，特定の場合に申し出なければならない事項である。

① 申出の年月日
② 申出をする労働者の氏名

③ 申出に係る子の氏名，生年月日，労働者との続柄（子が出生していない場合には，出産予定者の氏名，出産予定日，出産予定者と労働者との続柄）*7
④ 育児休業の開始予定日と終了予定日
⑤ 申出に係る子以外に1歳未満の子がいる場合には，その子の氏名，生年月日，労働者との続柄*7
⑥ 申出に係る子が養子である場合は，養子縁組の効力発生日
⑦ （原則的には，一度育児休業をしたなら再度の申出をすることはできないが）一度育児休業した後に再度の申出をすることが許される「特別の事情」があるとして，再度の申出をする場合には，上記のような「特別の事情」（育介5条2項，育介則5条。本編第2章【概説】〔3〕(4)(b)参照）
⑧ 1歳までの育児休業をしている労働者が1歳6ヵ月までの育児休業の申出を行う場合，又は1歳6ヵ月までの育児休業をしている労働者が2歳までの育児休業の申出を行う場合には，申出が許される事実（育介5条3項，育介則6条，育介5条4項，育介則6条の2。下記〔4〕(3)参照）
⑨ 配偶者が1歳までの育児休業をしている労働者が1歳6ヵ月までの育児休業の申出を行う場合，又は配偶者が1歳6ヵ月までの育児休業をしている労働者が2歳までの育児休業の申出を行う場合には，配偶者が育児休業をしていること，また，申出が許される事実（育介5条3項，育介則6条，育介5条4項，育介則6条の2）
⑩ （原則的には，休業を開始しようとする日の1ヵ月前に育児休業の申出をしなければならないが）休業を開始しようとする日の1週間前に育児休業の申出をすることが許される事由があるとして，そのような申出をする場合には，当該の申出をすることが許される事由（育介6条3項，育介則10条・11条。下記(3)参照）
⑪ （原則的には，育児休業の申出を撤回したなら，その子について再度の申出をすることはできないが）一度撤回した後にその子について再度の申出をすることが許される「特別の事情」があるとして，再度の申出をする場合には，上記のような「特別の事情」（育介8条2項，育介則19条。Q47〔1〕(2)(b)参照）
⑫ パパ・ママ育休プラスの特例により1歳に達する日の翌日以降の育児休業をする場合には，労働者の育児休業の開始予定日が，配偶者がしている

育児休業期間の初日以降である事実

なお，労働者が育児休業の申出をする場合に，事業主は，その申出につき，子の出生等を証明する書類の提出を求めることができる（育介則7条7項）。この書類とは，例えば，妊娠の事実や出産予定日を記載した医師の診断書，出生の事実を記載した官公署発行の出生届受理証明書，養子縁組の事実を記載した官公署発行の養子縁組届受理証明書などである。

*6　電子メール等による場合は，事業主及び労働者が送信された情報を出力によって書面を作成できる場合に限られる。電子メール等の「等」には，例えば，イントラネット（企業内LAN）を利用する場合などが考えられる。

*7　③と⑤については，(i)特別養子縁組の成立について家庭裁判所に請求した場合，(ii)「養子縁組里親」として委託された場合，(iii)当該労働者を養子縁組里親として委託することが適当と認められるにもかかわらず，実親等が反対したことにより当該労働者が「養育里親」として委託された場合には，そのような事実について申し出なければならない。

(3) 申出の期間

(a) 子が1歳未満の場合の育児休業

子が1歳未満の場合の育児休業について，労働者が，希望どおりの日から休業をするためには，次の時期までに申出を行うことが必要である。

(イ) 原　則　　労働者は，休業を開始しようとする日の1ヵ月前までに，申出を行わなければならない（育介6条3項）。このような申出期間を設けたのは，事業主が代替労働者の確保や業務調整等をなし得る期間を確保できるようにするためである。

申出が上記の1ヵ月前より遅れた場合は，次頁の【例1】のように，事業主は，労働者が休業を開始しようとする日以後申出日の翌日から起算して1ヵ月を経過する日（申出日の属する月の翌月の応当日，例えば，申出日が4月1日であれば，5月1日となる）までの間で，休業開始予定日を指定することができる（育介6条3項）。

(ロ) 例外的場合　　以下の事由がある場合には，労働者は，休業を開始しようとする日の1週間前までに申出を行わなければならない（育介6条3項，育介則10条・11条）。

【例1】

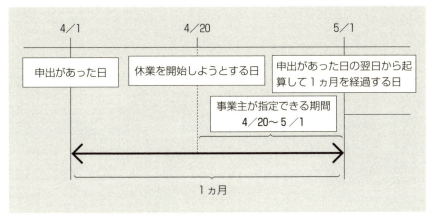

(資料出所) 前掲「育児・介護休業法のあらまし」34頁

① 出産予定日の前に子が出生したとき
② 配偶者が死亡したとき
③ 配偶者が負傷，疾病又は障害により子の養育が困難になったとき
④ 配偶者が婚姻の解消等により子と同居しなくなったとき
⑤ 子の疾病等により2週間以上の世話が必要になったとき
⑥ 保育所等*8における保育の利用を希望し，申込みを行っているが，当面その実施が行われないとき

　上記の①ないし⑥のような事由がある場合で，申出が1週間前より遅れた場合は，次頁の【例2】のように，事業主は，労働者が休業を開始しようとする日以後申出日の翌日から起算して1週間を経過する日（申出日の属する週の翌週の応当日，例えば，申出日が4月1日であれば，4月8日となる）までの間で，休業開始予定日を指定することができる（育介6条3項，育介則11条）。

　(ハ) 事業主が休業開始日を指定する場合の期限　　上記(イ)における申出が1ヵ月前より遅れた場合，また，(ロ)における申出が1週間前より遅れた場合に，事業主が休業開始予定日を指定するときは，原則として，申出があった日の翌日から起算して3日を経過する日までに，指定する休業開始予定日を通知しなければならない（育介則12条）。例えば，4月1日に申出があった場合には，起

【例２】

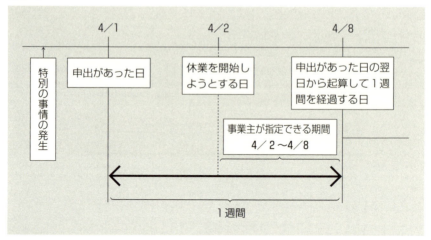

（資料出所）前掲「育児・介護休業法のあらまし」35頁

算日は４月２日でありそれから３日であるから，４月４日までに通知して指定しなければならない。

　ただし，申出から労働者が休業を開始しようとする日までの期間が短く，上記のような指定では間に合わない場合には，事業主の指定する休業開始予定日までに通知して指定しなければならない（育介則12条）。例えば，申出が４月１日で，労働者が休業を開始しようとする日が４月２日で，事業主が指定する休業開始予定日が４月３日である場合には，４月３日までに通知して指定しなければならない。

(b) 子が１歳以降の場合の育児休業

　子が１歳以降の場合の育児休業について，労働者が，希望どおりの日から休業をするためには，①１歳６ヵ月までの育児休業については，１歳の誕生日（ただし，パパ・ママ育休プラスの場合は終了予定日の翌日）の２週間前までに，また，②２歳までの育児休業については，１歳６ヵ月到達日の翌日の２週間前までに，それぞれ申出を行うことが必要である（育介６条３項）。

　この場合も，基本的に，上記(a)(イ)ないし(ハ)の説明が妥当する（ただし，(イ)や(ハ)に「１ヵ月」とあるのは「２週間」と読み替える）。

＊8　ここの「保育所等」については、①児童福祉法39条1項に規定する保育所、②就学前の子どもに関する教育、保育等の総合的な提供の推進に関する法律2条6項に規定する認定こども園、及び、③児童福祉法24条2項に規定する家庭的保育事業等（家庭的保育事業、小規模保育事業、居宅訪問型保育事業、事業所内保育事業）が該当する。しかし、無認可保育施設は含まれない（育介則5条8号）。

(4) 育児休業の申出に対し事業主が通知すべき事項

(a)　事業主は、育児休業の申出がなされた場合は、労働者に対し、以下の事項を、書面、あるいはファックスや電子メール＊9により、速やかに通知しなければならない（育介則7条4項ないし6項）。

① 育児休業の申出を受けた旨
② 育児休業開始予定日（育児介護休業法6条3項によって事業主が指定する場合はその指定する日）、育児休業終了予定日
③ 育児休業申出を拒む場合はその旨と理由

そして、上記の③のように、事業主が拒み得るのは、労使協定で除外者と定められた者からの申出の場合（下記〔6〕(3)参照）、また、申し出た労働者が有期契約労働者であり、育児休業取得のための要件（下記〔6〕(2)(イ)及び(ロ)参照）を充足しない場合に限られる。事業主は、業務繁忙とか経営上の理由などから申出を拒むことはできない。

(b)　上記(a)のように、事業主は「速やかに」に通知しなければならないが、この「速やかに」とは、申出から概ね2週間以内をいうものとされている。ただし、申出から育児休業開始予定日までの期間が2週間に満たない場合には、その開始予定日までに通知しなければならない。

また、労働者は、事業主の承諾がなくても育児休業をなし得るので、事業主からの上記のような通知がなくても、適正な育児休業の申出をしておれば、育児休業を取得し得る。

(5) 本問の場合

上記(1)ないし(3)によれば、Aが申出をする場合、育児休業を開始しようとする日の1ヵ月までに、①申出の年月日、②申出をする労働者の氏名（本問の場合は「A」）、③申出に係る子の氏名、生年月日、労働者との続柄（本問の場合は、Aとの続柄であるから「子」）、④子が出生していない場合には、出産予定者の氏名

(本問の場合は「A」),出産予定日,出産予定者と労働者との続柄(本問の場合は「本人」),⑤育児休業の開始予定日と終了予定日を,育児休業申出書により明らかにして,育児休業の申出をすれば,Aの希望する日から育児休業を取得し得ることになる。

> *9 労働者が希望する場合にはファックスや電子メールによることも可能である。電子メールによる場合は,送信された情報を労働者が出力して書面を作成できる場合に限られる(育介則7条5項)。

〔4〕 育児休業の期間

(1) 育児休業の期間の原則

育児休業の期間は,原則として,子の誕生日から1歳に達する日(1歳到達日=1歳の誕生日の前日)までの期間で,労働者が申し出た連続した期間である。「連続した期間」,すなわち,ひとまとまりの期間でなければならないので,例えば,3月1日から同月31日までと5月1日から11月30日までというように分けて育児休業を取得することはできない。

ただし,下記(2)のように,「パパ・ママ育休プラス」の特例の場合には,1歳2ヵ月に達する日までの期間で育児休業を取得し得るし,さらに,下記(3)のように,一定の要件を満たす場合には,1歳以降であっても,1歳の誕生日から1歳6ヵ月に達する日までの期間で,育児休業を取得し得るし(延長),しかも,平成29年の育児介護休業法の改正によって,1歳6ヵ月から2歳に達する日(2歳の誕生日の前日)までの期間で,育児休業を取得し得るようにもなった(再延長)。

(2) 特　　例──パパ・ママ育休プラスの場合

(a) パパ・ママ育休プラスの詳細な解説は,**Q46**〔3〕を参照されたい。以下では,パパ・ママ育休プラスについて,簡単に説明をしておきたい。

(b) 「パパ・ママ育休プラス」とは,父母がともに育児休業を取得する場合(父母の育児休業が重複する場合もあるし,重複しない場合もある)で,①育児休業を取得しようとする労働者(以下「本人」という)の配偶者(夫婦の実体を有するが婚姻届を出していないような場合の配偶者を含む)が,子の1歳到達日(1歳の誕生日の前日)以前において育児休業をしていること,②本人の育児休業の開始予定日が,

子の1歳の誕生日以前であること，③本人の育児休業の開始予定日が，配偶者が取得している育児休業の初日以降であることという要件をすべて満たす場合に，子が1歳2ヵ月に達する日まで育児休業を取得し得るという制度である（育介9条の2）。

これは，主に男性の育児休業の取得の促進を図るために，特例として認められた制度である。ただし，この制度においても，労働者1人が取得し得る育児休業期間は1年*10（出産した女性においては，出産日と産後休業期間と育児休業期間を合計して1年）である。

*10 この1年とは，うるう日を含まない場合は365日，うるう日を含む場合は366日となる。

(3) 1歳以降の育児休業の場合

下記のように，一定の要件を満たす場合には，1歳の誕生日から1歳6ヵ月に達する日までの期間で育児休業を取得し得るし（延長），さらに1歳6ヵ月から2歳に達する日（2歳の誕生日の前日）までの期間で育児休業を取得し得る（再延長）。

なお，この1歳以降の育児休業の場合については，**Q46**〔2〕における解説も参照されたい。

(a) 子が1歳の誕生日から1歳6ヵ月に達する日（1歳6ヵ月到達日*11）までの期間

この期間について，次の(イ)と(ロ)の各要件をいずれも満たす場合には，労働者は，事業主に申し出て育児休業をすることができる（育介5条3項）。

(イ) 子の1歳到達日（1歳の誕生日の前日）*12において，当該労働者又は配偶者が育児休業をしていること

(ロ) 子の1歳到達日（1歳の誕生日の前日）*12の後の期間について，休業することが雇用の継続のために特に必要と認められる事情のあること

上記(ロ)における特に必要と認められる事情とは，次の①，あるいは②の(i)ないし(iv)のようなものであり，それらの事情のいずれか1つがあればよい（育介則6条）。

① 保育所等*13における保育の利用を希望し，申込みを行っているが，子の1歳到達日（1歳の誕生日の前日）の後の期間について，当面その実施が

行われない場合

② 常態として子の養育を行っている配偶者（育児休業に係る子のもう一人の親）であって，子の1歳到達日（1歳の誕生日の前日）の後の期間について常態として子の養育を行う予定であった者が，(i)死亡したとき，(ii)負傷，疾病又は障害等により子の養育が困難になったとき，(iii)婚姻の解消等により子と同居しなくなったとき，(iv)6週間（多胎妊娠の場合は14週間）以内に出産予定であるか，産後8週間を経過しないとき

(b) 子が1歳6ヵ月から2歳に達する日（2歳の誕生日の前日）までの期間

この期間について，上記(a)(イ)及び(ロ)の各要件をいずれも満たす場合（ただし，(イ)や(ロ)，また(ロ)の①，②に「子の1歳到達日」とあるのは「子の1歳6ヵ月到達日*11」と読み替える（育介則6条の2））に，労働者は，事業主に申し出て育児休業をすることができる（育介5条4項）。

この1歳6ヵ月から2歳に達する日（2歳の誕生日の前日）までの育児休業の取得については，平成29年の育児介護休業法の法改正によって認められるようになった。

　*11 「1歳6ヵ月到達日」については，例えば，子の誕生日が「平成28年4月15日」であれば，平成28年4月15日から1年6ヵ月経過の対応日（平成29年10月15日）の前日がその日に当たり，したがって，「平成29年10月14日」が「1歳6ヵ月到達日」ということなる。

　*12 「子が1歳2ヵ月になるまで育児休業が可能である場合（上記〔4〕(2)のパパ・ママ育休プラスの場合）に，1歳を超えて育児休業をしているときはその育児休業終了予定日」となる。

　*13 前掲*8参照。

(4) 本問の場合

A及びB（夫のBについても育児休業を取得し得ることについては，下記〔6〕に記載のとおり）は，上記(1)ないし(3)に記載した期間について，育児休業を取得し得ることになる。

〔5〕 育児休業の変更

(1) はじめに

本問では、「出産の日が当初予定日から変わった」とあるので、それに伴って育児休業の開始予定日を変更し得るかが問題となる。例えば、出産の日が早まったので育児休業の開始予定日を前に繰上げ変更することができるか、あるいは、出産の日が遅くなったので育児休業の開始予定日を後ろに繰下げ変更することができるかという問題である。ともに、育児休業の変更の可否の問題である。

(2) **育児休業の変更**

育児休業の変更の可否の問題は、育児休業の開始予定日を変更する場合だけでなく、育児休業の終了予定日を変更する場合も考えられ、そのそれぞれに前に繰上げ変更する場合と後に繰下げ変更する場合があり得る。

(a) 育児休業の開始予定日を変更する場合

(イ) 育児休業の開始予定日を変更する場合には、①育児休業の開始予定日を前に繰上げ変更する場合（この場合は、育児休業期間は延長することになる）と、反対に、②後に繰下げ変更する場合（この場合は、育児休業期間は短縮することになる）があり得る。例えば、当初の育児休業の開始予定日が7月1日の場合、①の場合であれば、育児休業の開始予定日を6月20日に変更する場合であり、②の場合であれば、育児休業の開始予定日を7月10日に変更する場合である。

(ロ) 育児休業の開始予定日を変更する場合については、労働者には、権利として、上記(イ)①の場合、すなわち、育児休業の開始予定日を前に繰上げ変更することしか認められていない（育介7条1項）。上記(イ)②の場合、すなわち、育児休業の開始予定日を後に繰下げ変更することは、権利として認められていない。要するに、育児休業の開始予定日を変更する場合に、育児休業期間をより長く延長する場合でないと認められないのである。これは、変更により育児休業期間が短縮されると、当該労働者と代替要員が重複したりするので、その調整や賃金の負担などで事業主に過大な負担を強いることをなりかねないことを考慮したためである。

(ハ) そして、労働者について、以下の(i)ないし(vi)のような事由が生じた場合に、1回に限り、前に繰上げ変更する（延長する）ことが許される。例えば、子を平成29年4月1日に出産した労働者が、産後休業の後いったん職場復帰をして、平成29年9月1日から平成30年3月31日まで育児休業をすることを

予定していたが，配偶者（夫）が大けがを負ったため子の養育が困難になったとして，育児休業の開始予定日を前に繰上げ変更して，平成29年7月1日から平成30年3月31日まで育児休業を取得することにしたような場合である．

育児休業の開始予定日を前に繰上げ変更することのできる事由は，(i)出産予定日前の出産の場合，(ii)子の親である配偶者の死亡の場合，(iii)子の親である配偶者が負傷や疾病により子の養育が困難になった場合，(iv)子の親である配偶者が子と同居しなくなった場合，(v)育児休業の申出に係る子が負傷，疾病又は障害により2週間以上の世話を要するようになった場合，(vi)育児休業の申出に係る子につき保育所等における保育を希望し申込みをしているが，当面実施されない場合である（育介7条1項，育介則10条）．

(二) 育児休業の開始予定日を前に繰上げ変更するには，「当初の開始予定日の前日」までに繰上げ変更の申出を，書面等によりすることが必要である（育介則13条）．

ただし，労働者の希望どおりの日に育児休業の開始予定日を繰上げ変更することができるのは，変更後育児休業を開始しようとする日の1週間前までに変更の申出をした場合である（育介7条2項，育介則14条）．

もし労働者の変更の申出がこれより遅れた場合には，次頁の【例3】のように，事業主は，労働者が変更後育児休業を開始しようとする日以後変更の申出の日の翌日から起算して1週間を経過する日（変更申出の日の属する週の翌週の応当日）までの間で，育児休業を開始する日を指定することができる（育介7条2項，育介則14条）．

上記のように，事業主が育児休業を開始する日を指定する場合には，事業主は，原則として，変更の申出があった日の翌日から起算して3日を経過する日までに，労働者に通知して指定しなければならない．ただし，変更の申出があった日から変更後育児休業を開始しようとする日までの期間が短く，上記のような指定では間に合わない場合には，変更後育児休業を開始しようとする日までに通知して指定しなければならない（育介則15条）．

(ホ) ところで，①子が1歳から1歳6ヵ月までの育児休業の場合には，育児休業の開始予定日は，子が1歳の誕生日（＝子の1歳到達日の翌日）と，また，②子が1歳6ヵ月から2歳までの育児休業の場合には，育児休業の開始予定日は，

【例3】

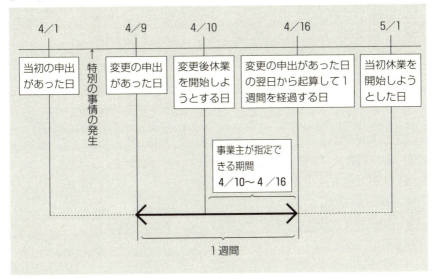

(資料出所) 前掲「育児・介護休業法のあらまし」36頁

子が1歳と6ヵ月到達日の翌日とそれぞれ決められている（育介5条6項）。したがって、これらの場合には、育児休業の開始予定日の変更はできない。

(b) 育児休業の終了予定日を変更する場合

(イ) 育児休業の終了予定日を変更する場合についても、①育児休業の終了予定日を前に繰上げ変更する場合（この場合は、育児休業期間は短縮することになる）と、反対に、②後に繰下げ変更する場合（この場合は、育児休業期間は延長することになる）があり得る。例えば、当初の育児休業の終了予定日が10月31日の場合、①の場合であれば、育児休業の終了予定日を9月30日に変更しようとする場合であり、②の場合であれば、育児休業の終了予定日を11月30日に変更する場合である。

なお、育児休業の終了予定日の変更については、**Q46〔5〕**の解説についても、参照されたい。

(ロ) 育児休業の終了予定日を変更する場合については、労働者には、権利としては、上記(イ)②の場合、すなわち、育児休業の終了予定日を後に繰下げ変更

することしか認められていない（育介7条3項）。上記(イ)①の場合，すなわち，育児休業の終了予定日を前に繰上げ変更することは，権利として認められていない。要するに，育児休業の終了予定日を変更する場合にも，育児休業期間をより長く延長する場合でないと認められないのである。この場合についても，変更により育児休業期間が短縮されると，当該労働者と代替要員が重複する事態が生じて，その調整や賃金の負担などで事業主に過大な負担を強いることになりかねないことを考慮したためである。

(ハ)　したがって，労働者は，権利として，1回に限り，育児休業の終了予定日を後に繰下げ変更することができる。すなわち，①子が1歳までの育児休業については，1歳到達日（1歳の誕生日の前日）までの期間内で，②子が1歳から1歳6ヵ月までの育児休業については，1歳6ヵ月の到達日までの期間内で，また，③子が1歳6ヵ月から2歳までの育児休業については，2歳到達日（2歳の誕生日の前日）までの期間内で，それぞれ育児休業の終了予定日を後に繰下げ変更することができる。例えば，子の1歳の誕生日が平成29年4月1日である場合に平成30年1月31日までの育児休業を取得していた労働者は，子の1歳到達日（平成30年3月31日）までの期間内であれば，育児休業を1回に限り，例えば，平成30年2月28日まで育児休業を繰下げ変更する（延長する）ことができる。

このように育児休業の終了予定日を後に繰下げ変更する場合については，育児休業の開始予定日を前に繰上げ変更する場合（上記(a)(ロ)の場合）と違って，後に繰り下げる事由についての制限はない。

ただし，このように育児休業の終了予定日を後に繰下げ変更する場合には，当初の育児休業の終了予定日の1ヵ月前までに申し出なければならない。また，子が1歳から1歳6ヵ月までの育児休業及び子が1歳6ヵ月から2歳までの育児休業に関しては，当初の育児休業の終了予定日の2週間前までに申し出なければならない（育介7条3項，育介則16条）。

上記のように1ヵ月前までかあるいは2週間前までに申出をしなければならないとして，事業主に対し育児休業の終了予定日を後に繰下げ変更することに備えた準備をなし得るよう，それだけの期間を与えているので，繰下げ変更（延長）事由に制限が加えられていないのである。

(c) 変更の手続
(イ) 育児休業の開始予定日の繰上げ変更又は終了予定日の繰下げ変更の申出においては，労働者は，事業主に対し，書面又はファックス若しくは電子メール等*14により，以下の①ないし④の事項を申し出なければならない（育介則13条1項・2項・17条1項・2項・7条2項・3項）。
① 変更の申出の年月日
② 変更の申出をする労働者の氏名
③ 変更後育児休業を開始しようとする日，あるいは終了しようとする日
④ （開始予定日の繰上げ変更の場合には）変更申出の事由に係る事実
(ロ) 労働者から育児休業の開始予定日の繰上げ変更又は終了予定日の繰下げ変更の申出がなされたときは，事業主は，労働者に対し，速やかに*15，書面又はファックス若しくは電子メール等*14により，以下の①及び②の事項を通知しなければならない（育介則13条2項・17条2項・7条4項・5項）。
① 変更申出を受けた旨
② 育児休業開始予定日（育介7条2項によって，事業主が指定する場合には，その指定する日）及び育児休業終了予定日

*14 前掲*6参照。
*15 「速やかに」とは，原則として，労働者が変更の申出をした時点からおおむね2週間以内だとされている。

(d) 本問の場合
本問においては，Aの出産の日が早まった場合であれば，育児休業の開始予定日を前に繰上げ変更することができることになる（育介7条1項，育介則10条1号）。

〔6〕 育児休業の対象者

(1) 労 働 者
育児休業の対象者は，労働者であればよく，男女を問わない。ただし，日々雇用労働者は除かれる（育介2条1号）。

(2) 有期契約労働者（期間を定めて雇用される者）の場合
有期契約労働者については，申出の時点で，以下の要件を満たす必要がある

（育介5条1項ただし書）。

① 同一の事業主に引き続き雇用された期間が，1年以上であること
② 子が1年6ヵ月に達する日（子が1歳6ヵ月から2歳に達する日までの育児休業の場合にあっては，2歳に達する日。育介5条5項）までに労働契約期間が満了し，更新されないことが明らかでないこと

(3) 労使協定で対象外になし得る場合

以下の労働者については，労使協定で育児休業の対象外にすることができる（育介6条1項ただし書，育介則8条）。

① 雇用された期間が，1年未満の労働者
② 1年（1歳以降の育児休業の場合（上記〔4〕(3)(a)と(b)の場合）は6ヵ月）以内に雇用関係が終了する労働者
③ 週の所定労働日数が2日以下の労働者

(4) 本問の場合

育児休業の対象者は，労働者であればよく，男女を問わないので，夫のBも育児休業を取得し得る。ただし，Bが有期契約労働者であれば，上記(2)①と②の要件を充足している必要がある。さらに，C社において労使協定で育児休業の対象除外者を規定している場合には，Bがこの対象除外者に該当しないことが必要になる。

［井手　良彦］

Q46 育児休業(2)――延長・短縮

(1) Aは子どもが満1歳になるまで育児休業を取得することにし、現在育児休業中であるが、満1歳になった時点で預けることを予定していた託児所から定員一杯で受け入れることができなくなったとの連絡があり、さらに、他の託児所にも預けられそうにもないということで、育児休業を延長しようと考えているが、可能か。

(2) 一方、Aは子どもが満1歳になるまで育児休業を取得することにし、現在育児休業中であるが、10ヵ月になろうとする時に、満1歳になった時点で預けることを予定していた託児所から「急に辞退者が出たので定員が空いた。今なら受け入れることができる。しかし、これが埋まってしまうと、Aの子どもが満1歳になった時点で受け入れることは困難であろう。」と言われた。そこで、Aは育児休業を10ヵ月で打ち切り、託児所に預け、仕事に復帰したいが、このようなことは可能か。

〔1〕 はじめに

(1) 小問(1)について

小問(1)の場合は、「育児休業を変更する場合」のうちの「育児休業を延長する場合」についての問題、すなわち、①子が1歳までの育児休業をしていた者が、それ以上の期間の育児休業を取得し得るかの問題である。そこで、この問題、さらに②子が1歳から1歳6ヵ月までの育児休業をしていた者が、それ以上の期間の育児休業を取得し得るかの問題についても説明し、その後に、「育児休業を変更する場合」に関連し、③「パパ・ママ育休プラス」の制度と④育

児休業の取得回数についても説明しておきたい。

(2) 小問(2)について

小問(2)の場合は,「育児休業を変更する場合」のうちの「育児休業を短縮する場合」, すなわち, 育児休業の終了予定日を前に繰上げ変更する場合である。このような終了予定日を前に繰上げ変更することが認められるかが問題となる。

ところで,「育児休業を変更する場合」における育児休業の開始予定日を変更する場合 (前に繰上げ変更する場合と後に繰下げ変更する場合), また, 終了予定日を変更する場合 (前に繰上げ変更する場合と後に繰下げ変更する場合) については, **Q 45〔5〕**に詳しく説明しているので, ここでは簡単に説明することにしたい。

〔2〕 育児休業の延長

(1) 育児休業の延長

子が1歳以降についても, 以下の(a)や(b)のように, 子が1歳までの育児休業とは別個に, 育児休業を取得することが可能である (育介5条3項・4項)。これらの場合は, 一定の要件の充足と申出, それによる別個の育児休業の取得であるから, 当然の「延長」というわけではないが, 実質的に, (a)の場合は「延長」, (b)の場合は「再延長」といい得る。

ただし, 有期契約労働者にあっては, 上記のような育児休業をするためには, 申出の時点で, ①同一の事業主に引き続き雇用された期間が, 1年以上であること, また, ②子が1歳6ヵ月 (下記(b)の場合には,「2歳」) に達する日までに労働契約期間が満了し更新されないことが明らかでないことの要件を満たさなければならない (育介5条3項ただし書・5項)。

(a) 子が1歳の誕生日から1歳6ヵ月に達する日 (1歳6ヵ月到達日[*1]) までの期間

この期間について, 次の(イ)と(ロ)の各要件をいずれも満たす場合には, 労働者は, 事業主に申し出て育児休業をすることができる (育介5条3項)。

(イ) 子の1歳到達日 (1歳の誕生日の前日)[*2]において, 当該労働者又は配偶者が育児休業をしていること

(ロ) 子の1歳到達日 (1歳の誕生日の前日)[*2]の後の期間について, 休業することが雇用の継続のために特に必要と認められる事情のあること

上記(ロ)における特に必要と認められる事情とは，次の①，あるいは②の(i)ないし(iv)のようなものであり，それらの事情のいずれか1つがあればよい（育介則6条）。

① 保育所等*3における保育の利用を希望し，申込みを行っているが，子の1歳到達日（1歳の誕生日の前日）の後の期間について，当面その実施が行われない場合

② 常態として子の養育を行っている配偶者（育児休業に係る子のもう一人の親）であって，子の1歳到達日（1歳の誕生日の前日）の後の期間について常態として子の養育を行う予定であった者が，(i)死亡したとき，(ii)負傷，疾病，障害等により養育が困難になったとき，(iii)婚姻の解消等により子と同居しなくなったとき，(iv)6週間（多胎妊娠の場合は14週間）以内に出産予定であるか，産後8週間を経過しないとき

(b) 子が1歳6ヵ月から2歳に達する日（2歳の誕生日の前日）までの期間

この期間について，上記(a)の(イ)及び(ロ)の各要件をいずれも満たす場合（ただし，(イ)や(ロ)，また(ロ)の①，②に「子の1歳到達日」とあるのは「子の1歳6ヵ月到達日*1」と読み替える（育介則6条の2））に，労働者は，事業主に申し出て育児休業をすることができる（育介5条4項）。

この1歳6ヵ月から2歳に達する日（2歳の誕生日の前日）までの育児休業の取得については，平成29年の育児介護休業法の法改正によって認められるようになった。

*1 「1歳6ヵ月到達日」については，例えば，子の誕生日が「平成28年4月15日」であれば，平成28年4月15日から1年6ヵ月経過の対応日（平成29年10月15日）の前日がその日に当たり，したがって，「平成29年10月14日」が「1歳6ヵ月到達日」ということなる。

*2 「子が1歳2ヵ月になるまで育児休業が可能である場合（下記〔2〕のパパ・ママ育休プラスの場合）に，1歳を超えて育児休業をしているときはその育児休業終了予定日」となる。

*3 ここの「保育所等」については，①児童福祉法39条1項に規定する保育所，②就学前の子どもに関する教育，保育等の総合的な提供の推進に関する法律2条6項に規定する認定こども園，及び，③児童福祉法24条2項に規定する家庭的保育事業等（家庭的保育事業，小規模保育事業，居宅訪問型保育事業，事業所内保育事業）が

該当する。しかし，無認可保育施設は含まれない（育介則5条8号）。

(2) 小問(1)の場合

(a) Aについては，①その子が1歳到達日（1歳の誕生日の前日）において育児休業をしている。また，②1歳到達日の後の期間について，預けることを予定していた託児所において定員が一杯で受け入れることができなくなったという事情が生じており，そのため，保育所における保育の利用を希望し申込みを行っていたが，子の1歳到達日の後の期間について，当面その実施が行われない場合に該当し，その点で，子の1歳到達日の後の期間について，休業することが雇用の継続のために特に必要とされる事情も認められる（ただし，Aが預けることを予定していた託児所が，無認可保育施設であってはならない）。

よって，Aについて，子が1歳の誕生日から1歳6ヵ月に達する日までの育児休業を取得し得る場合に当たる。そこで，Aは，事業主に申し出て，子が1歳6ヵ月に達する日までの育児休業を取得し得る（実質的には，子が1歳6ヵ月に達する日までの育児休業の延長といい得る）。

(b) ただし，Aが有期契約労働者であるなら，上記(1)のように，申出の時点で，①現在の事業主に引き続き雇用された期間が1年以上であること，また，②子が1歳6ヵ月に達する日までに労働契約期間が満了し更新されないことが明らかでないことの要件を満たさなければならない（育介5条3項ただし書）。

〔3〕 パパ・ママ育休プラス

(1) パパ・ママ育休プラス

父母がともに育児休業を取得する場合（父母の育児休業が重複する場合もあるし，重複しない場合もある）で，次の(i)から(iii)までの要件をすべて満たす場合には，子が1歳2ヵ月に達する日まで育児休業を取得し得る（育介9条の2）。

(i) 育児休業を取得しようとする労働者（以下「本人」という）の配偶者[*4]が，子の1歳到達日（1歳の誕生日の前日）以前において育児休業をしていること

(ii) 本人の育児休業の開始予定日が，子の1歳の誕生日以前であること

(iii) 本人の育児休業の開始予定日が，配偶者が取得している育児休業の初日

以降であること

　上記(i)における「子の1歳到達日（1歳の誕生日の前日）以前」とは，子の1歳到達日あるいはその前からという意味であり，下記の例でいえば，「子の1歳到達日」が10月9日であるから，本人の配偶者は，10月9日あるいはその前から育児休業を取得している必要がある。

　また，上記(ii)における「子の1歳の誕生日以前」とは，子の1歳の誕生日あるいはその前からという意味であり，下記の例でいえば，「子の1歳の誕生日」が10月10日であるから，本人は10月10日あるいはその前から育児休業を取得するものでなければならない。

　さらに，上記(iii)における「配偶者が取得している育児休業の初日以降」とは，配偶者の育児休業の初日あるいはその後からという意味であり，よって，本人の育児休業は，配偶者の育児休業の初日，あるいはその後から始まるものでなければならない。

　上記のような育児休業は，「パパ・ママ育休プラス」と呼ばれるもので，育児休業期間を2ヵ月延長することにより，取得率の低い男性の育児休業取得の促進を図ろうと，特例として認められた制度である。ただし，この制度においても，労働者1人が取得し得る育児休業期間は1年[5]（出産した女性においては，出産日と産後休業期間と育児休業期間を合計して1年）である。

　　＊4　この「配偶者」については，法律上の婚姻関係にある者だけでなく，夫婦の実体を有するが婚姻届を出していない場合などの「事実上婚姻関係と同様の事情にある者」を含むとされている。よって，例えば，婚姻関係の実体を有するAとBとの間に子Cが誕生したが，AとBは婚姻届を出していないような場合にも，親であるAとBは，子Cに対する育児休業に関し「パパ・ママ育休プラス」を取得し得る。

　　＊5　この1年とは，うるう日を含まない場合は365日，うるう日を含む場合は366日となる。

(2)　パパ・ママ育休プラスの具体例

　次の場合を前提として，パパ・ママ育休プラスの具体例を【例1】～【例6】で見ていく（なお，【例1】ないし【例6】については，厚生労働省都道府県労働局雇用環境・均等部（室）の「育児・介護休業法のあらまし（育児休業，介護休業等育児又は家族介護を行う労働者の福祉に関する法律）」30～31頁から引用した）。

・子の出生日	10月10日
・子の1歳到達日（通常の休業取得可能期間）	10月9日
・子の1歳到達日の翌日（1歳の誕生日）	10月10日
・子が1歳2ヵ月に達する日	12月9日

【例1】

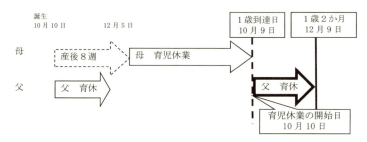

【例2】

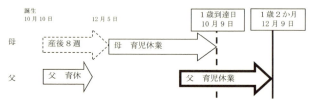

［両親の育児休業期間が，重複することも可能である。］

【例3】

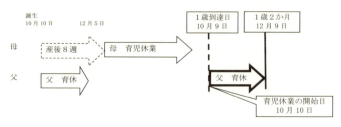

［両親の育児休業期間は，連続している必要はない。］

【例4】

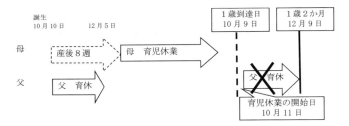

[この【例4】の場合では、父（本人）の育児休業開始予定日が、子の1歳の誕生日（10月10日）より後であるため、父はパパ・ママ育休プラスの対象とはならない。]

【例5】

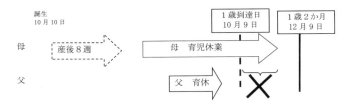

[この【例5】の場合では、母（本人）の育児休業開始予定日が父（配偶者）より先であるため、母はパパ・ママ育休プラスの対象とはならず、育児休業を取得しうる期間は1歳到達日（10月9日）までとなる。]

【例6】

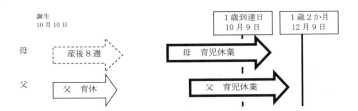

[この【例6】の場合では、母（本人）の育児休業開始予定日が父（配偶者）の1度目の育児休業開始日より後であるため、母はパパ・ママ育休プラスの対象となる。また、父（本人）が2度目の育児休業を取得する場合、2度目の育児休業の開始予定日より先に、母（配偶者）が育児休業を開始しているため、父（本人）の2度目の育児休業はパパ・ママ育休プラスの対象になる。]

〔4〕 育児休業の取得回数

　育児休業の取得については，以下の(1)のように，子1人につき原則として1回とされている（育介5条2項）。ただし，特例（下記(1)のただし書の場合。いわゆる「パパ休暇」の場合）と一定の例外（下記(2)の場合）が認められており，さらには，子が1歳以降の育児休業については，子が1歳までの育児休業とは別個に取得することが可能である（下記(3)の場合）。

(1) 原　　則

　育児休業は，子1人につき原則として1回である（育介5条2項）。

　ただし，いわゆる「パパ休暇」といわれる，育児休業の再度取得の特例が設けられている（育介5条2項の括弧書）。すなわち，子の出生日から8週間以内に取得した最初の育児休業は上記の回数にカウントされない。したがって，上記のような最初の育児休業をしていても，再度の育児休業をなし得る。これは，主に男性の育児休業の取得を促進しようと，配偶者（妻）の出産後8週間以内に最初の育児休業をしていても，これを育児休業したものとはカウントしないで，下記(2)のような「特別の事情」がなくても，再度の育児休業をなし得るようにしたものである。

　パパ休暇となるためには，出生後8週間以内に最初の育児休業は終了していなければならない。この出生後8週間以内とは，原則上は，出生日から起算して8週間経過日の翌日までである。しかし，①出産予定日前に生まれた場合は，出生日から出産予定日を起算日にして8週間経過日の翌日までに，最初の育児休業が終了していなければ，この育児休業はパパ休暇とはなり得ない（育介5条2項の括弧書）。例えば，出産予定日が4月1日で，出生日が3月25日であれば，出産予定日（4月1日）を起算日にして8週間経過日は5月26日であり，その翌日は5月27日であるから，3月25日（出生日）から5月27日までの期間中に最初の育児休業は終了していなければならないのである。他方，②出産予定日後に生まれた場合は，出産予定日から出生日を起算日にして8週間経過日の翌日までに，最初の育児休業が終了していなければ，この育児休業はパパ休暇とはなり得ない（育介5条2項の括弧書）。例えば，出産予定日が4月1日で，出生日が4月5日であれば，出生日（4月5日）を起算日にして8週間経過日

は5月30日であり，その翌日は5月31日であるから，4月1日（出産予定日）から5月31日までの期間中に最初の育児休業は終了していなければならないのである。

また，産後休暇を取得した労働者には，この特例は適用されず（育介5条2項の括弧書），対象者は主に男性であるが，女性であっても，例えば養子縁組をしたような場合には，「パパ休暇」の対象になり得る。

(2) 例外として，再度の育児休業が可能な場合（育介5条2項，育介則5条）

以下の(a)ないし(g)のような「特別の事情」がある場合には，再度の育児休業をすることが可能である。すなわち，例えば，平成29年4月1日に子が誕生し同年9月30日までの育児休業を取得していた者が，以下の(a)ないし(g)のような「特別の事情」がある場合には，同年10月1日から平成30年3月31日までの期間内であれば再度の育児休業を取得し得る。

(a) 育児休業が産前産後休業又は新たな育児休業の開始により終了した場合で，当該産前産後休業又は新たな育児休業の対象となった子が死亡したり，他人の養子になった等の理由により労働者と同居しなくなったりした場合（育介則5条1号・2号）。これは，要するに，育児休業終了の原因となった産前産後休業や新たな育児休業が終了してしまった場合である。

(b) 育児休業が介護休業の開始により終了した場合で，当該介護休業の対象となった家族が死亡したり，離婚等により介護休業の対象となった家族と労働者との親族関係が消滅したりした場合（同条3号）。これも，要するに，育児休業終了の原因となった介護休業が終了してしまった場合である。

(c) 配偶者が死亡した場合（同条4号）。

(d) 配偶者が負傷，疾病又は障害により，子の養育が困難になった場合（同条5号）。

(e) 婚姻の解消等により，配偶者が子と同居しないことになった場合（同条6号）。

(f) 子が負傷，疾病又は障害により，2週間以上にわたり世話を必要とする場合（同条7号）。

上記の「子が負傷，疾病又は障害により」については，①「負傷や疾病が治ったが，その後障害が残った場合」も含まれる。しかし，②「乳幼児の通常の

生育過程において、日常生活上必要な便宜を与える必要がある場合」は含まれない。よって、①により2週間以上の世話が必要となる場合には、再度の育児休業をすることが可能であるが、②により2週間以上の世話が必要であっても、再度の育児休業をすることはできない。

(g) 保育所等における保育の利用を希望し、申込みを行っているが、当面その実施が行われない場合（同条8号）。

上記の「保育所等」については、上記〔2〕(1)の＊3のとおり。

(3) 子が1歳以降の育児休業について

子が1歳以降になった場合にも、一定の要件を充足すれば、子が1歳までの育児休業とは別個に育児休業を取得し得る。

この詳細については、上記〔2〕(1)における解説を解説されたい。

〔5〕 育児休業の短縮

(1) はじめに

小問(2)の場合は、育児休業を短縮する場合、すなわち、「育児休業を変更する場合」における育児休業の終了予定日を前に繰上げ変更する場合である。このようなことが許されるのかが問題となる。

「育児休業を変更する場合」における育児休業の開始予定日を変更する場合（前に繰上げ変更する場合と後に繰下げ変更する場合）、また、終了予定日を変更する場合（前に繰上げ変更する場合（本問の場合）と後に繰下げ変更する場合）については、**Q45**〔5〕において詳しく説明しているので、そちらを参照されたい。

以下においては、簡単に説明することにしたい。

(2) 育児休業の変更

「育児休業を変更する場合」については、①育児休業の開始予定日を変更する場合と、②育児休業の終了予定日を変更する場合が考えられ、そのそれぞれに前に繰上げ変更する場合と後に繰下げ変更する場合があり得る。

(a) 育児休業の開始予定日を変更する場合

(イ) 育児休業の開始予定日を変更する場合において、労働者には、権利として、育児休業の開始予定日を前に繰上げ変更することしか認められていない（育介7条1項）。例えば、当初の育児休業の開始予定日が7月1日の場合であれ

ば，育児休業の開始予定日を6月20日に変更する場合である。育児休業の開始予定日を前に繰上げ変更することによって，育児休業期間は延長されることになる。育児休業の開始予定日を前に繰上げ変更することしか許されていないのは，もし変更によって育児休業期間が短縮されることになると，当該労働者と代替要員が重複したりするので，その調整や賃金の負担などで事業主に過大な負担を強いることをなりかねないことを考慮したためである。

(ロ) そして，労働者について，以下の(i)ないし(vi)のような事由が生じた場合に，1回に限り，前に繰上げ変更する（延長する）ことが許される。

この場合には「当初の開始予定日の前日」までに繰上げ変更の申出をすることが必要である。

育児休業の開始予定日を前に繰上げ変更することのできる事由は，(i)出産予定日前の出産の場合，(ii)子の親である配偶者の死亡の場合，(iii)子の親である配偶者が負傷や疾病により子の養育が困難になった場合，(iv)子の親である配偶者が子と同居しなくなった場合，(v)育児休業の申出に係る子が負傷，疾病又は障害により2週間以上の世話を要するようになった場合，(vi)育児休業の申出に係る子につき保育所等における保育を希望し申込みをしているが，当面実施されない場合である（育介7条1項，育介則10条）。

(b) 育児休業の終了予定日を変更する場合

(イ) 育児休業の終了予定日を変更する場合において，労働者には，権利として，育児休業の終了予定日を後に繰下げ変更することしか認められていない（育介7条3項）。例えば，当初の育児休業の終了予定日が10月31日の場合であれば，育児休業の終了予定日を11月30日に変更する場合である。育児休業の終了予定日を後に繰下げ変更することによって，育児休業期間は延長されることになる。この場合についても，もし変更により育児休業期間が短縮されると，当該労働者と代替要員が重複する事態が生じて，その調整や賃金の負担などで事業主に過大な負担を強いることなりかねないことを考慮したためである。

(ロ) したがって，労働者は，権利として，1回に限り，育児休業の終了予定日を後に繰下げ変更することができる。すなわち，①子が1歳までの育児休業については，1歳到達日（1歳の誕生日の前日）までの期間内で，②子が1歳から1歳6ヵ月までの育児休業については，1歳6ヵ月の到達日までの期間内で，

また，③子が1歳6ヵ月から2歳までの育児休業については，2歳到達日（2歳の誕生日の前日）までの期間内で，それぞれ育児休業の終了予定日を後に繰下げ変更することができる。

このように育児休業の終了予定日を後に繰下げ変更する場合については，育児休業の開始予定日を前に繰上げ変更する場合（上記(a)(ロ)の場合）と違って，後に繰り下げる事由についての制限はない。

ただし，このように育児休業の終了予定日を後に繰下げ変更する場合には，当初の育児休業の終了予定日の1ヵ月前までに申し出なければならない。また，子が1歳から1歳6ヵ月までの育児休業及び子が1歳6ヵ月から2歳までの育児休業に関しては，当初の育児休業の終了予定日の2週間前までに繰下げ変更の申出をしなければならない（育介7条3項，育介則16条）。

上記のように1ヵ月前まで，あるいは2週間前までに申出をしなければならないとして，事業主に対し育児休業の終了予定日を後に繰下げ変更することに備えた準備をなし得るよう，それだけの期間を与えているので，繰下げ変更（延長）事由に制限が加えられていないのである。

(3) 小問(2)について

小問(2)の場合は，育児休業を短縮する場合，すなわち，育児休業の終了予定日を前に繰上げ変更する場合である。この場合は，上記(2)(b)(イ)の説明で明らかなように，労働者は，育児休業の終了予定日を前に繰上げ変更すること，すなわち，短縮することを権利として請求できないのである。このような請求を認めてしまうと，育児休業をした労働者とその代替要員が重複したりするので，事業主がその調整や賃金の負担などで過大な負担を強いられることになりかねないからである。したがって，Aの場合も，育児休業を10ヵ月で打ち切り，事業主に対し，仕事に復帰することを請求することはできない。しかし，事業主が個別に認めたり，あるいは就業規則で育児休業の短縮が認められたりしておれば，Aのような育児休業の短縮の請求も認められることになる。

〔井手　良彦〕

Q47 | 育児休業(3)―― 申出の撤回，申出の消滅，終了予定日前の終了

(1) Aは，育児休業を取得するつもりで，育児休業の申出をしていたが，産後休業期間中に，近くに住む実母や実父が育児を手伝ってくれることに話が決まり，そのため，育児休業の申出を撤回しようと考えているが，このようなことは可能か。

(2) 併せて，育児休業申出の消滅や終了予定日前の休業終了についても，説明しなさい。

〔1〕 育児休業申出の撤回

(1) 育児休業申出の撤回の可否

小問(1)のAは，育児休業の申出を撤回しようとしている。

この点につき，育児休業の申出をした労働者は，育児休業開始予定日の前日までに，事業主に申し出て育児休業申出を撤回することができる（育介8条1項）。

撤回事由に制限はない。

撤回方法は，書面やファクシミリなどによって，撤回する旨及びその年月日を申し出て行わなければならない（育介則18条）。

(2) 育児休業申出の撤回の後の再度の育児休業の申出

(a) 再度の育児休業の申出の禁止（原則）

上記(1)のように，育児休業申出の撤回を行った労働者は，その申出の対象となった子については，原則として，再び育児休業の申出をすることができない（育介8条2項）。

ただし，労働者が，子が1歳に達するまでの育児休業申出を撤回した場合であっても，①子が1歳に達する日において育児休業をしている配偶者と交代す

る場合，あるいは，②子が1歳6ヵ月に達する日において育児休業をしている配偶者と交代する場合であれば，（上記①の場合には）1歳6ヵ月までの期間内において育児休業の申出をなし得るし，あるいは（上記②の場合には）2歳までの期間内において育児休業の申出をなし得る。

　(b)　再度の育児休業の申出が許容される場合（例外）

　しかし，下記の(イ)ないし(ホ)のような特別の事情がある場合には，上記(1)のように，育児休業申出の撤回を行った労働者であっても，その申出の対象となった子について，再び育児休業の申出をすることができる（育介8条2項，育介則19条）。

　(イ)　配偶者が死亡した場合（育介則19条1号）

　(ロ)　配偶者が負傷，疾病又は障害により，子の養育が困難になった場合（同条2号）

　(ハ)　婚姻の解消等により，配偶者が子と同居しないことになった場合（同条3号）

　(ニ)　子が負傷，疾病又は障害により，2週間以上にわたり世話を必要とする場合（同条4号）　上記の「子が負傷，疾病又は障害により」については，①「負傷や疾病が治ったが，その後障害が残った場合」も含まれる。しかし，②「乳幼児の通常の生育過程において，日常生活上必要な便宜を与える必要がある場合」は含まれない。よって，①により2週間以上の世話が必要となる場合には，再度の育児休業の申出ができるが，②により2週間以上の世話が必要であっても，再度の育児休業の申出はできない。

　(ホ)　保育所等における保育の利用を希望し，申込みを行っているが，当面その実施が行われない場合（同条5号）　上記の「保育所等」には，①児童福祉法39条1項に規定する保育所，②就学前の子どもに関する教育，保育等の総合的な提供の推進に関する法律2条6項に規定する認定こども園，及び，③児童福祉法24条2項に規定する家庭的保育事業等（家庭的保育事業，小規模保育事業，居宅訪問型保育事業，事業所内保育事業）が該当する。しかし，無認可保育施設は含まれない（育介則5条8号参照）。

(3)　設問(1)の場合について

　上記(1)のように，育児休業の申出をした労働者は，育児休業開始予定日の前

日までならば、事業主に申し出て育児休業申出を撤回することができる。しかも、撤回事由に制限はない。したがって、設問(1)の場合のAのように、近くに住む実母や実父が育児を手伝ってくれるという話が決まり、育児休業の必要性がなくなったといった事情であっても、Aは育児休業の申出を撤回することができる。ただし、Aは、その育児休業をしようとした子については、原則として、再度の育児休業の申出ができないことになる。

〔2〕 育児休業申出の消滅

(1) **育児休業申出の消滅**（育介8条3項）

「育児休業申出の消滅」とは、育児休業申出がされた日から育児休業開始予定日の前日までに、下記(2)(a)(イ)ないし(ヘ)のような、労働者の側に一定の事由が生じた場合には、当然にその育児休業申出はされなかったこととみなされる場合である。

上記〔1〕における「育児休業申出の撤回」については、育児休業開始予定日の前日までに、労働者の意思によって申出の意思表示を消滅させる場合であり、他方、「育児休業申出の消滅」については、労働者の意思にかかわりなく、育児休業開始予定日の前日までに、労働者の側に一定の事由が生じたならば、その育児休業申出がされなかったことになるという場合である。

(2) **育児休業申出が消滅する場合**（育介則20条）

(a) 子を養育しないことになった場合

育児休業申出が消滅する場合とは、育児休業開始予定日の前日までに、「子を養育しないことになった場合」をいう。すなわち、具体的に、以下の(イ)ないし(ヘ)のような事情が生じた場合であり、このような場合には、上記の事情が生じた日に、育児休業申出が消滅することになる（育介則20条）。

(イ) 子が死亡した場合（同条1号）

(ロ) 子が養子の場合で、離縁したり養子縁組を取り消したりした場合（同条2号）

(ハ) 子が他人の養子になったことなどにより、子と同居しなくなった場合（同条3号）

(ニ) 特別養子縁組が不成立の場合、また、養子縁組が成立しないまま、養子

縁組里親としての委託やこれに準ずる養育里親としての委託が解除された場合（同条4号）

(ホ) 労働者の負傷，疾病又は障害により，子が1歳に達するまでの間（1歳6ヵ月までの育児休業の場合には子が1歳6ヵ月に達するまでの間，また，2歳までの育児休業の場合には子が2歳に達するまでの間），子を養育できない場合（同条5号）

(ヘ) 「パパ・ママ育休プラス」の特例により1歳になった日の翌日以降に育児休業をする場合で，労働者の配偶者が育児休業をしていない場合（同条6号）

この(ヘ)の場合については，「パパ・ママ育休プラス」の要件[*1]を満たさないので「パパ・ママ育休プラス」による育児休業（子の1歳2ヵ月到達日までの育児休業）は当然に取得できず，そのため，「パパ・ママ育休プラス」を用いては「子を養育しないことになった場合」に当たるとして，この点から，「パパ・ママ育休プラス」の申出は消滅するものとされたのであろう。

(b) 事業主への通知

上記(a)の(イ)ないし(ヘ)のような事情が生じたならば，労働者は，事業主に対し，その旨を遅滞なく通知しなければならない（育介8条3項）。

[*1] 「パパ・ママ育休プラス」の要件は，①育児休業を取得しようとする労働者（以下「本人」という）の配偶者が，子の1歳到達日（1歳の誕生日の前日）以前において育児休業をしていること，②本人の育児休業の開始予定日が，子の1歳の誕生日以前であること，③本人の育児休業の開始予定日が，配偶者が取得している育児休業の初日以降であることである（**Q46**〔3〕(1)参照）。上記(a)(ヘ)の場合は，このうちの①の要件を満たしていない。

〔3〕 終了予定日前の育児休業終了

(1) 育児休業の終了（原則）

育児休業は，原則として，育児休業申出によって定められる育児休業終了予定日に終了する。

(2) 育児休業が終了予定日前に終了する場合（例外）

しかし，例外的に，以下の(a)，(b)及び(c)の場合には，育児休業は育児休業終

了予定日の前に終了する。

(a) 子を養育しないことになった場合

育児休業が開始された後に、「子を養育しないことになった場合」、すなわち、次のような事情が生じた場合である。この場合には、育児休業は、これらの事情が生じた日に終了する（育介9条2項本文・同項1号、育介則21条・20条）。

(イ) 子が死亡した場合（同条1号）

(ロ) 子が養子の場合で、離縁したり養子縁組を取り消したりした場合（同条2号）

(ハ) 子が他人の養子になったことなどにより、子と同居しなくなった場合（同条3号）

(ニ) 特別養子縁組が不成立の場合、また、養子縁組が成立しないまま、養子縁組里親としての委託やこれに準ずる養育里親としての委託が解除された場合（同条4号）

(ホ) 労働者の負傷、疾病又は障害により、子が1歳に達するまでの間（1歳6ヵ月までの育児休業の場合には子が1歳6ヵ月に達するまでの間、また、2歳までの育児休業の場合には子が2歳に達するまでの間）、子を養育できない場合（同条5号）

このような事情が生じた場合にも、労働者は、事業主に対し、その旨を遅滞なく通知しなければならない（育介9条3項・8条3項）。

(b) 子が1歳に達した場合

子が1歳に達した場合（1歳6ヵ月までの育児休業の場合には子が1歳6ヵ月に達した場合、また2歳までの育児休業の場合には子が2歳に達した場合）には、育児休業は、その日に終了する（育介9条2項本文・同項2号）。

例えば、出産が早まり当初の育児休業予定日を繰上げ変更したような場合に、当初の育児休業終了予定日の前に子が1歳に達することがあるために、このような場合に育児休業を終了させるために、この規定が設けられたのである。

(c) 産前産後休業、介護休業、新たな育児休業が始まった場合

育児休業をしている労働者について、産前産後休業、介護休業又は新たな育児休業が始まった場合にも、育児休業は終了する。ただし、これらの場合には、産前産後休業、介護休業又は新たな育児休業が始まった日の前日に終了する（育介9条2項本文・同項3号）。

例えば，育児休業をしている女性労働者が年子の第2子を産み産前産後休業を取得した場合には，第1子について取得している育児休業は，産前産後休業の開始日の前日に終了することになる。また，男性労働者の場合にも，年子の場合で第1子について取得している育児休業は，第2子の育児休業の開始日の前日に終了することになる。

〔井手　良彦〕

第 3 章

介 護 休 業

【概　説】介護休業とは

〔1〕 はじめに

　わが国では，男女共同参画社会基本法（平成11年法律第78号）が制定されて以降，男女共同参画基本計画が策定され，現在は，平成32年度を見通した第4次基本計画（平27・12・25閣議決定）による具体的な取組み等が進められている。

　この重点目的の1つとして，男性中心型の労働慣行の変革などを通じて，男女がともに充実した職業生活その他の社会生活及び家庭生活を送ることのできる社会にすることが挙げられている。国・地方公共団体及び企業には，この具体的施策を講じることが求められるが，仕事と生活の調和を図るというワーク・ライフ・バランスが柱と位置付けられたことには大きな意義がある。

　男女平等を基礎とした職業生活と家庭生活の両立を図るため，育児休業，介護休業等育児又は家族介護を行う労働者の福祉に関する法律（以下「育児介護休業法」という）の制定をはじめとした施策が講じられている。

　育児介護休業法は，平成3年の「育児休業等に関する法律（平成3年法律第76号）」の制定に始まり（平成11年に現行法の法律名に改称），現在まで改正を重ねてきたが，まずは，育児休業の義務化が施行されてから7年後（平成11年）に介護休業の義務化が施行され，平成21年の改正により介護休暇が創設されたのは，子の看護休暇が創設されてから5年後のことである。

　当初は，男女平等施策として登場したワーク・ライフ・バランスにおける家族責任は，育児に関するものであり，これを超えて，要介護者の日常生活上の世話をする労働者まで想定することが少なかったと思われる。しかし，ワー

ク・ライフ・バランスにより，国の少子化対策と相まって育児支援に傾斜したことは，親の世話による子の健全な成長やそのための親の責任を高めることにもなり，この法的効果は大きかったといえる。

　近時の介護を中心とした制度改正の背景には，高齢者人口の増加に伴い，要介護認定者数が年々増加していることにある。今後も，育児支援とともに，労働者に対する介護支援の方策をさらに整備していくことが期待される。

　家族を介護するといっても，要介護の程度，在宅介護ができるか否か等により，介護する労働者の仕事とのバランスのとり方が異なり，要介護度が高い場合などは介護のためにまとまった時間も必要となる。

　この場合，仕事をもつ労働者は，家族の介護と仕事との調和を図らなくてはならない。そのための選択肢として，①いったん，仕事を中断して介護に専念し，介護の必要度が低下又は消滅した後，仕事に復帰する，②訪問介護サービス等で各種介護保険を限度額まで利用しながら仕事を継続していくという方法がある。

　労働者が前記①を選択した場合，介護休業制度の利用を希望することになろう。

　介護休業とは，一定の家族を介護する労働者が法律に基づいて取得できる休業のことである。本稿では，育児介護休業法によって定められた介護休業の概要を説明する。加えて，今日の高齢者社会を踏まえて，介護休業に関連する要介護者の介護のための支援方策等についても，少し組み込みながら説明したい。

〔2〕 介護休業と企業

(1) 介護休業取得による介護支援

　育児介護休業法では，介護休業について，「労働者が，第3章（介護休業）に定めるところにより，その要介護状態にある対象家族を介護するためにする休業をいう。」と規定している（育介2条2号）。

　介護休業は，法律で定めた労働者の権利であるから，事業所において，介護休業の規定（就業規則等）が定められてなくとも，法律上の要件を満たす労働者の適正な申出により，その法的効果が生じることになり休業することが可能である。

介護休業期間中は，事業主に賃金の支払を義務付けしておらず，通常は，会社からの賃金は支給されない。賃金を受け取ることができない労働者は，雇用保険法の規定に基づき，適用要件を満たせば，介護休業給付金[*1]の支給を受けることもできる。

* 1　介護休業給付金（雇保61条の6，雇保附則12条の2，雇保附則（平成28年法律第17号）2条・3条）
　　労働者が介護休業を取得しやすくし，職業生活の円滑な継続を援助・促進するため，労働者が対象家族の介護を行うための休業をする場合に支給される給付金である。
　　平成28年の改正により，介護休業の開始が改正後の同年8月1日以降の日であると，「賃金日額の上限」及び「支給率」が変更され，支給額が大幅に増える（1ヵ月当たりの支給限度額は，賃金日額の上限額×30日×支給率67パーセントで計算される）。
　　平成29年1月からは，65歳以降に雇用された者も適用要件を満たすことにより，高年齢被保険者として雇用保険の対象となる。
　　また，65歳以上の被保険者も高年齢求職者給付金や介護休業給付金等の受給対象者となれる。

　労使間で何か問題が生じた場合は，都道府県労働局長から事業所に対して，助言，指導，勧告がなされる。育児介護休業法には，介護休業等の紛争解決の援助として，苦情の自主的解決（育介52条の2）が，都道府県労働局長による助言，指導，勧告（育介52条の4）が各々規定されている。また，調停による紛争解決についても規定している（育介52条の5・52条の6）。

(2) 介護休業と就業規則

(a) 就業規則の作成と届出

　就業規則とは，労働者の就業上遵守すべき規律及び労働条件に関する具体的細目について定めた規則である。常時10人以上の労働者を使用する使用者は，休暇等の事項について，就業規則を作成し，所轄の労働基準監督署長に届出しなくてはならず，就業規則を変更した場合も同様である（労基89条）。
　就業規則において，「介護休業については育児介護休業法の定めるところによる。」と規定することだけでも，育児介護休業法等に具体的な定めがあるから，事業所は，介護休業の規定を置いたと考えることもできなくはない。しか

し，労働基準法89条に定める各事項を具体的に規定するのが相当であり，育児介護休業法の改正に留意して，あらかじめ新制度を導入し，就業規則に記載する必要がある。事業所によっては，労働者に有利な独自の上乗せ規定を設ける場合もある。

ただし，育児介護休法で規定する介護休業制度は，労働者の権利としての最低基準を定めたものであるから，同法の介護休業の条件を下回るような厳しい条件を設けた就業規則の当該部分は無効と解される。

(b) 絶対的必要的記載事項

就業規則の作成において，事業所の始業・終業の時刻，休日，休暇，賃金，昇給，退職等に関する事項を記載しなくてはならない（労基89条1号ないし3号）。

(イ) 介護休業は，「休暇」に該当するから，就業規則に，①休業付与要件（対象となる労働者の範囲等），②取得に必要な手続，③取得期間を記載する。

(ロ) 「賃金」に関する事項としては，①介護休業期間中の賃金の支払の有無，②介護休業期間中に通常の就労時と異なる賃金を支給する場合の，その決定，計算及び支払方法や支払時期を記載する。

(c) 相対的記載事項

就業規則の作成において，退職手当，賞与等臨時の賃金，職業訓練等の定め及びその他労働者のすべてに適用される事項を定める場合においては，これを記載しなくてはならない（労基89条3号の2ないし10号）。

例えば，介護休業期間中の教育訓練や賞与等臨時の賃金等について定める場合には，これらに関する事項を就業規則に記載することになる。

〔3〕 介護休業の対象者

(1) 介護休業の対象労働者

(a) 介護休業とは，「労働者」が，その「要介護状態にある対象家族」を介護するためにする休業と定義されるが（育介2条2号・3号，育介則2条），労働者本人（男女は問わない）が介護をしていれば，他の者がこの介護の手助けをしている場合であっても，社会通念上，「対象家族を介護する」に該当する。

(b) 有期契約労働者について

現行法では，期間を定めて雇用される有期契約労働者（パート従業員や契約社

員等)の介護休業の取得要件が緩和され，その要件は，①同一の事業主に引き続き雇用された期間が1年以上あること，②介護休業開始予定日から起算して93日を経過する日から6ヵ月を経過する日までの間に，労働契約の期間が満了し，更新されないことが明らかでないことであり，この有期契約労働者にとっては，従前より介護休業を取得しやすくなっている（育介11条1項ただし書）。

　労働者が，形式上期間を定めて雇用されていても，実際には，反復更新して働いている場合は，この継続的な期間をもって判断することができる。

　(c)　適用除外となる労働者

　育児介護休業法によれば，①「日々雇用される労働者」は介護休業の適用除外者である（育介2条1号）。②前記(b)に該当しない有期契約労働者も同様に適用除外者となる。

　また，以下の(i)，(ii)，(iii)の労働者についても，労使協定により介護休業の適用除外者とすることができる。

(ⅰ)　当該事業主に引き続き雇用された期間が1年に満たない労働者（育介12条2項・6条1項1号）

(ⅱ)　休業申出の日から起算して93日以内に雇用関係が終了することが明らかな労働者（育介12条2項・6条1項2号，育介則24条1号）

(ⅲ)　週の所定労働日数が2日以下の労働者（育介12条2項・6条1項2号，育介則24条2号・8条2号）

(2)　要介護状態にある対象家族

　(a)　育児介護休業法で定める対象家族とは，配偶者（内縁を含む），父母，子，配偶者の父母，祖父母，兄弟姉妹及び孫（同居・扶養していない者も含む）である（育介2条4号，育介則3条）。

　この対象家族は，育児介護休業法で定める最低基準の対象家族であるから，各事業所において，就業規則等により，これより広い対象家族を規定することは何ら問題ない。

　「要介護状態」とは，負傷，疾病又は身体上若しくは精神上の障害により，2週間以上の期間にわたり常時介護を必要とする状態であるとするが（育介2条3号，育介則2条），実際には，日常行動がどれくらいできるかを評価する日常生活動作事項や問題行動等を考慮して判断されることになる。

(b) 要介護状態にある親を介護施設に入所させている場合の介護休業の取得

労働者から，要介護状態にある親の介護休業の申出があると，「要介護状態」と「対象家族」の要件に該当しているが，親は介護施設に入所しているので，実際に介護（歩行，排泄，食事等日常生活に必要な便宜供与）することが想定されないような場合もある。

しかし，高齢者介護施設であっても，入浴やそれに伴う衣類の洗濯等の介護に当たる行為を親族とともに負担している場合もあり，一概に親族共々一切介護に関わっていないとはいいきれないし，施設のサービスが途中で変更となり，介護の一部を親族らと負担することになる場合も考えられる。

結局のところ，施設の職員が親の身辺の世話をしてくれるからとの理由では，労働者の介護のための休業には当たらないと判断できないのであって，法律上の要件を満たした労働者からの介護休業の申出を拒むことはできない（育介12条1項）。

このように，育児介護休業法により，介護休業取得の最低基準が定められているのだから，就業規則等で，「自分で介護しないときは介護休業は認められない。」という条件を付けるのは，介護休業の最低基準を下回ることとなるから，このような記載はできない。

〔4〕 介護休業の期間・取得方法

(1) 介護休業等の期間・回数

(a) 介護休業は，要介護状態にある対象家族1人について，通算93日まで3回を上限として分割取得することが可能である（育介11条2項）。

以前は，要介護状態に至るごとに，原則1回に限り取得可能であり，現実には，短期間で仕事に復帰する労働者も少なくない状況であった。現行法により，同一の要介護状態の家族に対して，3回を上限とした複数回の期間で対象家族に必要な介護ができるように法改正されたことにより，対象家族を抱える労働者が介護離職しないで仕事を継続することができる環境の整備がなされたといえる。介護休業の分割取得とは，例えば，対象家族のために60日の介護休業を取得し，仕事に復帰後，再度，同一家族について，残りの33日分の介護休

業の取得が可能になることである（ただし，介護休業の取得日数が93日以下であっても，分割取得できるのは3回までである）。

　(b)　介護休業は，労働者が1日単位で連続して通算93日の範囲内で自由に取得日数を決めることのできる制度であるから，就業規則等に，1回当たりの介護休業を「最低1週間」などと記載することはできない。

　(c)　いわゆる「看取り」目的の介護（近い将来，死に至る家族の精神的苦痛等の緩和・軽減や人生の最後まで尊厳ある生活を支援すること）のために，例えば，2回の介護休業取得後に，看取りのため3回目の介護休業を取得することも可能である。

(2)　**介護休業の申出**
　(a)　介護休業は，労働者の事業主に対する申出を要件としている。

　労働者は，介護休業の取得のため，介護休業を開始しようとする日の2週間前までに，①申出の年月日，②申出をする労働者の氏名，③申出に係る対象家族の氏名及び労働者との続柄，④申出に係る対象家族が要介護状態にあること，⑤休業を開始しようとする日及び休業を終了しようとする日，⑥申出に係る対象家族についてのこれまでの介護休業日数を記載した書面を事業主に提出しなくてはならない（育介11条3項，育介則23条）。

　(b)　事業主の通知・開始予定日の指定

　事業主は，労働者から介護休業の申出がなされたときは，①介護休業の申出を受けたこと，②介護休業の開始予定日及び終了予定日，③介護休業を拒む場合（適用除外となる労働者等，前記〔3〕(1)(c)）には，その理由等を速やかに通知する必要がある。

　育児介護休業法12条3項には，事業主が介護休業の開始予定日（以下「開始予定日」という）を指定できる場合の規定がある。原則は，申出のあった予定日から開始するのだが，この開始予定日が申出のあった日の翌日から起算して2週間を経過する日（以下「2週間経過日」という）前の日である場合，事業主は，当該申出のあった開始予定日から2週間経過日までの間のいずれかの日を当該開始予定日として指定できる（申出がなかったものとすることはできない）。

　この場合，事業主は，開始予定日の翌日から起算して3日を経過する日（11月1日に申出したとすると11月4日となる）までに当該労働者に開始予定日を指定した旨の通知をしなくてはならない（育介則26条）。

(c) 介護休業の申出の効果

労働者（適用除外者を除く）から介護休業の申出があった場合は，事業主は，その申出を拒むことはできない（育介12条1項）。事業主には，年次有給休暇で認められるような時季変更権はないし，事業主が介護休業の申請を拒否した場合は，不法行為責任を負うことになる。

申出をした労働者が，事業主の拒否により介護休業が認められないまま申出期間中に出勤しないで一方的に休業した場合でも，無断欠勤として扱うことはできないし，これを理由とする懲戒処分や解雇は許されないものと考える。

〔5〕 労働者の申出による介護休業の変更・撤回等

(1) 介護休業終了予定日の変更

(a) 労働者の申出により，介護休業の終了予定日（以下「終了予定日」という）を繰下げ変更する場合は，終了予定日の2週間前の日までに変更の申出をしなくてはならない。この場合，介護休業期間は通算して93日間であるから（育介11条2項2号），開始日（開始予定日）から起算した終了予定日までの介護休業日数を93日から減じた日数を限度として，1回に限り，理由の如何を問わず，繰下げ変更することができる（育介13条・7条3項，育介則27条）。

この変更の申出については，①申出年月日，②申出をする労働者の氏名，③変更後の休業終了予定日を記載した書面を事業主に提出しなくてはならない（育介13条・7条3項，育介則17条）。

介護休業は，3回を上限として分割取得が可能であるが（育介11条2項1号），分割取得する場合，1回の介護休業につき，1回に限り，申出により終了予定日を繰り下げる変更が可能である（1回目の介護休業で終了予定日を変更していても，2回目の介護休業でも，1回に限り，終了予定日の変更ができる）。

なお，終了予定日の2週間前の日後の終了予定日の繰下げ変更の申出については，事業主が，法律上，これに応じる義務はないが，労働者にとって有益であるので就業規則等でこれを定めることができる。

(b) 労働者の申出のみによる，①介護休業を開始する日の繰下げ・繰上げ変更や，②終了予定日の繰上げ変更（短縮）の申出については，法律上，規定されていないが，労働者の希望を踏まえて，事業主等の判断により，これらの

変更を認めることも可能と考える。この場合も，労働者の申出により変更できることの取り決めや手続等を就業規則等に記載しておくことが望ましい。

(2) **介護休業申出の撤回等**

(a) 介護休業申出の撤回

労働者が介護休業の申出をした場合，開始予定日の前日までは，理由の如何を問わず，当該介護休業の申出を撤回することができる（育介14条1項）。

対象家族の介護については，病状の起伏や諸事情等が変化してくることから，事業主は，撤回した対象家族についての再度の介護休業の申出は，1回の介護休業につき（通算93日まで3回を上限とした分割取得が可能である），1回だけは認めなければならないことになる。しかし，撤回後の最初の介護休業の申出をまた撤回した場合，つまりは2回続けて介護休業の申出を撤回した場合には，事業主の雇用管理等の影響を考慮して，事業主はこれを拒むことができる（育介14条2項）。

介護休業申出の撤回については，事業主の弾力的な運用が望まれる。

(b) 介護休業申出の消滅

労働者が介護休業の申出をした場合，開始予定日の前日までに，以下の事由が発生した場合は，介護休業申出がなかったものとみなされる。労働者は，速やかに事業主にこの事由を通知しなくてはならない。

① 対象家族が死亡したとき
② 離婚，婚姻の取消し，離縁等により，対象家族と介護する労働者との親族関係が消滅したとき
③ 介護する労働者が，負傷，疾病又は身体上若しくは精神上の障害により，開始予定日から終了予定日経過までの間，対象家族を介護することができない状態になったとき

〔6〕 **介護休業の終了**

(1) **介護休業の終了事由**

介護休業は，要介護状態にある対象家族1人について，通算93日まで3回を上限として分割取得することができる制度だが（育介11条2項），その介護休業期間は，原則として，開始予定日から終了予定日（変更のあった場合は，変更後

の終了予定日）までである。

例外として，介護休業期間中に終了するのは，(a)と(b)の場合がある。

(a) 終了予定日の前日までに，以下の事由が発生した場合は，その日に介護休業が終了する（育介15条3項1号，育介則31条・30条1号ないし3号）。

① 対象家族が死亡したとき
② 離婚，婚姻の取消し，離縁等により，対象家族と介護する労働者との親族関係が消滅したとき
③ 介護する労働者が，負傷，疾病又は身体上若しくは精神上の障害により，対象家族を介護することができない状態になったとき
④ 対象家族1人につき，通算して93日を経過したとき

(b) 終了予定日の前日までに，労働者について，以下の事由が発生した場合は，その日の前日に介護休業が終了する（育介15条3項2号，労基65条1項若しくは2項）。

① 産前産後休業を開始したとき
② 育児休業を開始したとき
③ 新たな介護休業を開始したとき

(2) 介護休業の終了後の問題等

労働者が，通算93日間の介護休業期間が終了した後も，①対象家族の症状が安定しない，②介護サービスを考えているが，この開始時期が終了予定日に間に合わない，③対象家族が回復したとしても，再度介護が必要となる，④要介護とはいかないまでも，介護等で就業が困難となる等で，労働者が介護休業をさらに継続したいと考える場合もあり，事業主は，この問題にどのように対応していくかあらかじめ検討しておく必要がある。

労働者から介護休業の申出（延長）があっても，通算93日の取得できる日数を超えているから，以後の介護休業は取得できず，事業者の配慮もないとして，労働者が終了予定日を過ぎても出勤しないと，自己都合による欠勤という事態になる。

このような場合でも，育児介護休業法では，労働者が，介護離職することなく，現役世代が仕事と介護を両立できるような体制づくりに向けて強化された制度（平成28年の改正）として，①介護休暇（育介16条の5，育介則39条・40条。1日

未満の単位（半日単位）でも取得できる），②所定外労働時間の制限（新設・育介16条の9・16条の8，育介則48条ないし51条（同44条）。介護の必要がなくなるまで残業を免除する），③所定労働時間の短縮等の措置*2（選択的措置義務。育介23条3項，育介則74条3項）等が定められている。

＊2　所定労働時間の短縮等の措置（育介23条3項，育介則74条3項）
介護のための所定労働時間の短縮等の措置（選択的措置義務）とは，要介護状態にある対象家族の介護をする労働者に関して，対象家族1人につき，事業主は，①所定労働時間の短縮措置（1日の所定労働時間を短縮する制度，週又は月の所定労働日数を短縮する制度，労働者が個々に勤務しない日又は時間を請求することを認める制度などがある），②フレックスタイム制度，③始業・終業時刻の繰上げ・繰下げ，④労働者が利用する介護サービス（介護サービス事業者，公的介護保険外のサービスを提供する事業者，障害福祉サービス事業者等が提供するサービスであって，要介護状態にある家族の介護に資するサービス）費用の助成その他これに準ずる制度のうち，①から④のいずれかを選択して講じなくてはならないとされる措置義務をいう。

この制度は，介護休業とは別に，所定労働時間の短縮等の措置の利用開始日から3年以上の期間で2回以上の利用が可能である。

事業主は，労働者自身の仕事内容，今後の対象家族の介護の必要度や利用するサービスを考慮して，労働者にあった制度が利用できる職場環境を整えることはもとより，労働者の職場復帰に向けて，今後の家族介護等の相談を受けることができる準備をしておくことが重要である。

特に，前記の所定労働時間の短縮等の措置について，事業主が，「措置を講じている」といえるためには，会社で短時間勤務等が運用で行われているだけでは不十分であり，短時間勤務制度が就業規則等に規定されるなどして，制度化された状態でなければならない。

〔7〕　介護に関する企業の雇用管理における措置等

(1)　事業主の不利益な取扱いの禁止

事業主は，労働者が介護休業等の制度の利用を申出をしたり，実際に，介護休業等を利用したことを理由として，解雇したり，正社員からパートタイマー等の非正規社員となるように強要したりすることなど，当該労働者に対して不

利益な取扱いすることはできない（育介16条・10条）。

　育児介護休業法に規定する事項に関し，育児・介護等を行うことになる労働者の仕事と介護との両立が図られるようにするための事業主の講ずるべき指針として，「子の養育又は家族の介護を行い，又は行うこととなる労働者の職業生活と家庭生活との両立が図られるようにするために事業主が講ずべき措置に関する指針」[*3]（以下「指針」という）が定められている（平28・8・2厚生労働省告示313号（改正））。

> [*3] **指針によって定められている不利益な取扱いとされる行為（指針第2の11(2)）**
> ・解雇すること。
> ・期間を定めて雇用される者について，契約の更新をしないこと（雇止め）。
> ・あらかじめ契約の更新回数の上限が明示されている場合に，当該回数を引き下げること。
> ・退職又はいわゆる正規雇用労働者をパートタイム労働者等のいわゆる非正規雇用労働者とするような労働契約内容の変更の強要を行うこと（労働者の真意でない場合）。
> ・自宅待機を命じること（労働者の申出期間を超えた休業等の強要など含む）。
> ・労働者が希望する期間を超えて，その意に反して所定外労働の制限，時間外労働の制限，深夜業の制限又は所定労働時間の短縮措置等を適用すること。
> ・降格させること。
> ・減給をし，又は賞与等において不利益な算定を行うこと。
> ・昇進・昇格の人事考課において不利益な評価を行うこと。
> ・不利益な配置の変更を行うこと。
> ・就業環境を害すること。

(2) 介護休業等を理由としたハラスメント防止

　労働者が，介護休業等を取得したことを理由として，解雇や不利益な配置転換などといった事業主による不利益な取扱いを受ける場合のほか，近時においては，上司や同僚から嫌がらせやいじめ（ハラスメント）が問題となっている。例えば，親の介護休業を申請したら，上司から「お前の仕事は誰がやるんだ。」とか「復帰したところで席はないよ。」などと言われ，結局，退職することになってしまうというようなことが起こり得る。

　育児介護休業法では，事業主に対し，上司・同僚からの介護休業等を理由と

する嫌がらせ等を防止する措置を講ずることを義務付けしている〔育介25条〕。

　職場におけるハラスメントの内容は指針第２の14(1)に，事業主が，雇用管理上，講ずべき措置の概要は指針第２の14(2)において具体的に示されている。

　対象となる労働者は，正社員のみならず，パートタイマー，契約社員などの有期契約労働者を含めた事業主が雇用するすべての男女の労働者である。派遣労働者については，派遣元の事業主のみならず，派遣先の事業主も自ら雇用する労働者と同様に措置を講ずる必要がある。

　この防止策の対象となる制度・措置として，介護休業のほか，①育児休業，②子の看護休暇，③介護休暇，④所定外労働の制限，⑤時間外労働の制限，⑥深夜業の制限，⑦所定労働時間の短縮措置等がある〔育介則76条〕。

［中林　清則］

Q48 | 介護を理由とした配置換えの拒否

> Aは現在B社の東京本社に勤めているが、B社は大阪工場に配置換えを企画した。ところが、Aは要介護2の認定を受けた母親を介護しており、またその妻も精神病で治療を受けている状態であって、そのためこの配置換えを断った。B社はこのような配置換えを行うことができるか。

〔1〕 配転とは

(1) 配転及び配転命令権

「配転」とは、従業員の配置の変更であって、職種、職務内容又は勤務場所が相当の長期間にわたって変更されるものをいうとされており、一般に、同一勤務地内の所属場所の変更を「配置転換」といい、勤務地の変更を「転勤」と呼んでいる。

日本における長期雇用を前提とした労働契約関係においては、使用者に人事権の内容として労働者の職務内容や勤務地を決定する権限が帰属することが予定されていると一般に解されており、従業員に対し、使用者が配置転換や配転を行う権限（配転命令権）を有すると考えられている。

(2) 配転命令権の限界

他方で、使用者が行使する配転命令権にも限界がある。

まず、使用者と労働者との間の労働契約に、労働者の職種や勤務内容及び勤務場所を限定する内容の合意が含まれている場合には、当該合意の範囲に配転命令権は制限されていることになり、合意に反する内容の配転命令は効力を有しないと考えられる。

また、限定がされていない包括的な配転命令権を使用者が有する場合であっても、その行使に当たっては権利濫用の法理の制約に服すると考えられている。したがって、使用者において労働者に対する配転命令権の存在が認められる場合であっても、それが権利濫用により無効となる場合もある。

〔2〕 配転命令権の存否

(1) 労働者との個別の合意が優先すること

日本の企業においては、就業規則や労働協約などに、配転命令に関する包括的な規定が置かれていることが一般的である。

例えば、厚生労働省が発表している「モデル就業規則（平成30年1月版）」においては、人事異動の規定が設けられ、「会社は、業務上必要がある場合に、労働者に対して就業する場所及び従事する業務の変更を命ずることがある。（中略）労働者は正当な理由なくこれを拒むことはできない。」（同8条）として、包括的な配転命令権を定めている。

しかし、先にも述べたように、このような包括的な配転命令権に関する規定が置かれている職場においても、使用者と従業員との間に、職種や勤務場所を限定する旨の合意がある等、個別の労働契約において配転命令権の行使が制限されている場合には、個別の合意が優先されることになる。

(2) 職種又は勤務場所を制限する合意の有無

裁判において配転命令の有効性について争われる場合、まずは使用者において配転命令権の根拠としての上記のような就業規則上の規定等が示され、それに対して、労働者において、職種又は勤務場所を限定する合意の存在がそもそも存在しているとの主張がなされることが多いと考えられる。

この際、職種又は勤務場所を限定する合意について、それが労働契約等に明確に示されていればそれほど問題は生じないと考えられる。他方で、労働契約上に明確な規定がないような場合には、求人広告や求人票の内容、採用通知の記載内容、採用の方法、採用をされた地域場所、採用時に説明をされた採用条件といった採用に際する事情に加え、労働者の職種、学歴、資格、業務内容、それまで業務に従事してきた期間、当該企業の規模、組織構成、事業内容、配転の実績、配転の必要性のある業務形態であったか、配転命令の目的等の事情

を総合考慮して判断がなされるということになる。

　このうち，職種を限定する合意の有無に関しては，現在従事している業務が特殊な技能や資格を必要とするものであるか，採用時に他の職種とは別の選考試験があるか，職種別の賃金体系が会社内で設けられているか，就業規則等における配転条項において職種ごとに適用を排除する定めがなされているか，当該会社において過去に他職種への配転がされた実績があるかどうかといった観点から，個別の事案に応じた主張立証が労働者において必要になる。

　また，勤務場所を限定する合意の有無については，採用に当たって当該労働者に固定された生活の本拠があることが労働契約の前提とされているか，求人広告や求人票に勤務場所を特定する記載があったかどうか，会社において同様の配転がなされた実績があるかどうかといった事情が，労働者における具体的な主張立証の対象になると考えられる（大阪地判平9・3・24労判715号42頁〔新日本通信事件〕，大阪高決平17・1・25労判890号27頁〔日本レストランシステム事件〕）。

〔3〕 配転命令権の濫用

(1) 権利濫用法理による配転命令権の制限

　配転命令権の存在が使用者に認められる場合であっても，配転命令権の行使が当該事案において権利濫用の法理の制約を受け無効となる場合がある。

　この法理を明確に示した判例は次のように述べ，配転命令権が権利濫用により無効となる判断基準を示した。

　すなわち，最高裁は東亜ペイント事件（最判昭61・7・14裁判集民事148号281頁）において，

　「使用者は業務上の必要に応じ，その裁量により労働者の勤務場所を決定することができるものというべきであるが，転勤，特に転居を伴う転勤は，一般に労働者の生活関係に少なからぬ影響を与えずにはおかないから，使用者の転勤命令権は無制約に行使することができるものではなく，これを濫用することの許されないことはいうまでもないところ，当該転勤命令につき業務上の必要性が存しない場合又は業務上の必要性が存する場合であっても，当該転勤命令が他の不当な動機・目的をもってなされたものであるとき若しくは労働者に対し通常甘受すべき程度を著しく超える不利益を負わせるものであるとき等，特

段の事情の存する場合でない限りは，当該転勤命令は権利の濫用になるものではないというべきである。」「業務上の必要性についても，当該勤務先への異動が余人をもって容易に替え難いといった高度の必要性に限定することは相当でなく，労働力の適正配置，業務の能率増進，労働者の能力開発，勤務意欲の高揚，業務運営の円滑化など企業の合理的運営に寄与する点が認められる限りは，業務上の必要性の存在を肯定すべきである。」
と判断した。

配転命令の有効性を争う場面においては，当該判例の判断枠組みに基づき，①業務上の必要性が存在しない場合，②業務上の必要性が存する場合であっても，他の不当な動機・目的をもってなされたものであるとき，及び，③業務上の必要性が存する場合であっても，労働者に対し通常甘受すべき程度を著しく超える不利益を負わせるものであるときなど特段の事情の存する場合に該当するかどうかについて主張立証を行うことが実務上求められることになる。以下，各要素について検討をする。

(2) 業務上の必要性の存否

まず，①の業務上の必要性について，「業務上の必要性についても，当該勤務先への異動が余人をもって容易に替え難いといった高度の必要性に限定することは相当でなく，労働力の適正配置，業務の能率増進，労働者の能力開発，勤務意欲の高揚，業務運営の円滑化など企業の合理的運営に寄与する点が認められる限りは，業務上の必要性の存在を肯定すべきである。」と先の判断にも示されているように，必要性の認定はかなり広汎に認められている。

具体的には，会社内の定期異動，欠員補充，余剰人員の再配置，顧客からの信頼喪失や職場における協調性の欠如等の営業上・人事管理上の理由，知識の習得や勤務態度の改善を図る目的，健康管理上の理由等によって，業務上の必要性は認められると考えられている。

また，業務上の必要性と合わせて，なぜ当該労働者が配転をする対象となるのかといった人選の合理性が争点となることもあるが，判例は，退職する製造業務担当の女性従業員の後任として「製造現場経験者で40歳未満」という基準を設けて配転対象者を選定した事案（最判平12・1・28労判774号7頁〔ケンウッド事件〕）において，人選の合理性を認めており，当該労働者でなくてはならな

いといった程度の必要性までは求められておらず，一定の合理的な基準を設け，それに該当する者として選定されたという程度の合理性が存在すれば人選の合理性が否定されることはないと考えられている。

(3) **不当な動機・目的の存否**

不当な動機や目的については，労働者を職場から排除することや，退職強要を目的とした場合等が想定される。

配転命令の動機が，従業員の「内部通報等の行為に反感を抱いて，本来の業務上の必要性とは無関係にしたものであって，その動機において不当なもの」であるとして配転命令を無効とした裁判例も存在している（東京高判平23・8・31労判1035号42頁〔オリンパス事件〕）。

(4) **著しい職業上の又は生活上の不利益**

著しい職業上の不利益については，賃金や職務権限の大幅な引下げを伴う配転について問題となる例が多い（和歌山地判昭34・3・14労民集10巻2号127頁〔和歌山パイル機物事件〕，東京地八王子支判866号20頁〔日本ドナルドソン青梅工場事件〕，東京地決平14・6・21労判835号60頁〔西東社事件〕）。

また，生活上の不利益の具体例としては，本人や家族の病気・介護，育児，共働き等の家庭の事情が問題となる。

このうち，共働き夫婦の一方に対する転勤命令等，単身赴任や長距離通勤等が強いられるような場合については，住居手当や健康対策等の使用者が不利益を軽減されるためにとった措置等も考慮したうえで，「通常甘受するべき程度を著しく超えるような不利益」を被るとまでは裁判所は認定しない傾向にあると考えられている（前掲〔ケンウッド事件〕，最判平11・9・17労判768号16頁〔帝国臓器製薬事件〕等）。ただし，裁判例の中には，使用者は労働者に生じる不利益を軽減するために社会通念上求められる措置をとるべき信義則上の配慮義務を負うとして，実際に使用者がとった措置を考慮して判断をするものもある（東京高判平8・5・29労判694号29項〔帝国臓器製薬事件〕）。

他方で，労働者が労働者自身や家族の病気，障害や介護を抱える場合において，転居や別居に伴う困難が伴うような事例においては，「通常甘受するべき程度を著しく超えるような不利益」を認定するような傾向が認められる（子が重度の障害を負っていたケースについて札幌地決平9・7・23労判723号62頁〔北海道コカ・

コーラボトリング事件〕，子２人が重度の皮膚炎を抱えているケースについて東京地決平14・12・27労判861号69頁〔明治図書出版事件〕，特定疾患を抱える娘がいるケースについて前掲・〔日本レストランシステム事件〕)。

(5) 育児介護休業法等の規定

こうした配転命令に伴う生活上の不利益にかかわる認定については，東亜ペイント事件の判決後に制定された法令が判断に影響している可能性も考えられる。

すなわち，平成13年に改正された育児介護休業法（育児休業，介護休業等育児又は家族介護を行う労働者の福祉に関する法律）は，その26条に労働者の配置に関する配慮の規定を設けており，「事業主は，その雇用する労働者の配置の変更で就業の場所の変更を伴うものをしようとする場合において，その就業の場所の変更により就業しつつその子の養育又は家族の介護を行うことが困難となることとなる労働者がいるときは，当該労働者の子の養育又は家族の介護の状況に配慮しなければならない。」と規定している。また，同規定を受けた「子の養育又は家族の介護を行い，又は行うこととなる労働者の職業生活と家庭生活との両立が図られるようにするために事業主が講ずべき措置に関する指針」（平成21年厚生労働省告示509号）においては，労働者の子の養育又は家族の介護の状況を把握すること，労働者本人の意向をしんしゃくすること，配置の変更で就業の場所の変更を伴うものをした場合の子の養育又は家族の介護の代替手段の有無の確認を行うことが求められている。

さらに，労働契約法３条３項は，労働契約の締結と変更に関して「労働契約は，労働者及び使用者が仕事と生活の調和にも配慮しつつ締結し，又は変更すべきものとする。」と規定しており，仕事と生活の調和への配慮を基本理念として盛り込んでいる。

実際に，先に取り上げた明治図書出版事件において，裁判所は，育児介護休業法の改正の経緯や同法26条の趣旨・内容を詳細に論じた上で，「しかしながら，改正育休法の制定経緯に照らすと，同条の配慮については，配置の変更をしないといつた配置そのものについての結果や労働者の育児や介護の負担を軽減するための積極的な措置を講ずることを事業主に求めるものではないけれども，育児の負担がどの程度のものであるのか，これを回避するための方策はど

のようなものがあるのかを，少なくとも当該労働者が配置転換を拒む態度を示しているときは，真摯に対応することを求めているものであり，既に配転命令を所与のものとして労働者に押しつけるような態度を一貫してとるような場合は，同条の趣旨に反し，その配転命令が権利の濫用として無効になることがあると解するのが相当である」と判断し，使用者の対応は，「改正育休法26条の趣旨に反しているといわざるを得ない」として，配転命令の無効を導く結論の根拠としている。

　したがって，これらの規定は，配転命令権の濫用について検討するに当たって重要な判断根拠となると考えられ，これらの規定の趣旨を尊重した適切な配慮を尽くさない配転命令は権利濫用により無効となると評価される可能性もあると考えられる。

(6)　労働に関する価値観の変化

　なお，近時，厚生労働省は「転勤に関する雇用管理のヒントと手法」を公表し，転勤のあり方について仕事と家庭生活の両立との関係も含め再考を促すなど，ワーク・ライフバランスの社会的要請や女性の活躍を推進する動きが高まり，政府においても様々な施策が講じられている。このような情勢の中で，労働に関する価値観の変化や，雇用形態の多様化が急速に進んでいる。

　また，近時リモートワークの導入など，就業場所に縛られた従来の労務管理の考え方では捉えきれない働き方が社会的に拡大していくことも予想される。

　このような社会状況の変化に伴い，配転命令をめぐる考え方も変化してくる可能性があると考えられる。

〔4〕本件事例について

(1)　ネスレ日本事件

　本件事例のモデルとなったネスレ日本事件（大阪高判平18・4・14労判915号60頁）は，「配転命令について，業務上の必要性がない場合，又は，業務上の必要性がある場合であっても，その配転命令が他の不当な動機・目的をもってなされたものであるとき，若しくは労働者に対し通常甘受すべき程度を著しく超える不利益を負わせるものであるとき等の特段の事情のある場合には権利の濫用となり，当該配転命令は無効となる」と上記東亜ペイント事件と同様の判断

枠組みを示し，「労働者が配転によって受ける不利益が通常甘受すべき程度を超えるか否かについては，その配転の必要性の程度，配転を避ける可能性の程度，労働者が受ける不利益の程度，使用者がなした配慮及びその程度等の諸事情を総合的に検討して判断することになる」としたうえで，配転命令を受けた労働者の1名については，「妻が非定型精神病に罹患しており，介護を必要とするまでには至っていないものの，家事を行うことが困難で，単身で生活することが困難な状態であり，その治療や生活のために肉体的精神的な援助が必要であり，本件配転命令に従うことによって，妻のための治療の援助が困難となったり，その症状が悪化する可能性があ」ると認定し，もう1名については「母が要介護状態にあり，妻と共に，介護を担当しなければならず，本件配転命令に従うことによって，介護が困難になったり，母の症状が悪化する可能性があった。そして，その就業の場所の変更により就業しつつその子の養育又は家族の介護を行うことが困難となるのに，会社がその点の配慮を十分に行ったとは言い難」いと認定した上で，いずれも「本件配転命令によって受ける不利益が通常甘受すべき程度を著しく超える」として配転命令を権利濫用として結論付けた。

(2) **本件事例について**

本件事例では，要介護状態の母と精神病で治療を受けている妻の双方をAは抱えている状況にあり，配転命令によって受ける不利益は同裁判例のケースよりもさらに大きいものになると考えられるため，本件事例においても配転命令が権利濫用として無効になる可能性は極めて高いと考えられる。

〔太田　和範〕

事項索引

い

育児休業………… 538, 540, 542, 547
――の延長……… 550, 574
――の回数……… 548, 580
――の期間……… 550, 564
――の就業規則……… 555
――の終了……… 588
――の対象者……… 571
――の対象となる家族 548
――の対象労働者…… 547
――の短縮……… 582
――の変更…… 552, 566, 582
――の申出……… 558
――の申出の消滅…… 587
――の申出の撤回…… 585
育児時間……… 553
育児短時間勤務……… 508
育児のための所定労働時間の短縮措置……… 505
育児目的休暇制度……… 510, 544
1年単位の変形労働時間制 → 変形労働時間制
1ヵ月単位の変形労働時間制 → 変形労働時間制
一斉付与の原則……… 298
1週間単位の非定型的変形労働時間制……… 162, 194
移動時間……… 78

お

大林ファシリティーズ（オークビルサービス）事件……… 55, 63, 69, 122

か

介護休暇……… 526, 529, 536

介護休業………… 484, 536, 539, 591
――と就業規則……… 593
――の期間……… 596
――の終了……… 599
――の対象家族……… 536
――の対象者……… 594
――の分割取得……… 535
――の変更・撤回……… 598
――の申出……… 597
――の要介護状態……… 536, 595
介護短時間勤務……… 514
貸時間……… 202, 210
過半数代表……… 89
過半数代表者……… 89
――の選任……… 90
――の任期制……… 92
借時間……… 202, 210
間欠型フレックスタイム制……… 215
監視・断続的労働従事者……… 275, 280
監視に従事する者……… 280
管理監督者……… 275, 276, 283, 290, 393

き

企画業務型裁量労働制……… 218, 243, 249, 269
起算日…… 167, 186, 201, 203
基礎賃金……… 337, 390
忌引き休暇……… 485
機密事務取扱者……… 275, 280, 393
休業制度の周知義務……… 532, 543
――の周知すべき事項

……… 532
――の周知方法……… 533
休憩時間……… 296, 303, 309, 449
休憩時間自由利用の原則……… 298, 304
休憩の一斉付与の原則… 297
休憩付与義務……… 300
休 日……… 311, 447, 449
休日振替……… 313, 315, 318, 319
休日労働……… 325, 345, 353, 370, 374, 448
――が許容される場合……… 327
――と時間外労働の関係……… 335, 355
行政ADR……… 18
業務遂行手段……… 256
業務命令……… 116, 213
業務用の携帯電話……… 232
均衡待遇……… 16, 17
均等待遇……… 16, 17
勤務間インターバル制度… 7

け

経営協議会……… 75
継続勤務……… 480, 482

こ

コアタイム…… 201, 205, 214
合議制過半数代表者……… 93
神代学園ミューズ音楽院事件……… 119
高度プロフェッショナル制度……… 7, 13, 218, 282
抗 弁……… 162, 183, 200, 226, 262
小里機材事件……… 294
個人請負・委託型就業者

.... 33
個人請負型就業者に関する研
　究会 25
固定残業代制 356
　──の適法性 356
　──の有効要件 357
ことぶき事件 290
子の看護休暇 523, 526,
　　　　　　　　　　 539
混合型フレックスタイム制
　................................. 215

さ

裁判外紛争解決手続 18
裁量労働制 269, 394
裁量労働のみなし労働時間制
　........................... 218, 243
36（サブロク）協定 4,
　　　95, 100, 108, 112, 115
　──の自動更新 95
残業禁止命令 117, 392
残業命令 112
残業免除の制度 516, 537
産後休業 546
産前休業 545
産前産後休業 545

し

時間外労働 4, 172, 325,
　　336, 351, 369, 373, 448
　──が許容される場合
　................................... 327
　──の限度 327
　──の制限 518, 520
時間外労働義務 ... 103, 109
時間外労働時間 190,
　　　　　　　　　 198, 207
　──の上限規制 6
時間外労働時間数 340
時間単位の年休 428, 455
時間単価 337, 371, 402
時間配分 256
指揮監督関係 26, 42

時季指定権 431, 436,
　　　　　　　 492, 494, 498
時季変更権 431, 436, 441,
　　　　442, 477, 493, 495, 498
指揮命令 116
事業者性 29, 46
事業場外みなし労働 393
事業場外労働のみなし労働時
　間制 217, 218, 219, 232
自己申告制 126
自主的決定 200, 213, 214
私傷病休職 480
事前通知 196
実労働時間 51, 52,
　　　　　　　　　 121, 217
実労働時間該当性 53
週休制 311
就業規則 88, 104, 105,
　　　163, 166, 179, 201, 266
秋北バス事件 103
宿日直勤務 67
宿日直勤務者 281
受信料集金等受託者 37
出　勤 480, 483, 484,
　　　　　　　　　 485, 487
出退勤管理 137
出　張 58, 79
純粋指揮命令下説 53,
　　　　　　　　　　 73, 78
証拠保全 154
使用従属性 25, 42
証明の程度 144
消滅時効 366, 377,
　　　　　　　　　 397, 407
所定外労働 99
　──の制限 516, 518,
　　　　　　　　　　 537
所定休日（法定外休日）
　................................... 332
所定労働時間 51, 52
所定労働時間の短縮等の措置
　介護のための── 511,
　　　　　　　　　　 537

深夜業の制限 521, 522
深夜労働 326, 347,
　　　　　　　　　 370, 374
　──の規制 328
深夜割増賃金 290, 291

す

ストライキによる不就労日
　................................... 487

せ

正規雇用労働者 15
請求原因 258, 260,
　　　　　　　　 262, 265
清算期間 199, 200,
　　　201, 202, 209, 215
精算合意 360
精算実績 360
生理休暇 485
専門業務型裁量労働制
　........... 218, 243, 244, 254,
　　　　　　 265, 267, 269
全労働日 425, 480, 482,
　　　　　　 483, 485, 487

そ

早　退 482
ソクハイ事件 43

た

対価性の要件 357
代　休 315, 316, 318
対象期間 161, 186, 200
対象業務 245, 250,
　　　　　　 265, 266, 270
対象事業場 270
対象労働者 186, 201,
　　202, 216, 247, 250, 271
大星ビル管理事件 54, 63,
　　64, 69, 122, 169, 172, 179
タイムカード 126, 130,
　　　　　　 135, 148, 385
宅直勤務 70

事項索引　615

多店舗展開する小売業，飲食業……………………… 283
単位期間……… 161, 166, 200
断続的労働に従事する者……………………… 281
弾力化…………… 161, 185

ち

遅延損害金……… 330, 378, 379, 397, 407, 408
遅刻………………………… 482
中小事業主………………… 9
調査嘱託………………… 156
賃　金……………………… 447
　──の支払の確保等に関する法律……………… 363

つ

通勤時間……………… 58, 79

て

定額残業制……………… 292
定型的労働時間制……………………… 160, 185
手間請け………………… 35
手待時間……… 56, 121, 125, 306, 309

と

特定期間………… 186, 187
特別条項付き36協定…… 5, 6
特例措置対象事業場…… 163, 167, 188, 195, 204
途中適用者……… 192, 208

な

奈良県（医師・割増賃金）事件……………………… 66

に

日本マクドナルド事件… 283
入退館記録……………… 132

ね

年　休（年次有給休暇）……………… 420, 436, 454, 464, 479, 489
　──（権）の買上げ……………… 434, 499
　──の基準日………… 458
　──の繰越し………… 434
　──の計画的付与… 464
　──の構造…………… 420
　──の時季指定義務… 8
　──の事後請求……… 444
　──の取得要件……… 421
　──の請求…… 440, 442
　──の請求のあり方… 438
　──の比例付与……… 489
　──の付与単位……… 437
　──の付与日数…… 478, 489
　──の振替…………… 445
　──の法定付与日数… 421
　──の利用目的……… 439
　派遣労働者に対する──……………………… 476
　半日単位の──……… 454
　半日の──…………… 427
年休基準日の統一…… 457
年休権…… 419, 421, 465, 492
年休取得の法的効果…… 429
年休取得配慮義務…… 433
年休制度…………… 419, 420
年次有給休暇　→　年休

の

農業，畜産及び水産業に従事する者……………………… 275

は

バイシクルメッセンジャー……………………… 33, 43
配置転換………………… 604
配　転…………………… 604
配転命令権……………… 604
　──の限界…………… 604
　──の存否…………… 605
　──の濫用…………… 606
派遣労働者…………… 16, 476
　──に対する年次有給休暇……………………… 476
パタハラ………………… 541
働き方改革法………………… 3
パートタイム労働者…… 15
パパ休暇……… 549, 558, 580
パパ・ママ育休プラス……………… 550, 564, 576
ハラスメント…………… 602
番方編成………………… 312
阪急トラベルサポート（派遣添乗員・第2）事件… 235
半日単位の年休　→　年休
半日の年休　→　年休

ひ

非正規雇用労働者……… 15
ビソー工業事件………… 62
日立製作所武蔵工場事件……………… 103, 109

ふ

付加金……… 329, 364, 378, 398, 408
　──に対する遅延損害金……………………… 366
不活動時間……… 57, 62, 68
不利益取扱い………… 450
　──の禁止……… 93, 430, 529, 601
ブリッチホリデー活用休暇……………………… 468
フレキシブルタイム……………… 201, 205, 214
フレックスタイム制…… 199
フレックスタイム制度… 11
　──制度の清算期間… 11
文書送付嘱託…………… 155

へ

文書提出命令 …………… 156

勉強会 ………………………… 75
変形期間 ………… 161, 166, 167, 178, 180, 200
変形労働時間制 …… 160, 394
　1年単位の── …… 162, 185
　1ヵ月単位の── …… 162, 166, 178
変則的フレックスタイム制 ………………………… 214

ほ

法外残業 ………………… 331
法定外休日 ………… 311, 448
法定外残業 ………………… 99
法定休日 ………… 311, 332, 353, 354, 447
　──の特定 ………… 332
法定時間外労働 ………… 448
法定内残業 ………………… 99
法定労働時間 ………… 51, 217
法内残業 ………… 331, 342, 351
法内時間外労働 ………… 448
本務外活動 …………… 57, 74
本務時間 ………………… 56

ま

マタハラ ………………… 541

み

三菱重工業長崎造船所（一次訴訟・会社側上告）事件 …… 54, 68, 73, 79, 116, 122
みなし労働時間制 …… 217, 218
民事訴訟法248条 ………… 153

め

明確区分性の要件 ……… 358
免罰の効果 ……… 82, 171, 190, 198, 206

ゆ

有期雇用労働者 ………… 15
有給年休5日の義務化 … 470

よ

傭車運転手 …………… 33, 42

り

臨時解除 ………………… 213

れ

暦日休日制の原則 ……… 312

ろ

労使委員会 ……… 249, 272
労使協定 ……… 82, 95, 163, 164, 166, 171, 179, 186, 190, 195, 201, 206, 245, 256, 257, 266
　──の意義 ……………… 82
　──の刑事的効力 ……… 96
　──の民事上の効力 …… 96
　──の要件 ……………… 86
労働基準法研究会報告 … 24
労働協約 …… 82, 87, 104, 105
労働契約 ………… 82, 104
労働時間 ………… 62, 116, 121, 125, 371, 391, 449
　──の客観的把握の義務付け ………………………… 10
　──の算定困難性 …… 220, 221, 229, 234, 240
　──の貸借 …… 202, 209, 210

労働時間計算における端数 ………………………… 343
労働時間性 …… 121, 144, 232
労働時間把握義務 …… 123, 134, 135, 200, 219
労働者 ……………… 23, 390
労働者性 …………… 23, 42
労働者派遣 ……………… 472
　──と請負との区別 … 474
　──と在籍型出向との区別 ………………………… 474
労務対価性 …………… 29, 46
ログイン・ログアウト時刻 ………………………… 132
ログデータ ……………… 150

わ

割合的包括的認定 ……… 152
割増賃金 ………… 336, 345, 347, 351, 369
　──の計算方法 …… 371, 401
　──の端数処理 ……… 402
割増賃金額の端数 ……… 345
割増賃金支払義務 ……… 329
割増賃金請求訴訟 ……… 374
　──の主請求の要件事実 ………………………… 380
　──の訴訟物 ………… 374
　──の反論・抗弁 …… 389
　──の付加金請求の要件事実 ………………………… 384
　──の付帯請求の要件事実 ………………………… 383
　──の要件事実（請求原因事実） ………… 375, 380
割増率 ………………… 404
　──相互の関係 ……… 406
　──の性質 …………… 406

■編集者
梶村太市（弁護士）
井手良彦（越谷簡易裁判所判事）
増田輝夫（大阪簡易裁判所判事）

《SEIRIN PRACTICE》
プラクティス　労働法
──労働時間・割増賃金・年休・休業

2019年2月27日　初版第1刷印刷
2019年3月7日　初版第1刷発行

編集者　梶村太市
　　　　井手良彦
　　　　増田輝夫

発行者　逸見慎一

発行所　東京都文京区本郷6丁目4-7　株式会社　青林書院
振替口座　00110-9-16920／電話03（3815）5897-8／郵便番号113-0033
ホームページ☞http://www.seirin.co.jp

印刷／星野精版印刷　落丁・乱丁本はお取り替え致します。
Ⓒ2019　Printed in Japan
ISBN 978-4-417-01757-8

JCOPY 〈(社)出版者著作権管理機構 委託出版物〉
本書の無断複写は著作権法上での例外を除き禁じられています。複写される場合は、そのつど事前に、(社)出版者著作権管理機構（電話03-3513-6969、FAX 03-3513-6979、e-mail: info@jcopy.or.jp）の許諾を得てください。